ちくま学芸文庫

パワー・エリート

C・ライト・ミルズ
鵜飼信成　綿貫譲治　訳

筑摩書房

The Power Elite

by

C. Wright Mills

パワー・エリート【目次】

訳者はしがき

本書は、現代アメリカの異色の社会学者であったC. Wright Millsの代表作の一つ*The Power Elite*, 1956. の全訳である。ただし日本語版は、出版の便宜のために、上下二巻に分けて刊行される。

ミルズのこの原著書が刊行された年、ちょうど、わが国では、松下圭一氏や北川隆吉氏などによって、いわゆる大衆社会論が提出された。その翌年いっぱい政治学者、社会学者、文明批評家などによって、いわゆる「大衆社会論争」が繰りひろげられた。ミルズのこの書物は、さっそく、田口富久治氏によって『思想』（一九五七年二月）に紹介され、大衆社会論争の中で非常に多く言及されたのである。

その後、大衆社会論争は、一九六〇年の安保問題の頃を契機として、構造改革論争、さらにその後は、高度産業社会論、先進国革命のビジョンをめぐるニュー・レフト論などをめぐる論議に内容は受継がれていった。ミルズのこの書物が分析し提起している問題は、これらの論争の中で引継がれ論じられている問題であり、今日でも、この書物が引用されたり、参考文献として挙げられていることが、日本やアメリカばかりでなく、世界の各国でみられる。本書は、スペイン語（メキシコで発行）、ロシア語、イタリー語、ポーランド語などに訳され、全世界で広く読まれている。

ミルズのこの著書は、その発表いらい、アメリカを始めとする全世界の多くの学者や評論家などの手によって批判された。とくにその理論の中心的な命題である経済・政治・軍事の三つの制度的秩序における少数の頂点グループの権力保持と、その相互の浸透結合関係については、理論的にも、アメリカの実態という点からも、強い批判がなされた。さらに、頂点の権力エリートと、底辺の大衆との間の隔離についても、さまざまな問題が指摘されてきた。ミルズの著作にたいする反響、ミルズの理論の検討は、改めて下巻の「解説」で取上げてより詳しく論じたいと思う。

しかし、かかる理論上ならびに現代アメリカの権力についての解釈上の問題を離れて、本書の特徴は、無数の歴史的素材を駆使して、アメリカの権力・富・威信の変遷を縦横に分析する社会史的分析にあり、そういう読み方をしても、一読巻をおくあたわざるほどの興味深い読物となっている。

さらに、下巻の解説でもふれる予定であるが、この『パワー・エリート』を始めとするミルズの諸著作は、現代アメリカ社会学、ひろくは現代アメリカ社会科学にたいする、問題意識と方法論における異端（あるいは反主流の代表）の書として注目され、ことに若い社会学者（ことに大学院学生）によって愛好されている。批判科学としての社会学の必要性、歴史的認識、広い視野と問題とに取組む姿勢の重要性などを説き、その成果を示したのがミルズの諸著作である。

ミルズは、一九一六年にテキサスで生まれ、テキサス大学で哲学を修め、ウィスコンシン大学で社会学を専攻して学位をとった。一九四六年いらい、コロンビア大学で社会学を講ずるかたわら、政府機関、企業、労働組合などの依頼に応じて多数の調査を実施し、また、ヨーロッパやアメリカの諸大学や諸団体の招きによって、種々の政治的・社会的問題について講演を行ない、また、各種の雑誌に論文や評論を寄稿するなど精力的活動をなしてきたが、一九六二年三月二〇日、心臓病のため、四六歳でその生涯を終えた。主要な著書としては、*The New Men of Power; America's Labor Leaders*, 1948. *The Puerto Rican Journey: New York's Newest Migrants*, 1950. *White Collar: The American Middle Classes*, 1951.（杉政孝訳『ホワイト・カラー』一九五七年、東京創元社）、*Character and Social Structure: The Psychology of Social Institutions*（with H. H. Gerth）, 1953. *The Causes of World War Three*, 1958.（村上光彦訳『第三次世界大戦の原因』一九五九年、みすず書房）*The Sociological Imagination*, 1959.（鈴木広訳『社会学的想像力』一九六五年、紀伊國屋書店）*Listen, Yankee: The Revolution in Cuba*, 1960.（鶴見俊輔訳『キューバの声』一九六一年、みすず書房）*The Marxists*, 1962.（陸井四郎訳『マルクス主義者たち』一九六四年、青木書店）、そして死後に刊行された論文集、*Power, Politics and People*, 1963. がある。

翻訳については、ロサンジェルスの小出貞治氏の協力を得たほか、アメリカの社会と歴史についての現実問題の理解について、若干の在日英米人教授諸氏に助言を乞うた。これらの諸氏の好意にたいしてここで感謝したい。また、本訳書は、元来、一九五八年に東大出版会より単行本として刊行された。それから一〇年、予想外の部数を年々重ねたので、今回これをUP選書に入れて版を新しくすることとなった。この機会に、改めて全体を原書と照合し、誤りなきを期した。その労をとって下さった川又梨枝子さんに謝辞を献げたい。終りに、初版刊行のさいならびにUP選書として新版刊行のさいに、お世話になった東大出版会の石井和夫、多田方、大瀬令子の三氏にも深く感謝するものである。

一九六八年一二月

鵜飼信成
綿貫譲治

緒言

現代社会の頂点も底辺もともに、本を書いたり読んだりする人々にとっては、なじみの深い世界ではない。われわれは、その中間部分に、よりなじみが深いのである。中間諸階級を理解するには、われわれの周囲で実際に起りつつあることを見るだけでよい。しかし、頂点ないし底辺を理解するためには、まず事実を発見する努力を払い、ついでそれを叙述する労をとらなければならない。これは非常に困難なことである。現代社会の頂点は多くのばあい接近しがたく、底辺は往々にして隠れた存在である。

現在実施されているような全国的調査は、アメリカのエリートを構成しているような数量的にはきわめて少数のグループを捉えるには、あまりに粗い調査である。また、アメリカのエリートの性格や活動について広く一般に流布されている情報は、人々を組織的に誤解に導くような情報である。また、エリート自体が、多忙であり、他と離れた存在であり、さらには秘密主義的である。もしもわれわれが、多量の生の資料を容易に利用しうるか否かを基準にして、自分の研究領域を選択するとするならば、われわれはけっしてエリートなどを研究の対象とはしないだろう。しかし、もしも、われわれが、現代社会の本質をなんらかの程度で理解しようとするならば、厳密な立証が不可能であるからといって、重要と思われる領域の研究をやめるわけにはゆかぬ。したがって、手探りで進むのはやむをえない。だいたい、ここでのわれわれの研究対象は、それをはっきり理解しようとする人々の理解を半ば組織的に妨げ、手探りをやむなくする性格をもっている。しかし、そのような条件のもとで探りうるものを公表することによって、われわれは、エリートとその代弁者たちを論争に追い込み、そして、より多くのものを学ぶことができる。

われわれは、確固とした証拠を欲しいと思い、事実を心から欲している。しかし、だからといって、真理に到達する方法の中で、思考が占める非常に重要な役割を否定してはならない。この種の書物は、三種類の会話から成り立っている。すなわち、著者がかれ自身ならびにかれの想像の中の人物と交わす会話がまず第一にある。これはこの書物に記録されている。この会話の背後で、読者は気がつかないかもしれないが、何人かの有力な思想家や観察者たちの間で会話が交わされているのである。かれらの諸見解は、筆者の心の中で濾過され、さらにこの書の読者の心の中で濾過されているのである。さらに、この書の読者の心の中では、言葉には表わされないが、読者自身との、また筆者とのもう一つの会話が行なわれている。その会話の中で、読者はここで書かれていることと、自分の経験ないし発見したこととをつき合わせている。したがって、著述家の仕事の一つは、これらの言葉には表わされない二つの会話からできるかぎり多くのものを自分の書物の中に取りこむことである。読者とともに思考を進めるならば、筆者はたんに自分の見解を提出するだけではなく、それ以上のことをなしうる。かれは、それらの見解を明晰なものにし、またそうする過程の中で、自分が持っているとさえ気がつかなかった諸観念を意識するにいたる。
われわれは、細かい事実を追うのにあまりに熱中しすぎて、その細かい事実の存在する場を既定のものとして見逃してしまうようなことを避けたい。われわれは、世界を既定のものとして承認してしまったり、あるいはそれを単純な事実と考えたりしない。われわれが事実を追究するのは、それがわれわれの観念を覆し、打ちくだくかぎりにおいてである。事実や数字は、真の研究の出発点にすぎない。われわれの関心の重点は、われわれの知っている、あるいはわれわれが容易に発見できる諸事実の意味をあきらかにすることである。われわれは、たんなる事実の羅列をしたくない。われわれは、意味を発見したいと思うのである。というのは、われわれの重要問題は、大部分、意味の問題であるから。

もちろん、われわれは、対話（ダイアローグ）だけによって思考を進めているのではなく、種々の種類の特殊研究によって事実の発見に努めており、その結果を、われわれの心の奥底で行なわれている会話の中に導き入れている。われわれは、充分な理由があってこのようなエッセイ的な思考の進め方を採用した。とくに、このような広範な、また論争点をふくんだトピックスに関しては、あえてそれを採用する理由がある。そのような方法は、多様な——その多様性はけっして無駄なものではない——見解や手法を総合し、読者をアメリカの上層グループについてのわれわれの会話に誘いこむうえに、便利であり、また稔り豊かな——と私は希望する——方法である。

この書物に盛りこまれた調査の資金は、コロンビア大学のSocial Science Research Councilによって提供された。また、この点については、私の同僚たちの援助に感謝する。また、ニューヨークのOxford University Pressも資金を提供してくれた。じっさい、Oxford University Pressは、普通の出版者としての立場を超えて、私に援助を与え、本書ならびに他の書物の完成をはたさせてくれた。この書の諸資料の第一次原稿が完成したのは、一九五三年春、私がBrandeis Universityの客員として滞在していた住居においてであった。同大学の友人たちの多くの親切にたいして感謝したい。一九五四年の夏を通じて、妻と私は、キャリフォルニアのHuntington Hartford Foundation of Pacific Palisadesに客員として滞在していた。この夏の仕事を快適かつ有益なものにしてくれたことを、同財団にたいして感謝する。

私の妻、Ruth Harper Millsは、調査主任ならびに副編集者として、この書物ができあがる上に非常に貢献した。Walter Klink, Paul Lucas, William Taberは、調査メモを作成して、私を援けてくれた。また、秘書の仕事をしてくれたMrs. Katherine Stantonに謝意を表したい。彼女の援助がなかったならば、書物はできあがらず、ただ、原稿の混沌たる堆積だけしか存在しなかっただろう。

連邦政府、軍部、大企業などについて直接の知識をもっている幾人かの人々が、私を非常に援けてくれた。かれらの援助がなかったならば、この書物ははるかに貧弱なものとなったろう。それ故に、かれら自身の希望によって、名前を記して謝意を表わすことを控えねばならぬことを、いよいよ残念に思う。

助言を惜みなく与えてくれ、私を援けてくれたその他の友人たちには、次の人々がいる。Lewis Coser, Louis Friedland, Herbert Gold, Richard Hofstadter, Irving Howe, Floyd Hunter, Paolo Milano, Harry L. Miller, William Miller, Irving Sanes, Ben Seligman, Kenneth M. Stampp, Harvey Swados.

パワー・エリート

第一章　上層諸グループ

普通一般の人々が行使しうる力は、自分たちの住む日常生活の範囲にしか及ばない。しかも仕事・家族・近隣といったような場面にあってさえ、かれらは、ときとして自分で理解することも、また、支配することもできないいくつかの力によって駆りたてられているようにみえる。「大きな変化」は、かれらの手のとどかないところにあるが、それにもかかわらず、かれらの行動や思考に、影響をあたえている。現代社会の体制そのものが、かれらを、自分たちで立案したものでない諸計画の中に、とじこめてしまうのである。このような変化が、今や、あらゆる方面から、大衆社会の構成員である男にも女にも、襲いかかってきている。その結果として、現代では自分たちは無力となってしまっており、目的もなくさまよっているとかれらは感じている。

もっとも、すべての人間が、この意味において、普通人だというわけではない。報道や権力の手段が集中化されるにつれて、一部の人々は、アメリカの社会で、いわばそこから、あたりまえの男女の日常の世界を見おろし、その決定によって、これに大きな影響をあたえるような、そういう地位を占めるようになる。かれらは、その仕事によってつくりだされたものではない。かれらは、何千という他の人々にたいして、仕事をこしらえてやったり、また、これをこわしてしまったりするのである。かれらは、単純な家庭的責任にしばられることはない。かれらは、これから逃れることができる。かれらは、ホテルや住宅に住んでいるかもしれないが、別に、どのコミュニティによって拘束されているわけでもない。かれらは、たんに「その日その時の需要に応ずる」という必要はない。ある点では、かれらこそ、これらの需要をつくりだし、他の人々をして、これに応じさせるようにしているのである。かれらが、このような力を、自認するとしないとにかかわらず、かれらの技術的・政治的な経験は、しもじもの人々のそれをはるかにしのいでいるのである。ヤコブ・ブルクハルトは、「偉人」を論じて、「かれらこそは、われわれが持たぬものをすべて持っている」といったが、大部分のアメリカ人もまた、アメリカのエリートについて同じようなことをいうだろう。

権力（パワー）エリート（訳註1）は、普通一般の男女の生活している日常生活環境を超越しうるような地位を占める人々によって構成されている。すなわち、かれらは、重大な結果をともなうような決定を下しうる地位を占めている。かれらが、そのような決定を実際に下すか下さないかということはあまり重要ではない。むしろ、かれらがそのような枢要な地位を占めているということが、重要なのである。すなわちかれらの不作為、ないし決定回避それ自体が一つの行為であり、それは往々にして、かれらの下す決定よりもいっそう重大な結果をひき起す。というのは、かれらは、現代社会の主要な諸秩序と諸組織を支配しているからである。かれらは、大会社を支配し、国家機関を駆使し、国家機関における特権を要求し、軍事力を指揮している。またかれらは、権力と富と名声の効果的な諸手段が集中されている社会構造の戦略的指揮中枢（コマンド・ポスト）〔command post には「（戦闘）司令所」の意味がある。ミルズの比喩的用語の一つ。――訳者〕を占拠し、今やそれらを享受している。

権力エリートは、孤独な支配者ではない。顧問・相談役・スポークスマン・世論製作者たちが控えており、多くのばあい、権力エリートの思考や決定の下請をしている。エリートのすぐ下には、議会や圧力団体、また地域社会の新旧上流階級の間で中間水準（ミドル・レヴェル）の権力をにぎっている職業的政治家（プロフェッショナル・ポリティシャン）たちが存在する。さらに、これらの人々に入りまじり、たえず顔を売ることによって生活している職業的有名人（プロフェッショナル・セレブリティ）がいる。この有名人たちは、有名人であろうとするかぎり、たえず顔を売らなければならない。この奇妙な生き方については、のちに探究してみるつもりである（第四章を参照）。そのような有名人たちは、いかなる制度的権力をもってはいないが、しかし、多くのばあい、公衆の注意をわきに外らせ、あるいは大衆に感情的興奮をひき起させ、さらにもっと直接的には、権力をじかに握っている人々に耳打ちする力をもっている。これらの名士や相談役たちは、道徳的批判者、権力の技術者として、あるいは神の代弁者、大衆的感動の製造者であり、ある程度中立的な立場を装いながら、エリートの芝居（ドラマ）が繰りひろげられる舞台の近景の一部をなしている。しかし、ドラマの本筋は、もっぱら主要制度の組織の頂点で進行している。

一

エリートの本質とその力に関する真相は、当事者たちが、知ってはいるが、あえて公言しない秘密というようなものではない。事件や裁断の過程における自分たちの役割については、この人たちの間でも非常に異なった諸見解が存在している。かれらは、ときとしては自分たちの役割についてあまり知らない。だがそれにもまして、自分たちの権力を評価するさいに、自己の恐怖の念や希望が投入されて影響しているばあいが多い。かれらのじっさいにもっている権力は非常に大きいが、かれら自身はその大きさに気づかず、かえって、この権力の行使にたいする他人の反抗を気にしている。さらに、アメリカのエリートの大部分の人々は、パブリック・リレーションの修辞術（レトリック）に精通している。あるばあいには、ひとりでいるときにもこの修辞術をもちい、自らそれを信じこむにいたっている。上層の諸グループの理解にさいしては、当事者個人の意識は、一つの資料にすぎない。にもかかわらず、多くの人々は、エリートなどは存在しない、すくなくとも、それはたいした意義をもっていない、と信じているが、この人々は、当事者たちの自分自身にたいする信念や、さらにひどいばあいには、当事者たちの公言しているところにもとづいて、そのように信じているのである。

だが、これとはちがった見解も存在する。すなわち、現在のアメリカでは、一握りの強力なエリートが支配力をふるっていると、漠然とではあるが、感じている人々がいる。このような人々の多くは、現代の歴史的傾向というものから、そのような感じをもつにいたっているのである。たとえば、軍事的事件が圧倒的であるから、将軍たちや、将軍たちに動かされている政策決定者たちが、巨大な権力を持っているにちがいない、と感じるごときが、それである。議会が、あきらかに戦争か平和かに連なる重大決定を、一握りの人々に一再ならず委ねてしまった例をかれらは知っている。また、一言もかれらには相談なく、アメリカ合衆国の名において、原子爆弾が日本に投下されたことを知っている。かれらは、自分たちは重大な決定が次々に下される時代に生きていると感じ、しかも、かれらはなんらこの決定には参加していないことを知っている。このようなところから、かれらは、現代の歴史の流れを感じ、その中心には、決定を下し、あるいは決定を回避したりしている、権力を握ったエリートが存在しているにちがいないと推論するのである。

一方では、重大な歴史的事件についてこのような感じを抱いている人々は、エリートというようなものが存在し、これがきわめて大きな権力をにぎっているのだと思っている。他方では重大決定にあきらかに関係があると思われる人たち自身のいうことに耳を傾けている人たちは、決定的結果を招来しうるような強大な権力をもつエリートなどというものが存在するとは信じないのである。

この二つの見解は、両方とも考慮に入れなければならない。しかし、そのいずれもが、充分だとはいえないのである。アメリカのエリートの権力を理解する道は、たんに、諸事件の歴史的規模の認識にあるのでもなく、また、決定を下している人々の個人的な意識をそのまま信ずることにあるのでもない。このような人々や歴史的事件の背後には、現代社会の基本的諸制度が存在し、この両者を結びつけているのである。国家・企業・軍部のヒエラルヒーこそが、権力の手段を構成する。権力の手段としてのそれらは、人類史上いまだかつて見られなかったほどの重要性をもち、それらの頂点には、現代社会を支配する地位がある。アメリカの最上層部の役割を理解する社会学的鍵が、ここにある。

アメリカ社会では、全国的規模の権力の所在地は、おもに、経済・政治・軍事の三領域である。このほかの諸制度は旧時代の遺物であり、当然のことながら、往々にして、この三つに従属している。いかなる家族といえども、全国的問題にたいする直接の影響力という点では、大会社にかなわない。いかなる教会といえども、今日のアメリカの青年の外的経歴を統制する力という点では、軍隊組織におよびもつかない。重大問題の決定におよぼす影響力という点では、いかなる大学も、国家安全会議（National Security Council）のそれとは比較にならない。宗教制度、教育制度、家族制度などは、全国的規模の権力の自律的な中心ではなくなっている。それどころか、反対に、これらの分散された分野は、日ごとに、このビッグ・スリーによって、左右される形勢にある。決定的な、じかに影響をおよぼす事件は、このビッグ・スリーの領域で生起するのである。

家族・教会・学校などは、現代社会の生活に自らを適合させている。政府や、軍や、大会社は、反対に、それを形成しているのである。その中で、これらの劣等な諸制度を、その目的達成の道具としてしまう。宗教団体は、軍隊に配属牧師を提供するが、この牧師たちは殺人のための士気振興の手段として、つかわれるのである。学校は、大会社の仕事に適合した人間を選びだして、育成し、また、軍隊の特殊任務に適した人間をつくりだす。大家族制度などというものは、産業革命によって、とっくの昔に破壊されてしまい、父や息子は、国家の軍隊が召集状を発したばあいには、いつなんどきでも、そして、必要によっては強制的に、家族からきり離されてしまうのである。そして、これらすべての第二義的な制度の諸シンボルは、「ビッグ・スリー」の権力と決定を正当化するために利用される。

現代人の生涯の運は、それの生まれた家庭、あるいは、結婚によって結びつけられた家族だけに左右されるのみではなく、会社に、すなわちかれが働きざかりの年代を、しかもその中のもっとも有効な時間を過す場所である会社に、ますます依存するようになっている。さらに、幼年期・思春期にかれを教育した学校に依存するばかりでなく、一生を通じてなんらかの関係をもつ国家に依存し、また、ときおり神の言葉を聞きに行く教会に依存するのみか、強制的に編入される軍隊に、依存するようになっている。

かりに、中央集権化された国家が、公私立の学校で行なわれている愛国心教育に、信頼を失うにいたったばあいには、国家の指導者たちは、ただちに、現在の地方分権的な教育制度を改変しようとこころみるであろう。もしも、主要五〇〇会社の破産率が、三七〇〇万組の既婚者の離婚率なみに高まるようなばあいには、国際的規模の経済的大破局がおこるであろう。また、もしも兵士たちが、教会の信者たちが教会にたいして生命を捨てるなどとは考えないのと同様に、軍隊のために生命を捨てることを嫌うにいたったならば、軍事的危機が発生するであろう。

このビッグ・スリーのそれぞれの内部で、その制度を構成する典型的な単位は、拡大され、管理機構としての形をととのえ、その決定権は中央に集権化されてきている。このような発展の背後にあるものは、技術(テクノロジー)の巨大な進歩である。これらの制度はこの技術を取り入れ、その方向を決定した。それと同時に、この技術が、それらを形成し、その発展の速度を決定したのである。

経済は、かつては、自律的な均衡をたもった小さい生産単位の偉大なる分散であった。それが、今では、二〇〇ないし三〇〇の巨人会社に支配されるようになっている。これらの大会社は、経営のうえでも、また、政治のうえでも、相互に関係をもち、一つのまとまりとなって、経済的決定権をにぎっている。

政治的秩序は、かつては、あまり強固でない脊髄しかもたない数十州の分散的な集合にすぎなかったが、今日では中央集権化された行政組織となり、従来では分散されていた各種の権限をその手におさめ、今や社会構造のすみずみにまで入りこんでいる。

軍事的秩序も、かつては、民兵制度によって培われた不信にさらされていた貧弱な制度にすぎなかったが、今日では、政府のもっとも大きな、またもっとも金のかかる造作の一つになっており、ほほえみをふくんだパブリック・リレーションに長じてはいるが、そのじつ、傍若無人にはびこる官僚的領域の特徴である冷酷かつ粗暴な能率性を遺憾なくそなえている。

これらの制度的分野のそれぞれにおいて、政策決定者たちの手中の権力は、いちじるしく増大した。かれらの中央からの統制力は増進し、それぞれの内部で、近代的な管理技術が仕上げられ強化された。

これらの領域が、それぞれ拡大され、中央集権化されるにつれ、その活動がおよぼす影響が増大し、また、相互間の連関性が増加する。一握りの会社の決定が、全世界の経済的発展ばかりでなく、軍事的・政治的動向にまで影響をおよぼすのである。軍部の決定は、政治生活ばかりでなく、経済活動の水準そのものにさえ関係をもち、甚大な影響をあたえるのである。政治的領域における決定が、経済的諸活動や軍事政策を決定する。今日ではもはや、一方では経済が存在し、政治的秩序が存在し、そして軍事は、政治や金儲けになんら重要性をもたぬものとして政治的秩序の中に包括されている、というわけにはいかない。無数の点で軍事的秩序や軍事的決定と結合している政治経済（ポリティカル・エコノミー）が存在しているのである。ヨーロッパの中央を通りアジアの周辺をめぐって分裂した二つの世界のそれぞれの側で、経済・軍事・政治構造の結合がはてしなく進行している[1]。政府が大会社経済に干渉しているとすれば、大会社が、政府の運営に干渉していることも事実である。構造的な意味においてこの権力の三角形は、現在の歴史的構造にとってもっとも重要な、相互に密接に連関しあった支配層の源泉をなしているのである。

この支配層の相互結合の事実は、近代資本主義社会の危機、すなわち、不況・戦争・好景気――のどれをみても、はっきりと現われている。危機に際会するごとに、支配者たちは、基本的な制度的秩序の相互関連性を知らされた。十九世紀には、すべての制度が小規模であったので、自動的な経済（オートマティック・エコノミー）の分野では、市場勢力の自律的な運動によって、また、自律的な政治の分野においては、取引きと投票権によって、自由な統合が達成された。その当時には、制約された決定の結果として、不均衡と摩擦が生ずることはありうるが、しかしその中から、時がいたれば自然と新しい均衡が生ずるものだと考えられていた。今日ではもはやそのようには考えられていない。しかも、この三つの支配的なヒエラルヒーのそれぞれの頂点に坐している人たち自身が、そのようには考えてはいない。

なぜなら、結果のおよぶ範囲を考えると、この領域のいずれか一つでなされた決定――そしてまた決定の回避もまた――は、他の領域に分岐し影響をおよぼす。ここから、各領域の頂点は、相互に連絡調整したうえでなければ決定を下せない。以前にはこういうことはなかった。たとえば、多数の小企業家たちが経済を構成していた時代には、そのいくつかが破産しても、そのおよぼす影響は、地域的なものであったから、政府も軍部も、干渉しなかった。だが、今日にあっては、政治的予測と、軍事的関連を考慮するならば、私企業経済の主要単位が不況にさいして破産するようなことを、当局として放任できようか。こうして、経済分野にたいする政治ならびに軍事当局の干渉の度が多くなり、また、それぞれの領域で下される重要決定は、他の二つの領域の代表者によって査察されるようになり、経済・軍事・政治の各構造が相互に結合するにいたる。

この拡大され、中央集権化された三つの領域のそれぞれ頂点に出現した最高層が、経済的・政治的・軍事的エリートを構成する。経済の頂点には、会社富豪（コーポレート・リッチ）と肩を並べて、会社最高幹部（チーフ・エクゼキュティブ）たちが君臨している。政治的秩序の頂点には、政治幹部会（ポリティカル・ディレクトレイト）のお歴々が坐し、軍事的秩序の頂点には、統合参謀本部と上層軍部のまわりに群る軍人政治家のエリートが控えている。これらの各領域が他と合致し、そこで下される決定が全領域に影響をおよぼすようになるにつれ、権力のこの三領域における指導者たち――将軍、会社最高幹部、政治幹部〔会社の重役会（directorate）との比喩で用いられた言葉。政治権力を握っているグループ、政治エリートを指す。第十章を見よ。――訳者〕――は互いに接近し、アメリカのエリートを形成するようになる。

二

これらの支配地位を占め、あるいはその周囲に集まっている上層グループにたいして考察が加えられるとき、往々にして、そのメンバーが何を所有しているかという観点から考察がなされる。かれらは、もっとも高く評価されるものや経験を、他の人々に比べて、はるかに多くもっている。この見地からみると、エリートとは、たんに、所有するに値するもの――すなわち、金とか、権力とか、名誉、さらにこれらの所有がもたらす生活様式(2)――を、最大限にもっている人々であるということになる。しかし、エリートとはたんにそのようなものではない。なぜなら、巨大な諸制度においてかれらが占めている地位なく

る。この政治的秩序は、アイゼンハワー元帥やかれに代表される種類の人々にとっては、権力と威信が合致してその絶頂の高さにたっする場所なのである。

このように、富や権力と同じように、威信も、また累積的な傾向をもつ。それを獲得すればするほど、よりいっそう、それをさらに獲得することができるのである。しかも、これらの価値は、相互に移行することもできる。富者は貧者に比べ、権力を容易に獲得できる。地位をもつ者はもたないものに比べて、富への機会をつかみやすいのである。

もし、アメリカの一〇〇人の、最高の権力者、大富豪、名士たちを、かれらが現在占めている制度内の地位からきり離し、かれらの駆使する男女や金から引き離し、かれらの上に焦点を合せているマス・メディアから引き離すならば、かれらはたちまち、無力となり、貧者と変じ、その威信は地におちるであろう。なぜなら、権力は個人のものではなく、富は、富める者個人の手中にあるのではなく、名声もある個人のパーソナリティの内部に潜むものではない。有名になり、金を蓄め、権力を獲得するためには、主要制度に入りこむことが必要である。なぜならば、制度内で占める地位が、このような貴い経験を得、また、これを保持する機会があるかどうかを、おもに決定するからである。

三

また、次のような見解もある。すなわち、上層部(ハイヤー・サークル)の人々とは、互いに知りあっている一組の諸グループからなる最高社会階層の一員であり、かれらは相互に社交上でも業務上でも交際をもっているために、互いにこの仲間のことを考慮に入れながら決定を下しているのだ。この考え方によれば、エリートとは、「上流社会階級」(3)の中心的グループである。または、中心的グループであるとみなされている人々である。かれらは、程度の差はあるが、緊密に結合した社会的・心理的存在であり、一つの社会階層の自覚的メンバーである。このエリートをエリートでない人々から分つものは、たんなる量的基準ではなく、質的な溝である。この階級に受け入れられるか、そこから排斥されるか、の二つに一つである。かれらは、多かれすくなかれ、一つの社会階級としての自覚をもち、仲間にたいしては他の階級のメンバーにたいして行動するばあいとは異なった行動をとる。かれらは、お互いを受け入れ、理解し、縁組みをし、また、行動や思考のうえでも、一致したとはいえないにしても、すくなくとも同じような傾向を示す。

われわれは、このような定義を下したが、そうであるといって、支配的地位を占めるエリートが、そのように社会的に認められている階級の意識的なメンバーであるとか、あるいは、特権層の大多数が、はっきりと他と異なったある一つの階級の出身であるとか、前もって断定しているわけではない。これは、これから検討しなければならない事柄である。だが、われわれの検討のねらいをはっきりさせるためには、われわれは、金持や、権力者、有名人などの伝記や回想録があきらかに示している一つの事柄に、注目しなければならない。他の点ではどうであれ、とにかく、上層部の人々は、相重なりあう「群れ」、あるいは、複雑に結びあっている「派閥」に、関係をもっているということである。このように「同じバルコニーに席を占める」人々の間には、お互いを引きつける何ものかがあるのである。もちろん、二つの事実は、かれら自身にとっても、かれら以外の外部の人々にとっても、他と一線を画する必要を感じさせられるようになったときに、はじめてはっきりするのであり、また、外部にたいして共同の防衛陣を必要とするばあいに、はじめて自分たちのもつ共通のものを理解し、かくて、よそ者を締め出そうとするのである。

支配層というものをこのように考えると、支配層のメンバーの大部分は類似した社会的出身であり、一生を通じて互いに個人的なつながりの網の目を維持し、また、金と権力と名声の諸ヒエラルヒーの間には、ある程度相互に地位を交換できる関係がある、ということになる。もちろん、アメリカでそのようなエリートが存在するとしても、それは、ヨーロッパ諸国をかつて支配した貴族の姻戚関係とはまったく異なっていることに注意しなければならない。この相違は、きわめて具体的な歴史的根拠にもとづいている。

アメリカ社会は封建時代を経過したことがなかった。このことは、歴史的全体としてのアメリカ社会にたいしてと同様に、アメリカのエリートの特質にたいして、決定的に重要なことである。このことは、資本主義時代以前にすでに地盤を固めた貴族層が、上層ブルジョアジーに反抗するというようなことがなく、ブルジョアジーは、富だけではなく名声をも独占した、ということを意味する。また、このことは、最高の地位や一般に高く評価されている価値が貴族の一族によって、独占されるというようなことがなかったし、さらに、いかなる一族といえども、たんに家系による相続によってそのようなものを独占したことはなかった、ということを意味する。また、威厳のある服装をまとった教会の高僧、宮廷の高官、強固な土地貴族、軍の高官の地位の独占者たちが、富めるブルジョアジーにたいして敵対し、生まれと特権をふりかざして、ブルジョアジーの形成に抵抗する、というようなことはなかった。

しかし、このことは、アメリカには上流階層は存在しないということにはならない。たしかに、アメリカの上流階層は、いかなる貴族的な上位者をももたぬ「中産階級（ミドル・クラス）」の中から出現した。しかし、かれらは、巨大な富を築きあげ、自分たちの優位な地歩を確保し、たんなる「中産階級」にとどまってはいなかった。その出身と、その比較的な新しさによって、アメリカの上流階層は、他の国々のそれよりも目だたない存在であるかもしれない。しかし、今日のアメリカでは、中流や下流階層の人々がほとんど知らないような、あるいは想像もできないような、富と権力の厚さと広がりがじっさいに存在している。たんに富裕な生活をしている人々は、またそれ以下の人々はもちろん、経済的変動の波に影響される。そのような変動によっては微動だもしない恵まれた境遇にある家族も存在する。ほんの一握りの権力者たちが一般の下積みの人々にたいして、きわめて重大な決定を下しているのである。

アメリカのエリートは、ほとんど敵対者をもたぬブルジョアジーとして近代史に登場した。それ以前にも、それ以後にも、このような機会と、恩恵に恵まれて出現した全国的規模のブルジョアジーというものはほかにない。軍事的に強力な隣国をもたなかったので、かれらは、天然資源に恵まれ、開拓の意志にあふれた労働力の到来を待っているこの孤立した大陸を容易に占拠した。権力機構と、それを正当化する一つのイデオロギーが、すでに用意されていた。重商主義的な諸制約に対抗して、かれらは自由放任主義の原理を受け継いだ。かれらは、南部の農業主たちにたいして、産業主義の原則を押しつけた。独立戦争の結果、王政主義者たちが国を去り、多くの大所有地が破壊されたので、あの植民地時代に見られた貴族制への主張は、止めをさされた。ニューイングランドの旧家たちによる家系の主張も、ジャクソン時代の身分革命によって終止符が打たれた。南北戦争以前の南部には、高い尊敬を要求する人々が存在していたが、その権力と、したがってその威信は、南北戦争によって打ち破られた。全体として資本主義の発展の速度が早かったため、アメリカでは、世襲的貴族層の発達や持続が不可能であった。

ドイツや日本におけるように、農業生活に基盤をおき、軍事的栄光に輝いた強固な支配階級が、商業や産業の歴史的発展を抑え、資本主義のエリートを自己の下に従属させる、というようなことはアメリカではなかった。それればかりでなく、世界のいかなる国の支配階級も、アメリカの支配階級を抑えることができなかった。暴力も、産業化の裏づけによってのみ、歴史の決定力となりうる時代になっていたからである。二十世紀の二つの世界戦争における、ドイツと日本の運命をみるといい。また、イギリスとその模範的な支配階級の運命すらも、ニューヨークが、不可避的に、西洋資本主義世界の、経済的中心となり、ワシントンが政治的首都になるにおよんで、定まってしまったのである。

四

指揮中枢（コマンド・ポスト）を制しているエリートは、権力と富と名声の所有者であると考えることもできるし、あるいは、資本主義社会の上流階層であるとみることもできる。また、心理的・道徳的な基準から、エリートをある種の選ばれた個人であると定義することもできる。この定義によると、エリートとは、まったく単純に、すぐれた性格とエネルギーをそなえた人々である、ということになる。

たとえば、ヒューマニストは、「エリート」とは、なんらの社会層ないし社会的カテゴリーではなく、自己を超越しようと努力する人々、したがって、より高貴であり、よりすぐれた能力をそなえ、他の人々より優秀な素材からなっている人々の総称である、と考えるかもしれぬ。このばあいには、その貧富、地位の高低、あるいは他人から尊敬されているか軽蔑されているか、などのことは問題ではない。なぜなら、かれらがエリートであるゆえんは、かれらがある種の個人であることにあるのだから。この考え方によると、エリート以外の人々は、つまらぬ凡人であり、そこに怠惰にも甘んじているのだ、ということになる。(4)

このような思考は、社会的基盤を無視する思考方法であり、最近、保守的傾向をもつアメリカの一部の論者たちは、このような思考を育成しようと努めている。* しかし、エリートにたいする道徳的ないし心理的見解の多くは、個々人についてではなく層全体に関心をもっており、それほどにはこじつけてはいない。じっさい、そのような考え方は、つねに、一部の人々が他の人々よりも多くの所有物を享受している社会で発生するのである。特権を享受している人々は、自分たちの特権がいわれのないものとは考えたがらない。かれらは、自分たちは、そういうものを享受する資格を生まれつきもっていると考えたがる。かれらは、自分たちは「生来的に」エリートであると思いこむにいたり、さらには、自分たちの財産と特権は、エリートとしての自分に当然の結果にすぎないとさえ考える。この意味で、エリートとはより高貴な道徳的性格をもった人々である、という観念は、特権的支配層としてのエリートのイデオロギーの一つである。このことは、このイデオロギーがエリート自身によってつくりだされたものか、他の人々によってつくられたのかにかかわりない。

* 第十四章「保守的ムード」を参照。

平等を唱えることのはやる時世には、下層や中層階級の知的分子やスポークスマンたち、また、上層階級のなかで後ろめたく感じている連中は、ときとして、対抗エリート（カウンター・エリート）というような考えをもつようになる。じっさい、西欧社会では、貧しい者、しいたげられた者、抑圧されている者こそ、真に高潔な人々であり、賢者であり、祝福されたものであると考える永い伝統があり、さまざまな形でそのようなイメージが描かれてきた。本質的にはより高貴であるにもかかわらず下層の地位に陥れられている人々からなる対抗エリートというこの道徳的観念は、キリスト教の伝統から発しており、下積みの人々の支配エリートにたいする激烈な批判を正当化し、来るべき新エリートのユートピアのイメージを祝福するために利用されてきた。

しかしながら、このエリートに関する道徳的観念は、かならずしも、特権享受層のイデオロギー、あるいは、無特権層の対抗イデオロギーではない。往々にして、それは事実である。というのは、上層階級の多くの個人は、抑制された経験を積み、えらばれたいくつかの特権を享受している間に、自分たちが身につけていると主張していたタイプの性格に、じっさいに近づいていく。エリートは生まれつきエリート的性格をもっているという考えを捨てるとしても——捨てざるをえないのであるが——、かれらの積む経験と訓練は、かれらの間にある特定のタイプの性格を発展させるという考えを捨てる必要はないのである。

現代では、エリートをより高いタイプの個人の集合であるとみなす観念は、修正されなければならない。というのは、えらばれて最高の地位につき、またその地位によって形成される人々の周囲には、多数の代弁者・顧問・身替り役、さらには演出係たちが控えており、最高の地位を占めている人々の自己についてのイメージはこのような連中によって修正され、また、世間一般で流布されるイメージはこの連中によってつくりだされているのであり、また、かれらの下す決定の多くさえも、この連中によって左右されているからである。もちろん、この点については、エリート内部でかなりの差異がある。しかし、現代のアメリカでは、一般的にいって、いかなる主要エリート集団のばあいでも、それを、表面に現われた人物という点からだけ解釈することは、あまりにも純真にすぎる。アメリカのエリートは、多くのばあいには、人物の集合というよりもむしろ、会社組織体の集合であり、おもに「パーソナリティ」の標準的なタイプとしてつくりだされ、またそういうものとして代表されている。一見まったく自由にみえる名士たちですらも、毎週毎週、規律厳正な本部によってつくりだされる一種の合成生産物にすぎないばあいが普通である。その本部は、この名士たちが「自発的に」くりかえす思いつきの洒落の持つ効果についてさえも、系統的に検討しているのである。

しかしながら、エリートが、一つの社会階級として、指揮中枢（コマンド・ポスト）を占める一群の人々としてときめいているかぎり、一定のタイプのパーソナリティを選択し形成し、他のタイプを排斥するということはある。人々がどのような種類の道徳的・心理的存在となるかは、主として、かれらが経験した価値と、かれらにあたえられ、演ずることを期待されている制度的役割とによって決定される。伝記作者の観点から表現すれば、上層階級の人間は、かれの同類との関係を通じて形成される。かれは、かれと似たような連中との少人数の親密な集まりを次から次へと経過し、一生の間にはそこにまた戻って行くのである。このように考えると、エリートとは、一群の上層サークルであり、そのメンバーたちは、選抜され、訓練され、認可され、現代社会のインパーソナルな制度のヒエラルヒーを指揮する人々と近づきになることを許された人々である。エリートを心理的属性から考えていく観念になんらかの取りえがあるとすれば、それはこういう点である。すなわちかれらは、決定のもっている非情さを意識していると同時に、互いに親密な感情を抱いており、その二つを自己の中で統一している点である。一つの社会階級としてのエリートを理解するためには、より小規模な面接的環境の全体を検討しなければならない。歴史的にいえば、この面接的環境のもっともあきらかなものは、上流階級の家族であった。しかし、今日ではそのもっとも重要なものは、名門の高等学校と都市のクラブである。(5)

五

エリートについてのこれらの諸概念は、正しく理解するならば、相互に密接に関連しあっている。われわれは、ここで試みようとしているアメリカの成功者たちの検討にさいして、これらの考えのすべてを用いたいと思う。われわれは、エリートの候補者を供給しているいくつかの上層グループを一つ一つ検討するであろう。そのさい、われわれは、アメリカの全体社会を構成している主要な諸制度と関連づけながらこれを検討しようと思う。これらの諸制度の内部と相互間にわたって、富と権力と威信の相互関連を追究するであろう。しかし、われわれのおもな関心は、現在指揮中枢を占めている人々の権力であり、現代の歴史においてかれらがはたしつつある役割に向けられる。

このようなエリートは、全能であり、その権力は、巨大な、またひそやかな意志であると考えられるばあいがある。じっさい、俗流マルクス主義では、諸事件や諸傾向は、「ブルジョアジーの意志」から説明されるし、ナチズムでは、「ユダヤ人の陰謀」から説明され、今日のアメリカの右翼のチンピラたちの手にかかると、共産主義者のスパイたちの「かくれた勢力」から説明されるのである。全能のエリートを歴史の原因とみなすそのような考え方にしたがうと、エリートは、けっしてその全貌をあらわさない存在である。じっさい、それは、神の意志の地上における代用品であり、神の摂理ともいうべき構図にもとづいて姿をあらわすのである。ただし、たいていのばあいにはエリート以外の人々（ノン・エリート）は、エリートに対抗しうるし、ついにはエリートに打ち勝ちうる、と考えられているが。*

＊政府内部に共産主義者の手先が存在した、とか存在するとかいって批難している人々や、それに脅えている人々は、「ところで、共産主義者たちが高い地位に食いこんでいるとしても、一体、かれらはどの程度の権力をもっているのか」というような疑問を一度も抱いたことがないのである。かれらは、高い地位を占めている人々、さらにはそのような人々に影響力を及ぼしうる地位を占めている人々は、重要な事件にたいする決定を下しているのだ、と単純に信じている。赤の手先のおかげで中国をソビエト・ブロックに奪われてしまったのだ、とか、赤の手先のために忠誠なるアメリカ人が影響されて中国を失うにいたったのだ、と考えている人々は、一群の人々がそのような事柄を決定——積極的にせよ、怠慢あるいは愚鈍のためにせよ——していると単純にも信じているのである。赤の手先の影響はそんなに大きくはなかったと信じている多くの他の人々でさえ、忠誠なるアメリカ人からなる国策決定者たちが、自らの誤りのために中国を失ったのだ、と考えているのである。

これと正反対の見解、すなわち、エリートは無力であるという見解は、現在、自由主義的な論客の間で非常に人気を博している。エリートは全能であるどころか、はなはだしく分散しているので、歴史をおし進める力としてはまったく統一を欠いている、という。エリートが目にみえない存在であるのは、秘密を保っているためではなく、あまりに数が多いために目にとまらないのである。権力をともなう制度上の地位を占めている人々は、他のエリートの圧力の行使によって、有権者としての公衆によって、また、憲法の条文によって、がんじがらめに抑制されている。したがって、上層階級はあっても支配階級などというものはないし、権力者（メン・オブ・パワー）はいても、権力（パワー）エリートはいない。社会的成層（ストラティフィケーション）の体系は存在しても、権力をふるいうる頂点（エフェクティブ・トップ）といったものはない、というのである。この見方では、エリートは妥協によって弱められ、分断されて、存在しないにひとしい存在になっているとみているが、それをさらにおし進めると、エリートは、非人格的な集合的運命の一種の代用物にすぎなくなる。というのは、この見方では、上層の諸グループの具体的な個人の下す決定などは、歴史の中でなんの意味ももたないからである。*

＊　エリートの無力という考え方については、第十一章「均衡理論」であらためてふれるはずであるが、この考え方は、自動的に均衡を保つ経済（オートマティック・エコノミー）という観念によって強力に支えられている。この自動的均衡経済では、経済的エリートなど存在しないとされ、したがって、権力の問題も解消されてしまう。だれも、大きなちがった結果をもたらしうるような権力をもってはいない。諸事件は、匿名の均衡の結果である、というわけである。政治的エリートについても、均衡のモデルは権力の問題を解消してしまう。市場経済に対応して指導なきデモクラシーがあり、そこでは、だれも何にたいしても責任を負っていない。逆にいえば、あらゆることにたいし、あらゆる人が責任を負っている。人々の意志は、選挙過程の非人格的作用を通じてのみ作用している、と見るのである。

国際問題に関しては、全能なるエリートというイメージが支配的である。世論製作者たちは、よい事件や喜ばしい出来事はたちまちにして自国の指導者たちのおかげにしてしまう。これにたいして、悪い事件や不愉快な出来事は、国外の敵のせいにされる。いずれのばあいにも、邪悪なる支配者あるいは有徳な指導者の全能がきめこまれている。国内問題のばあいには、そのような修辞術の使用はもう少し手のこんだ形をとっている。すなわち、自分たちの党派やグループのもっている勢力について語られるばあいには、自分たちとか自分たちの指導者はもちろん無力であり、「人民(ピープル)」のみが全能なのである。しかし、反対党や反対者のグループの勢力について云々するときには、それらは全能であり、今度は「人民」はまったく無力であり利用されているのだ、ということにされるのである。

もっと一般的にいえば、アメリカの権力者たちは、伝統的に、自分が権力者であることを否定する傾向がある。アメリカ人は官職につくばあいには、支配はもちろん統治とさえいわず、奉仕するためであるという。官僚とか役人になるなどとはいわず、公僕(パブリック・サーヴァント)になるのだという。すでに指摘したように、現代のアメリカでは、このような姿勢が、あらゆる権力者たちのパブリック・リレーションズ・プログラムの標準的特徴となっている。このような姿勢は権力行使のスタイルの一部としてかたく組みこまれているために、保守的論客たちは、それを、「不定形な権力状況(アモルファス・パワー・シチュエーション)」に向う傾向を示していると、たやすく誤解してしまうのである。

しかし、現代アメリカの「権力状況」が不定形であるというよりは、それをロマンチックな混乱とみている人々の見透しが不定形なのである。それは、平坦な、一時的な「状況」というよりは、上下の序列をもった永続的な構造である。その最高の序列を占める人々は全能でないにしても、無力ではけっしてない。エリートがどの程度の権力を所有し行使しているかを理解しようとするならば、この権力の段階の形態と高さこそ検討しなければならない。

もしも、現に決定が下されているごとき国家的問題を決定する権力が、まったく平等にわかちもたれているとするならば、権力エリートなどというものは存在しないことになる。そのばあいには、さらには、権力の段階さえもなく、存在するものは、まったくの同質性だけである。これと正反対に、問題を決定する権力が一握りの小グループにまったく独占されているとするならば、やはり権力の段階は存在しないことになる。ただこの小グループが支配し、その下には、未分化の被支配大衆が存在するだけである。現代のアメリカ社会は、この両極端のいずれをも代表していない。しかし、この両極端を考えることは、有益である。というのは、そうすることによって、アメリカの権力構造と、その内部における権力エリートの位置づけの問題をよりはっきりと認識することができるからである。

現代社会におけるもっとも強力な制度的諸秩序のそれぞれの内部には、権力の段階が存在している。路傍の果物屋の主人は、社会的・経済的・政治的決定のいずれの分野においても、数百万ドルの果物会社の社長ほどの権力はもっていない。部隊つきの下級士官の権力は、国防省(ペンタゴン)の参謀総長の権力とはとうてい比較できない。副治安官は、合衆国大統領ほどの権威はもっていない。したがって、権力エリートを定義する問題は、どの段階で一線を画すかという問題である。この線をずっと下までさげるならば、エリートの存在が見失われてしまうし、上にあげるならば、エリートは小さなグループに限定されてしまう。ここでは、予備的な、最小限の定義を試みて、木炭で下絵でも描くつもりで、おおざっぱに一線を引いてみよう。すなわち、権力エリートとは、相互に重複しあい錯綜した関係に立つ一群の派閥として、すくなくとも国家的影響をおよぼすような決定に参与している政治的・経済的・軍事的グループをいう。国家的事件の決定に関するかぎり、権力エリートは、それらを決定する人々なのである。

現代社会の内部では、決定を下す権力と機会とに顕著な段階が存在するといっても、権力者が団結し、自分たちの行為をはっきりと認識し、意識して謀議に参画している、ということではない。そのような問題に取り組む最善の方法は、権力者たちがどの程度、意識的に行動しているかとか、かれらの動機が純粋なものであるかどうかなどを問題にせずに、なによりもまず、高い地位を占め権力を所有している人々の構造的位置と、かれらの下した決定がもたらした結果とを検討することにある。権力エリートを理解するためには、次の三つの鍵に注意を払わなければならない。

Ｉ　その一つは、それぞれの環境におかれたエリートたちの心理である。われわれは、上層諸サークルのおのおのについて論ずるに当り、たえずこの点を強調するであろう。権力エリートが同じような出身と教育程度の人間から構成され、かれらの経歴と生活様式が類似している点に、かれらが団結するにいたる心理的ならびに社会的根拠がある。かれらは、同様な社会的タイプであるところから団結が生じ、その団結は、かれらが相互に交際し混合することを容易にするのである。この種の団結が、表面的にもっとも華々しく見られるのは、有名人（セレブリティ）の世界であたえられる威信を共にわかちもっているばあいである。しかし、この団結がより確実に結ばれ、もっとも強まるのは、この三大制度的秩序の内部と、相互間で、地位を交換しうるという事実にもとづくばあいである。

Ⅱ　現存するこのような心理的・社会的団結の背後には、制度のヒエラルヒーの構造と機構が存在している。そして、その構造と機構を支配しているものが、政治幹部・会社富豪・軍部高官である。これらの官僚的に組織された領域の規模が大きければ大きいほど、それぞれのエリートの規模も大きい。主要ヒエラルヒーのおのおのがいかにして形成されたか、それが他のヒエラルヒーにたいしてどのような関係をたもっているか、このことが、そのヒエラルヒーの支配者たちの諸関係の大半を決定しているのである。これらのヒエラルヒーが分散し、相互に関連を失うならば、そのおのおののエリートも、分散し分離する。そのヒエラルヒーが多くの点で相互に関係をたもち、一致した利害をもっているならば、そのエリートは、統一のとれたグループを形成するようになる。

エリートの団結は、諸制度の結合のたんなる反映ではない。しかし、人と制度とはつねに関連しあっているので、権力エリートというものを考えるばあいには、この人と制度との関係をあきらかにせざるをえない。今日のアメリカでは、これらの制度的諸領域の間には、いくつかの重要な点で利害の構造的な符合が存在する。その一つを指摘すると、政治的真空（ポリティカル・ヴァキューム）の内部で、私企業経済の手によって永久的軍事体制が進められている、という利害の構造的一致がある。

Ⅲ　しかしながら、権力エリートの団結は、心理的類似と社会的混合だけに依存しているのではなく、また、支配地位と利害の構造的符合だけに依存しているのでもない。ときとしては、それは、より意識的な調整による団結である。これらの三つの上層グループが相互調査を強化する傾向にあり、これがかれらの団結の一つの基礎であり、ときとしては――たとえば戦時には――そのような相互調整が決定的な役割をはたす。とはいえ、このような相互調整は全面的なものでも永続的なものでもなく、強固なものでもない。ましてや、意識的な調整がかれらの団結の唯一ないし主要な基礎であるとはいえないし、権力エリートは、ある計画が実行された結果として出現するものでもない。しかし、次のことはいえるのである。すなわち現代の制度的機構は、同時にいくつかの利害を追求することを可能にした。人々は、互いに協力――制度的にせよ、また非制度的にせよ――することにより、利害を容易に実現しうることに気づき、相互に協力するにいたったということである。

六

私は、人類の歴史のあらゆる時代に、また、あらゆる国において、歴史的事件のすべてを形成したのは、創造的才能をもった少数の人々、支配階級、あるいは全能なエリートである、などといっているのではない。注意深く検討すれば、このようないい方は、たんなる同義語反復（トートロジー）にすぎないのである。[6] そうでないとしても、まったく一般論でありすぎて、現代史の理解には全然役に立たない。権力エリートとは、重要な影響をともなう決定を下す人々である、という最小限度の定義を提出した。この定義は、このエリートのメンバーたちが、つねに、また、かならず、歴史の形成者であるということを意味するものではないし、また、その反対に、歴史の形成者ではない、ということにもならないのである。われわれは、エリートの概念――われわれが定義しようとしているのはこれである――と、エリートのはたす役割に関する一つの理論、すなわち、かれらこそ、現代の歴史の創造者であるという理論とを混同してはならない。例をあげるならば、エリートをもって「アメリカを支配している人々」と定義するならば、それはある概念を定義しているのではなく、むしろ、かかるエリートの役割と権力にたいする一つの仮定を述べたものである。エリートをどのように定義したところで、そのメンバーの権力の範囲は、時代によって異なっているのである。もし、独断的なやり方で、この差異までも一般的定義の中に含めようとするならば、必要とされている一つの概念の有用性をかえっておろかにも制限してしまうことになる。もしも、われわれが、エリートとは、つねにまた絶対的な支配を及ぼしている階級であり、相互に厳密に調整された階級である、と定義した方がよいと主張するならば、われわれの視野は狭められ、もう少し控え目な定義を下せば、観察の対象となしうるような多くのものが見失われてしまう。要するに、あらゆる国々の支配階級がどのような程度と種類の権力をもっているかについての独断的判断を、権力エリートの定義の中に含めることは不適当なのである。まして、ある歴史理論を、エリートについての議論の中に混入させるなどということは、許さるべきではない。

人類の歴史の大部分を通じて、歴史的変化は、それにまきこまれた一般の人々にとって可視的なものではなかったし、その立役者たちにとっても理解可能なものではなかった。たとえば、古代エジプトやメソポタミアでは、四〇〇世代にもわたって、その基本的構造はほとんど変化しなかった。これは、世代からいえば六〇世代である全キリスト教時代の六倍半に相当するし、アメリカ合衆国の存続の五世代にくらべれば、約八〇倍にあたる。しかし、現代では、変化の速度はきわめて急速であり、また、種々の観察手段も容易に利用できる。したがって、われわれが、注意深く、また適切な視点から観察さえするならば、事件と決定との間の相互関係を、歴史的にはっきりと見ることができるのである。

知ったかぶりをするジャーナリストたちは、「重大な決定を下すのは、人ではない。事件がそうさせているのである」などという。かれらは、歴史をもって、偶然、天運、運命、あるいは「見えざる手」によってつくられるものとなす理論をおうむ返しにしているのである。というのは、「事件」とは、歴史の創造から人間をきり離して考えるこのような旧い考え方を、現代的な言葉で表わしたものにほかならない。かかる考え方によれば、歴史とは、人間と無関係に進行するものと考えざるをえない。歴史は統率者なしにただよう。歴史の中には、行動（アクション）はあるが、行為（ディード）はない。歴史は、なにびとによっても意図されなかった、たんなる偶然の出来事である、ということになる。

現代では、ある事件の経過がどのような針路をたどるかは、なんらかの不可避の運命に依存するのではなく、むしろ、人間の下す一連の決定に依存している。「運命」の社会学的意義は、端的にいえば、こうである。すなわち、下された決定の数が多く、しかもその一つ一つが、結果からみて重要でないようなばあいには、なにびとも意図しなかった方向にそれらの決定が積みかさなって、運命として歴史をつくりだす。しかし、あらゆる時代がすべて同じように運命的であるのではない。決定力をもった人々の範囲が狭められ、決定の手段が集中し、決定にともなう結果が膨大になるにつれて、大事件がいかなる経過をたどるかは、はっきりと名ざすことのできる一群の人々の決定によって左右される度合が強まる。しかし、こういったからといって、かならずしも、始めから終りまで同一のグループの人々が事件を左右し、歴史のすべてがたんにかれらの計画にすぎない、ということにはならない。エリートが権力をもっているといっても、歴史の形成にたいして、熟慮の結果によらない一連の小さな決定がなんらの寄与をしていない、ということにはならない。無数の小さな協定や妥協や順応が、つもりつもって政策として実施され、事件として生起することもありうる。権力エリートという考え方は、政策決定過程（デシジョン・メイキング・プロセス）そのものについてはなんらふれていない。ただ、その性質がどうであれ、かかる過程が、どの社会領域で進行するのかを、はっきりさせようという試みにすぎない。それは、だれがこの過程に関係しているかに関する観念なのである。

さらに、決定に関係している人々がどの程度の洞察力をもち、支配力をもっているかも、ばあいによって異なっている。権力エリートという概念を採用したからといって、かれらの決定の基礎となっている情勢評価、危険率（リスク）の計算が往々にして的をはずれ、最終的結果が始めの意図と異なったものとなることはない、などということにはならない。決定を下す人々が、自分の能力の不足のために罠にかかり、自己の過失によって目がくらんでしまうことが、しばしばある。

しかし、現代では、少数のグループの人々が決定を下す——あるいは決定を下し損ずる——ような重要な瞬間というものが存在する。かれらが決定を下したにせよ、決定に失敗したにせよ、いずれにしても、かれらは権力エリートなのである。日本にたいする原爆投下はそのような瞬間の一つであった。朝鮮に関する決定、金門島と馬祖島や、ディエン・ビエン・フー以前のインドシナに関する政策の混乱は、やはりそのような瞬間の例であるし、アメリカを第二次大戦に引きこんだ一連の策動もまたそうである。現代史の大部分は、多くのそのような瞬間から成り立っているといえるのではないだろうか。現代は重要決定の時代であり、まったく集中された権力の時代である、といわれているが、それは、このようなことを意味しているのではないだろうか。

ギリシャ的な永劫回帰を信じたり、来るべき救済へのキリスト教的信仰にたよったり、さらには、人類の絶えざる進歩を信ずることによって、現代の意義を見出そうとするようなことは、われわれの大部分にとっては縁のないことである。われわれはそのようなことをふりかえって考えてみるようなことをしはしないが、それにしても、われわれは、ブルクハルトと同じように、自分たちがたんなる出来事の連続の中で生活しており、たんなる連続性のみが歴史の唯一の原理である、と信じているのではあるまいか。歴史とは、事柄の連続であり、なんらの明確な計画の実現ではないのだから、無意味である、と受け取られているのではないだろうか。もちろん、連続性にたいするわれわれの感覚や、現代史にたいする感情は、危機の影響を受けている。しかし、われわれは、当面の危機、または、身近に迫りつつあると感ぜられる危機を越えて、その先を見ようとはしない。われわれは、運命とか神の摂理などを信じない。口にこそ出していわないが、われわれは、国民としての「われわれ」は未来を形成する力をはっきりと持っているが、個人としての「われわれ」にはそのような力はないと考えている。

歴史が意味をもっているとすれば、それをあたえるものは「われわれ」の行動である。だが、実際には、われわれのすべてが歴史の中にあるとはいえ、皆が皆、歴史をつくりだす同等の力をもっているのではない。もっていると考えるのは、社会学的には馬鹿げたことであり、政治的には無責任なことである。馬鹿げているという理由は、いかなるグループにせよ個人にせよ、なによりもまず、かれらが駆使しうる技術的・制度的な権力の手段がかぎられているからである。現存する権力の手段を手に入れうる程度が人によりグループによって異なっているし、また、この権力の行使にたいして及ぼしうる影響力もまた異なっているからである。「われわれ」のすべてが歴史の創造者である、と思うのは政治的に無責任である。というのは、そのような考えは、権力の手段を支配する人々が、重要な影響をもち来らす決定にたいして、もっている責任の所在をあいまいにするからである。

西欧社会の歴史をごくおおざっぱにでも検討してみれば、政策決定者のもつ権力は、なによりもまず、その社会の技術の水準や、権力と強力と組織の諸手段などによって制約されていることがわかる。また、これと関連して、西欧の歴史を通じてあらわれているかなりはっきりした一つの傾向を読み取ることができる。すなわち、抑圧と搾取、暴力と破壊の諸手段は、生産と建設の諸手段と同様に、次第に拡大され、また、ますます集中化されてきていることである。

権力の制度的諸手段と、それらを結びつけている通信の諸手段がますます能率的になってきているが、今や、これらの諸手段を手中におさめた人々は、人類の歴史上かつてないほど強大な支配の手段をわがものとするにいたった。しかも、これらの手段は、今後ますます発達するであろう。われわれは、過去の諸時代の支配層の興亡の歴史によりかかり、この興亡史に気をゆるめてはならない。この意味で、「われわれは歴史から学びえないところのものを歴史から学ぶ」といったヘーゲルは正しいのである。

各時代にたいして、また、社会構造の一つ一つにたいして、われわれは、エリートの権力の問題についての答をそれぞれ算出しなければならない。人間の目的としているところは、往々にして、たんなる希望にすぎない。しかし、それを達成するための手段は、事実であり、なにびとかの支配下におかれている。だからこそ、手段を支配下におさめているエリートにとっては、すべての権力の諸手段が目的になりがちなのである。また、この故に、われわれは、権力の手段を尺度として権力エリートを定義し、指揮中枢(コマンド・ポスト)を占めている人々と定義したらよいと思うのである。現代アメリカのエリートについてのいくつかのおもな疑問――その構成、まとまり、権力――に取り組むばあいには、かれらが駆使しうる恐るべき権力に充分注意しなければならない。シーザーがローマでなしえたことは、ナポレオンがフランスで揮った力と比べものにならない。そのナポレオンも、ロシアにおけるレーニンには及ばず、レーニンは、また、ドイツにおけるヒトラーには比較できない。絶頂期のシーザーの権力も、ソビエト・ロシアの中枢グループ――その構成は始終変動しているが――や、アメリカの行政府――期限を定められてはいるが――の権力に比べれば、まったく問題にならないのである。ロシアやアメリカの上層グループの人々は、一夜にして大都会を壊滅させることもできるし、数週間にして、大陸を放射能の立ちこめる荒野と化すことができる。権力の手段が途方もなく大規模となり、決定的に集中化されたことは、少人数のグループの決定が、今や、ますます重大な結果をともなうにいたったことを意味する。

　しかし、現代社会構造の頂点の地位(トップ・ポスト)は、以前に比べてははるかに重大な決定を下す力をあたえるといっても、このような地位を占めているエリートが歴史を創造する者である、とはいえない。現代では、経済・軍事・政治構造が拡大され、統合された結果、重大な決定を下すことが可能となった、ということはわれわれがすぐに認めるところである。とはいえ、われわれは、いわば「それらは自己運動をしている」のであるとか、最上部の人々は「必要」に迫られて決定を下すことを余儀なくされているのだと信じている。このさい、必要というのは、かれらのはたす制度化された役割と、社会の全体構造におけるこれらの諸制度の状況とを指しているようである。

一体、エリートが、自分たちのはたす役割を決定するのか、それとも、制度がかれらに提供する役割が、エリートの権力を決定するのか。これにたいして一般的に答えれば――一般的な答は大体不充分なものなのだが――、構造が違い、時代が異なるに応じて、エリートと、かれらの演ずる役割との関係は異なっている。すなわち、エリートの性質、歴史の性質そのものの中には、なんらの答も得られない。さらにまた、次のことも真実である。すなわち、大多数の人々は、あたえられた役割を引き受け、その地位の故にはたすことを期待されているとおりにその役割をはたしている。エリートは、まさにこのことをやらなくてよいのであり、多くのばあい、しないのである。かれらは、構造それ自体、その内部における自らの地位、あるいは、その地位を遂行する様式を、問題にすることができるのである。

ナポレオンは、霧月(ブリューメール)の十八日に、議会を放逐し、つづいて、自己の執政官制度を皇帝制に切り替えたが、このことはだれもナポレオンに要求しなかったし、許可もしなかったことである。[7] ヒンデンブルク大統領が死んだ日に、自らを「指導者兼宰相」と称し、大統領と宰相の地位を統一することによって両者の地位を廃止し、乗取ることを、だれも、ヒトラーに要求もしなければ許可もしなかった。アメリカ合衆国を第二次世界大戦に介入させるにいたった一連の決定を下すことを、だれも、フランクリン・D・ローズヴェルトに要求もしなかったし、許可もしなかった。広島にたいする原子爆弾の投下を決定したのは、「歴史的必然」ではなく、トルーマンという名の男と、数人の人たちであった。ディエン・ビエン・フーを包囲する部隊を爆撃するというラドフォード大将の提案を退けたのは、「歴史的必然」ではなくして、少数の人々のグループにおける討論であった。現代のエリートは、諸制度の構造に依存しているどころか、ある構造を粉砕し、かれらがまったく異なった役割をはたすような別の構造を樹立することもある。じっさい、「偉大な指導力」といわれるものには、全権力手段をもちいてある制度的構造を破壊し、別の構造を創出することが含まれている。ただし、この破壊と創出がよい結果をもたらしたばあいである。うまくいかないばあいには、圧制ということになる。

もちろん、エリートの一部の人々は、役割によって規定されている。しかし、他の人々は、ときとして、役割を決定するのである。かれらは、自分たちのはたす役割ばかりでなく、現代では、何百万という人間の役割まで決定するのである。ことに社会構造が画期的変化の過程をたどりつつある時期には、枢要な役割の創出と遂行が、もっとも容易に起る。アメリカ合衆国が国際的に二大強国の一つに成長したこと、またそれと並んで、大量絶滅と行政的・心理的支配の新しい諸手段が出現したこととによって、二十世紀中葉のアメリカ合衆国は、まさにそのような画期的な中心点となった。

権力エリートが歴史を左右する力をもたぬという証拠は、歴史の中にはなにもない。たしかに、そのような人々の意志は、つねに制約されている。しかし、今日では、かつてみないほどその制約はゆるまり、かつてみないほど権力の手段が巨大化した。この故に、われわれのおかれている状況は非常に不安定なものとなった。だから、アメリカのエリートのもつ権力とその限界を理解することの重要性は、ますます増大したのである。責任ある政府という問題を今日ふたたび真剣に、また現実的に取りあげようとするならば、このエリートの性質と権力の問題を取りあげなければならない。

七

アメリカにたいする新しき讃歌を捧げるために批判を断念した人々は、エリートは無力であるという見解を喜んで受け入れている。もしも、かれらが政治的に誠実であるならば、自らの所信のうえに立って、アメリカの政策に責任を負っていると考えられる人々にたいして、こういうべきである。(8)

「君らは、自分たちが、爆弾を投下する機会、あるいは連合国との関係や、反対にわれわれを爆撃するかもしれぬロシアとの関係を悪化させる機会をにぎっているのだ、と信ずるようになるかもしれない。しかし、本当にそのような選択権（チョイス）をもっていると信ずるほど馬鹿であってはならない。君らは、そのような選択権も機会ももってはいない。全体的な複雑な状況――君らはそのたんなる一つのおもりにすぎない――は、経済的・社会的諸力の結果であり、運命的な結末もまたそうである。だから、トルストイの小説に出てくる将軍のように、静かに傍観し、事件のなるがままに委ねたらよい。君らが行動したところで、意図したような――なにかを意図したとしても――成果はえられない。……」

「だが、事が順調にいったばあいには、自分たちが決定したような口ぶりをしたらよい。なぜなら、このばあいには、人々は道義的選択の自由をもち、選択をなす力をもち、したがって、いうまでもないことだが、責任があるからである。……」

「しかしながら、結果が悪かったばあいには、君らには本当の選択権はなく、したがって、責任はない。かれら、すなわち他の人々に選択の自由があったのだから、かれらにこそ責任がある、ということにすればよい。君らは全世界の軍隊の半分を指揮下におき、無数の爆弾と爆撃機を擁しているけれども、それでもこういう調子で片づけてしまえばよい。というのは、現代の歴史的運命にあっては、君らは無力な一単位にすぎないから。道義的責任などというものは、パブリック・リレーションズで巧みに利用すれば使い途はあるが、本当は幻想にすぎないからである。」

このような宿命論の意味するものの一つを引き出してみると、こういうことになる。すなわち、運命あるいは摂理が支配するかぎり、いかなる権力エリートといえども、歴史的決定の根源とは考えられず、したがって、かれらにたいして、責任ある指導を要求することはもちろん、それを考えることすら無駄であり、無責任なことである、ということになる。なぜならば、歴史にもてあそばれる存在にすぎぬ無力なエリートの責任を問うことなどできないことは、あきらかである。現代のエリートが権力をもたぬ存在であるとするならば、かれらに責任を負わせることはできない。かれらは、むしろ、困難な立場におかれたものとして同情に値する。アメリカの国民は天運に支配されている。エリートを含めて全国民は、自分たちにはどうにもならない結果に宿命的に圧倒されている。もしこれが事実だとすれば、多数の人々がすでにしていると同じことを、われわれはすればよいのである。すなわち、政治的反省や政治的行動を止め、物質的に快適な、完全に私的な生活に引きこもればよいのである。

その反対に、もしもわれわれが、戦争と平和、不況と繁栄が、もはや「運命」や「天運」によってではなく、現代ではまさに人間によって統御しうるものだと真に信ずるならば、われわれは、いったいだれがそれらを統御しうるのか、という質問を発すべきである。答は明瞭である。途方もなく拡大され、決定的に集中化された決定と権力の手段を現在手中におさめている人々以外にありえようか。とすれば、われわれはさらに次のような質問を発すべきであろう。「それでは、何故に、かれらはそのようなものを統御していないのか」と。そして、これに答えるためには、われわれは、今日のアメリカのエリートのおかれている文脈と性質とを理解しなければならない。

エリートは無力であるという考えをもったところで、前記のような疑問を発することを躊躇する必要はない。この疑問こそ、今日、政治に関心をもつ人々が発しなければならないもっとも重要な疑問である。アメリカのエリートは、全能でもなければ無力でもない。全能とか無力とかいう言葉は、抽象的な絶対を表わすものであり、代弁者たちが言いわけを述べたり自慢したりするさいに、公衆の面前で用いる言葉なのである。しかし、われわれは、この全能——無力を尺度として用いながら、現在の政治的問題をあきらかにしよう。現在の政治的問題とは、なによりもまず、責任ある権力（レスポンシブル・パワー）をめぐる問題である。

現代の「歴史の本質」には、決定を行なう少数者のグループが中枢的役割をはたすことを否定する何物もない。逆に、現代の構造は、このような見解を肯定しているばかりでなく、否定しようにも否定しえないものにしている。

「人間の心理」からみても、あるいは、現代社会の頂点の地位につくための人間の選抜と形成の社会的様式をみても、エリートの決定あるいは決定回避が重要な結果をもたらすという見解を、否定するようなものは見当らない。

したがって、今日、政治に関心をもつ人々が、現代史を構成している歴史的事件の大部分にたいして、アメリカのエリートの責任を問うのは、当然のことである。

一九三〇年代には、あらゆる社会的不正義や公共的疾病を、一握りの支配階級の悪党どものせいにするのが流行であったように、当今では、権力エリートなど存在しないというのがはやりである。私は、なにか単純な、単一の支配階級がアメリカ社会の原動力として厳存している、などとは考えてもいないし、また、逆に、現代アメリカのあらゆる歴史的変化はたんに没個人的（インパーソナル）な漂流にすぎない、などと推定しているのでもない。すべては盲目的な漂流にすぎない、という見解は、主として自己の無力感の宿命論的投射であり、また、ある政治的原則を信じて政治活動に従事したことのある人々のばあいには、おそらくは、自己の罪悪にたいする自責感の投射であろう。

あらゆる歴史は、はっきりとその存在を指摘しうる一群の悪党ないし英雄たちの陰謀によるものだ、とする見解も、社会構造の変化がいかにして各種のエリートに機会を提供し、またいかにして各々のエリートがこの機会をつかみ、あるいはつかみそこなうかを理解しようとする困難な努力に耐ええずして、性急に結論を求めようとする試みの投射である。この二つの見解——すべての歴史を陰謀とみる見解と、逆に、すべての歴史を漂流とみる見解——のいずれにせよ、それを受け入れることは、権力の事実と権力者のやり方を理解しようとする努力をゆるがせにする。

八

私は、現代の権力エリートの姿を見定め、下積みの人々が「われわれ」という言葉に対置している「かれら」という漠然とした言葉に、責任ある意味をあたえようと試みているのであるが、そのさい、私は、多数の人々によく知られている上層分子を、すなわち、地方社会（ローカル・ソサイエティ）の新旧上流階級（第二章）および大都市上流社会（第三章）の簡単な検討から始める。つづいて、有名人の世界（ワールド・オブ・セレブリティス）を概観し（第四章）アメリカ社会の威信の体系（プレスティジ・システム）が今や初めて真に全国的規模に拡大されたことを示そう。そして、この全国的な地位の体系の、つまらぬがきらびやかな側面が人々の目を奪い、その独裁的性質が見失われ、そのために往々にして権力がかくされ、そのかくされた権力が正当化される傾向があることを示そう。大富豪（ヴェリー・リッチ）（第五章）と企業の最高幹部（チーフ・エクゼキュティブ）（第六章）を検討するにさいして、私は、「アメリカの六十家族」（訳註2）も「経営者革命論」（訳註3）もともに、上層階級の変移を充分にとらえていないことを指摘しよう。上層階級は、今日では、会社富豪（コーポレート・リッチ）（第七章）として組織されているのである。

アメリカの政治家の歴史的タイプを描いた後で、私は、かつてのプログレッシブの時代（訳註4）の論者たちが「見えざる政府（インヴィジブル・ガヴァメント）」と呼んだものが、現在では判然と目に見えるものになり、一般に政治の中心的内容と思われている政治的圧力とか選挙戦とか議会でのかけ引きとかは、大部分もはや権力の頂点でのものではなく、権力の中間的レベルでのものに引きおろされてしまっていることを、指摘する（第十章「政治幹部会（ポリティカル・ディレクトレイト）」）。

軍部の進出を論ずるにさいし（第八・九章）、私は、軍の将軍たちが、政治的・経済的に決定的重要性をもつ地位を占めるにいたった過程をあきらかにし、かれらが、その中で、会社富豪たちや政府の政治幹部たちと、多くの利害関係を共通にするにいたった経過を明瞭にしよう。

以上の諸傾向やこの他の諸傾向をできるだけ明快にしたうえで、私は、権力エリートの主要問題にたち返って論ずる（第十二章）とともに、それを補足する概念として大衆社会の問題を取りあげよう（第十三章）。

私が主張しようとしていることは、こうである。現代という特定の時期において、種々の歴史的状況が重なりあった結果、権力エリートの出現がもたらされており、このエリートを構成する諸グループに属する人々が、個人として、あるいは集合的に、現在下されているごとき重大決定を下している。また、今や、権力の手段が拡大され集中化されているために、これらの人々の決定ないし決定回避が、人類史上かつてみなかったほど多数の人々に大きな影響をおよぼしている、という点である。

私はまた次のように主張しているのである。権力の中間水準（ミドル・レヴェル）では、組織化が半ばで停滞し立ちすくみ（ステールメイト）の状態が生まれ、権力の底辺の次元では、マス的社会（マス・ライク・ソサイエティ）が生まれている。このマス的社会は、自発的結社と古典的な公衆が権力の鍵をにぎっていた社会とはまったく異なっている。アメリカの権力組織の頂点は統一化され、強大であり、底辺は分断され、無力である。中間水準の権力の諸単位の存在に目を奪われている人々がいるが、頂点と底辺の実態は、この人々の認識とはおよそかけ離れているのである。また、この中間水準は底辺の意志を表現することもなしえず、頂点の決定を動かすこともできない。

第二章　地方社会（ローカル・ソサイエティ）

アメリカのあらゆる町（タウン）や小都会では、一組の上層家族が中流階級の上位に立ち、下層ホワイト・カラーや賃金労働者などからなる下積みの人々を見下している。このグループのメンバーたちは、その住んでいる土地に応じて、価値ある所有物を他の人々よりも多く所有している。かれらは、地方的な決定の鍵を握り、かれらの名前や顔は、土地の新聞にしばしば掲載される。事実、かれらは、新聞や放送局まで所有している。かれらは、また、その土地の主要な工場を所有し、本通りにそった商業財産の大部分を、その手におさめ、銀行を支配している。かれらは互いに密接な連絡をもち、自分たちが、著名な家族の指導的階級に属していることを、きわめてはっきりと意識している。

かれらの男女子弟はみな大学に学び、多くのばあいには、その前に私立学校を卒業している。かれらは、相互間に縁組をするか、または、同じような町の、同じような家庭の息子や娘と結婚する。結婚して落ち着くと、財産をもち、地位を占め、決定を下すようになる。このような古い家庭の一つの息子が、全国的な大会社の土地の支店の支配人になった。

親父は御機嫌をななめにし、祖父はカンカンにおこっている。有名な御抱え医者に二人の息子がある。その一人は、親の後継ぎを開業し、この町第二の大工場の所有者の娘と結婚することになっている。もう一人の息子は、おそらく、近いうちに、地方検事になるだろう。アメリカの小都会では、これが伝統的ないき方であったし、現在でもそうである。

階級意識は、アメリカ社会のあらゆる層にひとしくみられる特徴ではない。それは、上流階級でもっとも顕著である。アメリカ中どこに行っても、下積みの人々の間では、階級区別、衣服や住居にともなう地位的価値、金儲けや消費の株式をわかつ線はあいまいであり、混乱している。もちろん、下流階級と中流階級の人々は、収入の差にもとづいて価値、所有物、経験などの点で分化はしている。しかし、かれらは、これらの価値や、その階級的基礎に気がついていないばあいが多い。

これに反して、上層の人々は、数が少ないという点もあろうが、互いに知り合い、共通の伝統を維持し、かくて、自分たちは同類者だとの意識を、容易にもちうるのである。かれらは、かれらの間に共通の水準を維持するために必要な金と時間をもっている。かれらは、一つの財産階級として、程度の差こそあれ、他と区別された存在であり、互いに交際をし、その地方地方での有力家族として互いに承認を要求しあいまた承認しあい、一つの緊密なグループを形成している。

一

小説家や社会学者たちは、小都市を検討するごとに、新・旧上層階級間のドラマに注意をひかれてきた。これらの町にみられた地位をめぐる闘争は、歴史的規模において、全西欧社会にもみられるのである。何世紀にわたって、成上り者や新上層階級のエセ紳士たちは、「旧家」と対立した。もちろん、地区的に相違はあるが、全国的にみれば、小都市の金持たちは驚くほど標準化されている。今日、これらの都会には、二つの型の上層階級が、勢力をのしている。一つは、金利生活者と社会的に古い旧家たちであり、もう一つは、比較的新しい家族で、どちらかといえば企業家型のものである。これら二つの上層階級のメンバーたちは、相互の間のいくつかの相違点について、それぞれ独特の見解をもってはいるが、同時にそれらを理解している。[1]

旧い上流階級があらゆるばあいに新しい上層階級よりも「高い」地位にあるとか、新しい上層階級はたんに成金にすぎず、新たに獲得した富に、旧い上流階級がやすやすと身につけている威信の衣をきせようと必死の努力をしているのだ、などと思ってはならない。新しい上層階級は、それ自身の生活様式をもっているのである。そのメンバーたち、とくに婦人たちは、旧い上層階級のスタイルをかなり拝借してかかっているが、それにもかかわらず、かれら、とくに男連中は、自分たちの価値と自分の抱負の名において、旧い様式を暴露しようとするのである。いろいろのやり方で、これら二つの上層グループは、威信の争奪をやっており、その争奪は相手の名誉への主張を傷つけあっているのである。

旧い上層階級の人は、自分の威信は、年代から出てきたものだと考える。「その昔、自分の家の先祖が、わが家の家系の基礎を築いた」「だから、自分の身体には、先祖の血が流れている」というかのごとくである。「私は私の家族と一つであるし、自分の家は、昔から上流中の上流であった」と。ニューイングランド諸州や、南部諸州では、他の地域に比べて、家系や、居住年数の古さに非常に敏感であり、成金や成上り者の社会的進出に、抵抗する度合が強い。ここではおそらく家族という観念が強く、また、広い意味に押し広げられて用いられている。とくに南部では、永い間忠実に仕えた従僕や孫まで、これに含めている。親族関係の観念は、結婚や血のうえではなんら関係もないものにまで押し広められ、「母と一緒に成育した」というだけで「従兄弟」と呼んだり、「叔母さん」といったりする。だから、旧い上層階級の家族は、観念的な従兄弟関係を形成する傾向があり、同族恭敬と親族観念のため、懐旧の念にふけり、自分たちの一族が、永いこと名誉ある役割をつとめてきたその土地の歴史にたいして、進んで興味をもつようになる。

「旧家」といったばあい、それはいうまでもなく、「富める旧家」を指すのであるが、旧い上層階級の住む身分(ステイタス)の世界では、金と財産があることは、始めから当然とされており、また、そのようなものにはこせこせしないかのごとく装われる。「もちろん、相応な暮しをし、楽しみを味わい、教会に献金するにたる、この世の財を持たねばならない。……しかし、社会的地位は金以上のものである」というわけだ。旧い上層階級の男女は、一般的に、金を否定的に見、そして、かれらにいわせると、新しい上層階級の人たちは、あまりにも、これに関心をもちすぎているという。「大企業家たちは朝から晩まで金のことばかり考えているようで残念である」。かれらが、こういうとき、かれらの頭の中には、産業家でも旧い世代の人で、今は、不動産を足場に隠退した人たちの姿があるのである。旧い上流階級の信ずるところでは、こういう富豪連とその夫人たちは、たんなる金よりも、「その地域社会や社交界で重きをなす質格」に関心をもっている。

旧い上層階級の人々が小実業家たちのことを話題にするとき、おもな話題の一つは、あの連中は戦争中に膨大な金儲けはしたが、社会的には重きをなすことは許さるべきでない、ということである。さらに、もう一つの点は、最近の成金たちは金儲けのしかたが汚いということである。たとえば、連中は、パチンコ屋やバーの経営、運送業などで儲けた、という。加うるに、自分たちがよい顧客であった関係上、旧い上流階級の人々は、戦時中の闇市場のことをよく知っているのである。

第二次大戦を契機として、新しい上層階級の富は拡大され、豊かになり、また、かれらの横紙破りなふるまいは社会的に大胆となった。そのため、旧い家系を威信の基礎として維持することは、困難になってしまった。連中の粗野なスタイルが、昔のおだやかなゆき方にとって代わるようになったと、旧い上層階級の人々は感じている。この地位をめぐる緊張の底には、多くの旧上層階級家族の経済的基礎――それは、多くの町では、おもに不動産所有であるが――が、衰退の兆候を示している、という事実がある。それにもかかわらず、旧い上層階級は、地方の金融機関を断然抑えている。ジョージァ州やネブラスカ州の市場中心地、それから、ヴァーモント州やキャリフォルニアの工業都市では、旧い上層階級の銀行家が、その地域社会一帯に君臨しているのが普通であり、実業家たちはこのかれと交際することによって威信を獲得し、教会は、かれがその教会に入っているという理由だけで、その町の代表的なものとされたりする。こういう具合に、かれは、来世の救済、社会的地位、財政的堅実さを一身に集め、賢明で有能な人物であると自負し、他人からもその自負どおりに認められている。

新旧上層階級の間の緊張は、他の地方に比べ、とくに南部諸州において、劇的である。なぜならば、ここでは、旧い家族は、土地所有と農業経済の上に立っているからである。新興の富と古くからの地位の結合は、もちろん南北戦争以来進行しつつあったのであるが、それは恐慌と第二次世界大戦以後、拍車をかけられるに至った。小説に表わされた姿からみても、また調査にもとづいた事実からみても、南部の貴族のおちぶれかたは甚だしく、あわれなくらいである。なぜならば、地位と富がきり離されるならば、時がたつにしたがって、その地位は無視され、偏狭な存在に転落していく。充分な金を持たぬならば、貴族たちの滅亡は必定である。工業と商業に基礎をおく新興階級と結びつかないかぎり、その静かな品位と自己満足的な隠退生活は、たんなる没落と、さらには頽廃にみえるものになる。

家系の強調は、隠退生活の強調とあいまって、老人たちの地位を高める傾向がある。とくに、若い人々の品行を裁判する権威のある寡婦のばあいに、そうである。このような状態は、旧い上層階級の家庭の娘と、新興の、前途有望な富裕階級の息子たちとの間の縁組には、災となる。それにしても、小都会が工業化していくにつれ、旧来の社会的地位の形態が打ちこわされ、新しいものの形成に向っていく。裕福な産業家、商人の興隆は、必然的に、土地所有貴族の衰退となる。南部にあっては、他の地方でもそうであるが、大規模に農業をやるためには、膨大な資本が要求されるという事実と、また「農家」にたいして課税が手加減され、補助金政策がとられていることとは、農村においても、都会と同じように、新たな上層階級の形成をもたらしている。

このような具合に、新旧上層階級は、小都市で互いにかなり激しい緊張関係に立っており、半ば軽侮の念、半ばは羨望のまじった尊敬の気持をもって、互いに見守っている。新しい上層階級の人々は、旧い人々の威信を認め、自分たちもそのような威信を望んではいるが、同時に旧い連中を、重要な商取引、政治的やりとりを妨害する旧弊家とみなし、また、その土地の機構にしばられ、あくまで突進していこうという夢をもたない、田舎者とみている。旧い上層階級の者は、これまた、新しい人々を、黄金狂で、金はいくら儲けても儲けたりないが、社会的背景や、経済的地歩にふさわしい文化的生活のスタイルをもたず、市の公衆生活にたいして、真の意味で関心をもたず、たといもったとしても、個人的で、異端的目的から関心をもつにすぎないとみている。

商売上、または、公共問題や政治問題で、旧い上層階級の社会的地位にぶつかったばあい、新しい上層階級の人々は、社会的地位を、「老齢」と解釈し、頭の中で、おだやかな、「古くさい」様式、のんびりした公共生活のテンポ、旧い上層階級ののろまな政治的見解のことを考えている。かれらは、旧い上層階級は、新しい上層階級の人々のように、自分の社会的地位を金儲けのために利用しないと感じている。新しい上層階級の連中には、だいたい古くからの威信などというものは、享受するためのものであるのだということがわからない。かれらは、威信というものも、経済や政治と関連させてのみみるのである。自分たちがそれを持っていないときには、それはかえって邪魔物とみなされる。*

＊ 新しい上流階級の婦人は、いささかちがった考えをもっている。旧い上層階級の威信は、「文化的」なものであり、鑑賞さるべきものである、というのが彼女たちの考えである。だから、彼女は往々にして、旧くからある地位に「教養的」意義をあたえようとこころみる。都市の郊外に住んで、夫は医師や弁護士などの自由職業に従事し、自分自身、「いい大学」出身の、いわゆるステーション＝ワゴン組(訳註5)の若い婦人のばあい、とくにそうである。自ら教養を有し公共事を組織するひまも金もあるので、新しい上層階級の婦人たちは、男連中に比べ、旧上層階級様式の、「文化的」要素に尊敬を払う度が多い。新上層階級の婦人は、このように旧い階級の社会的優越を承認するが、そのさい彼女たちは、自分たちにも利用できるようなテーマを強調する。しかし、今日、小都会の旧上層階級が自分の地位にたいする主張をこころみるときに、これらの婦人たちこそ、それを受け入れてくれるもっとも信頼できる地域なのである。この婦人たちは、概して、中産階級にたいしては、「あの連中は文化的なものに関心をもって

いるかも知れぬが、機会も家系も教育ももっていない。あの連中は連続講演を大いに利用はするが、それを主宰するだけの力と信用をもっていない」などときざなことをいうのである。

二

上流階級の内部の社会的・経済的分裂が、同時に政治的分裂でもあるということは、かならずしもすべての地方ではっきりみられるわけではない。しかし、それは、第二次大戦以後、全国的にみられるようになりつつあることは事実である。

地方の上流階級——新・旧を問わず、また、目に見える存在であろうと目に見えない存在であろうと、また、積極的分子から消極的分子まで含めて——は、共和党の社会的支柱である。しかし、旧い上層階級の人々は、戦後の舞台では、新上層階級に比べて、政治的発言も少なく、積極性をも欠いている。おそらく、それは、アリソン・デーヴィスらが、南部の旧い上層階級についていったように、かれらが、「自分たちと有権者たちとの間の社会的距離を少なくする」能力をもっていないと感じているためかもしれない。もちろん、どこでも、かれらの社会的地位は「当局によって明白に認められている。かれらは、ささいな法律的制限に束縛されない。飲みすぎや、交通違反でつかまえられるようなことはなく、陪審員として呼び出されることもなく、何か便宜を要求したさいは、これを許されることが多い(2)」かれらが、課税率や財産査定を気にしていることは、事実である。しかし、これは、新上層階級のものも同じ境遇にあるから、旧上層階級のものが個人的に乗りださなくても、円滑に解決できる。

新上層階級は、往々にして、政治的感情と地位上の欲求不満（ステイタス・フラストレーション）をやかましくぶちまける。「査問委員（インヴェスティゲイター）」の中に、この全国的規模に拡大され極端な形で現われたこの政治的感情と地位上の欲求不満を容易に読みとることができる。議会や地方社会で表現されるこのような政治的感情を理解する鍵は、成金の地位心理（ステイタス・サイコロジー）にある。片やテキサスの億万長者から、片や、戦争いらい地歩をかためたイリノイの戦争成金にいたるまでの、新たに富を獲得した階級は、昔からの富と家系をもつ人々の地位の誇示によって、なんだか頭を抑えつけられているように感じている。年収三万ドルに突然はねあがり、二六〇馬力の自動車を乗り回し、妻のために質のおとったダイヤモンド指輪をビクビクしながら買い求める保険外交員、一躍年収六万ドルになり、五〇フィートのプールをつくらせたが、新たに雇い入れた召使たちにたいして、どんな態度に出たらいいかわからない実業家たちは、何物かを達成したが、まだ、完全にそれを所有する資格をもたないものとみられていると感じているのである。今日、テキサスには、全国的に著名な東部の家族よりもはるかに多くの富をもってはいるが、名前の方はこの地方だけにしか知られていない人々がいる。かれらは、全国的には著名ではなく、またたとえ名を知られているとしても、東部の家族と同列に知られているのではない。

このような感情は、小規模な形でではあるが、あらゆる小都市や町でみられる。それは、かならずしもはっきりした形をとらず、したがって、いかなる真の政治運動の足場ともならなかった。しかし、既成の威信をもった人々が「面罵」されたり、新兵に将軍が叱責されたり、新興成金が公衆の面前で、旧くからの金持を、さんづけでなれなれしく、どちらかといえば馬鹿にしたような口吻で呼んだりするのを見ると、人々は溜飲の下がるのを感ずる。この背後には、こうした感情が存するのである。

小都市の新上層階級の間で形成されたチンピラ右翼たちの政治的目標は、ニュー・ディールとフェア・ディールの法律的成果を破壊することにある。加うるに、戦時中、これらの都市の大部分で、労働組合が強大となり、労働指導者たちが、地方の公共団体に一役買うことを要求し始めたこと、それから、戦時中、店や銀行で、毎週大きな賃金小切手を現金に替えた賃金労働者たちが、暮し向きも土台がかたまり、土曜日には街頭に氾濫するようになったこと、さらに下っぱの小さな者たちにも、新しい、大きな自動車が手に入るようになったこと――過去二〇年間のこのような階級変化は、新上層階級の有力者意識（フィーリングス・オブ・シグニフィカンス）を傷つけ、相応しい威信の序列にたいしてかれらがもつイメージをかきまわし、かれらを心理的に脅かしている。

旧上層階級は、街頭や店内や銀行で進行しているそのような働きによって、社会的にも不安定になっている。しかし、かれらは、結局このように考えるのである。「この連中は、本当にわれわれにまで影響をおよぼすことはない。かれらは、たんに金を持っているだけではないか」と。しかし、新たに金持になった連中は、旧くからの富豪に比して、社会的立場が確固としていないので、小都市の内部で他の連中まで経済界に台頭してくると、自分たちの価値が下げられたように感ずるのである。

地方社会は、地位の上下序列（ヒエラルヒー）であるばかりでなく、権力構造でもある。その頂点には、その地域社会の重要な問題を判断し決定するとともに、その「地方」に関係のある州あるいは全国的規模のより大きい問題の多くを判断し、決定する一組の「派閥（クリーク）」あるいは「群（クラウド）」が存在する。(3) つねにとはいえないが、たいていのばあいには、この派閥は、旧くからの上層階級から成り立っている。これらの派閥には、大実業家とか、銀行を支配し、またおもな土地所有者たちとも連絡をもつ人々を含んでいる。これらの派閥は、制度的に組織されているわけではなく、多くのばあい、いくつかの経済的機能を中心としてまとまっている。たとえば、工業を中心とした派閥、小売商業をめぐる集まり、銀行業を中心としたまとまりなどである。これらの派閥は重なりあっており、また、一つの派閥から他の派閥へと渡り歩き、諸グループの見解や決定を調整する人が幾人かいるのが普通である。さらに、安定した金利生活者の家族の顧問弁護士や管理人がおり、かれらは代理人としての権限と、新・旧の金持との接触を利用し、金と信用と組織の力を一身に体現し、それを結合させて一つの決定にまでもってゆく。

そのような派閥のすぐ下には、突撃隊とでもいうべき人々がいる。かれらは、たいていは新しい上層階級の地位の人々であり、最上層の決定なり計画なりを遂行するばかりでなく、つねにこれを予測しようと心がけ、ときとしてはこれに成功している。これらの人々は、「実行委員（オペレーションズ・マン）」ともいうべきで、銀行の副頭取、成功した小実業家、おもだった官吏、請負業者、地方工業の重役連といった連中である。この第二番目の水準（ナンバー・ツー・レヴェル）は、第三番目の水準につながっていく。これは、名誉職の役人、団体役員、市民有志、新聞記者といったもので、さらにこれは、権力の上下序列の第四の水準、すなわち、自由職業や実業家階層の下っぱ連中、牧師、有力な教師、社会事業従事者、人事主任といったところにつながっていく。

ほとんどあらゆる利害問題やそれをめぐる決定について、最上層の派閥のどれかが、さらにときとしては、一人の主要人物が、当面の決定を左右し、おもな諸派閥の中で、その決定の支持を獲得すべく裏面工作をする戦略的地位をにぎっている。あるばあいには、州知事とその派閥の連絡係がこの役をつとめることもあるし、また、ときには、銀行家の派閥に属する男が、ロータリー・クラブと商業会議所の本会員たちに人気のある男であったり、また、赤い羽根運動の人々にも弁護士会にも受けのいい人物であったりするばあいもある。

これらの中間水準（ミドル・レヴェル）の組織には権力はない。重大な決定を下すのは、これらの組織のメンバーたちではない。最高層の人々もこれらの組織に加入はしているが、そこで積極的に活動することはまれである。これらの組織は、権力をにぎる、より上層のグループによって立案された政策方針を、実行に移すのを、自発的な結社として援助する。これらの組織は、最上層の青年行動隊が自己の能力を立証する訓練場である。また、あるばあいには、とくに小都市では、これらの組織は、最上層の新メンバーの補給源である。

中南部のある都市――相当に大きな都市であるが――の一有力者は、フロイド・ハンター教授にこういった。「われわれは、あなたがたのいう『団体(アソシエーション)』などに出席しようとは思わない。つまり、行きたくないのだ。あなたのいう団体が、商業会議所とか市理事会とかを指しているとする。このような団体は、『目標』とか『理想』などを坐って討議しているだけである。自分には、これらのことがどんなことを意味するのかわからないことが多い。ざっくばらんにいって、自分は、こんな委員会などには名前を出さないようにする。名前を出したがるものも町には多くいるが、自分はまっぴらだ。……われわれの仲間ではチャールス・ホーマーが最有力者だ。……この男がなにか思いついたことがあると、他のものまで同じ考えにとっつかれる。最近のことだが、かれは国際貿易評議会の全国本部は、この地方都市におかるべきだ、と思いついた。仲間のもの――つまり、内輪の連中――を集めて、この考えを簡単に述べた。かれは、長い講釈はしなかった。われわれは、情勢の『理想』とかなんとかについてはおしゃべりなどをしなかった。われわれは、さっそく問題の根本を掘りさげた。言いかえれば、この評議会をどうしたらここにもってこられるかを研究した。われわれは、みんなこの考えをいいと思っている。この会合には、六人集まった。……一人一人が任務をあたえられた。弁護士のモスターは、法人組織の草案を起草した。自分は、何人かの仲間をつれてくるはずになっている。他のものも、何人かを動員することになっている。これらの連中は、同調者とでもいうべき人々である。

われわれは、運動資金として、六万五千ドルを集めることにきめた。このくらいは仲間だけで集められるが、当然、公共事業ともいうべき筋合いのものだから、他のグループのものも仲間に加えることにし、まず、グランド・ヴュー・クラブに他のグループの有力者を招待することにきめた。……クラブの晩餐会の席上で、ホーマー氏は一席述べたが、長講する必要はなかった。かれは、自分の提案はいいと信じるから、初年度の経費の一部として、金一万ドル寄付するといって、椅子に坐った。見わたすと、他のグループの連中は、頭を寄せて相談している。農産銀行関係の連中も、ひけをとってはならぬと、同額寄付を申し出ただけでなく、三年間つづけて出してもいいという。他の者も五千ドルないし、一万ドル寄付を申し出たので、三、四〇分そこそこで、必要額が約束されてしまった。食事の時間までかぞえて、三時間で全部が片づいたという素早さである。

たった一つ、重要な点で、自分がふれなかったことがある。それは、評議員を前もってきめて、会合にのぞんだことである。規約の草案はできあがっているし、執行委員長として、評議会を牛耳る人物も指名ずみ、……それから、第三級のものとして、指図をうける人間もきまっている。……公衆は、今まで自分が話していた段階にくるまで、この計画について、何も知らないのである。金の工面がついた上で、新聞社に行き、考えて貰いたい提案がある、ともちだす。ここまできたころには、かぎつけた者も相当多くなっているが、ここで改めて、会議所の諸委員会や他の諸市民団体にこの考えを提案する。皆、それはいい考えだという。諸団体は、評議会がこの土地に移され、腰をすえるように手を貸す。ざっとこんな具合である。[4]」

三

地位をめぐって新・旧上層階級が演ずるドラマ、そのドラマを支えている階級構造、上層諸グループの権力のシステム――このようなものは、今や、地方社会の上層レヴェルにどちらかといえば標準的に見られるパターン――このパターンは、いささか複雑な形をとることがあるけれども――を形成している。しかし、これらのすべての都市は、実は、地位と権力と富の全国的規模に拡がるシステムの一部であることを忘れるならば、このパターンも、それに起りつつある変化も、理解することができないであろう。多くの議員たちは、その選出地域にたいして忠誠を示す言辞を弄しているが、じっさいには、どの地方社会といえども、主権をもった独立地域ではない。過去一世紀間に、地方社会は全国経済の一部分となり、その地位や権力の上下序列は、全国的に拡がる、より大規模な上下序列の従属部分となるにいたった。すでに南北戦争後の時代に、地方的に有名な者は、たんに地方で名が売れているというだけであるようになった[5]。これに代って、地方的規模においても全国的規模においても、決定に積極的役割をはたし、一般の人々の間に名声を獲得している人々が登場してきたのである。今日では、たんに地方的次元にとどまることは、失敗をもたらすだけである。すなわち、全国的に有力な人物の富と権力と地位によって圧倒されてしまうだけである。成功するには、地方社会を超越しなければならない。もちろん、全国的派閥の一員に選ばれるためには、地方社会の後楯を必要とするであろうけれども。

いうまでもなく、アメリカでもっとも昔から存在する生活は、農村における生活である。しかし、農村出身、ないし、農村に居住していることにたいして認められる価値は、あまりはっきりしていないことがある。一方では、都会・対・土百姓、大都市・対・小都市の田舎者という考え方の伝統があり、さらに多くの小都市では、一世代でも都市に住むと箔がつくのである。もっとも、下層の労働階級のばあいは別であるが、他方では、有名人が、自分は農村出身であるとしてその堅実さを誇るばあいもしばしばある。これは、農村的徳性を都会的生活より高く評価するジェファーソン的倫理によるのかもしれないし、あるいは、おれはこれほどまでに出世したのだと誇示したく思う欲望によるのかもしれない。

公的生活をおくるばあい、農場出身ということが得をするものである。また社会生活をおくるうえで、農場を所有し、時々そこを訪問することは快適である。そういうわけで、小都市の上層階級も、「田園の別荘」をもち、そこにしばしば訪れるのが、今では典型的になっている。このようなことは、中西部においてさえ、とおく一八九〇年代からはやりだしたのである。それは、ある点では、成金たちが、旧い尊敬されたものにしっかりと結びつこうとする努力であり、金を費い、気をつかって、あるばあいには不便をしのんでまで、過去にたいする尊敬を表明しようとする試みなのである。というわけで、南部では、原型どおりに復元されたプランテーション時代の農場主の館があり、テキサスとキャリフォルニア州では、広大な牧場やマニキュアのように入念に手入れされた果樹園があり、アイオワには純種の家畜と豪壮な物置小屋をもった模範農園があったりするのである。もちろん、そのように季節によって田舎住いを喜び、道楽として農園を所有するという動機にならんで、投資として、また税金逃れのためにそうするという動機もあろう。

以上の諸事実が小都市とそれをとりまく郊外にたいしてどのような意味をもつかというと、地方的な地位の機構も、もはやまったく地方的でありえないことを意味する。小都市とそれをとりまく農村は、すでにかなりの程度に合体している。というのは、富裕な農民たちは、とくに隠居するさいには、小都市に移り住むことが多い。また、都市の金持の家族たちは、広大な土地を農村に買ってもっている。ホリングスヘッド氏の報告によると、中西部のある地域では、約二五軒の土着の旧家が、近隣の一六〇平方マイルにおよぶ肥沃な農地の六〇%以上を買い占めている[6]。このような集中化は、農村と都市の上層階級家族間の縁組みによって、ますます強化されている。地方的に顔のきく「農村貴族」は、以前からすでに小都会に本拠をおき、農村の上層階級と、小都会の社交界は、密接に結びつき、同じくらいの高さの地位をもつ従兄弟関係にあるばあいさえ多いのである。

都市の家族が農園をもち、農村の家族が都市を中心として活動し、都市に移住するこのような傾向に加えて、農村ならびに都市の上層階級は、季節ごとに住居を替える傾向が高まっている。農村上層階級の婦女子は、夏になると「湖水」に避暑としゃれる。男連中も長い週末旅行に出むく。ちょうど、ニューヨークの家族が、冬をフロリダで暮すのと同じである。季節的な休暇を、沿岸で、山奥で、あるいは、島で過すやり方は、今では小都市や農村の地方的な上層階級にまで波及している。三〇年前は、こんなことは、おもに大都市の上層階級にかぎられていた。

このように小都市と農村が結合し、またこの両者の地位の世界が大都市に向って集中化されつつあるが、このことがもっと劇的に暴露されるのは、小都市をとりかこむ農村に、一群の紳士農民（ジェントルマン・ファーマー）が入りこんできたときである。この季節的居住者たちは、かれらが住む大都市の行動と価値を深く身につけている。かれらは、どうしたら地方で名を売ることができるかなどということは、知りもしないし、多くのばあいあまり気にもしない。かれらは広大な土地を所有しているので、いわゆる農村序列（ファーム・ラダー）の頂点を占めるようになる。しかし、この序列の下の方については、ほとんど、あるいはまったく知らない。イーヴォン・ヴォークトが調査したある中西部の都会では、このような都会グループの連中が、土地の半分を所有していた。(7) かれらは、その土地の社会との交渉を求めないし、先方からの申しこみさえ歓迎しないことが多い。それにもかかわらず、かれらは、その別荘を子供たちに譲り、今では、孫にさえ譲っている。

都市、農村を問わず、地方社会の人々は、二つの道の一つをこころみることができる。一つは、引きこもってしまい、新しくきた連中の不道徳な行ないを暴露することであり、もう一つは、進んでかれらの仲間に加わろうとこころみることであるが、このばあいには、自分たちの社会的生活様式を、もっぱら大都会のそれにあわせるようになる。だが、そのいずれの途を選んでも、新しい上層階級ばかりでなく、かつては、自分たちの地位を承認し支えてくれていた地方中流階級の上層の連中までが、自分たちを注意深く、また時としてはおもしろがって見守っていることに、おそかれ早かれ気がつき、悲哀を感ずるのである。かつては小さな独立国として、一見自給自足的な世界であったかれらの地位の世界は、大都市の上層階級によってときどき利用される衛星国に変わりゆきつつあるのである。

地方社会の内部で、また、地方社会にたいして、生じつつあることは、地方社会がそれをとりまく農村地帯と統合され、さらに、それが、権力と地位の全国的システムにしだいに組み入れられていることである。インディアナ州のマンシー市は、五〇年前に比べれば、はるかにインディアナポリスやシカゴに接近している。また、マンシー市の上層階級は、土地の中流・下流階級に比べて、ずっと遠くにも出かけて行くし、また、出かけて行く度数も多いのである。今日では、ほとんどどこの小さな町でも、新・旧をとわず、その上層階級は、すくなくも月一回は近隣の大都会に出むいて行く。今ではこのような旅行は、小都市の金持たちの商売の面でも、教育や社交生活の面でも、当然のこととなっている。かれらは、遠いところに多くの知人をもち、その連中との交渉の方が多いのである。地方上層階級の人々の世界は、一九〇〇年当時と比べて、また今日の中・下層階級の人々の世界と比べて、ずっと範囲が大きい。

小都市の地方上流社会の人々が模範とするのは、大都市の上層階級である。新興の地方上層階級の連中は公然と、また旧い上流階級はそれほど公然とではないが、大都市の上層階級を讃美する。今年の秋にニューヨークで本番の品評会があるとわかっているのに、人口一〇万ぐらいの小都市の品評会に、自分の馬や犬を出場させてなにになろうか。もっと深刻にいえば、地方での五万ドルの商取引きは、いかに経済的には便宜とはいえ、わずか一七五マイル離れたシカゴで、五〇万ドルの取引きが行なわれていることに比べれば、勘定にはいらないのである。かれらの地位の世界が広くなったため、小都市の男女は、小さな水溜りの中で大きな跳ね水を飛ばすことでは満足しなくなり、大都市における名声という湖水――たとえ、それが全国的なものではないにせよ――にあこがれるようになる。だから、その土地の上流社会が狭いものではあれ、その地位を保持していればいるほど、その地方上流社会は、大都市の人々と交際し合体し、東部の大学やニューヨークのナイト・クラブのことを口にするようになる。

小都市の新・旧上層階級の間には相違点が一つある。この相違点は、旧上層階級にとって大きな意義をもっている。というのは、旧い上層階級の連中が自分たちの地位を人々に承認させようとするばあい、この相違点のために、新上層階級の連中は、いうことを聞かず、信頼できない存在になっている。旧上層階級は、結局は、新しい上層階級がいるからこそ自分たちの歴史の古さを誇れるのであり、したがって、その小さな地位の世界ではすべてがうまくいっていると感ずるためには、新しい上層階級を必要とするのである。ところが、旧上層階級の多くの者ばかりでなく、新興上層階級の人々までが、この地方上流社会は、もはや地方的なものにすぎないということを、よく知るにいたっているのである。旧い上層階級の男女は、自分の社会的地位は、自分たちの都市にかぎられているということを、知っている。冬に、フロリダ州やキャリフォルニア州に行くことがあっても、訪問者として行くので、新しいゆき方や、商売上の新しい接触を求めに行くのではない。かれらは、自分たちの都市こそ、自分たちの生きるところであり、この都市は、あらゆるところのすべての人々を等級づけるに必要な原則のすべてを、備えていると考える傾向がある。これに反し、新しい上層階級は、土地の人を評価するさいに、この都市以外の場所や人々――旧い上層階級の人々は、これを「部外者（アウト・サイダー）」として除外するが――にどのようなつながりを、どのくらいもっているかによって、きめようとする傾きがある。そればかりでなく、中・下層階級の人々の中で意識の高い人々は、新しい上層階級の人々に指導を求める。このような「外部とのつながり」は、明確に「旧くからの居住」の正反対である。「旧くからの居住」という基準は、地域社会を中心とした基準であり、「外部とのつながり」は、大都市を中心とした、さらには全国的舞台を中心とした基準である。*

＊ 新しい上層階級は、旧い上層階級に比べて積極的（アグレッシイヴ）であるから、かれらの基準では、本当に最上層の人々とはたんに金を持っているだけではなく、「口八丁手八丁」であり、また、自分より以上に、「口八丁手八丁」な人々と結びつきをもつ人々である。典型的な小都市で、新上層階級の英雄像を聞いたところ、次のような言葉を聞いた。「ダイナマイトの塊みたいな男。……連中は、活発に飛び回り、〔この町のために〕よいことはなんでもする。連中は全国をまたにかけて活動し、全国を見回している。このこ

とは連中の物の見方にとって大事なことだ。厳密な意味で地方的な問題にはそれほど積極的ではないが、それでもなかなか活発である。連中はあらゆる方面に生きた投資をしている。金を死蔵してはいない。」旧家が没落し積極的な新家族が勃興したという話は、新上層階級にとっては、「デモクラシーの働き」「エネルギーと頭さえあれば、誰でも」出世できるということの実例である。このような話は、自分たちの立場、やり方を正当化するに役立ち、また、広く流布された官製神話、すなわち、機敏に立ちまわる術を知るものは、かならず成功するという神話を利用するのに役立っている。旧上層階級は、このような話をふりまかない。すくなくとも、他人にたいしてはこんな話はしない。なぜなら、かれらの間では、名声とはそれ自体すでに存在するもの、かれらの生活様式の中になにか本来存在するものであり、さらには、かれら自身に体現されているものである。だが新上層階級のものにとっては、名声は、自分自身がしっかりとにぎっているものではないが、商売上、または、社交的に出世するうえに役立ちうるものと考えられている。かれらは、旧い上層階級の社会的地位を、あるプランを「売りこむ」ための、または、金儲けの道具とみる傾向がある。「あの連中(旧い上層階級)を除外しては、この町ではなにもできない。有名な名前が大事だ。……君らや自分が、この町や、他の町で何かやろうと計画したら、有名な名前をもち出さないとだめだ。それをもち出さないうちは、投資者や財産家たちは、引込思案するだけだ。そうでなければ、世界一の計画をもったところで、流産にきまっている。」

四

今日では、「外部との連絡(アウトサイド・コンタクト)」という言葉が地方社会でよく使われるが、この言葉は全国的規模の地位と権力が地方社会の真只中に存在することをはっきりと、また、いまいましくも想起させるものの一つである。過去三〇年の間に、とくに第二次大戦中の事業拡張とともに、全国的規模の大会社が、これらの小都市の多くにはいりこんできた。そのために、地方上層階級の間における旧い経済的地位の均衡が覆された。というのは、大会社の地方支店の開設とともに、大都市から幹部連中が乗りこみ、かれらは、地方社会を圧倒し、あるいは無視しがちであったからである。(8)

いうまでもないことだが、威信というものは、威信と権力をもっている人々の「仲間に加わり」(ゲッティン・グ・ウィズ)、かれらの真似をすることによって得られる。今日では、地方上層階級、とくに新興上層階級が獲得したがっているような社会的地位は、よそ者の所有する大会社の有力社員との交際、かれらの生活のスタイルの模倣を通じて、また、市の領域を越えてかれらの住む郊外に居を移し、かれらの社交的集いに参加することによって、得られる。大会社グループの地位の世界は、格別、地方社会を中心としていないから、地方社会は、世間一般の威信から離れてゆき、逆にそれを「田舎者」と見なそうとする。

新興上層階級の目からみれば、その町の旧い社会的指導者たちは、しだいに大会社グループによってとって代わられつつある。土地の上層階級は、新しいリーダーたちの催しに招待されようと、さらには自分たちの子供をそのグループと縁組させようと、懸命の努力をしている。この潮流のもっとも顕著な兆候の一つは、地方上層階級の家族たちが、おもに会社幹部たちがつくった排他的な郊外に移住しようとする動きがはっきりみられることである。新興上層階級は、大会社グループの人々の真似をし、社会的に同質化してゆく傾向がある。あらゆる教育ある階級の「有望な青年」たちは、小都市を去って、会社組織の世界の内部で経歴を切り開こうとする。旧い上層階級の地方的世界などは、頭から無視されてしまう。

このような発展は、男よりも女にとって重大である。社会事業や公共事業、とくに、教育、衛生、慈善事業など——には、婦人たちのほうが積極的なことが多い。一つには、ひまが多くあるというためでもある。彼女たちは、その地方の都市に、その社交生活を集中する。なぜなら、これは「当然なすべきこと」であるから。もっとも名声の高い人々がやっていることだからこそ、当然なすべきことなのである。だが、土地の婦人たちは、土地の社交界に顔を出しても、これによって、大社会のエリートたちの間での社会的地位はまったく、あるいはほとんど高められない。なぜならば重役の妻君たちは、大会社・大都市中心主義で、土地の社交界などは問題とせず、大切な教育問題なども、地方的なものは重要視しない。自分たちの子供は、私立学校に通学させ、下層幹部のばあいでも、市内の学校とはちがった自分たちの郊外にある公立学校に通わせるからである。典型的な地方婦人が、公共問題に献身的に働いても、会社幹部の妻君たちに認められることもなければ、受け入れられることもない。だが、万一、大都会の知名人と知り合いだということがわかれば、すぐ「仲間に入れてもらえる」のである。

地方の婦人たちは、夫の商売を援助するために、その地域の問題に参加することが多い。しかし、会社幹部の成功の条件は、自分の属する全国的規模の会社の内部にある。会社役員は、純然たる地方実業家たちとは、ほとんど取引関係がない。かれらが取引きするのは、工場の製品を買ってくれるか、それに原料品とか部分品を売ってくれる他の大会社に属する遠くにいる人々である。かりに重役が、地方の商売人と小さな取引きをしたところで、それが会社側の方針として、「好意を示す」ためのものでないかぎり、社交的な関係を必要としない。だから、重役の妻君が、土地の社交界に顔出しをする必要はまったくない。小さな都会で人々との接触が必要なばあいは、会社の名前さえもち出せば、たちどころに、したいだけ接触できるのである。

五

地方の社交界が、アメリカにおける唯一の社交界であった時代も存在したとおもわれる。しかし、それは、南北戦争以前である。もちろん今でも、小都市は、地位の地方的上下序列で、その頂上には、権力と富と名声をもつ地方的エリートが存在する。だが、アメリカの多くの社会学者たちが、今日やっているように、小都会の上層グループを調査し、その結果を全国的に一般化し、アメリカの階級構造（アメリカン・システム）[9]と称することはできない。これは、いかに多くの小都市を調査したところで同じである。アメリカの上層グループのメンバーたちのあるものは、事実、小都会に住んではいる。しかし、これは通例ではない。加うるに、どこに住んでいるかということは、重要でない。かれらの活動範囲は、全国的規模に広がっている。アメリカ中の小都市の上層社会階級を全部集めてたしたところで、全国的な上層階級ができあがるものではない。その権力派閥をよせあつめたところで、全国的な権力エリートにはならない。それぞれの地方に、上層家族の一組があることは事実である。そして、多少地方的な差異はあるが、それらはだいたいにおいて類似している。しかし、全国的階級構造は、同格の地方的単位を、たんに、加算しただけのものではない。諸地方社会の階級、地位、権力のシステムに、同等の重みをもっているわけではない。それらは、自律的な存在ではない。国家の経済・政治のシステムと同様に、威信と権力のシステムもまた、もはや、相互に浅く、よそよそしい関係しかもたぬ地方分権化された小さな上下序列から成り立っているのではない。農村と町、町と大都市の間の関係、諸大都市間の関係が、一つの構造を形成し、その構造は、今や、全国的規模のものとなっている。そればかりでなく、その本来の性質上いかなる一つの町にも都会にも根をもたないある種の勢力が、今や、直接、間接の支配の系列を通じて、それぞれの町や都市の地位と権力と富の地方的上下序列を左右しているのである。

現在では、地方社会は、紳士録にのせられている名士たちのいる大都市、会社権力の所在地、政治的・軍事的決定の全国的中心地に指導を求めている。もちろん、地方社会の旧いメンバーたちの一部は、このような都市や大会社や権力の社会的存在を認めようとしないばあいもあるが、新興上層階級の努力と、全国的大会社の経営エリートの行動によって、あらゆる地方社会は、その地方的水平線のかなたにまで広がる地位と階級と権力のシステムに従属する衛星と化しつつある。ニューイングランドのいかなる町も、社会的に、ボストンとは並びえない。いかなる地方産業も、ゼネラル・モーターズに経済的に匹敵しえない。いかなる地方の政治ボスも、国家の政治幹部たちに比肩しえないのである。

第三章　大都市上流社会

小都市は大都市に範を仰いでいる。だが大都市は、どこに範を仰ぐか？　アメリカは、パリ、ローマ、ロンドンのような、社交界の中心であると同時に、政治的首都であり、金融中心地でもある真に全国的な都市をもたぬ国である。小さな都会から大都会にいたるまでの地方上流社会は、かれらが選ばれた存在であることを、鶴の一声で、正式に太鼓判を押すことのできる歴史的な宮廷などはもっていない。政治的首都は、社会的地位の首都ではないし、上流社会の重要な一部分でもない。政治的経歴は、かならずしも、社会的地位の上昇とは並行していない。金融の中心地はワシントンではなくて、むしろ、ニューヨークである。もし、最初から、ボストンとワシントンとニューヨークが、一つの偉大な社会、政治、金融の国家的首都として統合されていたとしたら、それこそ、大きな違いがあったことであろう。そのようになっていたならば、ジョン・ジェイ夫人のもとでの集まり（「一七八七年、八八年の晩餐会、夜食会の招待者リスト」といわれた）――ここでは、名門と富と権力をもった人々が肩をつき合わせたのだが――は、現在までそのままつづき、国勢

調査の一部として役立ったかもしれない。(1)

しかし、公然たる結合を欠き、また、大都市全体としてのまとまりは別にないけれども、一七〇年後の今日、アメリカの大都会には、れっきとした上流社会が咲き誇り、それはどうみても、相当な緊密さを保った存在にみえるのである。ボストン、ニューヨーク、フィラデルフィア、ボルティモア、サンフランシスコなどには、旧い、裕福家庭の確固たる中核が存在し、そのまわりを富裕ではあるが歴史の浅い家族からなる結合の比較的ゆるいグループがとりかこんでいる。アスター夫人お抱えのウォード・マッカリスターがその昔いったところによると、ニューヨークではこの旧い中核は四百家族からなっていたそうだが、この中核は、アメリカの上流社会たらんと試み、一時はほとんど成功したといえる。今日では、家系の誇りに土台をおこうとするのでは、真に全国的な上流社会になろうとするかれらの試みは、大きな困難にぶつかる。しかしながら、大都市上流社会のばあいにも、小都市の上流社会のばあいにも、有利な条件はいよいよ有利な条件を生みだすのである。そして、客観的な機会の存在と心理的準備とが互いに作用しあい、この条件が、どの世代にでも、上層社会階級の世界をつくりだし、それを維持していることはうたがいない。どこの大都市の上層階級も、なによりもまず、お互いに準拠しあっているのである。

一

南北戦争以前は、大都市の上層階級は、緊密なまとまりを保ち、安定していた。すくなくとも社交界の記録者たちは、昔をかえりみて、そうだったといっている。ジョン・キング・ヴァン・レンセラー夫人は、次のように書いた。すなわち、「社交界は、外部からでなく、むしろ、内部から成長したものである。……異分子で同化されたものは僅少だ。社交界は、各家族が大々的に子孫をふやすことによって、拡大されていった。……ちょうど、万里の長城のように確固とした、そして、無視することのできない境界が存在した。」と。家系は、植民地の創設時代にまでさかのぼり、上層階級の諸グループを分つものは、「教会の宗派の区分であり、長老教会派、オランダ改革派、監督教会派が、上層階級という緊密なまとまりをもった組織内部の、かなりはっきりした分派を形成していた。[2]」

十九世紀の富は、それぞれの地区、地方ごとに、産業に基盤をおく土着家族の上下序列をつくりだしていた。ハドソン河の上域には、パトルーンと称し、その起源を誇りに思う地主たちがいたし、ヴァージニア州には、植民者たちがいた。ニューイングランドのあらゆる都会には、清教徒の船主や初期産業家たちがおり、セントルイス市にはフランス系移民の子孫で、土地所有で食べている派手な一団がいた。コロラド州のデンヴァー市には、裕福な金・銀採掘者たちがいたし、ニューヨーク市には、ディクソン・ウェクターのいわゆる「利札を切って生活していく階級、親父の財産のおかげでのらくらしていられる道楽者、それから、アスターやヴァンダービルトのように、商人出身であることを、なるたけ早く忘れてしまいたいと懸命になっている層があった。[3]」

最上級の富豪たちは、他と明瞭に異なった一種のカーストとみなすことができる。かれらの財産は永久的であり、その家族は名誉ある古い歴史をもっている。かれらがその富を維持し、新興の大富豪たちがそれに脅威を与えないかぎり、家系にもとづく地位と、富にもとづく地位を区別する必要を認めなかった。旧い上層階級の安定性は、旧家と巨大な富が、合致していることによりしっかりと支えられていた。なぜならば、新興上層階級の押しと、富と、権力は、旧い上層階級によって抑えられ、旧い上層階級の人々は、他との区別を維持し、自己の地位が脅かされないかぎり、ときおり、新しいメンバーを受けいれることができたからである。

南北戦争後の数十年間に、古い都市の旧上層階級は、新しい富者によって圧倒された。ヴァン・レンセラー夫人によれば、「一瞬にして」社交界は、「社会的独占主義の塀をずうずうしくも乗り越えんとする人々によって、四方から襲撃された。」加うるに、海外から、移民が押しかけてきたが、この連中は、南部や西部ではなく、都市で、しかも、かつての南部や西部の開拓者と同じように、ひともうけしようと企てた。「財産を他の土地で築きあげた連中は、ニューヨークにやってきて、享楽のためと、社交界に認められたいために、金をばらまいた。」(4)

一八七〇年代から一九二〇年代にかけて、旧家と新興成金の間の闘争は、巨大な全米的規模で展開された。南北戦争以前に財産を築きあげたゆえに旧家とみなされる人々は、南北戦争後に金持になった連中を、締めだそうとした。だがなによりも、新興成金の富が、旧家のそれに比べて比較にならぬほど巨大であったため、かれらの試みは失敗した。さらに新興富豪を、狭い地方の中に閉じこめておくことはできなかった。国家の領土が拡大されたように、新しい富と権力――これは家族単位だけでなく、今では、会社組織の形をとっているが――も、全米的な大きさ、規模に成長した。都市も、郡も、州も、この社会的に強力な富を牽制することはできない。新しい富の所有者たちは、あらゆるところで、大都会の名門旧家に侵入した。

あらゆる家族はある意味ではみな旧い。しかし、すくなくも二代、できれば三代、四代にわたって富を保持したものは少ない。アメリカにおける「旧家」とは、これを式に表わすと、金力プラス嗜好プラス時間である。アメリカの全歴史を通じても、六代ないし七代しかないのである。どの旧家にとっても、その家に属してはいたが「古く」はなかった者のいた時代があったにちがいない。したがって、アメリカにおいては、祖先であることが、祖先をもつことと同じくらい、重大である。

系図を誇る家族が、系図のない家族を、自分たちのサークルに受けいれることも、受けいれたこともないと推論してはいけない。とくに系図のない家族が、銀行を手中におさめた後においてそうである。現在、割りこもうとする人々を押しかえそうと懸命になっているのは、自分たちの先祖が、僅々二代、三代前に、自分たちよりも旧い家族に割りこんだ連中だけである。旧い富者と新興成金間のこのゲームは、この国の歴史の始まりから開始されていたのであり、今日でも、大都会の中心でも、また小都会でもつづけられているのである。このゲームの唯一の不変の規則は、押しまくる気さえあれば、財布が許すかぎり、どの次元においても、終極的にはかならず勝利しうるということである。むき出しの下品な金であろうと、きれいな金であろうと、金さえ持っていれば、きわめてわずかな例外を除いて、アメリカの上流社会のどこにでも入りこんで行けるのである。

地位の点からみれば、このことは、地位を区別する壁がたえず崩されていることを意味する。地位は家族の系譜に基礎をおこうとしているからである。地方的な名声を超えた上層社会階級というもっとも一般的な立場から見ると、このことは、最上層はたえず入れ替わっていることを意味する。さらにこのことは、自分ではどう主張していようと、アメリカの上層階級はたんに裕福なるブルジョアジーにすぎず、そのメンバーたちがどれほど大きな権力をもとうと、かつて存在したことのない貴族的過去を証明するわけにはいかない、ということを意味する。ある丹念な系譜学者の一人はこういっている。今世紀の初めにニューヨークの金持階級または旧家で、社会的に顕著な地位を占めているものの中で、その「祖先の名が、ジョン・ジェイ夫人の晩餐会招待客表に出ていたのは、一〇家族もなかった」と、断言している。(5)

アメリカにおいては、家の系譜をかさにきて地位を高めようとする自負心に充ちた試みは、危ない芸当であり、これを試みたのはごく少数の人々にすぎない。実在した先祖、あるいはでっちあげた先祖を種にして、「名門」「高貴の生まれ」の人々は家系図を丹念に仕上げ、この家系を念頭に、「下賤」の者からお高くとまっていようと試みた。しかしアメリカの下層の人々は、同じ下賤でも、かえって「生まれの低いこと」を名誉に思い、馬の血統で冗談をとばすような態度に出るため、相手としては扱いにくく、このような試みは楽でもなければ、広がりもしなかった。

個人の一生の間でも、世代から世代の間でも、家族の住所、仕事から仕事への移り変りなどの移動があまりに多いので、家系意識は根を張ることが困難であった。この家系意識が存在し、それにもとづいて上層階級が家系の尊重を主張したところで、下層階級のものが敬意をはらってくれなければ、まったく無駄である。アメリカ人は家系に関心をもたない。家系にもとづいて地位を主張しても、それを承認するような下層の人々はいない。数世代にわたって社会構造が根本的変化をおこさず、職業と富と地位が世襲的となる傾向をもつようになったときにのみ、このような誇りと偏見、そしてそれとともに、このような屈辱性と劣等観念が社会的威信のシステムに安定した基礎になりうるのである。

過去に封建制をもたず、また、社会的移動が存在したにもかかわらず、家系の威信にもとづいた一種の系譜社会が、短期間とはいえ、可能であったのは、移民の状況のためである。アメリカの大都市上流社会が絶頂期にたっしたのは、新しい移民が大都市に流れこむ量が最大限にたっした期間であった。このような白人貧民窟（ゲットー）では、「生まれ」によって地位を主張することは、非常に効果的であった。もっとも、だれにたいしても効果があったのではなく、自分でも「生まれ」のことを口にし、もっとそのことを人に認めてもらいたいと思っている人々の間で、効果的であった。このような主張は、少数民族グループ内での地位の上下序列に関連している。

しかし、下層移民が、もはやこの目的に役立たなくなる時代が到来した。移民の流れがとまり、北アメリカのすべての者が、アメリカ生まれの両親をもつ生粋のアメリカ人になっている。あるいは近い将来にそうなるだろう。

移民の供給が膨大で、大都会では、土着の両親から生まれた人々よりも移民の方が多かったときにおいてさえ、民族主義の自由主義的感情が強力になり、厳格な家柄の枠でそれを型にはめこむことは不可能であった。「移民のアメリカニゼーション」――組織された運動、イデオロギー、さらに事実としてのそれ――は、アングロ・サクソン的家柄よりも、国家という一つのイデオロギー的存在にたいする忠誠心を重要なものにした。アメリカを人種と民族の栄あるるつぼとみなす見解が、中産階級と知識階級層によって流布され、この見解が、「人種的」系譜や家柄を重んずる社会に関心をもつアングロ・サクソン的見解に打ち勝つにいたったのである。それのみでなく、これらの諸人種集団――アイルランド系からプエルト・リコ系にいたる――は、いずれも、しだいに地方の政治的権力を手中におさめるにいたった。

系譜にもとづいた上流社会をつくりあげようという試みは上層階級の間でつづけられ、上層階級を構成する各地方は競いあった。東部沿岸は最初に開拓されたので、ここに留まっていた人々は、最近開拓された地方の家族に比べて、居住年限が永い。しかしながら、ニューイングランドの多くの小都会には、ボストンのどの家族に比べても劣らぬくらい永い間住んでいる地方的名家がある。ボストンのもっとも狂信的な名門（ブラーミン）にも負けぬくらい家系意識の強い南部の小都市の家族もある。さらに、キャリフォルニアに初めから住んでいた家族たちは、かれら独特の時間観念にとらわれており、自分たちはニューヨークのいかなる家族よりも旧く、強固であると感ずるなど。各地方はまた、経済的にも競争した。鉱山関係の家族、鉄道関係の家族、土地や建物に基礎をおく家族など。各産業、各地方、各地域で、すでに述べたように、巨大な富は、それぞれ独特の地方家族の上下序列をつくりあげた。

　階級構造が堅実で安定しているばあいには、家柄は、社会的威信の確固たる不動の基礎となる。かかるときには、あらゆる種類の伝統、礼儀作法（エチケット）の型が健全な経済的地盤の上に強い根を張り、花をさかせるようになる。経済的変動が急速で、根本的な社会的移動が生ずるばあいには、とにかく金を握った階級がのし出してくる。そして、地位の装いは崩壊し、昔からの偏見は掃きのけられてしまう。数量的分類からいえば、一ドルは一ドルである。だが、系譜を尊重する社会の見地からみれば、同額の金（かね）でも、親子四代にわたって譲りわたされてきた金と、株で大当りをしてとった金とは、価値がまったくちがう。だが、新しい富が、法外に巨大な額になったばあいには、いったい、どうしたらいいというのか。一八七〇年に、（旧いオランダ移民（ニッカー・ボッカー）家族出身の家柄の貴婦人で、不動産で富を築いた家に嫁いだ）アスター夫人、（鉄道で儲けた下品な富を背景に、下賤な養祖父をもつ）ヴァンダービルト夫人をどうとりあつかったらいいのだろうか。アスター夫人が負けるのである。一八八三年に、アスター夫人は、ヴァンダービルト家を訪問し、同夫人の仮装舞踏会への招待を受諾する。(6) 事態がこのようになってくると、系譜にもとづく地位を本当に見せびらかすわけにはいかない。アメリカではつねに、そして、他の国でもおそらく、家柄を土台とした社会は、新しい、下賤な成金たちによって、無視されるか、買収されてしまうのである。*

* しかし、この家系にもとづく地位の誇示をくつがえすものは、階級構造の急速な変動だけではない。ほとんどいかなる急速な変化も、それをくつがえすのである。というのは、地方上流社会の社会的威信の維持にとって、生活様式の因襲(コンヴェンション)が重要であるとともに、逆にまた、階級関係、地位関係が安定しているかぎりでのみ、因襲を安定させることができるからである。因襲が本当に強固であるばあい、衣服は「装束(コスチューム)」となり、因襲は「伝統(トラディション)」となる。祖先の高い威信、また、老齢や、財産の古さ、骨董品の所有、居住年数の永さ、種々の団体に加入していること、なにに関するものであれ昔ながらのやり方――その他なんでもあれこのようなものにともなう高い威信が、より集まり、安定した社会の一定の固定的グループの地位の因襲をつくりだすのである。

社会変動が急速なばあいには、若く美しいものが、威信を獲得する。たとえ、かれらが呪詛の対象となることがあっても、そうである。また、なにか他と違った「新奇なもの」が、たとえ、それが俗悪なものであろうとも威信を得る。このばあいには、「装束」は「時代遅れ」となり、「流行に遅れないこと」がなによりも重要となる。家の外観的価値、さらには礼儀作法やその人の自我まですら、流行の対象となる。簡単にいえば、新しいが故に尊重され、新しいものが社会的威信をもつ。このような状況にあっては、衣服、自動車、住宅、スポーツ、道楽、クラブなどの金使いの様式はたえず変動し、また非常に大きな差を示す。そのような様式についてゆけるかどうかをきめるものは金である。ヴェブレンは「見せびらかすための消費（オステンテイシャス・コンサンプション）」・「目だつ浪費（コンスピキュアス・ウェイスト）」という言葉を使ったが、これは、いうまでもないことだが、このような状態にたいしていったのであり、安定した有閑階級にたいしてではない。アメリカに関して、とくに、かれがそれを書いた時代の次の世代に関しては、かれのいっていることはだいたいにおいて正しい。

ここでは、成上り者は、独立独行の人間として地位を要求する。かれは、成上りであるにもかかわらず、独立独行の人間として地位を要求しているのである。どの世代でも、名門出の男女の一部は、かかる人間を、侵入者、成金として、どこから見ても外部の者として見下してきた。しかし、次の世代——またはさらにその次の世代——になると、この成上り者は、歴とした家系をもつ家族たちから上流社会に、受け入れられてきた。

二

アメリカにおける地位をめぐる闘争は、ある一定の時期に生じ、その時期が去ると終ってしまう、というようなものではない。旧くからの金持たちは、家柄をたてにして名声を独占しようと、たえず試みている。この試みは、つねに失敗し、また同時に、つねに成功している。失敗というのは、世代ごとに新しいメンバーが追加されるからであり、成功というのは、上流社会階級がつねに闘争をしているからである。本当に固定したメンバーからなる安定した上層階級などというものは存在しない。しかし、上層社会階級というものは実在している。階級の構成員の変動がいかに急速であろうと、これによって階級は破壊されない。同一の個人や同一の家族ではないが、同じタイプのものがその階級の内部で勢力を保っているのである。

ある程度、形式的なやり方で区画線を引き、このタイプをきめようとする試みが、何回となくくりかえされた。新興富豪たちがまだ後になってほど押しが強くなかった南北戦争前の時期でさえ、だれとだれを招待するかという社会的決定を下すに当って頭をなやました主人役（ホステス）の婦人たちは、社会的調停者の必要を感じていたようである。一八五〇年以前の約四〇年の間、ニューヨークの社交界は、グレース教会の下級役僧のアイザック・ブラウンという男の助言に頼っていた。ディクソン・ウェクターによれば、この男は、「名前や家柄や噂話について申し分のない記憶力」をもっていた。「かれは、招待状を発送しようとする主人役の婦人たちにたいし、だれの家には不幸があった、だれは破産した、だれの家には訪客がある、だれだれがこの町に新たに到着し、社交界に新しく入ってきた、などということをいつでもいえる用意ができていた。」「かれは、いつも宴会場の入口に立ち、見ていた人の話によると『ダンスの相手のできる若い男たち』のリストを持っていて、最近ここに移ってきて宴会を催したいと思っている連中に提供した[7]。」

南北戦争後の時期に膨大な富が築かれたが、この時期には、だれを選ぶべきかをきめるもっとはっきりした手段が必要とされた。そして、一時、ウォード・マッカリスターが、この選択者としての地位を築いた。マッカリスターは、「悪どい不当利得者の侵入に対抗するに必要な団結を社交界にあたえるために」、地位はもっているがあまりパッとしない旧家と、のし出すためには、豪勢な宴会をやり、利巧に立ち回らなければならない「見え坊たち」を適当につきまぜようとした。かれは、この任務に真剣だったらしく、「昼も夜も、紋章学を研究し、宮廷儀礼の本、系譜学、割烹術の本を読破した……」。「一八七二―七三年の冬に、パトリアークス（家長）」という組織をつくった。これは「二五人からなる委員会で、この人々は、舞踏会があるごとに自分の責任で四人の婦人と五人の男子を招待し、こうして、『社交界を創始し、これを指導する権利をもつ』。マッカリスターによると、この権利は神聖なる委任行為である。」最初の「家長」たちは、すくなくとも四世代にわたりニューヨークに居住した旧家の人々であった。マッカリスターのアメリカ的な大まかな考えでは、この人々は「四〇世代にわたる紳士たちに劣らぬくらい、善良であり、誠実であった(8)。」

一八八〇年代に、マッカリスターは新聞記者たちに、「華やかなニューヨーク社交界に属している者は、約四〇〇人を数えるにすぎない。この四〇〇人を超えると、舞踏会でぎごちなくなったり、他の人々を固くしてしまうような連中がときどきいる」という意味のことをほのめかしていた(9)。一八九二年に――このときにはパトリアークたちの王座とウォード・マッカリスターの人気は下り坂であったが――かれは、「四百家」の名簿を発表したが、これには約三〇〇の名前が載せられていた。これは、たんに、パトリアークたちの舞踏会の参会者たち、南北戦争前におけるニューヨークの家族の中心グループの人々であり、それに、まだ縁組のきまっていない娘や息子たちでダンスの好きな連中、マッカリスターが入れてもいいと認めたごく少数の新興成金が加えられていた。当時の上位九〇人の[10]富豪たちのうち、この名簿に載せられているのはわずか九人にすぎない。

マッカリスターの「四百家」名簿はあまり注目されず、また、かれはこれと前後して上流社会から隠退したが、このことは、かれが強化しようとした旧上流階級の立場が、いかに危殆にひんしていたかを反映している。ニューヨークばかりでなく、その他の都市においても、新興金持の社交界への進出から「古顔」を守ろうとするあらゆる試みがなされた。マッカリスターの没落はこのようなすべての試みが失敗したことを如実に物語っている。こうなれば、なしうる気のきいたことといえば、新興金持連、すくなくも、その中の選ばれた者を仲間に入れることだけであろう。これをやったのが「社交界人名録（ザ・ソーシャル・レジスター）」で、これは成功した。

ピカピカ（ギルディッド・エイジ）の時代といわれる一八八〇年代に、ニューヨークの独身者で「一生食べていけるくらいの財産と、大したものではないが、歴とした社会的地位」を相続した一人の男が「最良の人々の名簿で、賢明にも広告なしだが、商売人たちが買い求めるかもしれない」ものを発行しようと決心した。[11]「社交界人名録」は、うまく新旧をつきまぜ、カルメットとかユニオンなどのニューヨークの諸クラブに入っている友人たちの支持を背景にして、初めから成功をおさめた。ニューヨークの「社交界人名録」の第一版は、八八一の名前を載せていた。引きつづいて、他の都市の名簿も出版された。そして、このような名簿を作成し、これを刊行する仕事は、社交界人名録協会（ソーシャル・レジスター・アソシエーション）という法人に組織された。一九二〇年代の間に、二一都市に関する人名録が発行されたが、このうち、九つは「需要がない」ため廃刊された。一九二八年頃には、毎年秋に、一二巻が発行されるようになった。ニューヨークとボストン（一八九〇年以来）、フィラデルフィア（一八九〇年）、ボルティモア（一八九二年）、シカゴ（一八九三年）、ワシントン（一九〇〇年）、セントルイス（一九〇三年）、バッファロウ（一九〇三年）、ピッツバーグ（一九〇四年）、サンフランシスコ（一九〇六年）、クリーヴランド（一九一〇年）、シンシナティ（一九一〇年）などの社交界人名録がそれ以後毎年刊行されている。

人名録は、「社会的に選ばれた人々」の住所、子供、学校、電話番号、所属クラブ名などを列記している。一二月と一月に補足が刊行され、夏季版は六月に出る。同協会はすべての人名録に載せられた名前全部を掲載している索引を購入することを、読者にすすめている。全国各都市の家族間に縁組があり、さらに、都市から都市へと、住所の変更があるため、買っておけば便利だというのである。

「社交界人名録」は、有資格者を規定して、「家柄ないし社会的地位、あるいはその他の資格のゆえに、ある都市、または、数都市の最善の社会に当然含まれるべき人々」といっている。しかしながら、掲載の正確な基準は、つきとめることが困難である。このことはおそらく、ウェクターのいったように、「社交界人名録は、第三者的な能率、超然とした態度、それから、極秘裡の探索の気ふうによって包まれている」からである。「成功を引きつづきおさめ、威信を保つうえからいっても、ある点からだれがやっているかわからないようにすることが大切である。」[12]「社交界人名録協会」は、現在、ニューヨークに本拠をおくが、創立当初から、創立者の秘書をしていたバーサ・イーストモンド嬢によって差配をとられているようである。名前を査定するのは彼女で、ある者は付加するし、ある者は、値打なしとして拒否し、ある者は、後日再考ということになる。このさい、彼女は、一定の社会的相談役に照会することもあるし、「社交界人名録」を発行している都市には、当今の有名な名前、住所、電話番号等を調べるために、個人的な代表者がいる。

現在これに記載されている三万八千の家族中には、だれが含まれ、また、何故これが入れられているか。前記一二の選ばれた都市のいずれかに居住するものは、だれでも掲載して貰いたいと申しこむことができる。もちろん、それには、すでに記載されているいくつかの家族の推薦を必要とし、所属クラブの数々をならべあげなければならないことはいうまでもない。だが金があるだけ、家柄がよいだけでは、あるいは両方が揃っていても、ただ受けいれられ、また、最終的につづけて記載されるとはかぎらない。いささか恣意的なやり方で、旧家のものがときとするとふるいおとされ、新興成金階級の二代目がどんなに運動しても、成功しないことがある。だが、生まれと富は不充分だとはいっても、この二つと、適当な振舞いが、必要でないというわけではない。

相当成功した大会社重役は、その気になりさえすれば「社交界人名録」にかならず名が載る。だが、これを強調しすぎるのは間違っている。とくに時期的に分けて考えなければならない。一八九〇年から一九二〇年の間の三〇年間は、「社交界人名録」に新しい名前が加えられた主要な時期であった。二十世紀の最初の一〇年間がすぎた後は、新しい家族が「社交界人名録」に名前を入れられることはしだいに少なくなった。すくなくとも大都市の一つ、フィラデルフィアではそうであった。今世紀の最初の一〇年間には、六八％の増加があったが、一九三〇年代の一〇年間には、増加率は六％に減った。

往々にして、「社交界人名録」からふるいおとされた人々が有名人であるために、おとされたことが、問題にされる。このようなときには、「社交界人名録」の「専断的な」性質が取りあげられ、その社会的意義が嘲笑される。事実、ディクソン・ウェクターの結論によれば「好ましからぬ評判が、削除の原因と考えられるが、しかし、このばあいにも、はっきりした理由にもとづくというより、直観による方が多いようである。新聞のゴシップ欄に名前が出されないようにすることができるなら、個人生活がどんなに乱雑で、どんな内々の噂さが流れていようと、「社交界人名録」の機嫌を損ねるようなことはない」(13)。

その選択ないし拒否が、一見したところ、専断的であり、また、それをめぐって、お高くとまる気分や煩悶があり、そういうことがあるのがむしろその特色であるのであるが、それにもかかわらず、「社交界人名録」は、なんらかの意義をもった真面目な名簿でもある。それは、非常に困難な条件下に、たんなる成金連中や、評判者たちを、真に上品で本物のグループの外に締め出し、富豪たちの中の上品で本物のグループを本物として証明し強化するとともに、選ばれた上品で本物のグループをそのまま維持し、かくて、選ばれる価値のあるものとして保存しようとする試みなのである。いずれにせよ、この名簿は、アメリカ人にとっては、名門名家を数えあげた唯一の名簿であり、貴族的な過去ももたなければ、宮廷社交界も、あるいは、真の意味の首都をももたないこの国の公的な地位の中心ともいいうるものだからである。個人個人のばあいを取りあげれば、その選択の予想がつかず、ときには、独断的でさえある。だがグループとして見るとき、「社交界人名録」にのっている人々は、富と、家系と、その生活様式の故に、選ばれたのである。したがって、この不思議な魅力をもった一二巻の書物に見出される名前は、ある一定のタイプの人間を代表しているのである。

三

アメリカの選ばれた大都市地域のそれぞれには、「社交界人名録」発刊以来、それに名前の載っている家庭に生まれた人々から成り立っている上層社会階級がある。この登記ずみの社会階級、それから、他の大都市の、新しく名が出るか、あるいは、まだ名の出ていない階級層は、二代、三代、あるいは、四代にわたって有名で富裕な旧家のグループから成り立っている。その素性、風采、挙動をみても、これらの者は、社会の他の人々とは、ひときわ目だっているのである。

かれらは、豪華な一流地域の、そこで自分たちが呱々の声をあげた旧い、立派な家に住んでいることもあるし、あるいは、自分たちの建てた簡潔な――しかし洗練された――近代住宅に住んでいることもある。これらの住居には、旧い住宅であれ新しい住宅であれ、いや味のない家具や秘蔵の調度品がある。かれらの衣服は、ちょっと見たところは不断着で、しかもかなり時代ものではあるが、どこか仕立や着こなし具合が、他の男女のものとは、ちがったところがある。かれらの買い求めるものは、目だたないが高価なものであり、その使い方も人目にたたないようにする。かれらの属するクラブや団体は、自分たちと同格の人間でなければ所属できない組織であり、かれらはそこへの顔出しもきわめて真面目にやる。

かれらは共通の親類や友人をもっている。だがそれにもまして、かれらは、慎重に選択され、家族的に統制された共通の経験をもっている。かれらは、同一のあるいは同格の特権的私立学校、とくにニューイングランドの監督教会派の寄宿舎学校の一つに学んでいる。かれらの中の男たちは、ハーヴァード、イェール、プリンストンのような大学、あるいは、郷土的誇りを無視できないばあいには、自分たちの家族が昔からずっと寄付をしている地方大学に学んだ。そして、現在では、これらの学校系統のクラブ、自分たちの都市の有力なクラブ、さらに、他の大都市中心地の一、二のクラブの会員となっている。

かれらの名前は、おしゃべりなゴシップ欄にはもちろん載らないし、地方の社交界欄にも出ない。系統正しいボストン人であり、サンフランシスコ人であるかれらの多くは、もし、かれらの名前がそのように無益に取りあげられたならば、仲間同士、当惑この上もないであろう。安価な宣伝や、うかれ社交界の醜聞などは、キーキー音のする悪どい型の新来家族のためのもので、旧い社会階級のものではない。なぜならば、頂上に鎮座する人々は「誇り」をもっている。そこまでいっていない連中は、うぬぼれをもっているのである。誇りをもつものは、自分たちの下の者たちが、どう考えていようと気にしないが、うぬぼれているものは、追従を頼みにし、これに裏切られるのである。というのは、かれらは、自分自身に関する自分たちのイメージが、実は他人に依存しているということに、気がついていないからである。*

＊ ソースタイン・ヴェブレンの『有閑階級論』（一八九九年）は、幸いなことに、今日でも読まれているが、それは、アメリカ上流社会にたいするかれの批判が今でも妥当であるからではなく、かれの文章のスタイルがその批判をもっともらしく見せているからである。かれの批判は、真面目に受けとられていないばあいが多いが、そのばあいですら、文章のスタイルの故に、もっともらしく受けとられている。かれのあげた事実は、その後、現代になって出現した場面や人物にふれていないが、その要点は本当のところをついている。なぜ本当かといえば、もしかれが、あのようなことについて、あんなふうに書かなかったとするならば、われわれは、現代の新しい特色を認識することができなかっただろうからである。アメリカの社会的抗議（ソーシャル・プロテスト）の文献に現われたいろいろの偏見の中で、かれの偏見がもっとも実り豊かなものであるという事実の一つの意味は、ここにある。だが、すべての批評は、いつか死すべき運命にある。そして、ヴェブレンの理論も、全体としてみると、もはや、アメリカにおける社会的威信のシス

テムを充分に説明していない。

「有閑階級の理論」は、有閑階級そのもの（*the* leisure class）の決定的理論（*the* theory）ではない。それは、ある国の、ある時代における上流階級のある特定の分子についての一理論なのである。それは、新・旧富豪間の地位をめぐる闘争の描写であり、とくにヴェブレンの成長期、すなわちアメリカの十九世紀後半、ヴァンダービルトやグールド、ハリマン家などがはぶりをきかし、サラトガ・スプリングスやニューポートなどの土地が地位の中心であり、さらには、絢爛と黄金が目についた時代の、新興成金の検討である。

それは、持てる富を地位のシンボルに替えることによって、社会的にのしあがっていった上層階級を検討したものである。だが、のしあがったといっても、地位のシンボルが曖昧な状況の下において、のしあがったのである。加うるに、ヴェブレンの描いているドラマの観客たちは、伝統にしばられた人々ではなく、そこに登場する俳優たちも、封建制の下におけるように、世襲的な社会構造にしっかりと組みこまれている人々ではなかった。したがって、ここでは金使いの型が、地位的名誉を競争するうえの唯一の手段であった。ヴェブレンは、旧い貴族をもった社会や、宮廷社会のように、お追従が要領のいい生活のスタイルであった社会を、分析しているのではない。

アメリカ生活の上層スタイルを描写するにさいして、ヴェブレンは、かれのドラマに登場する俳優たちと同様に、貴族的なものと、ブルジョア的な素質を混同する傾きがあった。一、二カ所で、かれは、はっきりとこれをやっている。「貴族的な、かつ、ブルジョア的な長所、別言すれば破壊的な、また、金銭的な特質は、主として上層階級に見出さるべきである」[14]。小実業家たちの嗜好を調べただけで、これが本当でないことが解る。

ヴェブレンも知っていたように、「目につくように金を費う（コンスピキュアス・コンサンプション）」のは、なにも上層階級にかぎられてはいない。しかし、今日では、新興上層階級の一分子、すなわち新たな会社組織の特権をもつ成金たち――会社公金による消費やその他の会社組織にともなう諸特権を享受している人々――にとくにこのような消費が盛んであり、また、このような消費が、舞台やスクリーンやテレビの職業的名士たちの生活水準や生活様式に大きな影響を及ぼしていることを、私は強調したい。また、いうまでもないことだが、「テキサスの百万長者」たちが劇的な形で示している、どちらかといえば古くさい成金の現代版の連中の間で、このような消費がはなはだしい。

ヴェブレンが目撃した十九世紀末葉と同様に、二十世紀の中葉にあっては、驚くべきことが展開しつつある。「テナー歌手のマリオ・ランザは、今では、特大の特別仕立の金（きん）の泥よけをつけた白い高級車キャデラックを所有している。……レストラン主のマイク・ロマノフは、絹とポンジーのシャツを手落ちのないように洗濯させるために、航空便で、マンハッタンのサルカに送っている。……土木業の大御所ハル・ヘイズは……自分のキャデラックにバーを備えつけ、自分の家には、栓をひねればスコッチやバーボン・ウイスキー、シャンペンやビールが出るようにしかけてある。……」(15)だが、安定した地方社会にあっては、四代、五代目の男女たちは、目だたぬように金をつかっている。しかも、結構たくさん金をつかっている。事実、かれらは、金をつかうばあい、わざと目につかないようにする。あまりパッとしない田舎住宅や夏別荘に住むかれらの生活は簡素で、下品な富裕さを、これ見よがしにみせびらかすことはしない。

ヴェブレンの理論の用語は、今日の確立された上層階級を描写するには充分でない。さらに、第四章で論ずるであろうように、アメリカにおける地位のシステムについてのヴェブレンの著作は、制度に依存するエリートや有名人の世界（ワールド・オブ・セレブリティ）の勃興を充分に考慮に入れていない。もちろん、マス・コミュニケーションと大衆娯楽の全国的媒体の一部分として生じたこの「職業的有名人（プロフェッショナル・セレブリティ）」たちが、全国的地位のシステムにたいしてもっている意味を、一八九〇年代に見透すことをヴェブレンに要求することは無理であるし、また、かつての社交界に初登場する令嬢がもっていた人気が映画スターによって奪われ、地方上流社会の婦人たちの声望が、軍事・経済・政治のマネージャーたち、すなわち「権力エリート」たちによって――今や多くの人々はこのエリートを自分たちの正当な首領として認めている――とって代わられ、こうして全アメリカ的規模での魅力(グラマー)が出現することを予期することを、ヴェブレンに要求することは不可能であった。

かれらが形成した種々の派閥の内部で、また、それらの派閥の間に、誇り高いこれらの家族のメンバーたちは、親しい友情関係、強力な忠誠関係をつくりあげる。かれらは、お互いに晩餐会や舞踏会に呼んだり、呼ばれたりする。かれらは上品な結婚式、悲しみに満ちた葬式、快活な成年祝い、などをやるばあい、真面目で、かつ、慎み深い。社交的な顔見せで、かれらがもっとも好むようにみえるものは、多くのばあい、非公式なものである。もちろん、かれらの間では、衣服や作法のいろいろなきまりや、何が正しく、何がやってはならないかというようなことについての敏感さが、公式なものはいうまでもなく、非公式な、気取らない会合のばあいでも、支配しているのではあるが。

かれらの市民としての義務感は、直接に政治的な形をとらない。かれらの義務感は、かれらをして自分の町の慈善団体、教育設備、文化設備などの先頭に立って奔走することは喜んでやるように仕むけるのである。かれらは、金が充分――充分というのは平均数百万ドルぐらい——にあるので、元金に手をつける必要はない。かれらは、働くのがいやなら、働かなくてもすむのである。にもかかわらず、かれらのうちの男たち——とくに、しっかりした年長者たち——は、みな働いており、ときとしては、きわめて勤勉に働いている。これらの人々は、その住んでいる都市の実業界、とくに、金融、法曹界の貴族を形成している。本当の紳士は——とくに東部の都市でそうであるが、今ではしだいに全国的にそうなってきている——、銀行家ないし弁護士であるのが普通である。これは非常に好都合なことである。なぜならば、財産家たちは、保身上、信頼のできる賢明、着実な人物を必要としているからである。この紳士たちは、一流銀行の取締役、頭取であり、その都会での有力な法律事務所の主任弁護士であり、投資相談役である。

アメリカのどこにいっても、大都市の上層階級は、人種、宗教、生まれの点で、多かれすくなかれ共通点をもっている。かれらは、たとえその家系がそんなに旧くはないとしても、下層人口にくらべれば、アメリカに根をはってからの年数はみな永い。もちろん、例外もあるし、その例外が重要なばあいもある。多くの都市において、イタリー系、ユダヤ人系、あるいはアイルランド系旧教徒の家族が、財産をつくり、強力になり、高い地位にのしあがっている例もある。だが、どれほど重要であろうと、例外は例外にすぎない。典型的な上層社会階級は、人種的にも、民族的にも、あるいは、国家的出身のうえからも、やはり「純種」である。どの都市においても、だいたいはプロテスタントで、同じプロテスタントでも、階級＝教会的（クラス・チャーチ）な宗派、たとえば、主として、監督教会派（エピスコパーリアン）、ユニテリアン派、または、長老教会派（プレスビテリアン）である。

多くの都市――たとえばニューヨーク――では、上流社会は一つではなく、いくつかある。しかし、であるからといって、大都市上層階級というものが存在しないというのではない。むしろ、より統一された社会のばあいよりも、これらの都市においては、地位構造がより精緻になっていることを意味する。互いに競争しているいくつかの地位のセンターの間には社会的な裂け目が口を開いているが、そのために、地位の上下序列そのものが破壊されるということはない。

上層の地位の家族は、往々にして、スポーツや社交行事を行なうある排他的なカントリー・クラブの会員になっている。しかし、カントリー・クラブに属しているということは、上層のレヴェルの人々にとって、なんら決定的な重要性をもっていない。なぜなら、「カントリー・クラブ」は、中流階級、さらには中流階級の下層にまで広がっているからである。

小さな都市では、いちばんいいカントリー・クラブの会員になれたということは、上層グループに属しているということを表わす相当重要なしるしとなることが多い。しかし、大都会の地位市場ではそうではない。むしろ、紳士のクラブ、女人禁制の男だけのクラブに所属することの方が、社会的にもっとも重要なのである。

紳士は、大都会の男のクラブに所属する。そして、上層階級の地位の男子は、いくつかの都市の、このようなクラブに属しているのである。カントリー・クラブのような男女同性のためのクラブなどは、がいして地方的なものである。旧い上層階級の男子たちが所属している市外のクラブには、ハーヴァード、プリンストン、イェール出身者のクラブなどを数えることができる。だが、都市クラブの世界は、優秀学校に根をおくこれらのクラブだけにかぎられない。三つないし四つ、あるいはそれ以上の数のクラブの会員であることは、紳士にとってめずらしくない。多くの都市のこれらのクラブは、あまりその名前が中層・下層階級に一般に知られていないという点で、真に排他的なものである。これらのクラブは、上層階級の地位が広く認められる場である一般に名の通ったクラブよりも、ずっと上位にある。これこそは、まさに上層グループの、上層階級グループによる、上層階級グループのためのものである。しかし、これらのクラブの存在を知り、そこに出入りするのは、その都市の上層グループだけではない。他のいくつかの都市の上層グループがそのクラブの存在を知り、出入りする。*

＊一九三三年度においてさえ、約五〇人のニューヨーク人たちが、ボストンのサマセット・クラブの正会員としての全額会費を払いこんでいた。(16)

局外者からみれば、上層階級の男女が所属するクラブは、かれらの地位を証明するバッジみたいなものである。だが、内部にいるものにとっては、クラブは、外にたいして閉じた親密な、氏族的な集まりを提供し、人々は、ここでふさわしい地位をあたえられ、特徴を発揮できるのである。ここの会員の中核は、主として、家系によって地位を主張し獲得した家族である。新しい会員たちはこのような人物と親しく交際することによって、その地位を借用する。その反対に、新入会員のあげた業績が、クラブの地位を支えるのである。クラブも一種の事業体であり、その地位はたえず支えられなければならない。

たんなる新興成金が社交界の境界線を突き破ってそこに入りこもうとするばあいには、素性の正しいクラブに属しているということが、社会的にもっとも重要な意味をもつようになる。なぜならば、素性の正しいクラブに所属すれば、境界線は曖昧になり、クラブへの所属が、一流だということとの明確な証拠となるからである。それにしても、大都市のクラブは、最上層水準のメンバーたらんと望むものにとって、大切な社会的踏み台である。大都市のクラブこそは、新来者にとって、旧くからの上層階級に到達するための地位のエレベーターである。なぜなら、人々は、しだいに、あるばあいには次の世代には、一つのクラブから他のクラブへと進級し、こうして、うまくいけば、もっとも排他的なクラブからなる中心の城塞にたどりつくことができるから。クラブは、また、大都市のグループ内部での、あるいは、大都市グループ間で営まれる実業生活のうえでも重要である。これらのサークルの人々の多くにとっては、重要決定を下すばあい、自分たちだけのクラブの内部でこれを下すことが好都合であり、また、適当であると思われるからである。重役階級めあてのある全国的雑誌は、「個人的なクラブが、実業家たちの城塞になりつつある」と、最近書いている。(17)

富裕階級が、各地方の有力な金融、法曹機関を牛耳っているので、大都市の上層階級は、相互間に、商売上、あるいは、法律的な関係をもつようになっている。なぜならば、都市、とくに、大都市地域の経済は、その都市だけにかぎられていないからである。経済が全国的であり、大都市を中心として営まれ、また、上層階級が大都市における決定を左右する枢要的地位を支配している程度に応じて、各都市の上層階級は、他の都市の上層階級と関係をもっているのである。裕福ではあるが陰気くさいボストンのクラブでも、富裕なそして威勢のいいクロームづくめのヒューストン市のクラブでも、それに属するということは、受け入れられたということである。さらに、それは、社会的に受け入れられている者たちと遠慮なしにつきあい、そして、昼飯を食べながら、取引きをまとめるに都合のいい立場にいるということである。紳士のクラブは、こみいった財政上・商売上の決定の重要な中心点であると同時に、社会的適格性を証明する中心点でもある。旧い家系、旧くからの上層階級を形づくるすべての特性は、この中でとけあうように見える。旧い家系、相応した縁組、素性のはっきりした住所、歴とした教会への所属と歴とした学校の出身であることなどや、さらには重要決定を下す権力——これらの特性が、このクラブの中でとけあっている。各都市の「有力者」たちは、このようなクラブに属し、他市の有力者が上京してきたさいには、おそらく、ボストンのサマセット・クラブやユニオン・クラブ、フィラデルフィア市のラケット・クラブ、あるいはフィラデルフィア・クラブ、サンフランシスコのパシフィック・ユニオン、あるいは、ニューヨークのニッカーボッカー、リンクス、ブルック、ないしラケット・アンド・テニスなどのクラブで、昼飯をともにするのである。

四

上層階級の生活様式は、地域的に差異はもちろんあるが、アメリカのどの大都市でもかなりの程度同じである。家屋から衣服、それから、大都市上流社会が好む社交的催しのタイプなどは、がいして一様である。ブルックス兄弟（ブラザーズ）商会の洋服とシャツは、広く全国的に宣伝されていないし、ニューヨーク市以外に、わずか四つの支店を持つにすぎない。だが、それは全アメリカの主要都市全部によく知られており、ブルックス兄弟（ブラザーズ）商会の「代理人」が、他人扱いにされるような重要都市は一つもない。このほかにも、外見的なもので、歴とした上層階級の型（スタイル）の特質であり、また、共通点でもあるものがある。それにしても、ブルックス兄弟商会の洋服を着なければ、ひけめを感じるくらいのことは、金と、その気持さえあれば、だれでもできるのである。全国的にみて、旧い上層社会階級の生活様式は、こんなことよりもはるかに根強いのである。

社会的に認められた金持と、たんなる金持、あるいはそれ以下の人々と区別している一つの深刻な経験は学歴であり、それとともに、一生を通じてこの学歴にもとづいて築きあげられる他人との結びつきや、養われる感覚と感受性の相違である。

たとえば、ニューヨークの旧い上流階級家庭の娘は、四つになるまで、乳母と母親の手に育てられる。その後は、英語だけでなくフランス語をも話す家庭教師に、一日中監督される。ついで、六つか七つになると、私立学校——おそらくミス・チェイピンの経営する学校かブレアレーの私立学校——に行かされる。学校の送り迎えは、運転手つきの自家用車で、学校から帰れば、また、家庭教師が御目付ということになるが、家庭教師は、小さな子供たちの面倒をみるのに忙しい。一四歳になれば、メリーランド州のセント・ティモシー学園あるいはコネティカット州のミス・ポーターの私学ないしウェストオーバー学園といったところに送られる。これがすむとニューヨーク市のフィンチ短期大学に通学し、ここで仕上げられるが、かりに、普通の大学に通学するとなれば、一般の中産階級家庭の娘たちと一緒に、ブリン・モーアとかヴァサア、ウェルスレー、スミス、または、ベニントンとかいった大学に入学する。花嫁学校（フィニシング・スクール）か大学を卒えると、間もなく結婚し、今度は、自分の子供たちを、同じような教育の道程に案内し始めるというわけである。*

* 「産業界の指導者とか有名な専門的職業人の娘は、女性の家庭的徳目、たとえば、温順、貞節、真面目さ、神にたいする信仰をあまり高く評価しない複雑な文明のなかで育ってゆかねばならない。にもかかわらず、このような人々は、かれらの同類の間でのモーレスにしたがって、自分の娘を、このような基礎に立った掟（コード）をもつごく少数の教育施設の一つに送らなければならない。アメリカには、女子のための私立学校が一、二〇〇以上あるが、なんとも奇妙なことだが、相手にされるのは、わずか二〇かそこらである。ある学校が有名になり、他の学校の声望が傷つけられたりする原因は、きわめてつまらないところにあり、その差異はじっさい、つかみがたいものである。(18)」

この家庭の男の子は、七歳になるまでの間は、同じような扱いを受ける。それから、通学学校（デイ・スクール）に行くようになり、女の子よりも早く寄宿学校に学ぶようになる。もっとも、男の子のばあいは、予備校（プレプ・スクール）と呼ばれるが、たとえば、セント・マークス、セント・ポールス、チョート、グロートン、アンドーバー、ローレンスビル、フィリップス・エクゼター、ホッチキスといった学校である。これがすむと、プリンストン、ハーヴァード、イェール、ダートマスといった大学に入学する。そのはてが、これらの大学の法学部（ロー・スクール）卒業ということになるのである。

この教育の一つ一つの段階が、上層階級の男女の形成にとって重要である。この教育の系列は、アメリカのすべての一流都市の上層階級に共通している。事実、これらすべての都市からの子弟は、ニューイングランド州の有名な寄宿学校、あるいは予備校の一つに集まる傾向が強い。そこでは、二ダースかそこらの州からきた学生たちを、また、国外からの学生も、容易に見出すことができる。家柄を背景として地位を主張することが困難になるにつれて、社交界で重きを占めるためには、家柄よりも、歴とした学校に学んだということの方が重要になるのである。だから、今日のアメリカの上層社会階級の全国的団結の一つの鍵は、女子のための真に排他的な寄宿学校、男子のための予備校にあるといって間違いない。

経済の推移により最上層の地位にのし上がった人々の子供たちは、素性正しい家庭的背景や気風をもたない。私立学校こそは、このような子供たちを、上層階級の男女としてふさわしい態度でこの国の最上層に立って生活できるように準備する主要な機関である。……このように、私立学校の先生方の多くは感じていると思われる。そして、その校長たちが知ると知らないとにかかわらず、親たちのクラブの上下序列と同じように――それよりもずっと重要な、深い意味で――、私立学校は、これまでずっと最上層の地位を占めてきた家庭の子供たちの高い水準を維持するとともに、全国的上層階級の新しいメンバーを育てあげつつあるのである。だから、新旧上層階級間の対立が緩和され、また、これが解決されうるのは、「次の世代」において、私立学校においてである。そして、時機が到来したばあい、新・旧の家族が、一つの自覚した上層階級のメンバーとなるのは、他のいかなる機関にもまして、これらの学校を通じてである。

私立学校は、新・旧上層階級を選択し訓練する場であり、上層階級を統一する影響力であり、上層階級を全国的なものにする勢力である。系譜にもとづく家族が、上層階級の道徳的・文化的特性を慎重に次の世代に伝達する役割をあまり果さなくなるにつれて、私立学校はよりいっそう重要となった。上層階級の家族よりも、むしろ学校こそが、上層社会階級の伝統を次代に伝達し、新しく富を築いた者や新しい才能の受容を統制する。上層階級の体験の中で、学校こそが、その体験を特徴づけるものである。全国的な上層社会階級の主要な組織中枢は、そのようなものがどこかに探しうるとすれば、このような私立学校中の最一流の一五ないし二〇校がそれである。なぜならば、青年期の男女子弟のためのこれらの私立学校においてこそ、上層社会階級の宗教的・家庭的、さらに、教育的任務が融合され、ここにこそ、これらの階級に共通の価値基準を維持する主要任務が集中されているのである。*

＊　雑誌『フォーチュン』の編集者は次のように書いている。「少年たちのためのこれらの学校は、在校生数の少ない割合に、その名は有名である。現在（一九四四年）七〇〇万人の少年男女が中等教育をうけている。このうち、私立学校に学ぶものは四六万である。そのうちの三六万人はカトリックの学校に通い（一九四一年度の統計）、一万人は、はっきりした特殊目的の軍学校に行っている。残余の学生のうち三万近くは、これもまた任務があきらかな女子学校に通学しており、四万は、男女共学制の学校にいる。約二万は、男子のための学校に入っている。このグループは、とくに自分たちがこういう特権学校に学ぶことが正当化されることを望んでいるのである。」[19]

これらの学校は外部からの援助を受けず、また、方針を決めるさいにも、独自の判断にもとづいて決定している。それらの中でも、もっともよい筋のものは、非営利団体である。これらの学校は宗教団体によって支配されていないから、「教会学校」ではない。だが、学生たちは、礼拝に出席することを要求され、宗派的ではないが、宗教的に感得された原則を吹きこまれている。グロートンの創設者の声明は、今でも、引用されるが、その基本的目標は次のものを含んでいる。「知的発達のみならず、道徳的ならびに肉体的発育に関心をもち、男らしい、キリスト教的性格をつくりあげるためになしうるかぎりの努力が払われるだろう。学校の校長には、プロテスタントの監督教会の牧師が任命されるはずである。」[20]

「予備校（プレプ・スクール）の生命はその課目にはない。それは一ダースにもなる他の諸点にあり、そのうちには、非常に奇妙なものもある。たとえば、学生と教員団との関係、ゴチック建築の礼拝堂あるいは最新式の屋内体育館、学生たちの住む建物の様式や夕食後に学生たちがやること、そしてなりよりもまず、校長に予備校の中心がある。[21]」予備校には、学校を家族の組織化された延長とし、ボストン、フィラデルフィア、ニューヨークの家筋の確かな子供たちがひとところに集まって礼節にかなった行動を学ぶ大家庭としようという理想が暗々裡にひそんでいる。学校の共同の宗教的行事——それは概して監督教会的であるが——、一定の上流階級家庭が、父親や祖父が学んだ学校にその息子たちをおくる傾向、同窓会の社会的ないし感傷的活動や寄付——こういったものが、この家庭的理想を強化する。たとえば、チョート学院の根本的目標は、家庭と学校を効果的に結合できることを実証するにある。であるから、子弟は、学校が提供する利点——とくに「精神的指導」と「意志強固な少年たちとの交際」という利点——を受けとると同時に、家柄のいい家庭の家庭生活の特徴ともいうべき親密な影響力の下に引きつづきおかれるのである。

この貴族主義的学校の日常生活は、簡素で、スパルタ的であるとさえいえる。その簡素さは、キザなものではあるが、その雰囲気の中には、一種の地位のデモクラシーがある。だれもかれもが、同じような日課をたどり、学校当局の許している程度の虚飾や紳士気取りの機会もない。

これらの学校は、なにかはっきりした実際的目標に向っていないのが通常である。少年の学校が、大学入学の準備であることは事実であるし、少女たちの学校が一つには大学入学の準備課目、一つには、早めの結婚へのしめくくり的課目を提供していることも事実である。だが、中産階級の時代精神ともいうべき競争心が一般に欠けている。自分たちの学業や活動を、他の少年や少女と比較するのでなく、自分や教師たちが、当人の最善と考えるものと比べるべきであると、教えられているかのごとくである。それのみでなく、あまり興味をもちすぎると、人目に立つようになる。

学生の間での地位をめぐる競争は、あきらかに、最小限に抑えられている。小遣銭が許されているばあいでも、その額は適当の額に限定されており、一般には、少年たちに全然小遣銭を持たせないようになっている。少年たちが学校のブレザー・コートを着、少女たちが一定のジャンパーやスカートを着用するのは、外部の者によって一般に考えられているように、上流階級の空威張りであるというより、この排他的グループ間における衣装展覧会を抑制しようとする試みなのである。そして、少女たちは、どれほど金があろうと、自分の愛馬を所有することを許されないのがつねである。

学生社会の長老は、上級の年長少年たちであり、かれらは、年下の子供たちが憧れる模範となるのである。八歳ないし九歳までの少年たちのために、慎重に選ばれた寮母がいる。一二から一三歳の少年たちは、女からきり離されて男の教師だけに教えられる。ただし、教師の妻は、少年たちの寄宿舎内のアパートメントに夫と同居し、少年たちとほとんど親類関係といっていいような親密な関係をつづける。自信に欠けた親たちがよくやるように、子供の自我像を傷つけないように配慮がなされ、食卓その他での礼儀作法は、高飛車な近づきがたい人物からやかましくいわれて習得するのでなく、一般的雰囲気から吸収されるように慎重に仕組まれている。

このように教育された人間は、どんなときにも、何をなすべきかを知っている。もっとも、ときとしては、当惑を感ずることはあるだろうが。あまりに身なりを整えすぎて扱いにくい人間や、なによりもまず相手を喜ばせようとしすぎるような人間に会っても、どう応待したらいいかを知っている。なぜならば、これが「あたりまえの人物」なら、こんなことをしなくてもすむ、ということを知っているからである。簡素な物腰、おちついた威厳は、自分の世界の中で自己の存在がはっきりと確立され、そこからは、追いだされることも無視されることも、鼻であしらわれてしまうことも、解雇されることもありえないという内的確信からのみ、生じうるのである。そして、相応なコースをたどっていつか少壮仲買人、少壮銀行家、少壮重役となり、自分は、近づきやすい好ましい態度を示し、心から愉しそうな顔つきをし、役に立つ友人たちをもち、人に好かれハンサムな男であると感ずるようになる。かれは、年長者にたいしては、たとえその年長者が自分の属するクラブの仲間であるばあいでも、適宜な尊敬を示し、ちょうどよい程度の聡明と感激を表わす。しかし、度がすぎないように気をつける。というのは、かれが学んだ学校のモットー——すなわち、「けっして度を過してはならない」——を実現することこそ、かれのスタイルであるから。

ハーヴァードやイェールやプリンストン大学出身ということだけでは充分ではない。物をいうのは、本当に上層階級の子弟しか入れない排他的な予備校なのである。なぜなら、予備校が「二つのハーヴァード」のどちらに入学するかを決定するからである。大学のクラブや派閥は、歴とした下級学校のときに結ばれた交友関係やそこで獲得した名声がもちこまれて成り立っているのが普通である。ハーヴァードでの友人は、予備校時代につくられた友人である。だから、上層社会階級にあっては、アイヴィ・リーグ(訳註6)と称される一群の大学の一つから学位をとったということそれだけでは、大したことにならない。アイヴィ・リーグの大学を卒業ということは当然のことと考えられている。問題はハーヴァードに行ったかどうかでなく、どちらのハーヴァードに学んだかである。ハーヴァードというとき、重要なのは、ポーセリアン、フライ、あるいは、A・D、イェールといったときには、ゼタ・サイ、フェンス、デルタ・カッパ・イプシロン、プリンストンといったときには、コテージ、タイガー、キャップ・アンド・ガウン、あるいは、アイヴィなどの名門の学生クラブに入っていたかどうかが大切なのである。

定評のある予備校を卒業し、歴としたアイヴィ・リーグの大学の、歴としたクラブの会員となったという学歴がもたらす社会的威信は、アメリカの主要大都市のどこに行っても通用するクラブやパーティへの標準的入場券である。このような学校で培われた才能と作法の社会的威信の前には、地方的な誇りなどは頭を下げるのである。なぜなら、このような経歴こそ、同質的で自覚的な全国的上層階級へのおもな足がかりであるから。

同じような教育を受けた人々の間では、自然と学校が結婚の仲介としての役割をする。

少年たちのための予備校は、同年輩の少女たちのための寄宿学校からほど遠からぬところにあるのが普通である。そして、年に数回、両校の生徒たちは、付添人付で、合同の催しをやる。加うるに、少年たちの姉妹、少女たちの兄弟がいる。さらに一流中の一流の男子大学または女子大学に学ぶ者の間には、各家庭の間に正式に取決められた訪問やパーティ、要するにデイトのパターンがある。大学になると、一流学校は、拡大された結婚市場の構成部分となり、全国の上層社交階級の子女をデイトの関係におくのである。

五

南北戦争前に富を築いた富豪たちは、アメリカでいちばん旧い家族の創設者となったが、その後に金持になった者が、これに合同した。かれらがつくりあげた大都市の上層階級は、固定したメンバーをもった家柄の社会であったこともないし、また、現在でもそうではない。それにもかかわらず、それは多くの同質的な特色と、強い統一感をもった全国的に認められた上層社交階級となった。新しい家族がこの上層階級に加入を許されるばあい、それはかならず金持の家族である。そして、新旧を問わず、かれらの男女子弟は、同じタイプの一流学校に通い、相互間に縁組みする傾向がある。かれらは、アイヴィ・リーグの同じ大学の同じ団体に属し、大都市間に張りめぐらされた都市クラブ網を通して、社交的に、また商用上の関係をつづけるのである。全米主要都市のそれぞれで、かれらは、厳格に同格とはいわないまでも、多分に共通点をもった者として、お互いを認めあうのである。かれらは、相手の生いたちの中に、自分と共通の経験を見出すのである。そして、仲買店・銀行・大会社におけるかれらの財政的地位に、相互に都合のいいものを見出すのである。企業が全国的規模になるにつれ、上層階級の経済的役割は相互に類似したものとなり、お互いに交代しうるようにさえなる。そして、政治が、真に全国的なものとなるにつれ、上層階級の政治的意見や活動も、統一されたものとなる。諸地方を連繋し、分散した諸会社を組合国家（コーポレイト・ステート）(訳註7)に変形させるこれらの諸力のすべては、大都市上流社会の利害、機能をも一致させ、統一させるのである。

上層社会階級は、種々の方面における権力に関係をもつ多様なメンバーを含むようになった。この権力との関係は、クラブへの加入や、いとこ関係、会社や法律事務所などにおいても、広くみられる。家族やクラブの会員たちは、食事をしながらくつろいであらゆる大問題を取りあげるのであるが、その席上、この権力にたいする関心が話題とされるのである。かれらは、一緒に成長し、互いに信用しあっているので、個人的に親密であるばかりでなく、さらに、最上層の人間（トップ・マン）としての、それぞれの特定の権力と決定領域における政策決定者としての、各人の専門的関心にたいする尊敬をお互いにもつようになる。

かれらは、権力を担う諸制度の種々の支配グループに広がっている。前途有望なある青年が、政府の高級官吏としてのコース――たとえば国務省――に入るとする。かれの従兄弟が、そのうちにある会社の本社の重要ポストにつく。かれの伯父は、現に、海軍高官になっている。さらに、前述の従兄弟の弟が、ある有力大学の学長に就任しそうになっている。そして、いうまでもなく、一族の法律事務所があり、そのパートナーたちは、各方面に分散しているその家族のメンバーたちや、その連中が直面している問題に、気を配っている。

　したがって、上層階級の内部サークルでは、巨大かつ重要な諸制度のもっとも非人格的問題が、小さな、閉鎖的な親密な集団における感傷と心配と融けあっている。上層階級家庭と上層階級学校のもつ重要な意義の一つは、ここにある。すなわち、上層階級の活動を暗々裡に統一する一つの途は、緊密な関係を基礎とした「背景」なのである。さらに、このようなサークルにあっては、青年期の男女子弟が、政策決定者たちの食卓での会話を耳にし、かくて、知らず知らずの間に、政策決定者たちのもっている非公式の手腕（インフォーマル・スキル）と抱負を教えこまれることが重要なのである。簡単にいえば、「判断」を吸収するのである。かれらは、別に意識的な努力なしに、われこそは「決定を下す者」という確信でないにせよ、そういう者になりたいという願望を吸収するのである。

　上層階級家族の内部やその相互間には、会社や事務所におけると同様に、学生時代の友人関係、予備校、大学時代のクラブ、それから後になっての重要な社交ないし政治的クラブがある。そして、これらすべての家や団体には、将来いつか、あるいは会合の席上で、現代社会の種々さまざまな上層グループで活動するであろう人々がいる。

　上層階級以外の者を入れない学校やクラブ、休養地などがあるが、これらが排他的であるのは、なにも上層階級のメンバーたちが、お高くとまっているからだけではない。これらの場所や団体は、上層階級的性格の形成に重要な役割をはたしている。そればかりではなく、そこから自然と生れる人的結びつきは、ある一つの上層グループに結びつく助けとなるのである。

であるから、予備校(プレプ・スクール)とハーヴァードを卒えた優秀な法科の学生は、大審院判事の「秘書」となり、ついで、会社顧問弁護士から、外交官となり、さらに、ふたたび法律事務所に帰る。これらの分野の一つ一つにおいて、かれは、自分と同じ種類の人物に出会い、これを知るようになる。そして、その間中ずっと、昔からの家族の友人、学生時代の友だち、クラブでの夕食がひきつづきあり、生きているかぎり、毎年、夏の避暑地がある。かれは、これらのグループを次々に動いてゆくごとに、自分の判断と決定の手腕を習得し、自信をもってこれを用いるようになる。そして、かれのこの自信を支えているものは、自分の社会的同格者たちの経験や感覚に、公的生活における重要な諸制度と諸領域のそれぞれで行動し決定を下している人々の経験や感覚をいつでも手に入れうることである。どんなに苦しい状態にあっても、このようなグループに受け入れられている人物にたいしては、背を向けるような人間はいない。かれは、全アメリカの最上層部に「仲間」と認められている。かれの風采は社会的地位の証明書であり、かれの声と挙動は、相応な訓練を受けたことを表わすバッジであり、かれの知人たちは、かれらもまた上層階級に受け入れられていることと、かれが上層階級的なステレオタイプにもとづき人を見分ける力をもっていることの証拠となるのである。

第四章　有名人（セレブリティス）

アメリカで成功を遂げれば、その人の出身層がなんであろうと、活動の分野がどこであろうとにかかわりなく、ほとんどすべてのばあい、有名人の世界（ワールド・オブ・セレブリティ）に引きいれられるのである。今や公的名誉の全国的市場となったこの世界は、地方都市の社交界や大都市の上流社会が徐々に連繋して下から築きあげられて出現したのではない。それは、全国的規模の広がりをもつ権力と富の上下序列（ヒエラルヒー）に基礎をおき、全国的規模に広がるマス・コミュニケーションの手段によって表現される。これらの上下序列とこれらのマス・メディアがアメリカ社会を覆うにつれて、新たなタイプの威信を担う男女が、かつての社交界の淑女や由緒ある家柄の財産家と威信を競い、かれらと並び立ち、さらにはかれらにとって代わるにいたっている。

経済の組織化、軍事の優位、国家機能の拡大と中央集権化にともない、全国的規模のエリートが出現した。かれらは、巨大な組織を指揮する地位を占め、宣伝や広報の脚光を浴び、熱烈なもち上げの対象となった。同時に、マス・コミュニケーションの手段が全国的規模に発達し、より精巧なものになるにつれて、娯楽の世界の職業的有名人（プロフェッショナル・セレブリティス）たちが、全国的規模での注目をまとともに、また絶えず集めるようになった。かれらは、全国的な魅力をひきつける人物として、娯楽と宣伝のあらゆる手段の焦点に立っている。今や、大都市上流社会も制度（インスティテューショナル）を足場とするエリートもともに、これらの職業的有名人と威信を競い、あるいはかれから威信を借用しなければならなくなっている。

しかし、有名人とはいったいなんであろうか。有名人とは、名前であり、それ以上なにも付け加える必要はない。有名人を知っている人々の数は、有名人が知っている人々の数をはるかに上回っており、数えあげるまでもないことである。有名人の行くところ、至るところでかれらは人々にそれと知られる。しかも、なんらかの程度の昂奮と畏敬をひきおこすのである。かれらのあらゆる行為は、報道価値（パブリシティ・ヴァリュー）をもっている。かれらは多かれ少なかれつねに——といっても一定の期間だが——、コミュニケーションと娯楽の媒体にたいして素材を提供する。そして、その期間が終り——かならず終りがあるのだが——、しかも有名人がまだ生きている——たいていのばあいは生きているが——ようなばあいには、「かれを憶えているかい?」という問いがときとして人々の間で交わされる。有名人とはこういうものである。

一

有名人の世界のおもな住民たち——制度によって支えられたエリートたち、大都市の名士たち、また、職業的芸能人たち——は、ナイト・クラブの社交界（カフェ・ソサイエティ）で互いに混合しあい、そこでそれぞれの主張する社会的威信を公的に現実化する。往々にして報道機関のあらゆるスポット・ライトがここに集中し、ここで見出された魅力（グラマー）を、一般の人々に広く紹介する。というのは、ナイト・クラブの社交界では、全国的魅力も、取引の対象としてのものになりきっているのである。

　ナイト・クラブの社交界は、ニューヨーク市の一五番ストリートから一六番ストリートまでと、第三アヴェニューから第六アヴェニューまでとの一郭にあるレストランとナイト・クラブの中に存在している。この「カフェ・ソサイエティ」という言葉は、一九一九年にモーリー・ポール（最初の「チョーリー・ニッカーボッカー」）によって初めて用いられたらしい。かれは、この言葉を、公的生活では互いに交渉をもちながら、お互いの家は訪問しあわないような人々の小さなグループをさして使った。一九三七年に、『フォーチュン』誌が、ナイト・クラブの社交界（カフェ・ソサイエティ）に関する痛烈なレポートを発表した。(1) このときにはすでに、エロチックな美しさとその場かぎりの才能を元手にする職業的有名人たちが、「ジョン・ヘイ（「ジョック」）・ウィトニィのような旧くからの上流階級出身の創設者たちと並んで、このナイト・クラブの社交界の中心にしっかりと根を下していた。

　ナイト・クラブの社交界は、なによりもまず、広く人に知られること（パブリシティ）を土台としている。そのメンバーたちは、往々にして、年代記作家（ソーシャル・クロニクラー）やゴシップ記事寄稿家たちが自分の行動や関係を露出症的に発表することを願っている。これらの年代記作家たちは、最初は職業的なパーティ・マネージャーやジャーナリストであったのだが、かれらは、給仕がしらたちと並んで、今では名声の職業的製造人となり、現在あるような有名人の世界をつくりだすようになった。モーリー・ポールが一九三七年に注釈をつけて見せたのは、折紙つきの歴とした大都市上流社会であった。もちろん、かれは、その生きいきとした諸側面を扱ったのであるが。かれの後継者であり現代の「チョーリー・ニッカーボッカー」であるイゴール・カッシーニなどになると、舞台はもっと広い。かれが書いている世界は、歴とした世界というよりピカピカした世界であり、「社交界人名録」などによって縛られていない。ストーク・クラブというような名前に並んで、タブロイド新聞やテレビの寄稿家たちが力をあわせて、魅力(グラマー)の雰囲気をつくりあげ広めている。こうしてつくりだされた魅力の雰囲気は、大量であり、量の点では他の宮廷の尊厳を背景につくりだされる魅力の雰囲気など太刀打ちできない。

有名人たちがニューポート(訳註8)にうんざりし、生き生きした遊び友だちやウィットにあふれた友人を求めてブロードウェイに目を向け、ついでハリウッドの方を向き始めたのは、おそらく一九二〇年代であろう。そのとき以来、モグリ酒場が、上流社会とブロードウェイ、ハリウッドの交叉点になった。『フォーチュン』誌はこう書いている。「モグリ酒場では、酒場主がウォード・マッカリスターの役をつとめ、ダン・アンド・ブラッドストリートの酒場の顧客表が、社交界の招待リストであり、そこでのアスター夫人の役をつとめるものは、ハリウッドから来さえすればどのような素性の女でも、つとまった……」「禁酒法は、社交界を個人の邸宅や立派なホテルからモグリ酒場に引きずりだした。最初は酒を目あてに、のちには冒険を求めて、人々はモグリ酒場に集まった。自動車産業とラジオ産業は、幾人かの百万長者をつくりだし、この連中はモグリ酒場の顧客となった。不動産価格の値上りによって、年代を経た褐色の石で築かれた邸宅に住んでいた上層社会は、そこを引払ってアパートに移り、こうして、上層社会は、新しい標準化された大衆住宅（マス・ハウジング）と、それと並行的現象である標準化された大衆娯楽に融和したのである。また、ショート・スカートには最初はまゆをひそめはしたが、グリーニッチ・ヴィレジ(訳註9)は、性に関するその規範を緩和した(2)。」

五〇年前のことであるが、ジョン・L・サリヴァンは、アスター夫人お抱えのマッカリスターに認められなかった。ところが、ジーン・タニィは、ナイト・クラブの社交界に快く迎えいれられた。また、一九二四年にアメリカを訪問されたプリンス・オブ・ウェールズは、歴とした家族の静かな家庭よりも、ジャズ演奏場の方を好まれるようにみえた。そのとき、大都市上流社会は途方に暮れた。新興百万長者たちの社会的目標は、多くのばあい、ニューポートに受けいれられることではなく、ナイト・クラブの社交界に入ることにおかれるようになってきた。また、この時代の新興上層階級――その富の大部分は、娯楽産業から得られたものであるが――は、旧上層階級よりも、むしろ、自分たちを簡単に入れてくれるナイト・クラブの社交界に押し寄せたのである。

今日では、ナイト・クラブの社交界が、なんらかの全国的規模の広がりをもつアメリカの上層階級の頂点を占めていることが多いようである。というのは、このナイト・クラブの社交界の住人たちは、少数の排他的な家庭に夕食に招待される権利といったものはもっていないが、かれらの写真は広くばらまかれているので、その写真のおかげで、いつでもすぐにそれと認められるのである。ナイト・クラブの社交界における有名さ（パブリシティ）が大都市上層社会の家系にとって代わり、印刷屋のインクが名門の血筋（ブルー・ブラッド）にとって代わり、さらに、社会的出身とか伝来の富に付随した礼儀作法などの保障ではなく、一種の才能（タレント）が、一挙に入場を許される鍵となった。有名人の世界では、有名さの上下序列が、家系の上下序列に、さらには富の大きさによる上下序列にとって代わった。紳士のクラブではなくナイト・クラブが、午後のニューポートではなく夜のマンハッタンが、旧い家族ではなくして有名さが、ものをいう。『フォーチュン』誌の調査では、一九三七年には、すでに、ナイト・クラブの社交界の「社交名簿」の約三分の一は、「社交界人名録」に載っていなかった。今日では、おそらくその比率はそれ以下であろう。

職業的有名人たち――男性も女性もいるが――は、競争を崇拝する社会のスター・システムの最高の産物である。アメリカでは、このシステムが極度におし進められており、たとえば、白い小さな球をだれよりも上手に地面に穿たれた一連の穴に打ちこめる人間は、その腕のおかげでアメリカの大統領と近づきになれるほどである。また、ラジオやテレビに出演する芸能人は、産業経営者や閣僚や軍部高官の親友になれるほどである。ある男が、とにかくどの領域においてであれ、他のあらゆる人との競争に打ち勝つならば、かれは名士に祭りあげられる。こうしてその次に、スター・システムの第二の特徴が働き始める。すなわち、いかなる活動分野ないし職務上の地位の者であれ、すべてのスターたちは、新しく登場するスターに引き寄せられていき、また、新しいスターは、すでに存在するスターたちに引き寄せられていく。したがって、成功者とかチャンピオンは、他のチャンピオンたちと自由自在に接触し、有名人の世界の住民となっているのである。

この世界は、威信のシステムと大規模な企業活動（ビジネス）との両方の頂点である。企業活動としてのマス・コミュニケーションと広告宣伝（パブリシティ）と娯楽のネットワークは、たんに、有名人をつくりだす機関ではない。それらは、同時に、利潤のために、有名人を選び出し、製造しているのである。したがって、有名人の一つのタイプは、マス・コミュニケーションと娯楽の媒体（メディア）の中で働くだけではなく、事実上それを食い物にして、膨大な収入を得ている。かれらは、職業的な有名人製造業者である。

映画俳優やブロードウェイの女優、流行歌手やテレビの道化師たちが有名人であるのは、かれらが、これらのメディアのうえで、またそれにたいして、なしている活動のゆえである。かれらが有名人であるのは、かれらが有名人としてこれらのメディアのうえで姿を見せているからである。もし、かれらが、このような具合に有名人として姿を見せなくなるならば、やがて——多くのばあいにはたちまち——、かれらは職を失ってしまう。かれらの間では、地位にたいする顧慮が非常に強く、一種の職業的な渇望にまでなっている。すなわち、かれら自身の自我像までもが、自分の有名さ（パブリシティ）に依存しており、有名さという飲み薬を増していかなければ落ちつかないのである。往々にして、かれらは、名前が売れているということ以外はなにももっていない。かれらは、社会的威信をともなう地位を占めているが故に有名であるのではない。有名であるからこそ、社会的威信をともなう地位を占めているのである。この有名さの基盤は、奇妙な入り組んだ様式で、個人と結びつき、また、同時に、個人のあらゆる資質の総合である。すなわち、その基盤は、かれの「才能（タレント）」にある。「才能（タレント）」というのは、パーソナリティとして知られているものとの結合されたかれらの外見価値と、かれらの技能と、かれらの名前が売れているので、かれらが魅力的な人々であるように思われ、いつでも名前が売れるのである。かれらは、陽気で高級な生活をおくっているように思われ、他の人々は、かれらのそんな生活を好奇心に満ちた目で見守り、かれらとかれらの有名な生活様式はいよいよ有名となるのである。

これらの職業的有名人たちの存在と活動は、とっくの昔に、大都市上流社会のおどけた社交技術の影を薄くしてしまった。また、この職業的有名人たちの全国的注目を集めようとする競争は、巨大な組織の威信を担う人々の性格と行動を変化させた。ある点では、かれらは、見世物（ショウ）を横取りしてしまった。というのは、それはかれらの商売だからである。ある点では、かれらは、上層階級の手になる見世物を上演してきたのである。上層階級自身は、あるいは隠退し、あるいは他になすべき商売をもっている。

銀幕のスターは、黄金の社交界初登場の令嬢たちにとって代わり、これらの令嬢たちは、ニューヨークでもボストンでも、さらにはバルチモアでさえも、ナイト・クラブの社交界でこの銀幕の真に全国的な女王たちと喜んで交際するにいたっている。いかなる——あるいは一〇の——全国的大新聞の社交界欄に写真が載るよりも、ある全国的大雑誌の表紙に写真が掲載されるほうが、その人の社会的名声にとってははるかに重要であることはいうまでもない。若い婦人にとっての最高の場所は『ライフ』誌である。ところが、四〇年代の一〇年間に、いかなる都市の社交界初登場の令嬢もそこには載せられておらず、それにたいして、すくなくとも、一七八人の映画の女王たち、職業的モデルなどがそこに掲載された。

いまや、より真面目な公的人物もまた、注目と喝采をマス・メディアの職業人たちと競わなければならない。地方的次元では、政治家たちは、奥地の人々の機嫌をとって歩かなければならない。全国的次元では、かれらは、テレビのカメラにそなえて入念に身仕度し、コーチを受け、しかも、他の演技者たちと同様に、かれらの中の重要人物は、娯楽批評家たちの評論にさらされる。すなわち、「昨晩のアイゼンハワー大統領の談話は」と、『ニューヨーク・タイムス』のジャック・グールドは一九五四年四月六日に報告している。「かれのもっとも成功をおさめたテレビ出場であった。……大統領とそのテレビ顧問ロバート・モントゴメリーとは、アイゼンハワー元帥を気楽にし、今までよりずっと自由に動けるようにする「型（フォーマット）」を発見したことはあきらかであった。その結果、テレビでもっとも必要な性質、すなわち自然さが得られた。……プログラムが始まったとき、大統領は、机の端に坐り、両手を広げ、静かな微笑を唇にして現われた。かれの右手――つまり聴視者から見て左手――には国旗が見えた。ついで、なにげない会話調で、かれは話し始めた。三〇分の間、同じ気分と調子がたもたれた。……後見役（プロンプター）を使った過去の登場では、大統領の目がカメラを正面から見つめたことは一度もなかった。かれは、いつも、ほんのわずかだが、右か左を見ていた。しかし、昨晩は、かれの目はレンズにまともにすえられ、聴視者は、直接に話しかけられているような感じをもった。……話の終りに近づき、いっそう強く強調をしたいと思ったときには、元帥は代わる代わる手を握ったり、片方の手の指で他方の手のたなごころを軽く叩いたりした。このかれの動作は、直観的なものであったので、真実性を帯びていた。……アイゼンハワー元帥のこの非公式談話の内容は、たしかに、別に驚天動地なものはなかった……。」(3)

この有名人の世界では、ゴシップ記事寄稿者が、毛並みのいい町の物知りや社交界の主役婦人たち――かつて大都市上流社会に安定性をあたえていた半ばその役割を自ら意識した社会的調停者たち――にとって代わった。「新興名門四百家」の名簿は、このゴシップ記事寄稿者たちの当然つくるところであろう。これらの新しい調停者たちは、広告宣伝の担当者であるが、かれらが書いたり話したりする対象たる人々のだれにもはっきりとは従属していない。この連中に聞けば、だれが「新興名門四百家」に属しているかを喜んで話し、さらに、この新興上層階級を「国家としてのわれわれの偉大な業績」と同一視する傾向がある。一九五三年に、イゴール・ロイエフスキー・カッシーニは、三九九の名前を含んだ名簿を公表した。かれの信ずるところによれば、これらの名前は、「この国における業績の貴族」(4)たちを代表している。「これらは——とかれは主張する——、『忠誠なる』アメリカ人であり、それぞれの仕事の分野での指導者であり、『卓越した性格』を持った人、『教養と趣味』の人であり、謙遜の念と調和的な性格とをもった全体的人間である。そのような名簿はすべて——とカッシーニは断言する——、毎年変化する。というのは、これらの人々をしてその名簿に載らしめたものは、その指導力と謙遜の美徳の故であり、かれらの子供たちは、かれらを指導者たらしめたすべての才能をも相続しないかぎり、その中に加わりえないからである。」

こんなことは全部こんがらかったナンセンスである。じっさい、カッシーニの名簿は、有名人の世界に永続的にか一時的にかはいってきた三種類の人々から、恣意的に選びだされた名簿である。すなわち、

(I) 名簿の約三割を構成しているのは、職業的有名人たち、娯楽産業の有名人、スポーツ、芸術、ジャーナリズム、批評の分野の王者たち、である。この種類の細分類中もっとも多数なのは、まったくの芸能人である。もっとも、そのうちのごく少数の者は、同時に、芸能界の「実業家」と考えられる。

(II)大都市上流社会、家系と財産を誇る人々。しかし、これは、全体の約一二%にすぎない。これらの人々の一部は、そのような家族に生まれただけでなにもしていない。しかし、大部分は、旧い家系と、活動的な実業界での地位とをあわせてもっている。

(III)「新興上流階級」の半分以上——五八%——は、主要諸制度の中に組みこまれた上下序列で重要地位を占めているだけの人々である。すなわち、かれらの大部分は、政府高官ないし企業幹部である。多くの者は、この両方に関係している。このほかに、ちらばって存在する少数の(全体の七%)科学者、医師、教師、宗教家、労働組合指導者などが存在する。[5]

二

社会的集合体としてみたばあいには、大都市上流社会は新たな人々の流入を迎え、また、次第に解体しつつある。しかし、個人として、また派閥としては、大都市上流社会の人々は、全国的な規模での威信のシステムの一部分をなしている。ところでこの威信のシステムは、現在では、いくつかの大都市上流社会を中心に成り立っているのではない。というのは、すでに述べたごとく、これらの大都市上流社会の人々は、どれか一つの都市の上流社会を範としているのではなく、大都市であろうと小都市であろうと、あらゆる都市で、人々は、全国的有名人に範を求めるのである。そして、かれらのうちで、資質と金銭をもつ人々は、この有名人の世界に加わることができるのである。

多くの都市研究者が、大都市上流社会の衰退について語っているが、それは、実は、大都市上流社会が、威信のもっとも中心的な公的担い手としての地位を失いつつある事実をさしているのである。都市上流社会の人々といえども、この全国的規模での威信のシステムに参加しえないようなばあいには、かれらは、閑静な田舎の島に隠退し、産業界の勢力や政治的権力となんの関わりもない生活を送らなければならない。今日のアメリカで威信を獲得しようとする者は、有名人の世界に参加しなければならない。そうでなければ、全国的舞台から退くほかはない。

都市上流社会が、威信の全国的規模でのシステムの頂点として位し、公的威信の絶頂にあったのは、十九世紀の末であった。一八八〇年代、九〇年代には、由緒ある家柄と、新参の財産家との間に競争がくりひろげられた。しかし、第一次大戦のときには、すでに、この新参家族は社会的地位を獲得してしまっていた。今日では、南北戦争後に勃興した新参財産家は、全アメリカの諸大都市で、確固とした上流階級の地位を得ている。しかし、すでに見たごとく、一九二〇年代から三〇年代にかけての間に、新たな、そしてより魅力に満ちた競争者たちが威信をめざして競い、大都市上流社会を圧倒するにいたった。大都市上流社会は、こうして、新参上流階級ばかりでなく、娯楽界の有名人たちともまた競争しなければならなくなった。二〇年代以前においてすら、大都市上流社会の人々の愚痴やありしよかりし日への追憶がしばしば聞かれた。しかし、こういうことは、もはや大都市上流社会なるものが存在しないということではけっしてない。じっさい、ナイト・クラブの社交界の一つの特徴は、そこでの生えぬきの「社交界に依存し社交界を気にかけている名士（ザ・ソサイエティ・マインデッド・セレブリティス）」と並んで、「名士であるがゆえに社交界で尊重される人々（ザ・セレブレイテッド・ソーシャライツ）」が依然として存在することである。由緒ある社交界に属し、古くからの富をもつ人々の多くは、このナイト・クラブの社交界に入ろうと思えば入れるのだが、そうしようなどとは思わないのである。ここからわかるように、大都市上流社会の人々は、ナイト・クラブ社交界の内部で今なお威信を保っているのである。しかし、この新たな有名人の序列に加わろうなどと思わない人々の社会的地位は、もはやかつてのように強固ではなくなったこともまた事実である。

　大都市上流社会の衰退は、どの都市においても同じ比率で見られるわけではない。それが衰退し、それに代わってナイト・クラブの社交界が一般の目を奪うにいたった中心地は、ニューヨーク市であり、また、一般に中西部の諸都市である。中西部の諸都市は、東部を模倣するのである。フィラデルフィアや南部では、その衰退の進行はずっと遅い。「社交界」は非常にさまざまである。すなわち、「アトランタでは、『ある人の属しているクラブが物をいう』。ワシントンでは、『〝官職〟についている人間が尊重され』、デトロイトでは、『自動車産業の中における地位如何』が問われ、マイアミでは、『ダン・アンド・ブラッドストリート紳士録の評価がもっぱら問題とされる』。ロサンジェルスでは、新たな社交界は映画界に密接に結びあっている。ロサンジェルス・エクザミナー紙の社交界欄主任リン・スペンサーの説明を引けば、『現在では、東部の社交界の御連中が西部にくると、西部の社交界の連中よりも、むしろ映画スターに会いたがるのだ。ここに、われわれの間での変化をひきおこす二つの原因があるのだ』」

ニューヨークでは、由緒あるオランダ系上流社会（ニッカーボッカー・ソサイエティ）は、社会的舞台の前面から事実上引退してしまった。しかし、シカゴでは、一九五四年においてもなお、約二〇〇ほどの由緒ある上流家族が、互いに晩餐に招きあう関係をおそらくはまだ保ち、かれらの社交界の女王であったチョープシィ・マコーミック夫人――彼女は、黄金の皿とロウストーフト産の陶器に盛られた非の打ちどころのないみごとな晩餐を供した――のことなどを知っているのである。

しかしながら、地位の変動の主要な動向は、どのような婦人がアメリカで人々の賞讃を獲得してきたかの変遷をみることによって、あきらかに示される。

I　プルーストの小説にしばしば登場するような名流婦人（ザ・サロン・レイディ）は、アメリカでは存在しなかった。名流婦人は、家庭を指揮し、その家庭を代表する地位である。彼女は、客を接待する主人役をつとめ、だれを家庭に招き、あるいはだれを断るかを決めた。子供をもったばあい、それを自分では教育せず、家庭教師に委ねた。また、彼女のサロンでは、追従者たちが彼女の注意をひきつけようとして知的な御前試合をくりひろげ、また、一夫一婦の道徳は、しばしば事実上崩れ去った。エロティシズムが競技の一種となり、男たちと女たちとは、術策をつくして、また、挑発的な仕方で、互いに征服しあった。

下五番街のメイベル・ダッジとかニューメキシコのタオのような少数の例外的な人たち

を除けば、純粋な意味でのサロン——すなわちヨーロッパにおけるような芸術と思想の中心としてのサロン——を主宰した婦人は存在しなかった。アメリカの著名な社交界の婦人の客間には、ほとんどのばあい、ディレッタントなインテリたちよりも退屈な凡人たちが集まることが多かった。もちろん、こういう人たちの中には、「サヴィル通り（ロウ）やパリの大通りで見かけるような伊達男（ダンディ）たち」もごく少数はいた。しかし、この伊達男たちの長所は、ディクソン・ウェクターがいっているように、ほとんどのばあい、物真似の達者なことであり、かれらの巧妙な即答の才能なるものは、多くのばあい、「どもりの真似とひょうきんな動作の結合」に依っていた。(6) 南北戦争から第一次大戦にいたるアメリカにおける「社交界」の男性の主要なタイプは、むしろダンスの教師であった。だから、アメリカの社交界婦人の生活の中では、およそ討論（ディスカッション）など——ましてサロンで交わされるようなタイプのそれ——はたいして大きな役割をはたさなかった。

舞踏会を開催し自分の娘たちのための有利な結婚を計るような社交界の婦人たちが、女王の地位を占めていたのは割合と短い時期だけであり、また、むしろかぎられた範囲においてだけであった。上流社会の婦人は名声を望んだとしても、上流社会の婦人としての資格では、それを手に入れるチャンスは少なかった。マス・メディアが活動を開始し、大きな影響をあたえ始めた一九二〇年代にいたると、社交界の婦人たちは、自分たちが全国的な女王であった短い時期は終ってしまったことを知ったのである。

II　一九二〇年代から三〇年代にかけて、都市上流社会を代表していたものは、社交界へデビューする令嬢であった。昔から、デビューなるものは、上流家族の若い令嬢を排他的な結婚市場に紹介し、こうして、上流家族を排他的なサークルとして維持する目的を担っていた。一九三八年には、一回ごとに平均八〇〇〇ドルの経費をついやして約一〇〇〇のデビューがなされた。しかし、これらのデビューは、見物という点にかけては、ハリウッドとても太刀打ちできなかった。社交界にデビューする令嬢は上流家族の地位をあらわすものであったが、それはしだいに衰えた。というのは、流行産業（ファッション・インダストリー）やナイト・クラブの社交界のよりいっそう面白く魅力的な女たち（グラマー・ガール）との競争のためばかりでなく、すでに一九三〇年代の中頃には、家系に基礎をおく都市上流社会の社会的排他性が非常に減少したので、令嬢たちがデビューすべき「社交界」がもはや存在しなかったからである。存在しなかったというのがいいすぎだとすれば、すくなくとも、社交界は、ほとんど境界のはっきりしないものになったようにみえたのである。一九三八年に『フォーチュン』誌の編集者はこういっている。上流社会の消滅によって、「デビューする令嬢たちは、着飾ったはよいが行き場がなくなってしまっている。(7)」

三〇年代の令嬢たちの一部は、ハリウッドと競争しようとした。彼女たちは、新聞係をやとい、新聞係は、彼女たちの写真が新聞に載るように、また、彼女たちに関する記事が全国的新聞に載るように努力した。エルザ・マクスウェルの言葉を引けば、「この策略は、トラックの運転手すら仰天するほど怪奇であり奇想天外であった。待機しているカメラマンはフラッシュをたかざるをえなくなるのである。(8)」慈善と競馬に興味をもった「魅力ある若い世代の一員」として、彼女たちの顔は、透き通った純白な顔色に描かれて、金を払って婦人雑誌に掲載された。A級の令嬢たちが、町の中心地のミッド・タウンのバーをしばしばにぎわしたばかりでなく、会員制の店でマネキンとして、あるいはさらには売子として働いた。しかし、広告媒体や流行産業(ファッション・インダストリー)の彼女たちにたいする利用は、まさに、彼女たちの「社会的優越」の曖昧さを示している。

ブレンダ・フレーザー嬢の社交界入りのさいの豪勢な舞踏会とその報道のされ方は、おそらく、社交界へ登場し全アメリカに名声を馳せた例としてもっとも華々しいものであったと同時に、社交界に初登場する令嬢が人気を独占できた時代の終りを告げるものであった。今日では、令嬢たちは、自分の父親の豪華な邸宅で開催されるパーティの席上で「社交界入り」をすることは少ない。彼女たちは、ホテルで開催された予約会員制のダンス・パーティで多くの令嬢たちと並んで登場するのである。もちろん、この会員制のダンス・パーティの流れ作業機構は、「……だれを投げこんでも社交界への登場者に仕立てあがって出てくるというほど自動的ではない。ニューヨークのばあいをとれば、社交界入りをしようとする人々を審査する委員会ともいうべきものが一〇ほどある。ただし、そのうちの五つぐらいの審査をパスすれば充分ではあるが……。[9]」これらの会員制パーティの回りには、多くの社交係秘書がうろつき、まだ社交界に出ない年ごろの娘や、社交界に登場したばかりの令嬢たちや、有資格と思われる青年たちの名簿を提出したり、この人々に登場の機会をあたえるパーティを計画したりしているのである。実業雑誌は、実業家たちに、たとえ自分の名が紳士録に記載されていないばあいにも、自分の娘を社交界に登場させるために計らう方法とチャンスを教えている。そのとおりにやれば、あなたの娘は、「名門の出の娘と同じように、うまく社会へ送りだされることができよう」と雑誌は保障するのである。[10]

現在でもなお個人的ルートを通じての社交界への登場の仕方は残っている。しかし、支配的な形は、大量登場（マス・デビュー）である。そして、登場したところで、それから後には「かたく組織され、はっきりと区切られた社交界」などがもはや存在しない状態がつづくかぎり、今後もそうであろう。しかし、登場の仕方がいかに画一的になったにしても、社交界へ登場する年ごろというものは今でも社会的重要性をもっている。というのは、「この短い期間の中に、あらゆることがつめこまれている。登場が終ってしまうとその後にはなにもない」[11]からである。

社会的に高い地位の現代の令嬢でも、自分に名声をあたえるような世界に登場しようとするならば、ナイト・クラブの社交界に登場しなければならない。そして、広く名声を得ようとするならば、ナイト・クラブ社交界の人気者たちと競争しなければならない。「コノバーとかパワースのような職業団体は——とモナ・ガードナーは一九四六年に報告している——、モデル業にたいする人気を絶頂にまで高めたため、有為の青年たちは、毛並みのよい令嬢よりもパワースやコノバー所属の女を腕に抱き、家庭に迎えたいと思うようになっている。」[12]

Ⅲ　ナイト・クラブ社交界には、イェール大学出身の身なりのきちんとした青年や初々しい令嬢などが今日でもいることはいる。しかし、金遣いの荒い実業家とかミス・何々というような全米コンテストで名を売った女たちもいる。ニューヨークのどこのナイト・クラブでもよい、午前二時のショーに行ってみれば、このミス・何々というものの模範型をみることができる。すなわち、それは写真にとられたいという願望を秘めた人形のような顔、いきなからだつき。青ざめた微笑とけだるいまなざしを示し、そしてたいていは口を少し開け（ときとしてその口から成功と名声を求めて、舌がのぞいている）、どちらかといえば、ほっそりした女である。彼女は、じっさい、写真機のレンズが向けられる一瞬――あのはなやかな、しかし気の疲れる一瞬にそなえて、つねに演技をしているのである。他人との競争にそなえて、彼女が持っている切札はきわめてはっきりしている。彼女のとる職業的なポーズは、あからさまに、しかも傲慢なエロティシズムが生活様式としてぴったり自分の身についてしまった女のとるポーズである。それは、自分で浪費的（エクスペンシイヴ）だと思っている浪費的な女の示す浪費的なポーズである。それは、自分の運命は自分の外観がある種の男にあたえる効果に依存している――あるいはさらには完全に依存している――ことを自ら知っている女のとるポーズである。

　この女王――すなわちミス・何々という全米に名声を馳せる女たち（オール・アメリカン・ガール）（それが社交界に初登場した令嬢であろうと、ファッション・モデルであろうと、職業的芸能人であろうと同じである）――が、身なりと行動のイメージを決定し、そしてそのイメージは、全国的な魅力のヒエラルヒーの上から下へと模倣されて伝わり、性的魅力を売物にする商業的ショーのために注意深く訓練され選抜された女たちや、台所にいる若い家庭婦人にまでたっするのである。世間の人々は、このような女のふりまくイメージを模倣することによって、性(セックス)の楽しさをあらわすものとしてそれに公然と支持をあたえているのであるが、性的交渉の売買がときとして暴露されると、いささか驚きを示すのである。しかし、そのようなことが起るのはもっともではないだろうか。モデルの収入はいくら貯めてもたかがしれている。ところが彼女と会う男は金を持っており、しかも彼女の趣味はまたたく間にぜいたくになってしまう。彼女と会う男は、彼女の一生のコースを左右する力を持っているし、また彼女は、安定した生活を望んでいるのである。彼女は、昼に朝食をとり、長い時間を昼食に費すような世界に属している――しかし、その世界における地位は安定したものではない。オール・アメリカン・ガールは、ナイト・クラブ社交界の頂点に君臨している。そしてこのナイト・クラブ社交界なるものは、金遣いの荒い重役たちを顧客とする儲かる商売であることを想い出していただきたい。この世界の女王の模倣をするならば、浪費ぐせが身についてしまう。セオドーア・ドライサーの時代の「新しい女」よりも、今日のオール・アメリカン・ガールの方が、「性の売買はたやすく成功をもたらす」ということをよく知っている。

世間の人々は、性的堕落とはいかなるものかについてよく知っているつもりでいる。しかし、性的堕落にひきこまれるのは、怠惰な金持の少年と貧乏な田舎出の少女だけだと考えやすい。しかしながら、ナイト・クラブ社交界の性的堕落に関係している男は、けっして少年ではない。また怠惰でもない。かならずしも個人として金持であるとはかぎらない。そして、かれの興味の対象は、貧乏な、純真な、田舎育ちの少女ではない。そこに関係している女たちは、正確には少女ではない。彼女たちのうちには小都市の出のものがいるかもしれないが、現在では大部分は大都市出身である。彼女たちは純真ではなく、正確にいえば貧乏でもない。往々にして忘れられていることだが、ナイト・クラブ社交界の魅力というものの裏側は、性的悪徳行為のあっせん業にすぎないのである。そこの関係者たち——各種の性的サービスを売買する売春業者、売春婦、顧客など——は、しばしば、周囲の人々からは尊敬すべき人々であると思われている。そして、オール・アメリカン・ガールは、その写真像といい、その実物といい、アメリカの大セールスマンにとって貴重な、また不可欠な協力者なのである。

アメリカ人が讃美する対象のなかで、若い女ほど万人に讃美されるものはない。あたかも、アメリカ人は、若い女を自分たちの女王として祭りあげ、日夜その国民的肖像を描いているかのようである。いたるところで、この色つやのいい小動物——あるときには非常に若く、またあるときにはやや年とってはいるが、つねに「若い女」として描かれている——がいるのをみることができる。この若い女が、ビールを売り、本やタバコや衣服を売っている。毎晩テレビのスクリーンに出現し、毎週雑誌のどの頁にも登場する。そして映画にも。

三

すでに指摘したように、十八世紀のジョン・ジェイ夫人の晩餐招待者リストの時代以来、政治的・軍事的・経済的エリートと、高い社会的地位のエリートとは、完全には一致していなかった。この不一致は、現代のワシントンの上流社会にはっきりと見られる。ワシントンにも財産と家柄の古さを誇る上流社会があることはあるが、それはこの首都の社会生活の一つの構成部分にすぎないのみでなく、役人社会(オフィシャル・ソサイエティ)――ことにマサチューセッツ街の大使館通りの社会――によって圧倒され、影の薄い存在になっている。しかし、役人たちはかならずしも社交界などを重く見ないし、じっさい、かれらの中には、社交界をまったく無視するものもいる。そのうえに、社交界は、高官たちを、その社会的な資格がどうであっても、招かねばならない。また、政治という事実のために、官職の移動がはげしい。

ナイト・クラブ社交界とそれにあらわされたようなものが、ニューヨークの上流社会を侵略し破壊したのにたいして、ワシントンでは、政治が優位し、また変動するために、社交界というものが持続するのは困難である。ワシントンでは、ナイト・クラブの社交界と呼ばれるようなものは存在しない。主な出来事は、個人の邸宅や役所で、そしてもっともこみいったことは、いろいろな肩書をもった随員をともなっている大公使館で片づけられるのである。じっさい、ワシントンでは、社交界なるものの顔ぶれははっきりきまっていない。それは、役人、政治家、名門の夫人や金持の成上り者、人を扱うコツを知っている未亡人、そして、非公式なメッセージを伝えようとしている外交官たちなどから成り立っているのである。

しかし、威信というものは、富と勢力につきまとう影である。富と勢力の存在するところに、威信もまた存在する。石けんとか自動車の市場が全国的規模で成立し、連邦政府の権力の舞台が拡大されるにつれて、威信の通用地域もまた全国的に拡大し、それがしだいに固まってゆくと全国的な規模をもった威信のシステムが確立される。政治・経済・軍事の各分野で高い地位を占める人々は、金と権力をそなえたエリートであり、したがって、普通人よりもはるかに高い威信を集める。かれらは、皆、報道価値（パブリシティ・ヴァリュー）をもち、またかれらのうちの何人かは、とくに際立った存在として自分を印象づける。かれらは、しだいに、自己の地位のおかげで、また、意識的なPR活動によって、自分の名前を有名にし、自分の行動を承認させ、自分の政策にたいする人気をかき立てようとする。こうした努力によって、かれらは全国的有名人になってゆくのである。

権力エリートを構成する人々は、かれらが占めている地位とかれらが下す決定のゆえに、有名人となる。かれらは、威信をもつゆえに有名人となるのである。そして、かれらの威信は、かれらが権力と富とをもっていると思われているためである。たしかに、かれらといえども、宣伝（パブリシティ）と広告の世界に入りこみ、マス・メディアの材料（たね）にならなければならない。しかし、かれらのばあいには、かれらがこれらのメディアにたいして、またメディアにのって、何をしようとも、それとは無関係に、メディアの方からかれらを素材として求めるのである。

ジョン・ガルブレイスの指摘によれば[13]、議員のもつ威信の程度(グレイド)は、かれが左右しうる投票数と、かれがどんな委員会に参加しているかによってきまる。役人の序列は、部下の数によってきまる。実業家の威信は、かれの財産とか収入よりも――もちろん、こういうものは重要ではあるが――、むしろかれの会社の大きさによってきまる。かれは、自分の会社のもつ勢力――それはその大きさによって測られる――から、また、その会社内の上下序列におけるかれの地位の高さから、自分の威信を借用する。小会社の実業家は、年間一〇〇万ドルの収入をもっていても、二〇万ドルの収入しかない大会社の社長よりも、序列が下であり、全国的な威信という点では及ばない。軍人の序列では、いうまでもなく、こういうことはすべて規則によって律せられ、厳重である。

十九世紀から二十世紀の初頭にかけて、社会的地位の全国的規模への拡大がみられた。ということは、エリート・グループが勃興し、あらゆる町や都会の地方上流階級はかれらと社会的地位を競わざるをえなくなり、そしてその結果は、自分たちはたんにその地方においてのみ社会的地位の頂点を占めているにすぎない、ということを知らされたことを意味する。五〇年後の今日では、それどころではない。五〇年前と今日とをわかつものは、賞讃や名声のもっとも主要な媒体としての、あるいはさらにはその製造者としてのマス・コミュニケーションの発達である。マス・メディアと巨大組織とが相まって、全国的エリートの威信をつくりだした。全国的規模のはりめぐらされたマス・コミュニケーションの媒体は、社会の頂点を占める人々が底辺の大衆に侵透する通路である。激しい宣伝、賞讃をつくりだす技術、たえず材料を追い求めるメディアの気まぐれな要求は、上層の人々に脚光を浴びせる。世界史上にいまだかつていかなる国の上層の人々といえども、これほど報道され、注目を浴びたことはない。

巨大な組織はそれ自体、威信の序列をもった世界である。それは、官職の段階によっていくつかの層にわかたれ、それぞれの段階は、それ相応の威信を担っている。それは人々の上下序列を構成し、人々は、訓練によって、また地位にしたがって、上位に位する人々に服従し、さらには、自己にたいしてそのように強大な権力をもっている司令官を尊敬するようになる。自己にたいして尊敬を示すそのように組織された集団を配下にもち、その集団が保障するそのような命令権をそなえることによって、ひとは、それぞれ巨大組織を代表する人々の間での威信を得ることができる。

召使はいないけれども、ずらりと並んだ個人的秘書がいる。年数を経た見事な邸宅のかわりに、壮麗な事務所がある。自分の自動車はもっていなくとも、会社の自動車があり、役所の運転手がおり、空軍のモーター・プールがある。もちろん、年数を経た見事な邸宅も壮麗な事務所も両方ともあるばあいも多い。しかし、エリートの威信は、まず第一には、かれらの属している家庭のもつ威信ではなく、かれらの支配する官職の威信である。

全国的規模の巨大株式会社において占める地位が、社会的地位を支える一つの主要な基礎となった。株式会社は、今や、財産階級の組織された権力の中心となった。今日では、大都市上流階級の企業所有エリートや経営者エリートも、そしてまた地方上流社会の人々も、企業体こそが自己の威信を求める基礎であり、また他人の威信を測る尺度であるとみなすようになった。また、かれらの享受している地位上の特権の多くは、そこから得られたものなのである。企業の内部においても、また企業の外部においても——他の企業との関係においても——、世間一般においても、かれらの威信は、自己の企業における地位から得られたものなのである。*

* 第七章「会社富豪」を参照のこと。

連邦政府の権限が拡大されるにつれて、その内部で高い地位を占める人間は、かつては「とるにたらないけがらわしい政治屋（ポリティシャン）」とみられていたが、今や高名な政治家と行政官になった。もちろん、政治家は高い社会的地位を装うことをある程度計画的にひかえなければならないこともある。高い地位を占める政治的人物は、たとえそうすることが自分の社会的地位にふさわしくなくとも、愛想よくしなければならないし、また、儀礼という観点から見ると俗悪な話し方や生き方をしなければならない。しかし、政治制度の権力が増大するにつれて、政治制度の頂点に位する人々は、全国的規模の威信のシステムの中で名士としての地位をうるようになる。かれらの人気とりとか俗悪さは、その地位をゆるがすものではない。

戦争と、戦争をつなぐ敵対的な空気に満ちた間奏曲の間に、軍人はますます権力をにぎるようになり、かれらもまた、新たな全国的な威信のシステムに参加するようになった。暴力こそが権力の最終的な支えであり、また、権力に反抗しようとする人々のもつ最終的な手段であるという単純な事実から、軍人の、そしてまた警官のもっている勢力というものは生じているのである。革命とか犯罪とかが国内の治安を脅かすにいたると、警察長官の地位力――それはつねに存在はしているのだが――がはじめて公認されるようになり、また、外交と戦争が国家間の秩序を脅かすにいたると、将軍たちのそれが公認されるにいたる。すなわち、かれらが、国内および国家間の世界を支配する権力秩序にとって不可欠の要素であることが公認されるのである。

ある国家が強国として認められるには、一つの条件さえそなえればよい。すなわち、その国の軍備と軍事的資源が充分であって、決定的な戦争の脅威を他の諸国に感じせしめうるという条件である。諸国家の格づけの中で大国としての地位を真にうるためには、大戦争を遂行し、勝利をおさめなければならない。ある大使の言辞のもつ有効な力は、実は、その国の将軍がどのくらいの実力をもち、またそれを支える戦闘力がどのくらい巨大で有効であると思われているかの直接的反映である。軍事力が国家の政治的地位を決定し、また逆に、国家主義がどの程度高く評価されるかによって、将軍たちが全国的規模の名誉のシステムにどの程度ほんとうに参与を許されるかがきまる。

これらの諸制度の公的威信は、したがって、そのエリートたちにあたえられる威信は、種々変化を示す。たとえば、戦時には、政府の官職と軍人の地位は高くなり、実業界の人々は一ドル役人とか鉄道大佐(訳註10)などになって、すべての人々が軍事的国家に奉仕する。しかし、平時には、実業家たちは政府を去り、政府の官職と軍人の地位はしばしば見下されるのである。公共機関における地位は、大企業のまえに光を失ってしまう。

一九二〇年代には、ゼネラル・エレクトリックの社長は、アメリカ合衆国の大統領よりも価値があると考えられていた。このことははっきりいえることである。*また、三〇年代においても、連邦政府の閣僚というだけでは、大富豪の家族の一員と同列には並べるとかぎらないと考えられていた。**しかし、政治的地位が大会社の重役ほど尊敬されないというような事態は、変化してきたし、また今後も変わってゆくであろう。諸領域のエリートたちは国家の中で相互に密接に関係しあうようになり、また、自己のもつ購買や命令やその他いろいろの勢力を背景として、広報・宣伝の諸手段をたくみに利用する方法に、より精通するようになったからである。権力や富は充分にもつが名声という点では不十分である人々は、前者にもまして、広報・宣伝の諸手段を駆使して名声を上げることを考えるようになったのである。しだいに、かれらは、新聞記者会見のみでなく、マイクロフォンやレンズに向かって演技するようになってきている。

＊「かれのごく親しい商売上の友だちや法律顧問たちの間では」と、アイダ・ターベルは、オーウェン・D・ヤングについていっている。「かれが『偉大な大統領』となるであろうという点では意見が一致していた。しかし、同時に、かれは、公務員になるにはもったいないという感情があった。ある男が

私にいったように、かれは、『大統領の職につくことによりスポイルされる』にきまっているからである。……かれと非常に親しいかれの崇拝者ウィル・ロジャースは、『誇りをこめてゆび指せる』ような状態に、かれを置いておきたいと望んでいた。ニコラス・マレイ・バトラーは、一九三〇年の秋に開かれたある祝賀パーティにかれを紹介するにさいして、こういった。『このわれわれの名誉ある客は、なんらの官職を占めてはいないが、公僕（パブリック・サーヴァント）である。公僕が官職を占めているかいないかは、偶然的なことである。もしも、この公僕がたまたま官職を占めるようになったとしたら、かえって、公共への奉仕という公僕の公僕たるゆえんが損われることがありうる。』[14]」

ヤング氏は、かれ独得の経済的形而上学で、一九三一年にこういっている。「ある程度の馬鹿騒ぎは、民主制政治の運行のために、舞台効果として必要なことである。政治には馬鹿騒ぎがあってよいということは世間の人々がよく知っている。しかし、経済では馬鹿騒ぎはあってはならないことを認識しなければならない。……政治は、舞台の上では、ときとしては魅力的である。しかし、楽屋では、往々にして気むずかしくて、つまらぬものである。……最近一〇年間の諸経験からあきらかなことは、われわれの経済機構、とくに金融を、政治による支配と統制から自由に保つことの必要性である。[15]」

＊＊　こうして、ハロルド・イックスは、その外交論で、次のようにいっている。「王や女王が時間を過しているポーチに坐るように招かれる選ばれたる者は、ごく少数である。あきらかに、ハルを除けば、閣僚のうちでジム・ファーレイだけが、選ばれたる者に含められる価値をもつと考えられていた。しかし、J・P・モルガンや、ジョン・D・ロックフェラー・Jrや、コルネリウス・ヴァンダービルト夫人などは、選ばれたる者である。ファーレイを除いた残りの閣僚たちは、他の人々とともに芝生の上をうろつき回り、王と女王は、ときたま、この大群の中におうように降りてきて、そこここでおじぎをし、その中の選ばれた幾人かに紹介されたりするのである。[16]」

四

人文科学に精通している人々は、往々にして、「威信(プレステイジ)」という言葉に嫌悪の情を示す、ということを想い出していただきたい。かれらは、その言葉のもとの意味は、手のこんだトリックをもちいて眼をくらますという意味であることを知っている。威信とは一種の神秘的な力であるとよくいわれる。「世界の支配者――それが思想であれ人間であれ――は、かの「威信」という言葉で表わされているところの抵抗すべからざる力をおもな依りどころとして自己の権威を一般の人々に押しつけてきたのである。……威信の本質は、ある個人なり作品なり、あるいは思想なりが、われわれの精神にたいして及ぼす一種の支配力にある。」とかつてギュスターヴ・ル・ボンは述べた。この支配力は「われわれの批判力を麻痺させ」、われわれを「驚愕と尊敬」に満ちた状態に追いこむのである。[17]

グラッドストーンは、「威信」よりも「名誉(オナー)」を好んだ。しかし、もちろん、ハロルド・ニコルソンが指摘したように、[18]威信の意味は、西欧諸国でも国によってちがっている。*しかも、権力者は、威信というものがたんに権力をもつ者にたいしてあたえられる、なにかすてきなものにすぎないとは考えたくないのである。かれらとしては、自己の威信とは、自己の権力の誇示ないし行使がなくとも、人々は自己の権力にたいして、いつでも信頼を示すことを意味すると思いたいのである。しかし、このような威信の規定のしかたは、完全でもないし満足すべきものでもない。実をいえば、その規定のしかたは、すでに権力を握り、また権力を行使することなく安価に権力を維持しようとする者に非常に好都合である。また、自分の名声が、過去の権力ではなくて、むしろ愛すべき徳性にもとづいていると考えるのに好都合なのである。

＊　フランスでは、「威信」という言葉は、詐欺とか錯覚をひき起す技術とか、あるいは、すくなくも、なにか偶然的なものを連想させる。イタリーでもこの言葉は、なにか「目をくらまし、欺き、信じがたい」ようなものを意味する。また、ドイツでは、この言葉は完全に外国産の言葉であるが、それは、ドイツ語 Ansehen すなわち「尊敬」とか、der Nimbus（これは、英語の「魅力（グラマー）」に近い）に対応する。あるいは、それは、「国家的名誉」の一変種と考えられ、どこでもこのような言葉に結びついているヒステリックな強情さをともなっている。

もちろん、鉄砲や金の力だけでは威信を生みだすのに不足である。威信をつくりだすにはなんらかの徳望が権力とまぜあわせられなければならないことはたしかである。エリートは、権力がなければ威信を獲得できない。また、徳望がなければ威信を維持することはできない。エリートが過去において示した権力と成功が徳望をつくりだす。しばしの間は、エリートはそれによりかかっていることができる。しかし、徳望だけに依存するエリートは、権力にもとづく徳望にたいして対抗することはできない。

エリート集団の威信が大きな徳望をともなうものであるばあいには、かれらは、権力を大幅に失うようなことがあっても、威信を保つことができる。かれらの威信が徳望によって裏づけられていないばあいには、わずかの期間の権力の喪失や他の権力の出現によるその権力の相対的低下によって、かれらの威信はたやすく破壊されてしまう。アメリカの地方上流社会や大都市上流社会に起った変化は、まさにこれであろう。

アメリカ社会における威信についてのその理論において、ソースタイン・ヴェブレンは、威信のもたらす心理的満足に、より大きな関心をもっていたので、かれが抽象したようなことがはたす社会的機能を見過す傾きがあった。しかし、威信は、たんに個人の自我（エゴ）を満足させるが、社会的にはナンセンスなものなのではない。第一に、それは、統合的機能をもっている。ヴェブレンが非常な興味を示していた社会的現象の多くは——じっさい、「地位（ステイタス）・行動（ビヘイビア）」の多くは、種々の上下序列と領域における諸エリートを仲介する役割をはたす。地位の所在地は、決定権を握る種々のエリートの会合点であり、また、余暇における諸活動は、上層階級の種々の部分と分子間を調整する一つの道である。

上流家族や排他的な一流学校と同じように、地位をめぐる諸活動も、結婚市場を提供する働きをもつ。結婚市場の機能は、たんに、褐色の蘭と白いシュスを組合わせて外見上の優美さを満足させるだけにとどまらない。すなわち、それは、財産階級を結合させ、保持する。息子や娘たちの独占によって、その階級に、血統にもとづく正当性もあたえるのである。

「紳士気どりの」排他性は、私的生活（プライヴァシイ）を享受する余裕のある人々に、私的生活を確保する。他人の排除によって高い地位を占め、権力を握る人々は、一連の私的世界を樹立し維持することができるようになり、その私的世界の内部で、かれらは、自分たちの若い世代をインフォーマルなやり方で訓練し、政策決定者にふさわしい気質に仕立てあげることができる。このような具合で、この私的世界は、非人格的（インパーソナル）な政策決定と非定形的（インフォーマル）な感受性とを混合させ、エリートの性格構造を形成する。

威信と地位をめぐる行動には、もう一つの――今日ではもっとも重要な――機能がある。威信は権力を権威に高め、それを社会的挑戦から保護して、権力の防塞としての役割をはたす。「成功が収められないばあいには威信は失われ、急速に消滅してしまう」とル・ボンはいっている。「また、論議の対象とされるにいたったときには、威信は、前のばあいよりも徐々にではあるが、磨滅していくことがありうる。……威信は、疑われるにいたったその瞬間から、威信であることをやめる。長い間その威信を維持しえた人々にせよ神々にせよ、いずれも、その威信を論ずることを許さなかった。群集の崇拝の対象たるためには、距離を保たなければならない[19]。」

「権力のための権力」とは、心理的にいうと、威信による満足にもとづいている。しかし、ヴェブレンは、エリートの召使たち、犬ども、御婦人連、スポーツなどをどれもこれも一緒くたに激しく嘲笑しているために、かえって、エリートたちの、軍事的・経済的・政治的活動がけっしてこっけいな振舞ではないことを見損っている。要するに、かれは、エリートたちが軍隊や工場にたいしていかに権力を揮っているかを示すことを、かれが正しくも信じたようなエリートたちのこっけいな振舞に関連づけるのに成功していない。私の見解では、ヴェブレンは、地位(ステイタス)をまともに扱っていない。というのは、かれは、地位が権力にたいしてもっている重要性を充分には理解しなかったからである。かれは、「特権階級(ケプト・クラス)」と「下積みの人々(アンダーライン・ポピュレーション)」を知っていた。しかし、かれの時代には、権力エリートの威信といったものをほんとうに理解することは不可能であった。[20]

威信についてのヴェブレンの考え方の核心や、また、ヴェブレンの使った言葉のいくつかさえも、十八世紀末にジョン・アダムスによって提出されたものである。[21] しかし、ジョン・アダムスが、ヴェブレンの思想の多くの部分を予想させるものをもっていたといっても、それは、別に、ヴェブレンの価値を低めるものではない。というのは、ヴェブレンの理論は、結局、昔から知られ、おそらくはしばしば述べられている世間の知恵の拡大された一片であり、ヴェブレンは、それを豪華華麗な言葉で、しかも、そういう修辞が知識人公衆をとらえることができた時代に、表現したのである。しかし、アダムスは、すくなくとも二つの面で、ヴェブレンよりも進んでいた。すなわち、かれは、より鋭敏な、より複雑な心理的洞察力をもっていた。また、かれの解説の中には、社会的・個人的生活の諸事実としての地位現象を、政治的領域——かれの世代に普通のことであるが、憲法形成の問題として考えられている——と結びつけようと試みているいくつかの箇所に出会う。アダムスは、ヴェブレンとはちがった仕方で、地位のシステムを理解している。すなわち、政治と関連させてそれを理解している。この点で、われわれは、アダムスの言葉に傾聴すべきである。

「死の床は、肩書きの空しさを示すといわれている。さもありなん。しかし、それは同時に、富や権力や自由、すべての地上のものの無意味さを示しているのではないか。……とすると、名誉、自由、財産や人生は、いつでも軽蔑され、無視さるべきものと推論していってよいのか。この世のものを規制している法とか国家は、死にさいしてはとるに足らぬ存在に思える故に、無視さるべきものなのか。……

……この世における報酬は、他人から尊敬と崇拝を得ることであり、罰は、他人から無視され、軽蔑されることである。他人そのものと同じくらいに、他人の尊敬、崇拝、無視、軽蔑は、切実(リアル)なことである。他人からの尊敬を求める欲望は、飢えのごとき自然の欲求と同じくらい、切実である。また、世間から無視され、軽蔑されることは、痛風の痛みや石を打ちつけられた痛みと同様に激しい苦痛をもたらす。……この激しい欲求を制御することが、統治の主要な目標であり、また、この欲求は、反面では、統治の主要な手段である。この欲求こそが、社会の秩序と服従を保つ唯一の効果的手段であり、また、これのみが法にたいして効果的な服従を強制する。これなくしては、人間の理性も、常備軍も、あのように大きな効果をつくりだしえない。人間のもつあらゆる性質も、富のもたらすいかなる祝福も、人々の尊敬と同情と崇拝と讃美をもとめるこの普遍的な欲求を満足させうる能力に比例して、評価されるのである。……

一般的にいうと、機会があれば、この欲求は刺激される。そして、例外があるかも知れないが、そのような状態のもとでは、危険はつねにそのような原因から生まれてくるように思われ、またそこから理解することができよう。すぐわかるように、あらゆる激情が充分に平衡を保たれている統治形態のみが、そのような競争、嫉妬、羨望、憎悪などの危険と災害から、人々を安全に保つことができる。」

いったい、地位についてのヴェブレンの理論は、政治経済の動向については、どのように考えているのか。大都市上流社会――ヴェブレンはそれを対象にして書いているのだが――は、威信の全国的システムの中心にはならなかった。マス・メディアの職業的有名人たちは、いかなる安定した権力ももっていないし、じっさい、有名人たちのうちでも、はかない存在なのである。

しかし、永続的かつ安定した威信のなんらかの組織をもとめるエリートの要求が存在する。ヴェブレンの分析は、この点を見のがしているのである。この要求は、今日のアメリカにおける富のエリートと、とくに権力のエリートたちが、はっきりと意識し、きわめて深く感じている「欲求」である。

十九世紀では、政治エリートも軍事エリートも、威信の全国的システムの頂点ないし頂点に近いところに、地歩を確立することができなかった。ジョン・アダムスの示唆は、その方向に傾いていたのであるが、その示唆は取りあげられなかった。なんら、公的な差別と名誉のシステムではなくして、種々の諸力が作用して、そのような秩序をアメリカの政治形態にもたらしたのであった。経済エリートは――まさにこの理由で、それは独特な意義をもっているのであるが——、永続的な家系にもとづいて全国的地位を見出そうとする執拗な努力を覆すようなしかたで、経済的権力を獲得した。しかし、過去三〇年間に、経済・政治・軍事の各エリート間に、一種の地位の合併が起りつつある徴候が、現われている。権力を握ったエリートとして、かれらは、自己の権力を、権威をそなえた地位というマントで覆い、防禦しようと努力し始めている。権力者は、どこでも、またいつでも、このような試みをするものであるが。かれらは、自分たちの新たな地位特権——社用勘定（エクスペンス・アカウント）としてよく知られているが、その基盤は、かれらの会社組織と一体となった生活様式に深く根をおろしている——を固めようとし始めている。かれらが、諸国家の文化的世界における自己の位置をより明瞭に認識するようになるに応じて、かれらは、自分たちのアメリカ国家の世界的代表としての道化師や女王たち——すなわち職業的有名人たち——に満足しておられるだろうか。

ホレイシオ・アルジャー(訳註11)は、なかなか死なないが、しかし、いつの日にか、アメリカにおける名声と権力がよりはっきりと一致するようになるのではないだろうか。民主主義的な指導儀式にたいする期待は強固である。しかし、いつの日にか、貴族気どりが公的なものとなり、下積みの人々はそれに驚かされ、それ相応の序列の中に押しこまれることはないだろうか。そういうことがないと信ずるのは、人間の歴史のすべての教訓を否定することである。しかし、他方では、自由主義的な言辞（リベラル・レトリック）は、現実の権力を覆いかくす役割をつとめ、職業的有名人は、地位を分散させて人々の注目をそらし、こうして、権力エリートたちが、かれらにとって好都合にも、注目の集中の外にとどまることを可能にする。まさに現在の歴史的時点では、かれらはむしろ有名でない状態に満足している、ということを否定しうるものはなにもない。

五

ところで、アメリカの有名人には、陰うつなものもいるし、つまらぬものもいる。有名な名前の背後には、タブロイド判新聞や映画のスクリーンの上で、また、ラジオやテレビにのって、人目に広くさらされている人物がいる。ときには、人目にさらされず、たんに想像の対象とされているだけのばあいもある。というのは、現代では、少しでも上にいる人々は、下にいる人々から有名人と見られるからである。マス・メディアの拡大鏡をとおしてみられた有名人の世界では、種々の男女が、非常に目をちらつかせる多彩な光景をつくりだしている。すなわち、——

ニューヨークの下町、墓地と河とにはさまれたある短い街路で、富豪が会社の自動車から降りようとしているところである。アーカンソーのある丘の平らな頂上では、最近亡くなった某高官の孫にあたる男が、まるで小学生のような情熱をもって、牧場を建設しようとしている。(22) 合衆国上院の幹部室におかれたマホガニーのテーブルの後ろでは、七人の上院議員たちがテレビのレンズの方に乗りだしている。(23) テキサスでは、ある石油業者は、一日に二〇万ドルをかせいでいるという。メリーランドのどこかでは、赤い上衣を着た人々が、犬を連れて狩に出ようとしている。パーク通りのあるアパートでは、ある炭坑夫の娘が、二〇ヵ月の結婚生活を送った後に、今ちょうど、五五〇万ドルの慰謝料の条件で離婚を承諾しようと決心したところである。(24) ケリー基地では、某将軍が、いたましいほどコチコチに緊張した隊列の間を、無造作に歩いている。五七丁目では、金遣いの荒い御婦人連が、固くなったマネキンたちを査閲している。ラス・ヴェガスとロサンジェルスの間で、アメリカ生れの某伯爵夫人が列車の個室の内で、長いミンクのコートに長々とくるまり、数百万ドルの価格の宝石類を傍においたまま、死んでいるのを発見された。(25) ボストンで開かれたある重役会では、三つの工場を、従業員はそのままにして、ナッシュヴィルに移転する命令が決定された。また、ワシントンでは、軍部高官や科学顧問にとりまかれた一人の真剣な政治家が、アメリカ空軍の一チームにたいして、広島への飛行を命令している。

スイスには、スポーツのための絶好の機会としてしか冬を知らぬ人々が滞在しており、南の島には、二月の余暇旅行のさいのほかは、太陽の下で汗を流したことのない人々がいる。世界のいたるところに、まるで創造主たちのように、旅行という手段によって季節を支配し、多くの別荘をもつことによって、朝に（あるいは午後に）目覚めたときの眺めを左右する人々がいる。年代のたった古いウイスキーと新しい悪徳があるかと思うと、いつでも世界のどこへでも行く気のある湿った口をした金髪の女がいる。山登りを楽しみ、行きたいところに行って、とどまりたいだけそこにとどまる生活を楽しんでいる銀髪の女がいる。ワシントンからテキサス州のダラスまでの間には、一本の黄金の口紅棒に三〇〇ドルを払った婦人が一〇三人もいると報告されている。ケイス沖合のどこかでは、一〇人の乗組員を乗せたヨットの上で、一人の名士がベッドに寝ころがりながら、税務局がまた活発な活動を始めたというニューヨークの事務所から送られてきた報告に頭を悩ましている。四つの電話器をそなえた大きな机を前にした役人たちがいるかと思えば、社交室で熱心に、しかしどこか気楽に語りあっている大使たちがいる。お抱えの運転手の傍に秘密警察員を乗せ、車の両脇と背後にモーター・サイクルに乗った護衛をつけ、飛行場から発つ人物がいる。他人の好意など気にしなくてよい境遇にあり、他人を待つことは一度もなく、いつも他人を待たせる男がいる。戦争になると将軍のジープに同乗して方々に行き来する要人たちがいる。高位高官にのし上がった人々がいる。かれらの声を聞けば、かれらが、人物となるために慎重に（しかし計画的にではないが）、訓練された人間であることがわかる。

新聞やラジオで、ニュース映画やテレビで、いつも現われる名前と顔と声が、ここにある。また、われわれが遠くからちらりとさえ見たことも知ったこともないが、じっさいには物事を左右していると情報通はいうが、われわれにはそれを証明しえない名前や顔がある。注目に値するといわれている人々がいる。かれらは、現在ではニュースの対象であり、のちには歴史の対象となる。法律事務所を所有し、四人の会計士をかかえている男がいる。裏側の近道をもっている男がいる。ここには、あらゆる高価な商品がある。金持たちは、その商品の付属物のように見える。また、ここには、金（かね）が、しゃがれ声や絹のように美しい声で、現金と権力と名声のことを話している。

第五章　大富豪（ヴェリー・リッチ）

多くのアメリカ人の現在の考えでは、アメリカの大富豪の財産は、第一次大戦前に築かれたものである。すくなくとも、一九二九年の恐慌は、幸いなことに、こういう大財産を押しつぶしてしまった。おそらくテキサスは別として、今日ではもはや大富豪は存在しない。存在しているとしても、かれらはまさに死なんとしている年老いた相続人にすぎず、かれらの大財産は、もうすぐ税務官吏と慈善事業に引き渡されるであろう。昔はアメリカに大富豪というものがいた時代もあったが、今やその時代は過ぎ去り、今ではあらゆる人が中流階級であるにすぎない。こう思っている人々が多い。

そのような考え方は、正確とは言いがたい。百万長者を製造する機械としてのアメリカ資本主義は、そのような不健全なペシミズムが考えるよりは、ずっと良好な状態にある。たんなる百万長者ばかりでなく、驚くべき大富豪がわが国にはたくさんいる。それだけではなく、第二次大戦に対処して行なわれた動員によって、新しい型の権力と特権をもった新しい型の「富豪」がその列に加わった。こういう人々が合体して、アメリカの会社富（コーポレート・）

豪(リッチ)を形成している。今やかれらの富と権力は、世界史上のいかなる時代、いかなる場所の、いかなる階層のそれとも競うことができるくらい巨大である。

一

大企業というもの——大富豪はその一部であるが——にたいする学者たちの見方の変化をたどってみると面白い。大独裁者としての大企業の像が印刷物の上に現われ始めたとき、学術雑誌や書籍はジャーナリズムの暴露記事と呼応したのである。一九三〇年代には、大企業にたいして泥棒男爵(ラバー・バロン)という不名誉な名称が投げかけられ、大企業は不名誉のどん底への道をたどった。ギュスタヴス・マイヤースの今まで忘れられていた書物がモダーン・ライブラリーのベスト・セラーになった。また、マシュー・ジョーゼフソンとフェルディナンド・ランドバーグの名が記されなければならない(訳註12)。ところが、現在では、戦後の保守的潮流によって、泥棒男爵は産業政治家となった。大企業は、PR精神に満ち、学者たちに社史を編纂させている。そこでは大独裁者の像は、建設的な経済界の英雄の像におきかえられ、その英雄たちの偉大なる事業によって万人が利益を得ているのだとされ、またその英雄たちの偉大な性格から、経営者たちは自己の支配権を借用し、支配権を合理化し自信を獲得するのである。この歴史家たちは、たった一〇〇年の期間の歴史をも自分の頭の中で保つことができず、たえずその時々の政治的レンズを通してしかあらゆるものを見ることができないかのような変節ぶりである。

現在ならびに過去の大富豪についての事実を一般的に説明するものとしては、二種類の著作がいろいろな点について役にたつ。一つは、暴露記事から出てきたものであり、ギュスタヴス・マイヤースに代表されている。かれの著作は、富の背後にはかならず犯罪がかくされているというバルザック的な断定を、大げさに、またペダンティックに微に入り細にわたって述べたものである。泥棒男爵――南北戦争後の時期には大君(タイクーン)と呼ばれていたが、このころにはこういう呼名に変わった――は、ちょうど、婦人の群が土曜日の朝にデパートの特売場に殺到するように、投資者大衆にむかって押し寄せる。かれらは国家の資源を荒らし、仲間同士で経済戦を闘い、企業連合をつくり、公共事業を利用して私的資本をつくりあげ、自分の目的を達成するためにありとあらゆる手段を用いる。かれらは、鉄道会社と特約を結んでリベートを受け取る。また、新聞を買い取り、主筆者たちを買収する。競争相手の独立した会社を絞め殺し、練達の弁護士や名声ある政治家をやとって自己の権利を維持し、特権を確保する。このようなところから、これらの創造主たちの名前が出てきたのである。泥棒男爵という呼名は、たんなる言葉のあやではない。おそらく、一億ドルを個人の用途のために蓄積するまともな経済的方法はない。しかし、まともでなく、しかも手を汚さない方法というものはある。大金はかならずしも楽に集められた金ではない。しかし、安全な方法で楽に集められた金は、大金になる。一〇の銀行から一〇万ドルずつを鉄砲で脅かしてまき上げるよりは、一千万人の人々から一〇セント銀貨一つずつを、ある企業の手中に集める方がましである。そしてまた安全でもある。泥棒男爵というイメージはこういうありさまを描き出す。

大富豪にたいするそのような粗雑なイメージは、しばしば批判されてきた。それが描いている事実がちがっているという点にではなく、合法性とか道徳性とか人格とかいう観点からものを言っているという点が批判の対象とされ、この富める怪物がその時代に、その場所でどのような経済的機能をはたしたかという観点に立つべきであるという主張がなされた。この見解――それをもっとも巧みに要約したのはジョセフ・シュンペーターであったが――によれば、この富める巨人は、資本主義の全盛期を通じて渦巻いた「たえざる革新の疾風怒濤」の中心に立った人々であるとみなされる。かれらの個人的明敏さと異常な努力によって、かれらは、新しき技術的・財政的技術（あるいは古い技術の新しい使い方）を自己の中に体現した私企業をつくりだし、相互に結びつけたのである。これらの技術と、その技術がともなった社会形態こそが、資本主義の進歩の原動力であり、またその技術を創出し駆使した巨大な怪物は、まさに資本主義の運動の速度の決定者であった。こういう具合に、シュンペーターは、一種の資本主義的進歩の理論と社会的成層の理論を結合して、偉大な企業家の「創造的破壊」を説明し、さらに進んでそれを祝福さえしているのである。(1)

一方では泥棒、他方では革新者というこの二つの対照的なイメージは、かならずしも矛盾してはいない。多くの点で、両方とも本当なのである。というのは、この両者の違いは、巨大な富の蓄積者をどのような文脈において眺めるかにある。マイヤースは、法律的条件とそれにたいする違反に関心をもち、そういう人々の残酷な心理的性質に興味を感じたのである。シュンペーターは、かれらが、資本主義の諸段階における技術的・経済的機構の中でどのような役割を占めたかに関心をもったのである。もちろん、シュンペーターも、各世代のうちですぐれた洞察と精力をもった人間のみが、自らつくりだし、時代の中心にすえた機構の頂点にまで上ることができるという信念をもち、道徳的評価をかなり自由に加えている。

この大富豪をめぐる問題は、個人と制度との関連をどう理解するか、また、さらに、特定の制度と個人を、その中でそれらがそれぞれの役割をはたしている社会構造とどう関連づけるか、という、より一般的な問題の一つの例である。ときには人間が制度をつくりだすこともあるが、いつのばあいでも、制度は人間を淘汰し形成する。いかなる時代を扱うばあいでも、われわれは、個人の性格・意志・知能と、その個人にこれらの属性を発揮する機会をあたえる客観的な制度的構造の比重を比較考量しなければならない。

個人としての大富豪の、狡猾さとか賢明さ、信念にこりかたまった性格とか運命への信仰とか、生れつきの知能とか不思議な幸運とか、狂信的性格とか超人的エネルギーとかに関する逸話を述べても、そのような問題に回答をあたえることはできない。こういうものは、種々の道徳的判断に立って、財産をつくりあげた人々の行動を叙述しているたんなる言葉にすぎない。冷酷さとか法にたいする違反——ギュスタヴス・マイヤースはこれだけをくり返し指摘して満足しているが——も、洞察力に満ちた産業政治家としての手腕——今日の多くの歴史家たちはこういう説明ですっかり安心してしまっているが——なども、説明ではなく、たんなる批難あるいは弁明にすぎない。ここに、現代の社会心理学者たちが、いかなる社会的・経済的階層の勃興を説明するにあたっても、その階層を構成する個々人の心理的属性を道徳的に云々するだけでは満足しえない理由がある。

より有効な、そしてわれわれを納得させる説明の鍵は、より客観的な状態にある。われわれは、個人的資質のみでなく機会（オポチュニティ）の客観的構造をも理解しなければならない。個人的資質は、経済の発展がつくりだしたこれらの客観的機会をある個人にあたえ、それらの利用を励ますのである。ところで、言うまでもないが、海岸通りのギャングの間で地位を占めるのに必要な個人的資質は、平和な牧人たちの間で成功するために必要なそれとまったく異なっている。と同じように、アメリカの資本主義において、一八七〇年に成功をおさめるために必要であった個人的資質と、それから八〇年経た今日成功をおさめるに必要であろうそれとは、まったく異なっていることはきわめて明白である。それゆえ、大富豪を理解する鍵を、かれらのパーソナリティとか習慣的行動様式の秘められた源泉に求めることは、的はずれである。

そのうえに、富豪という社会的事実を、個人としてのかれらの属性から説明する仕方は、同義語反復である。例をあげれば、金銭が最高の価値とみなされている社会では、「才能」のテストは、金を儲ける能力にあると一般に考えられ、「機敏な男ならかならず金持になるはずだ」と思われる。才能の基準は金儲けの能力にあり、才能は、つくりあげた財産の額にしたがって評価され、大富豪は最高の才能の持主ということになる。そうなると、富豪というものをかれのもっている才能から説明することはできない。富の取得を才能のインデックスに用いておいて、次に、才能を富の原因の説明に用いるならば、それは、富豪の存在という同一の事実にたいして二つの言葉をもてあそんでいるにすぎない。

カーネーギーの幸運を説明するには、かれの母親が非常に実際的な人間であったという事実よりも、かれの青年期の時代における経済形態の方が重要である。コモンドーア・ヴァンダービルトがいかに「冷酷な」人間であろうとなかろうと、もし政治がまったく腐敗しきっていなかったならば、かれのように鉄道を支配下におさめるようなことはほとんど不可能であったであろう。また、シャーマン法が巨大会社の法律的防塞を打ち破るほどに厳重に施行されたならば、アメリカの大富豪たちは、かれらの心理的資質がどうであったにせよ、今日どうなっているであろうか。アメリカの大富豪を理解するには、ハロルドソン・L・ハントの心理的資質よりも、石油の地理的分布と租税体系の理解の方がより重要であり、また、ジョン・D・ロックフェラーの幼児期よりも、アメリカ資本主義の法律的構造と法律機関の腐敗を理解することのほうが、また、ヘンリー・フォードの無限のエネルギーよりも、資本主義機構の技術的進歩の理解のほうが、より重要である。また、シッド・リチャードソンはたしかに聡明ではあったが、そんなことよりも戦争が石油の需要にたいして及ぼした影響と資産の減耗控除という税金の抜け穴を理解することのほうが重要であり、また、F・W・ウールワースの勤倹さよりも、全国的規模の分配体系と巨大市場の出現の理解のほうがより重要である。伝えられるところによると、J・P・モルガンは子供のころ非常に強い劣等感をもち、またかれの父親は、この子は使いものにならぬと思っていた。かれの異常な権力欲はおそらくこのことの影響であろう。しかし、これらすべては、もしかれが、一八九〇年のインドの村落におかれていたとするならば、全然問題にならないことである。大富豪を理解するためには、まず、かれらが産をなしたその国の経済的・政治的構造を理解しなければならない。

生産装置として、また、富をつくりだす機構としての資本主義を円滑に運行させるには、いろいろのタイプの人間と、多量の国家的資源を必要とする。一定の経済的・物質的・政治的条件が存在しなければ、いかなるタイプの人間といえども、巨大な富を積み重ねることはできない。アメリカの大富豪は、ある特定の国で進行したある特定の種類の産業化の諸側面である。純粋に私的な企業をともなったこの産業化によって、巨大な生産手段を支配し、科学と労働の力を結合し、人間と自然の関係を統制し、そしてそこから巨大な富を築く戦略的地位の獲得が可能になったのである。アメリカの歴史を後から理屈づけてこういっているのではない。まだ産業化の進んでいない諸国の今後についてもこのような予測をすることができるし、また、産業化の異なった過程の観察からこれを証明することもできる。

ソビエト・ロシアの産業化の過程は、千万長者という個人的階層の活動がなくとも、急速に産業化を進行させることの可能性を全世界に示した。ソビエト・ロシアの産業化は、政治的自由の犠牲においてなされたとしても、そのことは、産業化という事実を否定するものではない。私企業と、それにともなう巨万の私的財産の蓄積は、ある国を産業化する一つの方法であるにすぎず、唯一の方法ではない。しかし、アメリカでは、そのしかたが、広大な未開の大陸を巨大な工業の網の目に変え、また、富の蓄積者たちが産業から富を引き出してわが物とすることを許したのである。

アメリカにおける産業化の過程から巨大な富を引き出して取得することを可能にした機会は、大富豪たちの人柄や行為とは関係のない多くの諸事実と諸力から成っていた。

この事例の基本的事実はむしろ簡単なものである。ここには、未開発の天然資源に満ちた大陸領土があった。そこへ数百万の人々が移民した。人口の着実な増加によって、土地の価値は絶え間なく上昇した。人口の増加は、生産物にたいする市場の拡大と労働力供給の増大をもたらした。農業人口もまた絶え間ない上昇をたどったので、工業資本家の市場は、自己の工場や鉱山の労働者たちにかぎられなかった。

人口と資源のそのような諸事情は、それだけではかならずしも巨大な私的財産の蓄積をもたらさない。そのためには、政治権力の協調が必要であった。ここ三世代の間に、それぞれの時代の大富豪たちが巧みに実行してきた法律上の、また、常識でもわかる不法行為の数々についての逸話をここで又売りする必要はないだろう。それはよく知られていることだから。必要な資料をもっていないので、このような行為が巨大な財産の蓄積に及ぼした影響を数字で示すことは不可能である。しかし、だいたいの事実は明白である。すなわち大富豪たちは、既存の法律を利用し、くぐり抜け、違反し、さらに、自己の直接の利益のために法律を制定させ、施行させたのである。

国家が私有財産権を保障し、株式会社の存在を法的に裏づけ、さらに、種々の法令や法解釈によって、また、法の施行の裏づけを怠ることによって、株式会社の組織をさらに精緻なものに仕上げた。それ故、大富豪たちは、株式会社という機構を利用して、多くの投機的行為のごまかしをなし、他人の金を用いて投機をしたのである。「トラスト」が法律上禁止されると、持株会社法によって、ある会社が他の会社の株式を所有する他の方法が合法化された。たちまち、「持株会社の結成とそれにたいする資金供給が、アメリカで合法的であるとみなされている方法のうちで、早く財産をつくりあげるもっとも容易な方法となった[2]。」のちに高額課税の時代がくると、必要経費控除と資本増価（キャピタル・ゲイン）を結びつけることによって、私的財産を会社財産に繰り入れずに蓄積する方法が促進された。

産業発展に関する多くの理論は、技術の発展の重要性を強調している。しかし、大富豪で発明家であるものなど、ほとんど数えるに足りないほど少数である。じっさい、大富豪の一員にのし上がった者は、将来の見透しをもった発明家でも産業の頭領（キャプテン・オブ・インダストリー）でもなく、金融の将軍である。シュンペーターの「疾風怒濤のような革新」という考え方の一つの誤りはここにある。すなわち、かれは、技術にもとづく利益と、金融上の操作とを、徹頭徹尾混同している。フレデリック・ルイス・アレンがかつて指摘したとおり、必要なものは、「専門的な知識ではなく、他人を説得するセールスマンの技術と、プラス数百万の金とある大銀行の投資部門を支配し、敏腕な会社お雇いの弁護士と株式業者を支配する才能とである。」(3)

大富豪の個人的財産の蓄積を理解するためには、次のようなことをも心にとめなければならない。すなわち、アメリカの私的企業の発達は、公共的領域からの露骨な贈与によって助成されたという事実である。州政府、地方自治体、連邦政府は、鉄道に無償で土地をあたえ、造船の費用を払い、重要郵便物の輸送を委託した。営利会社は、独立自営の小入植者よりも、はるかに多くの自由地があたえられた。石炭と鉄は、貸与した土地にたいして政府が所有する「鉱業権」から法律的に除外された。政府が、高率の関税を維持して私企業を助成し、また、アメリカの納税者たちが舗装道路網の費用を自己の労働のうちから負担しなかったならば、ヘンリー・フォードがいかに機敏であり節倹であったとしても、自動車産業によって巨万の富をなすことは不可能であったろう。

資本主義経済では、戦争が、富と権力を個人の手中に集める機会を提供してきた。しかし、第二次大戦の複雑な諸事情は、巨大な富と権力の個人的獲得をもたらし、それに比べるとこれまでの富と権力の獲得をまったくとるにたらないものにしてしまった。一九四〇年から四四年の間に、約一七五〇億ドルに相当する価格の軍需品供給契約——この国の生産手段を支配する鍵——が、私企業にあたえられた。そのうち三分の二強は一〇〇ばかりの大企業に、さらにいえば、その三分の一は、一〇の大企業にいった。これらの会社は、政府のための生産品の販売から多大の利益を引き出した。それらの会社は、原料と部分品の優先権と割当をあたえられ、また、そのうちのどれだけの数量をどの下請にどのように渡すかを決定した。それらは、自己の設備を、極度にめぐまれた年賦償還（一ヵ年二〇%償還）と税金上の特権のもとで拡大することを許された。通常のばあいは二〇年ないし三〇年はかかるのに、それらの会社は五年で投下資金の回収をなしえた。政府所有の施設の大半を運営し、戦後それらをもっとも有利な条件で「購入」する選択権を獲得したのも、まさにこれらの会社である。

一九三九年現在、アメリカに存在した全工業施設の建設費は四〇〇億ドルであった。一九四五年までに、二六〇億ドルの価格をもつ高性能の新工場と施設がこれに加えられた。その資金の三分の二は、政府資金から直接に支払われた。この二六〇億ドルのうち約二〇〇億ドルの価格のものは、民需品の生産に使用しうるものであった。既存の四〇〇億ドルにこの二〇〇億ドルを加えれば、戦後には六〇〇億ドルの生産設備が使用しうる状態にあった。一九三九年には、トップの二五〇社がその当時存在していた設備の約六五%を所有していた。これらの会社は、戦時中には、政府資金によって建設され民間会社に委託されたすべての新設備のうちの七九%を運営し、一九四四年九月には、その当時有効であったすべての軍需契約の七八％を受注していた。第二次大戦中に、小財産が大財産にふくらみ、多くの新たな財産がつくりだされたことはなんの不思議もない。

二

南北戦争の以前には、ほんとうに全国的規模をもった大富豪は、ほんの少数にすぎなかった（そのうちでは、アスターとヴァンダービルトが有名である）。一〇〇〇万ドルを超える大財産は二、三を数えるにすぎない。じっさい、一七九九年にジョージ・ワシントンが五三万ドルと評価された財産を残して死んだときには、かれはその時代の富豪の一人に数えられたのである。一八四〇年までに、ニューヨーク市とマサチューセッツ州全体で、百万長者は三九人しかいなかった。だいたいが「億万長者（ビリオネール）」という言葉は、一八四三年にはじめてつくりだされたのである。嗅（かぎ）タバコと銀行業と不動産で有名であったピーター・ロリラードがその年に死んだとき、新聞は、巨大な富を言い表わす新しい言葉を必要としたのである。

南北戦争後にいたると、これらの初期の財産家たちは由緒ある家柄の創始者と認められるようになり、かれらの古くからの財産にともなう社会的反映が、大都市上流社会内における地位を求める闘争に影響するようになった。また、かれらの財産は、しかるべき手続きを経てアメリカ経済の上層実業界の一部に組みこまれていった。しかし、全国的規模の巨大な財産がはじめて形成されたのは、南北戦争時代の経済的変化の期間において、また、アメリカのあらゆる戦争にかならずつきまとうかに見える極度の腐敗の中からであった。農業・商業資本主義は、そのとき以来、関税と一八六三年の全国銀行法（National Banking Act）と一八六八年の憲法修正第十四条（訳註13）——それは、のちに付け加えられた解釈によって会社形態への革命（コーポレート・レボルーション）的変化に法的祝福をあたえたものである——という法的枠組の中で、工業経済に転化した。政治的構造と経済的基盤におけるこの転化が進行しつつある間に、それまで取得されたいかなる富をもちっぽけなものにしてしまう巨大な単位の富を獲得した大富豪の第一世が現われた。富のピラミッドの頂点が高くなったばかりでなく、上流階層の底辺もまたあきらかに拡大された。ある調査があきらかにしているところでは、一八九二年には、すくなくとも四〇四六人の百万長者が存在していた。

不況と戦争の時代たる現代では、アメリカにはどれだけの数の大富豪があり、また、かれらはどの程度の固定性をもっているかについては、さらには、はたしてそのようなものが存在するか否かについても、種々の異なった説がある。しかし、十九世紀後半の時期については、一致した見解がある。大富豪が頭角をあらわしてきたのは、南北戦争と第一次大戦の期間であるということは、すべての歴史家がひとしく指摘することである。

一八九〇年代を成熟期とするこの世代を、大富豪の第一の世代と考えることができよう。第二の世代はほぼ一九二五年に、第三の世代は二十世紀の中央で成熟期にたっした。さらに、われわれは、教科書歴史家や逸話伝記作家の批判や追従の種子とされている六人か七人の有名な人物を研究するだけにとどまらない。われわれは、これらの三世代のおのおのについて、約九〇人の富豪たちをえらび出し、資料を集めた。結局、これら三世代の富豪たちのリストを検討して、すくなくとも三〇〇〇万ドルの財産を持つ二七五名のアメリカ人にまで広げて、アメリカの大富豪というものを検討したのである。(4)*

＊ 大富豪を選択するさいに用いた手続きについては、この註（4）を参照せよ。

大富豪の中には、貧困のうちに育ったものもあり、富豪の家に生まれた者もいる。豪華けんらんたる富の蓄積と富の力の行使の仕方を示した者もいれば、冷酷無残なしかたで富を手に入れ、生活においてはきわめてけちであった者もいる。一方ではバプティスト教徒の行商人の息子であり、また文字どおり多数の大富豪の子孫を残したジョン・D・ロックフェラーがいるかと思うと、他方では、祖父から三〇〇〇万ドルの財産を受けついだヘンリー・O・ヘイヴマイヤーや、子供のときから新聞の金融記事を読むように教育され、八二歳で死んだときには一億ドルの財産をのこしたヘンリエッタ・グリーンがいる。また、ジョージ・F・ベーカー二世のことも忘れてはならない。ハーヴァード大学を卒業しニューヨークのファースト・ナショナル銀行の頭取の地位を継承したかれは、毎朝自分の快速ヨットの船中で、朝湯を浴び、ひげをそり、着がえをしながらロング・アイランドから、ウォール街へ通った。また、一九二九年には、他の六名の銀行家とともに、相場の暴落を安定させようとして二五〇〇万ドルの資金を動員して、無駄な努力をはらったのであった。

大富豪はすべて過去の存在とはかぎらないし、また現在の大富豪はみなテキサスの出身であるわけではない。たしかに今日の十大富豪のうち五人はテキサスの出である。しかし、われわれがよく知っている一九五〇年の長者番付のトップ九〇名のうち、テキサス州出身者は一〇%にすぎない。

われわれは、通俗文学によって、大富豪の威厳に充ちた、あるいは馬鹿々々しいふるまい、かれらの家系——下層出身であるとか由緒ある家柄であるとか——や、快活あるいは陰気な、人嫌いなあるいは社交好きな生活スタイルについて多くの例をのぞき見ることができる。しかし、こういうものをのぞき知ったとて、いったいどんな意味があるのか、ある者は貧窮の中から身を立てて成功し、ある者は親譲りの大財産を持っていた。しかし、どれが典型的な事実であるのか。かれらの成功の秘訣はどこにあるのか。それを知るためには、社会史家や伝記作家たちが無数の逸話をつたえている各世代について六、七人の大君(タイクーン)たちを研究するだけでは不充分である。代表的なグループをとらえるためには、多数の人々を研究しなければならない。

われわれが資料を集めた二七五人の人々は、南北戦争以来のアメリカでもっとも富める人々であると、歴史家、伝記作家、ジャーナリストが一致して認めている人々である。その内訳は、一九〇〇年の番付トップ九〇人、一九二五年のトップ九五人、一九五〇年のトップ九〇人である。そのようなグループを検討することによってのみ、大富豪の出身と経歴如何という、一見簡単のようにみえて実は複雑な問題に、ある程度正確に答えることができるのである。

一九〇〇年のグループのトップは、数億ドルの財産を持ったジョン・D・ロックフェラーであり、一九二五年のトップは、ヘンリー・フォード一世である。一九五〇年には、H・L・ハントが「一億ないし二億の価格の財産」を持っていると言われている（しかし、この点についても、他の時期ほどはっきりしたことはわからない）。もう一人のテキサス生まれの男、ヒュー・ロイ・カレンの財産も、最近一億ドルの線にたっしたといわれている。これらの三名ないし四名の人々は、富豪中の富豪である。かれらが億万長者であることに関してだけは、財界人の伝記作家たちが異口同音に異議なく認めるところであろう。*

＊ もちろん、同一額の金の価値は、時期によって異なっている。しかし、われわれは、別段この事実を考慮してリストを修正することはしなかった。一九〇〇年における一五〇〇万ドルが、一九五〇年では三〇〇〇万ドルに当るか四〇〇〇万ドルに当るかなどは問題としていない。われわれは、これらの諸時期のおのおのにおける最大の富豪たちに関心がある。かれらが、他の時期に比べてどうだとか、一般の人々の収入や財産に比べてどうだとかいうことには関心はない。したがって、各世代の富は、ここでは、その世代が約六〇歳の成熟期にたっしたときのドルで表わされた価値で記載されている。

インフレーションという未知数があるので、たとえば次のような事実を解釈するばあいには、細心の注意がいる。すなわち、一九五〇年の世代においては、億万長者のハントをも含めて、約六人の人々が三億ドル以上の財産をもっていると推定される。これにたいして、一九〇〇年あるいは一九二五年の世代では、そのような人は三人以下である。この突出した部分からピラミッドの下の方へずっと降ると、富の規模別の分布は、三つの世代のいずれにおいても、どちらかといえば類似している。だいたい、約二〇％は一億ドル以上の部類に入り、残りは、ほぼ均等に、五〇〇〇万―九九〇〇万ドルの次元と、三〇〇〇万―四九〇〇万ドルの次元に分れている。

三

最近の三世代のいずれをとってみても、成上り者は大富豪のうちの少数を占めるにすぎない。

南北戦争以後のアメリカの歴史を通じて、小農民、商人、あるいはホワイト・カラー、賃金労働者を父とする大富豪の比率は、しだいに低下した。現代の大富豪のうち、わずか九%が下層階級の家庭――最低限必要な欲求と、ときとしてはわずかな慰安とをかろうじて供給しうる収入しかもたない家庭――の出である。

大富豪のうちで中流階級出身者が占める比率は、ずっとかなり安定した割合を示している。すなわち、一九〇〇年の世代では約二割、二五年では三割、五〇年では再び二割である。しかし、上流階級と下流階級の比率は、はっきりと逆転している。だいたい、あの十九世紀の世代――学識ある歴史家たちが数々の逸話を細かくあげて独立独行の神話を裏づけるこの世紀を論じているのだが――でさえ、上流階級出身の大富豪（三九%を占めている）の比率は、下流階級出身のそれとほぼ同じであった。しかし、その世代では、大富豪のうちの三九%は、たしかに下流階級の出身者であった。一九二五年の世代では、この比率は一二%に縮小し、一九五〇年には、すでに述べたように、九%に減少した。他方、上流階級出身者のそれは、一九二五年には五六%、五〇年には六八%にたっした。

上流階級の再生産は、財産を所有した真の上流階級の中から行なわれる。これが現実であり、趨勢である。富は自己維持の傾向をもつばかりでなく、「巨大な富」を獲得する新たな機会を独占する傾向をもつ。このことについてはこれから論じよう。現代の大富豪一〇人のうち七人までは、あきらかに上流階級の生まれであり、また、そのうちの二人は中流階級の出であり、これにたいして、下層階級の環境の中で育ったものは一人にすぎない。

大富豪のうちの「上層階級」とは、職業からいうと、大実業家である。アメリカの実業家階層は、大きいのも小さいのも合わせても、全労働人口の八％ないし九％以上になったことはない。しかし、この三世代の大富豪のうちでは、その父の代では約七割が都会の実業家であった。残りの三割のうち、一割は専門的職業従事者であり、一割は農民であり、また一割はホワイト・カラー、あるいは賃金労働者であった。この三世代を通じて、この割合はきわめて安定している。一九〇〇年の大富豪も一九五〇年の大富豪も、大半は実業家階層の出身である。またのちに述べるように、かれらの多くは、大富豪になったのちでも、いささか奇妙ではあるが、「企業家的」行動様式を活発にもちつづけていた。

大富豪のうち、約一〇％は外国生まれである。といっても、外国で育って大人になってから移民した者は六％にすぎないが。(5) 十九世紀末の世代――それは一九〇〇年には完全な成熟にたっしていた世代であるが――では、当然のことではあるが、一九五〇年の世代よりも、外国生まれの者が多い。一九〇〇年の大富豪の約一三％は外国生まれであった。これにたいして、当時外国生まれの者が全アメリカの成年男子人口において占める比率は約二四％であった。一九五〇年には、大富豪のうちで外国生まれの者が占める割合は、わずか二％であった（一九五〇年の全白人人口にたいして、外国生まれの者の占める割合は七％であった）。

いうまでもないことだが、大富豪の居住地は、これまでずっと東海岸であった。だいたい、通算すると、アメリカ生まれの富豪の約八割は、この地方で育ったという計算になる。東部出身者の数は、一九〇〇年（八〇％）でも、一九二五年（八二％）でもほぼひとしい。しかし、一九五〇年には、東部出身者の比率は——全人口における東部の占める割合と同じく——減少している（六八％）。これは、南西部の大富豪が出現したことの直接の結果である。南西部出身の大富豪は、一九〇〇年と二五年には大富豪の約一％を占めるにすぎなかったが、一九五〇年には、約一〇％を占めるにいたった。もっとも、シカゴ＝デトロイト＝クリーヴランド地区出身者の割合は、この三つの時期を通じてだいたい一定している。すなわち、一九〇〇年には一六％、一九五〇年には一九％であった。

大富豪の多くは、都会、ことに東部の大都会出身である。一九〇〇年においてすら、[6]全アメリカの人口の六五％強が農村地帯に住んでおり、幼少年期を農場で送った者の比率はもっと高かった。しかし、一九〇〇年の大富豪のうち、わずか二五％が農業地帯出身であった。また、一九二五年以後になると、大富豪の六割以上が大都会出身である。

大富豪は、こうして、アメリカ生まれであり、都会育ちであり、東部出身者である。上流階級の家庭の出身である。また、地方上流社会や大都市上流社会の新旧上流階級の人々がそうであるように、プロテスタントである。さらに、約半数は監督教会派(エピスコパーリアン)であり、四分の一は長老教会派(プレスビテリアン)である。[7]

このような事実から予期されるように、また、じっさいに証明されることであるが、大富豪の学歴は、一般人のそれよりも高い。一九〇〇年においてすら、かれらの三一%は大学卒であった。一九二五年には、五七%、一九五〇年には、六八%にたっした。この学歴の高さは、一般的には出身家庭の良さの結果である。すなわち、どの世代においても、上流階級出身者の学歴は、下流階級出身者のそれよりも高い。一九〇〇年においては、上流階級出身者の四六%が大学卒であるのにたいし、下流出身者ではわずか一七%である。しかし、ここで考察の対象とされている第三番目の世代――一九五〇年の大富豪――では、出身階級の相違にもとづく教育程度の差は減少している。すなわち上流階級出身者のばあいの七一%にたいして、中流あるいは下流階級出身の大富豪のうち六〇%は大学卒である。

大学卒の大富豪の約半数は、「アイヴィ・リーグ」の出身である。じっさい、約三分の一にたっする者は、ハーヴァードあるいはイェールの出身者であり、残りは、プリンストン、コロンビア、コーネル、ダートマス、ペンシルヴァニアなどの出身である。他の一〇%は東部の有名大学、すなわち、アムハースト、ブラウン、ラファイエット、ウィリアムズ、ボウドワンなどの出身であり、またさらに他の一〇%は、少数の著名な工科大学の出身者である。残りの三〇％は、アメリカ全土に散在するその他の大学の出身者である。アイヴィ・リーグ出身者の優勢は、いうまでもなく、大富豪の出身階層の良さの現われである。大富豪のうちで上流階級出身者の占める割合の増加につれて、アイヴィ・リーグ出身者の割合も増加している。大学卒の学歴をもつ富豪のうちで、一九〇〇年の世代の三七％、一九二五年の四七％、一九五〇年の六〇％が、その出身者である。

一九〇〇年にさかのぼると、大富豪のうち、わずか三九％が上流階級出身であったが、この上流階級出身者のうち八八％の人々は、五〇万ドルあるいはそれ以上——たいていのばあいは、それよりはるかに多くの金額であったが——の財産を親から譲り受けていたことが知られている。一九五〇年には、上流階級出身の大富豪の約九三％が親譲りの財産を持っていた。現在では、九〇万あるいは一〇〇万ドル以上の財産をそのままの形で子供に残すことは、相続税の関係で不可能である、とよくいわれている。単純に法律上の意味でならば、これはほんとうである。しかし、一九五〇年の大富豪のほとんどは一九二五年の大富豪とつづいている。じっさい、一九〇〇年と一九二五年の世代にみられる続き方よりも、この二つの世代の続き方のほうがよりはっきりしている。一九二五年の大富豪の五六％が上流階級の出身ではあるが、そのうち、一九〇〇年の大富豪と親戚関係にある者は三三％にすぎない。しかし、一九五〇年には、上流階級出身の大富豪は全体の六八％にたっし、六二％は、先行する世代の大富豪と親戚関係にある。

さらに、一九五〇年には、一九〇〇年あるいは一九二五年に比べて、自分の子供に地位あるいは権力を譲ることは、いろいろな点でより容易になっている。一九〇〇年あるいは一九二五年当時は、権力と地位の網の目は、まだ今日ほどには緻密に組織され、防禦されておらず、また、固定した一握りの人々に堅く根を下しているようなことがなかった。したがって、権力と地位の移譲は、個人の大財産の移譲を通じてのみゆるぎなく行ないえたのである。しかし、一九五〇年の大富豪の間では、のちに述べるように、アメリカの自由私企業の頂点を占める収奪の機構における戦略的地位を、子供に受け継がせる方法が、たくさん存在する。

四

アメリカの大富豪のうち怠惰な富者(アイドル・リッチ)は支配的な多数を占めてはいないし、また、今までもずっとそうではなかった。もちろん、富豪のうちでほとんど利子だけに依存している人々の割合は顕著に増大はしてきている。一九〇〇年には約一四%、一九二五年には約一七%、そして一九五〇年には二六%にたっした。時間の費やし方という点からみれば、今日、大富豪の約四分の一は有閑階級のメンバーであるといえよう。

しかし、大富豪をたんなるけちくさい利券切りとか、派手な遊び人と考えるならば、事実と相違する。たしかに、アメリカの大富豪のうちには、多忙な浪費者(ビジイ・スペンドスリフト)と並んで怠惰な(アイドル・)倹約家(マイザー)が存在する。しかし、アメリカの大富豪の歴史をたどると、倹約家はかならずしもたんなる利券切りではなかった。かれらは、受け取る利券の価値を増すためになんらかのしかたで「働く」のがつねであった。すくなくとも、自己のために他人を働かせながら、表面では自分が働いているように見せかけていた。[*] また、浪費者もたんなる浪費者ではなかった。一〇〇万ドルの賭金はしばしば二倍ないし三倍となってかれらの手もとに戻ってきた。かれらの浪費活動は、多くのばあい、金儲けを目標とした投機の領域でなされたのである。

* ヴェブレンの上流階級観の多くの部分は、上流階級は労働を恥じるということにおかれている。このかれらの労働にたいする嫌悪は、アメリカ人の生活――多くの上流階級の人々を含めたアメリカ人の生活の特徴であるピューリタン的労働倫理とぴったりしない。私の考えでは、その有閑階級論でヴェブレンが扱っているのは、上流階級だけであり、中産階級ではない。富裕なピューリタンの中産階級のことをいっているのではないことはたしかである。ヴェブレンは、大実業家たちがしていることを、「労働（ワーク）」と呼ぶのを嫌った。ましてや、生産的労働と呼ぶのを嫌った。まさに有閑階級という言葉は、かれにとっては、上流階級と同義語になった。しかし、勤労上流階級（ワーキング・アッパー・クラス）というものが存在したし、現在でもある。じっさい、上流階級は、非常に活動的な人々を含む階級である。ヴェブレンは、上流階級の労働（ワーク）を承認しなかったし、労働（ワーク）という言葉を上流階級の活動に使うことを拒絶した。というのは、労働という言葉は、かれの使っているいくつかの積極的用語の一つであったから。しかし、このことはここでは関係のないことである。その上に、ここでの分析にさいしてそのような使い方をするならば、社会的構成物としての上流階級の理解を曖昧にし、歪める。しかし、もし、ヴェブレンがこの単純な事実をはっきり認めたとしたら、かれの全視角と、かれの批評のおもな遺徳的基礎の一つが破壊されてしまっただろう

(あるいは、それをもっと巧みな論理を用いて飾らなければならなかったであろう)。

どちらかといえば形式的なものになるが、ある視点からみると、ヴェブレンは、非常に保守的なアメリカの批評家であった。かれは、単純明瞭な、アメリカ全土に広がっているいくつかの価値の一つを心の底から受け入れていた。すなわち、能率・功利・実用的単純さという価値を。アメリカ社会の諸制度と人物にたいするかれの批判は、例外なく、それらがこのアメリカ的価値を充分に実現していないというかれの信念から発していた。かれはソクラテス的人間であったと私は思うが、そうだとすれば、ちょうどソクラテスがかれなりのしかたでではあるが、しんからのアテネ市民であったと同様に、かれは、かれ独特のしかたでではあるが、しんからのアメリカ人であった。批評家としてのヴェブレンは、まさに、能率というアメリカ的価値を用いてアメリカの現実を批判しているゆえに、効果的であった。かれは、たんに、この価値を真面目に取り上げ、なにものを破壊してもかまわぬという勢いで首尾一貫した情熱をこめてそれを使用しただけなのである。十九世紀のアメリカの批評家としては、あるいは現代アメリカの批評家の間でも、かれのごとき視角は珍しい。ヘンリー・アダムスのごとく、サン・ミシェル山から見下したり、ヘンリー・ジェームスのように、イギリスから海を越えて眺めたり、というのが十九世紀の批評家であった。おそらく、ヴェブレンの出現とともに、アメリカの社会的批評の全性格が変った。十九世紀の最後の世代に属する人々は消えゆき、二十世紀の最初の世代の人々——ノルウェー移民の息子、ある中西部の大学で英文学を教えているニューヨーク出身のユダヤ人、ニューヨークに乗りこむために北部にやってきた南部出身者——が、たとえ一〇〇パーセントアメリカ的ではないにしても、純粋な批評家として地歩を築いたのであった。

一九〇〇年の怠惰な富者は、アスター二世あるいは三世、ヴァンダービルト二世などの連中であった。かれらは、親譲りの財産に寄りかかって、乗馬に興じ、ヨットを浮べて海辺で遊び、かれらの妻は、往々にして気違いじみた濫費的な社交遊戯に明け暮れていた。一九二五年までの間、大富豪のうちの利子生活者の数は一九〇〇年に比べてほとんど増加しなかった。しかも、利子生活者の大部分は婦人であった。かれらは、一九〇〇年の怠惰な富者たちと同じ程度に浪費的な生活を送っていた。しかし、一九二五年の怠惰な富者たちは、全アメリカにちらばっており、また以前ほど有名な存在ではなくなっていた。このころから新たな名士の世界が現われ始めていたのであるが。これらの富める婦人たちは、自己の社会的地位については充分に満足して、「社交界」のかわりに「芸術」にもっぱら関心をもち、あるいはその愛好者であると装った。じっさい、かれらの中には、社交的娯楽や個人的名声の獲得よりも慈善事業により多くの時間を費やす人々も何人かはいた。これは、ある程度はジョン・D・ロックフェラーの生真面目なピューリタン的信条の影響である。これらの人々の多くは、ロックフェラーの蓄積した財産の後継者であった。

一九五〇年の世代では、利子生活者の比率（すでに述べたように二六％）も、その中で婦人の占める比率（七〇％）もともに増加した。しかし、利子生活者は、どう見てもまとまった社会的タイプを形成しているようには見えない。ドリス・デュークとかバーバラ・ハットンのように、巧みに、また金を惜しみなく使って、若さを保つのに熱中している享楽型もいるし、アニタ・マコーミック・ブレーン夫人のように、社交的事柄にはほとんど口を出さずに、時間と金をもっぱら慈善事業と教育事業に注ぎこんでいる活動的な生き方も生活者の現代版もある。また、ヘッティ・シルヴィア・H・グリーン・ヴィルクスのような吝嗇な利券切りである。彼女は、子供のころ、夏を「門を閉じ、よろい戸を下した家で送り、七時半には就寝せねばならなかった。七時半をすぎると、家中の燈が消されてしまうからである。」(8)

アメリカの大富豪たちの歴史の大半は、家長たちの歴史である。どの時代でも大富豪のうち八〇%から九〇%は男性が占めている。世代を下るにしたがって、大財産の相続者たちが大富豪のうちで占める割合が増大していることは、別に富豪たちがますます「怠惰」になってきたことを意味するものではない。すでにみたごとく、一九五〇年の大富豪中の六二%は、先の世代の大富豪となんらかのつながりをもった家庭に生まれている。しかし、一九五〇年の富豪の中で、生活様式からいって「怠惰な富豪」と認められるものは、二六%にすぎない。親譲りの財産による大富豪の多くは、その財産を維持し、さらには増殖させるために活動しているのである。かれらの興味をもっともそそるゲームは、大金儲けというゲームである。

しかし、今日の大富豪の約二六%は利子生活者であり、多かれ少なかれ、経済的には怠惰な生活を送っている。また、その他の三九%は、自己の家族の所有あるいは統制下にある会社で高い地位を占めている。こうして、利子生活者と家族＝経営者が、現代の大富豪の六五%にたっする。残りの三五%は、大富豪の地位に出世した人々であるが、これはどのような人々であろうか。

五

大富豪の家に生まれた者さえ、その多くは怠惰に日を送ることをしなかったとすれば、中流ないし下流階級から身を起した者は、ましてや怠惰ではありえない。大富豪階層への上昇にみられる経済生活の経歴は、二つの基本的特徴をもっているようである。二つの特徴とは、大跳躍（ビッグ・ジャンプ）と、利点の蓄積（アキュムレーション・オブ・アドヴァンティジ）である。

I　私の知っているかぎりでは、自分のサラリーや賃金の余剰の節約だけで、大富豪の位に列するにいたった人は一人もいない。大富豪にのし上がろうとする者は、なんらかの道を通って、大金を自分の手中におさめるチャンスをもたらす戦略的地位を支配し、さらに、相当の額の金を動かし、それを次々にチャンスをとらえて投入してほんとうの大財産を獲得する必要がある。この大跳躍にそなえて、働き、営々として金を貯めることはたしかに必要である。しかし、どこかで、今までねらっていた大きなチャンスをとらえうる地位に立たなければならない。年間二〇万ドルや三〇万ドルの給料だけをもとにしていては、たとえ税金がかからず、また掘立小屋で守銭奴のような生活を送ったとしても、全アメリカ的規模の大財産を貯め上げることは、ちょっと計算してみただけで、不可能であることがわかるであろう。*

＊　二〇歳のときから五〇歳かそこらまで働き通し、一年に二〇万ドル貯めたとしても、五％の複利計算

で、一四〇〇万ドルにしかならない。これは、われわれがアメリカの大富豪の下限とした財産額の半分以下である。

ところが、もし、一九一三年に九九〇〇ドルの価格のゼネラル・モーターズの株を買い、自分の判断を働かせずに、それを眠らせておいたならば、つまり、配当その他の利益をゼネラル・モーターズの内部に積み立てておいたならば、一九五三年には、約七〇〇万ドルを手にするにいたったであろう。

また、ゼネラル・モーターズを選ぶという判断さえも働かせず、一九一三年に上場されていた四八〇の銘柄を総ざらい額面一万ドルずつ買い——投資総額は約一〇〇万ドルになる——、一九五三年までそのまま放置しておいただけでも、一九五三年には一〇〇〇万ドルの価格となり、その他に配当とか増資でさらに一〇〇〇万ドルを受け取ることとなったであろう。価値の増大は八九九％であり、配当所得は九九九％である。ひとたび一〇〇万ドルを持てば、たとえ眠っていても、有利な条件が次から次へと積み重なる。

II　ひとたびこの大跳躍をなし、大きなチャンスを通過すれば、上昇の途をたどるこの人には、有利な条件が次々に積み重なってゆく。ということは、持てる者にはいよいよあたえられる、ということである。すでに手に入れた相当の額を次々に投入して巨額の金にふとらせるためには、この利点の蓄積を利用しうる地位に立たなければならない。その人間がより大きな金を握り、より重要な経済的位置を占めれば占めるほど、より大なる儲けを獲得するチャンスが大きくなり、確実になる。その人間が、より大きな財産を持つほど、かれの信用——すなわち、他人の金を使用する機会——はいっそう増大し、したがって、より大きな金を貯めるために冒さなければならぬ危険はより少なくなる。じっさい、このように利点が蓄積されてゆくと、ついには、危険が危険でなくなり、政府の税収入と同じような確実なものとなってしまうのである。

最上層では利点が蓄積されるのと対応して、最下層では貧窮の悪循環が存在する。利点蓄積のサイクルは、客観的機会についてだけではなく、心理的状態についてもあてはまるからである。一方では、下層階級と下積みの地位とにつきまとう諸制約は、関心の欠如と自信の喪失を生み出し、他方では、階級と地位にともなう客観的機会の増大は、上昇への関心と自信とをもたらす。欲しささえすれば、手に入れることができるという自信は、そうすることを可能にする客観的機会から発生し、また逆に、フィード・バックしてそのような客観的機会の創出をたすける。精力的な願望は、つぎからつぎへと成功をもたらし、逆に、つまらない失敗の連続は、成功しようとする意志を断ち切ってしまうのである[9]。

先行する世代の大富豪と親類関係にある一九五〇年の大富豪のばあいには、その大半の者にとっては、大跳躍はすでになされており、利点の蓄積もまた着々と進行していた。また、一九〇〇年の大富豪のうち、上流階級の出身である三九％の者は、先代のなした大跳躍を受け継いでいた。さらにそのうちの少数の者――ヴァンダービルト一族やアスター一族が有名であるが――は、有利な条件の積み重ねをもたらす地位を受け継いでいた。J・P・モルガンの父は、かれに五〇〇万ドルの財産をのこし、また、かれを引立ててヨーロッパとアメリカの金融機関と密接な関係をもっている銀行の出資者としての地位につけた。

これがかれの大跳躍であった。しかし、利点の蓄積は、もっと後でやってきた。金融業者とブローカーとしての資格で、J・P・モルガンは、他人の金を使用して、新設の会社の株や社債の募集や、現存の会社の清算の援助に他人の金を使用することができ、その手数料として多数の株を受け取り、ついにはかれの商会がその新設会社を支配するにいたるのであった(10)。

アンドリュー・メロンは、百万長者であるかれの父の援助のもとで、ある木材会社で経験と儲けを得たのちに、父の銀行に入り、その銀行を全国的規模のものに発展させた。そして、銀行の金を、新たに設立されたばかりの諸企業に貸し付けることによって、利点の蓄積が始められた。とくに記しておかねばならないのは、一八八八年に、アルミニウムの精錬法の特許の所有者が、工場建設のために、二五万ドルと引替えにピッツバーグ精錬会社の株をメロン一族に売り渡した。アンドリューは、このアルミニウム会社が独占状態を維持するように策略し、メロン一族は、ついにはその会社の支配権を手中におさめたのであった。

私の知っているかぎりでは、会社の役職のヒエラルヒーを一歩一歩よじ登ることによって、全アメリカ的規模の大富豪に列した者はかつていない。「わが国のいくつかの大企業の最高幹部の中には」と、U・S・スチールの会長、ベンジャミン・F・フェアレスが一九五三年に述べている。「一生の間、工業経営の分野で働きながら、一〇〇万ドルの財産もつくれない者が多数いる。私は、じっさいにこれが事実であることをよく知っている。

というのは、私自身が、まさにこういう男の一人だから。[11]」大企業の幹部は百万長者にならないのが普通だ、という意味にとるならば、この述懐は正しくない。百万長者になるのが典型的なばあいである。しかし、工業経営の分野で「専門家」だからといって、かならずしも百万長者にはなれない、という意味でならほんとうである。大富豪になる典型的な道は、工業ではなく金融業を通じてであり、企業の経営ではなく企業の創立と投機を通じてである、という意味では正しい。大富豪に成り上がった者は経済界の政治家（エコノミック・ポリティシャン）であり、利点の蓄積から利益を引き出すチャンスをもたらすような地位を占めている重要な派閥（クリーク）に参与しえた人々であった。

大財産を獲得するにいたった者の中で、経歴の大半を会社の地位のヒエラルヒーの中で、あるいはその間で、一つの地位から他の地位へ着実に昇進するだけに費やして、大富豪に成り上がった者はきわめて少数である。そのようにして永い途をはい上がった者は、一九〇〇年の大富豪のわずか六％、一九五〇年の富豪の一四％にすぎない。しかし、企業内のヒエラルヒーを一歩一歩と登っていったように見える者でも、企業経営の才能のおかげで障害を乗り越えてその地位を獲得したのではない。かれらが持っていた才能は、多くのばあい、弁護士としての才能であり、しばしば、工業発明家としての才能であった。

長いはい上がりの経歴は、それが利点の蓄積をもたらすとき、はじめて意味がある。この変化は、多くのばあい、会社の合併の結果として生まれる。そのような合併は、比較的小規模の会社のばあいに行なわれるのが普通であり、また、たいていは婚姻関係によって補強される。自己の最大の競争相手であるラフリン・アンド・ランドを買収したデュポンのばあいがその例である。そのさい、ラフリン・アンド・ランドの副社長であったチャールス・コープランドは、デュポンの副会計部長となり、ルイザ・ダンベロー・デュポンと結婚した。

また、会社内の地位の連鎖を徐々に上昇している間に、内幕の情報を集積し友人関係を張りめぐらして、有価証券の発起や操作に投機するさいの危険を減少させ、あるいは危険をなくする。一九二五年の世代では、会社内の地位を一歩一歩上昇した者の割合が三世代のうちもっとも多いが、その原因はここにある。当時は、そのような利潤にたいして市場が開かれており、また、それ以後に比べて、投機を規制する諸規則がゆるやかであった。

ある程度の大きな金を持つにいたったのちに、その有金をチャンスにかけて、巨大な儲けを獲得するにいたる冒険のタイプはさまざまではあるが、とにかく、地位のはしごを一歩一歩はい上がっていった「官僚型」人間といえども、たいていは、その経歴のどこかで、「企業家型」才能を発揮している。その「企業家型」才能たるや、南北戦争後にみられたかの古典的な財産獲得者に匹敵するくらい、さかんなものである。じっさい、チャールス・W・ナッシュのばあいに示されているように、かれらの多くは、自分の会社を創設するために飛び出している。ある程度の地位まではい上がったのちに、これらの人々の多くが示した投機精神と、さらに、その豪壮な気性は、十九世紀末期の泥棒男爵（ラバー・バロン）たちの特徴とされているそれに匹敵するほどである。

大富豪たちのたどった経済生活における経歴は、単純に、「企業家型」ともいえないし、「官僚型」ともいえない。しかも、かれらのうちで、自己の一族の企業の経営にあたったもののばあいの経歴は、そのような親譲りの財産と地位をもたなかった者のばあいの「企業家型」の経歴と同じ面をもつし、また「官僚型」でもある。「企業家」とか「官僚」というのは、中流階級的発想をともなった中流階級の言葉であり、それを、アメリカ経済生活の上層部分にみられる経歴の屈折にまであてはめるのは無理である。

「企業家」という言葉は、誤解をもたらしやすい。小実業家についていわれたばあいと、全アメリカ的規模の巨大な財産を所有するにいたった人々についていわれるばあいとでは、その意味は同じではない。真面目な資本家が、ある一つの会社を創設し、ついで、この会社が注意深い経営によって、しだいに拡張の途をたどり、ついには全アメリカ的規模の大会社になる、——このような図は、経済の上層における財産の創出者たちの活動を不充分にしかとらえていない。

自分の金だけではなく、自分の経歴をもかけて事業にあたる——というのが、古典的なイメージに浮ぶ企業家の姿である。しかし、じっさいは、企業の創設者たちは、ひとたび大跳躍(ビッグ・ジャンプ)をすませてしまうと、かれを大財産の獲得にみちびいてくれる利点の蓄積を享受するようになるから、もはや重大な危険を冒す必要がなくなる。危険があるとしても、たいていは、だれか他人がそれを引き受ける。最近では、第二次大戦中や、ディクソン・イエーツ提案(訳註14)にみられるように、このだれか他人というのは、アメリカ政府である。中流階級の実業家のばあいには、五万ドルの負債でももつと、苦境に追いこまれる。しかし、ある人間が三〇〇万ドルの負債を背負いこむにいたったばあい、債権者たちは、それを償還させるためには、できることなら逆に金儲けの機会をかれにあたえるほうがましであると思う。

十九世紀末期の泥棒男爵たちは、たいていのばあい、会社を創設し、それを跳躍台にして富を積み重ね、大富豪に成り上がったのである。じっさい、一九〇〇年の大富豪の五五%は、自分の会社の創設を試みるという大跳躍をもって、巨大な富への第一歩を踏み出している。しかし、一九二五年には、一九五〇年においてもまた、大富豪のうち、そのような大跳躍を自らなした者は、二二%にすぎない。

これらの世代のいずれにおいても、一つの大企業の精力的後見だけによって、大富豪になったという者はきわめてまれである。利点蓄積のためには、自分の創設した会社を金融上の操作を通じて他の会社と合併し、ついには巨大な〝トラスト〟を形成することが必要である。そのような上級の企業家のばあい、成功をおさめるには株式の操作と法律上のすばやい足わざがもっとも重要である。かれらは、そのような操作と足わざによって、利点の蓄積をもたらすような地位を獲得したのである。

大富豪の経済生活についての事実のうちで、もっとも注意に値することは、利点の蓄積という事実である。すなわち、巨大な富の所有者は、同時に、その富からさらに大きな富を生みだすような多数の戦略的地位を占めている。今日のアメリカの大富豪の六五％は、かれらの一族から受け継いだ企業に関係をもったり、あるいは、そのように受け継いだ財産からの膨大な利息に依存して利子生活者としての生活を送っている。残りの三五％は、企業家と普通呼ばれている人々――後期資本主義では、企業界の経済政治家（エコノミック・ポリティシャン）と呼んだ方がより正確であろうが――よりも、より活発に――たとえ、勇敢さにおいては劣るとしても――高級な経済的ゲームをもてあそんでいる。

　金持になるにはいくつかの方法がある。しかし、二十世紀中葉のアメリカでは、長者番付のトップにのし上がるほど巨大な金をかせぎ出し、貯めることは、しだいに困難になってきている。財産をともなう結婚は、いつの世でもデリケートなものである。ことに、巨大な財産が関係するような結婚は、しばしば面倒をともない、ときとして不安定である。盗みというやつは、もしもすでに大金を自分でもっているばあいは話は別だが、危険な仕事である。賭けは、長い目でみると、結局は元金と儲けが釣合うだけである。インチキな賭けは、表からみると儲けだが、裏からみれば盗みである。小さな企業を巨大企業に育て上げて、全アメリカ的規模の巨大な財産を築き上げるという方法は、これまでにおいてもむしろ例外であった。地位のヒエラルヒーを一歩一歩はい上がり、頂点にたどりつくという方法も、けっして広くみられる方法ではなかった。頂点によじのぼることは難しく、多くの者は途中から顛落している。頂点に生まれることのほうがやさしく、またずっと安全である。

六

ずっと以前の世代では、大きなチャンスをとらえることが――しかもたいていは、他人の金をかけて――、成功の鍵であった。のちの世代では、祖父や父の獲得した地位にもとづく利点の蓄積が、大きなチャンスに代わって、鍵となった。最近百年間を通じて、この傾向をきわめてはっきりと認めることができる。すなわち、今日では、大富豪のわずか九%が下流階級の出身であり、中流階級出身者も二三%にすぎず、六八%は上流階級の出身である。

アメリカ経済における私企業形態の発展は、自然資源が豊富であり、急速な移民の流入がみられた一大陸を舞台とし、また個人の活動を尊重し、可能にするような法的・政治的構造の中で行なわれた。個人は活動し、利潤をめざしながら産業化と会社組織をおし進めて、歴史的使命をはたし、巨大な財産を自己の手中に獲得した。私企業のシステムの中で、かれらは大富豪に成り上がったのである。

大富豪たちは、その財産のもつ勢力を発揮し、それを保護する手段を身につけて行くうちに、二十世紀アメリカ経済の無数の企業の網の目の頂点の世界にまきこまれ、今や、それときり離しえない存在となっている。富の主要な単位は、財産ではなく、巨大な企業である。財産を所有する個人は、その企業に種々の形ではりついている。企業が財産の源泉であり、永続的な権力と財産の威信との基礎である。今日では、巨大な財産をもつ個人とか家族は、大会社と一体化している。かれらの財産はその大会社の中に存在している。
すでに述べたように、経済生活という点からみると、親譲りの巨大な財産の相続者にせよ、大財産を自分の手で築き上げた者にせよ、有閑人ないし教養人という怠惰な富裕階級にはならなかった。なかにはそのような人々もいくらかはいるにせよ、現代の大富豪の四分の三は、なんらかの程度で、またなんらかの形で、経済活動をつづけてきている。もちろん、かれらの経済活動は、企業の創設、経営、管理、投機などの会社組織の内部における活動である。

さらに、財産を持つ一族が会社形態の経済に参加するばあいには、仲介としてこの財産の管理人（マネージャー）が登場する。この管理人は、次の章で述べるように、かれら自身もある程度の財産を持ち、大富豪とまったくちがった経済的種族ではない。そういうわけで、財産階級の活動の中心は、巨大な財産を持つ家族たちだけから成り立っているのではなく、その他の勢力をも内に含んでいる。財産のシステムの中でもっとも主要な部分は富豪たちが占めてはいるが、そのシステムは、経営者を引き入れ、再編成することによって補強され、経営者階層によって補充されている。この補強と補充は、大会社の内部のみならず相互間でも行なわれる。こうして、経営者階層は、会社富豪（コーポレート・リッチ）の共通の利益のために精力的に活動するのである。

社会生活では、全アメリカ的規模の大財産の所有者たちは、いくつかの大都市上流社会でリーダーとしての地位を占めてきた。一九〇〇年の大富豪九〇人のうち、一八九二年のウォード・マッカリスターの名簿に載っている者はわずか九人にすぎない。しかし、われわれのつくった一九〇〇年のリストに載っている家族の約半数の子孫は、一九四〇年に、フィラデルフィア、ボストン、シカゴ、ニューヨークなどの社交界人名録に載っている。大富豪は、大都市上流社会の指導的メンバーである。かれらは、そこのクラブに加入し、かれらの大部分と、かれらの子孫のほとんどは、グロートンからハーヴァードへ、あるいは他のその程度の学校を卒業している。かつてフレデリック・ルイス・アレンが一九〇五年の指導的金融業者として選んだ一九〇〇年の一〇人の大富豪についてみると、大学に入学する年齢にたっしたその一五人の息子たちのうち、一二人はハーヴァードかイェール大学に入学し、他の三人は、それぞれアムハースト、ブラウン、コロンビア大学に入学している。(12)

大富豪は、簡単明瞭なヒエラルヒーの頂点にひとりで立って君臨しているのではない。かれらは、会社組織と国家のヒエラルヒーと、代理人たちによって補強されている。しかし、このことは、かれらが押しのけられてしまったことを意味しない。経済生活においても社会生活においても、大富豪は衰えてはいない。大恐慌とニュー・ディールを経た後では、大富豪たちは、熟練した法律専門家(政府の内外における)の助力を借りてやってゆかなければならなくなった。税金、政府の課すいろいろな規制、会社の再編成と合併、軍需契約やパブリック・リレーションなどの分野で、かれらの助力が不可欠のものとなった。

かれらはまた、考えられるかぎりのあらゆる保護色をまとって、本質的に無責任な性格のかれらの権力をカモフラージュしようとするようになった。大富豪は、無邪気で善い行ないをする田舎の少年のような存在であるというイメージをつくり出そうと試みたり、あるいは、「仕事をあたえ」る手腕をもちながら、しかも一般の人々になんら異なるところのない偉大な発明者、「産業政治家」であるというようなイメージをふりまいた。

変化したことは、大富豪がかつてほど――たとえば、暴露時代（マックレイカース・エイジ）(訳註15)の観察者たちにとってほど――あきらかな存在ではなくなったということである。じっさい、暴露時代の記録者たちは、アメリカ社会の頂点の実態をひろく一般に知らせた。そして、それ以後はそのようなものはみられない。体系だった情報が欠如しており、「人間的興味（ヒューマン・インタレスト）」をそそる末梢的事件への関心によって注意がそらされているために、われわれの間では、もはや大富豪などは問題ではないとか、あるいはさらには、もはや存在しない、というような考えが広まっている。しかし、大富豪は、今日でも存在している。かれらの権力、富、特権は、非人格的な組織の中につつみこまれ、かれらの多くは、この非人格的組織の中にいわばかくれてしまってはいるが。

第六章　会社最高幹部（チーフ・エクゼキュテイブ）

アメリカ経済を讃美するような人々についてみると、多くのばあい、かれらの主張は、大企業の最高幹部について奇妙な混乱した考え方にもとづいている。自由私企業のシステムの内部では、遠くすぎ去ったかつての資本主義の苛酷な環境の中で独力で立っていた「粗野な昔ふうの企業家」とはまったく異なった一群の会社幹部たちが勃興している、といわれる。これらの会社幹部たちは、頂点の地位にまでのぼり、たんに一つのグループだけではなく、いくつものグループの経済的利害の責任ある管理人、公平な審判者、熟達した仲介者となっている。かれらが代表するグループの中には、大企業の株を所有している何百万もの小財産所有者ばかりでなく、商品とサービスの膨大な流れから利益をうる賃金労働者や消費者もまた、含まれている。

台所にある冷蔵庫、ギャレージの中の自動車、そしてまた、アメリカ人を突然おそいくる危険から守っている飛行機や爆弾、こういったものすべてにたいして、これらの会社幹部は責任を負っている、と主張されている。かれらのすべては、あるいは、ほとんどすべては、社会のはしごの最下段からたたき上げた者である。農場育ちの少年から身を起し、今や大都市で立派に成功している人物であり、また、貧乏な移民から出世し、今や成功の夢を楽しんでいる者である。この会社最高幹部たちは、まさにアメリカを偉大な国にした知識と技術に精通し、能率的で、直行型で、正直であり、こういう人間にこそ国政をまかすべきである。なぜなら、こういう人間が責任をもてば、浪費も、汚職も、腐敗もありえないだろうから。要するに、汚れた政治は、清潔なビジネスに変わるだろう。……こういう主張がしばしば聞かれる。

しかしながら、いささか知識人ぶった連中の間では、会社幹部についてはむしろ不快の目でみられている。結局、会社幹部というものは、権力者である。新たな権力者といったほうがよい。しかし、かれらの権力の基礎はなにか。かれらは、会社財産の所有者ではないけれども、会社を運営している。かれらの利害と、会社財産の正当な所有者の利害がまったく別であるとするならば、かれらの利害とはどんな利害であろうか。この会社幹部は、一種の静かなる革命を、すなわち、上からの経営者革命を行ない、かれらの革命は、まさに財産の意味を変えたのではないだろうか。要するに、古い収奪者たちは、今や自分の雇った経営者たちによって収奪されたのではないだろうか。たしかに会社最高幹部は、多種多様な経済的利害を代表する受託人である。しかし、この託された権限を、かれらが公平かつ巧妙にはたすかどうかを監視するものはなにか。結局、互いに衝突する諸利害と相対立する勢力の責任ある受託者、公平な審判官、熟達したブローカーは、自由な有権者によって統制されている国家ではないだろうか。

会社幹部についてのこの好意的な見方も、辛い見方も、要するにまちがっているし、また両方とも混乱している。好意的な見方は、経済についての無知を表わしている子供のおしゃべりにすぎない。辛い見方は、多くのばあい、アメリカにおける私有財産の規模、組織、意味について、ごく少数の単純な事実からの即断にもとづいている。経済界の上層についての好意的な見方も辛い見方もともに、単純な一事実を往々にして見のがしている。すなわち、会社最高幹部と大富豪とは、はっきりと区別しうる二つのグループではないということである。この両者は、財産と特権からなる会社組織の世界の中で、非常に入りまじっており、どちらか一つを理解しようとするばあいにも、この会社組織の世界の上層部についてある程度の理解が必要である。

一

株式会社は私有財産システムの組織された中心である。会社最高幹部は、このシステムの組織者である。その経済的役割からみると、かれらは、会社革命（コーポレート・レボルーション）の産物であると同時に、それの推進者でもあった。この革命は、財産というものを、働く人間の道具から、かれの労働を統制し利潤を生み出す精巧な機構に変じたのである。もはや、小実業家は、アメリカの経済生活の中で重要な地位を占めてはいない。小生産者や小商人が、多くの経済部門ではなお存在してはいるけれども、かれらは、滅ぼされないためには、同業組合をつくるか、あるいは政府の保護立法——ちょうど大産業と大金融機関を優遇する株式会社法と対応する——にまたなければならない。(1)

アメリカ人たちは、自分たちは世界中でもっとも個人主義的な国民であると思いたがっている。しかし、そのかれらの間で、非人格的な会社組織がもっとも発達しており、今や、それは、日常生活のあらゆる領域のすみずみまで、入りこんでいる。今日では、アメリカの全製造業ならびに鉱業関係の会社数の〇・二％以下の少数の会社が、これらの基礎産業に働く人々の半数以上を雇用している。(2) 南北戦争以後のアメリカ経済の歴史は、この財産の集中をともなった会社組織の創造と強化の歴史である。

Ｉ　どの主要産業分野の発展をたどってみても、その産業分野の成立期には、多数の小企業間の競争がもっとも多くみられる。それが過ぎると、ペテンとかけ引きが横行し、その過程の中から吸収と合併が生ずる。青年期の競争が過ぎ去ると、ばあいに応じて異なるが、五大会社（ビッグ・ファイブ）あるいは三大会社（ビッグ・スリー）が出現する。すなわち、少数の会社がその産業部門の利潤をわかちあい、この産業部門にたいして、またその中で下される決定を支配する。「ごく少数の大会社が行使する権力と、ただ一つの独占会社が行使する権力とは、たんに程度の差であり、すみずみまで及ぶか否かという精密さの差にすぎない」と、ジョン・Ｋ・ガルブレイスは述べている。(3) この少数の大会社が互いに競争するばあい、その競争は価格には向けられず、「製品の進歩」とか、広告、包装などの点で行なわれる。それらの会社のうちどの一つも、単独では決定を下しえない。しかし、競争にもとづく自律的な市場が、非人格的に決定を下しているのでもない。このあてにならない方法の通用を許すには、あまりに多くの既得権益があるからである。決定は、公然にか、あるいは暗々裡にか、委員会による決定の形をとる。つまり、重要な決定には、三大会社あるいは四大会社が加わる。このばあい、共謀は公然たる形をとる必要はないし、またその共謀を証明することもできない。注意すべきことは、大会社が決定を下すばあいには、他の大会社がどういう反応を示すかという予想にもとづいて決定が行なわれるということである。

Ⅱ　会社組織が確立してゆくうちに、多くの所有企業家や、さらには雇われ経営者たちさえも、その視野があまりに狭くなってしまった。かれらは、自己の属する一会社の立場にとらわれすぎてしまっている。ある特定の一会社にたいしてそれほど個人的感情をもたぬ経営者たちが現われ、この自己の経験と利害にとらわれて視野の狭くなってしまった人々にとって代わる。上層部では、大会社を支配する地位に立つ人は、たんにその一大会社の首脳にとどまらず、その産業分野の代弁者となるために、自己の視野を広げなければならない。要するに、かれらは、一会社の政策と利益から、その産業分野全体の政策と利益に関わらなければならない。それだけではなく、かれらのうちの幾人かは、もう一歩進んで、その産業分野の利益という観点から、大企業全体という階級の利益と観点に立たなければならない。

一会社の立場からその産業分野へ、さらに産業分野から階級全体の立場へ、というこの

に生ずる。[9] 実業界と実業団体の上層部では、一種の緊張関係がずっと存在してきている。たとえば、実際的な保守主義者たちの「老兵」たちと、「実業界の自由主義者」、あるいは一筋ナワではいかぬ保守主義者たちとの間の緊張関係のように。[10] この老兵の代表しているものは、より狭い経済的利害の見解――かならずしも知的な見解とはいえないが――である。実業界の自由主義者たちが代表しているものは、より新しい財産階級全体の見解であり、利害である。かれらは、ニュー・ディールとか巨大労組などのような重要な政治的事実にたいして、より柔軟な適応のしかたを心得ている。かれらは、人々にもっとも人気のある自由主義的な言辞を自己の目的のために採用し役立ててきた。かれらは、だいたいにおいて、実際的な保守主義者のようにこれらの発展にたいして戦いを挑むようなことはせずに、これらの発展の波に乗ろう、あるいは、わずかに先んじようとさえ試みてきた。こういう次第で、かれらは「一筋ナワではゆかぬ」存在である。

V 要するに、会社組織の発展と、その相互連関の増大は、個々の財産の利害からはある程度の独立を保ったより敏腕な経営者エリートの勃興を意味する。その勢力は、財産によって支えられた勢力である。しかし、その財産というのは、かならずしも――というよりも、たいていのばあいは――、はっきりした、また狭いタイプのものではない。機能という点からみると、それは、階級的規模の財産といえよう。

アメリカでは、私有財産が讃美され、巨大な私有財産が集積され、しかも、最近五〇年間では巨大な私有財産にたいする世間の風当りは強い。また、経済的資産の所有者は、同時に世界で最上級の行政的・経営的能力の持主であると、くりかえしいわれている。このような国で、経営エリートたちが、かれらにたいする絶え間ない非難攻撃に応戦しながらその日その日をやっときり抜けてゆくにとどまらず、互いに団結するにいたるのは当然のことである。

Ⅵ　会社組織の世界の確立は、その内部における重役の兼任の緻密な網の目によって、補強される。「兼任重役（インターロッキング・ディレクトレイト）」とはたんなる肩書きの問題ではない。それは、実業生活の現実にはっきりとみられる特徴であり、財産階級の間に利害の共通、見解と政策の統一をつくりだす社会学的な根拠である。実業界のどの主要分野でもよいが、それを研究すれば、この事実にぶつかる。ビジネスが政治と関連するようなばあいには、ことにそうである。少なくとも、そのようなかさなりは、会社富豪の利益にあずかっている人々の間で、相互の見解を交換する非常に便利な、また、程度の差こそあるが、制度的な通路として役立つということはいえよう。じっさいには、そのような重役の兼職がないばあいには、おそらく接触の通路は、よりインフォーマルな形をとる。しかしそれにしても、重役たちの間の接触は充分に行なわれている。したがって重役の兼任の数字そのものは、会社組織の世界の統合の程度やその政策の調整の程度をはっきり示すものではない。重役の兼任がなくても政策の調整はありうるし、またじっさいにある。逆に、兼任が行なわれていても、政策は一向に調整されないばあいもある。[11]

Ⅶ　今日、資産総額三〇〇〇億ドル余りにたっする株式会社の大部分は、十九世紀に設立されたものである。株式会社の発達は、たんに機械工学によって可能になったのでなく、タイプライター・計算機・電話・迅速な印刷機などの事務用機械——こういうものは、今では原始的なものとなってしまったが——によって、そして、いうまでもないことだが、交通網の発達によって、可能になったのである。今や、電子工学を応用した通信と通信制御の技術の発達によって、集中化をいっそうおし進めることが可能となった。閉回線とテレビと電子計算機は、生産単位の膨大複雑な組合せを——この技術的単位そのものはいかに分散しようとも——、現場事務所にすわっている人間の統制下においた。企業の微細に専門化した機構を把握し、統制することは、必然的に以前より容易となっていくであろう。

会社組織の世界の内部では、今日よりはるかに集中化された複雑な経営機構と結びついて、財政的単位はより大きくなっていく傾向がみられる。生産性は巨大な上昇をたどってきたし、今後もなお上昇するであろう。ことに、オートメーションは、数種の機械を連動し、今日では人間による統制を必要としている生産箇所からその必要を除き、生産性を向上させるだろう。このことは、経営者たちは、巨大な人間の組織を管理することを必要としなくなり、それに代わって、『ビジネス・ウィーク』の言葉をかりれば、人をいよいよ必要としなくなる「巨大な機械の組織」を運営するようになるだろう、ということだ⑫。

これらすべてのことは、不可避的なことではなかった。また今後もそうであろう。たしかに、現代の企業の巨大な規模を、技術的能率の増加ということだけから説明することはできない。多くの専門家たちは、現在の巨大企業の規模が、能率という点からみると、すでに過大であるとみなしている。じっさい、能率と規模の関係についてはなにもわかっていない。そのうえに、現代の大規模企業の発達は、技術的能率によってよりも、金融界の圧力や経営者のかけ引きによる合併によっておし進められたと考えられるべきである。[*] 巨大化の傾向が不可避的なものであろうとそうでなかろうと、そのことはともあれ、今日では、アメリカの巨大会社は、たんなる私企業というよりは、一つの国家ぐらいにみえる。アメリカの経済の大半は会社組織の中に組みこまれている。その中で、会社幹部たちは、技術的革新をわが物にし、少額の分散した財産と現存する巨大な財産とをかき集め、未来に投資する。会社組織の財政的・政治的枠組の内部では、産業革命自体が、中央集権的に遂行されるのである。会社が原料を支配し、また、その原料を製品に転換する新しい方法のパテントを支配する。会社は、世界中でもっとも高い報酬を受け、したがって最高の能力をもっているはずの法律家たちを支配し、自己の防禦をかため、戦略をねる。会社は、人間をやとって生産者とし、この生産者が消費者として購入する製品を生産する。会社は、個人に衣服をあたえ、食物を供給し、個人の金を投資させる。会社は、戦争遂行のための武器を製造し、また、気違いじみた広告に金を出し、戦時とか非常時にはパブリック・リレーションという反啓蒙主義的なでたらめに、金をつかう。

＊「すくなくとも」と、連邦取引委員会のジョン・M・ブレアーは主張している、「単一の企業が多数の生産単位を所有し、統制することが能率を増進させるという考えが広く抱かれているが、このような考えを裏づける事実はまったくない。このような大企業によって得られる唯一の顕著な利点は、原料の購

入にさいしての利点である。しかし、これも、なんらかの技術上ないし経営上の能率にもとづくものではなく、むしろその購買力の強大さにもとづいていることはあきらかである。(13)」

会社は、この私有財産と収入の世界——半ば封建的な性格をおびたこの世界の諸利害を忠実に代表して、私的決定を下す。その私的決定が、国家の経済の規模と形態、雇用水準、消費者の購買力、広告に現われる販売価格、投資の額を決定する。「ウォール街の金融業者」とか銀行家ではなく、必要な資金を自分で調達しうる大会社の所有主や幹部たちが、経済的権力の鍵をにぎっている。はっきりと目にみえる政府の政治家たちではなく、自ら政治幹部会(ポリティカル・ディレクトレイト)の職にある会社最高幹部が、委任と実力を通じて、かれらの会社組織の世界の諸特権を防護する力と手段とをにぎっている。会社最高幹部は、アメリカの日常生活を全面的に支配するものではないにしても、その重要な点の多くを左右している。いかなる勢力も、かれらにたいして全面的に対抗し、成功をおさめることはできない。また、かれらは、会社の中からつくり出された人間であり、いかなる自己抑制の良心もかれらの中では育たない。*

＊ 経済学者ジョン・K・ガルブレイスは、対抗力のつくりだす新たな均衡に期待をかけており、法律学者A・A・バーリJrは、会社組織の良心の抑制力に期待をかけている。しかし、いずれの研究も、人を説得させる力をもっていない。これらの研究は、いずれも、大会社が獲得した権力にたいする抑制力の所在を示そうと試みている。すなわち、ガルブレイスは、外部からの抑制力を見出し、新型の均衡理論

ている。

を展開している。バーリは、内部からの抑制力に期待し、権力者の良心に期待する奇妙な見解を披瀝している。

I　新しい巨人たちの間で勢力をうると考えられる均衡には、多くの例外が指摘されなければならない。いくつかの産業は、原料供給源から最終的消費者にいたるまで、統合されている。また、ある産業、たとえば建築業では、個人業者は、強力な職能別組合と強力な材料業者とに締めつけられている。それらと均衡を保つどころではない。さらに、ガルブレイス自身が認めているように、インフレーションの時期には「対抗力」はその作用を停止する。というのは、そのばあいには、賃金引上げ要求にたいする企業の抵抗は弱まり、増大した費用を消費者に押しつけることが容易となり、その代わり、強力となった消費者の要求は、小売業者に圧力を加えてその要求を満足させるように仕向け、こうして、小売業者は、生産会社に対抗する力を発揮しえなくなる。このような時期には、諸大企業は互いに対抗関係に立つどころか、「公衆に対抗する連合関係」を形成する。巨大勢力の連合は、互いに対抗しあって消費者を利するよりも、むしろ、一団となって消費者を左右する。また、市場の力も、対抗力を「発生」させぬ。すなわち、鉄道のばあいは例外であるが、政府が一九三〇年代に組合を支援するまでは、強力な産業ではかえって強力な組合が発達しなかった。また、連鎖店(チェイン・ストア)も、自動車企業や石油企業に対抗して、発達しえなかった。連鎖店が発達したのは、食料品供給という比較的集中化の進んでいない分野であった。要するに、新たな均衡とガルブレイスはいうが、それはけっして自律的なものではない。権力は自動的にそれに対抗する力を「生む」ことはない。農業労働者やホワイト・カラー労働者のばあいを考えればすぐわかる。しかし、劣勢な単位は、反対勢力を組織すべきである、とガルブレイスは主張する。そうすれば、おそらく、政府の援助を得ることができるであろうし、政府は、あらゆる不均衡における劣勢な側を援助すべきである。こうして、強力な側も、劣勢な側も、対抗力を生み出していく。しかし、こうなると、この均衡の理論は、現在進行しつつある事実の理論というよりは、公的政策の方向にたいする提案、ある戦略的行動を求める道徳的提案である。そのうえに、この理論の中には、暗々裡に政府というものは均衡の中に含まれた一要因であるというより、むしろ、劣勢な市場勢力を支持する傾きをもつ審判者である、という考え方が潜んでいる。巨大な勢力の均衡という考え方は、いろいろな限定をつけ、例外を設けなければ現実と矛盾してくるのだが、限定や例外をつけると、「対抗力」の理論にともなっていた最初の勇ましい勢いは消え失せる。小企業家間の「競争」と同じく（対抗力という概念はそれにとって代わろうという意図をもっていたのだが）、巨大ブロック間の「対抗力」(14)は、事実の叙述というよりイデオロギー的希望であり、現実に即した思考というよりもドグマである。

Ⅱ　企業の良心に期待をかけるバーリの研究に関していえば、その説を発展させたと思われる人々について、この章の後の方で論じているところを参照されたい。貨幣経済では、便宜主義が遅かれ早かれ生じてくる。貨幣経済は、長期的利潤と安定した利益を求める。政治制度と結合し、軍事的購買力によって支えられている経済では、企業は政治的性格を強めざるをえない。いうまでもないことだが、現代では、企業は、経済的制度であると同程度に、政治的制度でもある。政治的制度としての企業は、全体主義的であり独裁的である。もっとも、外に向っては、企業は、自己を防衛するために、多量のパブリック・リレーション活動を行ない、自由主義的言辞をふりまく。要するに、バーリ氏は、便宜的なパブリック・リレーション活動を、「企業の魂」ととりちがえているのである。(15)

二

会社組織の世界の歴史は、せいぜい六〇年か九〇年くらいしかない。しかし、この短い間に、この世界は、一定のタイプの人間を選びだし、つくりだした。これらの人々は、この世界とともに勃興し、また、この世界の内部で出世した。それはどういう人たちか。われわれは、膨大な数にのぼる会社経営者や、会社幹部の平均的なタイプを問題にしているのではない。だいたい、会社経営者とか幹部一般という概念自体が意味があるかどうか、また、有用であるかどうか疑わしい。われわれが関心をもつのは、この会社組織の世界の最頂点の人々である。頂点という意味は、かれら自身がお互いに評価しあうばあいに用いている基準にしたがっている。すなわち、かれらが占めている地位にともなう権力の高さによってである。

最高幹部とは、売上高ならびに資本金からいってベスト一〇〇ぐらいの大会社の二つか三つの社の、指揮中枢（コマンド・ポスト）を占めているような人々である。どの年度でもよい、任意の年度を選んで、すべての産業分野からこのような主要会社を選び、その上層部の中から社長とか重役を抜き出せば、ここでいう最高幹部のリストができあがるだろう。前世紀の諸時期について、そのような会社幹部の注意深い研究が、六つ、七つある。[16]

大会社の最高幹部は、一般の人々とはっきりと異なった種類の人々であろうか、それとも、たんにアメリカ人の雑多な集まりであろうか。かれらは、バルザックのいう「一つの純粋な社会的タイプ」なのであろうか。あるいは、たまたま成功したアメリカ人の一横断面を示すものにすぎないのであろうか。大会社の最上層幹部は、たんにアメリカ人の雑多な集まりではなかったし、現在でもない。かれらは、きわめてはっきりした社会的タイプであり、その出身と受けてきた訓練は、一般の人々のそれとははるかに異なっている。また、かれらについて、多くのステレオタイプが流布されているが、その多くはじっさいとは違っている。

一九五〇年の会社幹部たちは、農村から出てきて都市で出世した人々ではない。かれらが生まれてきた年代と考えられる一八九〇年には、全人口の六〇％が農村地帯に住んでいたのにたいし、一九五〇年の会社幹部たちのうち農村出身者は三五％にすぎない。この傾向は、もっと以前の「在りしよかりし日」においてさえも、もっとはっきりとしている。すなわち一八七〇年においてさえも、一八二〇年の人口の九三％が農村居住者であるのにたいして、会社幹部のうち農村出身者は約半数にすぎない。

こういうぐあいに、会社幹部は、移民――貧窮な移民も富裕な移民も含めて――の出身ではなく、また、アメリカで成功した移民の子供でもない。一九五〇年の会社幹部の約半数のばあい、その家族は、独立以前にアメリカに定着している。この数字は、全人口のばあいの比率とそんなに違わないし、また、当然のことながら、一八七〇年の会社幹部のばあいの比率――その八六％が独立以前に定着した家族の出である――よりも減少している。しかし、南北戦争以後の会社幹部のばあいには、わずか八％が外国生まれであり、一九五〇年にはわずか六％である。この六％という数字は、かれらが生まれた年の全人口中で外国生まれの者が占める比率（一五％）の半分以下である。外国生まれの人々の息子の比率

――つまり二世の比率は、増加している。とくに、販売、大衆娯楽、マス・コミュニケーションなどの新興産業ではいちじるしく増加している。しかしなお、全人口の中で占める比率と比べると、それは低い。一九五〇年の会社幹部たちの四分の三は、アメリカ生まれであり、しかもアメリカ生まれの父をもつ人々である。

会社幹部の大部分はプロテスタントであり、さらに、全人口中の比率と比べると、バプティストやメソディストよりも、エピスコパーリアンとプレスビテリアンが多い。かれらの中でユダヤ人やカソリック教徒の占める割合は、全人口中のそれらの比率よりも少ない。

このような都会出身の、白人種で、プロテスタントのアメリカ人たちは、上流ないし中流の上の階級に属する家族の出である。かれらの父親の大部分は、企業家であった。すなわち、かれらの五七%は実業家の息子であり、一四%は専門的職業の父親をもち、一五%は農民の息子である。賃金労働者あるいは下級ホワイト・カラーの父親をもつ者はわずか一二%にすぎない。かれらが生れたころ――ほぼ一九〇〇年ごろ――には、アメリカの全労働人口のわずか八%が実業家であり、三%が専門的職業の人々であったことを考えると、この企業家出身者の比率は、会社幹部というグループが、他の社会層と隔絶した存在であることを強調するものである。一九〇〇年ごろには、全人口の二五%が「農民」――曖昧な言葉であるが――であり、また、ほとんど六〇%が、すなわち、会社幹部のばあいの比率の五倍が、賃金労働者あるいは俸給生活者であった。

さらに、農業出身者の減少という点は別にして、南北戦争以後の全期間を通じて、会社幹部の職業別出身は実質的にはほとんど一定している。どの時期をとってみても、会社幹部の六〇％以上――たいていのばあい七〇％近く――が、実業家あるいは専門的職業階層の出身であった。それにたいして、賃金労働者あるいは下級ホワイト・カラー水準からの出身者は、一〇％あるいは一二％以上には一度も上昇しなかった。じっさい、一九五〇年の会社幹部の父方の祖父についてみると、そのわずか八％が賃金労働者あるいは事務労働者であるにすぎない。これにたいして、全男子人口のばあいの労働者の比率は、五七％にたっする。この八％の人々の祖父のうち、その五四％は実業家あるいは専門的職業階層である。全男子人口のばあいには、この階層は九％以下にすぎない。また、その三三％は農民あるいは農場主である。この数字は、全男子人口のばあいの比率とほぼ同じである。

現在では、すくなくとも二世代の間、アメリカの大会社の最高幹部たちの家族は、全体としてみると、賃金労働に従事したことはなく、また、下層ホワイト・カラーの地位についたこともない人々から成っている。じっさい、かれらの家族の多くは、アメリカの地方上流社会で名声を獲得している人々である。そして、一九五二年に五〇歳以下であった最高幹部たち――つまりもっとも新しいグループ――のうち、賃金労働者の家庭出身者は、二・五％にすぎない(17)。

一八七〇年にさかのぼると、大学出身者は全成人人口の一ないし二％以下である。しかし、一八七〇年の会社幹部の約三分の一は大学卒である。今日の会社幹部のばあいには、それと年齢的に対応する四五歳から五〇歳までの白人人口の大学卒業者の比率（七％）に比べて、九倍の比率の者（六〇％）が大学卒である。さらに、かれらの約半数は、大学院の正式な教育を受けている。一五％の者が法律学、一五％が工学、ほぼ同じぐらいの比率の人々がその他の種々の課程を履修している。[18]

現在においても過去においても、典型的な会社幹部は、出生のときから大きな有利な条件に恵まれている。かれらは、少なくとも上流中産階級の水準の職業と収入をもった父親をもち、プロテスタントであり、白人種であり、アメリカ生まれである。出生にともなうこれらの諸条件は、自動的に第二の有利な条件をもたらす。すなわち、正式の大学教育さらには大学院教育という点からみて高い教育程度をもっている。かれらのうちのどのグループをとってみても、かれらの中でもっとも高い出身家庭の者は、正式の教育を受けるチャンスをもっとも多くもっている。この簡単な事実が示すように、出身家庭の富裕さが、高い教育程度という有利な条件をもたらす鍵である。

会社幹部のサラリーの額は、各産業分野でいささか異なっている。しかし、一九五〇年の上位九〇〇人の会社幹部たちのサラリーは、平均年額七万ドルであった。かれらのうちの最高幹部のばあいには、約一〇万ドルであった。[19]しかし、かれらの収入源は、サラリーだけではないのが普通である。ほとんどあらゆる会社幹部の書類鞄の中には、自分の所有する有価証券の一覧表がおさまっており、その表の余白には、たえずさらに多くの株券の名が記入される。会社組織の世界には、安全な碇泊点がたくさんあるが、*もっとも保障された地位は、巨大な会社財産の所有主という地位である。しかし、大会社では、自分の所有ではない他人の財産を運営する会社幹部の地位は、自分の財産を危険に陥れることなくうまくやっていけることを意味する。利潤が大いに上がっているときには、かれらは高いサラリーと、ボーナスを受け取る。会社がそんなにうまくいっていないときには、ボーナスは下るけれども、サラリーは大ていのばあい、前と変りなく高額である。今日の多数の会社幹部たちは、サラリーの他に、株券あるいは現金の形で、しばしば一年以上にわたる分割払いの形で、ボーナスを受け取っている。[20] 一九五二年において、最上位の収入を得た会社幹部たちは、次のような人々である。クロウフォード・グリーンウォルト――は、E・I・デュポン・ド・ヌムール社の社長であり、一五万三二九〇ドルのサラリーと、三五万ドルのボーナスを受け取った。ハーロウ・カーティス――かれはゼネラル・モーターズ社の四人の副社長の一人であり、一五万一千ドルをサラリーで、三七万ドルをボーナスで受け取っている。ユージン・G・グレースは、ベスレヘム・スチール社の社長であり、一五万ドルのサラリーと三〇万六六五二ドルのボーナスを受け取った。チャールス・E・ウィルソンは、アメリカ工業で最高の報酬を得ている会社幹部である。かれのサラリーの額と、株所有高は、世間に広く知られている。かれは、二〇万一千ドルのサラリーと、三八万ドルのボーナスを受け取り、その他に、いくらになるかわからない配当金収入がある。

* 第七章「会社富豪（コーポレート・リッチ）」を見よ。

この会社幹部たちは、「有閑階級」ではないが、高級娯楽を楽しむ人々である。大ていの最高幹部たちは、五〇歳あるいは六〇歳までに、田舎に、ただし「かれらの都市」からあまり遠くないところに、豪荘な邸宅を構えている。これと別に町の中にも邸を構えるかどうかは、その都市によってちがう。ロサンジェルスに比べて、ボストンやニューヨークではそういう例が多い。今やかれらは、サラリーと、総計するとそれに匹敵しあるいはそれを上回る配当金とを合わせた膨大な収入を得ている。というわけで、かれらは、いろいろな趣味にこり始める。多くの者は適当な広さの農園を手に入れ、珍しい家畜を飼う。デトロイトとワシントンで活躍しているウィルソンは、ミシガンに農場を持ち、そこでエーアシャー産の牛を飼い、またルイジアナの農場では新種をつくり出す実験を計画している(21)。サイラス・イートンは、短い角の牛を所有している。アイゼンハワー氏は、かれらしい小ぢんまりした流儀で、アバディーン・アンガス種を手本にした品種をつくっている。全長六五フィート以上、重量一五トン以上のボートを所有している人々は二〇〇〇〜三〇〇〇人いるが、その中には会社幹部たちがたくさんいる。また、かれらは、猟犬を連れて狩に出かけ、さらに、ジョージ・ハンフレイのように狩に出かけるときには真赤な上衣を着たりする。多くの最高幹部たちの余暇時間は、田舎で過され、狩に多く費やされる。ある者は自分の飛行機でカナダの森林地帯に飛び、また他の者は、マイアミやホブ海岸に専用の小屋を持っている。

アメリカの会社幹部たちは、「経営（マネージメント）」に関する本やミステリーをのぞいてはあまり本を読まない。「最高幹部たちの大部分は、戯曲とか、大文学作品、哲学書、詩などをほとんど読まない。こういう領域にあえて手を出す人々は、同僚たちから畏敬と不信のまじった目でみられ、経営者タイプの人々の笑い草にされる」[22]。会社幹部たちの交際範囲は、芸術とか文学を愛好する人々の一団とほとんどなんのかかわりもない。かれらの中には、一頁以上の長さの報告書とか手紙を読むのを嫌う人々すらいる。文章にたいする嫌悪は、特殊な例ではなくむしろ一般的にみられることである。かれらは、自分が演説するばあいは別として――もちろん、かれ自身そんなことをする時間をもっていないが――長い演説にたいしては疑いの目を向ける。かれらは、まさに、「簡約化」の時代、ダイジェストと二行のメモの時代を表わしている。かれらは、他人に読ませ、摘要と要約を聞き取る。かれらは、読者とか筆者であるよりは、話し手であり聞き手である。かれらの知識の多くは、会議とか他の分野の友人からひろいあげられる。

三

会社幹部たちのたどる外面的経歴の青写真を作成してみるならば、いくつかのタイプ――あるタイプはきわめてはっきりしており、他のものはそれほどでもないという程度の差はあるが――を見出すことができる。すなわち、

I　企業家タイプ。かれらは、「企業家」の定義どおり、自己の資金で、あるいは他人の資金で、企業を創設し、企業が大きくなるにつれて、かれら自身が経営者としての面を身につけてゆく。このタイプは、他のタイプの経営者よりも教育程度が低く、その多くの

者は少年期から働き、また多くの会社を転々としている。スザンヌ・I・ケラー嬢の注意深い計算によると、一九五〇年の上位会社の幹部たちの総計六%はそのような道をたどって頂点の地位にたっした。

Ⅱ　経営者たちのある人々は、かれらの父や親族が所有している会社に入り、しかるのちその地位を継いでいる。これらの人々は、他のタイプの人々に比べて、割合に遅く働き始め、また、多くのばあいは、その会社で働いた経験しかもたない。その会社で、かれらは最頂点の地位に到達する。しかし、支配的な重要なポストに到達するまでに、その会社の中で、かなりの期間働いているばあいが多い。一九五〇年の会社幹部のうち、ほぼ一一%はそのような家族経営者(ファミリー・マネージャー)である。

Ⅲ　他の一三%の人々は、実業界でスタートしたのではなく、専門的職業で、とくに弁護士としてスタートしている。かれらは、自己の専門的職業における活動を足場にして、普通のばあいにはそこで成功を得たのちに、会社社長や重役会の会長におさまっていく。ウィリアム・ミラーが指摘したように、経済における会社組織化が進行するにつれて、企業は、一方では、官庁内部の法律専門家たちと接触し、他方では、「会社の日日下さなければならない細かい政策決定をするさいにも、法律的助言を個人弁護士に仰ぐ必要がますます増大してきた」ことを感じたのである。ミラーの指摘をかりると、「じっさい、そのような助言にたいする必要が非常に大きくなったので、一九〇〇年以後の大都市に住む弁護士たちの中で、もっとも高収入を得ている連中は一人のこらず、従来からの法廷弁護の仕事をへらし、会社を顧客とする法律相談をそのおもな仕事としている。また、多くの弁護士たちは、会社側の誘いの手に乗って、専属顧問となり、さらには正規の会社幹部の地位にさえおさまっている。[23]」今日では、その会社が成功するか否かは、その税金の負担を最小限に軽減し、合併による投機的計画のチャンスを最大限に大きくし、政府の諸統制機関を操り、連邦議会や州議会に影響力を行使する、といったような術策にかかっている割合が大きい。したがって、弁護士は、大企業で枢要な地位を占める人間になりつつある。

Ⅳ　これら三つの経歴のタイプ——すなわち、企業家的タイプ、家族経営者タイプ、専門的職業出身のタイプ——は、一九五〇年の上位経営者たちの約三分の一がたどってきたコースである。残りの六八％の人々のたどってきた外面的経歴は、一連の移動である。かれらは、会社組織の世界のさまざまな層やグループの内部を、またそれら相互の間を、移動してきたのである。

二世代ほど前には、会社幹部の三六％が企業家タイプであった（それに比べて今日ではわずか六％である）。三二％が家族経営者であった（今日では一一％）。その当時でも、専門的職業出身者は、今日（一三％）と同程度の割合を占めていた（一四％）。これにたいして、会社組織のヒエラルヒーの内部や相互間を移動してきた経歴タイプは、一八七〇年の一八％から一九五〇年の六八％と、着実かつ迅速に増大し、会社幹部の経歴の大半を占めるようになった。

一九五〇年の上位九〇〇〇人の会社幹部たちの経歴——それは、今までに試みられた現代の会社幹部の経歴の研究としては、最大の数である——を検討するならば、次のようなことが見出される。すなわち、かれらの大部分は、大会社で仕事のスタートをし、また、かれらの約三分の一は、現在かれらが社長の座を占めているその会社以外の他の会社で働いた経験をまったくもっていない。大多数の者は一つか二つの他の会社で働いた経験をもち、さらに二〇％以上の者が、三つないし四つの他の会社で働いた経験をもっている。ここからうかがえるように、かれらの地位の上昇のコースは、一会社の境界を超えて、ある程度の交叉を示しているのが普通である。といっても、かれらが現在いる会社に入社した平均年齢は、約二九歳である。

かれらの出身と教育程度から予想されることであるが、かれらの約三分の一の者は、かれらの今いる会社で、最初から会社幹部としての地位を占めている。これにたいして、三分の一をはるかに上回る人々——実に四四％の者——は、いろいろな「部課」の長としての地位を最初から占めていた。すなわち、書記や労働者からスタートしている者は、残りの約二四％にすぎない。しかし、この数字を解釈するにあたっては、注意を必要とする。低い地位の仕事は、それ自体では、何も意味しない。ことに、これらの会社幹部たちの出身と高い教育程度とを考慮にいれるならば、なおさらである。「実務を習得する」ためにしばらくの期間だけ書記の仕事や、現場労働——このほうがはるかによいことであるが——につくことは、いくつかの家族や会社では往々にして一種の儀式になっている。いずれにせよ、現在最上位の幹部になっている人々のばあいには、最初から幹部として出発している人が多く、これにたいして、若い人々のばあいには、より専門化した部門での仕事からスタートしている者が多い。例をあげれば、五〇歳以下の会社幹部たちの三分の一以上は、幹部としての仕事につく直前に、「販売」部門の中の地位についていた(24)。

以上が、会社幹部たちの経歴の外面的事実である。しかし、外面的事実をいくら積み重ねても、それは内面的事実ではない。ビューロクラシー内の地位を一歩一歩たどった経歴もあるし、企業家として一挙に発展した経歴もある。しかし、このほかに、八百長(フィクサー)の取引きで活躍した者や、会社を創設して大当りをした者もいるし、派閥のかけ引きなどもある。企業家とか官僚(ビューロクラット)とかいう言葉は、巨大な財産の蓄積や、会社組織の最上層の人々の経歴の現実を伝えることを充分にはなしえない。大富豪について述べたときに指摘したように、このような言葉は、中産階級の言葉であり、中産階級的視野の限界をもっている。「企業家」という言葉は、生活のあらゆる危険をわが身に背負い、厳粛に会社を設立し、それを大会社にまで注意深く育てあげる一人の人間というイメージを想い起させる。しかし、一九五〇年では、会社組織の中のエリートたちの「企業家的」活動は、財政的取引きを成立させ、こうして、一組の書類綴りを他の書類綴りと合体させることにある、といった方がはるかに正確である。今日の会社最高幹部は、新たな組織を樹立することよりも、すでに樹立されている組織を運営していくことにある。ロバート・A・ゴードンが指摘したように、かれらは、創意に充ち、絶え間なく活動する精力的な個人というよりは、いろいろな決定を調整する熟達した調停者であり、「部下から絶え間なく上申されてくる政策決定を承認する役であり、かれらが自らなにかを発議することはいよいよ少なくなってきている[(25)]」。

会社幹部についてなされた諸研究では、そのような経歴は「官僚的」経歴と名づけられているのが普通である。しかし、厳密にいえば、これは正確ではない。官僚的経歴とは、より正しく定義すれば、たんに、職位（オフィス）のヒエラルヒーを一つのレヴェルから他のレヴェルへとよじ登ることだけを意味するのではない。そのより重要な特徴は、あらゆる職位にたいして、厳密な、しかし一方的な任用資格の決定にある。かかる任用資格には、それぞれはっきり定められた正規の学歴や訓練と資格試験とが含まれる。また、官僚的経歴は、ボーナスとか株の購入権とか、膨大な年金とか保障制度などによって、企業にたいする所有権を手に入れ、企業の蓄積された財産の一部を自己の懐に入れることがまったくなく、もっぱら地位とサラリーの上昇を目ざして働くということを意味する。*

＊ 官僚的経歴について、より詳しくは、第十一章「均衡理論」を参照のこと。

「企業家」という言葉を、今日の大富豪の経歴を指して用いるならば、誤解を生ぜしめやすい。それとちょうど同じく、「官僚的」という言葉を、上層の会社幹部たちの経歴に適用することは、誤解を生ぜしめる。最上層の会社幹部たちのたどった昇進の経歴も、大富豪たちの財産の蓄積活動も、その上層の方では、ともに、会社組織内部の諸々の派閥が織り出す「政治的」世界の中で、相互に入り乱れているのである。諸々の私企業のヒエラルヒーの内部での、またその相互間での昇進は、上役――組織上の上役もあるし、金融取引上の上役もある――のひいきとみこみにもとづいている。ここには、任用資格とか先任権（シニオリティ）というような厳密でインパーソナルな、すべての関係者に周知徹底された規則といったものはなにもない。

会社組織の世界の上層のレヴェルで人々のたどる経歴は、「官僚的」タイプでも「企業家」タイプでもない。それは種々のタイプの複合であり、投機業者、大財産の所有者、金儲けの機会をあたえる職についている会社幹部などが混在している。会社の所有主といえども、ウィリアム・H・ヴァンダービルトが一八八二年にいったように「一般大衆のことなぞ俺の知ったことか！」などとは、もはや単独ではいうことはできない。職業的な会社幹部もまた、単独ではそのような放言をする力をもたない。かれらは、会社組織の中で派閥としてより集まって、初めて自分たちの欲することを発言することができる。しかし今日では、かれらはパブリック・リレーションズの技術を習得しているので、そのような放言をしないのが普通である。しかもかれらは、そんなことをあえていう必要を感じていない。

四

もちろん、会社組織のヒエラルヒーには種々のタイプがある。しかし、会社組織の世界の一つの一般的特徴は、きわめて広汎に存在しているようである。すなわち、会社組織のヒエラルヒーの頂点には、ナンバー・ワン階層が存在する。そのメンバーは、個人として、また、次第に委員会として、ナンバー・ツー階層に助言をあたえ、その相談にのり、そこからの報告を受理する。このナンバー・ツー階層は、実際に業務の運営にあたる経営者たちである。

大富豪と最高幹部は、このナンバー・ワン階層に属する。ナンバー・ツー階層に属する人々は、一つの工場とか部課の責任者である。かれらは、実際に作業を遂行しているヒエラルヒーと、指揮をする頂点との中間に位置し、頂点にたいして責任を負っている。かれらが最高幹部にたいして毎日あるいは毎年提出する報告書では、一つの簡単な問題がつねに中心を占めている。すなわち、「儲かったかどうか」「儲けたとすれば、いくら儲けたか」「儲からぬばあいには、なぜ儲からなかったか」。

最高幹部が個人で決定を下すやり方は、次第に、委員会で考え抜いたすえ決定を下すやり方に置き換えられている。この委員会は、下からあげられてきたいろいろな提案に、判定を下すのである。例をあげれば、チューブレス・タイヤを採用するかどうかをきめるばあいに、すでに技術者とセールスマンが数カ月にわたってその問題を討議した後に、最高幹部は営業会議にお出ましになるのである。最高幹部の仕事は、提案することではないし、また決定することでもなく、決断（The Judgement）することである。最上層で下すこの決断は、主として、より多くの金を手に入れるための金の使い方と、人の働かせ方にかかわっている。大企業の「運営」とは、要するに、人を使って物をつくり、経費以上の価格でそれを売りつけることにある。最近、インターナショナル・ハーヴェスター社の最高幹部ジョン・L・マッカフレイはこういっている、「会社社長というものは、金融とか訴訟事件、販売、生産、技術、会計などの問題について永くは自ら思いをめぐらす必要はない。社長が、そのような問題を取り上げるときには、自己の配下にある全組織のエネルギーと、訓練された判断力と、過去の経験とをそれらにあたらせる」。さらにかれはつづけてこういっている、最高幹部が日夜考えることは、「産業の最大の問題は、産業が人間の集まりであるということ」である、と。

中間のレヴェルに属する人々は、おもに、専門家である。この最高幹部はさらにつづけて次のようにいっている。「われわれは一日中机の前にすわっている。われわれの周囲では、膨大な数の専門化した活動が渦巻いている。そのうちのいくつかの活動は、われわれにはよくわからないくらいである。これらの活動の一つ一つには、それぞれ専門家がついている。たしかに、かれらはみな必要な存在であり、しばしば役に立っている。専門化がこのように進んでいるので、社長の最大の任務は、問題が起ったときには、その問題と取り組む専門家のチームをうまく編成しうるように、これらの専門家たちを理解することにある。……これらの専門家たちの関心を維持し、かれらを最大限に利用するにはどうしたらよいか。かれらは、あまりに専門化しすぎているために、昇進させるのが困難である。一方では、会社は、その複雑な業務を遂行するためには、この専門家たちの技術を絶対に必要とする。他方では、会社幹部は、将来のトップ・マネージメントをどこからか補充しなければならない。経営の士気を保とうと思うなら、この『どこか』というのは、おもにその会社内部でなければならない。……われわれは複雑な世界に生きている。この世界では、精神的・道徳的問題の方が、経済的・技術的問題よりも重大である。現在の経済体制が存続するためには、この二つの種類の問題をともに扱いうるごとき人間によって、この体制の諸地位が占められていなければならぬ。[26]」

より「官僚的」なタイプの経営者や技術家が活動しているのは、最上層のレヴェルではなく、その下のレヴェルであり、経営のヒエラルヒーが専門化し、産業分野と経営方式の差異に応じてさまざまな変化を示すレヴェルにおいてである。しかも、責任を負っているレヴェルは、最上層のレヴェルではなく、ナンバー・ツー階層の人々である。ナンバー・ワン階層の人々は、責任をとらされるにはあまりに偉すぎ、また自ら責任をとろうとしても、下にあまりに多くの人々が存在しているのでできない。さらに、最上層の人々が自ら責任をとってしまったら、部下を叱責する地位に立つ人がなくなってしまうではないか。この関係は、軍隊で発明された「指揮官」と「参謀」の区別に似ている点がある。最高幹部は参謀であり、ナンバー・ツー階層は指揮官であり、作戦に責任をもっている。賢明な将校ならよく知っているように、参謀になれば、責任をとることなく決定を下すことができる。

中間のレヴェルでは、専門化が要求される。しかし第一線の専門家は昇進せず、「視野の広い」人が昇進する。これはどういう意味か。それは、一つには、専門家は、人々が利潤を求めて血眼になっているレヴェルの下にいるということを意味する。「視野の広い人間」とは、どの業務を担当しているかとは無関係であり、短期的にも長期的にも、会社全体の利潤を最大限に増大させる方法をはっきりと見透すことのできる人間である。最高地位に昇進する人は、その「専門」が企業の目的——すなわち、利潤の最大限の増大——に一致する視野の広い人間である。この目的を実現していると判断されれば、企業の世界で昇進するのである。金銭上の利害得失が、企業の下す決定の主要要因であり、また、一般的にいって、上層幹部になるほど、その企業の財政上の側面に、より多くの注意を向けるようになる。[27]

さらに、企業の最高幹部になるほど、大富豪の間の人的つながりとか政治的影響力が、企業内での経歴にとっていっそう重要となってくる。この事実と、また、現在盛んに行なわれている外部からの重役の採用にさいしての、どのような点が考慮されるかという問題とを、明瞭に示している例を示そう。一九四五年に、ジョージ・C・マーシャル元帥を重役会のメンバーに加えようというゼネラル・モーターズのある幹部からの提案に応えて、ラモー・デュポン氏が書いた手紙の中で、デュポン氏はこの提案を次のように論じている。「かれを重役会に加えたくない理由は、次のとおりである。第一に、かれの年齢（マーシャル元帥は当時六五歳であった）。第二に、かれは株を所有していない。第三に、かれは、産業会社の業務の経験をもっていない」。ゼネラル・モーターズ会長アルフレッド・P・スローンは、この問題にたいして、だいたいにおいてはデュポン氏に同意しながらも、付け加えてこういっている。「私の考えでは、マーシャル元帥は、現在の職を退いて引退したとき、われわれになんらかの利益をもたらすだろう。かれがそのままワシントンに住みつづけると仮定し、かれがその地域や政府の人々にたいしてもっている地位と、かれの知己を考えにいれるならば、——そして、かれがわれわれの考え方や目標をよく知るにいたるならば、大企業にたいする一般に否定的な態度を覆すのに役立つであろう。われわれは、大企業のシンボルであり、大企業の中でもっとも利潤を上げている企業とみなされている。私の考えでは、かれを迎え入れることは、いくつかの根拠のあることであり、このように考えると、年齢という問題はとくに重大ではないと思われる。」

また、スローン氏は、他の人の採用問題を論じて、デュポンとゼネラル・モーターズの大株主たるW・S・カーペンター氏に次のような手紙を書いている。「ジョージ・ホイトニー(GMの重役でありJ・P・モルガン社の会長)は、非常に多くの企業の重役会のメンバーである。かれは、いろいろな人々との接触を容易にまた永続的に保つことのできるニューヨークに住んでいるので、方々の会社から呼び入れられているのである。ダグラス氏(ルイス・W・ダグラスのこと、かれは、GMの重役会のメンバーであり、ミューチュアル・ライフ・インシュアランス社の会長、前イギリス駐在大使である)は、ある点で、きわめて公共的な人物である。かれは、他の多くの事柄に非常に多くの時間を費やしている。私の考えでは、そのような人物は、わが社の重役会により広い雰囲気をもちこむという点で、たんなる『デュポンの重役』ないしゼネラル・モーターズの重役よりも役立つ。[28]」

あるいは、企業の上層幹部グループに多い幾つかのタイプの経済人たちの間でくりひろげられた、企業組織における陰謀の最近の例を検討してみても同じことがいえる。ロバート・R・ヤング（かれは、金融業者であると同時に投機業者である）は、最近、ウィリアム・ホワイトを追い出すことをきめた。ホワイトは、ニューヨーク・セントラル鉄道の代表取締役であり、鉄道企業に一生を送った経歴をもっている。*ヤングは勝利をおさめた。ところで、そのほんとうの意味は何か。会社組織の世界での成功は、小説で書かれているような具合にはいかない。小説では、技術に関心をもつ青年――ちょうどウィリアム・ホールデンのような――が登場し、会社の責任について真剣な演説をぶって、勝利をおさめているのだが。ヤング氏は、大富豪の主要メンバーである二人の友人の寵愛を受けており、かれの収入――その大部分は資本増価（キャピタル・ゲイン）によるものであるが――は、過去一七年間を通じて、優に一〇〇〇万ドル以上であるといわれている。かれの年間収入は、一〇〇〇万ドルを優に越し、かれの妻の収入は五〇〇万ドルにたっしており、税金をひいた後でも、その七五％を入手できるように策動しているという。私の知るかぎり、いかなる文芸作品も、現代の会社組織の世界の現実をつかみ始めてもいない。

* さし向かいの昼食の席で、ヤングはホワイトに、「業務主任」の称号と、株の購入権――「額面どおりの価格で、しかも値上りしないかぎり支払わなくてよいという条件で、セントラルの株を購入する機会」――を申し出た。ホワイトはこれを拒絶し、ヤングが入ってくるなら、自分は契約を破棄して止めると言明した。その契約というのは、六五歳の停年まで年間一二万ドルの給料、次の五年間、年間七万

五〇〇〇ドルの顧問料、ついで、年間四万ドルの終身年金の支給であった。

ホワイトは直ちに、セントラルの資金を遣って、一カ年五万ドル・プラス経費の契約で、あるパブリック・リレーション会社を雇い、きたるべき戦いにそなえて、セントラルの一億二五〇〇万ドルの広告予算を転用し、ウォール街から代理権勧誘を職業としている人々を雇い入れた。ヤングは、パーム・ビーチの別荘に坐して、数グループの財産にたいする支配力を得るために、かれの接している大富豪や友人たちの間で、派閥の網の目をたぐり始めた。かれの側には、大富豪の三主要メンバーが味方に参加した。すなわち、ウールワース財団のアレン・P・カービーと、それぞれ三億ドル以上の財産をもつ二人の男――クリント・マーチソン（ヤングは以前にこの男とともに事業をやったことがある）とシッド・リチャードソン（ヤングは、かれの農場を訪問したことがある）である。そのような交渉の結果、一株二六ドルで八〇万株のブロック（計二〇八〇万ドルの価格）を確保した。もちろん、この大富豪たちは、現金を支出する必要はなかった。すなわち、かれらは、資金を借入れた。そのおもな借入れ先は、アレゲニー社であった。ヤングはこの会社を、あたかもかれ個人の財産であるかのごとく左右できた。もっとも、かれ個人の所有は、その会社の株の〇・七％にすぎなかったが。かれらは、二〇万株を除いた他の全部の株から生ずる損害の危険を負わせるようなしかたで、資金を借入れたのである。かれらは、新しい重役会のメンバーに予定されていた。こうして、ヤングは、八〇万株の株主権をもった。

ロックフェラー系銀行のチェイス・ナショナル銀行が、今までこれらの株の受託者であったが、今や、それをマーチソンとリチャードソンに売却したのである。銀行の頭取ジョン・J・マックロイが、ヤングのために取りはからって、リチャードソンとマーチソンに会わせた。その翌日、この両名はニューヨークに飛びたって行った。ニューヨーク・セントラルの一二・五％を所有していたテキサス人たちが、妥協を計ろうと試みた。かれらは失敗し、よりいっそう分散した小株主たちの株主権をめぐる闘いがはじめられた[29]。

ヤングの側は、三〇万五〇〇〇ドルの資金を費やした（のちに、ニューヨーク・セントラルはその費用を弁済した。こうして、勝った側の勘定も負けた側の勘定も払ったのである）。ホワイトの側に雇われた一〇〇人の勧誘人たちが、あちこちと歩き回り、株主たちを訪問して歩いた。鉄道従業員の中からも数百人の人々が、自発的に、同じく訪問して歩いた。ヤングもまた、代理権勧誘業者を雇い、また、ディーボルド社の奉仕を受けた。このディーボルド社は、マーチン所有の事務所用備品製造会社であったが、そのセールスのうち二五〇名の人々が、代理権を勧誘して歩く仕事に雇われた。ヤングが勝ったばあいには、それ以後ニューヨーク・セントラルの事務用備品は、ディーボルドによって製作されるはずであった。

五

経営者として成功した人々が自分の経歴を回想するとき、往々にして、「幸運という一つの要因」といわれるものを強調する。いったい、それはなんだろうか。伝えられているところによると、ジョージ・ハンフレイ氏は、「幸運児」と一緒に仕事をするという主義だそうだ。「幸運」というような呪文みたいな言葉から翻訳すると、これは、会社組織の世界における成功は、連鎖反応的に積み重ねられるということを意味する。なんらかの成功をおさめれば、自分の好運を示すことができ、幸運を示せば、上役から抜擢され、より大きな成功をおさめるチャンスを得るのである。経営者の経歴を細かく検討すると、同じサークルに属する人々が相互に選びあう事実にしばしば出会う。例をあげれば、ハンフレイ氏は商務省の諮問委員会のメンバーであった。かれはそこで、ポール・ホフマン氏に会った。のちに、ホフマン氏が対外経済協力局（ECA）の委員長になったとき、かれは、ハンフレイ氏を呼び、ドイツ産業についての諮問委員会の運営にあたらせた。そこで、かれはクレイ大将の目にとまった。クレイ大将は当然アイゼンハワー大将を知っており、それで、アイゼンハワー大将が昇進したとき、クレイ大将は、ハンフレイ氏をかれの親友であるアイゼンハワー大統領に推薦した、という次第である。(30)

いわゆる「幸運」には、もう一つの構成要素がある。それは、友人関係の網の目と結びついている。すなわち、会社の社会生活である。経営者の経歴の一部は、「政治家もどきの手腕の発揮」（"politicing"）に費やされる、といってもいいすぎではないだろう。経営者として成功するためには、とくにヒエラルヒーの頂点かその近くに位しているばあいにはことにそうであるが、あらゆる政治家のばあいと同じように、友人を獲得し、同盟をつくり、自分に反対していると思われる派閥にたいして思いをめぐらさねばならない。かれは勢力争いをしなければならない。こういうことが、経営エリート層の経歴の一部であるように思われる。

最高幹部たちは、会社の自己存続のためには、自分自身の存続、あるいは自分たちに似た人間の存続を計らなければならない、と感じている。すなわち、将来を担う人間は、よく訓練されているだけではなく、精神的にも鍛えられていなければならぬ、と思っている。最近、世界最大の石油会社の最高幹部の一人にたいして、かれは「じっさい、その会社の日々生産している二〇〇万バーレルの石油と同じく、その会社が生産した人物であった」という言葉が捧げられているが、その意味はここにある。幹部候補者が昇進して中枢部に近接するにつれて、かれらは一組の派閥の一員となっていく。かれら自身は、往々にして、その派閥を、たんなるチームであると間違って考えているのであるが。かれらは、その意見に耳を傾け、それを考慮に入れなければならない。かれらは、爆弾的な決定を下してはならない。かれらは、業務上のチームと社交上の派閥に調子を合わせなければならない。会社外のコースをたどったことのない経歴のばあいには、会社に奉仕することによってのみ昇進できる。ということは、会社の責任をあずかり、会社の利益はなにかを判定する人々に奉仕することを意味する。(31)

経営者の経歴は、ほとんどすべてのばあい、会社組織の世界の内部での経歴である。過去三世代の最高幹部のうち、独立自営の専門的職業とか外部のヒエラルヒーから、最上層の地位にいきなりついた者は、一〇人のうち一人以下である。しかも、一つの会社だけにずっといたという経歴が増加してきている。一八七〇年にさかのぼると、経営者の七割以上が、その会社の外部から入ってきた人々である。一九五〇年には、経営者の同じく七割以上が、逆に、その会社内部の出身である。(32)まず、副社長となり、次いで社長となるのが常道である。そのためには、社内で名前を売り、好感をもたれ、また、つねに与党(インサイダー)でなければならない。

　会社組織の世界の上層で成功をおさめるか否かをきめるものは、あきらかなことであるが、そこで支配的な選抜の基準であり、また、すでに最上層を占めている人々がこの基準をいかに個人個人にたいして適用するかにある。会社組織の世界では、自分の上位者の評価によって、抜擢される。多くの上層幹部は、自分は「人を判定する」能力をもっていると非常に誇っている。しかし、かれらの判定の基準はなにか。支配的な基準は、けっして簡単明瞭ではなく、きわめて、不定形であり、しばしばきわめて主観的であり、部下から見ると曖昧に感ぜられる。「経営心理学(ビジネス・サイコロジー)」の教授たちは、もっと透明な用語をつくり出し、「経営者の資質(エクゼキュティブ・トレイツ)」を探ろうと盛んに試みていた。しかし、支配的な基準や、成功者の個人的社会的諸特徴、会社組織に順応したかれらの生活様式を検討すればすぐわかるように、この「研究」の大部分は、まったくのナンセンスである。

　経営の下層レヴェルや中層レヴェルでは、たしかに、職務の巧みな遂行についての客観的基準が、支配的基準となっているばあいが多い。さらに、昇進規則をつくり、それを、官僚制的組織に通常みられるごときしかたで、一般に公開し周知されることさえ可能である。そのような条件の下では、いわゆる会社人的性格(コーポレート・キャラクター)を発達させなくとも、技術と熱意がものをいい、報いられる。しかし、下層の地位の人々も、ひとたび上層地位の候補者になるならば、健全な判断力とか広い視野とか、さらには会社人的性格に含められている、よりわけのわからない特性が要求される。「性格とか、さらには、経営者らしい外観などの方が、技術的能力より重要となる。」と『フォーチュン』誌の記者は書いている。(33)

実務上の経験がものいう、とよくいわれる。しかし、これは近視眼的見解である。というのは、最上位にいる人々が、健全な判断力と慎重な行動という高級の任務にものをいう実務上の経験とはなにかを判定し、統制しているのだから。また、多くのばあい、「経営者的能力」という抽象的な、つかみどころのないものをあげることによって、この事実はかくされてしまう。しかし、上層グループに接近したことのある人（しかし、その一員にはならなかった人）は、おそらくそのようなものは存在しないのではないかという疑いをもつにいたるのである。そのうえ、たとえそのような一般的能力が存在するとしても、政策を決定する高級職位にそれが必要であると考えたり、そのような職務のために年間二〇万ドルもの給料を支払って人を雇う面倒をする必要があると考えるのは、よほど画一化された人である。年間二〇万ドルの報酬で人を雇うより、経営診断会社を雇った方がよい。二〇万ドルの男のする仕事は、その仕事なのだから。かれらの「経営者的才能」とは、自分自身の無能力を知り、必要な能力をもつ人がどこにいるか、それを雇うに必要な金はどこから出せばいいかを知っていることである。とにかく、才能という言葉は多義的な言葉であるが、これを一言にしてもっとも正確に定義すれば、自己の昇進を支配している上位者にとっての有用性ということになろう。

会社幹部たちが、どんなタイプの人間が必要とされているかについて話したり書いたりしているところを読むと、次のような簡単な結論を引き出さざるをえない。すなわち、要するに、すでに最高の地位を占めている人々に「適合」しなければならぬ、ということである。すなわち、自己の上役や同輩たちの期待に応え、個人的振舞や政治的見解においても、社交にさいしても、また、業務上のやり方においても、すでに高い地位を手に入れた人々、その判断に自己の成功が左右されている人々に、似なければならないのである。会社組織における経歴で頭角を露わそうとすれば、才能(タレント)――その定義などどうでもよい――を見出されなければならない。その才能を見出すのは、「才能」ある上役なのである。最高の地位を占めている人々は、自分たちの理解できないものは高く評価しないし、またできない。これは、会社組織における業績の道徳の本来的性質である。

最上層の会社人たちは、そこに到達するためになにかをしたにちがいない、という質問が出るかもしれない。答は、かれらはたしかになにかをした。定義すれば、「必要なこと」をした。ほんとうの問題は、なにが必要なのかということである。それにたいする唯一の答は、健全な判断力を身につけることである。健全な判断力とは、人々を選抜する地位にある人々の、健全な判断力によって計られる。適者が生存する。この適性とは、はっきりした形をとった権限にたいするものではなく（おそらく、最高幹部の地位にはそのような権限はなにもない）、すでに成功をおさめた人々の基準にたいする同調性である。最高幹部に同調するということは、かれらのように行動し、かれらと似たものの見方をし、思考をすることである。つまり、かれらと同一化し、また同一化したいと思うこと、すくなくとも、そのような印象をつくりだすように自己を見せることである。「よい印象をつくりだす」――いい言葉だ――という意味は、まさにここにある。「健全な人物」――一ドル紙幣のように健全な――になるという意味は、まさにここにある。

成功は個人的選抜ないし派閥的選抜に依存しているのであるから、成功の基準は曖昧となる傾向をもつ。したがって、最上層の境目のすぐ下にいる人々は、上役をモデルとして注意深く研究し、またおだやかならぬ気持で同輩たちのあら探しをやる気になり、またその機会に恵まれている。この連中は、もう、技術的能力とか職制上必要な権限、実務上の経験とか、さらには、普通の中流階級として尊敬されること、などはどうでもいい。このようなものは当然のこととして前提されている。かれらは、上層の、内輪の諸グループがつくりあげている不定形な、曖昧な世界の中にいる。かれらは、この諸グループのメンバーたちと、相互に信頼しあう特殊な関係を結ばなければならない。先任権（シニオリティ）とか客観的試験などの官僚組織的規則ではなく、この男はわれわれの一員であり味方であるという内輪のグループの信頼が、上層幹部となるための必要条件である[34]。

企業体の中に呼び集められた多くの人々の中で、ごく少数の者が選ばれるにすぎない。選ばれたる者は、厳密に個人的な諸特徴によってではなく（じっさい、かれらの多くはなんらそのようなものをもっていない）、その「チーム」に役立つと判断された諸性質をもつ人なのである。このチームでは、個性という誇りに満ちた高貴なものは、高くは評価されない。

高い地位から出発した人々は、最初から、健全な人々によって育てられ、健全な人間になるように訓練されている。かれらは、健全らしくみせかけようなどと考える必要はない。

かれらは、まさに健全な人間であり、健全の基準を体現している。低い地位から出発した人々は、不健全と思われる危険を冒すさいには、より慎重たらざるをえない。かれらは、成功をおさめるにつれて、自己を成功に適応するように訓練しなければならない。かれらは、成功によって性格を形成され、成功を体現するようになる。おそらく、上層から出発した人々よりもいっそう堂々とした体現者になるであろう。このようにして、上層出身のばあいも下層出身のばあいも、それぞれのしかたで、よく均衡のとれた判断力をもった健全な人々が選抜され、形成される。

　最高幹部の理解に重要なのは、たんに出身の統計だけではなく、選抜の基準と、この基準に同調し、この基準を使用する力である。かれらの経歴の外面的系列だけではなく、企業における経歴の構造と、その内的な心理的結果である。

　豊かな穏和な口調で話せ。上役を細々した話で悩ますな。限度を心得よ。判断を下しているような儀式をやれ。すでにきめてしまったことでも、しばらく知らん顔をして、あたりまえのことを、あたかも熟慮の結果たる考えのようにみせかけよ。冷静かつ有能な実務家らしくしゃべり、けっしてノーという言葉を自分から発しないようにせよ。イエス・マンを雇うとともに、ノー・マンをも雇え。はっきりしない奴（メィビー・マン）に親切にしろ。そうすれば連中は、君のまわりに希望に燃えて群れ集まるだろう。冷い事実を和らげ、楽観的・実際的・展望的な、心の温まる生きいきとした見解に仕上げるようにせよ。人の痛い点をつくのはやめよ。重々しい態度を身につけ、落ち着いた様子を示せ。つまり、他人からとやかく思われても茶化してしまえ。しかし、それを気にしたり、ましてそれを楽しんだりしてはいけない。また、自分の頭の切味を示そうなどと思ってはいけない……。

六

経営者としての昇進の基準として、現在もっとも重視されているものはなんであるかは、大会社の社員募集と訓練計画の中に、明瞭に示されている。この募集と訓練計画は、すでに成功をおさめた人々の間で支配的な基準と判断をかなりはっきりと反映している。今日の最高幹部たちの間では、明日の経営エリートを憂慮する声が少なからず聞かれ、今後一〇年間に成長するであろう若い人々のリストを作成したり、才能と潜在的な才能を測定するために心理学者を雇ってみたり、数会社共同して若い経営者層のための訓練講座を開催したり、さらには、大学に金をあたえて明日の経営者のための特別な学科や教科をつくらせたり、多くの試みがなされている。要するに、経営エリートの選抜が、大会社の幹部の任務の一つになっている。

今日では、大会社の約半数は、そのような計画を実施している。[35] これらの会社は、選り抜きの人々を、特別のコースをもった優秀な大学や大学院の経営学コースに送っている。ハーヴァード大学の経営学部がもっとも好んで選ばれる。さらに、これらの会社は、自己の学校や講座を開設し、しばしばその社の最高幹部もその講師の一員となっている。これらの会社は、前途有為な卒業生を求めて一流大学をスカウトし、「入社」のみこみのありそうな学生たちのために、種々の職務を体験させる旅行を準備する。じっさい、ある会社にいたっては、ときとして、企業というよりは、将来の経営者のための巨大な学校のように見えることさえある。

エリート・グループは、そのような手段によって、四〇年代から五〇年代にかけての企業の膨張によって、感ぜられるようになった経営者の不足に対処しようとしているのである。三〇年代は職業市場が不況であり、会社は、経験者の中から幹部を選び、補充することができた。その後、企業の膨張が始まったのであるが、戦時中はそのような計画を実施する余裕がなかった。こういう次第で、不況時代から始まって一五年にわたって経営者の補充の空白が存在した。また、慎重熟慮された募集と訓練計画の背後には、現在の頂点のすぐ下にいる経営者たちは、自分たちほど線が太くないというような最高幹部たちの間で感じられている不安が潜んでいるのである。すなわち、この幹部募集・訓練計画は、会社組織のヒエラルヒーの維持の必要に応えるためのものである。

こうして、ちょうど大学生のフラターニティが新入生に猛烈な入会勧誘をかけるように、会社は、大学の上級生にたいして襲撃をかけるのである。それに呼応して、大学は、会社に入ってからの職歴に役立つと思われる講義の数をますます増設している。信頼できる報告によると、大学生たちは、「会社がかれらに要求する人間になろうと身構えている。……かれらは、懸命に合図を待ち構えている。」(36) そのような「機敏さと受容性が、現代の経営者の特徴であり、これは、かれがどんなタイプの教育を受けたかなどということより重要な特徴である。いかなる最高幹部のばあいにも、その昇進にさいして幸運が一役買っていることはあきらかである。しかし、かれらは、充分準備をととのえてこの幸運を迎えるように努めているように見える。[37]」

合図はすでにあたえられている。すなわち、「いわゆる〝経営者的立場〟を強烈に教えこまれて始めて」、見習社員は本社の貯水池から所々に派遣され、永続的な部署につけられる。この〝経営者的立場〟の教化は、二年間も、さらにはときとしては七年間もつづけられるばあいすらある。たとえば、ゼネラル・エレクトリック社は、毎年、一〇〇〇名以上の大学卒業者を採用し、かれらを、最少四、五カ月の間——通常はそれよりはるかに永い期間、二五〇名の正規社員からなる教育陣に委ねて、教育する。かれらは多数の人々から監視され、かれらの同僚すらも、評定に加わる。被訓練者自身も、そのようなしかたにたいして感謝しているという。というのは、こうすれば、だれの目にも止らず見すごされてしまうということがないからである。この広範囲にわたる訓練計画をすみずみまで貫いているものは、「人間関係(ヒューマン・リレーションズ)」にたいする訓練である。「論争をひき起すようなことは口に出すな」「うまく働きかければ、自分の望んでいることをだれにでもさせることができる」などのテーマが、この抜け目のない会社の販売訓練部の案出した「効果的な勧誘の仕方」というコースのテーマである。

この人間関係型タイプの訓練では、人間問題にたいする感じ方や考え方を変える点に努力が注がれている。被訓練者の技能(スキル)だけではなく、感受性も忠誠心も性格も、アメリカン・ボーイがアメリカの経営者に変わるように、磨かれなければならない。成功するためには、新入社員は、会社外の人々が普通持っている価値や問題を忘れ、自分の精神を隔離しなければならない。巧みに計画された思想訓練(インドクトリネーション)のコースがいつでもそうであるように、被訓練者の社会的生活は、訓練計画の中に組みこまれている。すなわち、昇進するためには、同輩や上役とうまくやっていかねばならぬ。すべての人々は同一の兄弟関係にあり、「われわれの社会的欲求は、すべて、会社の領域内で満たされうる」というようなことが教えられる。被訓練者は、この会社の領域内で経営幹部への道を見出そうとするなら、「種々の部署を循環する計画からえられる多くの接触を利用しなければならない」。これもまた会社の方針である。「もし諸君が敏腕ならば」とある敏腕な訓練官はいっている……、「勝手がわかるようになるや否や、ただちに電話を利用して自分を認めさせようとするようになる。[38]」

　幹部訓練計画については多くの賛否両論がある。とくに、皇太子(クラウン・プリンス)型訓練計画は、現在、大企業の最高幹部たちの間での論議の的である。というのは、今日においてすら、青年一〇人のうち九人は、大学卒ではない。かれらの大部分は会社のために働いているのに、かれらは、そのような幹部訓練学校から締め出されている。そのような訓練計画は、会社に呼び集められながら、皇太子として選ばれないこれらの人々に、どのような影響を及ぼすであろうか。しかし、未来の幹部たちが、将来いつか幹部としてふさわしい気分と行動様式と、必要な健全なる判断力を備えたうえで会社の手綱をにぎるように、未来の幹部たちの自己にたいするイメージをなんらかの方法で膨張させ、希望をもたせる必要が存在するのである。

経営者のある小規模の、しかし有意なサンプルでは、次のような見解が多数を占めていた。* すなわち、「扱われる内容ではなく、扱う技術」を知っている人間、「どうやって、共同の気持に充ちた協議を誘い出し、……問題解決の集まりを開くか」を知っている人間が、未来の最高幹部となるであろう、と考えられている。未来の最高幹部は、異端的な考えをもたぬチーム・プレイヤーであり、突進する力ではなくリーダーシップを備えた人間であろう。いいかえると、『フォーチュン』誌が要約しているように、「経営者たちの論理はこんな具合に進められる。すなわち、われわれ自身は、新しい思いつきや、現在受け入れられている方法にたいする疑問などを必要としない。リーダーというものは、このために人を雇えばよいのである。かつては現場部門(ライン)で出世するには創造的性質が必要であると考えられていたが、現在では、このような性質は、参謀部門(スタッフ)と結びついて考えられるようになったのはこの理由からである。いいかえると、最高幹部の職務は、自分で先頭に立つことではなく、先頭に立つ人々を抑制することにある。かれは、企業を根底で支えている創造的原動力の一部ではなく、統治者なのである」。あるいは、ある経営者がいっているように、「われわれは、なによりもまず、卓越した能力を求める傾向があった。しかし、今や、「性格(キャラクター)」という言葉――今まで非常に誤って用いられてきたが――が非常に重要になってきた。われわれは、あなた方が、ファイ・ベーター・カッパ出身であろうと、タウ・ベーター・ファイ出身であろうとかまわない。われわれが欲するのは、円満な人々(ウェル・ラウンディド・ピープル)を扱うことのできる円満な人(ウェル・ラウンディド・パーソン)である」(39)。そのような人間は、かれ自身ではアイデアを生み出さぬ。かれは、危険のない(ウェル・ラウンディド)アイデアのブローカーである。決定は、円満な人々のグループによってなされる。

＊「おもに人間関係に関心をもつ」経営者と、「強烈な個人的信念をもち、非正統的な決定を下すのをいとわぬ人間」とどちらを選ぶか、という質問を、つい先だって九八名の最高幹部と人事計画者に問うたところ、約六三%がどちらかを選択する意志を示したが、そのうち四〇%は人間関係の人を、二三%は信念の人を選んだ(40)。

このようなことは、すべて、気まぐれな流行にすぎず、別に経営者の世界のイデオロギーの貧困とか不安を表わすものではないと考えられるかもしれない。しかし、そうではないことを示すために、ゼネラル・エレクトリックの前社長オーウェン・D・ヤング——かれは、現代的経営者のアメリカにおける原型として考えてよい——の行動のスタイルとイデオロギーを、同情をこめて考察しよう。アイダ・ターベル嬢が語るところでは、二十世紀初頭においては、典型的な産業指導者は、傲慢な個人であり、企業というものは個人の努力によって支えられるという信念を頑固にもっていた。しかし、オーウェン・ヤングはそうではなかった。第一次大戦中から一九二〇年代にかけて、かれは、そのような考えに真向から挑戦した。かれにとっては、企業は公的制度であり、その指導者は、もちろん公衆から選挙されるのではないけれども、責任を負った受託者である。「オーウェン・ヤングの心の中で描かれた大企業は、……私的企業ではなく、……一つの制度であった。」

こうして、かれは、自分の会社の外部の人々と協力し、一産業の広がりの基盤に立って働き、「いかなる種類の協力も陰謀と推定されるかもしれぬという恐怖」を嘲笑した。じっさい、かれは、会社組織の時代における同業団体こそは、小営業の時代に「教会」が地方的教区で果たした一つの役割を果たすのであると感ずるにいたった。その役割とは、道徳的抑制者としての、「正しい商売上の慣行」の維持者としての役割である。戦時には、かれは、「会社と種々の（政府）機関との連絡将校、一種の弁護士」となった。これは、戦時中における相互の協力関係が、平時における協力関係の形態をつくりだした例の原型である。

自分の経営する企業にたいして、かれは非常に深い関心をもっていた。たとえ、かれがそれを自分で所有していたとしても、その関心は変わらないであろうほど、それは、個人的愛着に満ちた関心であった。かれが援助して発展させたある会社について、かれは友人への手紙でこう書いている。すなわち、「われわれはこの会社と寝食をともにしたので、この会社に関しては、その強さも弱さも、良い点も悪い点も、私とあなた以上に知っている人はいないといっても、誇張ではないと信じている。じっさい、このくらいよく知られている大会社がかつてあったかどうか……」

かれの顔はいつも、「やさしく近寄りやすく」、かれの微笑は——あるかれの同僚の言を借りると、「百万ドルの値うちがあった」。……かれの下す決定については、こういわれている。「それは論理的であるというよりも、直観的な何物かであった、とかれの同僚たちは感じた。それは、かれの思索から生まれた結論であり、規則や数字のうえでは間違っていると証明できたとしても、やはりかれは正しいと思ってしまうような決定であった。」(41)

第七章　会社富豪（コーポレート・リッチ）

絢爛豪華な、同族の間で固く結合した六十家族がアメリカ経済を動かしている、というのは正しくない。また、経営者たちがそのような家族のもっていた権力と特権を自己の手に奪い、経営者たちによる静かなる革命が生起している、というのも正しくない。このような二つの特徴づけのどちらも現実のある側面をとらえてはいる。しかし、その現実は、「アメリカの六十家族」とか、「経営者革命」とかいう表現では不充分にしかとらえられない。むしろ、それは、財産階級の経営者的再編成と、それによる会社富豪という、多かれ少なかれ一つのまとまりをもった階層の出現といったほうがぴったりする。(1)

家族としても個人としても、大富豪は、今日においてもなお、アメリカ経済の上層部を構成する大きな部分である。大企業の最高幹部たちもまたその重要な部分である。私の信ずるところでは、生起した変化は、財産階級の再編成であり、財産階級は、高額俸給者とともに、特権と恩典を備えた新しい会社組織の世界の中へ再編成された。この財産階級の経営者的再編成の意義は、次の点にある。すなわち、この再編成を通じて、特定の会社や産業とか家族に結びついた視野の狭い生産上の関心や利潤追求の関心が、より純粋に階級的なタイプのより広い経済的・政治的関心におきかえられたことである。今や、財産と結びついた企業内の地位が、私有財産制度に内在するすべての権力と特権を集めているのである。

アメリカ資本主義の社会史の最近における展開は、上層資本家階級の系列が以前と断絶するにいたっているというような事実をなにも示していない。たしかに、新たな世代ごとに新しいメンバーが参加し、その変動率はわからないが、メンバーの変化がある。時期によって、ある特定のタイプの人間が占める比率は変化している。しかし、過去半世紀の間、経済においても政治秩序においても、利害関心のいちじるしい連続性が存在する。その利害は、経済界の上層の人々によって担われ、かれらはそれを防衛し、促進してきたのである。上流階級の主流は、いくつかの一貫する諸潮流から成り立っているが、会社富豪の存続にきわめて好都合な世界を支持する方向にはっきりと向かっている。というのは、大財産を支配する最高の権力は、今やこの階層にしっかりと握られている。かれらの基礎が、法律的に所有権にもとづくものであれ、経営者的統制力にもとづいているものであれ、どちらでも同じである。

かつての旧型の富豪は、たんなる財産階級であり、家族の財産に基礎をおき、地域社会に、といってもたいていは大都市に、座席をもっていた。会社富豪は、そのような旧型富豪以外の人々を含んでいる。すなわち、上層経営者の地位を占める人々である。その地位の特徴は、高い「収入」が同時に、特権と恩恵とをともなっていることである。こういうわけで、会社富豪は、大都市上流社会の富豪、全アメリカ的規模の巨大財産をもつ大富豪と並んで、主要会社の最高幹部たちをも含んでいる。財産階級は、会社財産の時代には、会社富豪になる。会社富豪に転化することによって、かれらはその勢力を固め、その勢力を防衛するために、よりいっそう経営者的な、また政治的な傾向をもった新たな人間を、自分の列の中に引き入れるのである。財産階級のメンバーは、自分たちは会社組織の世界を代表していることを自覚するようになる。その地位によって、かれらは、自己の特権と恩恵をアメリカ社会の私的制度の中でもっとも安定した制度に結びつけ、確実なものにする。かれらの財産・特権・安全・有利な条件・勢力、――これらすべては、直接的にも間接的にも、大会社の世界に依存している。それ故に、かれらは会社富豪なのである。すべての旧型富豪は、今日では、多かれ少なかれ会社富豪になっている。また、新たなタイプの特権階級が、かれらと並んで、会社富豪の中に列している。じっさい、今日のアメリカでは、会社富豪の世界になんらかのしかたで参加しなければ、いかなる人といえども富豪になることはできないし、富豪の地位を保つこともできない。

一

一九四〇年と五〇年代に、所得分布の形態は、下ぶくらみのピラミッド型から、中間が膨張した平たいダイヤモンド型に近くなった。価格の変動と税金の増加を考慮に入れても、三〇〇〇ドル以下の世帯収入の家庭の比率は、一九二九年の六五%から、一九五一年の四六%に低下している。また、三〇〇〇ドルから七五〇〇ドルまでの間の者の比率は、二九%から四七%に増加している。しかし、七五〇〇ドル以上の収入を得ている人々は、一九二九年でも一九五一年でも（六%と七%）、ほぼ同じ割合である。*[2]

＊ この変化は、いうまでもなく、一九三六年から一九五一年にいたる期間に、いっそうはっきりしているが、その原因としては、一般的にいえばいくつかの経済的事実をあげることができる。[3] すなわち、(1)だいたいにおいて完全雇用が維持されたこと。そのため、戦時中から戦後にかけては、働く意志さえあれば、所得階級になれた。(2)同一世帯内で収入源の数が倍化したばあいが非常に多い。一九五一年の数字では、年収二〇〇〇ドル以下と一万五〇〇〇ドル以上の両極端の家族のばあいには、妻も働いている例は一六%以下であった。しかし、三〇〇〇ドルから九九九九ドルまでの収入階層では、妻も働いているばあいは、世帯収入が増大するにつれて次第に増加し、一六%から三八%にたっしている。[4] (3)一九二〇年代から三〇年代を通じて、極貧層の大部分は農民であった。しかし、今では、農民の数が減少しているとともに、種々の種類の政府の補助金によってささえられた好況が農民を見舞っている。(4)組合の圧力は、三〇年代後半以来、賃金の着実な上昇をかちとっている。(5)三〇年代の所産である政府の福祉政策が、最低賃金、老齢者にたいする社会保障、失業者や廃兵にたいする年金などにより、収入を支える床をつくっている。(6)いうまでもないことだが、四〇年代から五〇年代にかけての一般的好況は、戦争経済の構造的事実である。

戦時中に現われた多くの経済的要因と、戦後の戦争準備ブームとによって、最下層の人々の一部は従来の中層収入レヴェルに上昇し、さらにこのうちの一部は、中層の上、あるいは上層のレヴェルにまで上昇した。実質収入の分布の変化は、このように、中層と下層の人々に影響をあたえた。もちろん、このことは、ここでの直接の関心の対象ではない。われわれは、上層を問題にしている。収入構造の変化をひき起した諸要因も、巨大な収入を享受している人々の存在という決定的事実には、変化をもたらさなかった。

二十世紀半ばのアメリカ経済の最頂点には、一〇〇万ドル以上の年収をもつ一二〇人の人々が存在する。かれらのすぐ下には、五〇万ドルから一〇〇万ドルの年収を得ている他の三七九人がいる。約一三八三人の人々は、二五万ドルから四九万九九九九ドルの収入を得ている。これらの下には一〇万ドルから二四万九九九九ドルまでの年収のある一万一四九〇人の幅広い層が基礎をつくっている。

全部合計してみると、一九四九年当時、一万三八二二名の人々が、税務署にたいして、年収一〇万ドル以上であると申告しているということになる。(5) この収入水準以上のものを、すなわち年収一〇万ドル以上を、会社富豪と考えよう。これは全然恣意的な区切り方というわけではない。というのは、この平たいダイヤモンド型の収入分布においても、それぞれのレヴェルに属する人の数の如何を問わず、次の一事実は依然として真実であるから。すなわち、とくに中層ならびに上層では、年収が高額であればあるほど、財産からの収入が占める割合は増加し、給料、企業家としての報酬、賃金などからの収入の占める割合が減少している。要するに、富裕な高収入者は、今日でも依然として、財産所有階級なのであり、低収入者は賃金所得者である。*

＊一九四九年度に一万ドル以下の税金を支払っている人々の収入の約八六％は、給料とか賃金から得られたものであった。九％は、企業経営や共同出資(パートナーシップ)からの利潤であり、財産からの収入は五％にすぎない。年間一万ドルから九万九九九九ドルを得ている人々では、収入の割合からいうと、企業家としての報酬が最大である。この収入水準の人々によって得られている収入の三四％は、企業家としての報酬である。四一％が給料ないし賃金であり、二三％が財産からの収入である（なお、二％が「雑収入」つまり年金などである）。

年収一〇万ドルという線は、財産が収入源として大きく現われてくる収入水準である。すなわち、申告された年収一〇万ドル以上九九万九九九九ドルのグループの一万三七〇二人の収入の三分の二（六七％）は、配当・資本所得・不動産・信託財産など、財産からの収入であった。残りの三分の一は、会社最高幹部と大企業家としての報酬である。

上層になればなるほど、財産が大きい部分を占め、遂行したサービスにたいする報酬からの収入は減少する。このようにして、一九四九年に一〇〇万ドル以上の収入を得た一二〇人の人々の収入の九四％は、財産からの収入であり、五％が企業利潤であり、一％がサラリーからの収入である。これら一二〇人の人々の間では、かれらの収入源となった財産のタイプはかなり異なっている。(6) しかし、法律的区分を一応度外視すると、高収入所得者の圧倒的多数は、その収入を会社財産から得ている。すべての富豪は会社富豪である、という理由はここにあり、また、富者と全人口の九九％以上を占める一〇万ドル以下の収入の人々の基本的相違はここにある。

この所得を申告した高収入グループには、出入りがある。毎年、その正確な数は変わる。一九二九年には、税金が今日ほど高くなく、高収入を申告してもそれほど危険ではなかったが、一〇万ドル以上の収入申告者は、約一〇〇〇〇人であった。一九四九年には、一万四八一六人が一〇万ドル以上の所得を申告している。一九四八年には一万六二八〇人が申告している。これにたいし、一九三九年にはわずか二九二一人である。(7) しかし、最上層には、大富豪の堅い中核部分がずっと存在している。例をあげれば、一九二四年に一〇〇万ドル以上の年収を得ていた七五人の人々のうち、その五分の四は、一九一七年から三六年の間、すくなくとも一回は年収一〇〇万ドル以上にたっしている。ある年に一〇〇万ドル以上の収入を得た者は、他の年にも一回か二回はふたたびその水準の収入を獲得するチャンスが大きい。* ピラミッドの底辺の方を眺めると、第二次大戦後の一〇年間に、一万ドル以上の流動資産を所有したことのある者は、全人口の三%ないし四%にすぎない。(8)

＊ もちろん、そのような数字は、巨大な富をごく大雑把に示すものにすぎない。というのは、それは、一〇〇万富の膨張の要因を計算に入れていないからである。ある年における会社富豪の数、ならびに、一〇〇万の収入をえている人々の数は、税率と企業界における利潤の水準に関係している。税金が低く利潤が高い時期は、巨万の収入が申告され、数多く現われる時期である。すなわち、一九二九年という理想的年代では、五一三の個人ないし財産、信託財産が、一〇〇万ドル以上の収入を得ている旨を政府にたいし

て申告した。これらの巨万の収入の平均額は、二三六万ドルであり、税金を引いた平均手取り額は一九九万ドルであった。不況の年である一九三二年でも、一〇〇万ドル以上の収入を申告した人々は二〇人いた。アメリカの全家族の四分の三が年間二〇〇〇ドル以下の収入しか得ていなかった一九三九年では、そのような巨額の収入申告者は四五人に減った。しかしながら、戦争とともに、収入の一般水準が上昇し、一〇〇万以上の収入を得ている人々も増大した。税金も利潤もともに高かった一九四九年には、一〇〇万ドル以上の収入を政府に申告した一二〇名の人々の平均収入は、二一三万ドルであり、税金を納付した後の残りは、平均九一万ドルであった。しかし、同じく税金も利潤もともに高かった一九一九年では（もっとも、利潤はわずかに落ち目であった）、わずか六五人が一〇〇万ドル以上の収入を得ていたにすぎず、その平均収入は二三〇万ドルであったが、税金を引くと八二万五千ドルにしかならなかった。(9)

二

ほとんどすべての収入統計は、税務署にたいする申告を基にしているから、その統計は、会社富豪とそうでない一般のアメリカ人との「収入」の差異を完全にあきらかにするものではない。じっさい、大きな違いは、「収入」を税金の記録からかくすために考案された手のこんだ特権を、会社富豪はもっていることである。この特権は広くいきわたっており、この点を考慮すると、過去二〇年間に進行しつつあると鳴物入りで宣伝されている「収入（インカム）・革命（レボルーション）」なるものは、真面目に取りあげるに値しない。たしかに、アメリカの全収入分布には、われわれがたった今述べたような変化が起っている。しかし、だからといって、全所得にたいする富裕な人々の分け前が減少したと信ずる証拠は、申告所得にたいする課税の記録からは見出しえない[10]。

税率が高いので、会社富豪たちは、収入や収入のもたらす生活の享受の帳簿上のつじつまを巧みにあわせ、課税を逃れている。中層や下層階級の人々に比して、会社富豪たちの納税ぶりは、より弾力的であり、また、法律をより巧みに解釈する機会にめぐまれている。高収入の人々は、種々の免税条項を利用する。往々にして、専門家をやとって、専門家にそれを算出させるのである。財産や企業家活動あるいは専門的職業活動からの収入を得ている人々の正直さ——あるいは不正直さ——は、賃金やサラリーに依存しているより貧しい人々のばあいと、おそらくは別に変わりはない。しかし、かれらは、経済的により大胆であり、より大きなチャンスに恵まれ、より熟達している。しかも、もっと重要なことには、かれらは、そのような事柄にもっともよく熟達している専門家——税金にたいする知識においても、一種のゲームとしての税金対策においても専門家である優秀な弁護士や熟練の会計士——と近づきである。事の性質からいって、正確に証明することは不可能ではあるが、一般的にいって、収入が高くまた収入源が多様であればあるほど、税金を巧く逃れることは容易になる、と思われる。往々にして、申告収入は、合法的にせよ非合法的にせよ、税務署をだまして承認させたものであり、また、非合法的に取得された収入で申告されないものが多額に上る。

現在の収入にたいする税金を逃れるもっとも大きな抜け穴は、おそらく、長期の資本増価（キャピタル・ゲイン）である。ある軍人がベスト・セラーを書いたばあい――あるいは書かせたばあい――、ある実業家が自分の農場とかそこで飼っていた一ダースの豚を売ったばあい、ある重役が自分の持っていた株を売却したばあい――、こうして得られた利潤は収入とはみなされず、資本増価とみなされる。ということは、課税額を引いた手取りが、同額のサラリーや配当金のばあいの手取りの約二倍であることを意味する。すなわち長期にわたる資本増価の申立てをすれば、その増価分の五〇％にだけ課税されるにすぎない。課税の対象となる五〇％にたいしては、その個人の全収入にたいして適用される累進税率で課税が行なわれるが、そのような収入にたいする最高課税率は五二％ときめられている。すなわち、いかなるばあいにも、この資本増価にたいする課税は、総額の二六％以下であるという次第だ。しかも、その資本増価を含めた個人の全収入が低いばあいには、増価分にたいする課税はいよいよ少額になる。しかし、逆のばあい、すなわち一〇〇〇ドル以上の資本損失（キャピタル・ロス）（一〇〇〇ドル以下のばあいには、通常所得からそれが控除される）は、過去あるいは将来五年の期間にわたって、資本増価と相殺が許されている。

資本収益を除くと、もっとも儲けの多い税金の抜け穴は、おそらく、石油ならびにガス井戸、鉱床などにたいする「減耗控除（デプリーション・アラウアンス）」であろう。一油井から得られた粗収入の五％から二七・五％までの金額で、しかも、財産からの純収入の五〇％を超えない額にたいしては、毎年税金が免除される。しかも、油井を開発し整備する費用の金額が資本に加算され、その油井の生産可能期間に減価償却される代わりに、そのつど控除される。この特権の重要な点は、控除率にあるのではなく、財産が完全に償却された後にも引続いてこの特権が許されることにある。

遊ばせるだけの充分な金をもつ人々は、免税の公債に投資して、税金を逃れることもできる。また、家族の各メンバーに収入を分割すれば、全収入を合計したものにたいするばあいよりも、税率を低めることができる。生涯の間に三万ドル・プラス・一年間三〇〇〇ドルの範囲で友人あるいは親戚に免税で贈与することができる。夫と妻と二人の名前を使えば、その二倍の金額を贈与することができる。また公認された慈善団体にたいする寄附は、その人の年収の二〇％までは収入より控除されて免税となるから、金持は、寄附によって税金を低め、しかも、自己の老後にたいする保障を獲得することができる。また、有名な慈善団体の基金に寄附すれば、その金から得られる利子を受けとることができる。[*]こういう次第で、金持は、自己の収入にたいする税率を低め、自己の財産の中で相続税の対象となる部分をきり離すことができる。

＊　たとえば、一万ドル相当の株をある神学校に寄附したとする。それは、税金の対象から控除され、その分だけ税金が減るので、寄附者はじっさいには、四二六八ドル四九セントを負担するにすぎない。一〇年たって、この株の市場価格が一万六三六九ドル四九セントになったとする。他方、寄贈者が受け取るその株の配当の合計が六六二九ドルにたっしたと仮定してみると、かれは、寄附額より五割以上大き

い金を受け取ったことになる。もちろん、寄贈者が死ねば、その学校は、株の所有者になり、そこから生ずる利益を受けるようになる。

その他に、金持が自己の没後、高率の相続税にたいして、自己の財産を保全することを可能にする方法がある。例をあげると、孫にたいして信託財産を設定し、息子にたいしては、その財産は法律的には孫のものではあるが、その息子の生きているかぎりそこから金を受け取る権利を規定するという方法がある。こうすれば、元の所有者は、相続税を、その子供の死にあたって二回かけられる代わりに、子供の死にさいして一回かけられるだけで済む。

信託基金からの収入は別々に課税されるから、家族名義の信託財産は、税金――現在の収入にたいする税金と、死後課せられた財産税の両方――を軽減する。そのうえに、信託財産は財産所有者から財産運営の手数を省き、責任のわずらわしさを除き、適当な額の財産を安全に保ち、財産にたいする最強の法律的防塞を築くことを可能にする。じっさい、財産所有者は、これによって、自己の死後も自己の財産にたいする支配権を維持することができるのである。*

* 「二万五千ドルの投資から得る一〇〇〇ドルの配当を含めて三万ドルの課税対象収入をもつ家族もちの男のばあいを例にしてみよう」と、ある経営者向きの雑誌が、注意深く説明している。「税金を差引くと、投資からの一〇〇〇ドルの収入は、四五〇ドルにしかならない。毎年それを四％の複利で積立て一〇年たっても、せいぜい約五六五〇ドルの基金を家族のためにつくりうるだけである。しかし、もし、

この二万五千ドルの投資を、短期信託に切替えたとしよう。その約款がいくつかの条件を満たすならば、信託財産は、一〇〇〇ドルの収入にたいして二〇〇ドルの税金を払うだけでよく、八〇〇ドルが手に残る。一〇年間には、約九六〇〇ドルを積み立てることができる。これは、信託財産にしなかったばあいに比べて約七〇%の得である……(ただし、どこの州でも許されているというわけではない)。信託の満期にさいしては、二万五千ドル・プラス・価格の騰貴額が戻ってくる。積み立てられた利益は、信託受益者(家族のうちでもっとも税金の軽い者にしておけばよい)に戻ってくる。(11)」

信託財産には多数の種類があり、法律はその適用を複雑かつ厳格に規定している。しかし、ある種の短期信託財産は、「ある一定の期間――一〇年以上の期間――だけ信託者に財産の所有権――それとともにじっさいにはそこから得られる収入――をあたえ、その期間が過ぎると元の所有主に返却してもらうというインディアン式譲渡である。信託財産が他の必要な条件をすべて満たすときには、その所有主はそこから得られる収入にたいし税金を免除される。(12)」

二五年前には、全アメリカに存在していた財団は総数二五〇以下であった。今日では、数千の財団が存在する。一般的にいえば、財団は、次のように定義される。すなわち、「〈人類の福祉に奉仕〉するために設立された、自主的な、利潤を目的としない法人である。それは、免税の贈与や遺言による寄附を通じて受け取った財産を管理する」。現実には、財団の設立は、税金を避けるための便宜的方法であるばあいが多く、「寄附者のための私立銀行として機能し、その奉仕する〈人類〉とは、少数の貧乏な親類たちにすぎないことが判明するばあいも多い」。一九五〇年の国税法は、「大きな抜け穴のいくつかを塞ぐ」試みであった。しかし、「あやしげな財団は依然として特権を享受している。税務署は、それらの財団についての情報を集めるのに非常に困難を感じている。税務署は、時間と人手が足りなくて、財団が提出した報告のごく一部しか読めないと悲鳴をあげている。かれらは、おもに勘にたよって、監査すべき財団をきめている状態である」。しかも、一九五〇年の法律でさえ、その財団に関するすべての関係資料を政府に提出することを要求しているにすぎない。

近年、ますます多くの会社が財団を創設するようになってきた。こうして、会社は、その地域社会の、またひろく国民の善意（グッド・ウィル）にたいして訴えかけ、他方では、その会社の産業分野における研究を奨励するというわけである。財団を創設した会社は、その財団にたいして毎年あたえる金のうち、その会社の年間利潤の五％までは、税金を免除される。大富豪家族は、財団にたいして巨大な額の株式をあたえ、こうして、家族のだれか一人が死んでも、自分の会社にたいする支配権を保つことができる（フォードのばあいは、とくに巨大な額を財団に委ねたという点を除いて、なにも他の富豪たちのばあいとちがってはいない）。こうして、相続税が軽減される。そうでもしなければ、相続税が非常に大きくなり、税金を払うために株を外部の人に売却しなければならぬ破目に陥るだろう。

「もし、自分の収入の一部に免税の傘を広げ、貧乏な家の子郎党たちに何か職を見つけてやることをおもに考えるならば」、と、ある慧眼な実業雑誌は、その読者たち――会社の経営者クラスの人々だが――に忠告している。「なにはともあれ、どんな小規模でもよいから、自分の財団を設立するがよい。たとえ自分の収入の全部をそこに注ぎこんでも、結局は得である。」[13]

種々の法律が高所得にたいする課税を規定しているが、そのほとんどすべてにたいして、税金を避け、あるいはそれを最小限に止めることのできる方法がつねにある。しかし、そのような手練手管は、会社富豪の収入にともなう特権の一部にすぎない。企業は、政府の法令につねに接触しながら活動しているうちに、会社重役の収入を直接に補う方法を見つけだした。これらのさまざまなインチキな方法によって、会社富豪の中の経営者連は、法律が公平かつ正当と定めた額よりも少ない税金を払いながら、一見つつましい収入で富裕な生活を享受することができる。そのような特権的からくりの中には、次のようなものがある。

報酬の後払い契約では、会社は一定の年数の間、一定のサラリーをあたえる契約をし、さらに、その会社と競争関係に立ついかなる会社にも入らないかぎりは、退社後も一定の顧問料を払うことに同意する。こうして、その重役の忠誠心は会社にしばりつけられるが、その人の側から見れば、自己の収入を先に延長し、税金を引下げることができる。たとえば、クライスラー社のある重役が締結した契約では、今後五年間に三〇万ドルの報酬を受け取り、その後は一生の間、年額七万五千ドルを受け取ることになっている。U・S・スチール社の最近隠退した会長は、今まで二一万一千ドルのサラリーを受けていたが、今では一万四千ドルの年金と、プラス・年間五万五千ドルの「後払い報酬」を貰っている。[14]
おそらく、次の例が、後払い報酬の古典的な例であろう。ある有名な興業主の下で働いていた一人の男が、三ヵ年間、年間五〇万ドルを要求しうる地位を占めていた。「そうする代わりに、その男は、今後三〇年の間、年間五万ドルを受け取る契約を結んだ。その男が八〇歳近くにもなってなおショウ商売で活躍できるなどとは、だれも真面目には考えはしない。しかし、かれは、自分の収入を先に延ばし、収入を低所得のカテゴリーに据えおいた結果、自分が払わねばならぬ所得税の総額を減らしたのである（ある人の評価によると、六〇万ドル近くの得になるという）」[15]。そのような巨大な額の取りきめは、ショウ商売の世界だけにかぎられない。ただ、この世界でのことは、よく知られているというだけのことである。もっとも尊敬され、もっとも堅実な会社ですらも、今日では、そのような手段によって、自社の重要幹部たちに配慮をしているばあいが往々にしてある。
経営者たちは、市場価格あるいはそれ以下の価格で、株を購入する選択権（一定の制限がつけられてはいるが）をあたえられている。これは、経営者を会社に引きとめる作用をする。というのは、一定の期間（たとえば、一年）が過ぎた後でなければ、この権利を行使することができないようになっていたり、長い間（たとえば、五年間）にこれだけの株しか買えないとかいうような制限があったりするからである。[16] 損害の危険を負わぬ企業家としての経営者は、この権利を行使すれば、ただちに利益（前にきめられた購入価格と、かれがそれを購入するときの市場価格との差額）をうることができる。後になってこの株を売り、利益を得ても、その利益の大部分は当局から課税対象とみなされない。すなわち、資本収益としての低い税率で課税されるだけである。自分の選択権を行使するさいに金を借り入れて株を買ってはならないということはなく、また、六ヵ月たった後に、最高の市場価格でそれを売却してもかまわない。例をあげれば、一九五四年に、ある飛行機会社の社長は、給料・ボーナス・年金証書などの形で約一五万ドルの収入を得ていた。しかし、税金を引くと、わずか七万五千ドルしか残らなかった。しかしながら、もし会社の選択権規定によって自分の買った一万株の株を売ろうと思えば、あらゆる払うべき税金を払っても、五九万四三七五ドルを家にもちかえれるのである。[17] ニューヨーク株式市場に登録されている会社の約六分の一は、一九五〇年に税法が改正され株選択権が資本増価とみなされて有利になって一年かそこらのうちに、経営者たちに株選択権をあたえるようになった。[18] そのとき以来、この習慣が広まったのである。

三

会社富豪は、財産をもった富者である。しかし、かれらの享受しているのは、大財産だけではない。また、会社富豪は、多額の収入を手に入れ、それを維持することができる。

しかし、かれらが手に入れ、維持しているものは、たんに高額の収入だけではない。かれらは、巨大な財産と高額収入の他に、会社からあたえられる種々の特権を享受している。このような特権は、会社組織の中に組みこまれたアメリカ経済で、新たに出現した地位のシステムの一部を成すものである。今日では、これらの会社富豪の地位にともなう特権は、ごく普通の慣例となっており、会社運営の基本的な——固定的ではないにせよ——特徴であり、成功にたいする報酬の一部となっている。それらの特権を批判したところで、それらの特権を左右しうる地位にある人々は、なんらの反応も示さないだろう。ましてや、それらの特権の強固な基盤である会社組織の世界を支配する人々は、そのような批判にたいしてびくともしない。

年間収入や財産所有の状態をいくら検討しても、このような特権についてはなにもわからない。これらの特権は、いわば上層のグループの余得である。下層の俸給生活者や賃金生活者たちにあたえられている「余得」は、おもに会社からあたえられる年金制度や福利施設、社会保障や失業保険などであるが、それらは、一九二九年の全国の賃金支払総額の一・一％から、一九五三年の五・九％にまで上昇している(19)。大会社の絶対安全の地位を占めている企業家たちにあたえられる「余得」を正確に計算することは不可能ではあるが、しかし、それが、上層の地位にともなう報酬のきわめて重要な部分を占めていることは確かである。会社富豪が、決定的に特権階級の一員であるとみなされるべきである理由はここにある。かれらの財産と収入の源泉である会社は、同時に、特権と恩恵の源泉である。

多種多様なこれらの特権は、かれらの消費水準を実質的に向上させ、経済組織の景気の波の変動にたいして、かれらの地位を保護し、かれらの全生活様式に影響を及ぼし、かれらを会社組織の経済自体と結びつけて、組織のもつ安定性をかれら個人にも及ぼす。これらの特権は、税金を免れることによって、富裕な人々の財産と安定を増加させる目的をもつものであるが、同時にまた、会社にたいするかれらの忠誠心を強化するのである。

大会社の幹部の地位にしばしばともなう種々の役得のうち、次のようなものは税務署に報告されたことは一度もない。無料の医療サービス、クラブの会費の会社もち、税金や財政、法律などの助言を会社お抱えの弁護士や会計士から受ける便宜、ゴルフ・コースや水泳プール、体育館などの顧客接待のための施設や個人用の娯楽施設の利用、幹部の子弟のための奨学金、会社の自動車や幹部用食堂の利用など。一九五五年までにマンハッタン地区で登録されたキャデラックの三七％、フィラデルフィア地区のそれの二〇％は、会社名義であった[20]。「幹部たちを優遇しようと思う会社はすべからく業務上の出張のために会社の飛行機を買い、またその大顧客たちを楽しませるために、ヨットを一隻と、北部の森林地帯に狩猟用の山小屋をもつべきである」[*]と、最近、ある誠実な第三者が忠告している。つづけてその先を聞こう。「総会は、真冬にマイアミで開くがよい。そうすれば、会社幹部は、無料ですばらしい旅行と休暇の便宜を享受できる。幹部たちは、冬には南方へ、夏には北方へと旅行することができる。旅行の口実として仕事を抱え、得意先の人をつれながら、大いに楽しむことができる。家にいるときには、幹部たちは、お抱え運転手付の会社の車を乗り回すことができる。ゴルフ・コースで得意先を接待するためなら、会社は最上級のカントリー・クラブの入会金を喜んで払うし、得意先と昼食や夕食をともにして親密さを深めるためなら、最上級のクラブの入会金を喜んで払うのが当然である」[21]。読者諸氏はこのような例をただちにあげることができるだろう。また、そのへんで見出すことができるだろう。しかも、このような傾向は、ますます増加してきている。会社幹部たちはそれらを無料で利用できるし、また、会社は、業務遂行上の必要経費としてその費用を控除されるのである。

＊ 今日では、実業家の専用飛行機による飛行時間は、四〇〇万時間近くにたっしている。この飛行時間は、全定期営業航空路を合計したものより多い[22]。

これらの地位にともなう役得は、さらには、会社とは直接の雇用関係にない得意先の購入担当者や関係者にたいする贈物——自動車や毛皮の外套などの大人のための玩具や、冷蔵庫のような日常用品の気前のいい贈与にまで至るばあいがある。これらすべては、広く知られていることであるし、政界では問題になっていることである＊。しかし、ある程度高い地位についている会社幹部は皆よく知っているように、そのような業務上の友人間の贈物は、大会社の内部で、とくにその相互間では、ごく普通にみられる慣行である。

＊ 例をあげれば、「過去二年間に、三〇〇人以上の議員たちがアメリカの納税者の費用で（三五〇万ドルを超えると非公式に推定されている）、海外旅行をした官費旅行の多くは、疑いもなく、有益かつ正当な、事実を発見するための旅行ないし視察であろう。しかし、その残りは、うわついた無銭旅行であ

る。先週、国会規則委員会は、官費旅行にたいする取締り警告を出した。……」「あらゆる視察機関にたいして承認をあたえるこの委員会は、今後、官費による外国旅行は、外交、国防、島嶼問題の各委員会のメンバーだけに許可するようにしたいと考えている、と言明した」。この『ニューヨーク・タイムス』は、次のように結んでいる。「議会筋では、〝今年の夏は、いつもパリで開かれる委員会は、定足数不足で困るだろう〟という冗談が先週はやっていた。」(23)

例をあげれば、一九一〇年にさかのぼると、ウェスト・ヴァージニアの丘陵地帯にあるホワイト・サルファー・スプリングスは、バー・ハーバーやニューポートと同一の社交圏にあった。一九五四年に、ホワイト・サルファー・スプリングスにグリーンブリアー保養ホテルを所有しているチェサピーク・アンド・オハイオ鉄道は、鉄道の荷物の得意先の(あるいは得意先になりそうな)、また招待されて喜びそうな会社幹部たちをそこに招待した。一九四八年に招待したときは、この会社が一切の費用を払った。しかし、招待された実業界・社交界・政界の名士たちの反響は非常に大きかったので、今度はかれらは自分の費用でやってきたのである。この保養地は一年中開いている。しかし、温泉祭のときが、大きな社交的機会であり、金儲けの機会である。(24)

フロリダでは、平均三〇〇〇人の人口をもつ保養都市が新たに建設されつつある。この町は、一年契約で、会社幹部やその招待客に貸されるはずである。会社はそれを従業員に又貸ししてもいいし、あるいは、それを顧客の接待や、総会とか重要な会議を開催するために使用する期間の経費を、営業上の費用として帳消しにしてもよいのである[25]。

コンティネンタル・モータース社は、アーカンソーのロースト・アイランドで、鴨狩りを催している。この会社は、会社幹部たちが昇進して重要な顧客となるころには、ゴルフとかカクテルとか晩飯とかナイト・クラブなどのおきまりの接待は時代おくれになってしまうだろうと考えて、五〇年ほども前から「顧客関係改善計画（カスタマー・リレーションズ・プログラム）」をつくり、実施してきたのである。そのような「山小屋タイプ」の引きこもりは、消費財生産産業よりも第一次生産財産業におもにみられる。ここでは、大きな取引は、社長同士の間できめられるのである。狩りに招待される人は、「社長か副社長か、または軍の高官たち」ばかりである。その近所に、すくなくとも三つの会社が、鴨猟クラブをもっている。顧客ばかりでなく、その会社の幹部連も、そのような家鴨・鹿・ますの猟のための施設の利用者である[26]。

よりいっそう知られているのは、業務経費勘定（エクスペンス・アカウント）の事実である。この事実は、広範に広がり、また深く食いこんでいる。しかし、この事実にたいするまともな研究はなされていない。この業務経費勘定だけによって、新しい特権階級がどの程度の高い生活と刺激に満ちた娯楽を享受しえているか、についてはだれも知らないし、確実なところを知る方法もない。「ある会社の副社長は」と経済学者リチャード・A・ジラードは最近報告している、「かれがしようと思ういかなる娯楽の費用にあててもよい金を、毎年二万ドルかっきりあたえられている。かれが会社と結んだ契約では、その金にたいしてはいかなる会計報告も出さなくてよいことを明記してある[27]」。税務署は、このような業務経費の控除をめぐって、会社富豪のメンバーたちとたえず鬼ごっこをしている。しかし、税務官たちは、一つ一つのケースが独自であるといっている。ということは、なんらの規則も設けられていないということであり、税務官の責任は広い。

「劇場関係者の推定によると、ニューヨークの劇場の観客の三〇％から四〇％は、会社の金で見にきた観客であり、しかも、この三〇％ないし四〇％というパーセンテージは、劇場が赤字になるか黒字になるかをきめるパーセンテージである」[28]。そればかりではなく、ある調査者の感じでは、「ニューヨークやワシントンやシカゴのような都市では、いかなる時点でも、第一流のホテル、ナイト・クラブ、レストランにいる人々の半数以上は、勘定を業務経費の項目に入れ、会社のつけに回している。それは、さらには、税金控除という形で政府のつけに回されるのである」。さらにつづけて、かれは、周知の事柄を改めて断言している。すなわち「会社にたいして業務経費を請求するさいには、他のときには非常に立派な紳士である人の、ふだんはかくされている悪人根性、強欲、虚偽が顔を出してくる。業務経費請求の書類は、昔から、その愛用者たちによって、『虚偽書類（スウィンドル・シーツ）』というあからさまな名で知られている。経費請求書類の項目書込みは、会社の経理監査官との間に競われる一種のウィットのコンテストであるとみなされている。このコンテストでは、奇想天外な嘘と事実の混合を多数用い、それに、真赤な嘘とまったくの空想をごく少数、さらに監査官がどんなに激怒しても嘘だとは完全に証明できぬことならなんでも使うことは、完全に正当であると考えられている。」[29]

以上で報告したのは、けっして、会社富豪の諸特権の全部ではない。というのは、われわれは、おもに、法律的に、また公的に認められたタイプに限定したからである。新しい特権の多く――ことに上層幹部の役得――は、ずっと以前、国家の首脳や高級官吏たちのよく御存知のところであり、まったく当然と考えられていることである。知事には「知事公舎」が無料であたえられている。大統領にも、年間五万ドルの免税の費用の他に、ホワイト・ハウスがあたえられている。ホワイト・ハウスの中には、行政事務室だけではなく大統領個人のための住居がある。しかし、会社が、大財産にともなう諸特権をしっかりと支える場所となってくるにつれて生じた変化は、そのような役得が私人としての富豪の間でもノーマルとなり、かれらが会社富豪に転化してきたことである。会社幹部たちは、幸福な気分に浸りながら、自分の会社は〝一大家族(ワン・ビッグ・ファミリー)〟であると目を細めていうとき、かれらはまさに、アメリカ社会の階級構造の社会学的真実を語っているのである。会社富豪の間に分有されている財産にともなう権力と特権は、今や、集合的(コレクティヴ)なものになっている。個人は、会社組織の世界の一部であるかぎりでのみ、そのような諸特権をもっとも確実に獲得しうるのである。

四

今日のアメリカでは、かつてのような巨大な収入はなく、高率の税金が課せられているために、個人の快楽と権力はその範囲内に制限されている、というイメージが一部にはあるが、それは真実ではない。税金などにはびくともしない巨大な収入があるし、税金を脱税し、あるいはそれを最小限に止める種々の方法がある。アメリカでは、会社富豪の階層が維持され、しかも、年々つくりだされ、維持されている。かれらの多くは、一人では使いきれぬほどの金を持っている。かれらの多くの者にとっては、ある品物の価格などまったく問題ではない。かれらは、メニューの右側の欄を見る必要を感じたことは一度もない。かれらは、他人から命令を受け、かれら自身が自ら課した仕事を除いては、不愉快な仕事をする必要を感じたことはない。かれらは、経費(コスト)を考えてどちらを採択するかというような状態におかれたことは一度もない。かれらは、必要に迫られてなにかをする、という状態になったことがない。こういう具合に、外側から見える点からいえば、かれらは自由である。

しかし、かれらはほんとうに自由なのか。

答は「イエス」である。かれらの社会の枠の中で、かれらはほんとうに自由である。しかし、金を持っていることが、なんらかの形でかれらを制約するのではないだろうか。答は「ノー」である。そういうことはない。

しかし、それは軽率な答ではないか。もっと慎重な、深く考えた答はないのか。深く考えた答とはどんな答か。また、自由とはなにか。他の意味も含んではいるだろうが、とにかく、自由とは、自分の欲するときに、欲する方法で、自分の欲する行為をする力をもっている、ということだ。アメリカ社会では、自分の欲することを、欲するときに、欲する方法で行なう力は、金を必要とする。金は力をもたらし、力は自由をもたらす。

しかし、これらすべてにたいして、なんらの制限もないのだろうか。

もちろん、金の力と、その力にもとづいた自由とには限界がある。また、あらゆる水準での守銭奴（マイザー）や浪費家（スペンドスリフト）に見られるように、金持たちの自由への能力を歪める心理的わなもある。

守銭奴は、金をもつことそれ自体を楽しんでいる。浪費家は、金を費うことそれ自体を楽しんでいる。いずれも、その純粋なタイプのばあいには、金を、自由への手段、あるいは、なんであれ人生の諸目的への手段として見ることができない。守銭奴の楽しみは、その金を費う能力の可能性にある。だから、かれは、実際に金を費うのを差控えるのである。かれは、この可能性を失うことを怖れ、しかもその可能性を実現したことのない緊張にさらされている人間である。かれの安定と力は、その金の堆積にあり、それを失うことにたいする怖れは、かれの自我そのものの喪失にたいする怖れである。かれは、たんなるケチン坊ではなく、また、かならずしも、たんに、欲の深い人間でもない。かれは、経済システムの無力な漂流者である。なんらかのそれ以上の目的にたいする手段としてではなく、それ自身のための金の所有が、人生の目的となっている人間である。かれは、経済行為を完結しえない人間である。大部分の経済人にとっては一つの手段である金が、守銭奴にとっては専制君主的な目的となっている。

他方では、浪費家とは、物を買うことや贈り物をすることそれ自体が楽しみの源となっている人間である。かれは、買った物から得られる慰安や楽しみを予想して、金を費うのを楽しんでいるのではない。無意味な浪費それ自体がかれの楽しみであり、報酬である。この行為の中に、たんなる金にたいする浪費家の無関心がはっきり表わされている。かれは、金銭的考慮など超越していることを示すために消費を人に見せびらかす。こうして、じつは、金銭をいかに高く評価しているかをあきらかにしているのである。

あきらかに、金のシステムの生んだこれらの畸形児のどちらも、今日のアメリカの富豪の間で見出しうる。しかし、それらは典型的富豪ではない。会社富豪の大部分のメンバーにとっては、金は、満足をもたらす交換の手段に——途方もなく多彩な具体的な諸目的の純粋な手段にとどまっている。かれらの大部分にとっては、金は、安楽と愉快、地位とアルコール中毒、安全と権力と経験、自由(フリーダム)と退屈(ボアーダム)を買う力をもっている点で評価されているのである。

金のシステムの最下層では、人々は充分な金をもっていない。金は、その日暮しの手から口への生存をつなぐ媒介物である。ある意味では、人々は、金のシステムより下におり、そのシステムの一部となりえない。

中層では多くのばあい、金のシステムは、はてしなく回る踏み車である。充分な収入をもたず、年間六〇〇〇ドルの収入ももったことのない人間は、次の年に八〇〇〇ドルの収入を得たとしても、別段暮しは楽にならない。このような水準の人々は、たとえ一万五〇〇〇ドルの金を手にするようになったとしても、金のシステムの罠にひっかかり、やはり踏み車の上であくせくしなければならないのではないか、と疑っている。

しかし、富の規模が一定の点を越すと、質的な断絶が生ずる。すなわち、金持は、自分たちは充分な金を持っているので、金のことをまったく考えなくてもよいと感ずるようになる。かれらこそは、金をめぐるゲームに真の勝利をおさめた者であり、金をめぐる闘争を超越している。金銭を中心とする社会（ペキュニアリィ・ソサィエティ）では、こうなって始めて、人々は自由たりうる位置にある。金の獲得の経験やそのために払う代償は、もはやかれを縛りつけない。かれらは、金のシステムを超越し、踏み車の上でのはいつくばりを知らぬ。かれらにとっては、金を多く手にすればするほど欲望の目標を充たすのが困難になる、ということはもはやない。この点からいうと、金持とは個人的消費者であると定義できよう。

極貧者にとっては、必要最低限の目標さえ満たされることがない。中流階級の人々にとっては、つねに新たな目標がある。物質的生存のための目標は満たされたとしても、地位の目標がたえず現われる。大富豪にとっては、目標が引き裂かれることはけっしてない。人間としての制約の範囲内では、かれらはもっとも自由なアメリカ人である。

百万長者たちが社会の絶頂で見出したものは物悲しい、空しい地位にすぎぬとか、金持たちは自分たちの富をどう使ったらいいか困っているとか、成功をおさめた人々は無意味感にさいなまれるにいたるとか、成功者は金持になることもあるが貧乏のままであることもある――このようなイメージ、要するに、金持の悲哀という観念は、金をもたぬ人々が事実と和解しようとする一つの方法にすぎぬ。アメリカにおいては、富は、それだけで満足をもたらし、さらにはより多くの満足に導くものである。

真の大富豪は、自分のちょっとした気まぐれや空想や病みつきを、巨大な規模で実現する手段をもっている。「富は大きな特権である」とかつてバルザックはいった、「そして、その特権の中でもっとも羨しいものは、考えや感じをとことんまでおし進める力であり、多種多様な気まぐれを実現することにより感受性を敏感にしうる力である」。富豪たちは、他の人間と同じく、この点では単純な人間味あふれた面をもっている。しかし、かれらの玩具はより大きく、より多く、また一時により多数の玩具をもつことができる。*

＊ ハワード・ヒューズに結びつけて考えられている事業の一つは、九〇〇万ドル近くの価格でフロイド・オドラムから、RKOを買収したことである。なぜ購入したのかと問われて、ヒューズは真面目な顔をしてこう答えた。「ちょうど、疱瘡にかかったように、そうしたくなっただけさ。……フロイド・オドラムからRKOを買収したただ一つの理由は、買収の細目の折衝の期間に、インディオ（キャリフォルニア）にあるオドラムの農場へたびたび楽しい飛行機旅行をしたからだ。」(30)

金持たちが幸福かどうかは、証明も否定もできないことだ。しかし、アメリカの富豪たちは、金と金に換算されうる価値が、最高の報酬とみなされている社会における勝利者であることを想起しなければならない。富豪たちが幸福でないとすると、われわれのうちには幸福な者などない。そのうえに、かれらが不幸であるなどと信ずるのは、非アメリカ的である。というのは、もしもかれらが不幸であるとすると、まさに、アメリカにおける成功の条件、すべての健全な人々の願望が、崩れ去ってしまうのである。

たとえ、アメリカのすべての人々が、人間として、惨めであると仮定しても、だからといって、富豪たちはなおいっそう惨めであるということにはならない。また、もしも皆が幸福であるとしたら、富豪たちがこのすべてのアメリカ人にあたえられた祝福から除外されていると考える根拠はない。もしも、全社会がそれに向かって進むように仕組まれている、まさにそのゲームの勝利者が「幸福」でないとしたら、そうすると敗北者は幸福だということになるのか。アメリカの社会の内部で生活している人間だけが幸福で、アメリカの社会と一体となって生活している人間は幸福ではありえないと信ずべきなのか。敗ければ不幸であり、勝てば恐ろしいとするならば、成功というゲームは、実に悲しいゲームではないか。しかも、このゲームは、アメリカ文化の内部にいる、また、それを構成する人はだれでもせざるをえないゲームである故に、いよいよ悲しいゲームである。というのは、そのゲームから退くことは、たとえ主観的には敗北ではないと思っても——このように思うのは精神的不健全に近い——いうまでもなく客観的にはゲームに敗れることである。われわれは、アメリカの富豪たちは幸福であると単純に信ぜずにはいられない。そうでなければ、あらゆる努力にたいするわれわれの信頼がぐらついてしまう。というのは、アメリカの人々にとっては、人間社会のあらゆる価値のうちで、一つの価値のみが真に最高であり、真に普遍的であり、真に健全であり、心から受け入れられる価値である。その目標こそ金であり、敗北者の負け惜しみは通用しないのである。

バルザックの作品に登場する一人物はこう叫ぶ。「他の金持が皆そうであるように、かれは王のような存在である。かれは、しようと思えばなんでもでき、あらゆるものの上にいる。『すべてのフランス人は法の前では平等である』などというのは、憲章の冒頭に記された嘘にしかすぎない。かれは法になど従わない。法がかれに従うのだ。大金持には、なんの束縛もないし、命令を下す首長もいないのだ。」「いやいるぞ。かれら自身が首長なのだ」とラファエルは答えた。「またそんな偏見をいうのか」と銀行家は叫んだ。

五

会社富豪の獲得した新たな特権の中には、金の力が消費と個人生活の領域でもたらすものも含まれている。しかし、金の力、経済的地位のもたらす諸特権、会社財産にともなう社会的・政治的発言力は、財産——かれ個人のものにせよ会社のものにせよ——の増殖や消費生活の領域だけにかぎられない。じっさい、アメリカのエリート——この会社富豪はその一部にすぎないが——を問題にするならば、消費物資にたいする支配力などということよりも、財産にともなう制度的権力のほうがより重要であろう。

I　憲法はアメリカ合衆国の最高の政治的契約である。修正第十四条によって、アメリカ合衆国憲法は、この会社富豪の住居でありかれらの仲間である会社幹部によって運営されている私企業にたいして、しかるべき法律的保護を与えている。この国の政治的構造の内部で、この会社(コーポレート)エリートは、一組の支配グループを構成し、頂点から下へ広がり、頂点から動かされているヒエラルヒーをつくりあげている。最上層幹部は会社組織の頂点に坐している。そして、この会社組織の世界は、国家の政治的主権の領域内部で、経済的主権をもった一世界を構成している。この最高幹部たちが経済面における発議権を握っており、また、かれらはそのことを自覚し、それを自己の特権と感じている。かれらはいわば産業荘園制度(インダストリアル・マナーリアリズム)の領主であり、連邦政府が配下の大衆の福祉にたいして社会的責任を感じて種々の施策をなすのを、あまり喜ばない。かれらは、自己の会社組織で働いている労働者、販売業者などは、自分たちの世界の隷属者であるとみなしている。また、かれら自身については、自分たちはアメリカの伝統たる個人主義を体現した人間としてこの頂点の地位にまで昇進したのだと考えている。

この最高幹部が、私企業組織に組みこまれたアメリカ経済の運営者である。ここで、過去二〇年間を通じて、私企業にたいする政府の干渉は実はたいしたものではなかった、ということに注意しなければならない。というのは、われわれが検討した政府の統制の事例のほとんどすべてのばあい、政府の統制機関そのものが私企業の前哨地点になっていく傾向が見られるからである。生産設備の支配は、物の支配を意味するだけではなく、財産を持たぬためにそこで働かねばならぬ人々にたいする支配でもある。私企業は、工場や鉄道、事務所などでの人々の労働を拘束し、管理する。私企業は労働市場の状態を決定し、あるいは、その状態をめぐって、労働組合や政府と争う。私企業は、いくら、なにを、いつ、どうして生産し、どれほどの価格をそれにたいして要求するかをその名において決定する。

II　金の所有者のもつ経済的勢力は、金を媒介にして、政党にたいする発言力となる。十八世紀において、ウィリアム・ジェニングス・ブライアンと、ポピュリストの「悪夢」とによって政治的恐慌がひき起されたとき、マーク・ハンナは、それに対抗するために、富豪たちから政治資金を集めた。メロン、ピュー、デュポン一族は、これまでずっと重要な選挙資金献金者であった。また、第二次大戦後では、テキサスの百万長者たちは、相当な額の選挙資金を全国的にばらまいている。かれらは、ウィスコンシン州のマッカーシー、インディアナ州のジェンナー、メリーランド州のバトラーとビールを援助した。例をあげると、一九五二年には、ある石油王（ヒュー・ロイ・カレン）は、三一人の候補者にたいして一人当り五〇〇ドルから五〇〇〇ドルの献金（総額はすくなくとも五万三千ドルになる）をし、かれの二人の女婿も、一〇人の候補者を援助した（すくなくとも一万九七五〇ドル以上の総額になる）。テキサスの大富豪たちは、すくなくとも三〇州にまたがって、自分の金を州政治に注ぎこんでいるという。マーチソンは、一九三八年以来、テキサス以外の州でも、候補者にたいする政治献金を行なっていた。もっとも、このことは一九五〇年までは知られていなかった。一九五〇年に、かれら夫妻は、ジョーゼフ・マッカーシーの求めに応じて、メリーランド州選出の上院議員タイディングスを打ち破るために一万ドルの献金をした。一九五二年には、コネチカット州選出の上院議員でマッカーシーの政敵であるウイリアム・ベントンを打ち負かすために献金した。

一九五二年には、「民主党と共和党の六つの最高政治委員会は、その献金受取総額（このばあいの総額とは、二つないし三つの州にまたがって献金をした団体から受け取った金だけについてである）の五五％を一〇〇〇ドル以上の二四〇七件の献金から得ている。[*] そのような数字は、最大限にひかえめの数字である。というのは、ちがった名前で献金されていても、実は同一の家族のメンバーであるばあいが多く、このことは簡単にはたしかめえないことであるから。

＊ 共和党にたいする献金リストのトップの方を占めているのは、ロックフェラー一族（九万四千ドル）、デュポン家（七万四一七五ドル）、ピュー家（六万五一〇〇ドル）、メロン家（五万四千ドル）、ウェイアー家（二万一千ドル）、ホイットニー家（一万九千ドル）、ヴァンダービルト家（一万九千ドル）、ゴウレット家（一万六八〇〇ドル）、ミルバンク家（一万六五〇〇ドル）、ヘンリー・R・ルース（一万三千ドル）である。民主党にたいする献金リストの上位を占めているのは、ナッシュヴィルのウェイド・トムソン家（二万二千ドル）、ケネディ家（二万ドル）、フィラデルフィアのアルバート・M・グリーンフィールド（一万六千ドル）、ペンシルヴァニアのマシュー・H・マクロスキー（一万ドル）、マーシャル・フィールド家（一万ドル）である。[31]

Ⅲ しかし、むき出しの選挙資金の献金は、富める者の行使する政治的勢力のおもな部分ではない。また、財産のもつ勢力を政治的目的に転換させているのは、大富豪ではなく、むしろ大会社の最上層幹部――すなわち、大財産階級を会社組織の世界で再編成する役割をはたしている人々――である。会社組織の世界と政治的世界との関連がより複雑化してくるにつれて、これらの会社幹部たちと政治家との間には親密な個人的つながりが生じてくる。とくに、アメリカ政府の政治幹部会（ポリティカル・ディレクトレイト）を構成する枢要政治家（キー・ポリティシャン）との個人的つながりが生じてくる。

われわれが従来いいきかされ思いこんできたイメージに従うと、十九世紀の経済人は、敏腕な取引きと値切りの「専門家」であった。しかし、大企業の発展と、経済領域にたいする政府の干渉の増加にともなって、淘汰され形成されてきた新たな特権的経済人は、市場での取引きや値切りの名人ではなく、職業的な経営者であり、如才ない経済政治家（エコノミック・ポリティシャン）である。というのは、今日では、自己の財産をもった経営者であれ、他人の財産を運用している経営者であれ、経済人として成功するには、自己の会社にたいして重要な結果を及ぼす決定を下す政府内の地位にたいして影響力を行使し、コントロールしなければならない。いうまでもないことだが、戦争は、経済人のこのような傾向を促進し、企業の活動は、経済的手段ばかりでなく政治的手段をも通じて行なわれることの必要を生ぜしめた。戦争は、私企業形態の経済にたいする壮健剤である。戦時には、政治と経済の結合がいっそう強化され、さらに、私企業の活動は、国家の安全というもっとも異議の出ない種類の政治的大義名分をかかげて、そこから利益を得たのである。

「第一次大戦以前には、実業家たちは互いに闘争していた。大戦後は、かれらは団結し、消費者にたいして統一戦線をしいた」[32]。第二次大戦にさいしては、かれらは、戦争遂行のための多数の諮問委員会に参加した。さらに、多数の実業家が予備役将校としての地位をあたえられ、かれらはより永続的に軍事機構の中に入りこんだ。[*]これらすべてのことは、ずっと以前から進行しており、また、どちらかといえば、よく知られていることである。しかし、アイゼンハワー政権では、会社幹部たちが、公然と、政府の行政機関の重要ポストを占めている。以前の隠然たる勢力と漠然とした契約とに代わって、あたりはばからぬ公然たる発言がみられる。

* 第二次大戦中にワシントンで政府職員として奉仕した民間人の出身についてのある調査によれば、産業が政府に貸付けたものは、きわめて少数の例外を除いて、その金融面の専門家であり、生産面の経験者ではなかった。すなわち、「軍需生産局（War Production Board）にはセールスマンや購入係がたくさん入っており、この連中の上に立っているのは、前にウォール街の投資銀行家であったフェルディナンド・エバースタットである。これらの連中はその任務にとくにむいた資格と能力をもっているのだといういいわけがなされていたが、先月、軍需生産局は、かれらに産業生産の基礎を教える特別訓練コースを受けさせる必要を認め、このいいわけはこっぱみじんに粉砕された。……民間出身の役人たちが、軍需生産局の給料名簿を自分の会社のセールスマンや購入係たちで埋めていることがここからわかる。この民間出身の役人たちは、産業の最高幹部や金融専門家であり、戦争に勝利をおさめるために政府にたいして産業からあたえられたいわば貸付資金であると考えられている。ところで、産業の最高幹部は、二つのタイプの人々から成っている。……一つのタイプは生産専門家であり、もう一つのタイプは金融

専門家である。……産業は、自分のビジネスのために、その生産専門家をとっておき、貸さなかったのである。[33]」

このへんの事態の分析はきわめて微妙である。内務長官ダグラス・マッケイが一九五三年四月二九日に商業会議所の友人たちに、ふともらした次のような発言[34]から、事態をうかがえばそれで足りるだろう。かれはいった、「われわれは、実業界と産業界を代表する政府として、権力を握っているのだ」と。また、国防長官ウィルソンは、アメリカ国家とゼネラル・モーターズ社の利害は同一である、と断言している。こういう発言は、政治的には大失態である。ことに、もし反対党が存在するならば——アメリカにはそんなものは存在しないのだが——、大失態となっただろう。しかし、それはそれとして、この発言は、深く根を張っている信念と意図をよく表わしているものではないだろうか。

ちょうど「中立的」労組リーダーが第三党を恐れるように、会社幹部の中には、そのような政治的色彩の明確化を恐れる者もいる。永い間、会社富豪たちは、野党として訓練されてきた。その中の機を見るに敏い連中が、今や自分たちが表舞台に出る幕がきたと、おぼろげながら感ずるようになっている。アイゼンハワー政権成立以前では、会社富豪たちは勢力を行使しても、容易に政治的責任を回避することができた。しかし、アイゼンハワー政権成立以後では、そういうふうにはいきがたくなった。もし事態が悪化したばあいには、会社富豪たち、そしてまた実業界一般は、非難を浴びせられるだろう。

しかし、『フォーチュン』誌の編集部主幹ジョン・ノックス・ジェサップの考えによれば、古くさい国家に代わって、今や企業が自治機構の枠組としての役割をはたす能力をもっており、そうすれば、権力の中間水準の真空状態を埋めることができる、という。その理由は、経営者は、会社組織という共同体の首長であり、その配下にあるすべての構成員を充分に幸福にするという政治的任務をもっているからである。ジェサップ氏の説によれば、経済的領域と政治的領域のバランスはすでに崩れてしまっている。「国家を繁栄状態に保とうと欲する大統領は、ちょうど会社が繁栄するためには大統領に依存しなければならないのと同程度に――あるいはおそらくそれ以上に、私企業に依存しなければならない。この依存関係は、かつてジョン王が、マグナ・カルタ調印地のラニミードの土地貴族たちに依存せざるをえなかったのと、似ていないことはない。」[35]

しかしながら、一般的にいえば、会社富豪の一員としての会社幹部たちのイデオロギーは、イデオロギーなき保守主義である。自分たちは成功者の一団である、という理由しかもたないばあいがあるにせよ、とにかくかれらは保守主義者である。かれらがイデオロギーをもたぬのは、かれらは自分を「実際家」だと思っているからである。かれらは問題をつきつめて考えることはしない。目の前に提出された二者択一に反応するだけである。かれらのもっているイデオロギーとは、かれらのそのような反応から推察されたものにすぎない。

過去三〇年の間に――じっさい、第一次大戦以来――、政治家と財界人との区別はしだいに消滅しつつある。たしかに、過去においては、政治的舞台にあまりに永くとどまっている経営者は、仲間の経営者から不信の目でみられた。経営者たちは、必要に応じて政治的舞台に登場し、また勝手に退場することを好んでいた。過去においては、かれらは政治的責任を負っていなかったから、そういうこともできた。しかし、近頃では、会社幹部が、自ら政府のポストにつくことがますます多くなってきている。そして、その結果、政治と経済は実質的に新たな形態を帯び、そしてその政治と経済の頂点には、会社富豪の代表者が座しているのを見出すことができる。*

＊ 会社幹部の政治的役割についてのより充分な説明については、第十二章「権力エリート」を参照。

会社富豪の政治的権力についてのこれらの明瞭な諸事実が提起している問題の中心は、かれらの個人的誠実さの問題でもなく、まして、かれらが、富と威信と権力を個人的に獲得しているというような問題でもない。たしかに、上層グループの道徳的腐敗の一般的蔓延と権力エリート全体の構造に注目するばあいには、重要な問題であり、われわれはのちほどそれを取り上げて論ずるであろう。しかし、重要な政治的問題は、これらの諸事実が、会社富豪とわれわれのいう政治幹部との構造的結合を証明する証拠の一部になりうるかどうかである。

大富豪と会社の最高幹部たち、地方社会や大都市上流社会の上層諸階級、会社組織の世界の枢要な地位を占める諸派閥――これらは、はたして、正式の政治システムのうえでも、多くの権力的地位をじっさいに占めているのであろうか。いうまでもなく、かれらは、政府にたいして強力な働きかけを行なってきたし、その内部で種々の特権を獲得した。しかし、かれらは、過去において、政治的に積極的であったのだろうか。また、現在はどうか。表向きの伝説、学者たちの間で信ぜられている神話、一般に信じられているおとぎ話とは反対に、この問題にたいする答は、複雑ではあるが、しかしはっきりと肯定的である。

しかしながら、政治機構が、会社組織の世界のたんなる延長にすぎないとか、会社富豪の代表者たちによって乗取られているとか信ずるならば、それはまったくの誤りである。アメリカの政府は、単純に「支配階級」の委員会ではない。構造的事実からいってもそうではない。それは、諸「委員会」の網の目であり、会社富豪以外の、他のヒエラルヒー出身の人々も、これらの委員会に列している。これらの人々のうちでは、職業的政治家がもっとも複雑な構成を示しているし、また、軍部高官、ワシントンの大将軍（ウォーローズ）たちがいちばん新顔である。

第八章　将軍たち

（原語標題はWarlords. この言葉は日常用語ではなく、帝政ドイツのカイゼル、中国の軍閥など好戦的な権力者を貶価的に指す言葉である。「大将軍」とでも訳すべきか。ミルズの辛辣な用語法の一つ。ただし、訳文では、煩わしさを避けるため、たんに将軍とした。――訳者）

歴史の舞台を観察すると、近代社会の頂点で、権力の分配の顕著な変化が十八世紀を通じて進行しつつあるのに人々は気づくようになった。すなわち、文官が権威ある地位につき、軍事的強制力を握る人々を統制するのに成功した。軍人の勢力は、閉じこめられ、中立化されて、衰退した。もちろん、過去においても、時と場所とによっては、軍人が文官の下す決定の下僕であったこともある。しかし、十八世紀において現われたこの変化――これは、十九世紀にその頂点にたっし、第一次世界大戦までつづいた――は、当時においても、また、現在から見ても、きわめて注目すべきものである。というのは、このように大規模にこの傾向が起ったことはかつてなかったし、このように確固として根をおろしたように見えたこともなかったからである。

二十世紀になると、世界の工業化の進んだ諸国家では、この文官の優位という、偉大ではあるが束の間で不確かな事実の足元がぐらつきだした。そして、ナポレオン時代から第一次世界大戦までの永い平和が終るとともに、今や、世界歴史の昔ながらの歩みが再び頭をもたげ始めたのである。全世界を通じて、将軍たちが返り咲いてきている。全世界の現実は、将軍たちの出した条件によって決定されている。そして、アメリカにおいても、政治的真空（ポリティカル・ヴァキューム）の中へと、将軍たちが進軍してきた。会社重役や政治家と肩を並べて、将軍たち——アメリカのエリート内部においては優遇されなかった将軍たちが進出してきて、きわめて重大な結果をともなう決定を下し、あるいはそれに影響を及ぼすほどに強大となった権力をあたえられるにいたっている。

一

すべての政治は、権力のための闘争である。権力の最終的なものは、暴力である。とすれば、なぜ、軍事独裁が、ノーマルな、そして、あたりまえの、統治形態ではないのか。事実、人類の歴史の大半の期間、人間は剣のもとで生きてきた。そして、人間の世界に重大な動乱が起きたときとか、あるいは、起きたと想像されるときには、社会は、軍事支配に立ち返る傾向がある。われわれは、今日においてさえ、これらの、どちらかといえばあたりまえの世界歴史の事実を、しばしば見のがしがちである。というのは、われわれは、十八世紀と十九世紀に文官支配のもとで開花したある種の価値を、うけついでいるからである。権力の究極的形態が暴力による強制であるとしても、わが国と同様の伝統をもった国家の内部では、また、それらの諸国家間では、すべての権力闘争は、かならずしもこの究極点にまでたっしなかった。われわれの政治理論は、暴力を最小限度に局限し、文官支配によって、効果的に暴力を抑制する諸制度を前提として想定し、わが国の憲法はそれを具体化している。西欧近代の永い平和時代には、歴史は、将軍たちや匪賊によって動かされるものではなく、むしろ、政治家や、財産家や、法曹家たちによるものとされた。だが、いったい、どうして、このような平和が到来したのか？　暴力をもった人物よりも、文官が優勢になったのは、どうしてであろうか？

ガエタノ・モースカ[1]は、軍部を論ずるにあたり、一つの推論を提出している。われわれはこの見解に同意するものではないが、だからといって、われわれがかれの推論の一般的方向をうけいれて悪いということはない。かれの推論によれば、どの社会にも、ある程度挑発されると暴力を揮いたがるような連中が、何人かはいるというのである。もしこのような人間が天才で、歴史的機会をあたえられれば、ナポレオンとなり、偉大な理想を付与されればガリバルディとなり、ただ機会だけをあたえられればムソリーニとか、さらに付け加えれば、現代の商売文明にあっては、悪漢（ギャングスター）が生まれる、とモースカはいうのである。だが、ある一定の社会的上下序列の内部で、このような男に職務をあたえたとする。このばあいは、この男は職業軍人となり、多くのばあいには、文官でもこれを統制することができると、モースカはいう。

もちろん、職業的常備軍以外にも、国内平和の基礎となるものがあった。僧侶によって押しつけられた「神の平和」、それから、中世紀ヨーロッパにおいて、剣のみが体面と権力のよりどころであると考えたものにたいして押しつけられた「君主の平和」があった。だが、近代史、否、世界史における平和についての大きな事実は、それが――だれも予想するように――曖昧な事実であるということである。平和は、民族国家が暴力をその手におさめ、独占した結果である。ところが、他方では、八一カ国のこのような民族国家に分れている世界というものの存在が、また、近代の戦争の第一条件なのである。

民族国家以前には、暴力人（メン・オブ・ヴァイオレンス）は、地方的規模において、しばしば暴力に訴えることができたし、また、訴えもした。そして、ヨーロッパならびに東洋における封建主義は、いろいろの意味で、暴力人による地方的支配であった。民族国家が、暴力の手段をその手におさめ、独占するにいたるまでは、権力は、小さな分散したいくつかの中心でたえず再生産される傾向があった。そして、地方的なギャングによる支配は、人類の民族的歴史以前ではあたりまえのことであった。だが、スペインの追いはぎは、国家をつくりあげようとしていたフェルディナンドとイサベラのもとで、王に忠誠を誓う人物となり、ひいては征服者となり、さらにそのうちに女王の兵卒となった。簡単にいえば、地方で暴力を揮っていた人間が、国家の文官元首のおかげで、国家的常備軍の一員となるにいたったのである。

ところで、この常備軍とは実に注目すべき制度である。というのは、この制度は、暴力人の闘争傾向を文官の支配下に誘導し、こうして暴力人たち自身が、自分たちの間で、かくのごとき服従を、自分たちの名誉規範として採用するにいたっているからである。近代国家における常備軍が、暴力を独占し、社会を支配しうるほど充分に強力になったにもかかわらず、なぜ、それは、社会を支配しなかったのだろうか。そして、その反対に、常備軍がひざを屈し、国家の文官的元首の文官的権威を承認したのはなぜであろうか？　いったい、なぜ軍隊は自己を下位におくのであろうか？　常備軍の秘密は、そもそもどこにあるか？

だが秘密などはない。常備軍が文官の支配下にあるばあいにはいつでも、いくつかの公然たる機構が働いているのである。第一にこれらの軍隊は、「貴族的」な性質の制度であった。初期のボリシェヴィキが、狂信のあまりにやったように、この性格を打破しようとする試みは、かならず失敗する。国家の常備軍では、将校と兵卒の間には、絶対的な区別がある。そして、将校層は一般に、民間人口中の支配層から、または、これらのものの利害関係に同情を示す人々から募集される。であるから、支配層内部の勢力の均衡は、常備軍の中に反映される。そして、最後に、この常備軍においては、すくなくともその多くのばあいには、暴力人でさえが欲するようなある種の満足、たとえば、地位の保障、さらに進んでは、厳格な名誉規範にもとづく生活に確実にともなう栄光が発達した。

ジョン・アダムズは、十八世紀の終りに、次のような疑問を提出している。「ヨーロッパの正規常備軍は純然たる愛国主義的動機から、軍務に服していると考えるべきであろうか？　その将校、兵士たちは、沈思黙考の人物で、ただ、あの世にのみ、報酬を求めているのであろうか？　かれらが生命を危険にさらし、傷をうけても不服をいわないのは、道徳的、または宗教的義務観念からであろうか？　このような実例はいくつも見出しうる。だが、これらの英雄のすべてが、あるいは大部分が、大義名分のもとに働いていると考えるものがあるとすれば、それは、これらの英雄を知らないことを立証しているだけである。かれらの俸給は、かれらを奨励するほど、高額であろうか？　つつましい生活を保証するにすぎない俸給は、他の職業で富を獲得する機会と、また、家庭生活の楽しみとを放棄し、もっとも困難で危険な職業につく誘惑とはなりえないのである。軍籍に入ることによって、かれらが得るものは、尊敬と、栄冠獲得の機会なのである。」

「兵隊は同僚と自分とを比較し、伍長になろうとして競争する。伍長は軍曹に進級しようと互いに競う。軍曹は、兵隊と将校を分つ溝を飛びこえて少尉たらんとする。このように、軍人たちは皆たえず進級したいと望んでいる。これは、わが国の市民がよい地位のために絶えず闘争をつづけ、多くの人々の目にとまろうと努力するのと同じである。(2)」

名誉といっていいほどの名声と名声にともなうすべてのものこそ、軍人が政治的権力を放棄することにたいして、あたえられた代価なのである。この放棄は、まったく徹底するにいたった。すなわち政治権力の放棄は、軍人の名誉規範の一部となった。自分たちのこぢんまりとした官僚制度の内部――そこではすべてが整然と統制されているのだが――で、軍の将校たちは、「政治」は、きたない、あてにならぬ、非紳士的な遊戯だと考えている。そして、かれらは、自分たちの地位規範（ステイタス・コード）に照らしてみると、政治家たちは、頼りにならぬ世界に巣くう無価値な動物であると考えているばあいがしばしばある。

このような常備軍の社会的地位を保障する機構は、かならずしも文官の優位という目的を実現したわけではないし、この目的にそって動く必然性はなにもなかった。たとえば、御承知のように、スペイン系世界の諸民族に共通に見られる宿命は、軍人は、国政に足場を得ると、かならず、これを支配しようと試みるにいたることであり、そして、足場を獲得していないばあいには、首都を目がけて進軍するかもしれないのである。

二

以上の反省はすべて、世界の動向と世界の現実に関するものであるが、それは、アメリカの軍隊と上層の将軍たちの状態に、とくに明瞭に関連している。アメリカは他の国家と同様に、暴力によって誕生したが、アメリカが誕生した時代は、戦争が人類社会の圧倒的な特色ではなかった時代であった。そして、それは、当時の軍事手段では容易に到達しえない場所に生まれ、戦争による荒廃にたやすくはさらされず、軍事活動を蒙りやすい地域に住む者が抱くような不安を知らなかった。その初期においては、アメリカは、時代といい場所といい、絶好の地位を占め、文官政府を樹立し、これを保持することができ、そして軍人の野望がおきたばあいにも、これを押えつけることができる立場にいた。

イギリスによって雇われ、アメリカの家庭に宿泊させられていた傭兵に対抗して民族革命を闘った若い国家が、職業軍人を好むはずがない。広大な自由な土地を持ち、弱い隣接国とインディアンと広大な海にとりかこまれた国家としての合衆国は、十九世紀の永い期間にわたって、常時膨大な軍事費を負担する必要がなかった。そればかりでなく、モンロー・ドクトリンの時期から十九世紀の後期にいたってそれがイギリス領土に適用されるにいたるまでは、イギリス艦隊は、西半球の英国市場を保護するために、合衆国と、ヨーロッパの大陸諸国家との間に立ちはだかっていた。第一次世界大戦以後も、ナチ・ドイツの台頭までは、ヨーロッパの破産した諸国家の債権国となったアメリカは、おそるべき軍事的脅威をほとんど感じなかった。[3] このことは、島国イギリスにおけると同様、陸軍よりもむしろ海軍が、歴史的に第一義的軍事手段であることをも意味した。そして、陸軍に比べれば、海軍は、国家の社会構造にあたえる影響がいちじるしく少ないのである。なぜならば、海軍は、人民の反乱を鎮圧する手段としてはあまり役に立たないからである。したがって、将軍たちは、政治舞台では、たいした役割をはたさず、文官の優位が確立されたのであった。

個人的に富を蓄積することが、国民の中心的関心事となっている国が、経済的にいえば寄生虫にすぎない一団の組織化された人間に、補助金を出すことに賛成するとは考えられない。自由と個人的創意性を尊ぶ中産階級を持つ国が、あまりにもしばしば自由ならざる政府を支持するために専制的に使用されていると感ぜられる紀律に縛られた兵士たちを尊敬するはずがない。であるから、歴史的に、経済的勢力も政治的風土（ポリティカル・クライメイト）も、軍隊などというものは、ときとしては避けがたい禍であり、つねに重荷であるとして低く評価する文官に味方したのである。

合衆国の憲法は、強力な軍部にたいする恐怖を基調にして創られた。文官である大統領が、全軍の総司令官と規定され、戦時中は、州民兵団もその指揮下におかれる。議会にのみ宣戦布告権ないし軍事費支出決定――それも、そのたびごとに二年間限りで――の権利がある。各州は、国家的な組織とは別個の、自己の民兵を維持した。軍部が、文官の長官にたいしていかなる助言をあたえるルートを許す規定もなかった。軍事力に関する条項が、憲法にはあるが、それは、余儀なく挿入されたものであり、軍事力の担当者は、厳格に手段としての役割におかれたのである。

独立戦争の世代以後の上層階級は、軍事的色彩をもたなかった。アメリカのエリートは、その陣営に有力軍人を加えることを、計画的に避けた。かれらは、確固とした軍務の伝統をつくりあげもしなかったし、軍人に威信をあたえることもなかった。「名誉」の領域における軍人にたいする経済人の優位は、南北戦争当時、否、第一次世界戦争まで徴兵が行なわれず、その代用品が平気で採用されていたことをみてもわかる。したがって、旧くからの国内辺境線にそった、たいていは孤立した屯所の軍人たちは、わが国の上層サークルの中には加えられなかった。

西半球へ踏みこんできた人々の直面した困難は、非常に苛酷なものであったにもかかわらず、そして、かれらの開拓行や定着生活が、ほとんど軍事的な性格――そして、いろいろな点で、長期間にわたる野営陣ともいえるほどの――をもっていたにもかかわらず、わが国の指導者だった人々は、軍事的な考え方と、軍事的な観点をもたなかった。

それにもかかわらず、合衆国歴史の全体を考えると、われわれは、どちらかといえば、奇妙な現象に出会う。わが国は、軍事的国家でもなかったし、また、現在そうでもない。事実、アメリカ人は軍事的経験なるものを信頼しない、と聞かされている。だが、革命の結果、将軍ワシントンが、大統領に就任し、しかも、「シンシナティ結社」の何人かの不平将校連中の間には、軍事評議会をつくり、軍人を君主にすえようとする運動があった。さらに、辺境での戦闘や衝突は、ジャクソンやハリソンのごとき将軍や、それからメキシコ戦争のテーラーなどの政治的成功になんらかの関係があった。それから、南北戦争があった。これは永い血なまぐさいもので、アメリカの社会を真二つに割り、今でも、目に見える傷あとを残した。南部でも北部でも、戦争中も戦後も、文官が支配した。だが、この戦争の結果、グラント将軍が大統領に就任し、経済的勢力にとって都合のよい看板となった。グラントからマッキンレーまでの大統領は、クリーヴランドとアーサーを除けば、すべて南北戦争時代の将校であった。ただし、職業軍人はグラントだけである。さらに、小さな米西戦争の結果として、おそろしく乱暴者で、強情な——おそらく、職業軍人でなかったためであろう——セオドア・ローズヴェルトが、白亜館(ホワイト・ハウス)入りをすることになった。事実、合衆国大統領になった三三人の人物のうち、約半数が、なんらかの軍事的経験をもち、六人は職業将校、九人は将官であった。[訳註16]

シェイズの反乱から朝鮮戦争にいたるまで、公式の暴力が揮われずに過ぎた期間はなかった。事実、一七七六年以来、合衆国は、七つの対外国戦争、四年の内乱戦争、インディアン相手の一〇〇年にわたる戦闘、衝突にたずさわり、中国やカリブ海、また、中央アメリカの一部分においての征服戦に、しばしば暴力を行使した。* これらすべての事件は、たんに、当面より重要なビジネスを妨げる不愉快な雑音にすぎないと、考えられてきたようである。しかし、すくなくとも、次のことだけは指摘しておかなければならない。すなわち、アメリカの生活と文化において、手段としての暴力、さらに価値としての暴力は、いささか曖昧な位置におかれているということである。

* 一九三五年に、『フォーチュン』誌の編集者は次のように書いた。「アメリカの軍事的理想は平和であると一般には思われている。だが、このハイ・スクール向のお話にとって不幸なことに、合衆国の陸軍は、一七七六年以来、純然たる軍事的征服によって、世界中のどの陸軍——ただし、大英帝国の陸軍を除く——よりも、広大な土地を略奪している。しかも、大英帝国と合衆国との競争は、わずかな差しかない。この年以来、英国は三五〇余万平方マイルを征服したが、合衆国は——もし、インディアンから奪ったルイジアナ買収を勘定に入れれば——三一〇万平方マイルを征服した。この点で英語を話す民族は、鼻を高くしていいのである。」(4)

この曖昧さについての鍵は次の点にある。すなわち、歴史的に多くの暴力があったが、その大部分は、「人民」によって直接に行使されたものであった。軍事勢力は、封建的といっていいまでに、州の民兵団に分散されている。若干の例外を除けば、軍事的諸制度は、分散的な経済的生産手段と、連合的な政治権力手段に、並行して発達した。ユーラシア草原のコザックとは違い、インディアンに立ち向うアメリカの開拓者たちは、技術的にも数的にもまさっていた。であるから、真の軍人層と、広大で紀律のとれた暴力の管理部の出現は不必要であった。ほとんどあらゆる人が射撃手であった。戦争の技術的水準を考えれば、暴力手段は分散されていた。この簡単な事実こそ、アメリカの初期における文官の支配と、民主的諸制度と時代精神にたいして、重大な影響をもっているのである。

歴史的にいえば、アメリカにおけるデモクラシーは、小銃が主要武器であり、一人の男子（ワン・マン）はすなわち一丁の小銃（ワン・ライフル）、そうして一票（ワン・ヴォート）を意味した時代の武装された市民の民兵制度によって支えられていた。したがって、教科書型の歴史家たちは、アメリカの軍事制度と兵器のシステムにおける変化が、なんらかの政治的・経済的変化をひきおこしたなどと考えようとしなかった。かれらは、インディアンとの小競合のための軍隊や、遠いところで戦われた戦争に使われた軍隊などのことを書いてみたかと思うと、次の頁ではそんなことを忘れてしまう。そして、おそらく、歴史家たちは、正しいのだろう。しかしながら、ヨーロッパにおいて、徴兵制に基礎をおいた最初の軍隊は、革命軍であったことを記憶すべきである。他の国々は、いやいやながら、人民を武装した。メッテルニッヒは、ウィーン会議において大衆徴兵制（マス・コンスクリプション）の禁止を提唱した。プロシアは、その職業的軍隊が敗北したのちに、初めてこれを採用した。帝政ロシアは、クリミア戦争後に、そして、オーストリアは、ビスマルクの徴兵軍が、フランツ・ヨーゼフの軍隊を打ち破ったのちに、初めてこれをとりいれた。[5]

ヨーロッパにおける大衆的徴兵軍の導入は、被徴集者の忠誠を強化する努力の一つとして、他の諸「権利」の拡大をともなっていた。プロシア、のちにはドイツでは、これは、きわめて意識的な政策であった。大衆的徴集制の樹立にともなって、農奴制が廃止され、ついで、社会保障計画の発達となった。この対応関係は正確ではないにせよ、武器を持つ権利を一般民衆にたいして拡張することが、他の諸権利の拡張をともなったことは、あきらかであると思われる。だが合衆国においては、武器を持った層が、武器を持たない民衆に、武器を持つ権利を拡張したのではなかった。国民は、初めから武器をもっていたのである。

第一次世界大戦までは、軍事行動は、恒久的軍事訓練の紀律を必要ともしなければ、連邦政府による強制力の手段の独占や、巨大な、恒久的軍事施設の最上層部に職業軍人がすわることも必要としなかった。南北戦争と米西戦争の間の期間には、陸軍は、連隊別に編成された約二万五千の将兵からなっていた。そして連隊や大隊は、奥地の開拓地や、あるいは、遠く西部地方の屯所に主として分散されていた。米西戦争中は、合衆国軍隊は、民兵編成であった。このことは、軍隊が分散された存在であり、将校団はその地方社会の影響を受けやすい非職業軍人から成り立っていることを意味した。

小さな正規軍は、合衆国義勇軍（U.S. Volunteers）に編入された州民兵団によって補足された。義勇軍の司令官は、州知事によって任命される。このような非職業的状態にあって、正規軍の者が、義勇軍の将官に抜擢される可能性があり、事実、抜擢されたこともあていたことが多かった。

はきわめてわずかであり、陸軍士官学校卒業者の願望も、せいぜい大佐の階級を目標とし

る。政治――別の言葉でいえば、文官支配――が君臨していた。いかなるときにも、将官

三

十九世紀末期の年老いた陸軍将官――かれは、青い古ユニフォームを器用に着こなしていた――の周囲には、南北戦争からの銃煙の鬼火がたれこめていた。かれは南北戦争に殊勲をたてた。そして、この戦争と米西戦争の間、かれは果敢にインディアンと戦った。かれには、騎兵将校の面影もあった――が、そのためかえって勇ましい低脳児の観を呈することもあった（カスター将軍とリトル・ビッグ・ホーンを思い出すといい）。かれは、セオドア・ローズヴェルトが高く評価した厳格な生活を実行している。かれは、口ひげをたくわえ、あごひげをはやしていることもある。そして、無精面をしているのが通常である。グラントは兵卒のくもりボタンのユニフォームを着用し、古靴をはいたことがあった。この態度が残っていた。この古い陸軍軍人は、前線に立って戦った。「訓練された人材を保存」する正式な努力がされるようになったのは、第一次世界大戦からである。南北戦争の戦闘や、のちにインディアンとの衝突で幾人もの将軍と十数人の大佐が戦死した。かれは、ペンタゴン（国防省本部）で数理的に計画をたてることによって、部下の尊敬を獲得したのではなかった。かれは、困難の最中に、よく撃ち、よく乗りこなし、臨機応変の処置をと

ることによって、部下の信頼をかちえたのであった。

一九〇〇年当時の典型的な将軍は、アメリカの旧家で、イギリス系の先祖をもっていた。[6] かれは、一八四〇年前後に合衆国の北東部の片田舎あるいは小都会で生まれた。かれの父は技術専門家で、おそらく、政治的ひきを持っていたが、これがかれの出世の助けになったか、ならなかったかは不明である。入隊あるいは士官学校入学のときから数えて約三八年たって、かれは、陸軍少将になった。かれが上層司令部に到達したときは、六〇歳であった。かれが信心家であったばあいは、おそらく、監督派教会に出入りしただろう。かれは結婚し、時には再婚し、養父も専門家で、政界との連がりをもっていた。軍籍にあった間は、政党に属さなかった。だが、退役後は共和党に足をつっこんだかもしれない。だれも、かれのことについては書かなかったろうし、かれも人のことについて書かなかった。公式には、かれは、六二歳で退役しなければならなかった。だいたい、七七歳でかれは死んだ。

旧い陸軍将官でウェスト・ポイント（士官学校）を出たのは約三分の一、そして、大学を卒業したのはわずか四人であった。昔の軍隊は学歴がなかった。しかしながら、ウェスト・ポイントに学び、旧合衆国軍隊に勢力を占めていた南部出身者たちが故郷に帰り、南部連邦軍側に立って闘ったことをわれわれは記憶しなければならない。一九〇〇年の陸軍将官のある者は、南北戦争中に任官した人間であり、あるばあいには州民兵団の志願兵出身であり、ときとしては、自分で一定数の兵士を募集し、大佐に昇進した。ひとたび正規軍入りをした後は、古参順で昇級したが、この進級は、戦時中は特別早かった。たとえば、米西戦争中、佐官から将官に躍進した例がある。旧将官連のすくなくとも半分は、古参将軍や政治家たちと、上の方で結びついていた。一例をとれば、レオナード・ウッド大将は、一八九一年には軍医大尉であったが、その後白亜館付医官となり、さらに、かれの友人であるセオドア・ローズヴェルト、ウィリアム・ハワード・タフトのもとで一九〇〇年には、参謀総長にのしあがった。

三十数人の最高将官中、実業界入りをしたのはわずか三人で、そのうち二人は、正規な軍人ではなかった。開拓地域の町の商人たちは、旧い軍隊をたいせつにした。なぜならば、軍隊は、インディアンや馬泥棒、牛泥棒と闘ったばかりでなく、屯所のおかげで地方経済に金がばらまかれたからである。そして、大都市では、軍隊は、ストライキ破りをやることを正式に許可されたこともあった。軍隊は子供たちに、大もてであった。

南北戦争から始まり、セオドア・ローズヴェルトのもとにおける海軍拡張までの期間は、陸軍の方が公衆の目にとまる存在であり、陸軍の威信は、下層階級の人々の間で高かった。これにたいして、海軍は、紳士のクラブに似た存在であった。海軍は探険や、救援に出向いたこともあり、その威信は主として、上層階級の間にあった。海軍士官たちの生まれが高く、その訓練が専門的であるのは、このためであると同時に、また逆に、ある程度はここから説明されるのである。

海軍力にたいするイギリス的評価を受けついだことは別としても、国の偉大さと大海軍とを結びつけて論じたマハン提督の理論が、海軍次官セオドア・ローズヴェルトの耳に容易に入り、一般の人々から大いに尊敬を集めていた。米西戦争中に広く公衆の目につくようになった海軍の高度の声望は、海軍将校のもつ諸技能が、陸軍士官のそれに比較して、一般人にとっては、いっそう神秘的である点に起因していた。旅団を指揮しようと名乗り出る素人は相当あろうが、軍艦の指揮を買って出るほどの大胆者は少ない。陸軍におけるように、志願兵制度がなかったため、技能という声望があり、これがアナポリス海軍兵学校における正規の、専門化した教育の声望によって、補足されていた。さらに、海軍士官の指揮下に委ねられた軍艦に代表される巨大な投資という事実もあった。そして、最後に、艦長が、絶対権威を行使し、とくに、甲板水夫を馬鹿にする海の伝統が、水兵にたいして適用されたため、士官の地位がいちじるしく高められた。

一九〇〇年の典型的な提督は、植民者の出であり、イギリス系で、一八四二年ころ生まれた。かれの父親は、なんらかの専門的な職業分野で開業していた。だが、それよりも大事なことは、かれが東北部海岸地帯の、しかもおそらくは、都市中心部の上層階層から出ているということであろう。未来の提督は兵学校の教育をうけただけでなく、そのうえ二年間、練習艦で訓練をうけた。海軍入りをしたのは、わずか一四歳のときであり、宗教的であったとすれば、うたがいもなく、新教徒であった。兵学校入校後、約四三年を経て、かれは、海軍少将になった。五八のときのことである。かれは、自分と同じ階級のレヴェルの内部で結婚した。かれは、一冊くらいの本を書いてはいるが、かれについてだれかが本を書いたというようなことはないであろう。しかしながら、かれは、一八九八年の戦争ののちに、名誉学位をもらい、六二で退役した。海軍少将の位を占めたのは約三年間で、強制退役後、一〇年たって、平均年齢七二で死んだ。

一九〇〇年当時にあっても、海軍の上層部は、もっぱらアナポリス（海軍兵学校）出身者によって占められ、また紳士的でもあった。陸軍に比べて、より上流階層から募集され、主として、東部に居住し、より優秀な予備教育をうけたのちに、兵学校入りをした提督は、南北戦争にも参加したが、終戦後は、個人生活においても、軍務においても、新機軸を避けることによって、徐々に進級した。かれの出世は、小心翼翼、牛の歩みである。したがって、六二で強制退役させられる以前に将官の位にたっするためには、早く任官し、長生きすることがたいせつであった。大佐に昇級するまでに、だいたい三五年かかった。「士官たちは、下っ端の階級に永いことととどまりすぎたため、独自的に物事を考えることを学ばなかった。かれらは晩年になって指揮階級にたっしたので、すでに青春と野心を失い、服従することばかりを覚え、命令することは知らなかった。[*]……」

＊「一九〇六年の十二月に、アメリカ海軍における最年少の大佐は五五歳で、この階級に、平均四年半止まっていた。イギリスでは最年少の大佐は三五歳で、この階級に止まっている年数は、平均一一・二年であった」。フランス、ドイツ、日本の数字も、イギリスと同様である。「海軍将官のばあいも、同様である。合衆国では、少将に昇進して一年半で退役になっている」[7]。だが、イギリス、フランス、ドイツ、日本では、六年ないし一四年である。

上級士官の軍務の三分の一ないし半分は、海上任務である。それが主として下級士官時代であることはもちろんである。三五人の上級士官中の約半数は、一度は、アナポリスに帰って、講師あるいは職員となっている。なかには大学院の課程を修めたものもいる。だが、海軍の特色と呼ばれてもよい官僚的な失敗の数々への鍵は次の点にある。それは、船や大砲や算定技術が、技術的にますます複雑になったにもかかわらず、これを駆使する人間が技術的専門というより、むしろ古参順で、進級させられたということである。したがって、艦長が艦からきり離され、かれが充分に理解しないところの事柄について責任をもたなければならなくされた。海軍を運営する局長連は、大臣に結びつき、議員連とも親密であることが多い。だが、このように堂々たる関係にもかかわらず、この時代の提督で、実業界入りをしたのはわずか一人で、（地方）政治に足を入れたのは、たった二人であった。

文官によって支配された十九世紀後期の、合衆国の軍事機関の実情は、ざっとこのようなもので、高級将校も、はんぱに職業化されただけであり、そのメンバーたちは、実業家や政治家から成るアメリカのエリートの重要な一部分ではなかった。だが、現代は十九世紀後期ではない。そして、その当時、国内における軍人の役割を決定した歴史的要因の多くは、今日では、アメリカの上層階梯の形態に、なんらの影響力ももたなくなっているのである。

四

二十世紀の中葉たる今日では、アメリカのエリートは、アメリカが未だかつてなかったような新たな状況におかれていると考えており、このエリートの状況規定が、アメリカに存在しているそのような平和的・文官的価値――ならびにそれと結びついた、職業軍人にたいする強い不信と、職業軍人の文官への従属の慣例――の影響力に対抗する力として働いていることを考えなければならない。

I　アメリカのエリートたち、ならびに被支配層中の有力分子たちは、初めて、軍事活動を蒙りやすい地域に生活することがなにを意味するか、その国土にたいする破滅的な攻撃が技術的に可能である状態におかれることがなにを意味するかを認識し始めた。おそらく、かれらは同時にまた、国家としてのアメリカが、その地理的孤立と、その拡大され平定された国内市場と、産業化に必要な天然資源をもち、技術的にまったく原始的な段階にある民族だけを相手に軍事行動を行なえばよかったのであり、この点で、過去のアメリカが軍事的にいかに安楽な地位にあったかに気がつき始めた。しかし、今やこれらはすべて過去のことである。すなわち、これまでの数世紀にわたってドイツがフランスの軍事的隣接国であったように――それ以上にさえ――、アメリカはソビエト連邦の軍事的隣接国なのである。

II　このことは、最新の兵器のシステムがもたらす物理的効能――現在では公表されている――を注意深く評価すると、ただちに、また劇的にあきらかになる。わずか一回の飽和的攻撃――これはありうることである――は、人口の約三分の一にたっする五〇〇〇万の死傷者を生ぜしめるだろう。アメリカは、これに比肩しうるほど効果的な反撃をただちに相手方に加えられる能力をもってはいるが、これによって、自国領土と人口に加えられた惨害が、減少されるわけではない。

このような技術的可能性は、その政治的意味や産業的意味という点から問題にすることもできるし、あるいは、厳密に軍事的意味に受け取ることもできる。この裁断を下す立場におかれたアメリカのエリートは、これを、主として軍事的意味に解釈した。国際情勢にたいするかれらの判断の視点は、まったく軍事的な視点である。その結果、最上層部においては、歴史的に認められてきた意味での外交というものは、戦争可能性と戦争脅威の軍事的重大性の算定技術によって置き換えられてしまった。

加うるに、新しい武器は「防衛の第一線」として発達せしめられている。毒ガスや細菌のように、敵によって用いられたばあいの準備と考えられているのではなく、主要攻撃武器として考慮されているのである。そして、すでに公表された統合戦略は、かかる武器が、開戦初頭に使用されるという推定に、公然と基礎をおいているのである。事実、これが今日の一般的な仮定である。

Ⅲ　このような現実の規定とそれにたいする対処の仕方は、アメリカの国際的姿勢のもう一つの特徴をもたらしている。すなわち、アメリカの歴史始まって以来初めて、当局者たちが、終結の見透しの立たぬ「非常事態（エマージェンシィ）」を口にしているのである。近代では、とくにアメリカでは、人々は、歴史を、時々戦争によって中断はされるが平和の連続と見るようになってきていた。しかし、現在では、アメリカのエリートは、平和の具体的イメージをもっていない。もっているのは、相互恐怖の均衡の結果として危かしく存在する不安定な間奏曲としての平和のイメージだけである。「平和」のための計画として真剣に受け入れられている計画は、完全に装弾されたピストルだけである。端的にいえば、戦争状態ないし高度の戦闘準備態勢が、アメリカのノーマルな、おそらくは恒久的な状態であると感じられている。

Ⅳ　アメリカの現状に関して最後にあげようと思う新たな特徴は——これは今や公式にも承認されていることだが——、以上の特徴にもまして、重大である。それは、建国以来初めてアメリカのエリートは、自分たちの間だけではなく、公的にも、勝者はないと認められている戦争の可能性に直面しているということである。かれらは「勝利」したらどうなるかということも想像できないし、勝利への途についてなんらの考えもないのである。もちろん、将軍連にも、考えはない。たとえば、朝鮮では、政治的水準における「意志の麻痺」の結果、手詰り状態が出現していることが明瞭に示された。ジェームズ・ヴァン・フリート大将との会見から、メルヴィン・B・ヴールヒーズ中佐は、次のような報告を寄せている。「記者、『閣下、われわれの目標は？』ヴァン・フリート『知らぬ。上層当局に聞かなければわからぬ。』記者『勝利は何時、そして果して可能なりや？』ヴァン・フリート『上層部のだれかが説明してくれぬ限り、わからぬ。』」以上が、「朝鮮戦争過去二年間の結論である」と『タイム』誌の論説記者は解説した。(8) 以前には、国家の指導者たちは戦争を準備するにさいして、勝利への見透しや降服条件などをもっており、すくなくも、かれらの一部は、これを強制する軍事的手段に確信をもっていた。第二次世界戦争になると、アメリカの戦争目標は、政治的意味でも経済的意味でも、きわめて、曖昧になった。だが、暴力的手段によって勝利を獲得する戦略的計画があった。だが、今や、勝利の計画を書いた文献はない。現存する暴力手段を前提として考えると、「大量的報復」は戦争計画でもなければ、勝利への見透しでもなく、たんに、狂暴な外交的――実は政治的――宣伝行為であり、今や二国家間の全面的戦争は、両者の相互破壊の手段となってしまっていることを認めることなのである。この立場は、結局次のような意味である。すなわち、一度戦争になればすべての国家は破滅するだろう。だから、戦争にたいする相互の恐怖によって、かろうじて存立を保っているのである。平和とは、相互恐怖であり、武装した恐怖の均衡である、と。

私は、ここで、アメリカの国家的地位や政策に関連するこの現実の規定が正しいかどうかを論ずるつもりはない。しかし、今日公式の見解とされている世界情勢の、これらの諸特徴を前提として考えても、あらゆるタイプの従来から伝えられた正統的な軍事戦略や専門知識は不適当なものになってしまい、世界情勢を平和に導くような決定を正しく指導しえなくなっている、ということを認めざるをえない。あきらかに、すべての重要問題、それらの中でもとくに戦争と平和の問題は、今や完全に政治問題となっている。軍事的見地からは、NATOが一〇個師団を持とうと三〇個師団を持とうと、そんなことは、ドイツを再軍備させるべきか否かと同様に、問題ではない。全面爆撃がいかなる効果をともなうかは確定した事実であり、この事実に照らして考えると、そのような問題は、軍事的問題としてはもはやいかなる重要性をももたぬのである。それは、ヨーロッパの諸国家を味方にしうるかどうかというアメリカの能力に関連する政治的問題である。

しかし、決定権を握っている人々の間で支配的な現実にたいする軍事的見解を前提として考えれば、アメリカのエリートの上層部へ将軍たちがはいりこんできたことは、よくわかることであるし、完全に正当であり、まったく現実的かつ望ましいことである。なぜなら、アメリカのこの新たな国際的地位と、新たな国際的状況それ自身——ただし、ともにエリートの見解によるそれ——は、エリートの注目の焦点を変化させたのである。将軍たちがワシントンで、より大きい指揮権を獲得し、より高い地位を占めるにいたったのは、この注目の拡大をもっとも顕著に示す徴候である。重大な決定の大部分は国際的性格のものとなった。アメリカのエリートにとって国内政治が重要となってきた主要な理由は、海外において国家的機関の力を発揮するために国内の権力を維持しようとしているからである、といいきるならば、いいすぎかもしれない。しかしながら、ほとんどあらゆる生活領域における国内問題にたいする決定が、ますます、国際的危険や機会との関連において下されているとまではいかないにしても、それによって正当化されるようになってきていることは確かである。

同時に、上層の文官たちの間で将軍たちの権力の増大にたいする驚きと警戒の念が存在していることはなにも不思議ではない。この驚きと警戒の念が、現実についての軍事的規定にたいする挑戦に向い、世界情勢にたいする政治的・経済的・人間的イメージの擁護に向ったとしたら、それは責任ある立派なものといえただろう。しかし、軍事的見解に挑戦するよりも、たんに将軍たちに驚きと警戒の念をもつほうがたやすいのである。いうまでもなく、将軍たちは、現実にたいする支配的見解の原因であると同時に、その所産なのである。

五

アメリカの軍事手段が拡大され、集中化されるにつれ、それは、極度に複雑な官僚制的機構を包含するにいたり、アジアのへりやヨーロッパの半島にまで、レーダーを設置し、ユーラシアの心臓部にまで、戦略空軍を配置している。このような暴力手段の機構と範囲の変化は、当然、同じく意義深い変化を、暴力人に、すなわちアメリカの将軍たちに、もたらさざるをえなかった。

この新たに出現した巨大な軍事機構の規模と形態を、もっとも劇的に表現しているものは、ペンタゴンである。(9) このコンクリートと石灰石でつくられた迷路は、アメリカの暴力手段の、組織された頭脳を蔵している。それは世界最大の事務所建築であり、合衆国の国会議事堂などは、ペンタゴンの五つの部分の一つにぽかりとはいってしまう。三つの蹴球場も、この建物の五つの外壁の一つの長さにたっするだけである。一七マイルにたっする廊下、四万台を収容している電話交換台、一五マイルの気送管、二一〇〇の通話器が、ペンタゴンに働く三万一三〇〇人の人間を、相互に結びあわせ、世界と連結させている。一〇〇〇人の男女職員を配下とする一七〇人の警備将校が巡回しているこの建物には、切れた電球をとりかえるだけの役目をもった人間が四人、四〇〇〇の時計の針を合わせるために統御板を見守ることだけが任務である人間が四人もいる。河側の入口の下には、五つのハンド・ボール競技場と、四つのボーリング場がある。この建物は、毎日一〇トンにのぼる反古紙——秘密文書を除く——を出すが、これを売っただけで、一年に八万ドルになる。ペンタゴンは、そのラジオとテレビ放送室から、毎週三つの全国向けプログラムを放送する。その通信のシステムはワシントン、東京、ベルリン、ロンドンといった遠隔の距離の人々の間に、四元通話を可能にする。

　この建築的にも、人間的にも複雑で迷路のような事務所建築が、現代の将軍たちの、日常環境なのである。この将軍たちの間には、インディアン相手の戦争をしたものなどはいない。

この軍事的官僚組織の最上部に、ただし合衆国大統領と、その任命になる国防長官とその補佐官たちの下に、鋼板の壁に取りかこまれて、軍事重役会（ミリタリー・ボード・オブ・ディレクタース）、つまり統合参謀本部が、鎮座している。そして、統合参謀本部の直下に、陸海空軍の将軍たちから成る上層サークルがあり、これらの人々が、精巧な、そして広大な地域にばらまかれた陸海空軍を指揮し、これを維持するに必要な経済的、あるいは政治的連絡を整え、宣伝広報機関を統轄しているのである。

パール・ハーバー以来、幾多の法律や指令を通じて、軍の数部門を統合する真剣な試みがなされた。このような統合の結果は、文官支配がよりいっそう容易になるだろうと考えられた。だが、これはあまり成功しなかった。とくに、海軍の上層部は、軽視されていると感じ、また、各部門は機会をとらえては、各部長官を飛びこして、直接に議会に働きかけた。空軍のごときは、長官の反対を押し切って、自己の主張を貫徹した。一九四九年に、フーバー委員会は、次のように指摘した。すなわち、軍事機構は中心的権威を欠き、適宜な予算手続きも欠如している。また、それは「チーム」ではなく、科学的研究と戦略的計画との間の結びつきも弱い、と。「国家の軍事機構を統率する中心的権威の欠如と、法律のもとにつくり出された硬直した規則ずくめの機構と責任の分散の結果、軍隊にたいする明確な文官支配の樹立は失敗に終っている。[10]」

第二次大戦以来、軍の最高首脳部――文官も武官も含めて――の間には、大幅の人事移動があった。ただし、人間のタイプには根本的変化はなかったが。[11] 政治家、株仲買人、大将、銀行家、会社重役が、次々と、国防長官の地位を占めた。このような国防長官に直接に向いあってすわっているのが、「生粋の軍人」である四人の最高武官である。*軍人の立場からいえば、理想的な文官長官は、議会にたいする看板の役ははたすが、内部にたいしては軍人の決定にだまって服従する人間である。だが、このようなタイプがつねに就任するわけではない。たとえば、最近、海軍長官は、「政策上の相違」から、ある将軍を重要地位から追い出した。うたがいもなく緊張関係が存在する。いずれの側の人間も、人間のつねとして、ある程度自分の過去にとらわれているのである。

＊ 統合参謀本部議長アーサー・W・ラドフォード大将は、土木技師の息子であった。海軍軍令部長ロバート・B・カーネイ大将は海軍中佐の子であった。陸軍参謀総長のマシュー・B・リッジウェイ大将は正規将校の家に生れた。空軍参謀総長のネイサン・F・トワイニング大将は、アナポリス出の二人の兄弟をもっている。(12)

もちろん、上層軍人の間にも種々の派閥があり、互いに多様な関係をもつと同時に、特定の文官の政策や派閥などとも複雑な関係をもっている。隠れていた対立が公然たる論争になったばあい――たとえばマッカーサーが極東軍司令官の地位を罷免されたときのように――、これが明瞭となる。当時、マッカーサーのアジア第一主義派のほかに、すでに影響力を失い始めてはいたが、マーシャル一派のヨーロッパ第一主義者たちがいた。さらに、大きな潜在勢力をもってはいたが陸軍を支配するにはいたっていなかったアイゼンハワー＝スミスのチームと、陸軍を支配していたブラッドレー＝コリンズのチームがあった。(13)

そして、大別すれば、軍が必要とするものは、「実戦の経験をもつ将校」に指揮された「真に職業的な軍隊である」と考える一派と、新しい「専門家」と本部員の台頭を喜ぶ一派の、二つにわかれていた。*(14)

* 例をあげれば、一九五三年に任命された統合参謀本部議長は、いずれも、太平洋で重要地位を占めていたことがあった。このため、かれらが任命されたとき、ヨーロッパ中心の考えをもっていたブラッドレー、コリンズ、ヴァンデンバーグ、フェックテラーに比べて、アジア的傾向があるといわれた。これらの人々は、戦略空軍よりも、むしろ戦術空軍を重視しているといわれた。すくなくも、かれらは、単純な「大爆弾（ビッグ・ボム）」論者ではなかった。事実、ラドフォード大将のごときは、太平洋艦隊司令長官として、一九四九年の予算論戦に、B36に反対して「提督の反乱」を指導した。(15)

軍人の権力が増大するにつれ、「統合」にもかかわらず、より激しく対立した派閥が生じることと思われる。当然のことながら、統合は完成してはいない。軍人が少数派で、生きのびるために闘っているうちは協力の傾向が強いが、かれらが権力エリートの、圧倒的な有力メンバーとなったばあいは、話が違ってくる。なぜならば、このときには、生きのびるというより、拡大が問題となっているからである。

二十世紀の初頭に、民兵制度が中央集権化された。そして、今や、武器様式が進歩し、小銃はたんなる玩具にすぎない。市民の武装は、現在では、厳格に中央的支配下におかれた紀律ある組織の中でのみ許される。また、非合法的暴力を鎮圧する手段が増大した。その結果、軍の支配グループ以外の人々は、軍事的にはまったく無力である。だが、それと同時に、市民のほとんどすべてが、軍人あるいは民間人として、戦争にまきこまれている。このことは、ワシントンの将軍たちを頂点とするヒエラルヒーの中に、かれらがしばりつけられていることを意味する。

六

現代の将軍たちが小銃のごときにお目見得するのは、コンティネンタル・モータース社の休養地で、会社重役連と鴨撃ちするときぐらいのものである。事実、ある保険会社は「約一五年間、将校たちの生命保険をしてきた。会社は、第二次世界大戦を切り抜け、朝鮮戦争にも無事であった。保険に加入している将校たちが、戦闘地帯で死亡する率は、保険業全体の平均よりも低い[16]」。さらにS・L・A・マーシャル准将の研究によると、「第二次世界大戦のいかなる作戦行動においても、敵に向って、武器を発砲する立場にいた兵士のうち、じっさいに発砲したのは、わずか二割五分であった[17]。」

軍人に関する伝統的なイメージから思い浮んでくるより以上に、将軍たちは、はるかに職業化した幹部である。一九五〇年の高級将官の三分の二は[18]、士官学校を卒業し（海軍のばあいには、一九〇〇年においても一九五〇年においても、提督たちは一人残らず海軍兵学校を卒業していた）、多くは、第一次大戦に参加、そして大部分は、予算をとるためにひざを折り、死の商人だという非難を懸命になって否定した二〇年代、三〇年代の反軍国的平和時代を経験している。かれらの中で、人一倍目についたのはさっそうたるパーシング将軍の姿であった。

戦争と戦争の期間には、かれらの職業生活には、ほとんどなんの用事も起らなかった。ちょうど、患者を診察することなしに、医師がその生涯を送っているようなありさまで、軍人は、その職業的な手腕を見せる必要にせまられなかった。だが、かれらは軍務に服していた。おそらく、かれらがかかる時期にも発展したことにたいする手掛りはここにある。型にはまりたい、目だたぬ存在でありたい、部下に自信を失ったことを知られたくない、また、なによりも、命令系統を転覆させるような権利については思ってみたくもない、というような欲望——それはあらためていうまでもないほど、深く根を張っている欲望であるが——は、かれらの間で強化された。上官によって欠点を見つけられないことが、たいせつであった。そして、国内にいようと、国外に出ようと、職業軍人の生活は、自分たちの小さな租界で、国家の経済的・政治的生活からは隔離されて営まれていた。当時一般的にみられた軍人にたいする市民たちの不信のなかでは、軍人は「政治の外にあるべきだ」と考えられ、かれら自身もそうすることを喜んでいるかのごとくにみえた。

戦争と戦争の間における将校たちの軍人生活は、序列を中心に回転した。大佐の位までの進級は、古参順であった。しかも、将校たちの前には「こぶ」すなわち、四〇〇〇ないし五〇〇〇の将校の一団がかたまってひしめいていた。その多くは第一次世界大戦中に任官されたものであった。このこぶの結果として、「新参大尉から古参大尉に昇進するには二二年」かかった。「五〇にならない前に大尉より上に進級することは、法外の望み」[19]であった。

戦争と戦争の間における将校たちの社会生活も、序列を中心に回転した。文官の世界に向っても、また、自分たちのありがたくない仲間同士間でも、なによりも、階級が気がかりだった。ジョージ・C・マーシャル大将夫人は、この時代のことを回想して、ある将校夫人の次のような言葉を伝えている。すなわち、「このようなお茶の会で、あなたはよくもまあ最高級の将校夫人にたいして、いつもコーヒー（お茶より、この方が上である）をつぐことをお頼みになるんですね」と。また、マーシャル夫人は、予算がなくて射撃の練習をへらした不況時代――ほかのところで彼女はそのことを述べている――の、大佐の生活を回想している。「モールトリイ要塞での私たちの宿舎は、家庭というよりはホテルであった。この建物は、沿岸砲兵隊が全盛期に建てたものであったが、すでに、大修繕を必要としていた。この家には四二のフランス式の扉があり、そこから、上と下のヴェランダに出られるようになっており、そのヴェランダは建物の三方に広がっていた」。マーシャルが将官に進級したとき、「小さなフォードの代わりに、美しいパッカードの新車が小屋の前に差し回されてきた。そのときマーシャルは、将官になったのだという喜びにふるえた。なぜならば、あのような不況時に、パッカードは、驚くべき喜びであったからである。自分も喜びでいっぱいになった[20]。」

もう一人の大佐夫人は夫人たちの間の序列順位を追憶してこういっている。「だれかが、書籍購入の委員選定を提案したとき、私が読書好きであることを知っている軍医夫人が、私の名前をつぶやいた。だが、大佐夫人は、列席の夫人の中で最高の序列の三人を任命した」。彼女もまた、高級将校たちの外国での生活を回想している。「中国にいたとき、われわれの家の召使は五人いた……（不況時に）俸給が釘づけにされたが、自動的昇給がなくなってこまったのは、上級よりも下級の将校たちであった。陸軍の将官級は、全然影響をうけず、海軍ではたった一人だけ将官が痛いめにあった。陸軍では、減俸の七五％が、大尉、中少尉、準士官、看護婦によって、背負われた」[21]。陸軍少尉アイゼンハワーが、マーミイ・ダウド——彼女の父は三六歳でデンヴァーに隠退し、冬には家族連れでサン・アントニオに避寒するほどの資産家だった——と知りあったのは、この戦争と戦争の間の時期であった[22]。

ある報告によれば、一九五三年における「四五歳ないし五〇歳の典型的な職業士官は、約五万ドルの保険を積み立てている」[23]。また、二つの大戦間における海軍将校の生活について次のように書かれている。「夏季航海は愉快であった。そして金筋と、上流階級的生活の特権とは、自分もまんざら棄てたものではないとの感じをもたせてくれた。そして、きちんとした礼儀作法を学び、クリスマスの休みには、フィラデルフィアにある同室の士官の家庭をたずね、人あたりのいい若い海軍士官に、どのような社会的あまやかせが待っているかを、初めて、味わった。……民間人よりは上だと考えてはならぬとくりかえしお説教されたため、かえって、自分たちは、ほんとうに一段上のものだが、そう思っていることを人に見せるのは礼儀に反することなのだと感じるようになった[24]。」

だが、ヴェブレンがいったように、「戦争は光栄あることであるから、好戦的勇気も名誉あるものとみなされる」[25]というのは、合衆国では、一般に真実でなかった。さらに、将校たちが、おもにヴェブレンのいう有閑階級の出身ないしはのちにそのメンバーに加えられた者であったとはいちがいにはいえないのである。そうであったのは、陸軍よりも海軍のばあいなので、空軍は新しすぎて、ここまでは進展していない。だいたいにおいて、陸海軍の上級将校は、上層階級あるいはまったく下層の出身であるというより、むしろ、上流中産階級のものである。また、労働者階級出身はきわめて少数である。かれらは、専門家、実業家、農家、公官吏、あるいは、軍人の息子である。新教徒が圧倒的で、主として、監督教会派、長老教会派である。一兵卒から出世したものはほとんどない。[26]*

＊「わが国の陸軍将校が、世界のいずれの将校に比較しても、高給をもらっているということは事実である。しかし、」と、一九〇三年に、ある権威ある報告は書いている、「軍人商売は、金銭上の恩恵がない。俸給以外の収入がなければ、俸給額以内で生活しなければならない。六〇％ないしそれ以上の将校たちは、他の収入をもたない（四〇％だけは持っている）。……もっとも望まれている任務は、おそらく、合衆国の海外公館付武官である。……このような職務につきうるものは、一般に、自己または家族関係を通じて、俸給外の収入をもっている人々である。[27]」

そして、今日のほとんどすべての将校たちにとっては、第二次大戦が中心的事件であった。第二次世界大戦は、現代の軍人たちの経歴の中心であり、この経歴がくりひろげられる場である政治的・軍事的・社会的風土の中心である。今日、最高首脳となっている軍人たちの若い層は、当時実戦にあって連隊や師団を指揮した人々であり、そのうちのやや年長の人々は、当時の急速な軍の拡張とともに昇進し、国内および国外の最高司令部における地位にのしあがった人々である。

七

社会的出身や幼年期の背景は、他の上層の社会的タイプのばあいに比べて、職業軍人の性格にとってはそれほど重要ではない。未来の提督や将軍の訓練は、早くから始められ、深く叩きこまれる。しかも、かれが入りこんだ世界は外部からまったく遮断されているため、かれの生活はその内部にしっかりとはまりこんでいる。このような条件が存在するかぎり、かれが百万長者の息子であろうと、大工の子であろうと、そのことはたいして重要ではないのである。

もちろん、この点をあまり押しひろめすぎてはならない。アメリカのエリートの内部で、軍人は、あらゆる型の官僚中のもっとも官僚的なものである。しかし、完全に官僚的だというのではない。すべての官僚に共通であるように、下層・中層に比べ、上層部においては、それほど官僚的臭味がない。にもかかわらず、軍人の経歴を検討してみると、一つの事実がかれらの経歴の中心的事実であることがありありとわかる。そして、それ以上にさらに突込んで検討する必要はない。その事実とはなにか、といえば、陸海軍の将官連の経歴の多くは、まったく画一的な、すでに敷かれた軌道にそっている、ということである。

ひとたび、この標準化された経歴の基本的法則と枢軸的接合点を把握すれば、何千という経歴の細微にわたる統計からさがしうるくらいのものは、それをやらなくても、知ることができるのである。

軍人の世界は、その職業的構成分子となる者を選択し形成する。陸軍士官学校あるいは兵学校に入学当時は、苛酷な取扱いをうける。軍隊内の下級の者のばあいは、基本的訓練がこれにあたる。これをみると、可能なかぎりにおいて、新しい性格構造を植えつけることを容易にするために、早くからの市民的価値と感受性をたたきこわそうとする試みであることがわかる。

新兵を「たたきのめし(ブレイキング)」、かれに軍人世界でいちばん低い地位をあたえることの背後には、幼少期に身につけた感受性をたたきこわそうとする試みがある。軍人的役割に照らしあわせて自分の姿をみなおすことができるためには、まず過去の自己との同一性の大部分を失わさせられなければだめである。軍隊の現実に進んで適応すること、軍人的人生観を心からうけ入れること、そして、軍隊の階級制度の内部で、その条件にそって出世していくこと、これらのことに、喜んで最高の価値をおくようになるためには、まず、古い、民間人時代の生活からきり離されなければならないのである。かれの自己評価そのものすら、かれが同僚や指揮命令系統上の上官からいかに評価されるかに、完全に依存するようになっている。かれの軍人的役割と、その役割を包みこんでいる世界とは、国家の上層グループの一つとして、かれに提供されるのである。社交界のすべての礼儀作法が強調され、公式にも非公式にも、種々のやり方で、下層ではなく上層地位の娘たちと、デートするように奨励されるのである。かれは、自分は国家の上層グループの重要部分にはいりこみつつあるのだと考えるようにしむけられる。かれは、自分は、興隆しつつある組織の忠誠なメンバーの一人であると感じ、その感情に支えられて、自信に充ちた人間としての自己のイメージをもつようになる。アメリカの「教育」課題のなかで、軍人のそれと比較できるものは大都市上流社会の私立学校だけであるが、これとて、軍人の世界における教育の仕方にはまったく比肩しえない[28]。

ウェスト・ポイントとアナポリスは将軍たちの出発点である。そして、拡張期の非常時には、これ以外の徴募源や訓練の方法もあるが、この両校こそが、今でも、軍隊のエリートの訓練場なのである[29]。今日の陸軍大将の大部分、そして海軍大将の全部は、陸軍士官学校と海軍兵学校の卒業生であり、かれらは、このことをはっきりと意識している。じっさい、もしもこのようなカースト的感情をかれらがもたなかったとすれば、性格選択・性格形成のためのこれらの学校は、落第といわなければならない。

米西戦争以来、昔の分散し、どちらかといえば地方社会の政治に関わりをもった民兵制度にとって代るようになった真に職業的な将校団の主要特色は、まさに、軍人のこのカースト的感情にある。L・M・ナルトン海軍大佐はこういった。「目標は艦隊であり、教義（ドクトリン）は責任であり、しかして、問題は軍人的性格の形成にある[30]」と。現代の提督の多くがまだアナポリスに在学していた時代についてのことであるが、アール中佐は次のように断言している。「海軍兵学校の紀律は、いかなる社会においても、紀律とは、たんに組織された生活のことである、ということを如実に示している。それは正しく生活することの条件である。なぜならば、正しい生活なしに、文明は存在しえない。正しく生活することのできぬものは、できるように強制されなければならない。そして、心得違いの者たちは、抑制されなければならない。紀律をつらく感じたり、処罰のように考えるのは、このような人間だけである。これこそ当然のことなのである。最初から所属する権利をもっていない者たちを、組織から放逐するという目的から見ると、かかる人間たちが、暴君的で、仮借ない、鉄拳を、その身に感じるとしたら、世の中にとって、これはいいことなのである。*」と。

* かれは語をついでいう。「日曜日には強制的に教会に行かされる……(これは)かれがたんなる個人でなく、信仰においても組織の一員であること――これは、日曜の朝ごとに聞かされる艦隊の同僚、兵学校の同窓生たちのための祈りにはっきり現われている――を、自覚する助けとなる。(31)……」

軍人の世界は、その世界の住人たちにたいして、決定的規定力を及ぼしている。なぜならば、この世界は、新入者を注意深く選択し、以前に身につけた価値を打ちこわすからである。それは、かれらを民間人社会からきり離し、かれの一生の経歴と行動を標準化する。この経歴を経ていくうちに、任務が交代されるため、技能と感受性までが類似してくる。そして、軍人の世界にあっては、高級の地位とは、たんに職務や経歴の絶頂ではなく、全面的な紀律のシステムの下に展開せしめられた全体的な生活様式である。軍人は、その住んでいる官僚的な上下序列にのみこまれ、しかも、かれの性格と自我像までがその世界によってつくられているため、かれは、この世界の中に埋没しているのである。あるいは、この世界によって、市民としての能力を奪われているのである。社会的動物としてのかれは、ごく最近まで、一般的にいって、アメリカ生活の他の諸領域から、きり離されていた。そして、閉じこめられた教育制度の知的産物として、経験そのものまでが、規則と、次から次への転任によって支配され、かれは、高度に画一的なタイプに形成されているのである。

上層グループの他のどの人物に比べても、少将以上の現代の将軍たちは、内面的にも外面的にも相互に類似している。外観的には、ジョン・P・マルカンドがいったように、顔のマスクまで、すくなくもいくつかの典型的な表情まで、かれらの制服の一部分となっているように思われる。(32) 口元はひきしまり、目は鋭く、顔は無表情である。姿勢はきちんとし、肩は張り、歩きぶりも、どっしりとしている。ゆるやかに歩くことなく、いつも大またにあるく、内面的には、人生的訓練の全体系が成功している程度に応じ、かれの反応や人生観までが、たしかに類似している。かれらは、「軍人精神(ミリタリー・マインド)」をもっているといわれている。これは、無意味な言葉ではない。「軍人精神」とは、専門化した官僚的訓練の産物をさし、また、公的な選抜のシステムと共通の経験や友人や活動――これらはすべて類似した慣行の枠の中に閉じこめられている――の結果をさしている。それはまた、訓練――すなわち、命令系統の中における迅速な紋切型の服従――の結果をさす。また、それは、共通の観点をわかちもっていることを意味する。その観点は、現実をつねに本質的には軍事的現実であるとする形而上学的規定を基礎にしているのである。軍人的領域の内部においてすら、この精神は、「理論家」を信頼しない。たんに、理論家は違った見方をしがちであるという理由だけで信用しないこともある。すなわち、官僚的思考は、整然とした、具体的な思考なのである。

自分たちがなによりも名誉あるものと考えている軍人の階級序列を登りつめるのに成功したという事実は、成功せる将軍たちに自信をあたえる。また、かれらの最高の地位の回りにはりめぐらされた防禦物は、かれらの自信をますます強める。かれらが自信を失ったばあい、これ以外に失うべき何物を、かれらはもっているであろうか。このかぎられた生活領域の中では、多くのばあい、かれらは、きわめて有能である。しかし、かれらの紀律づけられた忠誠心からみると、かれらにとっては、この領域だけが、真に生き甲斐のある生活領域なのである。かれらは、特典と特権を段階づけている機構の内部におり、経済的に安定しなんらの不安も感じていない。かれらは、一般に金持ではないが、下層ないし中層階級の人々が直面するように、生計を支えられない危険にさらされたことはない。さきに見たごとく、指揮命令系統の上下序列は、かれらの社交生活にまでもちきたらされている。かれらの経験している地位を求める努力は、明瞭に、また完全に組織された地位の上下序列、すなわち、あらゆる人間が自己の地位を知り、それ以外に出ようとしない上下序列の内部で、行なわれるのである。

この軍人の世界にあっては、説得も議論も無価値である。一人が命令し、一人が服従する。だから、どんなつまらぬことでも、投票によってきめられることはない。したがって、軍人の世界における生活は、軍事組織ばかりでなく、他の諸制度にたいする軍人たちの見方に影響を及ぼす。将軍たちは、往々にして、経済的諸制度をもって軍事生産の手段とみなし、大会社は、下手に経営されている軍事施設であるとみたりする。かれらの世界では賃金は固定しており、組合など思いもおよばない。かれらは、政治制度を、無秩序で意地の悪い動物たちに満ちている腐敗した非能率的な障害物とみなしているのが普通である。かれらは、文官や政治家の失敗を聞くと、大喜びする。

このような諸条件によって形成された精神と観点をもった人々が、戦後のアメリカで重大決定を下す地位を占めるにいたったのである。すぐあとであきらかにするであろうように、これらの人々は、かならずしも、この新しい地位を自分から求めたのではない。かれらの株が昂騰したのは、おもに、政治家たちの怠慢のためである。だが、C・S・フォレスターのいったように、創作力をもたないエリートによって考案された創造力に欠けた政策を実施するには、生き生きとした創作力などをもたない人間が必要であるともいえよう。[33]しかし、それだけではなく、次のような点も指摘しておかなければならない。すなわち、トルストイが描いたような戦場の将軍の姿――混乱した戦闘についてなにもかも知っているふりをして、兵士たちの自信を高める役をつとめる者としての将軍――の他に、われわれは、巨大化した暴力手段を構成している人員と機械の管理者としての将軍のイメージを、つけ加えなければならないのである。

二つの大戦間の時代ののんびりした経歴や活動と対照的に、今や頂点の地位にたっしようとしている第二次大戦以後の将軍たちは、ペンタゴンで次々と一連の重要任務をはたしてきた人々である。ペンタゴンでは、中層や下層の階級の軍人たちは、その一人一人がみな、肩越しに上官から監視されており、上層では、文官と武官が互いに監視しあっているのである。三〇歳代の中佐たちは、おそらく、ペンタゴンの内部ないしそのごく近辺で、一足飛びの昇進をするかもしれない。かれは、ここで、複雑な機構の一歯車として、有力者の目にとまるかもしれないし、あるいは、参謀の職につき、前途有望の指揮的地位をあたえられるにいたるかもしれない。こうして、さきには、パーシング将軍が、ジョージ・C・マーシャルに目をつけ、ニミッツがフォレスト・シャーマンに目をとめた。ハップ・アーノルドはローリス・ノースタッドに、アイゼンハワーはグルンザーに、グルンザーはスカイラーに目をとめたというわけである。

少尉よりも提督や将軍の方が多くいるペンタゴンで、未来の将軍たちはなにをするのであろうか。かれは人に命令するどころか、秘書さえも、当分は持ちえないのである。かれは、報告を読み、これを要約して事務所間に取りかわされるメモをつくる。かれは色紙をはって、書類を区別けする。赤は至急、緑は大至急、黄色は催促といった具合である。かれは二三二にのぼる委員会の一つに入れられる。かれは、決定を下す上官のために、上官が賛成するかどうかを注意深く見守りながら情勢と意見を用意する。かれは、「見込みある者」と認められようとする。そして、大会社の世界におけると同様に、だれかのお気に入りの前途有望な青年となる。そして、あらゆる官僚的迷路におけると同じように、規則書（「標準執務手続」）にたよって生きようと試みる。しかし、同時に、物事を進捗させ運営するために、どこまでこの規則を拡大して使うことができるかを知っている。これを知っていれば、下層のレヴェルでは、自分の部隊に秘書をもう一人ふやすことができるし、上層のレヴェルのばあいには、空軍連隊をもう一個ふやすことができる。われわれは次に、これよりも上層にいる将軍たちの活動を検討しなければならない。

第九章　軍の台頭

真珠湾以来、巨大化したアメリカの暴力手段を支配する人々は、その政治的・経済的同僚の間で、大きな影響力をもつようになるとともに、かなりの自治権を獲得した。職業軍人のある者は、軍人の職を捨て、アメリカの生活の他の上層領域に飛びこんだ。他のあるものは、軍人としてとどまったが、勧告や情報や判断の提供によって、経済や政治問題における有力な人物の決定を左右し、教育や科学の仕事にたずさわる人々にも影響を及ぼした。将軍や提督たちは、軍服を着用したままで、あるばあいには軍服を脱いで一市民として一般国民の世論を動かそうとし、論争中の政策に、公然と、あるいは黒幕のかげで、自己の権威の重味を貸したのである。

これらの論争の多くでは、将軍たちは、自己の主張を通し、そうでないばあいには、かれらが賛成しない行為ないし決定の邪魔をした。かれらが非常に大きな発言権をもった決定もあるし、論争には参加したが決定を左右することには失敗したばあいもある。しかし、今日では、アメリカのエリートの歴史にかつてみたことがないほどに、かれらは強力である。かれらは、従来は文官の分野であったアメリカの生活の多くの領域で、権力を行使する手段を多量に握っている。今や、かれらの各方面にたいする結びつきはますます増大している。また、かれらは、エリートや被支配層が、軍部の定義した現実なるものを受け入れるようになっている国家において、作戦行動を行なっている。歴史的に見ると、将軍たちは、アメリカのエリート内部では、冷遇された貧しい親類であったが、今日では、実のいとこであり、近い将来には、兄貴株になるだろう。

一

将軍たちは、しだいに、政治的・経済的決定に参画するようになってきている。しかしながら、かれらは、かれらの性格と人生観を形成してきた軍事的訓練の影響から脱け出していない。にもかかわらず、かれらの新しい経歴の上層レヴェルでは、成功の条件が変ってきている。今日かれらを詳しく検討するならば、かれらのうちの幾人かは、最初に想像したほど、大会社重役たちと違っていないということがわかるし、他の幾人かは、伝統的なイメージの軍人というより、むしろ、奇妙な種類の政治家に見える。

例をあげれば、軍事問題や軍人人事に素人であるため、周囲の将軍たちによってだまされやすい文官の国防長官に比べて、軍人の国防長官の方が、ずっと文官的な役割をはたすといわれている。さらに、政治における軍人は、強力な意志にもとづいた新しい決定的な政策方針をもたず、文官の政治的世界の中で目標を失い、遊泳術も知らず目的もないため

に、腰ぬけになったと感じられさえする。(1)

この反面では、軍事的訓練と経歴によって、注入された自信というものを忘れてはならない。軍人としての経歴における成功者たちは、これによって自信をもつようになり、この自信を、経済的・政治的領域にもちこむのである。かれらといえども、旧くからの友人たちの忠言や精神的支持を歓迎することは、他の者と変りはない。だが、軍人の経歴は歴史的に他から孤立しているために、友人の大多数は、軍籍にある人々である。個人個人の具体的なばあいはどうであろうと、とにかくまとまりのあるグループとしてみるならば、軍部は、おそらく、国家的政策に今日関係しているグループのうちで、もっとも有能である。他のいかなるグループといえども、経済・政治・軍事の各方面に統合的に関連している問題に、軍部ほどの訓練をうけていない。他のいかなるグループといえども、軍部ほどに、決断を下す経験を絶えず積んではいない。他のグループの技能を「とり入れ」、同時に自己の技能を、自己の目的のために行使する用意が軍部ほどできているグループはないし、全世界からの情報を確実に入手しうるグループもない。そのうえ、政治家の中でもっとも文官的な人々の間でさえ、政治的・経済的現実を軍事的観点から規定することが支配的であり、このことは、将軍たちの自信と、政策を決定しようとする意志と、上層諸グループの内部でそれを実現しうる能力を、すくなくとも、弱めるものではけっしてない。

過去一五年間にわたって進行しつつある上層軍部の「政治化」は、どちらかといえば複雑な過程である。すなわち、軍人の一部は、職業的将校団の一員としての立場から、およそ軍事的なもののすべてを拡張することに、利害関心――個人的にも、また制度の上においても、イデオロギーの面においても――をもつようになる。また、一部は、官僚としての立場から、かれら自身の独自の領域を拡大することに熱心である。さらに権力者として、権力の行使を、高価な価値として楽しみつつ、他人に影響を及ぼそうと、ある者は尊大ぶった行動に出、ある者は、巧みな外交的手段に出る。しかし、すべての軍人が、このような動機にそそのかされているのではけっしてない。[*]人間の一つのタイプとして、職業軍人は、先天的に政治権力を追求するものではない。すくなくも、事件をこんなふうに動機のせいにする必要はない。なぜならば、かれらが政治的権力を欲していないばあいでも、文官の怠慢のため、根本的には政治的な権力が、軍部に転げこむかもしれないし、また、転げこんだこともあるのである。意識的にせよ無意識的にせよ、軍人は、文官によって、政治的目的に利用されてきたことが多いのである。

* 「ウェスト・ポイントに入校したその日から、死んでアーリントンの国立墓地に、名誉葬をもって埋葬される資格ができるまでの間に行なわれる相当な量にのぼる教育過程を通じて、軍事支配人たちの一人一人は、およそ政治的決定と見られるもののこちら側にいなければならぬ、ということを、耳にたこのできるまで聞かされている。リーヒー海軍大将は、こう書いている。『自分は、政治工作の経験にまったく欠けていたため、自分の意見をまとめることもできなかった。で、大統領（フランクリン・ルーズヴェルト）は、冗談半分に私にいった。『ビル、君は政治的には中世紀の人間だね』と。[(2)]」

政党政治家たちの立場からいえば、よく訓練された陸海軍将官は、政策を正統化するにもってこいの人物である。というのは、軍人を巧みに利用することによって、政策を、「政治の上」におく、すなわち、政争の外におき、行政上の問題にしてしまうことを可能にするからである。行政の領域にあっては、政治家ダレスが、アイゼンハワー元帥を大統領に推薦した言葉の中でいっているように、「重大裁断を下す」能力をもった人物が要求されているのである[3]。

政治行政官の見地からみれば、軍人は、すぐれた行政的手腕をきたえあげられているが、公的には、どの私的勢力とも関係のない人々の貯水池を構成している。人材を選んで訓練し、専門官吏をつくりあげるほんとうの意味での「公務員制度（シヴィル・サービス*）」がないために、軍人を引きぬこうとする誘惑が、とくに強いのである。

* 第十章「政治幹部会」を参照。

このように、政治家たちは、いわゆる軍事的専門知識の欠如を口実に、政策審議という本来の義務を怠り、また、政治行政官たちは、真に文官的な専門勤務制度をつくりあげるという当然の任務を放棄しているのである。文官たちの、このような二つの怠慢のために、職業軍人が台頭してくるのである。他のなにものにもまして、かかる理由から、軍事エリート——その構成員は、政治的に任命されたものでもなく、また、政治的に責任をもたなくてもいいと考えられている——が、上級の政治的決定にひきこまれてきたのである。

自ら進んでであろうと、いやいやながらであろうと、あるいは、知らず知らずのうちにであろうと、ひとたびかれらが政治分野に足を入れると、もちろん非難が起ってくる。かれらは、政治的に論争の的となり、他の政治的役者たち同様に、攻撃にさらされる。軍人が、明白に政治の渦中にまきこまれていないばあいでも、かれらは、政治的に攻撃される。アメリカでは、文官が軍人を信用しない傾向があるが、軍人は、つねに、政治的悪罵の手ごろな目標であった。だが、現在では、事態はさらに進んでいる。ハンソン・ボールドウィンがいったように、一九五三年に、マッカーシー上院議員は、「陸軍の統御権を手におさめようと試み、永い、忠実な服務経歴をもつ将校たちに……正規の上官の命令に服従したといってくってかかった(4)」。このようにして、かれは、入隊することなしに、命令系統にわりこんだ。軍の将軍たちは、このような攻撃が、いかに国務省にたいする公衆の信頼を失墜させ、省内の士気を沮喪せしめたかを知っている。だから、かれらは、自分の組織が、同じように、骨ぬきにされることをおそれる。加うるに、かれらは、予算の大部分を押え、経済界に影響力を及ぼす力をもっているので、かれらは、かれらに援助を求めるかと思うとかれらを足蹴にしたりもする新しい文官行政長官連中や、軍人の「過失」を食い物にしたり、わざとかれらに「過失」を犯すようにしむける政治的デマゴーグたちの攻撃にさらされる。

政治が軍に浸透するにつれ、軍も政治にはいりこんでいく。軍は、一面では文官の怠慢により、他面では、軍事的決定にたいする文官の非難に対抗して、政治的たらざるをえなくなったし、また現在でもそうである。

軍人は、生起しつつある事件についてかならずしも知っているわけでもなく、また「軍事専門家」という看板を信じ、命令することばかりが癖になっているために、かれらの批判にたいする反駁は、杓子定規的である。陸軍の典範には、上院議員と渡りあうさいの「標準的作戦要綱」といったものは、別になにも規定していない。おそらく、出道は二つしかないと思われる。一つの道、とくに、戦時における道は作戦命令であり、政治的疑問など抱かずにひたむきに命令に服従することである。別言すれば、軍人らしく退却することであり、あくまで威厳を保ち、超然として、四角ばっていることである。もう一つの道は、政治的人物と同盟を結ぶという古典的ないき方で、全面的に政治に乗りいれることである。また、軍人の行政的地位を考慮に入れれば、同盟以外に、なにか、新しい手もあるかもしれない。というのは、かれらが将校としてとどまる限り、政党的な意味ではっきりと、また公然と政治的になることは、たとえ、そうしたものが、何人かあったことは事実としても、うまくはできないからである。それにしても、だいたいとして、かれらは、黒幕で慎重に動き回る。手っとりばやくいえば、他の軍人や大会社重役や政治幹部（ポリティカル・ディレクトレイト）たちや議会における議員たちとともに、上層のレヴェルにおいて、軍に味方する派閥を形成したり、それに加入したりするのである。

さらに、われわれは、次のことを想起すべきであろう。すなわち、職業軍人たちは、かれらのうけた訓練と軍人として積んだ経験のために、世界の現実にたいする軍事的解釈を心の底から信じており、このために、新しい巨大な暴力手段と、臆病な文官外交の怠慢さを思うとき、かれらは、国を憂えて心から慄然としてしまうのである。かれらのうちでもっとも確信に満ちた能力——かれらの意味での——をもつ連中は、厳密に非政治的な暴力の技術家としての役割に引き込んでしまうことに不満なのである。加うるに、かれらの多くは、あまりにも高い地位を占め、深入りしすぎているので、軍人らしく引きさがることができない。

われわれは、まさにこのような状況を考慮にいれて、将軍たちの政治的行動と、アメリカの権力エリートの内部で軍人が及ぼすにいたった強大な影響を理解しなければならない。軍人は、政治家たちのたんなる道具にすぎないと考えられている。だが、軍人たちの直面する問題は、ますます政治的な決定を必要とするようになっている。このような政治的決定を、「軍事的必要」として取り扱うならば、いうまでもないことだが、決定そのものまでとはいわないにしても、すくなくも、文官の責任というものを、軍人エリートに引きわたしてしまうことになる。しかし、軍部の形而上学的見解——今日では文官エリートたちまでそれを信奉している——を承認するならば、本来的に、戦争こそが現代の唯一の現実である、つまり必然であるということになってしまう。

二

アメリカが世界の強国になるにつれて、軍事組織も拡張され、その上層部の構成員たちは、外交・政治サークルにまで直接に進出した。たとえば、マーク・クラーク大将は、おそらく、アメリカの将軍たちの中で、現役在役中にもっとも多くの政治的経験を積んだ人であるが、かれは、「いわゆる『仲間制度（バディ・システム）』すなわち、政治的人物と軍人が、手に手をとって仕事をするシステムを、信奉」している。これについて、かれは、次のように述べている。「アメリカの将軍たちの多くは、従来、政治について、『くそくらえ、政治などはあと回しでいいのだ』という態度をとっていたが、もはや、このようないき方はできなくなっている」と。[5]

一九四二年に、クラーク大将は、北アフリカで、ダルランやジローと取引きをした。ついでかれは、イタリーで、第八軍の司令官となった。それから、オーストリアの占領軍司令官となり、一九五二年には、新しく主権を回復した日本駐留アメリカ軍司令官兼韓国におけるアメリカ極東軍司令官、国連軍司令官となった。ジョージ・C・マーシャル元帥は、大統領の個人的代表として中国で任務をはたしたのち、国務長官（一九四七―四九年）、国防長官（一九五〇―五一年）を歴任した。アラン・G・カーク海軍中将は、一九四〇年代の後半にベルギー駐在大使についで、ソビエト駐在大使に就任した。一九四七年に、占領地域問題担当の国務次官を務めたジョン・H・ヒルドリング少将は、「ドイツ、オーストリア、日本、韓国における占領政策実施の任にあった軍司令官と直接」折衝した。[6] フランク・T・ハインズ准将は、パナマ駐在大使であり、ウォルター・ベデル・スミス中将は、駐ソ大使となった。スミス中将は、のちに、中央情報局長官（一九五〇―五三年）を経て、国務次官（一九五三―五四年）に就任した。ドイツ占領軍司令官としては、ルシアス・D・クレイ中将、日本占領軍の司令官としては、マッカーサー元帥がいた。また、外交官でもない元陸軍参謀総長J・ロートン・コリンズ大将は、「西南アジアならびに自由世界にとって、基本的な政治的・経済的重要性をもつ」とかれがいった地域における「秩序回復」の目的で、一九五四年に動乱のインドシナに出張した。(7)

さらに、軍服を脱いで退役した後ばかりでなく、まだ軍服を着ているうちに、高級将校たちは、政策論争に参加した。文官の下す決定にたいして、軍は不法に圧力を加えるべきでないと極力主張したオマー・ブラッドレー元帥すら、厳密に軍事的な問題だけでなく、経済的・政治的な問題に関連する政策を推進するために、議会の委員会や、広汎な公衆の前に姿を見せた。マーシャル元帥を例にとると、かれは、パレスチナへの移民数を増加し、同国をユダヤ人の本国として発展させることを力説したワグナー＝タフト決議案にたいして反対論を提出した。(8) マーシャル元帥は、ブラッドレー、ヴァンデンバーグ、コリンズ大将、シャーマン提督などと組んで、トルーマン政府の極東政策にたいする共和党の攻撃、マッカーサー元帥の極東軍司令官罷免にたいする反対などから、トルーマン政府を防衛するために、議会委員会に出頭した。

ブラッドレー元帥の演説の内容は、タフト上院議員やハンソン・ボールドウィンを含めた多くの人々によって指摘されたように、一九五二年の大統領選挙戦の政治問題にあきらかに関係があると思われるものであった。ハンソン・ボールドウィンは、「この演説は、ブラッドレー元帥と統合参謀本部を、かれらが首をつっこんではならないところ、すなわち、選挙の演説壇にのぼらせることにあずかった」と述べている。(9) タフト上院議員は、統合参謀本部は、政府の支配下にあり、軍事的な専門意見を開陳するだけにとどまらずに、政府の政策をおうむがえしに繰り返していると非難したが、かれ自身、ウェデマイヤー中将や、マッカーサー元帥によって援護されていた。また、ボナー・フェラースという将軍は、共和党全国委員会に名をつらねていた。

一九五二年の選挙に、マッカーサー元帥は、アメリカ陸軍条令六〇〇—一〇を公然と犯して、正当に選び出された政府の政策を公開席上で攻撃し、共和党大会で主要演説を行い、大統領候補に指名されれば、受諾する意志のある旨をあきらかにした。だが、もう一人の現役元帥、すなわち、アイゼンハワーが、候補者に指名されてしまった。この二人の将軍と、かれらの政策らしきものは、他の軍人たちによって支持された。今や、共和党系将軍と民主党系将軍があることは明白である。さらに、現在では、よく知られているように、ある上院議員個人——たとえば、マッカーシー議員——に賛成ないし反対の軍人がおり、かれらは、その好悪を表示あるいは隠蔽するために、軍におけるその地位を利用しているのである。

一九五四年に、退役陸軍中将ジョージ・E・ストラテマイヤーをかしらとし、退役海軍少将ジョン・G・クロムメリンを参謀長とする一群の高級軍人たちが、マッカーシーの請願状に一千万の署名を集める運動に、その名前をかした。(10) これは、老兵マッカーサーの次のような声がまだ消え去らない軍の台頭期におきたことであった。「われら軍人は、つねに、命令に服従するものである。だが、万一、政治家たちが、平和維持に失敗したあかつきは、わが国が生き残るためには、われわれは、軍人に頼らなければならぬ」（一九五三年）。「自分は、新しい、そして、今まで知られなかった危険な観念があることを発見した。それは、われわれ軍人は、われわれが防衛することを誓わされた国家とその憲法に忠誠である代わりに、政府の行政部に一時的権力を揮う者どもにたいして、忠節・忠誠でなければならぬという観念である。これほど、危険な観念は、他にないのである」[11]（一九五一年）。

しかしながら、直接に政治的役割についたり、個人的に勧告をあたえたり、あるいは公開席上で演説をしたりすることよりも、より複雑なタイプの軍人の影響力の方が、もっと重要である。すなわち、上層軍人が、従来歴史的に軍人固有の領域と考えられてきた領域を超えた諸問題にたいしても、権威であると認められるようになってきたことである。一般公衆の多くからばかりでなく、政治的・経済的エリートの他のメンバーからも、このような権威が承認されるようになってきたことである。

一九四〇年代の初めごろから、軍にたいする議会の伝統的な敵意が、「友好的な、相手を信頼した」服従に変化した。J・エドガー・フーバーを除けば、高級軍人ほど、証人として、上院議員たちによって敬意をもって取扱われたものはない。公式の政府文書を読むと「戦時議会は、そのなしたこと、あるいは、なすことを拒否したことの双方において、参謀総長の提言ないし要請に、一貫して、また唯々諾々と協力した」と書いてある[12]。そして、連合軍の戦略は、大統領と（イギリスの）総理大臣が「裁決」したが、その裁決は、軍によって立案され、提案された諸案の中から選ばれ、軍の賛成をえた選択であった。

憲法によれば、議会は、わが国の軍隊を支持し、またこれを統制する責任をもっていることになっている。第二次世界大戦前の平和の時期に、議会内の職業政治家たちは、軍人生活の微細な点にわたって、軍人と議論し、軍人に代わって、戦略のみならず、戦術まで決定した。第二次世界大戦中、議員たちは、軍事予算にマンハッタン計画のごときものが含まれていることを、まったく知らずに「通過」させている。そして、トルーマン上院議員は、なにか大きな計画があるらしいことを聞きこんだが、陸軍長官からの一言で、かれは追及を断念した。戦後の時代に、議会は、軍事関係の事柄については、真実の情報を受け入れる機会さえ持たず、いわんや、これを評価する能力や時間を、持たなかったというのが真相である。高級軍人が、基本的な政治・経済関係の決定においてはたす政治的役割は、専門家としての「身分保障」と「権威」のかげにかくれながら、はなはだしく増大した。しかもそれは、軍人が力ずくで奪いとったというより、むしろ、文官の政治的怠慢――これは議会の組織と議員の顔ぶれを考慮に入れるとき、当然とさえ考えられる――のために、さらに一層拡大されたのである。[13]

三

将軍たちと、かれらの軍事的抽象論によってもっとも大きい影響をこうむった決定の領域は、外交政策と国際関係であった。これらの領域では、一種の名人芸としての文官外交と、秀才の組織された集団としての文官＝外交官グループの衰退が、いろいろな力によってもたらされつつあったが、軍部の台頭は、これらの諸力に相呼応した。まさに、アメリカの歴史始まって以来初めて、国際問題が最重要の国家的決定の中心となり、ほとんどすべての重大決定に関連をもつようになってきたその時期に、この軍部の台頭と外交の没落が生起したのであった。エリートが、世界情勢にたいする軍人的見方を受け入れるようになると、職業的外交官とわれわれが呼びあるいは想像していた人々は、上層グループにおけるなんらかの有効な発言能力を、たちまち失ってしまったのであった。

かつては、戦争は軍人の仕事であり、国際関係は外交官の仕事と考えられていた。しかし、今や、戦争は全国的・恒久的性格を帯びてきたように見え、かつては王たちの奔放な遊戯にすぎなかった戦争が、人民たちに強制される殺人業になったため、国家間の外交的礼法などは崩壊した。平和は、もはや、真剣なものではなく、戦争のみが、真剣なものとなった。あらゆる人間、あらゆる国家が、味方か敵か、どちらかであり、敵意の観念は、機械的・大量的なものとなり、いかなる純粋な感情をも持たぬものとなっている。平和的解決を目的とした交渉は、そのほとんどすべてが裏切りとではなくても、「宥和策（アピーズメント）」とみなされるような時期にあっては、外交官の積極的な役割などは、無意義になる。なぜならば、外交は、たんに、戦争への序幕であるか、戦争と戦争の幕間の出来事であるにすぎない。このような状況においては、外交官は将軍たちによって代置されてしまうのである。

現在進行しつつある事態を理解するには、アメリカの外交と外交官についての次の三つの事実を念頭におくべきである。その三つの事実とは、職業的外交官制度が他と比べて脆弱であったこと、「査問」や「保安」の諸手段によってそれがさらに弱められたこと、外交責任者たちの間で、軍人的抽象論が台頭してきたことである。

I　およそ「外交」は、社交生活の微妙なニュアンスと政治的意図とが混和しあっているというような環境の中でのみ、遂行することができる。外交は、政治的機能であるとともに、社会的技巧でもある。このような技巧は、主として上流階級教育と生活様式をもつ人物によって獲得される社会的優雅さというものを必要とするかのごとくに見えた。そして、事実、専門外交官は、富裕階級を代表するものであった。*

*　このことは、私的な収入がなければ国外駐在地の地位で生計をたてて行くことができないほど安い給料しか外交官に与えないという方針によって実現された。外交官生活の社交的義務を考慮に入れるならば、大使の年俸では、世界の主要首都で生活して行くことは不可能である。一九四〇年代初期に、重要国駐在の大使が、身分相応の饗応をしようとすれば、一年に七万五千ドルから一〇万ドルかかった。だが、大使の最高給は、わずか二万五千ドルである。(14)

だが、一九三〇年までは、職業的外交官として勤務しただけでは、大使級には、昇進できなかった。* 一八九三年から一九三〇年までの間に、アメリカの大使を勤めた八六人の人物のうち、わずか四分の一が、大使任命以前に、外交官の経歴をもつにすぎなかった。

D・A・ハートマンによれば、「イギリスの大使は、外交官の確立された経歴の最終段階を表現するものであるが、アメリカの大使の地位は、実業家や政治家や、弁護士たちの生涯における晩年のエピソード以上のなにものでもない[15]。」

＊　一八九九年の一八人の一流大使のうち、成人期の大部分を外交官勤務ですごしたという意味で「職業的外交官」といいうるものは、一人もなかった。かれらのうちの一〇人は、大使になるまで、外交官としての地位を全然持たなかった。そして、六人は、一八九九年以前に、最大限九年の外交官生活をしただけであった。そして、駐トルコ大使オスカー・S・ストラウスと、駐独大使アンドルー・D・ホワイトの二人だけが、一〇年以上にわたって、外交官勤務をしただけである。これらの大使の大部分は、政党に忠実であったため、その報酬として任命されたと考えられる。すなわち、政治に活潑に参加していた者は一一人にのぼり、その約半数は、弁護士としての経歴の中で政治にたずさわっていた。大学教授は一人、新聞記者も一人いた。残りの五人は、実業家であったが、これも弁護士として実業界に関係していった人々である。一八九九年の大使たちを、グループとしてみると、裕福な家庭出身者が多く、金持というべきものが多かった。学歴から見ても、かれらは、アメリカとヨーロッパの有数な学校を出ていた。六人はアイヴィ・リーグの諸大学出身であり、実業界ないし政界に重要地位を占めていた[16]。

長期にわたった民主党政権のもとでは、上流階級出身者に基礎をおく職業的外交官制度に近いものが発達した。一九四二年の三二人の大使と一流公使のうち、約半数は、大都市上流階級の子弟の通学する私立予備校出身であった。そして、国外勤務部(フォーリン・サーヴィス)の一一八人の上層外交官中、五一人が、ハーヴァード、プリンストン、ないしイェール大学の出身であった[17]。

一九五三年に共和党が政権を握ったとき（一万九四〇五人の国務省官吏のうち）、国外勤務部の官吏は、一三〇五人で、合衆国の七二の在外大公使館と一九八の領事館に勤務していた。[18]合衆国の在外大公使館の七二人の首席のうち四〇人は、職業的外交官で「特定の地位への任命は、大統領によって行われるものであり、国外勤務部での任期は、政府更迭によって影響をこうむらないもの」であった。[19]外交官には二つの途があった。それは、退官するか、あるいは、その占める地位を辞して、新政府のもとに、他の地位に任命されることを待つか、この二つである。

現在では、大使にまで到達する外交官勤務の経歴は、以前よりもしっかりと確立されているようである。というのは、アイゼンハワー大統領によって任命された首席大使二五人中、一九人までが職業的外交官だからである。だがこの反面では、こうもいえる。一九五三年ごろになると、知名の実業家、弁護士、または、政治家にとっては、一般に小さな国――たしかに、職業的外交官たちのほとんど全部は、このような国に駐在させられている――の大使に任命されることは、たいした「名誉」ではなくなっているのだともいえる。[20]しかしながら、アイゼンハワー大統領は、その任期の後半に、落選した政治家や、政治的後援者たちを、在来は専門外交官にあてがわれていた小国に、任命するようになった。かくてコネティカット州の知事選挙戦に敗れたジョン・D・ロッジは、古参外交官ジェームス・C・ダンの代わりに、マドリッドに任命された。リビアでは、職業的外交官ヘンリー・S・ヴィラードの代わりに、「アイゼンハワー擁立同盟」の一部門の長をし、スキー家として知られるジョン・L・タピンが赴任することになった。より抜きの外交的地位にすわり、アメリカを代表しているのは、億万長者の銀行家、大富豪家族の一員や親戚あるいは顧問、有力大会社顧問弁護士、大相続財産を持つ婦人の夫などである。

Ⅱ　政府更迭以前から、すでに、査問や罷免のため、職業的外交官たちの士気と能力はひどく低下してきていた。かかるときに、マッカーシー上院議員の一味のスコット・マクロードが、連邦検察局から、国務省に移り、保安部と人事部の長となった。「『保安』こそ、外交の基本的基準であると信じる」マクロード氏は、次のようにいう。すなわち、それ以外のすべての資格を調査したのちに、かれは、以下のような質問を自分に向って問うてみるという。「銃の撃ち合いにさいして、この男が自分と一緒に木の蔭にかくれていたとすると、どんな気持がするか？　このように考えを進めていくと、標準が大分高くなる。自分は調査にさいしては、こんなふうに考えて行きたい[21]」と。警官マクロードといっしょに「木のかげにかくれることのできぬ」人間もかなり多数いた。そして、国外勤務部の役人たちでまだその職にとどまっている人々の間には、「外国の事情について、真相がワシントンにいる人間の考えこんでいることと相違したばあい、ほんとうのことをワシントンに報告するのは安全でないという印象が、強くなった。」[22]*

＊　もちろん、これは、国外勤務部にとって、まったく新しい特徴ではない。たとえば、「重大な時期における中国駐在の外交官の報告書の基調は、中国共産主義者と蔣介石との不可避的な衝突の結果の敗者

は、蔣介石であるという点にあった。だが、この正しい判断の結果、中国駐在外交官たちが全体として、あるいは個人として尊敬されることにはならなかった。中国が共産主義者の手中に落ちたことにたいして、中国駐在外交官たちはなんらかの責任がある、ということにされてしまった。したがって、中国駐在外交官のグループというようなものはもはや存在しない。第二次世界大戦初頭に、これに参加していた二二人の外交官のうち、一九五二年にワシントン国務省に居残っていた者は、わずか二人であった。……他の多くの者は、アメリカ政府に勤務はしているが、……韓国で決死の戦闘にたずさわっている相手国中国に関しての詳しいその知識が役に立つような場所には、勤務していないのである。」(23)

一九五四年の秋に、「忠誠」問題ですでに罷免された多数の人物につづいて、二三年の在職経歴をもつ職業的外交官ジョン・パットン・デイヴィスは、忠誠云々の理由でなく、「判断力と分別と信頼性を欠く」という理由で、罷免された。(24) 一〇年前の中国政策に関するかれの意見が、政府の現政策と一致しなかったからである。この事件にたいする職業的外交官たちの論評は、かれらがどのように考えているかを表わしている。最近まで国務省の政策計画局の一員であったある人物は、こう書いた。「『保安』という言葉は、婉曲に他のことを表現している語句になってしまったということを、アメリカの一般国民にわかってもらいたいと思う。それは、政府の役所から、理知的、ならびに、道義的な卓越さを排除し、政治的によい子、いいかえれば、優秀であるはずがない連中によって、政府を運営させようとする過去五年間の原始的な政治的傾向を表わしているのである。たとえば、再編成された国外勤務部にあっては、採用の学識基準が、甚だしくさげられている。あたかも、魂のない凡庸さが、理想とされているかのごとくである」[25]。ヴェテランの外交官で、外国問題の優れた研究家であるジョージ・ケナンは、プリンストン大学の学生たちに、一生の職業として、外交官を選ぶのはやめよ、と忠告した。言葉をかえていえば、「国務省の士気は沮喪し、優秀な人物はそこから去ったばかりでなく、他の者にも逃げ出せと忠告している」のである[26]。

Ⅲ　改めていうまでもないことだが、大公使館付武官たちは、永い期間にわたって国外に駐在し、表面では、大使の補佐役であり、諜報局との連絡係であった。ところが、「戦後になると、その多くは、外交官と国務省を頭から馬鹿にし、その下に働くはずの大使たちから、ほとんど独立してしまっている。[*]」

＊　一九五四年の四月に、陸軍は、海外駐在武官が、日記をつけることを禁止した。これは、モスクワ駐在の大使館付陸軍武官グロー少将が、日記の中で対ソ戦争を主張し、大使を嫌悪し、かれの交友関係を嫌っていたことが、全世界に暴露されたのちのことであった。かれはドイツのフランクフルトを訪問中、ホテルの部屋に日記をおいたが、これがたちまち盗まれ、写真にとられ、そして、返却された。ソ連は、これを宣伝材料に使った。同少将は、諜報活動に向かないタイプであることは明白であるが、しかし、かれよりは、むしろ、かれをモスクワに駐在せしめた陸軍諜報機関の「猟官制（スポイルス・システム）」に責任がある。無能なのはグロー少将だけではない。戦後の時期のもっとも重要な武官駐在地には、鉄のマイク・オダニエルといって、両拳をあげてふりまわすことだけが取柄なように見える将軍が送られた。戦後、東欧に派遣された二人の武官は、「悪名ものすごく、一人は、いつも一杯機嫌、もう一人は、買いためた衣類を、闇市場で売りまくった」。戦時中参謀本部第二課の長だったもう一人の将軍は、「闇市場に手を出し

たかどで、査問のため、ロンドンから召喚された。[27]

だが、問題は、このような比較的下部の摩擦よりは、もっと深いところにある。すでにわれわれの見たごとく、軍人は、特別使節ばかりでなく大使にまでなった。多くの重要な国際問題の決定にあたって、外交官たちが無視され、高級軍人と政治人物の派閥が決定を下した。一九五三年九月に、アメリカとスペインの間に調印された防衛協定のばあいには、日本から占領した西太平洋諸島の処置についての一九四五年四六年の取極めのばあいと同様に、外交官の勧告なしに、否、これにさからって、軍が、外交関係の政策を決定したのである。[28] 日本との平和条約は、外交官でなく、将軍たちによって用意された。ドイツとの講和条約はまだ、結ばれてなく、ただ、軍隊間の同盟、了解事項があるだけである。板門店で、朝鮮戦争の終結が「談合」されたが、これも、外交官でなく、開襟シャツでネクタイも着用しない将軍によってであった。「アメリカ軍部は、純然たる軍事的要因というものが存在するかのごとき考え、そして、かれらに関係のある問題は、文官によってはうまく処理されえないという考え方を、植えつけることに成功した。だが、イギリスの理論と経験は、この二つの提案を両方とも否定する……」と『ロンドン・エコノミスト』誌は書いた。[29]

このようにして、五〇年戦争をやってでも赤色中国はたたきつぶさなければならぬと、議会委員会に進言したラドフォード提督は、ディエン・ビエン・フーの陥落前に、統合参謀本部議長として、五〇〇機の飛行機を用いて戦術的原子爆弾をヴェトミン軍隊に投下すべしと、主張した。もし、中国が公然と登場してきたばあいは、原子爆弾を北京に投下するはずだと、非公式にわれわれは聞かされていた。[30] この政治情勢を、かれは軍事情勢と規定し、そのような考えに立って、かれの上役で文官である国防長官と国務長官と同じくらいに大きな声で、自説を主張したのであった。一九五四年の八月に、マーク・クラーク大将は、ソ連を国連から除名し、同国との外交関係を断絶すべしと、公開席上で述べた。当時大統領であったアイゼンハワー元帥は、かれの親しい友人の意見に賛成しなかった。だが、大統領の言葉も、ジェームズ・A・ヴァン・フリート中将が、公然と、クラーク大将の意見に賛意を表することを、とめはしなかった。[31] 別に、それが重大問題であったというわけではない。なぜなら、重大な決定や秘密会議にさいしては、国連は、しばしば、素通りされている。ジュネーヴ会議を実現させたのは国連ではなかった。国連は、グァテマラでの合衆国の行動をとりあげなかった。[32] もっとも重大な東西対立の問題にさいして国連が素通りされ、国連が一般的にいって政治的に弱体化したことは、戦後における外交の衰退の一つの側面である。そして、そのもう一つの側面は、軍部――人としての、また、形而上学としての――の台頭である。

アメリカでは、外交が、訓練された有能な専門家の手によって、一つの教養ある技術として見事に育てあげられたことはなかったし、また、これを試みた人々も、外交官として最上層の地位をかちうる見透しを持ちえなかった。というのは、これらの地位は、おもに政治とビジネスの指示にしたがって、分配されていたからである。とにかくも存在していたアメリカの職業的外交官のグループさえも、最近の査問と罷免によって、破壊されてしまった。それとともに、将来そのようなグループを築きあげるチャンスも、失われてしまった。そして、その間に、軍部が外交の上層諸会議の中へ入りこんできたし、また、現在入りこみつつある。

四

いうまでもないことだが、軍事組織は、昔から、経済と関連をもっていた。工兵団——かれらは歴史的にウェスト・ポイント出身者中のエリートであるが——は、平時には、河川と港湾の土木建設を統轄していた。議会をはじめ地方経済界の利害関係者たちは、国庫支出金の可能性を知らなかったわけではないし、河川平原の多目的開発についての開発局の案を、工兵団によって、否認してもらう機会のあることを、見のがしていたわけではない。「根絶しえない院外運動(ロビー)(訳註17)」を研究したアーサー・マースによれば、「だいたい一九二五年ごろまでは、政府の通常支出総額の一二%を、工兵団が支払っていた。」(33)

しかしながら、今日では、軍事組織の経済にたいする関連性は、質的に、異なった規模になっている。*国家予算は増大し、その中で軍のために、軍によって消費される金額の割合も増大した。第二次世界大戦直前から、この割合は、三〇%を下ったことはなく、全政府予算の平均五〇%強であった。事実、一九五五年度に発表された予算は、三ドルのうち二ドルが、国防に割当てられていた。[34] だから、経済における政府の役割が増大するにつれ、政府部内における軍の役割も増大した。

＊ 一七八九年から一九一七年までの間に、合衆国政府は、二九五億ドルを使った。だが、一九五二年には、軍部に割当てられた額だけで、すでに、四〇〇億ドルであった。一九一三年には、軍事費は、一人当り、二ドル五〇セントであったが、一九五二年には、ほとんど二五〇ドルに、はねあがった。[35]

われわれは、軍部の台頭が、いかに最近のものであるかを、たえず想起すべきである。第一次世界大戦当時、軍は、上層経済、政治サークルに入りこんだが、これは、「非常時」中だけの、一時的なものであった。軍が上層サークルに、真に、決定的に、介入するようになったのは、第二次世界大戦からである。近代戦の性質のために、ちょうど、軍部が、経済界の有力者を軍に招き入れなければならなかったと同様に、好むと好まざるとにかかわらず、そうせざるをえなかったのである。というのは、大会社の決定に、軍が加わらなかったとすれば、軍の計画が実行されるかどうかが不明であった。そして、大会社の首脳部も、戦時計画について知るところがなければ、戦時生産を企画することができなかった。かくて、将軍たちが大会社の社長たちの顧問となり、大会社の社長たちが、将軍たちに勧告をあたえたのであった。陸軍中将レヴィン・H・キャンベル二世は次のようにいった。「一九四二年六月一日に、兵器廠長となって第一にやったことは、大量生産のあらゆる局面に関して完全な知識を持った実業界・産業界の指導者四人からなる個人的な顧問団をつくることであった。[36]」

第二次世界大戦中に、大会社経済と軍部官僚との結合が、今日の意義をもつようになった。「補給部門」の規模の膨大さそのものが、経済にたいして決定的な影響力をもたざるをえないのである。一九四二年に、『フォーチュン』誌は、次のように書いた。「補給部は、大規模の親会社にたとえることができる。事実、本年度に、三二〇億ドル、いいかえれば、合衆国が戦争のために遣う金の総額の四二％の支払を担当している補給部に比べれば、U・S・スチール社は夜逃げ会社、アメリカ電話・電報会社は、田舎ホテルの交換台、ジエシ・ジョーンズの復興金融局やその他の政府機関は田舎町の無駄役場みたいなものである。事実、全ワシントンを通じて、ハリー・ホプキンスの軍需割当局を初めとし、サマヴエル中将とかれの部下が、懇願したり、借用したり、あるいは盗み出すために、出入しない扉というものは、一つもないのである」[37]。戦争経済の組織そのものが、経済界の首脳部と軍の上層との間に利害の一致と政治的連繋をつくりだしたのである。「兵器廠長官は、ジョーンズ＝マンヴィル社のバーナード・M・バルック、ルイス・H・ブラウン、クライスラー社のK・T・ケラー、それから、U・S・スチール社のベンジャミン・F・フェアレスからなる顧問団をもっている。兵器納入契約は、四つの主要部門の手を通じて割当てられる。……各部門の長は、各部門が取扱う兵器類の主要生産者の代表者たちから構成されて成り立っている産業顧問グループによって補佐されている[38]。」

軍事機構と大会社は、形式的には、いうまでもなく文官政治家たちの統制下にある。アメリカにおける最大の法人組織の支配人として、「軍部は取締役会……大統領、陸・海・

空各省長官、議会の軍事委員会など……を持っている。だが、取締役会の連中の多くのもの、たとえば議員たちは、経営者たちにたいして、全面的信頼ないし不信の念を表示する以上のことはほとんどできない。もっとも有力な取締役、すなわち大統領と国防長官ですらも、当局者と論争しても、専門家にたいする素人のように歯が立たない。この関係は、産業における取締役会と経営者間との関係とはまったく異なっている。(39)」

大会社と軍部の歩み寄りは、「再転換」の時期と条件についての両者間の取決めをみれば、一目瞭然となる。（戦時経済から、平時経済へ）再転換となれば、軍部は権力を失うし、大会社は、従来のように優先契約のもとで生産することができなくなる。下手にやれば、再転換は、戦時生産の開始前における独占状態を、容易にくつがえすことになる。将軍たちや、一ドル役人(訳註10)として勤務した重役たちは、このようなことが起らないように、ちゃんと手を打っておいたのである。(40)

第二次世界大戦後もひきつづいて、軍事的需要が、会社経済の形態と速度を決定している。であるから、過去一〇年間に、多くの陸海軍の将軍たちが、退役後たんに隠退してしまわずに、取締役に就任したのは不思議ではない。*

＊　ラシアス・D・クレー中将は、ドイツで部隊を指揮し、ついで、占領軍司令官として政治領域にはいったが、現在ではコンティネンタル製缶会社の社長である。日本降服直前に第八空軍の司令官であったジェームズ・H・ドゥーリトル中将は、シェル石油会社の副社長である。ベルリン方面で第十二軍団を指揮したオマー・N・ブラッドレー元帥は、統合参謀本部議長となり、現在は、ブロヴァ時計研究所の

取締役会長である。一九五五年二月に、スイス製時計装置に輸入税をかける案にたいし、軍事的に必要だという理由で、これを支持する全頁大広告に、「陸軍元帥オマー・N・ブラッドレー」という名前を使うことを許した。日本と韓国において政治将軍として知られたダグラス・マッカーサー元帥は、今は、レミントン・ランド社の取締役会長である。中国地域の合衆国軍司令官であったアルバート・C・ウェデマイヤー中将は、AVCO社の副社長である。ベン・モリール海軍中将は、今日、ジョーンズ・アンド・ローリン鋼材会社の会長である。アイラ・イーカー空軍大将は、ヒューズ工具会社の副社長である。ジェイコブ・エバース将軍は、フェアチャイルド航空機会社の技術顧問をつとめている。かつて、陸軍の購買部門の長をしたブレオン・サマーヴェル中将は、一九五五年に死ぬ前は、カパース社の会長兼社長であった。駐ソ大使をつとめたアーラン・G・カーク海軍中将は、高度精密金属専門のマーカスト社の取締役会長であり、代表役員となった。マンハッタン計画の長官だったレスリー・R・グローヴス中将は、レミントン・ランド社の副社長として、高等研究の責任者である。水爆実験のE・R・ケサダ将軍はロッキード航空機会社の副社長である。ウォルター・ベデル・スミス中将は、アメリカン・マシン・アンド・ファウンドリー社の取締役会副会長である。元陸軍参謀総長マシュー・B・リッジウェイ大将は、カイザー自動車会社がアルゼンチンに進出をもくろんださい、その総指揮官を交渉されたが、これを拒否し、メロン産業研究所の会長となった。(41)

将軍たちが、名声を財産に替えるばあい、金融ないし産業そのものに関するかれらの知識よりも、むしろ、かれらが軍部内のだれを知っているかとか、また部内の規則や、やりかたについてのかれらの知識などのほうが、大会社重役たちによって重視されているのだ、と推論せざるをえないのである。軍が民間大会社と契約した重要請負仕事を考えてみると、業界誌が、公然と次のように書くことの意味が理解される。「マクナルニーはコンヴェア社の最善の顧客、すなわち、ペンタゴンを他のだれよりもよく知っている。このことを承知しているのはかれの友人で、コンヴェアの会長、フロイド・オドラムである」。であるから、「実業界ではこういうことがいわれている。将軍たちを手にいれたらいい。政府部内でいちばん余計に金を使うのは、どの部門か？　軍ではないか。ブローカー以上に、役所の繁文縟礼に精通しているのはだれか？　陸海軍の将軍たちである。だから、将軍を取締役会長にしたらいい[42]。」

しかしながら、この、軍と大会社の世界との間のますます増加してきた人事交流は、軍需契約を円滑にするための便宜的手段としてよりも、むしろ、アメリカの機構的事実をあきらかにする一つの手掛りとして、より重要である。上層部におけるかかる変化の背後に、また、それの基盤となっている軍事予算の増大の背後には、恒久的戦時経済（パーマネント・ウォー・エコノミー）へ向っての現代のアメリカ資本主義の巨大な構造的変化が存在するのである。

一世代の間に、アメリカは、世界の指導的産業社会となるとともに、一流の軍事国家となった。いうまでもないことだが、より若い軍人たちは、経済と軍事が同盟した雰囲気の中に成長しつつある。だが、これにもまして、かれらは、この同盟をいっそう促進していくように、積極的・意識的に教育されているのである。経済と戦争の相互依存関係を研究しているいわゆる「軍産業大学（インダストリアル・カレジ・オブ・アームド・フォーセス）」こそは、軍の教育体系の最上層のレヴエルに位するものである[43]。

十九世紀の楽観的な自由主義者たちにとって、これらすべては、じつに矛盾した事実のように見えるであろう。当時、自由主義の代表者たちの多くは、産業主義（インダストリアリズム）の発達によって、現代の諸問題における軍国主義の役割は、第二義的なものになってしまうだろうと考えていた。産業社会の穏健な基準のもとでは、軍事国家の英雄的暴力は簡単に消滅してしまう。産業主義の興隆と、十九世紀の長期にわたる平和は、これを如実に示しているのではなかろうか？　だがハーバート・スペンサーのような人々の古典的な自由主義的期待は、まったく誤っていたことが証明された。二十世紀の主要潮流があきらかにしてくれたことは、経済は中央集権化され、巨大なヒエラルヒーに編成され、軍隊は巨大化し、全経済機構の形態を決定するにいたったということである。また、さらに、経済が恒久的戦時経済の様相を呈してくるとともに、経済と軍事が、構造的に深く交錯するにいたった、ということであった。そして、軍部とその諸政策とは、会社経済の中に、ますます浸透していったのである。*

* この傾向についてのより詳しい検討については、第十二章「権力エリート」を参照。

「政府当局が朝鮮におけるはてしない戦争以上におそれているのは、平和である……平和の見透しは、自由世界の警戒を解かせるかもしれず、そしてソビエトがその軍事力を維持・拡大しているときに、西欧で集団保障体制をつくりあげる遅々として高価な過程を、たたきこわすかもしれない。これだけで、当局者を不決断にするに充分である。そしてクレムリンからの妥協的申出につづいて、株式市場で売り方が強気に出たことは、この国ににおける当面の繁栄が戦争経済に結びついているという理論を裏書きするものであり、同時に、国内戦線において絶望的な経済問題が起るかもしれないことを、暗示している。」と、アーサー・クロックは一九五三年の四月に書いた(44)。

五

科学と技術の発達は、かつては、経済をその場としていたが、今日では、軍事秩序の一部に次第になりつつある。現在では、軍は科学的研究の最大の支持者であり、監督者である。事実、金額のうえからみると、アメリカにおける他のすべての研究をよせ集めたよりも大きい金を、軍は科学的研究に支出している。第二次世界大戦以来、純粋な科学研究の全般的方向も、軍事的考慮によって決定せられている。その主要な財源は軍事費であり、基礎的科学研究を行なっている者で、軍の監督下にないものは、きわめて少数である。

基礎研究はヨーロッパからの輸入品であり、アメリカは、この分野において第一人者であったことはない。第二次世界大戦直前には、約四〇〇〇万ドル——その大部分は産業界から出た——が、基礎研究に使われていた。これにたいし、応用研究と「生産品の改良や工学」には二億二七〇〇万ドルを支出している(45)。第二次世界戦争の勃発とともに、純粋科学研究者たちも忙しくなったが、しかし、かれらは、基礎研究で忙しかったのではなかった。原爆製造計画は、政府がこれに着手したころには、すでに、主として、工学の問題となっていた。しかしながら、このような技術上の発達は、世界の諸国家が、軍備競争だけでなく、科学上の競争にも突進しつつあることをあきらかにした。科学にたいする政治的方針が欠如していたため、軍、なかでもまず第一に海軍、ついで陸軍が、科学指導とこれの援助——純粋、応用両者の——にのり出した。軍の進出は、大会社の重役たちによって要請ないし歓迎された。重役たちは、政府の科学振興策が、文官よりも軍人によってすすめられることを望んだ。特許権などについての文官の「イデオロギー」的見解をおそれたからであった。

一九五四年になると、政府は、科学研究に二〇〇億ドル（戦前の二〇倍）を計上し、このうち八五％は「国防」のためであった。[46] 私企業や一流大学などで純粋科学を支えているものは、今や、圧倒的に軍の援助である。事実、ある大学のごときは、他のあらゆる財源からの援助の総額の三倍から四倍の金を、軍から受取り、財政的には軍組織の支部となっている。戦時中、四つの一流大学は、総計二億ドルの金を研究のためにあたえられたが、この中には、原子力研究は含まれていない。原子力研究に費やされた金額は、精確なところは不明である。

科学の軍事化というこの一般的傾向は、平和の時代にもひき継がれた。全国科学財団（ナショナル・サイエンス・ファウンディション）があきらかにしているところによれば、この事実こそ、「基礎科学」の相対的軽視にたいして責任があるのである。一九五五年度の科学予算二〇〇億ドルのうち、わずか一億二千万ドル（六％）が基礎研究のためのものであり、これにたいし、前述のように、八五％が軍事技術のために使われている。[47]

科学界における軍部の台頭は、軍の「保安制度(リスク・システム)」によって、もたらされた不安な雰囲気をみると、劇的にあきらかになる。一九五四年の一〇月には、第二次世界大戦中に、科学研究発達局局長であったヴァネヴァ・ブッシュ博士をして、科学者界は、「気力をくじかれている」と断言せしめたほど、危険な程度にたっしていた。「ストライキなどはやっていないが、科学者たちは落胆し、気力を失い、除け者にされたと感じているし、事実除け者にされているのである」と博士はいった(48)。アルベルト・アインシュタイン博士のごとき科学者中の科学者が、次のように公言するにいたったのは、このような不信の状況においてであった。すなわち、「もし、私がもう一度青年となり、将来の生活方針をたてねばならないとすれば、自分は、科学者にも学者にも教師にもなろうとしないであろう。むしろ、私は鉛管工か、行商人となりたい。現在の情勢下にもなおかつ残されているわずかばかりの独立性を見出したいから(49)。」

アメリカには、おそらく六〇万にもたっする技師、科学者がいるが、研究に従事しているのは一二万五千ぐらいで、そのうち、七万五千人は、新しい商品を追い求める産業界のために研究を行ない、さらに、四万人は、開発的工学に従事している。あらゆる部門における基礎研究に携わっている科学者の数はわずか一万であり、消息通のいうところによれば、一流の創造的能力をもった研究者は、せいぜい一〇〇〇か二〇〇〇である(50)。

軍事的決定の政略に深くはまりこみ、また、政治生活の軍事化にまきこまれたのは、じつに、これらの優秀な科学者たちである。かれらは、過去一五年間に、戦略と政策が事実上一つになっている基礎的軍事研究の真空に入りこんだのである。なぜ、真空というかといえば、セオドア・H・ホワイトが指摘したごとく、アメリカの将軍たちは、歴史的に、「理論」より「技術」に気を奪われ、理論に関心を示したことはなかった。そのために、軍の台頭の一部として、将軍たちは、理論と科学の軍事化の必要を痛感し、それとともに、将軍たちに奉仕する科学者たちが、現在のように、「士気沮喪」させられてしまっているのである。(51)

教育施設にあっては、知識の追求は、現代社会のあらゆる分野において特殊の役割をはたさしめるための人間の訓練と結びつけられている。軍は、それ自身の学校のほかに、私立・公立の教育施設を、ますます利用するようになっている。*一九五三年には、三七二の大学の男子学生の四〇%近くが、陸・海・空軍の士官養成課程をとっていた。これに関係した文科系大学は、課目の約一六%を軍事課目にさいていた。全国的にみると、学生五人のうち一人が、ROTC(予備役将校訓練課程)に属していた。これは、形式的には平和が保たれている年としては、未曾有の割合である。(52)

* 南北戦争中に、各州に、政府から土地の払下げをうけた大学(ランド・グラント・カレッジ)が創立されたが、これは、軍事教練を課目に加えていた。南北戦争から第一次世界大戦までの間、この訓練は、ある学校では随意科目であり、他の学校では学生生活中にとらなければならない必須科目であった。一九一六年に、陸軍省は教練を標準化し、政府から土地払下げをうけて創立された大学に学ぶ学生は、最初の二年間は強制的に軍事訓練をうけねばならぬと規定した。だが、一九二三年に、ウィスコンシン州の州議会は、政府から土地払下

げをうけて創立された大学であった同州の大学にたいするこの規定に挑戦して凱歌をあげ、他の数校も、この例にならった。第一次世界戦争中、各大学に、ROTC教程がもちこまれた。このプログラムは、実施されているうちに拡大された。軍によって、執拗に要求された強制的軍事訓練は、すべての青年に、軍事技術とふさわしい態度とを、四年制大学の半分の期間に、そして、その二倍の激しさで、仕込むことを意味する。

第二次世界大戦中に、軍は、大学で学生たちに速成の軍事訓練を施すとともに、大学を、専門訓練に利用し始めた。そして、大規模の軍事研究計画とともに、大学における軍の専門家の養成も、戦後にももちこまれた。

今日、多くの大学は、軍事教練と軍事研究計画を、自校に設置することを望んでいる。それは大学の地位を高めるものでもあるし、財政的にも堅実である。加うるに、教育の見地からは、格別にすぐれた資格を備えてはいないのに、総長その他の職に就任して大学に入りこんだ軍人の数は、相当なものである。いうまでもなく、アイゼンハワー元帥は、大統領に就任する前に、コロンビア大学の総長をつとめ、全国教育協会政策委員会の構成員でもあった。かりに、ざっと目を通しただけでも、教育界に地位をもつ軍人を十数人数えることができる。*

＊ たとえば、ルイス科学技術学院長のハーバート・J・グラッシイ海軍少将、バークレイのキャリフォルニア大学評議員チェスター・ニミッツ元帥、イサカ大学評議員フランク・キーティング陸軍少将、ジョージ・ワシントン大学法学部長オスワルド・コルコー海軍少将、セント・ルイス医科大学長メルヴィン・A・キャスパーグ大佐、キャリフォルニア州教育局員チャールス・M・クック二世海軍中将など。(53)

学校と軍との間には多くの摩擦があった。軍籍にある者のための通信教育機関としてのアームド・フォーセス・インスティチュートのばあいを例にとると、この軍の通信教育機関と諸大学との間に取りかわされた契約書には、通信教育担当の大学職員が政府によって「不認可」になったさいには、軍に大学職員にたいする直接監督権をあたえるという一項があった。一九五三年八月現在、かかる契約に調印した大学は二八校、拒否したのが一四校、未決定五校となっている。[54]だが、一般には、このような誤解なしに、教育家たちは、軍を受け入れている。軍と大学の融合は戦時中から戦後にかけて実現されたが、その理由は、多くの学校が財源を必要としていたからであった。文官のもとの連邦政府は補助金を出さなかったが、軍は、出せるだけの金をもっていた。

六

軍部の台頭が顕著なのは、上層政治、経済、科学、教育サークルの内部にかぎられているわけではない。将軍たちと、その同調者、代弁者たち、一般国民の間に、かれらの形而上学を根深く植えつけようと試みているのである。

第二次世界大戦中に、将軍たちの同情者は、軍国主義の代弁者として、公然と名乗りをあげた。たとえば、戦時中に、フランク・ノックス、チャールス・E・ウィルソン(ゼネラル・エレクトリック社のウィルソン)、ジェームズ・フォレスタルなどの行なった演説は、最高権力者たちが抱いていた未来への軍事的概念を、多分に含んでいた。そして、この概念は、消滅してはいないのである。事実、第二次世界大戦以来、将軍たちは、大規模かつ集中的なパブリック・リレーションズ・プログラムを実行させてきた。かれらは、その思想とかれら自身とを、国民と議会に売りこむために、数百万ドルの金を費い、軍籍にあるものないものを問わず、有能な宣伝係を何千人と雇ったのである。

この一大工作の内容を見ると、その基本的目標があきらかになる。すなわち、国際関係の現実を軍事的に規定し、民間人に歓迎されるように軍隊を描き出し、そして、軍備の拡大の必要を強調することである。目的は、軍の威望を高め、その人員にたいする尊敬の念をつくりだし、かくて、軍が賛同した政策を公衆に受け入れさせるようにし、議会をして、唯々諾々と、これにたいする費用を支出させることである。このほかに、開戦を予期しての心構えを、国民にもたせようという意図があることは、いうまでもない。

これらの目的を達成するために、ワシントンの将軍たちは、コミュニケーションとパブリック・リレーションの広範な手段をその手ににぎっている。戦時と平時とを問わず、かれらは、日ごとに、新聞やペンタゴンの記者室に詰まった数十人の通信員たちに新聞ダネやニュースを提供する。かれらはラジオやテレビのために、脚本原稿をつくり、吹込盤を作製し、写真をとる。かれらは、一九四二年に、パラマウント社から買い受けたところの東部最大の撮影所を維持している。かれらは雑誌編集者たちに、完成した記事を無料で提供する用意ができている。かれらは、部内人の講演会参加を取り決め、草稿まで準備する。かれらは、重要な全国的諸団体と連絡をとり、団体指導者たちや、実業界、教育界、宗教界、芸能界の幹部クラスや有力者のために、説明会や、現地視察の機会をつくる。かれらは約六〇〇の市町村に「諮問委員会」を設置したが、これらは、かれらの意見を聴くとともに、不利な反響などについてかれらに勧告するのである。[55]新聞やラジオで放送されたニュースの中で、軍に関するものはすべて要約され、分析される。そしてかれらが提供するものは、退役将軍の回想録にいたるまで読まれ、検閲される。

これに要する費用は、年ごとに変動があるが、これに関心をもっている上院議員たちの推定によると五〇〇〇万から一二〇〇万ドルの間である。しかしながら、このような推定は、ほとんど無意味である。なぜなら、軍は、一年間に、その製作に協力をあたえた三〇〇〇万ドルにのぼる映画を無料で楽しみ、数百万ドルに及ぶテレビの無料時間をあたえられ、さらに、『ヴァライエティ』誌の推定によれば、約六〇〇〇万ドルの無料ラジオ時間を提供されているからである。

さらに、一九五一年に、ハリー・F・バード上院議員は、軍の宣伝・広告・広報活動に携わる在軍籍者を二二三五名、民間人を七八七人と推定したが、この数字といえども、この活動のほんとうの規模を知らせていない。なぜならば、多数の軍籍にある人々を、すくなくともパート・タイムで、パブリック・リレーション活動に使用することは、困難ではないからである。もちろん、有力将軍たちは、自己の直接配下にパブリック・リレーション係をもっている。一九四八年に、マッカーサー元帥の司令部は、三五人の軍人、四四人の民間人を宣伝・広報活動(パブリシティ)に勤務させていた。アイゼンハワーは、参謀総長時代に、四四人の軍人、一一三人の民間人を宣伝・広報活動にもっていた(56)。加うるに、将軍たち自身が、宣伝・広報活動の方法を、心得るようになっている。最近退役となった元空軍参謀総長ホイト・S・ヴァンデンバーグ大将は、ある空軍基地での訓練修了者たちにたいして次のごとく述べた。「この地球上に、空軍の翼章をつけた者たちぐらい、団結した仲間はいない……諸君はたんなるジェット機の操縦士ではない……空軍勢力の役割を理解し、これをおしひろめるという、より広範な任務を遂行しなければならない。……真実に直面しようとしない人々には、繰り返し熱心に、かつ合理的に、空軍勢力のみが、世界を破滅から救いうることを説明しなければならない(57)。……」

軍の宣伝・広報担当者(パブリシスト)たちの直面する問題は非常に微妙である。だが、かれらの成功に、もってこいの一つの大きな事実がある。多元的構造のアメリカでは、将軍たちとその使用人たちによってたえまなく提供されている見解に充分対抗できるほどに、時間と金と人員を投じてその問題にたいする見解を強力におし進めることのできる勢力――ないし勢力の結合――は、どこにも存在しない(58)。

このことは、一つには、軍事政策ないし軍事に関連する政策について、自由かつ広範な討議がありえないことを意味する。しかし、このことは、命令と服従一点張りの職業軍人の訓練とは一致し、また、投票によって決定を下す討論社会の精神(エートス)とはまったくちがった軍人の精神と合致することはいうまでもない。さらに、それは、公然たる論議の対象となる権威の代わりに操作（マニピュレーション）が登場する大衆社会の傾向と一致し、兵士と市民との区別が抹殺された全体戦争の事実と合致しているのである。市民たちの意見の操作、市民たちの精神への侵入が、今や、将軍たちの権力の着実な伸張の重要ルートとなっている。

軍部の宣伝・広報活動（ミリタリー・パブリシティ）の規模の大きさと、これにたいする対抗勢力の欠如をみれば、かれらが押しとおそうとしているのは、たんに、あれこれの提案や見解でないことがわかる。対立意見がないばあい、最高形態の宣伝戦を遂行することができる。すなわち、現実にたいしてある一定の見解だけしか許さないような状況規定を下し、それを宣伝することである。今日、宣布され補強されているのは、軍事的形而上学――すなわち、国際的現実を基本的に軍事的なものと規定する精神的鋳型である。台頭しつつある軍部の宣伝・広報担当者たちは、この形而上学を有力者たちに教えこむ必要はない。かれらは、すでにこれを受け入れているからである。

七

たんに暴力を組織化しこれを使用する専門家と考えられている軍人の存在と対照的に、「軍国主義」とは、軍の名声を高め、その権力を増大するためには、「目的よりも手段を重要視するばあい」であると規定されている。(59) これは、いうまでもなく、軍人をもって文官の政治目的のためのたんなる手段とみなす文官の見地からの観念である。この定義は、たんに手段にとどまることを欲せず、さらに自分自身の目標に向って突進し、他の制度的分野をもこの目的達成のための手段に一転させようという軍人間の傾向に注目しているのである。

アメリカのばあいが示しているように、近代軍隊は、産業経済なしには存在できない。それは、機械の軍隊である。職業的経済学者は、軍事制度をもって、生産手段の寄生虫と考えがちである。しかしながら、今や、かくのごとき制度が、合衆国の経済生活の大部分を形成するようになってきている。宗教は、ほとんどつねに、戦場の軍隊にたいして、その祝福を祈り、その役員の中から従軍牧師をかりあつめる。そして、従軍牧師は、軍服を着て、戦場の兵士たちに忠言となぐさめをあたえ、士気振興をはかるのである。憲法上の解釈によれば、軍は政治的権威に従属し、一般に、文官政治家たちの従僕であり、忠告者であると考えられてきたし、また、事実、そうでもあった。だが、将軍たちは、かかるサークルに入りこみつつあり、そして、現実にたいする自分たちの定義を押しつけ、政治家たちの決定を左右しているのである。陸海軍がもつ最善の壮年・青年は、家族によって提供される。そして、すでに述べたように、教育と科学すらが、軍の求める目的への手段となりつつあるのである。

高い社会的地位を求める軍人たちの欲求は、それ自身では、軍による支配の脅威ということにはならない。事実、常備軍の殻の中に押しこめられるこのような軍人の社会的地位は、軍人が政治的権力への冒険を断念したことにたいする報酬とみていい。社会的地位追求が軍隊内の上下序列の内部に局限されているかぎり、それは軍規の重要な特色であり、うたがいもなく軍人たちの満足の主要な源泉である。それが軍隊内の上下序列の外部において主張され、軍政策の基本となる傾向をみせたとき、脅威となる。そしてまた、それは、今日における軍事エリートの権力の増大を示すものである。

社会的地位の理解の鍵は権力にある。軍人は、権力を持つか、あるいは、持っていると人にみられないかぎりは、文官の間で社会的地位を、主張し承認させることができない。だが、権力というものは、権力のイメージと同じく、つねに、相対的である。一人の男が権力を持つということは、他の男が弱いということである。そしてアメリカにおいて、軍人の社会的地位を弱めた権力は、金の力であり、金持の権力であり、軍制度にたいする文官政治家の権力であった。

したがって、アメリカの「軍国主義」とは、実業家や政治家に対抗して、軍人たちが自己の権力、ひいては社会的地位を伸張させようとする努力を含んでいるのである。このような権力をうるためには、政治家や金儲け屋たちに利用される、たんなる手段と考えられていては駄目である。軍人が経済界の寄生虫と考えられ、軍人間で「政治家野郎」と呼ばれる人間の監督下におかれては駄目なのである。その反対に、軍人の目標こそが、国家の目標と名誉と同一のものとみなされるようにならなければならないし、経済はその召使であり、政治は、国家と家族と神の名において、軍人たちが近代戦争にさいして国家を運営する手段とされなければならないのである。「参戦するということは何を意味するか？」

とウッドロー・ウィルソンは一九一七年に自問した。かれはこう自答している。「それは、戦争の基準によって平和時の文明を再建しようとする努力であり、戦争が終ったときには、あと始末をする力をそなえた平和の基準をもった傍観者が一人もいないということを意味する。戦争の基準だけが残ることになろう……」(60)。アメリカの軍国主義が完成したばあいには、あらゆる生活領域で軍事的形而上学が支配し、したがって、他のあらゆる生活様式はこの形而上学に従属せしめられるであろう。

過去一〇年間に、ワシントンの将軍たちが、政治幹部（ポリティカル・ディレクトレイト）たちや会社エリートたちの中の友人と組んで、明瞭に軍国主義的傾向を表わしたことはうたがいない。では、アメリカの上層サークル内に、「軍閥（ミリタリー・クリーク）」というものがあるのだろうか？　このような考えについて論じている人々——たとえば、大審院判事ウィリアム・O・ダグラスとオマー・ブラッドレー元帥は、最近このことについて論争しているが(61)——は、たかだか職業軍人の影響力の増大について論じているにすぎないばあいが普通である。かれらの議論が、エリートの構造に関するかぎり、決定的対立ではなく、くい違いになりがちなのは、このためである。というのは、軍閥という観念は、完全に理解するならば、たんに軍の台頭以上のものを意味するからである。それは、軍服を着た役者たちばかりでなく、経済界・政治界の役者たちの利害の一致と目的の結合ということを意味する。

「軍閥は存在するか？」という質問にたいするわれわれの答はこうである。もちろん、軍閥は存在する。だが、もっと正確な言葉を使うと、存在するのは権力エリートである。なぜならば、それは、その利害がますます一致するようになってきた軍人・財界人・政界人たちから構成されているからである。この権力エリート内における軍人の役割を理解するためには、われわれは、その内部における会社重役たちや政治家たちの役割を理解しなければならない。そして、同時に、アメリカの政治領域において生起しつつある変化を、ある程度まで理解しなければならないのである。

第十章　政治幹部会（ポリティカル・ディレクトレイト）

〔もちろん政治幹部会などという会があるのではなく、企業の重役会（directorate）との比喩で、政治エリートを指してミルズが用いた言葉である。――訳者〕

合衆国大統領職への理想的な候補者の肖像画を描いてみよう。かれは、中枢州といってよいオハイオ州の、目だたぬ農家のあばら屋に、五四年ほど前に生まれた。メイフラワー号よりはおくれてイギリスから移住してきたかなり大きな家族の子で、農家に育ち、子供のときから昔ながらの家の仕事をいろいろとさせられてきたため、農村問題については、充分な知識をもつようになっていた。かれが高等学校在学中に父親が死んだ。で、田畑は売られ、気丈で賢い母親は、家族を近隣の小都会に移し、苦しい生活が始まった。

未来の大統領は、大学に通うかたわら、叔父の工場で働き、あらゆる労資問題の実際的な専門家となった。かれは第一次世界大戦のよい潮時にフランスに行き、次の戦争には、もう少し年期を入れれば、相当の政治家になりうるに違いないということを、まる六カ月間の勤務であきらかにした。本国に帰還後、かれは州立法律学校に二年間学び、高等学校時代の女友達で、南部軍に加わって南北戦争に参加した父親をもつ娘と結婚し、弁護士業を開業、エルクス慈善保護会や政党の地方支部に加入し、やがて、ロータリー・クラブの会員となり、監督教会に属した。かれは今や非常に多忙な生活をしているが、別に苦痛を感じない。かれの身体は頑丈にできているからである。一九二〇年代に、かれは、いくつかの小工場のグループを代表して、労働者側と折衝した。結果は非常によく、一九三〇年代にも、そこではたいした労働問題は起らなかった。この驚くべき成果をみて、他の会社もかれを雇うようになり、このような実績のおかげと、宣伝活動も加わって、一九三五年にはこの都会の市長に当選した。

軍人＝政治家であり、労働問題の権威であるかれが舵をとるようになるや、実業界と労働者側の双方が、かれの施政の老練さと気力をたたえた。かれは百パーセント党本位の人間であったが、市政府を上から下まで改組した。第二次世界戦争が勃発したとき、かれは、二人の少年の父親であるにもかかわらず、市長の職を辞し、陸軍中佐となり、有力な将軍の幕僚となった。かれは、たちまち、アジア問題とヨーロッパ問題とに精通した一種の政治家となり、あらゆる事態について、それがどうなるかを、確信をもって予測するようになった。

かれは、准将に昇進し、戦後オハイオ州に帰ってきてみると、圧倒的な知事候補に推されていた。かれは二回にわたって知事に当選したが、かれの施政は、その能率においていかなる会社にも匹敵し、その道義は教会のごとく、その温情さは、どの家庭に比べてもおとらぬものであった。かれの顔は、いかなる会社重役に劣らず正直で、かれの態度は、外交官のそれと同じくらいに、真摯であった。事実、かれは、この双方をつきまぜたものといってよく、これに加えて、かれ独特の厳しさと、かざりのない愛想があった。しかも、これらのすべてが、カメラのレンズやマイクロフォンをとおし、不思議な魅力をたたえて、直接に人に迫ってくるのである(1)。

一

この肖像の特徴のいくつかは、現代の平均的な大統領と比べて、なにも目だつほどにはちがってはいない。ただし、特徴の解釈は、いささか正確なものではないかもしれないが。アメリカ政府の最高の地位に到達した人物の中には、こちらの探し求めているものをなんでも体現している者のすくなくとも二人や三人は見出すことができる。われわれは、かれらの伝記上の逸話や、かれらについての多彩な肖像を、とめどもなく集めることができる。だが、これらをいくらよせあつめても、一流人物のタイプやかれらの通常たどる経歴についてはなんの結論に到達することもできない。アメリカ政治の方向を形成するうえに、いかに歴史と伝記が交錯しあっているかをわれわれは理解しなければならない。なぜならば、どの時代も、その時代独特の代表的な政治的人物を――また代表的人物についてその時代に支配的なイメージを選択し、形成しているからである。

これが、心にとめなければならない第一の点である。いいかえると、今日一般に広く抱かれている政治家にたいするイメージの多くは、じっさい、過去の諸時代から引きだされたものである。したがって「アメリカの政治家」は、貴重な独創的人間ともみられるが、同時に、安価な道具でもあり、理想の高い政治家でもあるが、けがらわしい政治屋でもあるし、公僕でもあるが、悪がしこい共謀者でもある。なぜ、われわれの見解がこのようにはっきりしないかといえば、われわれよりも上位の人々にたいするわれわれの見解の多くがそうであるように、われわれは、先行する諸時代の混乱したステレオタイプに合わせて現代を理解しようとする傾向をもつからである。

アメリカの政治に関する古典的な論評は、トクヴィル、ブライス、オストロゴルスキーなど、いずれも十九世紀――一般的にいえば、アンドルー・ジャクソンからセオドア・ローズヴェルトまで――の経験のうえに立っている。もちろん、この永い中間時代の政治形態を決定した諸傾向が、現在の政治時代に支配的な政治家のタイプ、とくに権力の中間水準、すなわち議会の政治家タイプに、依然として影響をあたえていることは事実である。しかしながら、二十世紀では、とくに第一次世界大戦以後では、これ以外の諸力が、アメリカにおける政治諸制度の内容と重要性を、いちじるしく改変した。アメリカの政治機構は、より緊密に組織されるようになり、規模も拡大され、政治機構によって枠づけされているほとんどすべての諸社会制度とより密接に関連するようになった。今までの旧い地方的・分散的な基盤に立っては解決できそうもない危機が次から次へと生起し、これらの危機に巻きこまれた人々は、ますます、これの解決を国家に期待するようになった。国家の形態と機能のこのような変化が、政治機関を通じて権力を握り権力を揮う人々の権力を増大させたため、ここに新しいタイプの政治的人間が台頭するようになってきた。

上層の政治家たちは、いかなる単一の心理的タイプをも構成してはいない。心理的動機のなんらかの標準的な組み合わせを想定し、それによってかれらを分類し理解しようとすることは、不可能である。他の職業についている人々と同じように、政治家たち――上層政治家も下層政治家も同じく――は、その活動を技術的に愛しているゆえに――たとえば、ある官職をめぐる運動、策謀、維持の活動などそれ自体を愛しているゆえに、政治家となっているのである。そして、なによりもまず、成功したばあいに獲得しうる社会的威信を欲しさに、政治に駆り立てられている。じっさい、「権力のための権力」――これは非常に複雑な動機の組み合わせなのだが[2]――とは、権力の行使によって享受される社会的威信感を含んでいるのが普通である。官職から得られる金が、政治家をひきつけていることはまれである。

「政治家」という言葉にたいしてあたえうる唯一の一般的意味は、政治制度内のある役割をある程度規則的に遂行し、これをすくなくとも自己の主要な活動の一つとみなしている人間、という意味である。アメリカには、二つの主要な政治制度がある。したがって、「政治家」の主要タイプも、二種類あるということになる。

政党政治家(パーティ・ポリティシャン)の活動経歴は、特定の政治組織の内部で費やされる。かれは政党人(パーティ・マン)である。これにたいして、政治専門家(ポリティカル・プロフェショナル)というタイプがある。政治専門家の経歴は、政府の行政領域で費やされてきた。かれは、官吏の単純な事務処理(ルーティン)を超えて政策決定の次元にはいりこむにつれて、「政治的」となる。純粋型としては、このような政治家は、官僚上りである。

タイプとしては、政党政治家と政治官僚は、かれらの経歴が、おもに政治的領域の内部において費やされているという意味だけでも、ともに現代政治の専門家である。しかし、政治の中にある人間の全部が、政党人であるという意味ないし官僚であったという意味で、職業政治家であるわけではない。事実、今日においては、最高の政治的地位を占めている人間が、官僚である可能性はきわめて少なく、また、政党政治家であるよりもむしろポリティカル・アウトサイダーであることの方が多い。

ポリティカル・アウトサイダーとは、厳密な意味で政治的な組織の外でその活動経歴の大部分をすごし、のちになって、政治的組織に引きこまれたか、あるいは進んで加入したか、政治領域に出たり入ったりしている人間である。かれは、職業という点からみると、非政治的な体験によって形成された人間である。かれの経歴や人的つながりは、政治的サークル以外のところですごされ、つくられた。心理的タイプとしては、かれは政治以外の他の制度的領域に心理的に結びついている。事実、専門家たちは、かれを、政府外部のなんらかの利害ないしグループの政府部内における代表あるいは手先とみなしているのが普通である。ポリティカル・アウトサイダーは、なにも共和党だけのものではけっしてない。民主党政府のもとでは、どちらかといえば、かれらはまだ未成年者であり、政党の首領たちに受け入れられようと苦心している存在である。共和党のもとでは、かれはすでに承認され、したがって自分にたいして、より自信をもっているとともに、自分の決定が有力者たちにどのように受け入れられるかについても、より自信をもっているのが普通である。さらに一歩進んでいえば、共和党のもとにあっては、かれは偽善的であることが少ないのである。

もちろん、このようなアウトサイダーたちも、行政部門の仕事に永い間従事していると官僚的な専門家となり、自己の生涯と期待を政府に託するようになることもある。また、政党内における自己の役割を培って政党政治家となり、その権力と生涯を政党との結びつきに求めるようになるかもしれない。しかし、かれらは、このような移行をしなければならないわけではない。かれらは、公的な権力所有者と親密な信頼された関係に立って、顧問や相談役に任命されて、内輪のグループに入れてもらえばそれでいいのである。かれらは、公的な権力所有者のおかげで、現在のような権力をあたえられているのである。

もちろん、これ以外にも、政治的動物としての人間の分類の仕方がある。しかしながら、この三つのタイプ――政党政治家、職業的行政官、ポリティカル・アウトサイダー――は、現代アメリカの政治的容貌の社会的・心理的様相を理解するさいに、きわめて有益である。

アメリカの諸政治制度の内部においては、イニシアティヴと決定の中心が、議会から行政部に移動した。国家の行政部は、いちじるしく拡大したばかりでなく、中央集権化され、まさに行政部に権力をあたえた根源である政党そのものさえをも、駆使するようになった。

それは、拒否権の行使という形だけではなく、専門的な助言とか勧告をあたえることによって、本来は議会に属する事柄にますます大きいイニシアティヴをもつようになった。そのために、諸利害間の闘争や権力の争奪の多くが頂点にたっするのは、旧来の型の政治の公然たる舞台においてではなく、むしろ、行政機関の長官室と、その下に広がる種々の機関、委員会、部局においてである。

政治的ピラミッドの形態のこのような制度的変化は、政治領域における新たな指揮中枢(コマンド・ポスト)の価値を高め、争奪の対象たるに値するものにした。また、これらの変化は、最上層に台頭してくる政治的人間のタイプのたどる経歴の変化をもたらした。これらの変化の意味するところは、政治的経歴が、今日では、地方政治における経歴を素通りして、いきなり最上層から始まることが以前にくらべて、より可能になったということである。十九世紀の中葉——一八六五年から一八八一年まで——では、政府の最高幹部のうち、全国的なレヴェルでいきなりその政治的経歴を踏み出した者は、わずか一九%にすぎなかった。これにたいし、一九〇一年から一九五三年の間にあっては、政治エリートの約三分の一が全国的レヴェルから出発し、アイゼンハワー政府では、そのような人々が四二%にたっし、アメリカの全政治史を通じて最高の数字を示している。*

* 一七八九—一八二五年の政治エリートでは、その約二〇%が全国的なレヴェルから経歴を始めているにすぎない。全体としての歴史的に見た平均は、約二五%である。(3)

一七八九年から一九二一年にいたるまでに、地方ないし州でなんらかの地位を、一度でも占めた者の割合は、一世代から次世代へと次第に減り、九三%から六九%まで落ちた。アイゼンハワー政府においては、五七%にさがっている。それぱかりではない。現在のエリートのわずか一四%——そして、二十世紀初期の政治家のわずか二五%——が州議会に選出された経験をもつにすぎない。一七八九年から一八〇一年までの期間、すなわち、建国の父祖たち（ファウンディング・ファーザース）の時代には、上層政治家の八一%が、そのような経験をもっていた。さらに、上層政治家のうちで、下院ないし上院に議席をもったことのあるものの割合も、はっきりと低下の傾向を示している。*

＊　一八〇一—二五年の期間においては、政治エリートの六三%が下院議員の経験をもち、三九%が上院議員の経験をもっていた。一八六五—一九〇一年の期間では、その割合はそれぞれ三二%、二九%であった。しかし、一九三三—五三年の期間になると、下院に議席を占めたことのある者の割合はわずか二三%、上院に議席をもったことのあるものは、一八%となった。アイゼンハワー政権の表舞台（ヴィジブル・ガヴァメント）の政府（楽屋裏の政府にたいして）についての割合は、それぞれ一四%と七%である。

このような州政治や地方政界での徒弟修業の衰退と、議員としての経験の欠如とは、もう一つの特徴的な傾向と結びついている。全国的レヴェルにおいては公選による地位が比較的少ないのに反し、下層のレヴェルや立法部のレヴェルにおいては、公選による地位が断然多い。このために、政治エリートの新しいメンバーたちは、公選によってその地位に到達したというより、任命によってその地位についたものの方が多い。かつては、政治的頂点にたっしたものの大部分は、民衆の選挙によって官職のヒエラルヒーを下から上へとたどり、その地位に到達したのであった。一九〇一年までは、政治エリートの半数をはるかに越す人々、通常は三分の二以上が、その最高の全国的地位に到達する以前に占めた諸地位の全部、あるいは大部分は、選挙によって選出されて就任した地位であった。しかし、行政部が幅をきかす時代たる最近では、政治的大物になる途は、一握りのグループ――かれら自身は選挙によって選出されたのだが――による任命にある。すなわち、一九三三―五三年の期間の上層政治家たちの中で、おもに選挙による官職を経てその地位にたっした者は、わずか二八％にすぎない。九％は、公選による地位と任命による地位をほぼ半々に経験しており、六二％の人々のばあいには、最高の地位にたっするまえにかれらが経験した政治的官職の全部ないし大部分が、任命によるものであった。さらに一％の者は、それ以前にまったく政治的地位を占めたことがなかった。アイゼンハワーのグループでは、選挙によって高級地位を占めた者が三六％、公選されたというより任命されたというべき者が五〇％、そして政治的地位をまったく占めたことのない者が一四％であった。

一つのグループとしてアメリカの政治家を見たばあい、政治に費やした平均年限は二二・四年、政治以外の活動に費やした年数は二二・三年である。この数字が示しているように、政府首脳者たちは、他の職業における活動と政治活動とに同じくらいの年数を費やしている（もちろん、この年数のうちある期間は、政治と他の職業との両方に関係していたことは、いうまでもない）。しかし、この一般的な事実は、誤解をまねきやすい。なぜならば、一つの明確な歴史的傾向が存在するからである。すなわち、南北戦争までは、上層人物は、非政治的職業よりも、政治により多くの時間を費やしていた。南北戦争以後では、政治的エリートの典型的なメンバーは、政治よりも、政治以外の分野で活動した年限の方が多いのである。厳密な意味で政治的な経歴は、一八〇一―二五年の時代に、高潮期にたっした。この時期には、全職歴の六五%までもが、政治に費やされているのである。政治以外の領域での活動が頂点にたっしたのは、一九〇一―二一年のプログレッシィヴの時代〔訳註4〕であった。この時期においては、専門家や改革者たちが、一時的には、高い政治的地位に乗りこんだかに見えた。この世代の積極的活動期間の七二%は、非政治的活動に費やされていた。この計算を一九三三年以降の政治家についてすることは不可能である。なぜならば、かれらの経歴はまだ終っていないからである。

これらすべての傾向――すなわち、(1)政治エリートが、地方ないし州の政治的地位を素通りして、いきなり全国的レヴェルから出発する傾向。(2)国会にまったく議席をもったことのない傾向。(3)公選による地位よりもむしろ任命による地位を占めている傾向。(4)その全活動生活のうちで、政治に費やされた期間が減少する傾向――は、議会の衰退と、公選による地位を素通りして上層の政治的地位に到達しうるにいたったこととを示している。これらの傾向は、政治の「官僚化」と、職業政治家――選挙によって政治のヒエラルヒー――を上昇した人間であり、また、選挙運動の経験が深いという単純なありきたりの意味での――の政治的頂点における衰退を意味している。要するに、これらの傾向は、ポリティカル・アウトサイダーを前面に押し出す。このタイプは、これまでの諸時期でも多数存在していたが、現代では咲き誇るようになり、アイゼンハワー政府では日の出の勢いとなった。事実、この政府は、行政部内の枢要地位を占拠するにいたったポリティカル・アウトサイダーたちの内輪（インナー）のサークルなのである。大会社富豪と軍部高官のメンバーやその手先どもが、議会をおもに本拠とする政党政治家たちの一部——かれらは地方上流社会の各方面に利害関係や人的結びつきをもっている——と危かしい同盟関係を結びながら、この政府を構成しているのである。

二

今や、アメリカ合衆国の名においてなされている政府の決定は、一握りの人々の手中に握られているのである。政府行政部の五十数人のかかる人々の中には、大統領・副大統領・閣僚・主要官庁の長官や委員会議長、ホワイト・ハウスの参謀たちを含めた大統領官房のメンバーなどを数えることができる。

かかる政治幹部会の構成員の中で、活動生活の大部分を、選挙運動や、選挙による地位を占めることに費やしたという意味で、職業的政党政治家である者はわずかに三人である。*また、その経歴の大半を「黒幕の」政治マネージャーないし「顔役（フィクサー）」として送った者はわずか二人だけである。また、政府部内のヒエラルヒーの内部でその経歴をすごしたものは九人だけであり、そのうちの三人は軍人、四人は政府文官、二人は公務員制度の適用外にある任命による地位をずっとたどってきた者である。このように、これら五三人の行政指揮官のうち、わずか一四人（四分の一）が、その経歴からいって、行政ないし政党政治の「専門家」であったのである。

＊一九五三年五月現在。(4)

残りの四分の三は、ポリティカル・アウトサイダーである。この中の数人は、政治的地位に選出されたこともあり、また、短期間政府の仕事にたずさわったことのある人々も何人かいる。しかし、かれらは、その経歴の大部分を通じて、おもに政府や政治分野の圏外で活動してきた。これらのアウトサイダーたちの多く——事実、三九人中の三〇人——は、その収入源から見ても職業という点からいっても、大会社の世界と緊密に結びついており、そしてそれらが政治幹部会のほぼ過半数を形成しているのである。残余のものは、他のいろいろな「専門的」分野で活動してきた人々である。

わが国における政策を決定する三つの最高地位（国務・財務・国防長官）は、モルガンとロックフェラー財閥の国際的事業を担当している有力法律事務所のニューヨーク代表と中西部の会社重役であり、三〇にあまる会社の取締役と、アメリカにおける三大ないし四大会社の一つで最大の武器生産会社の前社長とによって占められている。閣僚の中には、会社富豪のメンバーがこの他に四人いる。二人はゼネラル・モーターズ社出身であり、一人は有力財界人でニュー・イングランド最大の銀行の取締役、もう一人は、テキサス州の出版業の大富豪である。農務長官と労働長官の地位は、外部の専門家（プロフェッショナル・アウトサイダー）

が占めている。わずか一つの閣僚の椅子――法務長官の椅子――が、政界と政府部内の者に残されているだけである。法務長官は、ニューヨークの州会議員であったこともあり、ロード・デイ・アンド・ロード法律事務所のパートナーでもあったことがあるが、一九四二年以来は、まずデューイ、ついでアイゼンハワーの選挙委員長をつとめた人間である。法務長官と副大統領だけが政治専門家ではあるが、他の二人の閣僚も州の選挙による地位を占めたことがあり、さらに最少五人の閣僚たちも、一九五二年の選挙運動に積極的に参加した経験がある。文官という言葉の本来の意味で、文官と呼びうるものは一人もいない。かれらの中で、政府の（軍部の）官僚組織の中で訓練された人間は、大統領だけである。

政治幹部会の「第二チーム」には、「小内閣（リトル・キャビネット）」がある。そのメンバーは、第一チームの代理をつとめ、じっさい、政府の行政機能の大部分を処理している。各種機関、省、委員会の次官、副委員長など三二名のうち、二一名は政治の新参者である。その多くは、現在の地位につくまでに、政治的地位を占めたことはなく、政府部内で働いたこともない。これらの人々は、大実業家の父をもっているのが普通で、一二人は、アイヴィ・リーグの大学の卒業者である。かれら自身も実業家、銀行家、ないしは大会社から俸給をもらっている弁護士または大法律事務所に勤務する弁護士である。職業政治家とは異なり、かれらは、エルクス慈善保護会や在郷軍人団のその土地における馬鹿騒ぎには参加しない。かれらは、地味な社交クラブや一流のカントリー・クラブの会員である場合が多い。かれらは、その生まれ、その経歴、その交友関係からいって、会社富豪の代表者である。

この「第二チーム」には、一人のロックフェラーと、以前にロックフェラー家の財政顧問であった者とがいる。それから、家族権力と紡績会社を継承し経営している者もいるし、銀行家、出版業者、航空会社重役、弁護士などもいる。さらにアメリカ最大の会社の南西部の子会社の代表者やゼネラル・モーターズからのもう一人の人物もいる。また、一〇年間の外交官勤務を送ったが（進級しても、年俸が八〇〇〇ドル以上にならなかったという理由で）、これを去り、（かれの兄が、その首席弁護士になると前後して）サリバン・アンド・クロムウェル法律事務所入りをし、ついで、スパイの元締めとして政府に舞いもどったアレン・ダレスがいる。また、この第二チームには、実業界と直接つながりのない者も四人いる。

第二チームの三二人のうち、政府の官僚組織の中で訓練をうけたものは、わずか七人である。政党政治にかなりの経験をもっているものは、わずか四人にすぎない。

現代の複雑な政府機構の内部では、大統領は、個人的助言者からなる「内輪（インナー）のサークル」をますます必要とするようになった。改革者たろうとするばあいには、とくにそうである。自分の政策を創始し実行するためには、かれは、一身を捧げてかれを助けてくれる人々を必要とする。これらの人々がはたすであろう独特の機能は、非常に雑多である。しかし、かれらは、いかなる発言をし行動をするにせよ、かれらの司令官の分身（アルター・エゴ）

としての役割をはたしている。権力の個人的副官であるこれらの人々は、なによりもまず、かれらの属する内輪のサークルの首領の忠実な代理人である。かれらは、職業政治家あるいは専門官吏であるばあいもある。しかし、通常のばあいは、そのいずれでもない。それにもかかわらず、かれらは、議会にいる政党政治家たちと、政府にいるアウトサイダーたちとの間を調停し、同時に、外部の種々のプレッシャー・グループの間をもまとめなければならない。さらに、かれらは、未組織の公衆とのパブリック・リレーションをも維持しなければならない。であるから、ホワイト・ハウス付のこれらの人々は、なにかを代表してそこにいるというより、むしろ、なにかできる手腕をもっているからこそ、そこにいるのである。かれらは、種々の方面に腕をもっているが、幾多の社会的共通点をもっている。すなわち、かれらは割合に年が若い。かれらは、わが国の都会地域の、とくに東部の出身である。また、アイヴィ・リーグの大学に学んだ者が多い。

ホワイト・ハウスの幹部職員九人のうち、六人は政府にも、政治にも、新参者である。文官は一人もいず、職業的政党政治家が一人、職業的政治マネージャーが一人、そして、職業軍人が一人いる。このように、大統領側近者たちは、デューイやヘンリー・ルース(『タイム』誌の発行者——訳者註)の側近者としての前歴や、あるいは、ペンタゴンの高官の前歴をもつ人々である。若干の例外を除けば、かれらは、職業的政党政治家でも、政治官僚でもない。*

* アイゼンハワーのゴルフとブリッジの「お相手役」として近ごろ伝えられている二七人の人物のうち、

あきらかに「政治家」と呼ばれうるものは、二人だけである。このお相手役の中には、大統領の弟ミルトン、元ゴルフ・チャンピオンのボビー・ジョーンズ、一流広告会社の社長、「エーモスとアンディー」のエーモス役をつとめるフリーマン・ゴスデン、パブリック・リレーション会社重役、ワシントンの弁護士、二人の退役陸軍将校、それに退役陸軍大将で、現在コンティネンタル製缶会社の会長をつとめるルシアス・D・クレーが含まれている。それから、たんに地方的——オーガスタのナショナル・ゴルフ・クラブにとって——実業家と分類されているものが、三人いる。残りの人々はみな、各種の産業、主として、東部沿岸地方に散らばった大会社の最高重役たちである。そのゴルフ・コースには、コンティネンタル製缶会社、ヤング・アンド・ルビカム広告会社、ゼネラル・エレクトリック、シティ・サーヴィス石油会社、スチュードベーカー自動車会社、レイノルズ煙草、コカ・コーラ、ならびにレパブリック・スチール社が加入している。(5)一九五三年の六月から一九五五年の二月までの間に、アイゼンハワー氏は、女人禁制の晩餐会を三八回開いている。これには「二九四人の実業家と産業家、八一人の政府役人、五一人の主筆、出版業者、文筆家、三〇人の教育家、二三人の共和党指導者が招かれた。他の一二のグループ——すなわち、農村、労働、慈善、スポーツ——からは、わずかしか招かれなかった。(6)」

セオドア・ローズヴェルトは、自分の各種の交友について、こういったことがある。「非常に多数の人々が、大富豪にたいして心から尊敬の念を払っているようであるが、自分は、かかる尊敬の態度をとることができない。自分は、ピェールポント・モルガン、アンドルー・カーネギー、ないしジェームス・J・ヒルにたいして、好意を示すにやぶさかでない。だが、ブリー教授や、北極探険隊のペリーや歴史家のローズにたいする尊敬の念のごときものを、かれらにたいしては、持とうと思っても持てないし、また、実際、持ちもしない」。アイゼンハワー大統領の交友について、如才のない観察者であるメリマン・スミスは、こういっている。「アイゼンハワーは、ダン・アンド・ブラッドストリート(投資相談所）の評価がいいからというだけで、財界や産業家の王者たちと、交友したがっているのだと見るのは、気の毒である。かれは、ある人間が下からたたきあげて、フォード自動車会社の社長、スクリップス・ハワード系新聞の総裁、大学総長、あるいは、大司教になったとすれば、かかる人間は、すぐれたところが多くあり、自己の専門分野について充分の知識を持ち、物がわかって、耳をかたむけるに値する、と考えているのである」。これにたいして、ウィリアム・H・ローレンスは、こうつけくわえた。「下からたたきあげたなどといえば、若いヘンリー・フォード二世や、ジャック・ハワードは、耳が痛いだろう」[7]と。

三

行政部の指揮中枢（コマンド・ポスト）を占拠し、政治幹部会を形成しているポリティカル・アウトサイダーたちは、グループとして見たばあい、会社富豪のメンバー――お抱えの弁護士、経営者、あるいは金融業者として――である。かれらは、いろいろな派閥のメンバーであり、この派閥の中で、経済・軍事・政治などの分野での活動で自分が信頼しうる者であることを、上位者に示し認められてきた人間である。というのは、職業政治家たちに劣らず、会社重役や軍の将軍たちは、自分の「昔からの取巻き連中」を回りに集めている。官僚的昇進や政党的取引きは、ポリティカル・アウトサイダーのばあいには、むしろ例外である。ちょうど私企業のばあいと同じように、すでに最高の地位を占めている人間が、自分と同類の人々を仲間に引きこむという経路が、普通である。

現代の政治幹部会内におけるポリティカル・アウトサイダーの台頭は、たんに、国家の「官僚化」のもう一つの側面にあるだけではない。じっさい、軍の台頭のばあいと同様に、ポリティカル・アウトサイダーの台頭が、民主主義の立場に立つ理論家にたいして提出している問題は、なによりもまず、アメリカにおける純粋官僚制の欠如に関連している。というのは、政党の下っぱ連中の支配と、ポリティカル・アウトサイダーたちの擬似官僚制とが優勢な勢力を占めるにいたったのは、ある程度までは、純粋官僚制の欠如のゆえである。

　ここでいう「純粋（ジェニュイン）」官僚制（ビューロクラシー）とは、技能（スキル）と権威の組織化された上下序列（ヒエラルヒー）をさし、その内部では、それぞれの官職と序列は、それぞれの専門化された任務に限定されている。これらの官職の占有者は、その任務遂行に必要な手段を個人的には所有せず、個人としてはなんらの権威をもたない。すなわち、かれらの揮う権威は、かれらの占める官職に付与されているのである。各序列に相応した名誉と、給料だけがかれらの報酬である。

　したがって、官僚あるいは公務員は、なによりもまず、その知識と手腕が、資格試験によって立証され、任官後の実地経験によって証明されている専門家である。専門的資格の所有者としてのかれらの任官や昇進は、程度の差こそあれ多かれすくなかれ形式的な能力試験によって規制されている。その願望からいっても業績からいっても、かれは、官僚組織の既成のヒエラルヒーの中で、評価と年功によって規制される経歴にはめこまれている。さらに、かれは訓練された人間であり、その行動は容易に可測的であり、かれらの意に反する政策であっても、それを遂行する。なぜなら、かれの「たんに個人的な意見」は、かれの公的な生活・見解・義務とは厳格に隔離されているからである。社交面では、官僚は、自己の同僚にたいして、どちらかといえば、堅苦しいのがつねである。なぜなら、官僚組織の上下序列が円滑に機能をはたすためには、個人的な好意と、序列に応じた社会的距離との間に適正な均衡が必要であるから。

もしも、官僚制組織の構成員たちが、そのような規律ある人間像に合致はしなくとも近接さえしていれば、官僚制組織は、人間組織の中でもっとも能率的な形態の一つとなるだろう。しかし、組織化されたそのような一団を発達せしめることは、いちじるしく困難であり、また、これを発達せしめようとする努力は、政策遂行の機関ではなく、かえって、統御しがたく硬直し煩雑な手続きにしめ上げられた機関を生みだす結果に終ることが多い。官僚組織が政府の一単位として誠実さを保ちうるか否かは、それが一団として、政変を超越しうるか否かにかかっている。

専門的官僚の誠実さは、かれの公的行動のみならずかれの全人格（パーソン）が、官吏としての地位規範、ことに政治的中立性の規範を体現しているか否かにかかっている。かれは、新しい政府とその政策にたいして、前代の政府と政策に示したと同じ誠実さをもって奉仕するのである。これこそが、純粋官僚制の政治的意義なのである。なぜならば、官僚は、官僚としてのゆえに、自らは政策を作成しない。かれは、どちらかを選ばねばならぬ相対立する政策について情報を提供し、そのうちの一つが正式に採用されたばあいには、それを実行に移す。どちらかといえば恒久的な上下序列を配下にし、かなり恒久的な地位を保障された職員としての官僚は、実行を命ぜられた政策にたいしては忠実である。ハーマン・ファイナーは、次のように断言している。すなわち、「(政党による)この中立性の侵害は国家全体として見るとき、技術的手腕の喪失を意味する。このことは、ほとんどあらゆる人の認めるところである。この中立性を犠牲にしてあえて諸官庁を『粛正』しようなどと思うのは、極左と極右の少数分子だけである。[8]」

アメリカの政府は(軍部を除いて)、純粋官僚制をもったこともないし、現在でももっていない。一八八三年に樹立された公務員制度(シヴィル・サーヴィス・システム)[訳註18]では、大統領によって任命され上院によって認証された人々は、〔公務員制度の中に〕「分類される必要なし」とされている。「公務員」の内容も、政権の交代ごとに変化しうるのである。競争試験を規定しているいかなる規則も、確立された前例のない新しい官庁を設立することによって、回避できる。多くの職務は、公務員としての身分保障や種々の制限のある官職として分類されることもできるし、その適用外に分類することもできる。公務員としての身分保障の規定などは、政府機関を全面的ないし部分的に廃止することによって無意味にしてしまうことができる。しかも、これは、議会の手を経てそうすることができるだけではなく、その機関の長官ないし予算局の手によっても行なわれうるのである。[9]

十九世紀後期の慣行について、あるイギリスの批評家は、次のように指摘した。すなわち、「下層の地位への任命は実力次第であったが、最上層の地位は、政変ごとに利権を求める圧力が加えられるために、経験に乏しい政治的ないし個人的お気に入り連中どもによって占められるようになった。このために昇進が妨げられ、士気は沮喪した。こうして、公務員法の一般的結果としては、たしかに悪どい任命の数はいちじるしく制限された。しかし、この制限にもれた除外例は依然としてあり、しかも上層地位にそれが集中したため、士気に及ぼす頽廃的影響は除外例の数に比して最大限に大きかった。[10]」

いうまでもなく、公務員制度の適用下にある職員の比率は、その後、いちじるしく増大した。セオドア・ローズヴェルト政府の後期(一九〇九年)には、連邦政府職員の約六〇%が公務員制度適用下にあり、フランクリン・ローズヴェルト政府の初頭には、約八〇%がその適用下にあった。ニュー・ディールの拡張は、たいていのばあい、「競争による公務員試験によらず任命された職員からなる新しい政府機関の設置をともなった。一九三六年になると、競争による公務員試験を通じて政府に入った文官はわずか六〇%であり、残りの四〇%の多くは、パトロネージ(訳註18)によって任命されたもので、その大半は、熱狂的なニュー・ディール支持であった」。さらにまた、第二次大戦は、政府職員の急激な膨脹を再びもたらしたが、かれらは、競争によってその職を得たものではなかった。しかしながら、一度その職につくや、これらの政府職員たちは、自分たちが、公務員制度による身分保障のもとにあることを見出した。トルーマン大統領が一九五三年にその地位を去ったとき、「政府の文官職員のすくなくとも九五%」の身分は保障されたことになっていた。[11]

ところで、約二〇〇万の政府職員のうち、(12)「重要官吏」とみていいものは、約一五〇〇である。この中には、各省長官、次官、補佐官、独立各庁の長官、次官、および補佐官、各局の局長、次席、大使、ならびに海外派遣機関の長などを含んでいる。(13)職業的にみれば、弁護士、空軍将校、経済学者、物理学者、技師、会計士、航空学権威、さらに、銀行家、化学者、新聞記者、外交官、軍人などを含んでいる。これらが寄り集まって、連邦政府の枢要な行政的・技術的・軍事的、ならびに専門的地位を占めているのである。

一九四八年には、このような重要官吏のわずか三二%（五〇二人）が、「制度的に確立された専門勤務制度」をもった官庁――たとえば、国務省の国外勤務部、軍隊組織、公衆衛生局のいくつかの地位のごとき――に勤務しているにすぎなかった。生え抜きの上層官吏は、平均奉職年限二九年で、その半数は、修士号や博士号、あるいは専門職業の資格をもち、また、じつにその四分の一は、ハーヴァード、コロンビア、プリンストン、イェール、マサチューセッツ工科大学、コーネル大学に学んだものであった。これらの人々は、当時の政府の高級公務員たちを代表している。

一九五二年の選挙にたいする党候補者が指名される二カ月もまえに、ハロルド・E・タルボット――ニューヨークの金融家で、のちに、空軍長官の地位を私的利益のために利用したと非難された人間である――は、経営顧問会社を雇って、アメリカ政府を意のままに動かすためには、共和党政府はいかなる地位をその手におさめることが必要かを、調査させた。当選後、数日して、アイゼンハワーは、選び出された二五〇ないし三〇〇にたっする、政策作成を担当する最高地位の一つ一つについて、全一四巻からなる分析——この中には、どのような資格のものを任命すべきか、そして、任命された人物の直面する問題はなにか、までが含まれていた——を入手した。[14]

もっと露骨に党本位の立場に立つ分析家たちは、現行の法律や規則のもとにおいてさえ、約二〇〇〇の地位が党の手によって左右しうる地位であることを知っていた。[15] 合法的であってもパトロネージは、あくまでも、パトロネージであることは変わりない。そして、新政府は、早速、これを拡張する方法を見つけにかかった。* 一九五三年の四月に、アイゼンハワーは、大統領令で、約八〇〇の「機密に参与し、政策決定に参画する政府職員」の、身分保障を剝奪した。そして、七月には、約五万四〇〇〇に達する非専門的職員を、身分保障の適用外としたのである。[16]

* 『フォーチュン』誌編集者の断言するところによれば、「ある種の官職は、手軽に廃止することができる。また、他の官職は、肩書だけ残され、実権は別の人間の手にわたり、局長との直接連絡は、この男がする。烙印つきのフェア・ディーラーたちは、毒にも薬にもならぬお役所計画に、押しこめられてしまう。政府部内には、このようなやり方に関して蔓の上で日干しにするとか、読書室に追いこんでしまうといった言葉ができている。このような方法は、無駄が多い。だが、アイゼンハワー政府が、信用できる官吏を、重要地位につけようと思えば、これ以外に方法はない。……新政府は、政府の人員問題を、二つの対立した方向から、同時的に手がけなければならなかった。一つは、共和党政策に、思想的に、

公然と、または、暗々裡に反対の高官連中を、駆逐することであり、もう一つは、政府官庁の事務をはかどらせ、かくて、有能人物を、ひきつけることである。永い目からみれば、この後者の方が、より重要な目的である。[17]」

共和党が、公務員制度の適用から除外した官職の正確な数は、知ることが困難である。ある情報通の観察によると、一三万四千である。[18] しかしながら、公務員制度からその官職を除外することだけが、自分たちの好きなものを任命する唯一の行き方ではない。ある人間が、「国家安全に危険か危険でないか」についての「証拠」よりも「疑義」があるか否かの方に重点をおき、疑いをさしはさまれたものに、無実を立証することを要求する保安規則のもとで、数千人以上の人々が、政府の職から追放され、また、退職を余儀なくされた。これは、経験をもった国務省の人材と士気に、大打撃をあたえた。かかる攻撃が、もっとも多く、かつ、組織的に行なわれたのは、国務省にたいしてであった。*

* 外交の衰退については、第九章「軍の台頭」を参照。

ある特定の時期における事件の詳細は、重要ではない。重要なのは、全般的な事実である。すなわち、アメリカには、不安のない終身的公務員勤務、あるいは、政党の圧力を明確に超越した自主的な官僚という基本的な意味での、真正の公務員制度が、存在したこともなければ、現在、存在してもいないという事実、これが重要なのである。永い期間にわたる（一九三三―五三年）民主党による政権保持の事実は、公務員法が公務員制度の確立にいかに失敗しているかを隠してしまいがちであった。また、さらに、一九五三年の政権交代であきらかになったことは、公務員任用に関する諸法律は、たんに、「パトロネージ」の実施を困難にし、金のかかるものにしたばかりでなく、従来以上に、醜悪なものにした、ということであった。というのは、「保安調査」手続きは、信頼のできぬ民主党員を信頼のできる共和党員で置き換えることを押し隠す以外のなにものでもないからである。

政府の専門的官吏となって一生を賭けてもよいと思っていた優秀人物が、このような政治的危険や行政部の無力さにたいして自己を訓練する気持をもたぬようになるのは当然のことである。

公務員の地位が、不安な政治状態におかれているかぎり、真正の官僚制度に知的に適する人間が出てくるはずはない。なぜならば、政治的に不安定な状態は、凡庸人を選び出し、かれらを、無反省な同調的性格に、仕上げるからである。

もしも、公務員たちが、疑いと恐怖によって麻痺した一般的不信の雰囲気のなかで勤務しなければならぬとしたら、道徳的に立派な人間が公務員になるはずはない。

そして、金を以って才幹を計る最大の尺度と評価する社会にあっては、私企業によって支払われる俸給に匹敵する報酬を払わないかぎり、上層階級あるいは中層階級からの人材によって、真に自主的な公務員制度を築きあげることは、できないのである。恩給や身分保障で、公務員の薄給をつぐなうわけにはいかない。なぜならば、すでに見たように、私企業の重役たちは、かかる特権のほかに、これ以上のものをも、享受しているからである。

一九五四年の官吏の最高俸給は一万四八〇〇ドルであり、全連邦政府職員中、九〇〇〇ドル以上を貰っているものは、わずか一%であった(19)。

アメリカにおいては行政官僚制の発達を阻んだ歴史的要因は、政党の猟官制（スポイルス・システム）(訳註18)であった。政党機関は、借りを返すために官職を提供し、こうして、官庁における規律と、専門的手腕を基礎とした人材登用を、不可能にした。加うるに、政府による企業の統制が重要になってきたため、私企業の世界において経営者ないし法律顧問として出世するコースの一環として、政府部内における地位が、重要となるにいたった。人々は、自分が将来入りこもうと、心がけている産業に関係をもつ官庁に、年期を入れるのである。とくに、統制関係官庁では、公職は、大会社におけるコースへのふみ石である。そして組織全体としてみると、政府機関は私企業世界の前哨地点である。そして、不信の中で身の安全を計る手段として、この「新たな猟官制（スポイルス・システム）」が運営されているのである。

実業界の重役目当ての雑誌や、政治家の代筆人たちは、定期的に、よりよい公務員制度の必要を強調した論説をかかげている。だが、重役連や政治家たちは、訓練と経験によって相対立した政策の結果を慎重に判断するに必要な手腕をもち、党略から真に独立した専門的行政官などを、心からは望んでいない。しかし、責任ある政府（レスポンシブル・ガヴァメント）をつくり上げるためには、かくのごとき一団が重要な政治・経済的意義をもつことは、あまりにも、あきらかである。

州の官僚組織の下層部――真正の公務員の供給源はここに求められるのだが――には、一流人材をひきつけるような、威信も、金もない。そして、その上層部には、「アウトサイダーたち」、すなわち官僚組織の外部の出身のものが、招聘されている。かれらは、比較的短期間、その職についているのであり、これを、終身の仕事としない。であるから、これらは、理想的な公務員と結びつけて考えられる政治的中立性や行動様式などを、その身につけるにはいたらないのである。

アメリカでは、政府の交代に超然としうるほど確固たる公務員制度もなければ、恒久的地位を保った行政官吏の一団もいない。職業的政党政治家も専門官僚も、今日では、政策決定の行政的中心ではない。かかる中心を占めているのは、権力エリートの政治幹部たちなのである。

第十一章　均衡理論（セオリー・オブ・バランス）

アメリカ人は、政治経済の道徳的争点に頭を悩ますことを好まない。そこで、政府とは互いに競争する諸利害の均衡によって規制されている一種の自動機械であるという観念にしがみついている。この政治像は、公然と認められている経済像のたんなる延長にすぎない。すなわち、このいずれにおいても、多数の諸利害の作用の協調によって一種の均衡が達成される。また、そのおのおのの利害を規制しているものは、ちょうど交通整理のような形式的・無道徳的（アモーラル）な解釈である。

自動的均衡の理想は、十八世紀の経済学者の手によって、もっとも精緻で迫力ある理論に仕上げられた。すなわち、市場こそが主権者であり、小企業者たちから成り立つ魔術的な経済にあっては、いかなる権威的中心もない、とされた。そして、政治の分野でも同様である。権力は分割され均衡を保っており、したがって、専制政治の機会はない、とされた。「権力の均衡を採用しようとしない国家は、専制政治を採用しなければならぬ。この二つの中の一つを選ぶ以外に方法はない。(1)」とアダム・スミスは書いた。十八世紀の学者たちが展開した理論によれば、均衡、すなわち抑制と均衡（チェックス・アンド・バランセス）は、世界の諸国家の間に経済的自由と政治的自由を保障し、専制政治を防止する主要なメカニズムになったのであった。

今日では、自動的政治経済の観念は、たんに三〇年代のニュー・ディール反対者たちの実際家的保守主義としてだけわれわれによく知られている。その観念は、昨日のドイツと今日のロシアの全体主義国家のおそるべき光景によって、新たな――しかしまったく虚偽の――魅力をあたえられるにいたった。そして、それは、現代アメリカの経済学にはおよそ無関係であるが、大会社と国家の管理エリートたちの間で広く愛用されている馬鹿の一つ覚えの弁論（レトリック）なのである。

一

自動的均衡としての権力という旧くからのモデルは、均衡力をそなえた社会における、互いに対立する独立の、比較的平等な集団の多元的存在を前提にして構成されている。このモデルと、その前提とを放棄することは、非常に困難である。「アメリカを支配しているのはだれか」、について最近いろいろな言明がなされているが、それらの言明の中に、これらの前提すべてがきわめて明瞭に、無意識的な戯画（カリカチュア）にさえなっている。例をあげれば、デイヴィッド・リースマン氏によれば、過去半世紀間に、「支配階級の権力ヒエラルヒーから、多くの〝拒否権グループ〟への権力の分散」という変化がみられた。今や、だれもなにをも支配していない。すべては、方向なき漂流なのである。「ある意味では」とリースマン氏は信ずる「このことは、アメリカが中産階級の国であることの別の表現にすぎない。……そこでは、もはや、支配力を揮っている『われわれ』とそうでない『かれら』とか、支配力を揮わない『かれら』とそうでない『われわれ』とかいうものはなく、むしろ、『われわれのもの』はすべて『かれらのもの』であり、『かれらのもの』はすべて『われわれのもの』であることに、人々は気づくようになるだろう」と。

「首領たちは権力を失ったが、しかし、手下の者たちがそれを手に入れたわけではない」と。そしてこの間に、リースマン氏は、権力と権力者にたいする心理的解釈を極端までおし進める。例をあげると、「もしも実業家たちが、自分たちは弱体であり他人に依存しているのだと感じるならば、いかに多くの物質的資源を擁しているにしても、かれらは弱体であり、他人に依存しているのである」と。

したがって、「未来をその手中に握っている人々は、議会を牛耳る小実業家たちや専門家たち――地方の土地周旋業者・弁護士・自動車セールスマン・請負業者など――であり、また、国防とさらには外交をもある程度まで統制している軍人たち、工場投資を決定し技術変化の速度を左右する大企業経営者やそのお抱えの弁護士・財政顧問、その他の顧問たちであり、さらに、労働者の生産性と投票とを支配している労働指導者たちであり、黒人地帯に住み南部の政治に最大の利害関係を感じている白人たちであり、外交政策や都市の請負仕事や自分たちの人種に固有の宗教団体や文化団体に関心をもっているポーランド人、イタリー人、ユダヤ人、アイルランド人たちであり、さらにまた、青年たちを教育し、大人たちをからかい、また訓練し、老人たちを楽しませたり当惑させたりする論説者や物語り手たち、それから、重要な各省や諸委員会を牛耳り、過去の内部志向型の生き残った代表として、われわれの思い出の数々を支配している農民たち——ひとくちに農民といっても、家畜業者やトウモロコシ栽培農民や酪農や棉栽培農民その他の相抗争している堆積であるが——、また、ロシア人や、それと比べるとそれほどでもないが、われわれの注意をひく議題の多くを左右しているこれ以外の諸外国勢力である。読者諸氏は、もっと多くのものをつけくわえて、この名簿を完成することができる。(2)」

じつに、ここにこそ、「完全に自動的で、まったく非個人的という現代的標準」に適合したなにものかが存在するのである。(3) にもかかわらず、このようなロマンチックな多元論の中には、さらには、リースマン氏がでっち上げた権力の模造画の中にさえ、若干の真実がある。それは、権力の中間水準の立場からの発言であり、この発言は、混乱はしているが、その意味を読みとることはできる。その意味は、とくに、選挙区や議会そのものの中に示されている。だが、それは、権力の頂点と、中層と、下層の水準を取り違えているばかりでなく、これらを区別さえしていないのである。事実、半ば組織化された手詰り状態のイメージをともなっている、このようなロマンチックな多元論の戦略は、きわめて明瞭である。

すなわち、種類の多いことに当惑しながらもホイットマン的な熱情をもって、関係のあるグループの数を、丹念に数えあげることである。じっさい、「拒否権集団」に数えられる資格をもたぬ集団などない。したがって、これらの集団や、職業や、層や、組織を、その政治的重要度ないし政治的に組織されているか否かを基準にして分類し、これらの集団のゴッタ煮をはっきりさせようなどとする必要はない。さらに、それらの諸集団が、相互にいかに連結して権力構造を構成しているかなどを、見出そうとする必要もない、とロマンチックな多元論の戦略は教えている。なぜならば、このロマンチックな保守主義者は、権力構造内における環境の結合よりも、環境の分散の面により注目を集中させるからである。そして、頂点の諸集団の間には共通の利害関係が存在するかもしれぬなどとは考えもしない。これらすべての環境と雑多な諸集団を、重大決定と結びつけて考えもしない。すなわち、例をあげれば、第二次世界大戦に導くにいたった一連の決定や事件に、「小売商」や、「石屋」は、直接にも、間接にも、いったいどのような関係をもっていたであろうか？　また、原爆という新武器の初期モデルの製造や投下の決定に、「保険業者」や、さては、議会そのものすらが、どのような相談をうけたか？　などという質問を発しもしないし、歴史的に詳細に、すなわち正確に、それに答えることもしない。さらに、かれらのように、あらゆるグループや階層やブロックの指導者たちのパブリック・リレーションを念頭においた声明を額面どおりに受けとるならば、心理的な不安と、権力と政策の現実とを、混同してしまっている。権力は、それが赤裸々に公示されない限り、権力ではありえない、とかれらは考える。当局やその他の秘密主義という現実によって、観察者たるかれらが困難に直面するであろうことなどは、かれらは考慮などしないのである。

要するに、かれらは、自分の混乱したパースペクティヴと、現実とを混同し、観察者ないし解釈者として、描写にあたって最大限に具体的なレヴェルにとどまろうと心がけ、現存する細部を基準として現実を規定しようとしているのである。

アーヴィング・ハウが指摘したように、権力均衡の理論は、アメリカの政治のごく一部しか見ていない狭い見方である[4]。この理論は、ある一つの政党内部における、あるいは他の政党との間の同盟を、説明することはできる。さらに、その理論は、時間的広がりの取り方においても焦点が狭い。権力均衡の理論は、対象とする時期の長さが短ければ短いほど、適用可能のようにみえる。というのは短い期間を——たとえば、ある選挙戦を、その渦中にいながらジャーナリスティックに取り扱うようなばあいには、そこに働いている力関係や原因の多様さに圧倒されてしまうことがしばしばあるから。アメリカの「社会科学」が実証的科学となって以来、それにつねに見られる一つの弱点は、多数の諸原因をたんに列挙することが、現代社会を理解する上に賢明かつ科学的ないき方であると前提してしまっている点にある。改めていうまでもないことだが、そのようなことは絶対にない。すなわち、それは、社会分析の真の課題を回避する折衷主義である。真の任務は、関係があると考えられるすべての事実をたんに列記することから一歩を進め、どのように、事実の一つ一つがつながりあっているか、また、それが、諸君らの理解せんとしている何物かの模型(モデル)を、どのようにしてつくりあげているのかを理解できるように、その一つ一つを考慮していくことにある(5)。

権力の中間水準に、必要以上の注意を払うことは、全体としての権力構造、とくに、その頂点と底辺を、曖昧にする。アメリカの政治における論戦や、投票行動や、選挙戦(キャンペーン)は、このような中間水準をおもなる相手にしたものであり、ときには、こればかりを対象としたばあいさえある。もっとも「政治的な」ニュースとは、中間層の争点や対立に関するニュースやゴシップである。アメリカにおいては、政治理論家さえもが、選挙、つまりだれが、だれに投票したかを、一般人よりやや系統的に調べあげるところの学徒にすぎないことが、しばしばある。大学教授、あるいは浪人インテリである政治分析者たちは、かれら自身、一般に権力の中間水準に属する人々である。かれは、権力の頂点については、ゴシップによって知るだけであり、底辺については、もし知っているとすれば、たんに「研究」の結果によって知っているにすぎない。しかしながら、かれは、中間水準の指導者たちとは気安い。そして、自分自身が話し手の側に回っているので、かれらの「かけ引き」も、よくわかるのである。

こうして、大学の内外の解説者や分析者たちは、中間水準の諸層と、それらの均衡とに焦点をおいている。なぜならば、かれら自身が主として中間階級の人々であるので、中間水準に近接しているからであり、これらの中間水準の諸層が、明確な、かつ報道にのせられる事実としての「政治」の騒々しい内容を提供しているからである。また、かかる見解は、デモクラシーの運営についての伝統的な公式モデルに合致しているからであり、さらに、このようなモデルをよいものとして受け入れることにより（とくに、現在のように愛国心競争（パトリアティアリング）がはげしいときには）、多くの知識人たちは、自己の感じている政治的衝動を、容易に満足させることができるからである。

「力の均衡」が存在しているというばあい、それは一つの勢力が他の勢力に、自分たちの条件を押しつけえないことを意味しているともいえようし、あるいは、どの一つの勢力でさえも、行きづまり状態を、引きおこしうるという意味のこともあろう。あるいは、時の推移に応じて、まず一つの勢力が、ついで他の勢力が、釣合をとって、交替に、自己を実現することもあろう。あるいは、すべての政策が、妥協の結果であり、なにびとも、欲するものの全部を獲得しえないが、一人のこさず、何物かを入手する、ということをさすかもしれない。以上の解釈はいずれも可能である。これらの解釈は、じっさい、永久的あるいは一時的に「交渉力の平等（イクオーリティ・オブ・バーゲニング・パワー）」が存在するといわれるばあいに、生起しうる事柄を描写しようとする試みである。しかしながら、マレー・エーデルマンが指摘したように(6)、幾多の勢力が争って目ざしている目標は任意のものではなく、現在一般に抱かれている期待と承認の反映である。したがって、雑多の勢力間に「均衡が存在している」ということは、一般に、現状を、満足すべきもの、否、良好なものと評価することなのである。往々にして、「力の均衡」は、均衡という希望の混入した理想が、事実の描写を装うばあいがある。そして、権力の平等といえば、まったく公正で、尊敬すべきもののように見える。だが、実際には、ある者にとっては尊敬すべき均衡が、他の者にとっては不公正な不均衡であることが、しばしばある。当然のことであるが、優勢な地位を占めている集団は、権力の公正な均衡と、利害関係の真の調和の存在を宣言したがる傾向がある。なぜならば、かれらは、自分たちの支配を、邪魔されないように、また、平和なものにしたいと念じているからである。だから、大実業家たちは、小労働指導者たちを「平和の攪乱者」であるとして、また、労資協調につきものの普遍的利害をくつがえす者として、糾弾するのである。同じように、特権をもつ国々は、武力によって手中におさめたものを、道義的考えを楯にして、もたざる国々の攻撃から防衛し、国際主義の名において、弱小国家を断罪する。[7] もたざる国は、おくれて台頭し平等を求めて立ちあがったために、武力に訴えてのみ、現状の変更を望むことができるのである。

社会変動は、寛容なギヴ・アンド・テイクによって、また、妥協と、ある一つの勢力が他の勢力の拒否によって相殺される拒否権の網の目構造（ネット・ワーク）によって進行する、と均衡理論は考える。このような考え方は、次のような前提に立っている。すなわち、これらのすべての事柄が、それ自身は変化しない、程度の差こそあれ安定した枠組の中で行なわれ、あらゆる問題は妥協しうるものであり、したがって、本来的に調和のとれたもの、あるいは調和状態になしうるものである、という前提である。現存の体制（ジェネラル・フレームワーク）によって利益を得ている人々は、この下で不満を感じている人々に比べ、社会変動のメカニズムについてのかかる見解を、より容易に受け入れるのである。そればかりでなく、「大部分の分野では……わずか一つの利害関心が組織されているだけであり、おもな利害関心は、まったく組織されていないか、あるいはその中の一部しか組織されていないのである」(8)。このようなばあいに、デイヴィッド・トルーマン氏のように、「未組織の共通関心」(9)を云々してみたところで、それは、かつて「公衆」*と呼ばれているものを別の言葉で呼んだにすぎない。これについては次で検討しよう。

＊　第十三章「大衆社会」を参照せよ。

主要な「圧力団体」、とくに農村や都市の実業家たちの圧力団体は、今日ではすでに、立法ならびに行政面の双方で政府に人的にも機構的にも一体化している。そうでないばあいには、小さいが強力な派閥――その圧力団体の指導者を名目的にはメンバーにしていることもあるが、たいていはメンバーにさえしていない――の道具に成り下がっている。これらの事実は、たんに自発的結社の中央集権化とか、職業的幹部による無関心的メンバーからの権力の取上げというような問題にとどまらず、それ以上のものである。例をあげれば、ＮＡＭ（全国製造者連盟）を支配している派閥は、小実業家たちにかれらの利害は大経営のそれと一致しているということを教えこみ、実業界全体としての力を政治的圧力に結集させるために、ＮＡＭを利用している。そのような上層サークルの立場からいえば、「自発的結社」「圧力団体」などは、パブリック・リレーション活動の重要な題目である。このような派閥のメンバーたちによって支配されている幾つかの会社は、それ自体その派閥の命令の手段であり、パブリック・リレーション活動や圧力の手段である。だが、多くのばあいは、大会社を公然とは根拠地として使用せず、各種の全国的団体を、共同の運動地盤として利用する方が、好都合なのである。各種の団体は、どのような活動をなし、どのような活動をしないかを最終的に決定する機関というより、むしろ操作の組織であることの方が多く、その揮う権力の限度は、これを操っている人々によって、きめられるのである。

であるから、抑制と均衡（チェックス・アンド・バランセス）とは、「分裂支配（ディヴァイド・アンド・ルール）」の別の表現であり、民衆の抱負が、もっと直接に表現されることを、妨害するための一つの方法であると解釈してもいいのである。なぜならば、均衡理論は、往々にして、諸利害の自然的調和という道義的な考え方の上に立っているのであり、この考え方からすれば、貪欲と残忍性が、正義と進歩に、和解されるのである。ひとたびアメリカの政治経済の基本構造が確立されたのちには、また、市場の無限の拡大を暗黙の事実として前提しうる限り、利害の調和という観念が、支配的グループのイデオロギーとなることができ、また、事実、なってきたのでもあった。そして、これは、支配グループの利害と、社会全体の利害が、一致していると見せかけることによって可能にされたのである。かかる原理が普及している限り、闘争をしかける下層グループは、不調和分子であり、共同の利害の攪乱者であると、烙印を押すことができる。E・H・カーのいったように、「諸利害の調和という教説は、自分たちの支配的地位を正当化し維持するために、特権グループがもちだした——しかもまったく真面目な顔をして——巧妙な道徳的術策なのである。」(10)

二

均衡理論の主要焦点は、合衆国の議会であり、その主役は、議員たちである。にもかかわらず、これら九六人の上院議員と四三五人の下院議員は、社会的タイプとして、一般の市民を代表するものではない。かれらは、企業活動や専門的職業によって成功した人々を代表している。かれらは年輩もいき、特権をもった白人で、アメリカ生まれの両親をもち、自らもアメリカ生まれのプロテスタントのアメリカ人である。かれらは大学卒業者であり、その収入と社会的地位の点から見ると、すくなくとも、堅実な上層中流階級の人々である。一般的にいって、かれらは、賃金労働者や下級のサラリーマン生活の経験をもたない。簡単にいえば、かれらは、地方社会の新・旧上層階級に属しており、その出身なのである。*

＊ 今日では、典型的な上院議員は、大学出身者であり、約五七歳である。もっとも、第八三議会（一九五四年）には、八六歳になる上院議員がいた。典型的な下院議員も、成人人口の一割に満たない大学卒業者層の出身であり、最近の議会にはわずか二六歳の若輩がいたが、たいがいは五二歳見当である。ほとんどすべての上下両院議員は、州あるいは地方の地位を占めたことがあり、かれらの約半数は、いずれかの戦争に参加した経験をもった退役軍人である。さらに、かれらのほとんど全部は、非政治的な地位を占めていた経験をもつが、これらの地位は、職業格づけ序列の上位一五％に位する地位であるのが通常である。たとえば、一九四九―五一年の議会では、上下両院議員の六九％が専門的職業従事者であり、上院議員の二四％、下院議員の二二％は、実業家ないし経営者であった。上院には、賃金労働者や下級サラリーマン、農園労働者は皆無であり、下院には、一人か二人いるだけである。(11)

かれらの主要職業は、いうまでもなく弁護士である。これは、アメリカで働いている人間のわずか一%が従事する職業にすぎないが、上院議員や下院議員のばあいには、ほとんどその六五%までがこれにたずさわっている。かれらの大部分が弁護士である事情は、容易に理解できる。弁護士に必要な弁舌は、政治家に必要とされるものと異なってはいない。両者はともにかけ引きや交渉を行ない、そして、ビジネスや政治に決定を下す人々に、助言をあたえるのである。また、勝ち負けにかかわらず、政治がかれらの法律商売に役立つことが多いことを承知している。なぜならば、それは、かれの営業を宣伝してくれるからである。加うるに、個人的な法律商売は、カバン一つを抱えて歩けばよいので、どこでも開業できる。したがって、政治家としての弁護士は、落選したばあいにも、たよりどころがあり、当選したばあいにも、そうする気さえあればさらに自分の地位を固めることができる。事実、ある弁護士たちは、一期か二期の間ぐらい政治に年期を入れることを、ワシントンとか故郷の都市で、より大規模の法律事務所を開業するための踏み台ぐらいに考えている。弁護士業は、たいした危険を冒さずに政治に足を踏みこむことを可能にするばあいが多く、さらに、選挙民の気まぐれから独立した財源の主要出所にとり入る有利な機会をあたえてくれる。(12)

過去一五年間、また、おそらくは、もっと永い期間の――議員の大部分は、自分自身が過去一〇年間に従事してきた同じ専門的職業ないし企業家的職業の家庭の出身である。かれらの九〇%ないし九五%までは、専門的職業従業者、実業家、農家の子息である。ところが、かれらの生まれた当時、すなわち一八九〇年ごろには、労働人口のわずか三七%が、これら企業家層であっただけで、しかも、このすべてが家庭をもち、男の子をもっていたわけではなかった。(13)

過去半世紀間に上院には一人の黒人もいず、下院にあっても、同時に二人以上の黒人が議席を占めたことはなかった。だが、黒人は、アメリカの人口の一〇%を構成しているのである。一八四五年以降、上院における外国生まれの者の比率は、八％を超えたことがなく、その比率は、全人口中における比率よりもつねに低く、たとえば、一九四九—五一年には全人口中の比率の半分以下であった。そのうえ、さらに一世ならびに二世議員の両者ともに、どちらかといえば、移住年数の古い北欧・西欧出身が多く、移住年数の新しい南欧・東欧からの移民出身は少い傾向がある。高い社会的地位をもつ新教諸派（長老教会派・監督教会派・ユニテリアン・組合教会派）は、全人口中の比率に比べて、二倍の議員を出している。中間水準の人々に信奉されている新教諸派（メソジスト・バプティスト）の議員数は全人口中の比率にほぼ対応しているが、カソリック教徒やユダヤ人になると、全人口中の比率にくらべて少なくなる。たとえば、第八一議会におけるカソリック教徒の割合は、下院においては一六％、上院にあっては一二％であったが、一九五〇年度の全人口においては三四％を占めていた(14)。

一部の議員たちは百万長者であるが、他の議員たちは、地方を回って必要な金を集めなければならない。議員の地位は今では経費がかさむ。家を二つもつ上に、この間を往復しなければならぬし、多忙な交際にも金がかかる。加うるに、選挙費用が要り、それから、当選したのちにその地位にとどまるためにも、金がかかるのである。今や、下院議員にとっては、手当外の収入がほとんど必須となっている。事実、一九五二年には、下院議員五人中の四人、上院議員三人中の二人までが、議員としての歳費以外の収入を、「出身地に維持してきた事業ないし職業、または、投資から、入手していた。国会議事堂では、多額の独立の収入を持つことが、当然のことになってきている……個人的収入のないものにとっては、議員としての生活は絶望の寸前にある」*。ロバート・ベンダイナーは、最近、次のようにいった。「選挙戦に消費される金について、連邦の法律の意味するところのものが、かりに文字どおりであるとするならば、ワシントン行きをするよりもレヴェンウォース行（訳註――連邦刑務所所在地）をする政治家の方が多くなるだろう。[15]」

＊　第二次世界大戦の終結から一九五五年にいたるまでの期間、議員たちは、免税の手当二五〇〇ドルを含めて、年に一万五千ドルの歳費を貰っていた。だが、投資・事業・副収入および原稿料・講演謝礼など含めた総収入は、一九五二年には、下院議員のそれが平均二万二千ドル、上院議員のが、四万七千ドルであった。一九五五年三月一日現在で、議員の歳費は二万二五〇〇ドルに引き上げられた。[16]

政治家稼業は、今では、その昔におけるほど、有能な人材をひきつけなくなっている。金銭的見地からみても、年収二万五千ドルから五万ドルを、楽に手にしうる有能な弁護士は、これを、危険の多い議員の地位と換えるはずがない。もし、金持でないとすれば、例外はもちろんあろうが、議員候補にのり出すのは、おそらく、報酬が、議員の歳費よりもさらに低い地方の弁護士、田舎判事、市長などであろう。議会内外の多くの観察者たちは、過去五〇年間に、公衆のまえでの議員の威信は、はなはだしく低下し、議員たちは、その選挙区である地方や州においてさえ、かつてのごとき有力な人物ではなくなっているという点で、一致している。[17]事実、自分たちを代表する下院議員、上院議員の名前を、知っている人間が、いったい、何人いるだろうか？

五〇年前には、その選挙区で選挙戦を行なうさいに、議員たちは、今日のように、娯楽と気ばらしの大量的手段が、名声や評価を人工的につくり出し左右している環境の中で競争する必要はなかった。演説にさいして、政治家は、広い世界になにがおこっているかについて、約一時間ばかりしゃべることを、期待されていた。そして、討論にさいしては、自分の討論演説の代筆者に相談する必要も、また、機会もなかった。まさに、かれこそは、その地方において、最高額の収入をもっている大人物だったのである。だが、今日では、政治家は、マス・メディアに頼らなければならぬし、これらの手段の利用は金がかかるのである。＊現代の選挙戦は莫大な経費を要するという簡単な事実のために、議員は、個人的に裕福でない限り、必要な献金の出所に結びつけられてしまう。ところが、当然のことではあるが、この献金は一種の投資であり、したがって、利子を期待されている。

＊ ある古参議員の報告したところによると、一九三〇年には、七五〇〇ドルあれば、当選できた。今日では、二万五千から五万ドルかかる。上院のばあいには、さらに多額の経費がかかろう。マサチューセッツ州の民主党員であるジョン・F・ケネディ（億万長者ジョーゼフ・P・ケネディの息子）は、一九五二年の選挙戦に一万五八六六ドルをつかったと報告したが、「同州の靴、漁業、その他の産業を改善するためにかれを後援する委員会は、二二万七九九五ドルを消費した」。(18)

浪人弁護士として、また、選挙に直面しなければならぬ政党政治家として、職業政治家たちは、その地方で、あらゆるグループやタイプの人々とのつきあいを作りあげた。かれらは、あらゆる社交・実業・友好団体に「加入」している。フリー・メーソンにもエルクス慈善事業団にもアメリカ在郷軍人団にも所属している。その選挙区で、議員たちは各種の組織集団と取引きをする。そして、これらの組織によってかれらが支持・推薦されるか否かは、いつに、これらのグループの利害・方針にたいするかれらの態度如何による。投票と引換えに利権を要求する強奪集団(プランダー・グループ)がもっとも公然と活動するのは、地方の選挙区においてである。政治家たちは、かかる諸集団——大きいのもあれば小さいのもあり、地方的規模のもあれば全国的規模のもある——の要求や要請に取り囲まれている。政治家は、権力の仲介人として、ある一派を、他の一派と妥協させなければならない。そしてこの過程において、かれら自身が、妥協を余儀なくされ、確固たる政策方針などをもたなくなってしまう。

職業政治家の多くは、あらゆる種類の地方勢力を、手ぎわよく、つきまぜて代表している。そして、政治的決定に関して、かれらのもつ自由はきわめて少ないが、そのわずかな自由も、実は、右の事実から出てきているのである。かれらは、運しだいによって、これら種々雑多な地方勢力をごまかし、相きそいあわせることもできる。だが、たいていのばあいは、決定を避けるために、対立する主張を両天秤にかける。議員たちは、自己の選挙区の利害をまもり、かれの地盤としている地方に、あくまでも忠誠である。事実、かれは、土地の候補者として、選挙区でみせびらかすために、わざと、州外からの攻撃の的を買って出ることがあるくらいに、地方的である。そして、自分の選挙運動を、国家というアウトサイダーに立ち向う自主独立の権利をもつ地方の十字軍運動にしてしまうのである(19)。

選挙区におけると同様に、議会内においても、政治家は、諸利害の錯綜の中におかれている。かれはまた、権力も、党派別に、また古参順に組織されていることを発見する。議会の権力は、委員会に集中されている。委員会の権限は、古参順でその椅子についた委員長の手ににぎられているのが通常である。したがって、政治家が、議会内で有力な地歩を占めるか否かの機会は、永い期間にわたり継続的に議席を占める能力に、依存することがしばしばである。そして、これに成功するためには、選挙区の有力者の御機嫌を損じるわけにはいかない。これらの幾多の諸利害と、それらのかかげる綱領に、要領よく適応していき、ときには、いくつかの対立した政策方針をとりながらも、なおかつ、最善を行なっているかのごとく見せかける敏捷さが、珍重されるのである。

したがって、一種の機械的な選択過程を経て、二〇年かそれ以上もの永い間、自分の地方にしっかりと根を下ろしてきた凡庸な党の「常連メンバー（レギュラース）」が、議会権力の中心に到達し、そこにとどまっている、ということは、きわめてありがちなことなのである。

政治家が、委員会の委員長――できれば、自分の選挙区の地方的利害に関係をもつ委員会の委員長――となったばあいでさえも、かれは、国家的政治家の役割をはたそうと試みないのが普通である。なぜならば、それに伴う名誉は味わうに足るが、それすらも、地方における人気の獲得に比べれば、第二義的な重要性をもつにすぎないからである。かれは、国家にたいして責任を負っているのではなく、選挙区における支配的勢力にたいして責任を負っている。加うるに、スタンレー・ハイがいったごとく、「議会の機構が改善されたからといって、選挙区中心主義の悪が、治癒されるわけではない。否、むしろ、議員たちに、この悪を、より以上により巧みに実現する時間と手段を、提供するにすぎないであろう。」[20]

それにもかかわらず、重要委員会の委員長は、議会の特権的構成員である。議会の立法ならびに調査の権限の主要部分が、かれらの手中にある。法案の提出、促進、停止、ないし妨害などは、すべて、かれらの意のままである。かれらは言いぬけや口実に巧みであり、またホワイト・ハウスの提案を阻止し、議場における投票はおろか、討議に付することさえも邪魔しうる。そして、かれらは、大統領に面と向って、自己の地区の民衆、あるいは、自己の影響下にある議会の同僚たちが、なにを受け入れ、なにを受け入れないかを、言いきることができるのである。

今世紀初頭の二〇年間には、第一会期の六カ月間、あるいは、第二会期の三カ月間に、数えるほどの法案しか、提出されなかった。これらの法案は、委員会における検討と、議場における討議との期間に充分に考慮された。討論は慎重で、相当の聴衆を前にして、議場で行なわれた。議員の時間と注意の大部分は、立法に費やされた。今日では、一会期に、数百の法案を検討しなければならない。そして、この全部――否、一〇分の一――を議員が通読することさえ、不可能であるため、議員は、法案に関する委員会の報告に頼るようになっている。討論もわずかで、それも、ガラ空きの議場で行なわれることがしばしばである。演説も、主として、議員の選挙区を目標としたものであり、その多くは、議場では行なわれず、ただ議事録にだけのせられる。法案が大量組立過程を通過しているときに、議員たちは、自分の事務所で、選挙民の便宜を計ったり、選挙区向けの印刷物や謄写版刷りの発送に従事する少数の所員を督促するに懸命になっている。

職業政治家の選挙運動では、当面する国家的問題などは、正面に押し出されず、地方的問題が、おそろしく巧妙に取り上げられるのが、つねである。たとえば、一九五四年の四七二議席をめぐる下院議員選挙戦には、国家的問題は、なんら明確に提起されず、これに関連した地方的問題すら、もち出されなかった。*選挙民は、スローガンや、人身攻撃、個人的欠点の摘発、これにたいする反駁、疑惑などを見せられたり、聞かされたりするばかりであり、したがって、こんなものにまったく耳をかさないのが通例である。候補者たちは、お互いに、相手方の名誉をたたきおとそうとする。たたかれた候補者は、自分自身を争点として争ったが、この点で、かれらのほとんど全部が、敗北の憂目をみた。選挙民は、選挙戦の争点がなんであるかまったくわからなかった。この点で、自分では気がつかなかったが、かれらもまた選挙戦に敗北したのであった。(21)

* ある州では、人種的差別廃止問題が、重大問題と考えられた。他の州では、アイルランド系の婦人と結婚したイタリー系候補者は、この二つの血統を効果的に利用した。ある州では、警官はどのような女と結婚する傾向があるか、ということについて、候補者が二年前にテープにふきこんだ演説が重要視された。もう一つの州では、某候補者が、妹に親切であったか、または、親切すぎたかということが、大問題にされた。ある所では、ビンゴ・ゲームに関する法律が、そして、他の所では、上院議員候補であるる年長者が、まだ、充分に精力をもっているかいないかが、問題にされた。ある重要州では、候補者が波止場賃貸に関して判事に贈賄した船会社と関係があったという、二〇年もまえの嫌疑が、高い金を払

ってテレビで放送され、重要な争点となった。著名な上院議員の一人は、対立候補者――この人物も、昔からの金持で、名門であったが――を、「不正直者か、馬鹿か、愚者か、阿呆である」ときめつけた。ある候補者は非難の圧力に耐えきれなくなり、自分は、従軍記録について、途方もない嘘をついてきた、と告白した。そして、全国いたるところで、猜疑と不信の雰囲気の中で、対立候補者は、ソビエトという妖怪から実際に金はもらっていないにしても、赤色スパイと関係があるのだということが、ほのめかされ、あてこすられ、断言され、想像されたりした。民主党は、恐慌問題を再び取りあげ、共和党は、アルジァー・ヒスを再度、投獄しようとしてかかった。

このようなアメリカにおける選挙運動は、公的生活の瑣末化（トリヴィアリゼーション）というおそるべき現実のひとこまであるが、それは、国家的政策の討論から注意をそらせがちである。だが、このような騒々しさ以外になにものもないと考えてはいけない。各地区・各州において、その地方では大きな力をもつ組織された諸利害の有力な勢力によって、組み立てられ、注目されている争点は存在するのである。そして、これこそが、選挙戦の性格から読みとられなければならない重要な点なのである。すなわち、職業政治家が所属し、かれらの討論を通じて、明確に、責任をもって、永続的に、全国的問題に取り組んでいる全国的政党は、存在しないのである。

職業政治家とは、定義すれば、政党政治家である。にもかかわらず、合衆国における二つの政党は、中央集権化された全国的政党ではない。これらの政党は、半封建的な構造をもち、投票と保護と引き替えに、官職や利権をばらまいて、運営されてきた。下っぱの政治屋は、自己の領域の投票と引き替えに、官職や引き立ての、より大きな配分を手に入れる。しかしながら、どの政党にも、全国的な「首領（ボス）」というものはないし、いわんや責任ある全国的な指導者などは存在しない。両政党は、ともに、あらゆる利害ブロックと奇妙にかつ複雑に結合した地方的組織の集合である。選挙費用に関する限り、議員たちは一般に、自党の院内指導者たちから独立している。二大政党のいずれの全国委員会のメンバーも政治的には無力者である。なぜならば、政党は、州および地方組織の連合であり、全国的統一は、四年間に一度、大統領選挙のために、達成されるだけだからである。[22]大政党は、その下部と中層部においては強力であり、独裁的でさえある。だが、最上層においては、それはきわめて弱体である。政党の全国的統一は、全国を選挙区とする大統領ならびに副大統領の行動と任命によって、かろうじて保たれている。

全国的問題に関する限り、二政党間の差異はきわめてわずかであり、また混乱している。両党ともに、各州に一つずつ、総計四八の政党といった観がある。したがって、職業政治家たちは、議員としても選挙運動員としても、党の全国的な政策などには――たとえ見分けられるような政策があったとしても――、関心をもたない。かれは、全国的な党規律などにはしばしばられない。かれは、自分の地区を代表して発言するのであり、自分の地区や、そこで組織されている有力な勢力、さらに自己の再選の機会などに、影響があるばあいにのみ、全国的問題に関心をもつ。であるからこそ、政治家が全国的問題について語るばあい、かれらの言辞は空虚な修辞にとどまる。職業政治家たちは、他からの干渉を受けぬ自己の地方的地盤に座を占め、全国的な政治権力の頂点にはいない。かれらは、権力の中間水準におり、中間層を構成している。

三

基本的な争点の中で、選挙戦にさいして選挙民に提示されることはおろか、議会ないし議会のもっとも強力な委員会に提出されるものの数も、ますます減少していく。たとえば、第二次世界大戦への参加は、アメリカ側の決定に関する限りでは、議会をまったく素通りして決定された。その問題は、公然と決定を下すためにはっきりと論ぜられたことは一度もなかった。大統領は、大統領の非常時権限のもとに、ほとんど独裁的に参戦の決定を行なうことができ、それを、既定の事実として、議会に提示したのである。「行政協定」は、条約と同様の効力をもつが、上院の批准を必要としない。イギリスへの駆逐艦譲渡、NATO（北大西洋条約機構）の下におけるヨーロッパへの出兵公約などは、タフト上院議員が徹底的に反対したものであるが、いずれも、上述の事実のはっきりした例である。一九五五年春の、台湾問題に関する決定のばあいにおけるごとく、一触即発ともいうべき事件や決定に関する討論を、議会は、あっさりと行政部に譲渡してしまったのである。

基本的問題が実際に議会の討論にもち出されたばあいにも、それは、討議を制限し、ばあいによっては、解決よりも、むしろ手づまりをもちきたらすように、組み立てられている。というのは、責任のある中央集権化された政党が存在しないため、議会において多数を制することが困難であり、加うるに、古参制（シニオリティ・システム）[訳註19]や議院規則委員会、議事妨害（フィリバスター）の可能性、情報と専門知識欠如などのために、議会は立法迷宮になりがちである。であるから、議会が、非地方的問題では大統領の確固たるイニシアティヴを往々にして要望し、非常時と規定される時期には、半計画的な停頓状態を打開する目的で、大統領に権力を容易に譲渡してしまうのは、なんら不思議ではない。事実、ある観察者たちは、「実権が大統領に移行した主要原因は、大統領が強奪したというよりも、むしろ、議会による権利放棄、議事妨害による」と信じている[23]。

もちろん、職業政治家たちの間には、かれらのきわめて等質的な出身、経歴、交際などに根ざした共通の気分（ムード）や利害関係が存在している。また、いうまでもないことだが、かれらの考え方をしばしば捉えている共通の修辞（レトリック）がある。したがって、議員たちは、そのいくつかの狭小な利害関係を追求するにさいして、期せずして一致し、その一致が国家的意義をもってくるばあいが往々にしてある。そのような利害関係は、明確に問題とされることはまれである。しかしながら、地方的利害によって決定され、かけ引きや抑制と均衡（チェックス・アンド・バランセス）によって決定される些細な問題が多数積み重ねられて、これに関係した地方的人物たちのだれもが予想もしなかったような国家的結果を招来することがある。こうして、手づまり状態が破られ、関係議員たちのいわば背後で、法律がつくられることがある。なぜならば、議会は権力の中間水準の主要座席であり、抑制と均衡が往々にして優勢となるのは、まさにここにおいてなのである。

真の利権(ヴェステッド・インタレスト)は、議員たちによって公然と促進され保護されている利権である。それらの利権は、各議員の選挙区である地方社会の狭小な利害(インタレスト)である。この地方社会の利害は一議員に委託されることによって、他の地方的利害と妥協し、均衡状態におかれる。議員の主な努力は、同時に考慮しなければならぬ他の諸利害を傷つけずに、ある利害にどの程度便宜を与えうるかという点に向けられる。

「圧力団体」が、議会の政治家たちをとくにあらためて「腐敗」させる必要はない。事実、「ロビイスト」が目だたぬように立ち回って、正直者とみられることがある反面、議員たち自身が、仮面をかぶったロビイスト(訳註17)と見えるばあいも、時々ある。地方上流社会の人々は、自分たちの利益を確保してもらうために、職業政治家にとくに贈賄する必要はない。なぜならば、かれは、社会的出身と政治的訓練によって、選挙区の有力者グループの一員であり、それによって支持され、それのために努力する者だからである。(24)議員たちは、外部からの見えざる圧力の対象であるというより、むしろ、政府部内に圧力を加える公然たる人物なのである。五〇年前には、暴露記者(マックレイカー)たちが描き出した金によって腐敗せしめられた上院議員というイメージは、しばしば、事実であった。(25)現在でも、もちろん、金は政治につきものである。しかしながら、今日では、ものをいうのは、露骨に投票と利権と引き替えの約束で政治家に支払われる金よりも、むしろ、主として、選挙運動資金に使用される金である。最有力な議員の一人で、財務委員会の委員長である人物が、政界に入るまえに、六つほどの中都市の商業会議所を促進し組織した——かれの言葉を借りれば、「連邦政府からビター文も援助をうけずに」——ことによって有名になったことを考えれば、かれにたいして加えられた目に見えぬ背後の圧力などをもち出さなくても、かれが過剰利益税の期限延長になぜ反対したかは、容易に理解できるのである。[26]七八歳のダニエル・リードは、清教徒的な性格をもち、融通のきかぬ主義の人物である。だが、主義は、一方では性格から出ているとともに、他方では性格を強化しているのであり、さらに性格は、その人のこれまでの全経歴によって撰択され、形成されているのである。さらに、ある議員が最近述べたごとく、「どの議員でも、一生に一度は、主義を超越しなければならぬ時期に遭遇するものである」[27]。政治という舞台の俳優としての議員は、諸地方社会の妥協による均衡の一部分であるとともに、国家にたいしては責任を負わぬ二政党の、いずれかの構成員である。その結果として、かれは、国家権力の中間水準の半ば組織された(セミ・オーガナイズド)手づまり状態の中に、閉じこめられているのである。

政治権力は拡大され、決定的なものとなった。だが、議会における職業政治家たちの権力は、そうでない。たしかに有力議員たちの手中には、相当な権力が残されてはいるが、しかしその権力とても、今日では、かれらが独占しているのではなく、他のタイプの政治役者たちとわかちあっているのである。すなわち、立法にたいする支配権は、委員会の委員長の手中におさめられてはいるが、行政部による決定的修正にますますさらされるようになってきている。さらに、攻撃の武器としても防禦の武器としても使える忠誠調査権があるが、それにも、公私諜報機関がますます割りこむようになり、そして、種々の程度の恐喝、ないし逆襲恐喝ともいうべきやり取りに引きこまれるようになりつつある。

主要政党間に重大な政策上の差異が欠けているために、職業的政党政治家たちは、弁舌をふるう題目を、発明しなければならない。「選挙戦における言辞」は空虚なものであるのが通常であるが、そのことは、歴史的に見ると、ここに関連しているのである。しかし、第二次大戦以後では、失意の政治家たちの間では、対立候補ばかりでなく、無実な中立者たちにたいしても人身攻撃や性格にたいする論難を広く行なう傾向が生じてきた。いうまでもないことだが、これは新しい歴史的事実——すなわち、アメリカ人は今や強大な軍事的勢力と近接して生活するようになったという事実を、巧みに利用しているのである。だが、同時に、それは、真の争点をもたぬ政争を行なわなければならず、また官職や利権分配に関する決定すらもがずっと上層の人々によって最終的には決定されてしまうという中間水準の政治を担当する政治家の立場にも、原因がある。この意味で、一部の議員たちは、新聞には書き立てられたいが、恩にきせる仕事もなければ、人気をわかす大問題もないため、不信の念を流布することによって、一時的な成功をおさめよう、すくなくも、公衆に注目されようとするのである。

さらに、職業政治家たちが権力を獲得し行使するもう一つの方法がある。それは、政府の官僚組織的諸機関の内部やその間に存在する派閥の中での策動による方法である。職業政治家が、政府の官庁、委員会、省等を主宰する行政官と組んで、他の行政官や政治家に対抗し、しばしば食うか食われるかといった死闘に出ることが、ますます多くなっている。政策の立案としての「立法」と、政策の実行としての「行政」との間の、伝統的な区別は、立法と行政の双方から、切りくずされるにいたった[28]。

現代政治国家の政策樹立に政治家はどのようにして参加しているかというと、かれの参与は、法案にたいする賛成あるいは反対投票によるよりも、むしろ、行政部の最上層の地位にたいし、またそれを通じて、影響力を及ぼしうる立場を占める派閥への参加や、ある派閥の利害に深い関係をもつ問題は委員会などで黙認することによってである。多様な諸利害を代表する職業政治家は、もっぱら、非常に錯綜した諸派閥の一員としての資格で、国家的影響をもつ法定に時として関係するのである。

もしも、政府の政策が、諸集団利害の交錯の結果であるとするならば、われわれは、こう質問しなければならない。いったい、政府外部において、どの利害が重要であり、政府内部のどの機関が、それらに奉仕しているかと。もし、このような利害が多数存在し、互いに抗争しているとすれば、そのいずれもが力を失うことはあきらかであり、これにまきこまれた政府機関は、ある程度の自律性をかちうるばあいもあるし、手づまり状態に落ちこんでしまうばあいもある。[29] 立法部では多くの利害が華々しく互いに抗争している。しかし、それらは、とくに地方的な諸利害は、往々にして相互に手づまり状態に立ちいたっている。これにたいして、全国的規模の大会社のレヴェルにおける諸利害はけっして表面には現われない。しかし、政治家たちは、その政治的・社会的動物としての資質のゆえに、これらの大会社の利害をはっきりと知っている。また、行政官庁のばあいには、小さいが強固にまとまった多数の諸利害が働きかけており、これらの諸利害は、あるいは機関の内部に地位を占め、あるいは自分たちにたいするその機関の鉾先を巧みにそらしてしまうことができる。こうして、ジョン・ケネス・ガルブレイスがいったように、統制官庁は、「いくつかの例外はあるが、たいていのばあいは、それが統制するはずの産業の片腕になるか、あるいはそれに屈従してしまう[30]」のである。そのうえに、行政部の台頭は、立法部の活動――あるいは不活動――を、政策樹立にさいして従属的役割をはたすものに突き落すか、または行政部の意志に屈服するものにしてしまう。なぜならば、今や政策の実行は政策作成をも含んでおり、法案そのものが、行政部のメンバーによって起草されることがしばしばある。

アメリカの歴史の上では、大統領が主導権を握るか、議会が握るか、その間に何回かの動揺があった。[31] たとえば、十九世紀末の三〇年間は、あきらかに議会が優位に立っていた。だが、われわれの関心の対象たる二十世紀中葉三〇年間には、行政部の権力とその手中にある権力の手段とが、いちじるしく強大となり、衰退の兆候は、まったく見えない。行政部の優位は、立法部が、政治権力の中間水準に転落したことを意味する。また、それは、職業政治家の衰微を意味する。というのは、政党政治家の主要舞台は、議会にあるからである。それは、また、旧い均衡を保った社会が、衰退したことを示すおもな指標である。というのは、昔の均衡がかならずしも自動的なものではなく、均衡の専門家であり、相対立する圧力のブローカーである政治家が、均衡を調節し、妥協を実現させ、偉大な均衡を維持したのであった。多様な諸利害を、もっともよく満足させる政治家が、あるいは、それらをもっとも巧みに拒否した政治家が、権力を握り、これを保持しえたのである。だが、今や、昔の均衡社会の職業政治家は、「その他大勢」の地位に——台頭してきたアウトサイダーたちに利用されるだけで、政策決定の鍵を握っていない、騒々しくやっかいな「その他大勢」の地位におとされてしまったのである。なぜならば、かれが活躍した旧い均衡社会は、もはや存在しないからである(32)。

四

抑制と均衡の理論——この理論は、抑制と均衡を政治的決定の唯一の様式として考えている——の背後には、アリストテレス以来よく知られ、十八世紀のアメリカ建国の父祖たち(ファウンディング・ファーザース)が確信していたところの階級理論が存在している。すなわち、社会は諸階級の均衡であるゆえに、国家もまた、抑制と均衡のシステムである(あるいはあるべきである)とし、また、社会が諸階級の均衡であるのは、強力な自主独立の中産階級が社会の枢軸であり、安定装置となっているからである、という階級理論である。

十九世紀のアメリカは、中産階級社会であり、そこでは、幾多の小さな、そして、比較的平等な力をもった組織が栄えた。この均衡社会(バランシング・ソサイエティ)には、小企業者が中心的地位を占めている経済と、明確な分権が実行されている政治とがあり、さらに、政治秩序と経済秩序が完全に自律的領域をなしている政治経済(ポリティカル・エコノミー)があった。この均衡社会が小企業者の天下であったとはいいきれないにせよ、すくなくともそれは、権力の均衡に小企業者たちが実質的に一役をはたしていた世界であった。これにたいして、われわれが現在生きている社会は、中枢分野では小企業者たちが一握りの集中化された大会社によってとって代わられた経済、権力の配分がいちじるしく不均等になったために、行政部が圧倒的優位を占め、立法部は権力の中間水準に突き落され、司法部は、自らの発意によらぬ政策の流れにおくれがちに追従していく政治形態から成り立っている。さらに、この新たに出現した社会は、政治問題と経済問題が複雑にまた根深く結合している政治経済体制(ポリティカル・エコノミー)なのである。(33)

ジェファーソン的理想のロマンチックな多元論は、自由な白人人口のおそらくは五分の四までが、なんらかの意味で独立の所有者であった社会において栄えた。だが、南北戦争後に、一つの産業分野から次の産業分野にと、巨大な、より集中された経済単位が台頭するにつれ、独立した所有者たちからなる旧い中産階級は、衰退しはじめた。そして、プログレッシィヴの時代(訳註4)の後期に、農民と小実業家からなる独立自営中産階級は、政治的闘争を試みたが、力及ばず、政治的均衡に決定的な役割をはたす最後の、現実的機会を失ったのであった。[34] いまや、デイヴィッド・グラハム・フィリップスがやったごとく、かれらの脳裡から消えさらぬ過去——それが、二十世紀の現実を、霧散させてしまうことを、かれらははかなくも希望しているようであるが——を、郷愁的に神格化することが、かれらの心をひくようになったのであった。[35] このような感情は、一九二四年の、ラ・フォレットの運動[訳註20]となって、もう一度、短い間燃えあがった。そして、かかる感情は、ニュー・ディールの言葉が大きい共感をかちえた基盤の一つであった。しかし、中産階級についての次の二つの事実と、労働者に関する一つの事実——これは、一九三〇年代に、政治的重要性を帯びるにいたった事実であるが——が、現代では決定的事実となった。

I　かつての自主独立の中産階級は、今や、政治的にも経済的にも、国家機構に依存するにいたった。例をあげれば、アメリカでもっとも効果的な「ロビイスト」は、農村ブロック(ファーム)であると一般に考えられている。じっさい、それは今日まで非常に大きな成功をおさめてきており、たんに、政府の諸機関に働きかけている独立の一勢力などというものではない。それは、これらの諸機関、とくに上院と堅く結合している。上院では、特異な地域代表制の原則のおかげで、過大な代表を選出させている。また、イデオロギーの面では、農業生活を理想とするジェファーソン的神話を巧みに利用して、大商業農家は実は一つの産業の構成員であるにすぎないにもかかわらず、たんに多数の利害の中の一特殊利害としてではなく、まったく特別な政策によって保護さるべき国家的利害として一般から承認を獲得している。この特別な政策とは、平衡価格(パリティ)政策であり、その主張によると、政府は、自由企業システムのこの一領域にたいして、第一次大戦直前の最好況期の購買力と等しい購買力を商業的農家が享受しうるような価格水準をその生産物に保障すべきであるとする。それは、どの意味からいっても、これは「階級立法」であることはいうまでもない。しかし、それは、「中産階級立法」であり、しかも、政治的事実として見事に根をおろしてしまっているので、このような考え方を信奉している気の狂った現実主義者の間では、たんに健全な公共政策であるにすぎないと考えられているのである。

私企業奨励制の、農村における主要受益者である富裕農家は、実業家なのであり、自分でも、そう考えている。田舎者や一八九〇年代の反逆者たちは、今や、一九五〇年代の農村実業家によってとって代わられた。農民の政治的勢力は、今日でも強力である。だが、政治上層部にたいする要求という点に関しては、かれらは、うるさくはあるが、決定的な力をもっていない。農民たちは、かれらの特殊利害に関する限りでは考慮に入れられる存在であることは、たしかである。しかし、今日、巨大なポリティカル・アウトサイダーたちの当面している戦争か平和かという主要問題は、農民たちと無関係にきめられる問題である。そして、農民たちにきわめて大きな関連をもつ景気・不景気の問題などは、現在では、ポリティカル・アウトサイダーたちの念頭には、ほとんど止っていないのである。

Ⅱ　旧い自主独立の中産階級のかたわらに、今や、大会社社会の内部にホワイト・カラー雇用者たちの新しい隷属的な中間階級が出現した。過去二世代の間に、中間階級全体の内部で、旧中間階級は、八五％から四四％に減じ、新中間階級は、一五％から五六％に増大した。他の場所であきらかにしようと試みたように、多くの理由から、この階級は、均衡社会の政治的枢軸であるよりも、むしろ、大衆社会へ向って流れる圧倒的な潮流の後衛なのである。(36)農民や小実業家とは異なり――そして賃金労働者とも違って――ホワイト・カラーは、遅れて出現したために、わずかの間といえども自主的権力をもったことがなかった。かれらの職業的地位と社会的地位の傾向は、ホワイト・カラー的ものの見方を形成し、サラリーマンたちを、歴史的変革の前衛であるよりもむしろ後衛にしている。かれらは、いかなる点でも政治的統一も結合ももたない。かれらの労働組合への組織化は、多少は進められているが、しかしそれも、労働組合組織自体が目標を失い衰退しつつある今日では、それと運命をともにし、国家に身売りしようとしてしそこなっている、このもっともおくれて登場した勢力に居候として食いこむことに役立っているにすぎない。

旧中間階級は、短い期間ではあるが、権力の自立的基盤として活動したことがある。しかし、新中間階級はそのような能力をもたない。旧中間階級の政治的自由と経済的安定は、小規模な独立的財産に根をおろしていた。新中間階級の雇用者としての世界には、政治的自由と経済的安定とが根を張る地盤はない。多数の分散した財産とその所有主たちとは、自由な自律的市場によって経済的に統合されていた。新中間階級の従事している多数の職務は、会社組織の権威によって統合されているのである。ホワイト・カラー中間階級は、なんらの権力の独立的基盤を形成しない。すなわち、かれらは、経済的には、無産の賃金労働者と同一状態にあり、政治的には、組織をもたぬゆえに、いっそう不利な立場にある。

Ⅲ　旧中間階級――かれらはますます国家機構と癒着しつつある――と、新中間階級――独立の政治的形態をもたずに誕生し、その後の発展もかかる形態の実現を可能にする方向には向かなかったところの――と並んで、一九三〇年代の政治的舞台には、新しい政治的勢力が登場した。組織労働者の勢力がそれである。わずかの期間ではあるが、労働者階級は、企業と国家から独立し、それらを相手とし、それらに立ち向う権力ブロックになるかのごとくに見えたこともあった。しかしながら、労働組合は、政府に依存するようになって以来、急速にその力を失い、今日では、主要な国家的決定には、ほとんど参与を許されていない。今や、アメリカには、政府の表舞台（ヴィジブル・ガヴァメント）を支配しているポリティカル・アウトサイダーたちにたいし、重要決定にさいしてなんらかの有効な影響力を行使しうる労働組合指導者は存在しない。

　ある特殊な角度からみれば、労働組合は、功なり名を遂げたうえで政府内外の大会社重役たちや二大政党の政治家たちと肩を並べ、全国的規模の権力エリートの構成員となるリーダーたちを、選択し形成する組織になっている。労働組合――社会運動や政党と同じく――の一つの機能は、この幹部会の形成に寄与することにある。新しき権力者（ニュー・メン・オブ・パワー）として、労働組合指導者が全国的舞台に登場してきたのは、きわめて最近のことである。おそらく、全国的規模の権力エリートの一員となった最初の労働人は、サミュエル・ゴンパースであろう。もっとも、かれの地位は、一時的なものであり、きわめて不安定なものであったが。かれは、このエリートの内部に自己の地位を築き、かくして、国家的利害と不可分のものとして労働者の利害を確保しようと意識的に努力した。そのために、かれは、全国的労働組合指導者のコースの原型とされ、模範と仰がれたのである。一九四〇年代にこのコースを選んだ労働人は、シドニー・ヒルマンだけではなかったことはいうまでもない。しかし、かれは、開戦初期に先頭を切り、全国的エリートの一員として自己を自覚し、また、かかる一員として実質的に、また想像の上で、他の人々からも承認された（たとえば、「シドニーのOKを得ろ」という言葉が流行した）。これらの点で、かれは、ニュー・ディール期における組合の大発展ののちに、労働組合指導者が政治的エリート内部に続々入りこむようになった口火を切った。トルーマンのフェア・ディールとそれにつづいてアイゼンハワーの大十字軍の到来とともに、労働指導者たちは、公式にも、非公式にも、その一員となることを、真面目に考えることができなくなった。二流の労働人たるダーキンが重要でない閣僚の椅子から早々退場したことは、エリートの一員たらんと欲する労働組合指導者たちが直面している状況と、権力ブロックとしての労働組合の地位がいかなるものであるかを、あからさまにさらけだしたものである。かれらは、頂点の権力エリートたちの協議会からはるかに下った権力の中間水準にいるのである。

過去二〇年間に労働組合の首領たちがしばしば示した奇妙な行動やかけ引きの多くは、かれらが全国的規模の権力エリートでの地位を求めたためと説明することができる。この点からみると、かれらは、わずかの社会的威信にも極度に敏感であることを示した。かれらは自分を成功者だと思い、その権力にふさわしい社会的威信を要求する。中小都市では、労働指導者たちは、今や、商業会議所のお歴々とともに、市の催しに参加している。そして、全国的なレヴェルでは、生産関係官庁や価格統制機関に椅子をあたえられることを期待し、また、じっさいにあたえられている。

　社会的地位と権力の分け前を要求するかれらの主張は、かれらの財産や収入や出生にではなく、すでに強大となった権力に基礎をおいている。そして、かれらのおかれたごとき状況にあっては、権力は活動の基礎であると同時に、不安の源泉でもある。それは、慣習と法律という強制力を備えた確固たる永続的な基礎ではない。社会的威信、ことに全国的規模での社会的威信に関するかれらの極度の敏感さは、次のような諸要因に起因している。すなわち、(1)かれらが独力独行でその地位を獲得した人間であり、(2)かれらのこの独立独行は、じつは、ひとえに政府と一九三五年以後の一〇年間に政府がつくり出した雰囲気とによる尻押しによっていた。かれらは、独立独行（セルフメイド）というより、政府によって出世させてもらった（ガヴァメント・メイド）人間なのである。かれらは、政府によってけおとされることをおそれている。そして、この恐れは当っていた。(3)かれらは、権力エリートとそのいき方にまったく不案内である。(4)かれらは、自分たちの種々の仲間たちの間に緊張が存在すること、すなわち、かれらの組合員たち――かれらに、あいつはあまりに強大な「親分」になりすぎたとか、先祖伝来の仇敵とあまりに親しくしすぎていると見られることは、政治的に危険である――

と、かれらの新しく見出した友だちやその生活慣習との間にしっくりいかぬ点があることを感じている。

多くの観察者は、労働組合指導者たちにあたえられている社会的地位という衣服を、労働組合のもっている権力の証左であると誤解している。ある意味では、それはたしかにそうである。しかし、ある意味では、そうではない。社会的地位という衣服が、権力にもとづき、権力を手に入れさすにいたるばあいには、そうである。しかし、その衣服が、地位という落し穴となり、なんらの権力をもたらさないばあいには、そうでないのである。このような事柄にあっては、それが、鶏と卵とどちらが先にできたかというような問題でないことを、記憶する必要がある。鶏は権力であり、先にくるのであって、卵は、社会的地位なのである。*

＊ 会社富豪と同じく、グループとしての労働指導者たちは、完全に統一されたものではない。しかしながら、一方の側のある部分の動きを、「他の側」は全体的に関連した動きであると見る傾向が存在する。このことは、これらの人々がその見解・期待・要求などの点で、自ら進んでではないにせよ、一種のブロックを形成していることを示している。かれらは、互いに相手方をブロックの構成員であると見ているが、事実、かれらは、種々複雑にからみあっているのである。個々の組合は、特殊的な利害のために運動することもあろう。全体としての労働者における統一の欠如は、ここに一つの鍵をもっている。だが、かれらの直面する問題と、それに取り組むさいに否応なしにおかれる状況とは、その規模と影響において、ますます全国的となっていく。したがって、かれらも、労働組合の運動方針を、全国的状況を考慮しながら調整しなければならぬのである。さもない限り、かれらは、権力を喪失してしまうかもし

れない。

大会社幹部は、労働組合指導者と同様に、実際家であり、オポチュニストである。だが、かれらのばあいには、他の目的で発達させられた、恒久的な諸手段が、政治問題や労資関係を処理するさいに役立つのである。今日では、大会社は、きわめて安定した活動根拠地である。事実、それは、アメリカ的な制度を継続維持するうえに、家族よりも、ずっと安定的であり、重要なのである。権力エリートの構成員である実業家は、短期的目標を追求し、機会主義的なかけ引きをするさいに、会社組織の協力を期待しうる。これにたいして労働組合は、しばしば、抗議の立場におかれる。時としてはじっさいに敵意を示している社会、そうでなくともいつ敵に回るかわからない社会にたいして、受身の立場におかれている。それは、既成の実業エリートたちが意のままに駆使している恒久的手段のごときをもっていない。もし、労働組合指導者が、そのちっぽけな目標を達成するためにこのような手段を欲しいと思っても、これを自らつくり上げ、確保していかねばならない。そのうえに、三〇年代の怒濤のような組合組織化運動が示しているように、労働者の要求に充分に耳を傾けぬ幹部は、権力を失う。これにたいして、会社幹部は、会社の中で、組合幹部と同じような意味では選挙に依存している役員ではない。かれのもつ権力は、かれのために働いている人々の忠誠に依存しない。たとえ、組合がかれの工場を組織するのに成功しても、会社幹部は別にその地位を失うことはないのが普通である。三〇年代の大波も、経営者たちを追い出しはしなかった。かれらの責任は、使用人たちにたいしてではなく、自分たちと、分散した株主たちとにたいして向けられている。

権力の状態におけるこの相違は、実業界の指導者たちの権力が、労働組合指導者たちのそれに比べ、より恒久的であり、より安定したものであることを意味する。労働組合指導者たちは、「成果をあげ」えなかったばあいには、その地位が危うくなるのである。

会社エリートおよび政治的エリートのばあいはどうあろうと、個人として、あるいは集団としての現在の労働組合指導者の性格から判断すると、かれらが、どこまでも適応するという戦術以上に進みうる可能性も見透しもないように思える。ということは、かれらは、指導しているのではなく反応しているのであり、そのばあいのかれらの目的は、権力と特権の配置状況の中でいかにしてかれらの地位を保持し拡大するかにおかれている。現在の労働組合指導者層ないしその一部を失脚させ、他の型の指導者に組合の実権を握らせるような事件は、起りえないことではないかもしれぬ。しかしながら、当代の労働組合指導者たちは、権力エリート内部に主要な役割をもってはいないが、主要な潮流の従属変数としての地位にかなり深くおさまりこんでしまっている。現在のところ、全国的文脈においては、労働組合指導者も労働組合も、「独立変数」となる気配はない(37)。

一九三〇年代に労働組合は初めて全アメリカ的規模で登場し始めた。それは、「未組織労働者の組織化」というスローガン以外には、なんらの政治的感覚を必要としなかった。現在ではもはやそういうわけにはいかない。にもかかわらず、労働者は、不況からの命令がないばあいには、政治的方針はおろか、経済的方針をももっていない。その指導者たちは、小実業家たちと同じように、農民のたどった道につづこうとした。この農民たちは、かつては反逆の源泉であったこともある。最近では、労働者がやはり反逆児であるかのごとくみえたこともあった。今や、大農民は、組織されたブロックの一単位として、福祉国家の内部に足場を堅め、これに圧力を加えている。労働者は、賃金制度としての資本主義に、より客観的に対立関係にあるにもかかわらず、今や、まだ成功はしていないが、同じいき方をしようと懸命になっている。

五

昔の自由放任社会では、議会指導者、政府の最高行政部、各種の圧力団体の間には、均衡と妥協のセットが存在した。権力とか政策決定に関して今日なお抱かれているイメージは、実は、権力のどの単位も他の勢力と妥協し相殺しあって、その折々にわずかな一歩前進しうるぐらいの力しかもたない。したがって、そこでは上層グループ間に共同行動どころか統一さえも存在しない均衡社会のイメージがそのままもち越されたものである。そのようなイメージは、世論についての独断的理論と結びついて、現在においてもなお、民主主義制度における権力についての公的見解となっており、また、大部分のアカデミックな社会科学者たちの標準的理論であり、さらに、政治的代弁者でも政治研究者でもない一般有識者の多くの考え方の根底に横たわる前提である。

しかし、歴史的諸条件の変化にともない、権力機構の意味とその政治的成果も変化する。抑制と均衡は、魔術的効能をもつものでもなければ、永久的なものでもない。革命にさいしては、抑制と均衡は、未組織ならびに組織大衆にたいする制止力として意味をもつ。厳重な独裁制の時代には、分裂統治の技術として役立つだろう。抑制と均衡は、すでにきわめてうまく均衡がとれ、その下に同じく均衡のとれた社会をもつ国家においてのみ、支配者にたいする制止力を意味しうるのである。

十八世紀の政治理論家たちは、権力の単位として、個々の市民を、念頭においていた。

そして、古典的な経済学者は、個人によって運営される小さな企業を、頭に描いていた。だが、かれらの時代以後、権力の単位ならびにそれらの諸単位間の関係は変化し、したがって抑制と均衡の意味も変化した。今日では、比較的平等な均衡単位の大きな散在が見られるところがあるとすれば、それは権力の中間水準においてである。権力の中間水準は、主権国のごとき閉鎖性と自主性をもつ地方社会と、ときとして活発な活動をみせる間歇的な圧力団体に根をおき、さらに議会においてその最高点にたっするのである。したがって、多様な諸利害の広大な分散的存在という承認されている観念を修正し、位置づけしなおさねばならない。というのは、より綿密に、またより長期にわたって検討してみると、これらの中間水準の諸勢力(インタレスツ)の大部分は、国民一般の福祉にたいしてきわめて有害な意味をもってはいるが、それらの勢力の関心は、自分の特殊な側面に、また自己の既得権益の特定領域にのみ向けられ、多くのばあいには、なんらの重大な政治的重要性をもたぬことがわかる。この多数の諸勢力の上に立ち、いかなる均衡を考えるうえにも、重要性をもつ権力の諸単位——経済的・政治的・軍事的権力の単位——は、権力構造の中間ないし下層水準の分散した諸グループとは比較にならぬほど、はるかに少数であり、また強力である。

今日においてもなお、権力構造は均衡社会の反映であると主張する人々は、現代とアメリカ史の初期とを混同し、現在の権力構造における頂点と底辺を見ずに、その中間水準だけに目を注いでいるのである。均衡理論が、権力構造の総括的モデルとして一般化されるならば、それは歴史的には非具体的なものとなってしまう。じっさいには、それはアメリ力の発展のいくつかの場面——とくにジャクソン時代、また、それとまったく異なった条件のもとにおいてであるが、初期および中期のニュー・ディール——のモデルとしてのみ適用さるべきものである。

権力構造は社会の均衡の反映であるという観念は、均衡している諸単位が相互に独立しているものと前提している。なぜならば、たとえば、かりに、実業界と労働界、実業界と政府が、相互に独立していないとするならば、それらは、自由な公然たる均衡を構成する要素であるとみなしえないからである。だが、すでに見たごとく、主要な既得権益の一味は、自分たちのいくつかの利害を促進させるにあたり、相互に競い争うよりも、むしろ、幾多の点において一致し、事実、政府の庇護下に一団となっているのである。経済的・政治的権力の諸単位は、巨大化し、より集中化するばかりでなく、その利害において合致し、暗々裡の同盟ばかりでなく、公然たる同盟さえ結ぶようになる。

今日のアメリカ政府は、相対立する諸圧力が地位を求めて争い、政治を闘うたんなる土俵ではない。もちろん、幾分かそのような側面もある。しかし、この政府は、今や、その巨大なヒエラルヒー構造と結びついた独自な利害をもち、その利害のうちのあるものは、とくに強力であり優勢である。ポリティカル・アウトサイダーとして政府の要職に入りこんだ大企業家たちと、今や最高政策を決定するさいに、きわめてしばしば重大発言権を行使するにいたった、台頭しつつある軍部との間の連合に対抗し、これを押えうる勢力は存在しない。今日のアメリカ国家の実権者は、たんなる権力のブローカー、闘争の解決者、多様な相衝突する利害の調停者ではなく、きわめて明瞭な国家的利害と政策の代表者であり、体現者である。

職業的政党政治家たちは、現在でもなお、ときとしては権力のブローカー、諸利害の調停者、問題の仲裁者であることもある。しかし、かれらは、もはや、国家の頂点にも、全体としての権力構造の頂点にも位していないのである。

権力構造は社会の均衡の反映であるという観念をおし進めると、国家とは、自律的諸勢力の外面的仮面にすぎないということになろう。しかし、じっさいには、今日では、決定権力は国家にしっかりと握られている。かつてのロビイストたちは、表面に現われて活動しているものもいたし、裏面でのみ活動している見えざる存在のばあいもあった。今や、ロビイストは、公然と政府機関で活動している。この「ロビイストの政府化」は、立法部でも行政部でも、またその両者の中間領域でも進行している。行政機構はたんに権力の中心となったばかりでなく、さらに、そこにおいて、またその仲介によってあらゆる権力対立が解決され、あるいは解決を拒否される領域となる。行政が選挙による政治にとって代わり、派閥のかけ引きが、政党対立に置きかえられるのである。

一八九〇年代の農民の反抗や、八〇年代以来、時々かかげられた小企業家たちの反旗、一九三〇年代の労働組合の反乱――これらはみな、失敗であった。と同時に成功でもあった。これらは、会社富豪たちの権力に対抗する、小所有者や組織化された労働者の自主的な運動としては、失敗した。そして、政治的に独自の存在を保つ第三党をつくり出し維持する点では失敗した。しかし、拡大した国家の内部になんらかの利権を獲得するという点では成功したし、より巨大な勢力との対立が存在しない特定の地区や州では、いろいろな形で地方的勢力としての成功をおさめた。かれらは、権力の均衡の中間水準の確固たる特徴となっている。

これら多数の中層権力の中には、アメリカの歴史過程において最上層権力に到達しようと試みて失敗したあらゆる階層や勢力(インタレスツ)、またそのような試みをするに至らなかったあらゆる階層や勢力が含まれている。その中には、農村の小所有者、都会の小所有者、賃金労働者の組合、すべての消費者、主要ホワイト・カラー・グループのすべてが包含されている。事実、かれらは、今でも、非ロマンチックに、分散されている。かれらは、相互の間に構造的統一をもちえず、じっさい相互に均衡しあって、半ば組織された手づまり状態にある。かれらは、結合した最上層権力の「邪魔をする」ことはできるが、しかし、かれらの一人といえども、最上層サークル――大企業や軍部出身のポリティカル・アウトサイダーたちが指揮権を確立している最上層サークルに入りこむことはできない。

多種多様な中間諸階級が、政治的釣合を保つ役割をはたしていた時代には、職業政治家が政策決定者として優位の地位を占めていた。自律的な政治勢力としての中間階級が退潮するとともに、権力構造としての均衡社会も衰退し、自治的地方社会に基礎をおく政党政治家たちは、国家権力の中間水準に引き落されるのである。

かかる構造的傾向が政治的形態に現われるにいたったのは、ニュー・ディールの時代

——それは、いうまでもなく、不況の時代であった——においてである。われわれの当面している時期が、物質的には繁栄の時期であるために、これらの事実は忘れられている。だからといって、事実が変化したわけではない。そして、これらは、事実として、今日の権力エリートを理解するうえに重要である。

第十二章　権力エリート

かの失敗に帰した南部の反乱を除いては、アメリカの権力体系における変動は、その体系の正統性を正面から否定するような重大な挑戦をともなったことはない。変動が「革命」と呼んでもよいほどに決定的であったとしても、それらの変動は、「軍艦による砲撃や、銃剣の脅迫による議会の解散、警察国家の諸機構などの手段によるものではなかった」[1]。また、それらの変動は、大衆を統制しようとするいかなる決定的なイデオロギー上の闘争もともなわなかった。アメリカの権力構造の変動は、一般的にいうと、政治・経済・軍事の各秩序の相対的な地位の制度的変化によってもたらされたのである。この観点に立って概観すると、アメリカの権力エリートは、四つの時期を経過し、今や第五の時期に入っている。

一

I　第一の時期は、だいたいアメリカの独立からジョン・アダムズ政権の時代を含んでいるが、この時期を通じて、社会と経済・政治・軍事の諸制度は、程度の差こそあれ、単純かつ直接に統一されていた。すなわち、これらの諸エリートに属する個人は、これらの主要制度の一つの頂点の地位から他の制度の頂点の地位へと、容易に移動した。かれらの多くは、多面的人間であり、議員でもあれば商人でもあり、開拓者でもあれば兵士でもあり、学者でもあれば測量師でもあった[2]。

一八二四年に院内幹部会（コングレッショナル・コーカス）が崩壊するまでは、政治制度はきわめて中央集権的であり、政治的決定は重要な意味をもち、多くの政界人（ポリティシャン）たちは、国家にとって欠くことのできぬ政治家（ステーツマン）と考えられていた。ヘンリー・キャボット・ロッジは、自分の幼かったころのボストンについて、こういっている。すなわち、「私のいちばん古い記憶では、上流社会は由緒ある名家によって支えられていた。医者のホームズ博士がその『朝の食卓の独裁者』の中で下している定義にしたがえば、名家とは、植民地時代、またはアメリカの独立戦争中ないし独立初期のころに高い地位を占めたことのある家族である。それらの家族は、数世代にわたって、高い教育を受け、地域社会で高い地位を占めていた。……かれらは、植民地時代に牧師をやり、王冠の下で裁判官をつとめ、政府に参加した。あるいは、かれらは、独立戦争を闘い、州憲法や合衆国憲法の作成に手を貸し、軍隊に勤務した。かれらは、合衆国の初期のころに、下院ないし上院議員となり、また、商人や製造業者、法律家や文筆業者として成功した人々である[3]。」

私がすでに指摘したように、一七八七年のジョン・ジェイ夫人の「社交界人名録」のバックボーンを形成していたのは、このような人々なのである。また、これらの人々の中から、重要な政治的人物が現われた。この初期の時期の重要な事実は、社会生活・経済制度・政治秩序が一致し、政治上に高い地位を占める人々は経済においても重要な役割を演じ、また、地方上流社会を構成する尊敬すべき家族の一員でもあったことである。じっさい、この第一の時期の特徴は、その社会的地位が自己の政治的地位だけに依拠しているのではない人々が指導していた点にある。とはいえ、もちろん、かれらの政治活動は重要な意義をもち、政治家の社会的威信は高かった。そして、閣僚ばかりでなく議員たちの威信も高かった。エリートは、教育と行政的経験をそなえた政治的人間であり、ブライス卿のいったように、「広い視野と高貴な性格」[(4)]とをそなえていた。

Ⅱ 十九世紀初頭——この時期は、ジェファーソンの政治哲学にしたがってはいたが、しだいにハミルトンの経済原則に傾いていった——を通じて、しだいに、経済・政治・軍事の各制度は、相互の連関性を弱め、広範に分散したアメリカの社会構造の中に散らばっていった。経済秩序は拡大され、個々の財産所有者によって担われるようになった。ジェファーソンによるルイジアナ地域の買収と、フェデラリストの後継者としての民主共和党[(訳註21)]の結成は、これを劇的に示している。

この社会では、「エリート」は、いくつかの頂点(トップ)グループの集合となった。さらにその頂点グループは、それぞれ、きわめてゆるやかに構成されているのである。それらは、互いに重複しあってはいる。しかし、その重複の仕方も、きわめてゆるやかである。この時代の基本的特徴――そしてわれわれが抱いているこの時代のイメージの基本的な特徴――は、ジャクソンの改革が、経済ないし政治改革であるよりは、地位改革（ステータス・レボルーション）であったことである。大都市上流社会は、ジャクソン的民主主義の潮流の中では、ほんとうに栄えることはできなかった。大都市上流社会と肩を並べて、新たな政党制度をにぎる政治エリートが存在していた。いかなるグループといえども集中化された権力手段を手中におさめてはいなかったし、経済を支配する、まして政治を支配するいかなる一握りの派閥もなかった。経済秩序が、社会的地位と政治権力の両者にたいして優勢に立っていた。経済秩序の内部では、経済人の多くは、自ら決定を下す立場にある人々であった。ジェファーソンからリンカーンに至るこの時期は、エリートがせいぜいゆるい連合勢力にすぎなかった時代である。いうまでもなく、南北の決定的対立とともに、この時期は終る。

公認の注釈者たちは、好んで、全体主義国家における緊密に組織された派閥の優位と、アメリカの権力システムとを対照させる。しかしながら、そのような注釈は、二十世紀中葉のロシアと十九世紀中葉のアメリカとを比較しなければ、説得力は少ない。このような比較は、トクヴィルを引用するアメリカ人がしばしばしているところである。けれども、それは一世紀前のアメリカなのであり、過ぎ去ったこの一世紀の間に、アメリカのエリートは、愛国主義の評論家たちがわれわれに描いて見せたような愛国者でありつづけたわけではない。「ゆるやかに結合した派閥」は、今や、その当時には存在しなかった規模と権力をもつ諸制度の頂点に君臨している。とくに第一次大戦以後、このゆるい派閥は緊密となった。われわれは、ロマンチックな多元的状態の時代をはるかに過ぎてしまっている。

また、Ⅲ　企業の経済勢力が公然と優勢となり始めたのは、一八六六年の議員選挙からであり、最高裁判所の判決によって、憲法第十四条修正は企業に保護をあたえる趣旨のものだと判示した一八八六年の最高裁判所の判決によって、その勢力は強固となった。この時期は、イニシアティヴの中心が、政府から企業に移った時期である。第一次世界大戦（この戦争は、現代の特徴のいくつかの先ぶれを示したものである）までのこの時期は、政府にたいする経済エリートの襲撃の時代であり、上院議員や裁判官たちが簡単に買収された単純な腐敗の時代であった。今にして思えば、このマッキンレイとモルガンの時代は、記録しつくせないほどに複雑な現代とはまったく異なった昔話であり、アメリカの支配階級の黄金時代であった[5]。

第二の時期と同じく、この時期の軍事秩序は、政治秩序に従属し、さらにこの政治秩序は、経済秩序に従属していた。したがって、軍部は、アメリカの歴史の主要推進力ではなかった。また、アメリカの政治的諸制度は、集中化され自律性をもつ権力領域を構成しなかった。それは、企業形態の支配する経済のもたらした公的生活における結果にたいする遅ればせの反応として、しぶしぶ拡大され、集中化されたのである。

南北戦争後の時代に、経済は動態化した。「トラスト」は、自己に比して劣勢に立つ政府機構を、自己の目的のために容易に利用することができた。このことは、種々の政策や事件がはっきり示しているところである。州政府も連邦政府も非常に狭い統制力しかもっていなかった。ということは、じっさいには、それが、巨大な経済力をもった勢力によって統制される可能性をもっていたことを意味する。政府の権力は分散し組織されていず、それにたいして、産業ないし金融会社の勢力は、集中化され、相互に緊密な連繫を保っていた。たとえば、モルガン関係者だけで、総計二億二千万ドルにたっする資本金をもつ一一二の会社に三四一の重役の地位を占めていた。この資本金総額は、ニューイングランドの不動産ならびに動産のすべての評価額の三倍以上であった。[6] 大会社は、多くの州の収入よりも大きい収入をもち、州の役人よりも多い人間を雇い、政党を統制し、法律を買収し、議員たちを抱えこんでいた。私的な経済的勢力が公的な政治権力を圧倒していたように、経済エリートが政治エリートを圧倒していたのである。

しかし、一八九六年から一九一九年の間にも、一九二〇年代の一時的繁栄ののちにニュー・ディール期に支配的となった権力形態を前ぶれする重要な政治的事件が見られはする。ともあれ、アメリカの歴史のうえで、大統領製造者（プレジデント・メイカース）と暴露記者（マックレイカース）の満ちていたこのプログレッシィヴの時代ほど、政治的に透明な時代はない。

Ⅳ ニュー・ディールは、第三の時期の政治・経済関係を変更しなかった。しかし、それは、政治的舞台内部で、また、企業界そのものの内部でも、大会社幹部たちの権力に挑戦する権力のいくつかの中心をつくりだした。そして、それらの中心は、互いに競争しあっている。ニュー・ディール政策の執行者たちが政治的権力を獲得するにつれて、かつての第三の時期には巧妙に特権を求めて政府を襲撃する反面では「政府」の膨張に反対して戦っていた経済エリートは、おそまきながら、政府の上層部に加わろうと試みるにいたった。そのさい、かれらは、他の諸勢力や人々と競争しなければならぬことを知った。というのは、決定力を握る地位を求めて、諸勢力が押しあっていたから。そのうちに、かれらは、その創設にさいしてはあれほど激しく非難したニュー・ディールの諸制度を、自己の目的のために統制し使用しうるようになった。

しかし、三〇年代を通じて、政治秩序はいぜんとして小所有農民と小財産実業家の道具でもあった。もっとも、この小所有農民や小財産実業家たちは弱化し、かれらが真に優越した地位を占める最後の機会はすでにプログレッシィヴの時代に失われてしまってはいたが。ニュー・ディール期の政治的世界では、大財産と小財産の間の闘争が再び燃え上がり、さらに、すでに見たように、組織労働者と未組織の失業者の闘争がこれに加わった。この新勢力は、政治的保護のもとに力を得たものであるとはいえ、アメリカ史上初めて、社会立法と下層階級問題が改革運動の重要な特徴となったのである。

三〇年代の一〇年間は、新たに実施された諸農業行政と新たに組織された労働組合とが大企業と並んでつくりだしたたえず変動する均衡が、政治ならびに行政における権力のドラマを構成していた。さらに、これらの農業・労働・実業の諸グループは、拡大しつつある政府機構の中に、多かれすくなかれ組みこまれていた。政府を握る政治幹部たちは、きわめて政治的な仕方で、政策を決定していた。これらの諸グループは、互いに、また政府や政党の機構にたいして、圧力をかけ、また逆に圧力を加えられていた。これらの諸グループが、政府と政党の機構の形成に力を貸したのである。しかし、それらの中のどの一つといえども、長期にわたって、政府をまったく自己の道具として利用しえたものはない。三〇年代が、政治的時代であった理由は、ここにある。すなわち、ビジネスの勢力は、押しのけられてしまったのではなく、他の勢力と競争関係に立ち、他の勢力によって補われたのである。ビジネスの勢力は、政治家となった財界人や軍人たちによってではなく、生え抜きの政治家によって運営される権力構造の内部の、主要勢力の一つになった。

　ローズヴェルト政権の初期と中期は、現存の資本主義体制の内部で、動揺する不吉な失業者軍を解体させる手段を必死に探し求める試みとして理解できよう。この時期には、権力のシステムとして見たニュー・ディールは、本質的に、諸圧力団体と諸利害ブロックの均衡であった。政治的頂点は、多くの衝突を調整し、ある要求に譲歩し、ある要求は適当にあしらい、どの勢力の専属召使でもなく、すべてにたいして公平で、小さな危機が訪れるごとに政策を変え、その場かぎりの政策で糊塗したのである。政策は、均衡を計ろうとしてこの頂点でなされた政治的行為の結果であった。もちろん、ローズヴェルトのこの均衡政策も、経済形態としての資本主義の基本的諸制度にたいしてはなんらの影響をも及ぼさなかった。かれは、その政策によって、崩壊しつつある資本主義経済の諸欠陥に補修措置を講じ、また、その言辞によって、「経済的王党派（エコノミック・ロイヤリスト）」を政治的に批難する言辞によって、資本主義の政治的不名誉のこれ以上の下落をくい止めたのである。

　均衡を支え補助金をばらまくためにつくりだされたこの「福祉国家」は、「自由放任」国家とは異なっている。すなわち、「セオドア・ローズヴェルトの時代には、国家の指導者たちは、いかなる勢力や個人にたいしても寵愛をあたえないと公言していたため、国家は中立的存在と信じられていた、とすれば、それにたいして、フランクリン・D・ローズヴェルトのもとの国家は、あらゆる勢力や個人にたいして便宜をあたえるという意味でのみ中立的であるといえる。(7)」とリチャード・ホフシュタッターは指摘している。現在の大企業の任命した委員たちの支配する国家は、このかつての福祉国家とは異なっている。ローズヴェルト政権の後期――アメリカが第二次大戦のための公然たる準備ならびに戦闘行為に入るとともに始まる――は、政治権力の単純な均衡という点からだけでは理解できないのである。

二

われわれが歴史を研究するのは、歴史の束縛から逃れるためであるといわれている。権力エリートの歴史は、この格言の正しさを示す明瞭な例である。アメリカの生活一般のテンポと同様に、権力構造の長期的動向も、*第二次大戦以来、非常に急速になってきた。そして、主要諸制度の内部とその相互間に、新たな諸動向が現われ、それらが、権力エリートの形態の決定に参加し、権力エリートの第五の時期に特定の歴史的意味をあたえている。すなわち、

I　今日の権力エリートを理解する構造的鍵の一つは政治秩序の変化にある。この党についていえば、相対立する諸決定のいずれを採択するかをめぐる純粋な、公衆による討論

としての政治——国家にたいして責任を負い一貫した政策をもつ政党と、権力の底辺と中間水準とを、決定をにぎる頂点に結びつける自律的組織をそなえた政治は、衰退している。今日のアメリカは、民主主義的社会構造をもつというよりは、たんに形式的な政治上の民主主義を保持しているにすぎない。しかも、形式上の政治的機構すらも、弱化しているのである。

ビジネスと政府が相互に複雑にまた深く癒着する傾向は、かなり以前から存在していたが、第五期には、いよいよ顕著となった。今やこの両者は、二つの別個の世界とはみなし難い。この両者の結合がもっとも決定的に進行しているのは、国家の行政機関においてである。国家の行政部門の発達——それは複雑な経済を巡察する機関の発達をともなう——は、たんに、独自の力をもつなんらかの種類の官僚組織としての「政府の拡大」を意味するだけではない。すなわち、企業界の人間が、高い政治的地位を占め、優勢を示すにいたることを意味する。

＊　第一章「上層諸グループ」を見よ。

ニュー・ディールの期間を通じて、企業の首領たちは、政治幹部会に参加するにいたった。第二次大戦によって、かれらは、それを支配するにいたったのである。政府との結合の永い歴史によって、かれらは、戦時ならびに戦後経済を全面的に方向づける立場に入りこんだ。こうして、会社幹部は政治幹部に変身した。議会の政治家たちが権力の中間水準に転落していく傾向は、ずっと以前からみられたが、これによってさらに促進された。

Ⅱ　現代の権力エリートを理解する構造的鍵は、また、国家の拡大と軍事化にある。この点は、軍部の台頭に明瞭に示されている。将軍たちは、決定的な政治的意義を獲得し、アメリカの軍事構造の相当な部分は、今や、政治構造なのである。恒久的な軍事的脅威のみせかけは、軍部と、軍部の人間・富・権力にたいする統制力を強化する。ほとんどあらゆる政治的・経済行為が、今や、軍事的観点から判断されている。すなわち、上層の将軍たちは、この第五の時期の権力エリートの内部で確固たる地位を占めるにいたった。

この傾向の原因は、すくなくともある程度までは、一つの単純な歴史的事実――それは一九三九年以来の時代にとって決定的に重要である――にある。すなわち、エリートの注目の焦点が、国内問題から国際問題に移ったことにある。三〇年代には不況が関心の中心であったが、四〇年代と五〇年代には戦争が中心であった。アメリカの統治機構は永い歴史的慣習によって国内の小競合と均衡とを処理するに適し、またそれらによって形成されたものである。したがって、いかなる点からみても、それは、国際問題を処理するに適した機関も、伝統ももっていない。一九四一年に先立つ一世紀半の国家的発展の中で生み出された形式上の民主主義の機構は、アメリカが国際問題を処理する能力を増進しなかった。権力エリートが成長したのは、この真空状態に負うところが多い。

Ⅲ　現代の権力エリートを理解する鍵の一つは、経済秩序の内にもある。すなわち、経済は、恒久的に戦時態勢にある経済であり、私企業経済でもある。今や、アメリカの資本主義の相当な部分は、軍事的資本主義であり、大企業と国家のもっとも重要な関係は、軍部と企業の要求の一致に根ざしている。そしてこの要求をきめるものはそれぞれ将軍たちと会社富豪たちなのである。軍部高官と企業の首領たちの利害の一致は、エリート全体の内部でこの両者を強化し、たんなる政治家の役割を従属的なものにしてしまう。政治家ではなくして、大企業の幹部たちが、軍人と席を並べ、戦争準備の組織を指揮するのである。

現代の権力エリートの形態と意味は、これら三つの構造的動向をその一致点からとらえることによってのみ、理解しうるであろう。すなわち、すでにまったく政治的な見解と行動を示している軍事秩序、弱化した形式的な民主主義組織、その中に軍事的私企業資本主義が存在している。したがって、この構造の頂点にある権力エリートは、主要生産手段を統制する人々と、最近大規模化した強制力手段を統制する人々との間の利害の一致にもとづいて形成された。職業政治家の没落と、企業の首領と高級職業軍人たちの台頭とによって形成された。また、既存の諸利害から独立し、手腕と誠実さをそなえた純粋な官吏層がまったく欠如していたことによって形成された。

権力エリートは、政治家・財界人・軍人から構成されている。しかし、この制度を背景とした諸エリートは、往々にして、なんらかの緊張関係に立っている。すなわち、エリートは、一定の一致点に関してのみ、また、「危機」という一定の時期においてのみ、結束する。十九世紀の長期にわたる平和の時代には、軍部は、国家の最高決定機関に席をもたなかったし、政治幹部会のメンバーでもなかった。また、財界人もそうであった。かれらは、国家にたいして襲撃は加えたけれども、国家の幹部会には参加しなかった。三〇年代には、政治家が優位を占めていた。現在では、軍部と大企業幹部たちが、最高の地位を占めている。

現代の権力エリートを構成する三つのタイプのグループのうちで、もっとも権力を伸長し利益を得たのは軍部である。また、それと並んで大企業グループもまた、公的政策の決定をにぎるグループの中に、しっかりとした地位を堂々と確立するにいたった。もっとも転落したのは、職業政治家であり、そのため、種々の事件や決定を検討してみると、政治的真空が出現し、それを会社富豪と軍の高官が、利益の一致にもとづいて、支配しているのである、と思われるばあいが多い。

この三者が「交代で」イニシアティヴを発揮しているとはいえない。というのは、権力エリートの機構は、想像されるほどに計画的ではない。もちろん、ときにはそのようなばあいもある。たとえば、政治家は、将軍たちの社会的威信を借用しようとするには、その威信の対価を払わなければならぬことを知らされる。また、大不況にさいして、財界人は、安全でしかも得票を集める魅力をそなえた政治家の必要を感ずるのである。今日では、これらの三者はすべて、ほとんどあらゆる広範囲に影響を及ぼす重大決定に参加している。この三者のうちのいずれがリードするかは、かれら、すなわちエリートが規定する「その時期の課題」如何に依存している。現在では、この課題は、「防衛」と国際問題に集中している。したがって、すでに述べたように、二つの意味で、軍部の台頭が見られる。すなわち、エリートの構成員として、またエリートを正統化するイデオロギーとしてである。現在の権力エリートの統一と形態が、軍部の台頭という点からもっとも容易に説明できる理由は、まさにここにある。

しかし、われわれはつねに歴史的に限定して考え、複雑な諸条件を考慮しなければならない。単純なマルクス主義者の見解は、大財界人が、権力の真の保持者であるとしている。また、単純な自由主義的見解は、まさに大政治家自体が政治体制の首領であるとみなしている。さらに、ある人々は、将軍たちこそ事実上の独裁者であるとみるだろう。これらの見解はいずれも、過度に単純化された見解である。われわれが、たとえば「支配階級（ルーリング・クラス）」という言葉のかわりに、「権力（パワー）エリート」という言葉を用いているのは、このような見解を避けるためである。*

* 「支配階級」という語は、いろいろな意味をごたごたと負わされている。「階級（クラス）」とは経済的意味をもった言葉であり、「支配（ルール）」とは政治的意味をもった言葉である。したがって、「支配階級」という言葉は、経済的階級が政治的に支配する、という理論を含んでいる。この省略理論は、ときとしては事実と合致するばあいもあるし、そうでないばあいもある。しかし、問題を規定するために用いる用語の中に、どちらかといえば単純な一つの理論をもちこむことは避けたいと思う。より正確な一義的な用語を用いて、理論を明瞭に述べたいと思う。具体的にいうと、「支配階級」という言葉は、通常それに含まれている政治的意味では、政治秩序とその諸機関に充分な自律性をあたえていない。また、それは軍部それ自体についてはは、なにも語らないのである。これまでに述べたところからすでにお判りと思うが、経済界の最上層部が直線的に全国的規模の決定をすべて決定しているという単純な理論を、妥当なものと認める

ことはできない。われわれの主張は、次のとおりである。すなわち、そのような「経済決定論」の単純な見解は、「政治決定論」と「軍事決定論」とによって、より精緻なものに仕上げられなければならず、また、これらの三領域の上層メンバーは、多くのばあい、顕著な自主性をもっており、さらに、これらの人々は、単独でではなく、多くのばあい複雑な連合を形成しながらもっとも重大な決定を下しそれを実施するのである。われわれが、権力という観点から見たばあい、上層部グループを特徴づける言葉として、「支配階級」よりも「権力エリート」を選ぶおもな理由はここにある。

権力エリートの存在は、「軍閥（ミリタリー・クリーク）」という形で、広く一般の人々の注意をひくに至っている。たしかに、権力エリートの現在の形態は、軍部のそれへの決定的参加という事実によって決定されている。権力エリート内部における軍部の存在とそのイデオロギーとは、権力エリートがその必要を感じたばあいに、自己を正統化する主要な支柱である。しかし、いわゆる「ワシントンの軍閥」は、たんに軍人だけから構成されているわけではないし、また、ワシントンだけで勢をふるっているのでもない。そのメンバーは全国にちらばり、また、それは、会社重役の地位を占めている将軍、提督であるような顔をした政治家、あたかも政治家のように行動している会社重役、軍隊に入って少佐の位をもらった官吏、ある閣僚の補佐官であると同時に、かれ自身は経営エリートの一員でもある海軍中将などの連合である。

「支配階級」という観念も、あるいはたんに「官僚的政治家」や「軍閥」という単一勢力の台頭という点から説明しようとする考え方も、いずれも充分とはいえない。今日の権力エリートは経済・軍事・政治の各勢力の往々にして不安定な一致関係を含んでいるのである。

三

たとえ、われわれの理解がこのような構造的傾向にかぎられているとしても、権力エリートという概念は、現代アメリカ社会の頂点で進行しつつある事態の解釈に有用な、いや実に欠くべからざる概念である。しかし、いうまでもなく、われわれの視野はそのように狭くない。すなわち、権力エリートというわれわれの考え方は、たんに、関係する諸制度のヒエラルヒーの一致、ないし、それらの変動する利害の一致点だけに支えられているのではない。われわれの考えている権力エリートは、また、構成メンバーの類似、相互の個人的および職務上のさまざまな関係、かれらの社会的・心理的親近性によって支えられている。権力エリートの統一の人的ならびに社会的基礎を把握するには、そのメンバーが権力エリートを構成している諸グループのおのおののタイプについて、その出身、経歴、生活のスタイルなどの諸事実を想起してみなければならない。

権力エリートは、貴族ではない。すなわち、それは、世襲的起源をもつ高い身分にもとづく政治的支配集団ではない。それは、少数の偉大な家族のグループをしっかりした基盤としているのではない。このような家族のメンバーたちが、いくつかの上層グループの最高地位を継続的に占め、この上層グループが集まって権力エリートを構成している、というようなものではない。しかし、共通な出身といったばあい、そのような高い身分はたんに一つのばあいにすぎない。アメリカのエリートにはそのような貴族的基盤がみられないといって、このエリートのメンバーの社会的出身がアメリカ社会を構成する諸階層のすべてにちらばっているわけではない。かれらの相当大きな部分は、上流階級――「新」「旧」両方を含め、また、地方上流社会も大都市上流社会も含めた――の出身である。大富豪、会社幹部、ポリティカル・アウトサイダー、軍部高官の大部分は、収入あるいは職業の上下序列の上層三分の一の出身である。かれらの父親は、すくなくとも、専門的職業従事者ないし実業家階層に属しており、往々にしてそれ以上の階層である。かれらはアメリカ生まれの両親をもつアメリカ生まれの人間であり、おもに都市出身で、政治家のばあいを除いては東部の出である。かれらはおもにプロテスタント、ことに監督教会派（エピスコパーリアン）あるいは長老教会派（プレスビテリアン）である。一般的にいって、高い地位になるほど、その内部で上流階級の出身者および上流階級との結びつきをもつ者の比率が大きい。権力エリートのメンバーの一般に類似した出身は、さらに、かれらの教育経歴がますます共通してきているという事実によって補強され、促進される。かれらのほとんどが大学卒業者であり、その相当な部分がアイヴィ・リーグの諸大学出身である。ただし、いうまでもなく、高級軍人の教育は、権力エリートの他のメンバーたちのそれと異なっている。

しかし、上層諸グループの社会的構成についてのこれらの一見単純な諸事実の、真の意味はなんだろうか。とくに上層諸グループの統一性の程度や、これらのいくつかのグループで支配的な政策や利害関心の方向を理解しようとするさいに、これらの事実はどういう意味をもつのか。おそらく、この問題は、誤解を招きやすいほど単純な形で、提起してみるのがよいと思う。すなわち、出身と経歴という点から見たばあい、頂点を占める人々は、だれを、あるいはなにを、代表しているのか、という単純な形で扱ってみよう。

もちろん、選挙された政治家のばあいには、かれらはかれらを選挙した有権者を代表すると考えられる。また、任命された政治家のばあいには、かれらの任命者を選挙した人々を間接的に代表していると考えられる。しかし、これは、一種の抽象であり、今日のほとんどすべての統治形態が自己の決定権力を正当化する言葉のうえでの定式にすぎないとみなされている。ときとしては、かれらの動機という点から見て、またかれらの決定から利益を受ける者はだれかという点からみて、これが正しいばあいもあるだろう。しかし、いかなる権力体制においてもそうだと考えるのは賢明ではない。

権力エリートのメンバーがこの国の階級ないし階層構造の頂点の付近からの出身であるという事実は、かれらがかならず最高層のみの「代表」であるということを意味しない。また、たとえ、かれらが、社会的タイプとして、全国民の横断面（クロス・セクション）を代表しているばあいといえども、利害と権力が均衡を保った民主主義が政治において実現されていることを、かならずしも意味しない。

政策決定者の社会的出身と経歴だけから、政策の方向を推察することはできない。権力者の社会的・経済的背景だけでは、社会的勢力の分布を理解するに必要な知識を得ることはできない。というのは、(1)上層出身者が、イデオロギー的には、貧者の代表であるばあいがありうる。(2)下層から出身し、輝かしい立身出世を遂げた人々は、既得権益ないし世襲利害に精力的に奉仕する可能性をもっている。さらに、(3)ある階層の利害を効果的に代表する人は、かならずしも、その階層に所属せず、その利害を促進する政策から個人的に利益を受けるとはかぎらない。要するに、政治家の間には、あるグループの同情的代行者が存在する。意識してそうなっているばあいもあるし、無意識で代行者となっているばあいもある。また、報酬を受けているばあいもあるし、無報酬のばあいもある。最後に、(4)頂点の政策決定者の中には、その「専門的知識」のゆえにその地位に選ばれた人々を見出すことができる。権力エリートの社会的出身や経歴から現代の権力構造における階級的利害や政策の方向を推察しえない理由は、以上のようなところにある。

では、頂点に坐している人々の高い社会的出身や経歴は、権力の分配にたいして何も意味をもたないのだろうか。けっしてそうではない。出身や経歴から政治的性格や政策を単純に、いきなり推察してはならないというだけであって、政治を理解しようとするさいにそれらを無視せよということではない。社会的構成ばかりでなく、政治幹部の心理や実際に下している決定などを分析しなければならないということを意味するにすぎない。とくに、われわれがここでなしているように、政治というドラマを演ずる役者たちの社会的出身や経歴から引き出されるいかなる推論も、かれらのドラマが演ぜられる制度的舞台にたいする綿密な理解によってコントロールされなければならない、という意味なのである。

さもないと、単純な伝記的な社会理論ないし歴史理論に陥ってしまうだろう。

権力エリートの概念を、たんにそれを形成した制度的機構からのみ構成することができぬと同様に、そのメンバーの社会的出身や経歴の諸事実だけにもとづかせることもできない。双方ともに必要である。また、じっさい、この両者は——さらに他の種々の基礎が加わって——、権力エリートの間における社会的地位の相互的結合を作り上げているのである。

しかし、権力エリートのメンバーたちの心理的・社会的類似性にとって重要なのは、社会的出身、所属教派、出生地、教育の類似性だけではない。たとえ、かれらの出身と正式の訓練過程が現在より以上に異質的であったと仮定しても、これらの人々はやはりきわめて同質的な社会的タイプであるだろう。というのは、ある人々のグループにとってもっとも重要な事実は、そのグループへの受け入れ・賞讃・名誉・昇進に関してその人々の間で支配的な基準であり、これらの基準がそのグループの内部で類似しているならば、そのメンバーのパーソナリティは類似してくる。権力エリートを構成する諸グループは、そのような規範と基準を共通にする傾向がある。これらの共通の価値が指し示す社会的タイプが選び出される過程の方が、出身や経歴の共通を示すいかなる統計よりもより重要なばあいが多い。

成功者仲間の間では一種の相互牽引力がある。もちろん、これは、高い地位と大きな権力をもった諸グループのすべてのメンバーの間に見られるのではないが、その相当数のメンバーたちは相互に魅力を感じ、ある程度のまとまりを作りだすのである。その弱い極では、一種の暗黙裡の相互賞讃であり、強い極では、縁組みにまで進む。この両極端の間に、さまざまな程度とタイプの結びつきが存在する。派閥やクラブ・教会・学校などを媒介にして、種々の重複関係が生ずる。

共通の社会的出身と教育は、権力エリートのメンバーたちを相互に理解させ信頼させるにいたる。これにたいして、かれらの間での継続的な交際関係は、かれらに共通性を感じさせるのである。いくつかの上層諸グループのメンバーたちは、互いに、個人的友人として、さらには隣人として知りあっている。かれらは、ゴルフ・コースや紳士クラブや、避暑地や、大陸横断の空路や、大西洋航路で、互いに交わりあっている。かれらは、お互いの友人の邸宅で会い、テレビのカメラの正面で顔をつきあわせ、あるいは同じ慈善団体の委員会に出席する。また、ナイト・クラブは新聞の名士欄の取材のおもな源泉であるが、たとえ同じナイト・クラブで実際に顔をつきあわせてはいなくとも、新聞紙上では同じ欄で顔をあわせることが多い。すでに述べたように、このナイト・クラブ社交界の「新しい大都市上流階級」について、ある記録作家（クロニクラー）は、四一名の大富豪、九三名の政治指導者、七九名の大企業幹部の名前をあげている。*

* 第四章「有名人」を見よ。

ウイテーカー・チェンバースは、こう書いている……「ヒス(訳註22)の政治的盟友と社会的な結びつきが、すべての党派の区別を超え、最高裁からフレンド教会にいたるまで、何人かの州知事や大学教授から自由主義的雑誌の編集者にいたるまで無限の範囲と勢力をもっているとは私は知らなかった。また、夢にも思わなかった。かれに最後に会ってから後の一〇年間に、かれは、自己の経歴を利用し、ことに、国連におけるかれの地位を利用して平和という大義名分を代表する人物のごとくふるまい、諸方面に根を張り、アメリカの上流階級・知識的中流階級・自由主義的人々や、さらには公的生活を送る人々の根が複雑にからみあっている土壌に根を下ろしたのである。かれのまわりに張りめぐらされている根を傷つけることなしには、かれの下ろした根を引き抜くことはできない(8)。」

この権力エリートの時期区分は、社会的地位の領域にも反映している。たとえば、第三の時期では、だれも大富豪と社会的地位の高さを競争しえなかった。また、第四の時期には、だれが大政治家と、あるいはニュー・ディールの輝ける若手の担当官吏と競争しえただろうか。そして、第五の時期には、今や舞台や小説やスクリーンの上であれほど同情的に描かれている将軍たちや社会重役たちと、だれが競争しうるだろうか。一九三五年であったならば、『重役室』や『ケイン号の叛乱』(訳註23)があれほどのヒットする映画であるなどと、想像できたであろうか。

エリートがいかに多様な高い威信をもった組織に所属しているかは、大実業家、尊敬を集めている弁護士、陸海軍将軍、中心的な上院議員などの死亡告知を一見しただけでさえ、わかる。すなわち、高い威信をもった教会・実業団体・尊敬されているクラブ、そして往々にして軍高官の位が死者を飾っている。その生涯の間に、大学総長・ニューヨーク株式取引所頭取・銀行総裁・将軍などが互いに社会的地位の世界で交わりあい、その中で、旧交を温め、信頼できる他人の経験にたよって自分が個人的には知らない権力や決定の文脈を理解しようとして、この旧交を利用するのである。

このようなさまざまな文脈の中で、上層諸グループのそれぞれは、いよいよ大きい社会的威信を手に入れ、それぞれのメンバーたちは、互いに地位を借用しあうのである。かれらの自我像は、このような社会的威信の累積と借用によって養われる。したがって、ある人間の役割がいかに部分的なもののように見えても、かれは、自分を、上層グループ一般についてよく知り共通の行動様式を身につけ、それを代表する「普遍的」あるいは「一般的」人間、すなわち、「広い幅をもった人間(ブロード・ゲージ・マン)」と感ずるのである。おそらく、「判断力(ジャジメント)」という言葉の意味するものの一つの特徴は、そのような内面的経験なのである。

これらの組織のうち、基本的な組織は、主要企業であると思われる。というのは、その重役会で、これらいくつかのエリートのメンバーたちが非常にしばしば顔を合わせるのである。これにたいして、エリートのつながりのもっとも軽い極端は、避暑地や避寒地での入り組んだつながりである。ときの経過とともに、エリートのメンバーたちは互いに知りあい、あるいは自分のことを知っているある人間を知っている人と知り合いになる。

軍事・経済・政治秩序の上層メンバーたちは、つねに同情的に、また多くのばあいには知識欲に燃えて、互いの見解を交換しあう。かれらは、お互いを実力者と、したがって勘定に入れねばならぬ人物と認めあっている。権力エリートの一員としてのかれらのおのおのは、他のメンバーの見解や期待や価値を、自己の誠実・名誉・良心の中に取り入れ、合体せしめるにいたる。公然たる貴族的文化にもとづいた共通の理想や基準といったものはかれらの間にはないとしても、そのことは、かれらが互いに責任を感じていないということを意味しないのである。

かれらの出身、教育、経歴、交友などの複雑に入り組んだ心理的事実と、かれらの利害の構造的一致とが、かれらの間で広く見られる心理的類似性——この類似性があるからこそ、かれらはお互いに〝かれはわれわれの仲間だ〟と言いあうのである——とを可能にしている。またこれらは、階級意識の基本的な心理的意味を示している。アメリカでは、エリートにおけるほど、はっきりした「階級意識」はほかにはない。権力エリートにおけるほど、効果的に組織された階級意識はない。というのは、心理的事実としての階級意識とは、「階級」の個々のメンバーが、かれ自身の自我像にとって意義をもつ人間であると、かれの属するグループの人々が認めた人間だけを、受け入れることを意味する。

権力エリートの上層諸グループの内部には、もちろん、種々の分派が存在する。政策の衝突があり、個人の野心の対立がある。共和党の内部にも、共和党と民主党の間にも、行動方針の相違をもたらすほど重大な分裂がある。しかし、権力エリートを結束させる内的規律と利害の共同は、これらの分裂よりもはるかに強力であり、交戦している諸国の権力エリートの国境を越えた共同さえも、もたらすほどである。(9)

四

しかし、ここで、別に事実そのものをどうもしないが、事実にたいするわれわれの解釈の仕方にたいする疑問をもたらすような、問題の他の側面にも充分な考慮を払わなければならない。権力エリートというわれわれの考え方全体にたいして向けられている一群の反論——本質的には、これはたんに、エリートのメンバーの心理に関するものにすぎないが——がある。この反論は、自由主義者あるいは保守主義者の手にかかると、次のような形で提出される。すなわち、

「権力エリートを云々することは、人間を、その出身と交友関係から特徴づけることにほかならないのではないか。そのような特徴づけは、不公平であり、不当ではないだろうか。人間は、ことにアメリカ人は、地位が上るにつれ、その仕事の要求に応えて自分を変えてゆく。かれらは、国家全体の利益——もちろん人間としての能力の限界内でわかる範囲においてではあるが——を代表する見解と政策をもつにいたる。かれらは、自己の義務を遂行している名誉ある人間にすぎないのではないか。」

これらの反論にたいする回答は、次のとおりである。すなわち、

I　たしかにかれらは名誉ある人間である。しかし、名誉とは何か。名誉とは、自分が名誉あるものと信ずる掟にしたがって生きることを意味するにすぎない。われわれすべてが一致して認めている掟などない。だからこそ、われわれ文明人は、自分と一致しない

人々を殺してしまうことがないのである。問題は、かれらが名誉ある人間であるか否か、ではなくして、かれらの名誉の掟はいかなるものか、である。これにたいする答は、それは、かれらのグループの掟にほかならず、かれらがその意見にしたがう人々の掟にほかならない、ということである。これが、すべての人間は社会的存在であるという自明の真理のもつ一つの意味でもある。誠実さという点に関していえば、誠実さとは、否定することはできても、立証することのできぬものである。

II　次に、かれらの適応能力について答えねばならない。適応能力とは、かれらの仕事や経験を通じて獲得した行動の基準を超越する能力である。これにたいする答は、否である。かれらは、それを超越しえない。すくなくとも、かれらの大部分にこれから先残されたわずかな年数では、不可能である。そのようなことができると期待することは、まさにかれらの不安定さと便宜的性格を前提とすることである。すなわち人格とか誠実（インテグリティ）さと正しくも呼ばれているものを否定しなければ、そのような弾力性を考えることはできぬ。ついでではあるが、付言すると、初期のアメリカの政治家たちに見られたタイプの人々がたいした脅威ではなかったのは、まさにそのような人格と誠実さとを欠いていたからではないだろうか。

軍人が軍服を脱いで平服に替えるやいなや、その軍人的性格と見解を脱ぎ棄ててしまうと考えるのは、効果的な軍人訓練と教化にたいする侮辱ではないだろうか。このような背景の重要性は、会社幹部のばあいよりも軍人のばあいに大きいだろう。というのは、その経歴における訓練はより深く、より全面的であるから。「想像力の欠如は」とジェラルド・W・ジョンソンはいった、「原則の欠如と混同されてはならない。反対に、想像力をもたぬ人間こそは、もっとも原則に忠実な人間であることが多い。問題は、その原則が、コーンフォードの有名な定義に合致するかどうかである。すなわち、『原則とは、無原則的な本能から見ると行動するのが正しいと思われる特定のばあいにも、行動をしないことにたいする妥当な一般的理由をあたえて行動しないという規則である。』」(10)

たとえば、チャールス・アーヴィン・ウィルソンが、心理的に見て、企業界以外のなにびとをも、また、いかなる利害をも、代表しているなどと真面目に考えるなら、それは馬鹿げたことである。かれが不正直だからそうなのではない。反対に、かれがおそらくは非常に誠実な人間だからである。かれは、まさにかれなのであり、それ以外のものにはなれないのである。かれは、政府の内外にいるかれの同僚たちと同じく、職業的企業エリートの一員である。かれは、大企業の世界の富を代表し、その権力を代表している。そして、かれは、「アメリカにとっての利益は、ゼネラル・モーターズの利益である。その逆もまた真である」というしばしば引用される自分の言葉を、真剣に信じこんでいるのである。

そのような人間の政治的地位への就任を認証するための形ばかりの審査会が開かれるが、その席上であきらかにされ、興味をひく点は、法律と権力の中間水準にある議員たちにたいしてかれらが示すシニシズムでもなければ、かれらの個人的に所有している株の処分にたいする抵抗でもない。そのような人間が、企業界一般ならびに特殊的には自分の企業との因縁を自分から拭い去ることがいかに不可能であるかが、そこでは示されており、興味をひくのである。かれらの富ばかりでなく、友人、関心、受けてきた訓練——要するにかれらの生活そのものが、この世界に深くからまりあっている。いうまでもないが、官職に就任するさいに関係会社の株を処分することなどは、たんに、おきよめの儀式にすぎない。重要なのは、ある特定の会社にたいする金銭的あるいは個人的利害関係ではなくして企業の世界にたいする一体感である。これらの諸利害関係と精神的感受性とを一挙に捨てろというのは、男にたいして女になれと命ずるのとほとんど等しい。

Ⅲ　かれらの愛国心、国家全体に奉仕しようとする願望の問題については、まず第一にこう答えなければならない。名誉の掟と同様に、愛国的感情とか、なにを国家全体の利益とみなすかの見解とかは、絶対的事実ではなくして、非常に多様な意見が存在する事柄である。さらに、愛国的意見もまた、かれがどのような人々とともにいかなる生活を送っているかによって形成されたかれ自身の中に根をおき、それによって支えられているのである。社会的条件によって個人が機械的に決定されるなどといっているのではない。社会的条件によって個人が形成される過程は、非常に複雑な過程である。しかし、現代の社会科学の主流では、それについては確定した定説がある。なぜ、政治にたいする考察にさいして、社会科学者たちがもっとそれを組織的に使用しないのか不思議でしかたがない。

Ⅳ　エリートとはたんに自分の義務をはたしている人々である、と考えることはできない。かれらは、その下にいる人々の義務ばかりでなく自分の義務を決定する人々である。かれらはたんに命令に服従しているのではなく、命令を下すのである。かれらはたんなる「官僚」ではなく、官僚組織を指揮しているのである。かれらは、自分がその道具であると信じている伝統の名を借りて、これらの事実を他人から、また自分自身から隠そうと努力するばあいもある。しかし、伝統は多数ある。かれらは、自分が奉仕する伝統を選ばなければならない。また、伝統のまったく存在しないような決定に直面するばあいもある。

ところで、これらの答を寄せ集めると、どういうことになるか。高い地位を占め権力をにぎる席を占める人々や少数のグループの動機や性格について知っていても、たんにそれだけでは、公的事件や歴史的動向について推察を下すことはできない、ということになる。また、その反面で、われわれは、われわれの問題の扱い方が、高い地位を占める人々の名誉・誠実・才能を論難しているという非難を恐れない。というのは、第一に、そのような問題は個人的性格の問題である。さらに、ほんとうにそうであるばあいには、はっきりとそのことを述べるだろう。とにかく、われわれは、権力という基準から、かれらの政策決定者としての行為から、権力者を判断しなければならない。かれらの人柄や、私生活におけるかれらの行為から判断してはならない。われわれの関心はそこにはなく、かれらの政策と、かれらの地位にもとづく行動がもたらす諸結果とにある。権力エリートに属するこれらの人々が、今や、アメリカ社会の構造の中で戦略的地位を占めており、この世界の支配的強国の支配的諸制度を指揮し、一群となって世界の下積みの庶民たちに、おそるべき結果をもたらす決定を下す地位を占めている、ということを想起しなければならない。

五

その社会的類似性と心理的親近性にもかかわらず、権力エリートのメンバーは、固定し、はっきり定められた限界をもち、終身会員によって構成されるクラブではない。権力エリートの性質からいって、その内部にはかなりの変動があり、したがって、権力エリートは、同一のヒエラルヒーの中で同一の地位を占めている同一の人々の少人数の集まりから成っているのではない。相互に個人的に知りあっているからといって、その人々の間に政策の統一が存在するわけではない。また、互いに個人的に知りあっていないからといって、それは政策の不統一を意味するのではない。くりかえし述べたように、権力エリートの観念は、個人的友人関係をおもな基礎としているのではない。

主要諸制度のおのおのの最上層の地位にともなう要求が類似してくるにつれ、頂点のこれらの役割を占める人々のタイプは、仕事を通ずる淘汰と訓練とによって類似してくる。たんに構造の類似から人間の類似を推論してこのようにいっているのではない。それが事実であることは、この三つの構造の間で進行しつつある人員の大規模な交流——往々にして非常に入り組んだ形で行なわれているが——があきらかにしている。第二次大戦中に、会社幹部、軍部高官、上層政治家たちは、互いに親密な接触を保ち、ともに活動した。戦後にも、かれらは、共通の信念と社会的合致と利害の一致にもとづいて、その交友関係を継続した。過去一五年間に、軍事・経済・政治の各領域の最上層部のうちで他の領域での地位を占めた人々は相当な割合にたっする。すなわち、これらの上層諸グループの間では、地位の交換可能性が存在している。それは、公式には「管理者としての才能」は他の領域でも通用しうるものであるという主張にもとづいているが、実際には、内輪の派閥による引き抜きにもとづいているのである。権力エリートの一員として、諸領域間のこの交流に忙しい人々の多くは、「政府」の権威のもとで仕事を進め、「政府」を自分を保護してくれる一種の傘のような存在とみなすにいたった。

これら三つの主要制度にまたがる仕事の量と重要性が増大するにつれ、人員の交流もまた増加し、重要となった。上層部に昇進すべき人材の選抜の基準は、まさにこの事実を反映するようになった。会社幹部は、国家や軍部と交渉しなければならないので、国家行政や軍隊の経験をもつ青年を採用する方が賢明である。政治幹部の政治的成功は、往々にして、大企業の下す諸決定に依存している。したがってかれのばあいには、企業での活動の経験をもつ人間を選択したほうが賢明なのである。こうして、成功の基準の力によって、人員の交流と権力エリートの統一とが促進された。

この三つの主要制度の形式的類似性、一つの制度でなされた決定の他の制度への波及、多くの点でそれらの間に存する利害の一致、国家機能の拡大にともなって生じた行政機構の真空状態――これらの構造的動向に加えてすでに指摘したように各制度の上層部の心理的親近性が存在する。このような条件の中で、仕事のうえでの交渉に巧みで組織する能力に充ちているといわれる連中が、たんに、互いに接触しあうだけにとどまっているとするなら、まったく不思議である。もちろん、かれらはそれだけにとどまらない。かれらは、その互換性からうかがわれるような各領域の頂点の地位を獲得しあうのである。各領域の頂点の地位が、並行的な発達を遂げてきたことにもとづいている。地位の相互交換がもっともしばしば生ずるのは、統制機関と統制される産業、契約機関と契約業者のような利害の一致点においてである。さらに、それは、次に述べるように、顕著な、公然たる調整活動（コーオーディネーション）を生みだすにいたる。

権力エリートの中核は、第一に、ある一つの主要制度の最上部の支配地位を、他の主要制度のそれと相互に交換しあう人々から成っている。すなわち、銀行家を兼ねている海軍将官、ある重要な連邦政府委員会の議長を兼ねている弁護士、今や国防長官に就任したアメリカで一、二を競う主要軍需会社の重役、平服をまとってからは政治的幹部会の一員となり、さらにある一流会社の重役会のメンバーとなったかつての将軍などから成っている。将軍となった会社幹部、政治家となった将軍、銀行家となった政治家などは、普通一般の環境におかれた普通人たちよりも広い経験をもっているが、そのような人々の視野でも、かれらの主な活動領域にしばられていることが多い。しかし、経歴を積んでゆくうちに、かれらは主要制度の内部での役割を交換しあい、これらの制度的環境のいずれか一つにおける特殊的利害を容易に超越するようになる。かれら自身の経歴と活動とによって、かれらはこの三つのタイプの環境を一つに盛り上げる。したがって、かれらは、権力エリートの中核的メンバーなのである。

これらの人々は、かならずしも権力のすべての主要領域に精通しているわけではない。多くのばあいは、かれらは、二つのグループの内部およびその相互間を動き回っている人々である。たとえば、産業界と軍部、また、軍部と政界、さらに、政界と世論製造者たちの間を動き回っている人々などである。これらの周旋人タイプこそ、権力エリートの構造や活動——さらには裏面での策動——についてわれわれが抱いているイメージをもっともはっきりと示している。「見えざるエリート」が存在するとすれば、これらの顧問ないし連絡係タイプのエリートたちこそ、その中核である。かれらの多くは、すくなくともその経歴を踏みだしたばかりのころには、かれら自身がエリートであるというよりは、多種多様なエリートの「代理人」にすぎないかもしれない。私もそうだと思う。しかし、いくつかの最上層グループを権力構造に組織し、それを維持するうえにもっとも積極的な役割をはたす者は、かれらなのである。

権力エリートの中核には、また、大法律事務所や投資会社出身の高級法律家や財政家タイプの人々がいる。かれらは、経済・政治・軍事の諸問題のほとんど職業的周旋人であり、この活動を通じて権力エリートを統一している。会社顧問弁護士と投資銀行家は、「仲介者」の役割を効果的に、また強力に遂行している。その仕事の性質上、かれらは一産業の狭い視野を超越して、企業界を代表して、あるいはすくなくともその相当部分を代表して、発言し行動する地位にある。会社顧問弁護士は、経済・軍事・政治の諸領域をつなぐ枢要な輪であり、投資銀行家は、企業界の主要な組織者であり、統一者である。かれは、アメリカの軍備が今や必要としている膨大な資金を投資する術に精通している人間である。投資銀行家の法律的業務を取扱う弁護士は、権力エリートの主要メンバーの一人である。

民主党時代には、私企業と政府機関をつなぐ輪の一つは、ディロン＝リード投資会社であった。ここから、ジェームズ・フォレスタルやチャールズ・F・デトマー二世のような人々が出てきた。フェルディナンド・エバースタットも、かつてはその一出資者であり、のちに、そこからわかれてかれ自身の投資会社を設立し、さらにその会社から、他の多くの人々が、政界や軍部の上層グループに加わった。共和党政権は、クーン＝レーブ投資会社や、バッテン＝バートン＝ダースティン・アンド・オズボーン広告会社をひいきにしているようである。

どの党が政権をとろうとそれにかかわりなく、サリヴァン・アンド・クロムウェル法律事務所はつねに幅をきかせている。中西部の投資銀行家サイラス・イートンの言をかりると、「ウォール街四八番地のサリヴァン・アンド・クロムウェルの古参出資者の一人たるアーサー・H・ディーンは、一九三三年の証券法の起草を援けた人々の一人であった。この法律は、資本市場を統制しようとする一連の法律の皮切りであった。かれとかれの会社――アメリカ最大の投資会社といわれる――は、証券取引委員会（SEC）の創立以来それと緊密な関係を保ち、それにたいして支配的な影響力を及ぼしている。」[11]

また、アメリカ第三の大銀行たるニューヨークのチェイス・ナショナル銀行（今ではチェイス・マンハッタンという名に変わっている）のばあいもそうである。政権の交代にかかわりなく、この銀行と国際復興開発銀行の幹部たちは、いろいろな地位についている。すなわち一九五三年にチェイス・ナショナルの会長となったジョン・J・マックロイは、世界銀行の前総裁である。またかれの後を継いだ世界銀行総裁は、チェイス・ナショナルの前副会長であった。また、一九五三年には、チェイス・ナショナル銀行総裁ウィンスロープ・W・アルドリッチは、イギリス駐在大使に赴任した。

権力エリートの外辺部分は、その中核部分よりも変わりやすい。それを構成しているのは、ある重大な決定に参画もしていないし、また主要諸制度の重要地位を転々とした経歴ももたないけれども、なんらかの実力をもった人々である。権力エリートのあらゆるメンバーが、権力エリートの下すあらゆる決定に個人的に参画する必要はない。権力エリートのメンバーたちは、自分がある決定を下すばあい、他のメンバーたちを考慮に入れながら決定を下す。したがって、権力エリートのメンバーは、戦争と平和にかかわるような重大な領域での決定を自ら下すというだけではなく、自分が直接には参画していない決定にさいしても、直接に決定にあたっている人々から考慮され、大いに尊重される人々である。

権力エリートの周辺ないし下方にさらに進むと、それは、権力の中間水準の中に消えてゆく。すなわち、それは、議会の陣笠議員たち、権力エリートの中に組みこまれていない諸圧力団体、多様な地域的・地方的な諸勢力の中に消え去る。中間水準の人々のすべてが実力者ではないにせよ、ときとしては、かれらは勘定に入れられねばならぬ存在であり、かれらをうまくあしらい、だまし、粉砕し、あるいは上層グループの中に昇進させてやる必要がある。

権力エリートが、物事を進めるためには、下の方の領域に働きかける必要があると感じたばあい——たとえば、議会である法案を通過させる必要を感じたばあい——には、かれら自らがなんらかの圧力を行使しなければならぬ。しかし、権力エリート内部では、そのような上層（ハイ・レヴェル）でのロビイングのことを、「連絡活動（リエゾン・ワーク）」と名づけている。たとえば軍部には、議会や、産業界の強情な連中や、権力エリートに直接の関係をもたないが仕事を進める上では重要な人々と連絡するための係官がいる。「連絡係」という名称をもつ二人のホワイト・ハウス職員は、二人とも、軍事問題に経験をもっている。その一人は、投資銀行家、弁護士、さらに将官としての前歴をもっている。

会社富豪たちの積極的な政治的首領となり、権力エリートのメンバーとなっているのは、職業団体ではなくて、弁護士と投資銀行家から成る上層の派閥である。「全国的団体が、世論の形成と国家的政策の方向の決定に非常に大きな比重を占めていると一般に考えられているけれども、じっさいには、公的なレヴェルで諸団体の間で行なわれる相互交渉は、それほど緊密なものではない。諸団体の内部で一般に見られる傾向は、その団体の特定の利益をめぐる活動を刺激することにあり、また、当面の問題に関して他の団体に働きかけることよりも、自己のメンバーにたいする教育活動に努力が注がれている。……これらの職業団体は、国家の全体的な価値構造を絶えずあきらかにするという点で、重要である。しかし、問題がはっきりと具体的な形をとったばあいには、適当な時期に適当なところに圧力をかけるのは、大企業の利害に関係をもつ有力な個人である。全国的団体は、そのような圧力を調整する仲介者として行動することはある。しかし、政策の最終的決定にたいして決定的な要因となるのは、大企業の勢力の頂点を占めている人々の間での話し合いであるように思われる。[12]」

職業団体は、今日でも、昔ながらのロビイングを行なっている。通常それは、権力の中間水準――すなわち、議会の陣笠連中に向けられている。しかし、たとえば全国製造者連盟（NAM）の重要な機能は、政策にたいする影響力の行使であるよりは、むしろ、小実業家たちに、その利害と大企業の利害の一致を示すことにある。しかし、「上層部にたいするロビイング」も存在してはいる。全国どこへ行っても、企業指導者たちは、個人的友人関係、職業団体とそのさまざまの下部委員会、名士のクラブ、政党加入、顧客関係などを通じて、軍部高官や上層政治家たちのグループに招き入れられている。そのような会社幹部たちの人的結びつきを直接に調査したある人間の言をかりれば、「これらの権力ある指導者たちの間では、わが国が直面している目前の主要問題の多くについて、税金の引下げ、すべての生産活動を私企業に委ねること、外国貿易の増進、福祉政策その他の政府の国内活動の最低限への切下げ、国家の権力を現に握っている政党の足場を強化し維持すること、などの意識が共通にみられる。(13)」

じっさい、会社幹部たちの派閥のなかには、軍事的・政治的組織へ現実に参加しているというよりは、企業・軍事・政治の各領域の最上層における非公式(インフォーマル)な意見指導者として、より重要な役割をはたしているものもある。これらの会社幹部たちのグループや派閥は、軍部や政治の諸グループの内部で、また経済の領域の「周辺」で活動し、いかなるトピックのものであれ、ほとんどあらゆる主要決定に影響を及ぼしている。また、この上層レヴェルでのロビイングにとって重要なのは、それがエリートの内部で行なわれていることである。

六

権力エリートというものが存在し、それが統一的なまとまりをもっているという考えは、経済・政治・軍事の各制度の諸利害の発達と一致という事実に基礎をおいている。また、それは、これらの主要諸制度の最上層グループの出身と観点の類似性、それら相互間の社会的・個人的な混合という事実にもとづいている。さらに、この三つの制度の内部とその相互間に人的交流が盛んであり、上層(ハイ・レヴェル)でのロビイングに見られるような、これらの諸制度の仲介人たちが出現した事実は、この制度面ならびに心理面における結合をはっきりと示している。したがって、権力エリートという観念は、第二次大戦以来のアメリカの歴史は、このエリートのメンバーたちの秘密の計画ないし、あるいは偉大な計画的にたくらまれた陰謀として理解さるべきであるというごとき前提にもとづいているのではない。権力エリートという観念は、まったく非人格(インパーソナル)な事実にもとづいている。

しかしながら、「世界一の組織者」の何人かを含んでいるといわれるアメリカの権力エリートが、計画をねり謀略をめぐらしていることもほとんど疑いのない事実である。すでにあきらかにしたように、エリートの勃興は、謀略によって生じたものではないし、また、そうではありえない。さらに、権力エリートという観念の妥当性は、いかなる秘密ないし公然たる組織の存在ということを根拠にしているのでもない。しかし、ひとたび、主要諸制度の構造的傾向の一致と、その一致を利用しようとする個人的意志の一致とによって、権力エリートが成立すれば、そのメンバーたちは計画や行動方針を立てるようになる。じっさい、アメリカ歴史の第五の時期における多くの事件や公的政策は、権力エリートと関連づけなければ解釈されないのである。リチャード・ホフシュタッターが述べたように、「歴史における陰謀の役割を位置づけることと、歴史は陰謀であるということとは、まったく別のことである。」(14)

諸制度の指揮中枢(コマンド・ポスト)を占める人々は、これらの諸制度の構造的動向を、チャンスとみなす。そのようなチャンスを認識すれば、それらを利用することができる。目先のきく一部の人々は、主要諸制度間の連繫がまだ今日ほど展開していないうちに、すでに、それらの連繫をおし進めた。多くのばあいには、連繫の相手となっている他の制度の側とはちがった理由から、連繋が進められた。もちろん、どちらの側からも異議は出なかったが。また、往々にして、この連繋は、だれも予測しえなかった結果と、ましてや形態とをともない、それらの結果や形態は、のちになってから初めてはっきりと統制のもとにおかれるようになった。権力エリートが相当に発展したのちに、それらのメンバーたちは自分がその構成員であることを知り、この事実に喜びを感ずるのである。もっとも、当惑を感ずることもないではない。しかし、ひとたび計画的な調整活動が始まると、新しい人々がそれにただちに参加し、そのような活動の存在に疑いなど抱かない。

明白な組織――それが陰謀のための組織であろうとなかろうと――が存在するか否かという問題に関していえば、権力エリートは、その性質上、エリートだけにメンバーを限定した正式の組織をつくりあげるよりは、既存の諸組織を利用し、その内部や相互間で活動することの方が多い。しかし、たとえば、決定を下すにさいして軍事と政治の二つのファクターをうまく均衡させるような既存の機関が存在しないときには、国家安全会議のような機関を創設し、それを利用する。さらに、形式的には民主主義的な政体のばあいには、恒久的な戦時経済にともなう一特徴が、すなわち、国家の安全は計画や意図の機密の厳守に依存しているという仮定が、このエリートの諸構成分子の権力を促進するのである。権力エリートの活動を暴露するであろう多くの上層部の事件が、機密という名のもとに、公衆に隠され、知らされない。権力エリートは、その活動と決定を蔽う機密のおかげで、自分たちの意図や策動や、さらには強化を隠すことができる。上層の政策決定者を観察する地位の人々にたいして課せられるいかなる機密保持の制限も、権力エリートの活動にとって得なことであって、けっして損にはならない。

したがって、権力エリートは完全にその姿を「露呈」しているわけではないと考えたほうがよい。もっとも、事柄の性質上、それについて証拠を示しえないが。といって、その活動について広く知られているわけではないとはいえ、権力エリートについてなにも隠蔽されていることはない。権力エリートは、エリートとしてはっきりと組織されているのではない。もちろん、そのメンバーは、多くのばあい、互いに知りあっており、きわめて自然に協同歩調をとり、多くの組織に一緒に加入しているけれども。したがって、権力エリートの決定は往々にして一般には知らされず、その活動様式は公然たるものではなく操作的ではあるが、陰謀というほどのものではない。

また、エリート自ら、一方では緊密なエリートが舞台の背後に存在し、他方ではその舞台のもとに大衆が存在する、などと「信じこんで」いるのではない。そうではなくて、一般の人々が、情勢に当面して惑乱し、信頼しきった子供のように、外交政策や戦術や行動といった新しい世界のすべてを、専門家の手中に委ねるという結果に追いこまれるのである。たとえていうと、皆は、だれかが見世物（ショウ）を演じなければならないと思っており、じっさいにだれかがそれを演じているのである。舞台の上にいないその他の人々は、舞台上のことなどほんとうには気になどしていないし、第一、舞台の上でどういうふうに演じたらよいかなど知らないのである。こういう次第で、この二つのタイプの人々の間のギャップは、いよいよ大きくなる。

危機が全体的危機となり、恒久的な外観を呈してくると、主要生活領域の一つで下された決定も全体的な影響をともない、全面的となってくる。ある程度までは、ある決定が他の制度にたいして及ぼす影響を評価することはできる。しかし、その点を超えると、偶然が左右する。このようなばあいに、エリートたちは、訓練され想像力に富んだ判断力の不足を感じ、才能ある後継者の払底についての泣言を並べるようになる。そして、旧い権力者が隠退したのちにそれにとって代わる後継者たちの訓練にたいする関心が増大する。[15] あらゆる領域で、統合的決定の時代に育った新しい世代が徐々に生まれつつある。

すでに指摘したように、どのエリート・グループでも、後継者を養成し、「幅の広い」すなわち、自分の制度的領域以外の領域をも含む決定を下す能力をもった人間を育てようとする関心がみられる。会社幹部たちは、正式に制度化された募集と訓練計画を樹立し、企業界を、事実上、国家の中にある国家たらしめようとしている。軍事エリートの募集と訓練は、ずっと以前から厳格に職業化されていた。しかし、今や、旧い将軍たちの残党の目からみるとまったくナンセンスと思われるような種類の教育課程をも含むようになってきた。

政治秩序のばあいには、純粋な官吏制度が欠如していたため、大勢に遅れており、行政上の真空状態を生みだしている。そして、その真空状態を埋めるために、軍部官僚と会社育ちのアウト・サイダーが引き入れられている。しかし、この領域においてさえ、第二次大戦以来、故ジェームズ・フォレスタルのそれのような構想を抱いたエリートたちによって、経歴昇進制度を発足させようとする試みが繰り返しなされた。その経歴昇進制度は、政府に勤務した期間ばかりでなく、企業界での経験をも経歴の中に数え入れようとするものであった(16)。

欠けているものは、ばらばらではなく真に共通のエリートの募集・訓練計画である。というのは、予備校→アイヴィ・リーグの大学→法科大学という大都市上流階級の修学コースは、権力エリートのメンバーに現在課されている要求に応ええないからである(17)。モントゴメリー元帥のようなイギリス人たちは、この欠陥を認識して、「高い才能をもつ青年たちが凡庸な連中からきり離され、国家に指導力を供給しうるような最良の教育を受けうる」システムの採用を、最近しきりと叫んでいる。かれの提案は、いろいろな形で、多くの人々の反響を呼んだ。「アメリカの学校教育理論は、指導者の『エリート』グループを生み出すのに不適当である。……アメリカは、世界を指導するというその義務をはたす必要がある(18)」という理由からなされた、アメリカの学校教育理論にたいするかれの批判は、多くの人々によって受け入れられている。

ある点では、これらの要求は、経済的成功を唯一の基盤とする募集方法の克服——ということは、はっきりは述べられていないが——の必要を反映している。とくに、経済的成功に訴える募集方法が往々にして上層部の腐敗をもたらすと感ぜられているので、その克服の必要がいよいよ感ぜられている。ある点では、これらの要求は、モントゴメリーがいうように「紀律の意義」を知っている人間が必要とされていること——これはしばしば明言されている——の反映である。しかし、これらの要求は、なによりもまず、その結果が広大な範囲に及ぶ統合的決定の時代には、新たな才能をもった権力エリートが必要であると、権力エリート自身がすくなくとも漠然とは感じていることの反映である。決定を下すにさいして関連してくる事態の範囲が広大となり複雑になるにつれ、判断に必要とされる情報は複雑になり、しかも特殊な知識を要求するようになる。こうして、権力エリートは互いに助力を必要とするにいたるとともに、当面の仕事にそなえて後継者の訓練に努める。このなかから、新たな人々が現われ、経済・政治・軍事の各方面にわたる決定を統合する権力者となるであろう。

七

権力エリートという観念は、次のような諸点に基礎をおき、また、次のような諸点を理解するのに役立つ。すなわち、⑴現代の構造を特徴づけている決定的な制度的動向。その動向とは、狭い意味では、私企業経済における軍部の台頭であり、より広い意味では、経済・軍事・政治の諸制度間の客観的諸利害のいくつかの点における一致である。⑵これらの諸制度の支配的地位を占めている人々の社会的類似性と心理的親近性。とくに、各制度の最上層の地位の相互交換の増大、権力者たちの経歴においてこれらの諸制度間の人的交流の経験の増大。(3)最上層で下される決定が他の制度にも影響を及ぼし、ほとんど全体的な性格をもつにいたったこと。また、巨大な勢力の職業的組織者としての性質をもち、そのような訓練を受け、しかも政党においてなされる民主主義的な訓練を受けたことがなく、それに制約されぬ一群の人々が、権力者として登場したこと。

権力エリートの形成の消極的条件は、次のような点にある。(1)職業的政党政治家の権力の中間水準への転落。(2)地方的諸勢力の半ば組織された手づまり状態。議会の機能は、その手づまり状態の中に転落してしまっている。(3)政治的に中立でありながら政治的に意義をもつ頭脳力と行政技術の貯蔵庫たるべき官吏制度のほとんど完全な欠如。(4)国家機密の増大。その陰にかくれて、公衆の討論ないしは議会の討論にはかることなく、重大な決定が下される。

以上の諸条件の結果、政治幹部、会社富豪、台頭しつつある軍部が、権力エリートとしてまとまり、また、かれらが主宰する膨大な集中化された制度が、かつての均衡を破壊し、均衡を構成していた諸勢力を権力の中間水準へ転落せしめたのである。現在では、均衡を保った社会という観念が正確にあてはまるのは、この中間水準にたいしてであり、しかもこの水準では、均衡とは、権力と国家的決定の中心の均衡ではなく、地方的利害に根ざし、国家的規模ではなんらの責任も負わぬ諸勢力の問題にすぎない。

ところで、権力の底辺ではどうなのか。これらの動向が頂点と中間水準ではっきりと現われつつあるとき、底辺のかの偉大なるアメリカの公衆（ザ・グレイト・アメリカン・パブリック）では何が起りつつあるのか。頂点が、かつてみられないほど強力になり、ますます統一され専制的となり、中間地帯はしだいに半ば組織された立ちすくみ状態になりつつあるとすれば、底辺はどのような形態をとりつつあるのか。一般の公衆はどのような条件におかれているのか。次の章でみるように、権力エリートの勃興は、アメリカの公衆が、大衆社会に変化しつつある過程にもとづいており、ある意味ではその過程の一部なのである。

第十三章　大衆社会（マス・ソサイエティ）

権力とか決定について一般にもっとも普通に抱かれているイメージでは、偉大なアメリカの公衆（ザ・グレイト・アメリカン・パブリック）ほど重要視されている勢力はない。この公衆は、たんなる抑制と均衡（チェックス・アンド・バランセス）の一つではなく、すべての正統なる権力の担い手と考えられている。公的生活でも一般に流布されている俗信（フォークロア）でも、公衆は、民主主義権力のまさに平衡輪（バランス・ホイール）とされている。さらには、あらゆる自由主義的理論家たちは、この公衆の政治的役割に基礎をおいて権力構造を考えている。すべての公的決定、また重大な結果をともなう私的決定もまた、公衆の福祉という点から正統化される。すべての公式の告示は、公衆の名においてなされている。

一

ルソーは、「意見は世界最高の女王であり、国王たちの権力にしたがわぬ。国王たちこそは、この女王に直接にかしずく奴隷である。」とかつて叫んだが、このような理想にあふれた精神をもった民主主義理論の古典的公衆を検討してみよう。

意見の担い手としての公衆のもっとも重要な特徴は、討論の自由な波動（フリー・エッブ・アンド・フロー・オブ・ディスカッション）である。それは、民主主義的な中産階級の勃興とともにはじまったと考えられている。民主主義の諸制度は、反応を表明し、世論を表現する自主的団体を組織し、意見を行動に表わす可能性を樹立したと主張されている。公衆の討論の結果として生まれる意見は、公的行動によって実行され、問題の解決にみちびくものと考えられている。世論は、人民の「普遍意志」の変型であり、立法機関はそれを法律に制定し、それに法的強制力をあたえる。議会は、散在する公衆の全員の頂点を飾る制度であり、それぞれの公的問題を討議している市民たちの小規模な、顔と顔をつきあわせたサークルの原型である。世論の担い手としての公衆というこの十八世紀的観念は、経済面での自由経済市場という観念に対応している。こちらでは、自由に競争する企業家たちから構成された市場がある。そして、あちらでは、対等の立場で発言する人々の討論サークルから構成された公衆がいる。ちょうど、価格が、対等の力をもった無名の人々の取引きの結果であるように、世論は、各人の自主的な熟慮と、大コーラスへの自分の声の唱和の結果である。一部の人々が、他の人々に比べて世論にたいして大きな影響力をもっていることはたしかである。しかし、いかなるグループといえども、討論を独占し、支配的意見を自分たちだけで決定してはいない。

無数の討論サークルは、一つのサークルから他のサークルへと意見を運搬し、より大規模な支配力を求めて争う身軽な人々によって、結び合わされる。こうして、公衆は結社と党派に組織され、その結社や党派はそれぞれ、ある一組の見解を代表し、議会の中に地位を獲得しようと試みる。そして、議会の中で、討論がさらにつづけられる。お互いに話しあう人々の小さなサークルの中から、社会運動と政党という、より大規模な勢力が発展する。また、公的問題が遂行される全過程の中で、意見の討議は重要な局面をあたえられる。民主主義を正統づけるものは世論であるという観念では、これらの討議の自主性が重要な要素の一つとなっている。形成された世論は、支配的な権力制度の内部で積極的に実現され、あらゆる権力機関は、支配的な世論によって、形成され、廃止される。そして、自分たちの要求の実現のされ方に不満を感ずるばあいには、公衆のメンバーたちは、たんに個々の政策を批判するだけにとどまらず、法的権威の正統性そのものを問題にする。ジェファーソンは、時折は「革命」の必要があると説いたが、その意味の一つは、まさにここにある。

そのように考えられた公衆は、古典的な十八世紀民主主義を織り出す織機であり、討論(ディスカッション)は、討論サークルを一つに結びあわせる糸であり梭(ひ)である。そのように考えられた公衆は、討論による権威という観念の根底にあり、自由な討論の偉大な装置としての社会から、真理と正義とが現われるであろうという希望にもとづいている。人々は、問題を提示され、それらを討論し、それらにたいして決定を下し、見解を定式化する。こうして生じた諸見解は、組織され、互いに競争し、ある一つの見解が「勝利をおさめる」。こうして、人々はこの見解を実施し、あるいはかれらの代表たちに実施を命じ、代表たちはただちにそれを実行する。

以上のごときが、古典的民主主義における公衆のイメージである。これらのイメージは、現在でも、アメリカ社会の権力を正当化するために盛んに用いられている。しかし、今や、われわれは、このような叙述が、おとぎ話からつくり上げられた一組のイメージにすぎないことを認識しなければならない。すなわち、それらのイメージは、アメリカの権力システムの運行を近似的に表わすモデルとしてさえ不充分である。現在、人々の運命を左右する問題は、公衆一般という概念によっては、とらえることもできないし、叙述することもできない。公衆社会（コミュニティ・オブ・パブリックス）という観念は、事実の描写ではなく、ある理想の主張であり、事実を装った正統化——現在ではあらゆる正統化がそのような傾向にあるが——の主張である。というのは、今や、注意深い観察者ならばだれでも、世論の担い手としての公衆が、かつての公衆ではなくなっていることを、認めているからである。

古典的公衆社会が大衆社会に変化しつつあるという主張は、これらの疑問を積極的に表現したものである。じっさい、この変化こそは、アメリカの現代生活の社会的・心理的意味を理解する鍵の一つである。

I　公衆民主主義の社会では、ジョン・ロックのいったように、個人の良心が、判断の究極的担い手であり、したがって最高の審判者であった。しかし、E・H・カーが指摘しているように、ルソーが「初めて、全人民の主権という点から考察を進め、大衆民主主義の問題に直面した」[1]とき、この原則は挑戦されたのである。

Ⅱ　公衆民主主義の社会では、それを構成している諸個人の間に、諸利害の本来的な、平和な調和の存在が予定されていた。しかし、本質的に保守的なこの教義は、そのような利害の調和は、まず改革によってつくりだされねばならぬという功利主義の教義に道を譲り、ついで、階級闘争を説くマルクス主義の教義にとって代わられた。その当時においても今日においても、利害の調和よりも階級闘争の方が、現実により近いことはたしかである。

Ⅲ　公衆民主主義の社会では、公衆行動（パブリック・アクション）が起されるに先立って、その行動を決定する諸個人の間で合理的討論が行なわれ、したがって、そこから生ずる世論は、理性の誤りなき声である、と前提されていた。しかし、このことは、次のような諸点から、疑問視されるようになった。すなわち、(1)微妙複雑な問題にたいして決定を下すには、専門家の手をかりる必要がある、ということの認識。(2)フロイトが指摘したような街頭の人間の非合理性の発見。(3)かつては自律的理性であると思われたものが、じつは社会的に拘束されていることの発見――マルクスによってなされたごとき発見。

Ⅳ　公衆民主主義の社会では、なにが真実で正当であるかを決定したのちに、公衆はその決定どおりに行動する、あるいは、その代表に行動させる、ということが想定されていた。永い目で見ると、世論は正しいばかりでなく、勝利をおさめるのである、と想定されていた。しかし、今や、一般の人々と、その名において決定を下す人々との間に大きなギャップが存在し、公衆は、広範に影響を及ぼす決定が下されてからしばらくしてようやくそれを知らされるというような事態によって、この想定は覆えされた。

これらの想定をあげてみれば、多くの十九世紀の思想家たちの明瞭なオプティミズムを理解することができよう。すなわち、公衆の理論は、多くの点で、理性の支配という知識人たちの理想を、社会一般に投射したものにほかならない。「理性の進化は、社会進化の主要コースを決定する。」とコントは断言している。十九世紀の思想家たちの考えでは、たとえ非合理性や無知や無関心がなお存在するとしても、それらはすべての知性のおくれにすぎず、教育の普及によってまもなく終止符を打たれるであろうものである。この古典的な公衆観の説得力は、この公衆を教育ある人々に限定することによって得られる。一八五九年にジョン・スチュアート・ミルさえも「多数決の専制」について語り、トクヴィルやブルクハルトが、最近オルテガ・イ・ガセットのような政治的モラリストによって一般に広められた見解を予想させる口調で語っている事実は、このことを語るものである。要するに、公衆の大衆への変化とそれにともなうすべての現象は、現代社会の主要動向の一つであり、十九世紀の知的雰囲気を左右したかの自由主義的オプティミズムの崩壊をひき起したおもな要因の一つである。

すでに十九世紀の中ごろには、個人主義は、経済ならびに政治生活における集合主義的形態によって置き換えられ始め、利害の調和は、不調和な階級闘争と組織された勢力間の闘争によってとって代わられ始めた。合理的討論は、複雑な問題にたいする専門家の発言力によって、その人の立つ地位に応じて議論はその利害を代表する方向に歪められているという認識によって、また、非合理的アピールの効果性の発見によって、その権威を失ってしまった。さらに、われわれが次に指摘するような現代社会のいくつかの構造的変化によって、公衆は、積極的に決定を下す力を奪われ始めたのである。

二

この公衆から大衆への変化は、われわれにとってことに関心をひく。というのは、この変化は、権力エリートの意味をあきらかにする重要な手掛りを提供するから。もしも、エリートが公衆から成る共同社会にたいして責任を負い、あるいはさらにその共同社会と結びついて存在しているとするならば、そのような公衆が大衆に変化しつつあるばあいとはまったく異なった意味をもつであろう。

今日のアメリカは、完全に大衆社会(マス・ソサイエティ)でもないし、また、今まで完全に公衆社会(コミュニティ・オブ・パブリックス)であったのでもない。公衆社会といい、大衆社会といい、いずれも、極限型にたいする名称である。それは、現実のある一定の特徴を捉えてはいるが、それ自体は構成概念である。社会的現実は、つねに、この両者のなんらかの混合である。しかし、われわれのおかれている状況のなかにどの程度それぞれが混入しているかの理解を容易にするためには、まず、いくつかの明白な次元を手掛りにして、明瞭な極限型を理解しなければならない。

公衆と大衆との相違を認識するには、すくなくとも四つの次元についてあたってみなければならない。

I　まず第一は、意見の送り手と受け手の比率である。この比率は、マス・コミュニケーションのメディアのもつ社会的意味を、もっとも簡単に示すものである。他のなにものにもまして、この比率の変化こそは、後期民主主義における公衆と世論の問題にとって中心的な重要性をもっている。コミュニケーションの規模の一方の極では、二人の人間が互いに個人的に話しあっているばあいが考えられる。他の反対の極では、一人の送り手が、コミュニケーションのネットワークを通じて、何百万の聴衆に、非個人的（インパーソナル）に話しかけているばあいがある。これらの極端の中間に、種々の集会や大会、議会の本会議、法廷での弁論、一人の人間によって独裁されている小討論サークル、相互に自由に応答している五〇人の人々から成る公開討論会などが存在しているのである。

II　われわれが注目しなければならない第二の次元は、内的あるいは外的報復をこうむることなしに、反応としての意見を表明する可能性である。送り手と受け手の比率を低めるコミュニケーションの手段の技術的条件は、自由に反応を送り返す可能性を妨げる。慣習による制裁とインフォーマルな意見指導の構造にもとづいたインフォーマルな規則が、だれが、いつ、どれだけ意見を表明するかを制約するばあいもある。そのようなインフォーマルな規約は、コミュニケーション過程を制約しているフォーマルな規約や制度的制裁と一致しているばあいもあるし、互いに矛盾するばあいもある。極端なばあいには、コミユニケーションが完全に独占され、また、集団の内部もまったく平定され、そのメンバーたちは、個人としてさえ反応を表明することができない。これと正反対の極端では、意見の形成を広範に、また相互に、許すような条件と、それを奨励する規則が存在するばあいもある。

Ⅲ　われわれは、また、意見の形成と、その意見の社会的行動への実現との関係を考察しなければならない。すなわち、重要な結果をともなう決定の形成にたいして、意見がどの程度の力を及ぼしているか、である。いうまでもなく、人々が自己の意見を集団的に実現するこの機会は、権力構造における地位によって制約されている。あるばあいには、権力構造が、そのような能力をまったく制限しているし、あるばあいには、そのような行動を許容し、さらには誘発さえする。また、それは、社会行動を地方的領域に閉じこめてしまうばあいもあるし、その機会の範囲を拡大するばあいもある。さらに、時々そのような行動を可能にするばあいもあるし、継続的――といってもその程度はさまざまであるが――に可能にするばあいもある。

Ⅳ　最後に、制裁と統制とをともなった制度的権威が、どの程度に公衆に浸透しているかがある。ここでの問題は、どの程度に、公衆が、制度化された権威から、純粋な自律性を保っているか、である。一方の極端を考えれば、いかなる制度的権威の代行者も、自主的な公衆の間には存在しない状態が考えられる。他方の極端では、密告者が公衆の中に浸透し、警戒心が広がり、公衆が恐怖のために画一化される状態がある。後期のナチズムにおける地域組織、十八世紀の日本の五人組制度、ソビエトの細胞組織を考えればよい。極端なばあいには、制度化された権力構造が、討論による非制度的な影響力の波動と一致し、討論の意味を破壊してしまう。

これらいくつかの点を結びあわせると、社会の諸タイプの小モデル、あるいは見取図を構成することができる。ここで取り上げている「世論の問題」は、古典的なブルジョア的公衆の没落によって提起されるにいたったのであるから、ここでは、二つのタイプ、すなわち、公衆と大衆だけを取り上げよう。

公衆においては、われわれの理解では、(1)意見の受け手とほとんど同程度に多数の意見の送り手がおり、(2)公衆にたいして表明された意見に、ただちに、また効果的に反応を示す機会を保障する公的コミュニケーションが存在し、(3)そのような討論を通じて形成された意見が、効果的な行動として――必要なばあいには現存の権威秩序に対抗する行動として実現される通路が容易に見出され、(4)制度化された権威が公衆に浸透しておらず、公衆としての行動に多かれすくなかれ自律性が保たれていること、などである。これらの条件が存在しているばあいには、公衆社会のモデルが生きているといえよう。このモデルこそは、古典的民主主義の理論のいくつかの前提条件を完全に満たすものである。

他の極端では、大衆においては、(1)多数の人々は、たんなる意見の受け手にすぎない。ここでは、公衆社会（コミュニティ・オブ・パブリックス）はマス・メディアから印象を受け取る、個人の抽象的な集合にすぎなくなっている。(2)支配的なコミュニケーションは、個人が迅速に、また効果的に反応を示すことを困難にし、あるいは不可能にさえするような組織におかれている。(3)意見の行動への実現は、種々の権威によって統制されている。これらの権威は、そのような行動の通路を組織化し、統制しているのである。(4)大衆は、制度化された権威からの自律性をまったくもっていない。制度化された権威の代行者は、この大衆に浸透し、討論を通じて意見を形成するさいの自律性を根こそぎ奪ってしまう。

公衆と大衆は、いかなる様式のコミュニケーションが支配的であるかという点から、もっとも容易に区別される。すなわち、公衆社会では、討論が支配的なコミュニケーションの手段であり、マス・メディアは、たとえ存在しているばあいにも、たんに討論を広め活発にし、面接関係にもとづく公衆（プライマリー・パブリック）を相互に結びつけるだけのものである。大衆社会では、支配的なコミュニケーションの型は、制度化されたメディアであり、公衆はたんなるメディア市場（メディア・マーケット）となる。すなわち、所与のマス・メディアの内容を受け取るだけの存在となる。

三

われわれの採りうるほとんどいかなる角度からみても、公衆をながめたばあい、われわれが大衆社会への道をかなり進んでいることはたしかである。この道の果てには、ナチ・ドイツや共産ロシアにおけるような全体主義がある。われわれはまだそこまでは行っていない。現代のアメリカでは、メディア市場は、面接関係にもとづく公衆（プライマリー・パブリック）にたいして、完全な優勢を示してはいない。しかし、現代の公的生活の多くの面は、公衆社会（コミュニティ・オブ・パブリックス）よりも大衆社会（マス・ソサイエティ）の特徴の方をより多くもっていることはたしかである。

経済市場と世論の担い手としての公衆との間にみられる歴史的並行現象という点から、生起しつつある事柄を捉えてみることもできよう。簡単にいうと、小勢力の広範な分散から、権力の集中と強力な中心からの独占的統制の試みへの変化がどちらにもみられる。この強力な中心は、ある程度隠れた存在であり、権威の中心であると同時に操作の中心でもある。近隣に奉仕する小規模な商店に代わって、全国的規模の大会社の匿名的存在が現われ、商人と顧客との間の意見の個人的影響関係は、大量広告によってとって代わられる。政治指導者たちは、全国に張りめぐらされたネットワークを利用し、一面識もない何百万の人々にたいして、あたかも個人的に知りあっているかのごとき口調を適当に入れて、話しかける。公衆を冷酷に操作する「意見産業（オピニオン・ビジネス）」は、あらゆる職業と産業を含んでいる。

面接関係にもとづく公衆（プライマリー・パブリック）では、人々は自己の利害と理性的思考による見解をもち、互いに意見の競争（コンペティイション・オブ・オピニオン）が行なわれている。しかし、メディア市場から成る大衆社会では、たとえそのような競争があるとしても、それは、一方では、マス・メディアを駆使する操作者（マニピュレーター）たちと、他方では、操作者たちの宣伝を受け取る人々との間の競争でしかない。

そのような条件のもとにあっては、世論は、マス・メディアの内容にたいするたんなる反動（リアクション）——「反応（レスポンス）」とはいえない——にすぎない、という考えが生じてきても、別に不思議ではない。この見解では、公衆とは、マス・メディアに受動的に接触し、これらのメディアから流れる示唆や操作にたいして無気力に動かされる個人の集合にすぎない。集中化された統制力の中心からの操作という事実は、いわば、自由な均衡市場で活動していた小規模な意見製造者や消費者の大群の収奪を意味する。

公的サークルでは、「公衆」という言葉そのものが――ウォルター・リップマンが三〇年前に指摘したように――、幻想的意味（ファントム・ミーニング）をもつにいたった。このことは、公衆の衰退をドラマティックに示している。決定を下すエリートの立場からみて、公的に騒がしい存在のうち、あるものは「労働（レイバー）」、他は「資本（ビジネス）」、さらに他のものは「農民」と名づけられる。これの残りが、「公衆（ザ・パブリック）」を構成する。このような用い方では、公衆は、明確なそして党派的な諸利害の相争う世界において、不定形の、非党派的な利害から成っている。社会構成からいうと、教育程度の高く、しかも雇用者の地位にある専門的職業従事者――ことに大学教授、未組織雇用者――ことに、ホワイト・カラー、その他自営の専門的職業従事者、小実業家などが、公衆を構成する。

この公衆は、古典的公衆概念のかすかなこだまにすぎない。この公衆は、新旧中産階級の残滓から成っており、その利害は、はっきりした形をとらず、組織化されておらず、また騒々しく主張もされない。往々にして、「公衆」は、奇妙にも、「中立の立場に立つ専門家」なるものにすりかえられることがある。この中立の立場に立つ専門家は、組織化された諸勢力が焦点に押し出してきた争点にたいして、精通した知識をもってはいるが、はっきりした立場を公的には示さないのである。かれらは、種々の委員会や機関の「公益（パブリック）」代表メンバーである。したがって、公衆とは、往々にして、政策の曖昧（虚心坦懐（オープン・マインデッド）など と呼ばれる）、公的問題への関与の欠如（理性的態度（リーズナブルネス）として知られる）、職業的無関心（寛容（トレランス）といわれる）を表わしている。

労資調停機関においてみられる、かかる公的な公益代表たちは、精通した知識だけを身につけ、はっきりしすぎた立場を示さぬように注意しながら、若いときから慎重にその経歴をたどるのである。また、公的な機関で地位を占めていないけれども、そのような専門家をモデルとしている人々が、多数存在している。この中立性の装いをとるさいの唯一の問題は、かれらはあたかも公正な裁判官であるかのように振舞っているが、じつは裁判官の権力をもっていない点である。したがって、かれらの理性的態度、寛容、虚心坦懐などは、多くのばあい、人間生活の運行にはたいした意味をもたない。

四

さきに指摘したような、政治家と、政治家の支配する均衡社会との衰退をもたらした諸傾向は、*この公衆から大衆への変化に決定的関連をもっている。この諸傾向に関連する構造的変化のうち、もっとも重要なものの一つは、自発的結社の衰退である。自発的結社は、まさに公衆の手足であった。さきに指摘したように、経済・軍事・政治の諸制度における執行権の優位は、一方では国家と経済、他方では家族と第一次集団における個人、この二つの次元を媒介する自発的結社の効果的機能を低下させた。権力構造は、大規模化し極度に集中化しただけでなく、同時に、そこにおける政治の比重が低下し、行政の比重が増大した。組織された公衆が衰退してきたのは、このような状況の大幅な変化のなかにおかれたためである。

＊　とくに独立中産階級の衰退については、第十一章「均衡理論」を参照せよ。

規模という点からみると、公衆から大衆への変化は、きわめて限定された（財産・教育・性・年齢などによって）政治的公衆から、市民権と年齢という資格しか要求しない巨大な大衆への変化によって支えられている。

組織という点からみると、この変化は、個人と、個人が直接に接触する地域社会から、組織された権力の主要単位としての自発的結社と大衆政党への変化によって支えられている。

自発的結社は、大規模化しつつあり、また、それによって、有力な存在となりつつある。個人は、討論を通じて、自己の属する組織の政策を形成するはずであるが、まさにその組織の規模のゆえに、自発的結社は、個人の手に負えぬ存在になりつつある。したがって、他の、より旧い諸組織と同じく、これらの自発的結社は、個人にたいする把握力を失ってしまった。政治的舞台に登場する人々の数が増加するとともに、これらの自発的結社の規模は巨大化し、個人の力はそのような巨大組織にたいする依存を強め、自発的結社は個人の影響力の及ばない存在となってゆく。[*]

＊同時に——また、次にすぐ論ずるが、大都市生活の隔離性と強烈な刺激性のためでもあるが——、個人は、構造全体の像をつかむためには、ますますマス・コミュニケーションに依存せざるをえない。

大衆民主主義は、強力で大規模な利害関係集団（インタレスト・グループ）ないし結社（アソシエーション）の闘争を意味する。これらの集団や結社は、国家・企業・軍部などによって下される巨大な規模の決定と、公衆のメンバーとしての個々の市民の意志とを媒介する。これらの中間水準の結社（ミドル・レヴェル・アソシエーション）は、市民と政策決定とを結ぶ主要な環であるから、市民のそれにたいする関係如何が、決定的に重要である。市民は、そのような結社を通ずることによってのみ、勢力を行使することができる。

巨大結社（マス・アソシエーション）のメンバーとリーダーとの間のギャップは、いよいよ広がりつつある。人間は、大規模で有力な団体のリーダーになると、その団体の一種の道具になりさがりやすい。かれは、⑴その巨大結社における（というより、それにたいする）自己の指導者的地位を維持しようとして、また⑵その巨大結社のたんなる代表者ではなく、自分たちの同類から成る「エリート」の一員として自己を意識するようになるのである。これらの事実は、さらに、⑶このエリートの内部での問題の論じ方と、それらの問題が巨大結社のメンバーたちに提示されるさいのされ方との間のいちじるしい相違を生みだす。というのは、かれらが決定を下すさいには、有力者つまり他のエリートたちを考慮に入れなければならない。これにたいして、一般メンバーたちにたいしては、この決定を売りつけることが必要なのである。

この送り手と受け手、権力と公衆との間のギャップは、寡頭制の鉄則（アイアン・ロー・オブ・オリガーキー）よりも、むしろ、代弁者の法則（ロー・オブ・スポークスマン）をもたらす。すなわち、圧力団体が大規模化するにつれて、その指導者たちは、自分が「代表」する意見を自ら組織するようになる。そして、アメリカにおける選挙は、すでに指摘したように、二つの巨大で扱いにくい政党の間の競争であり、そのどちらにたいしても、個人は自分が影響を及ぼしうるなどと真面目に感ずることはできないし、また、そのどちらも、人々の心理に強烈な印象を与えるような、あるいは政治的に決定的な多数を、獲得しえないでいる。これらすべての点で、政党も、他の巨大団体と同じ一般的形態をもっているのである[2]。

大衆の中の人間は、まったく政治的帰属感をもっていない。という意味は、たんなる感情のスタイルを指しているのではなく、政治的事実を指している。すなわち、⑴一定の所属様式（ウェイ・オブ・ビロンギング）、⑵その対象となる組織の一定の性格、という二つの点を念頭においているのである。

I　ここでいう所属様式とは、ある組織の目的と指導者とにたいする信念を基礎としており、したがって、人々をして、その組織に親近感を抱かせるものである。このような所属は、その組織を人々の自我の心理的中心たらしめ、その組織の行動基準と目的とを良心のうちに、意識的にも無意識的にも取り入れさせる。こうして、人々は、その行動基準や目的を形成すると同時に、それらによって形成されるのである。われわれは、今日、このような所属様式を、いかなる政治的組織にたいしてももっていない。

Ⅱ　ここでいう組織とは、次の三つの特徴をもつ自発的結社である。すなわち、第一に、それは、理性的意見が形成される場であり、第二に、それは、理性的活動が行なわれる場である。また、第三に、それは、他の権力組織にたいして効果的に影響を及ぼしうるくらいに強力な単位である。

人々が往々にしてその政治的・経済的帰属感において不安を感ずるのは、心理的に有意味で歴史的にも有効な組織をもたぬためである。今日、有効な権力単位は、巨大企業であり、はるか上方にそびえる政府であり、陰うつな軍部である。一方の極にそびえるこれらの組織と、他方の極の家族と小規模な地域社会、この二つの間に、人々が安心感をもち、有力感をもちうるような媒介組織が存在しない。今日では、活発な政治闘争など存在しない。その代わりに、存在するものは、上からの行政であり、底辺に広がる政治的真空である。今日では、面接関係にもとづく公衆は、あまりに小さく無力である。また、それらを結びあわせるはずの自発的結社は、あまりに巨大であり、個人から遠く離れた権力構造の一つにすぎない。

権力の座につかぬ人々が、政治的意見を自由にまた公然と表明する権利、しかも、これらの意見が政府の政策や人事や行動に影響を及ぼしそれらを決定する権利を主張するときに、世論は存在する。(3)この公式的な意味の世論は、アメリカでは存在したことがないし、現在も存在しない。しかも、現代社会におけるこの公式的権利の展開とともに——第一、現在でもそれが権利として存在しているか否か疑問だが――、その意味が変わってきている。ちょうど、トム・ペインがパンフレットを発行して活躍した世界が、マス・メディアの世界と異なっているように、かつての自発的結社の世界は、今日の巨大組織とは異なっている。

フランス革命以来、保守的思想家たちは、公衆の勃興を驚きの目をもってながめ、それを大衆（マス）と（あるいはそれと似た言葉で）呼んだ。「民衆が主権者となり、野蛮（バーバリズム）の波が高まりつつある」とギュスターヴ・ル・ボンは書いた。「大衆の神授権が、王たちの神授権に取って代わろうとしている。そして、諸国家の運命は、皇太子たちの会議においてではなく、大衆の心のなかでつくられつつある」[4]。二十世紀では、自由主義的思想家、さらには社会主義的思想家さえもが、ここでいう大衆社会をよりいっそう明確に指しながら、この声に和した。ル・ボンからエミール・レーデラーとオルテガ・イ・ガセットにいたるまで、大衆の影響力が不幸にして増大しつつある、と主張している。

しかし、大衆が強力になってきたと考える人々、あるいはすくなくとも、勢力を増しつつあると考える人々が、間違っていることはたしかである。シャホーティンが指摘しているように、政治生活における自律的組織の影響力は、じっさいには減少してきている[5]。さらに、それらの組織が現在なおもっている影響力も、操られたものなのである。それらは、自律的に行動する公衆ではなく、重要な点にさいしては操作され、街頭の群集となる大衆である。公衆は大衆となり、さらにときとしては群集となる。すなわち、マス・メディアによる心理的凌辱は、激烈な煽動によって補完される。そして、群集のなかの人々は、再び散ってゆき、原子化され隷属的な大衆となる。

あらゆる現代社会では、諸階級と国家とを媒介する自発的結社は、理性的意見の媒体としての、ならびに政治的意志の合理的行使の道具としての効果を失っていく傾向を示している。あるばあいには、そのような結社は計画的に破壊され、支配の受動的道具に転化せしめられている。あるばあいには、それらは、集中化した権力にたいして無力であるために徐々に衰退してゆく。しかし、いずれにせよ、ほとんどあらゆる生活領域で、それらは中央集権的組織に取って代わられつつある。大衆社会を動かしているのは、新たな権力手段をもったこのような中央集権的組織である。

五

大衆社会へ向かってゆく制度的潮流は、かなりの程度まで、非人格的流れである。しかし、公衆としてまだ残っている者たちは、より「人格的」な、意図的勢力にもさらされている。民主主義的政策決定という神話の支配する状況の中で、政治の基盤が拡大され、利用しうる大衆説得の手段が増加するにつれ、世論の担い手としての公衆は、統制・懐柔・操作・脅迫などの強烈な努力の対象となった。

政治・軍事・経済の諸領域で、程度の差はあるが、権力は、大衆の意見をあれこれと想像してはそれに不安を感じ、そのために、世論製造（オピニオン・メーキング）が、権力を維持し獲得する手段として広く用いられるようになった。財産と教育ある少数者の制限選挙は、普通選挙によって、したがって投票獲得をめざす激烈な選挙戦によって置き換えられた。十八世紀の小規模な職業軍隊は、徴兵制にもとづく大衆軍隊（マス・アーミー）によって取って代わられ、国家主義的士気の振興の問題が生じた。小商店は、大量生産工業と全国的規模の広告によって置きかえられた。

諸制度が大規模化し集中化するにともない、世論製造者たちの努力も拡大され、強化された。したがって、現代のエリートは、拡大され集中化された行政・搾取・強制力に加えて、現代独特の心理的管理と操縦の手段をにぎっている。それは、マス・コミュニケーションのメディアと、義務教育制度とを含んでいる。

初期の観察者たちは、コミュニケーションの制度的諸手段（フォーマル・ミーンズ）の規模と量の拡大は、公衆を拡大し活気づけるだろうと信じた。そのようなオプティミスティックな見解――ラジオやテレビ、映画の出現以前に書かれた――では、制度的諸媒体（フォーマル・メディア）は、たんに、個人的な討論の規模と速度を増大させるものと理解されていた。チャールズ・クーリーは次のように書いている、「近代社会の諸条件は、諸思想間の競争を無限に増大させる。たんに比較の対象の欠如のゆえに存続しているような思想は、衰退してゆくだろう。というのは、批判的精神に真に適合している思想がますます広まり、勢力を増すからである」[6]。かれは、地方的社会の因襲にもとづいた合意状態の破壊に興奮を感じ、コミュニケーションの新たな手段が、古典的民主主義の相互意志疎通のダイナミックスを、また、それとともに、合理的かつ自由な個性の成長を促進すると考えた。

マス・メディアの全機能をほんとうに知っている人はだれもいない。というのは、全体としてのこれらの機能は、現在の社会調査の諸手段によっては捉ええないほど、広範であり微妙である。しかし、これらのメディアは、面接関係（プライマリー）にもとづく公衆（パブリック）の討論を拡大し促進するよりも、それを大衆社会的状況におけるメディア市場に変型するのに貢献しているのは確かと思われる。私がこのようにいうのは、意見の送り手が受け手に比していちじるしくすくなく、反応を表明する機会が非常に減少していることだけからではない。また、これらのメディアが「注目」をひきつけようとして、われわれの感覚器官に加える暴力的な俗悪化と紋切型化（ステレオタイピング）だけを指しているのでもない。私が念頭においているのは、メディアによって促進される一種の心理的文盲（サイコロジカル・イリテラシィ）である。それは、次のようないくつかの仕方で現われる。すなわち、

I　社会的現実についてわれわれが知っていると思っている知識のうち、直接的経験によるものはごく一部にすぎない。われわれの観念の大部分は、これらのメディアから得たものである。われわれが自分の目で見たものにたいしてさえ、それについて新聞で読みラジオで聞くまで、それを信じようとしないばあいがある。[7] メディアはわれわれに情報をあたえるだけでなく、われわれの経験をすら導いている。なにを信ずべきか、なにが現実であるかの基準さえ、われわれ自身の断片的経験によってではなく、むしろ、これらのメディアによって決定される傾向がある。

したがって、たとえ個人が、事件にたいして直接かつ個人的な経験をもっているばあいでも、その経験は、じつは直接のものでもないし個人的なものでもない。すなわち、それは、組織され、ステレオタイプによって彩られている。そのようなステレオタイプを除去し、ステレオタイプに左右されざる新鮮な態度で物事を見るには、永い巧みな訓練を必要とする。たとえば、不況に揉まれた人々は、それを「経験」しているのだと考えられ、かれらは、この経験によって、その不況に関するメディアの報道を、暴露または拒絶し、あるいはすくなくとも屈折させて受け取ると考えられている。しかし、そのような構造的変動の経験が、意見形成を左右するためには、組織づけられ、解釈づけされることが必要である。

要するに、マス・メディアにたいする抵抗の基礎として役立ちうるような経験は、生（なま）の出来事の経験ではなく、意味づけられた経験である。元来、経験という言葉を真面目に用いるならば、なんらかの解釈が最初から経験の中には存在している。また、そのような経験にたいする能力は、社会的に植えつけられたものである。さきに指摘したように、個人は、それが他人あるいはメディアによって確認されるまで、自分の経験を信頼しない。そのような直接的経験が、その個人がすでにもっている忠誠や信念と衝突するばあいには、かれはそれを受け入れないのが普通である。その経験が受け入れられるためには、それが、その個人の心の奥に往々にして潜み、かれのイデオロギー的忠誠心の基本的特徴をなす諸感情を満たし、正当化するものでなければならぬ。

あるシンボルにたいする信念とか感情の奥底には、忠誠のステレオタイプが潜んでいる。人々は、このステレオタイプを通じて、社会的世界を眺め、それによって、特定の意見や見解を構成する。いうまでもなく、往々にして人々は、これらの忠誠心に気づかず、したがってそれらを明瞭に定式化することができない。しかし、そのような一般的なステレオタイプが特定の意見の受容や拒否を左右するのは、論理的一貫性の力によるのではなく、その情緒的親近性と、不安解消機能とによる。ステレオタイプと合致した意見を受け入れることは、自分は正しいのだという心地よい確固とした感情を獲得し、しかも自ら思考する手間を省くことである。イデオロギー的ステレオタイプと特定の意見とがこのように結合するとき、忠誠と信念の不一致から生ずるような不安は軽減される。そのようなイデオロギーは、ある特定の信念の方向を喜んで受け入れる素地をつくる。そのようなばあいには、情緒的にも合理的にも、その方向の個々の問題にたいする心理的抵抗を一々克服する必要はなくなってしまう。特定の意見や感情の選択が繰り返されると、それは、あらかじめ組織された態度や情緒となり、その人間の意見生活（オピニオン・ライフ）を形成する。

　より深層に横たわるこれらの信念や感情は、一種のレンズであり、これを通じて、人間は自分の世界を経験する。それは、特定の意見の受容あるいは拒否を強く制約し、現存権威にたいする人々の態度を決定する。三〇年前に、ウォルター・リップマンは、そのような先行信念を、偏見であると考えた。すなわち、この先行信念は、人々が現実にたいして充分な規定を下すのを妨げる、と考えた。今日では、往々にして、このような先行信念は、

〝善い偏見〟と考えられている。すなわち、それらは不充分であり誤解に導きやすいが、それにしても、権力者や世論製造者たちの気狂じみた現実規定よりもましである。それらは、程度は低いが常識の一種であり、常識として抵抗の一つの要因である、とされている。しかし、われわれは、次のような点を認識しなければならない。すなわち、変化の速度が深刻であり迅速であるばあいには、常識(コモン・センス)は、知識(センス)であるよりむしろたんに人々に広く抱かれているというだけのものである。とくに、われわれの子供の「常識」とは、なんらかの確固とした社会的伝統の産物というよりは、かれらが全面的にさらされているマス・メディアによって運搬されるステレオタイプの産物となりつつある。未だかつて、かれらほどにマス・メディアにさらされた世代はない。

Ⅱ　メディアが完全に独占されていないかぎり、個人は、個々の媒体(メディウム)を互いに牽制しあわせることができる。かれは、それらを比較し、その一つの主張にたいして抵抗することができる。メディアの間で純粋な競争が盛んであればあるほど、個人はメディアの命令にたいして抵抗しうる。しかし、今日、このようなことは、現実にはどの程度生じているのか。いったい、人々は、公的事件や政策についての情報を比較し、ある一つの媒体の内容を、他の媒体の内容とつきあわせることをするだろうか。

その答は、一般的にいえば、否である。きわめて少数の人々がそのようなことをするにすぎない。すなわち、(1)御存知のように、人々は、すでにかれらが同意している内容を伝達するメディアを選択する、つまり、先行する意見にもとづいて新しい意見を選択する傾向がある。対立するメディアの中から反対意見を探し出すような人はいない。特定のラジオ番組や雑誌や新聞は、多くのばあい、むしろ固定した層を獲得しており、それらのメディアの呼びかけは、かれらの心の中に存在しているものを強化する。(2)ある一つの媒体を他の媒体に対抗させるという考えは、さまざまのメディアが真に異なった内容をもつという前提に立っている。それは、純粋な競争を前提としている。しかし、この純粋な競争は、広範囲には存在していない。メディアはたしかに多様性を示し競争しあっている。しかし近寄ってよく見るならば、メディア間の競争は、正面から対立する争点をめぐるものではなく、少数の標準化された命題における相違をめぐるものである。争点を効果的に提起する自由は、これらのメディアに容易にまた継続的に近接しうる少数の勢力だけにますますかぎられてきているようである。

Ⅲ　メディアは、外界の現実にたいするわれわれの経験の中に浸透するばかりでなく、われわれの自我経験の内部に入りこむ。それは、われわれに、新たな自我意識（アイデンティティ）と、自我の新たな願望像とをあたえる。それは、われわれに行動のモデルを提供し、新たな、より広く通用する、われわれの自我の評価基準を提供する。現代の自我理論の言葉を用いると、(8)メディアは、その受け手の視野のなかに、より大きな、より高次の準拠集団（レファレンス・グループ）をもちこむ。この準拠集団は、現実に存在する集団のばあいもあるし想像された集団のばあいもあり、個人的に知っている集団のばあいもあるし、あるいは遠くからチラリとうかがい知っただけの集団のばあいもあるが、いずれにせよ、それは、かれの自我像の鏡である。メデイアは、われわれが自己の自我像を写し出す鏡の役割をはたす集団の数を増大させた。それだけではなく、(1)メディアは、大衆の中の人間に、自分がなんであるかを教える。すなわち、それは自我意識(アイデンティティ)をあたえる。(2)それは、かれに、自分がなにになりたいかを教える。すなわち、願望をあたえる。(3)それは、いかにしてこの願望を実現するかを教える。すなわち、技術(テクニック)をあたえる。また、(4)それは、現実にはそうならなくとも、そのようになったと感ずる方法を教える。すなわち、逃避(エスケープ)をあたえる。自我意識と願望とのギャップは、技術と逃避とに導く。現代のマス・メディアの基本的な心理的機能は、以上のように定式化されるだろう。このように定式化される現代のマス・メディアは、人間の発達に合致していない。この定式は、マス・メディアが創出し維持している似而非世界(プシュード・ワールド)の定式である。

Ⅳ　マス・メディア、ことにテレビは、今日を風靡しているが、それは、往々にして小規模の討論を侵略し、理性的な、時間をかけて熟慮された、温かみのある意見の交換を破壊する。それは私的生活とそれにともなうすべての人間的意味とを破壊する主要原因である。メディアが、教育的力として働かぬばかりか邪悪な力であるおもな理由は、ここにある。すなわち、メディアは、聴視者あるいは聴取者たちの私的緊張や不安、漠とした反感や半出来の希望が由来する、より広い源泉をかれらにあきらかに示さない。メディアは、個人がその狭小な環境を乗り越えうるように助けもしないし、その環境が個人にたいしてもつ意味をあきらかにもしないのである。

メディアは、世界の出来事について多量の情報とニュースとを提供するけれども、その受け手が、自分の日常生活を、これらのより大規模な現実に結びつけて考えることを可能にしない。公的問題に関してそれが提供する情報と、個人が感じている悩みとは、きり離されている。メディアは、個人内部の緊張であれ、個人の中に反映している社会の緊張であれ、緊張にたいする合理的洞察力を増進させぬ。反対に、それは、人工的に熱狂をつくり出し、個人の注意をそこに釘づけにし、逸散させ、自らと世界とを理解する機会を隠してしまう。また、この人工的熱狂は、暴力的行動やユーモアと呼ばれる気分を与えることによって、あらかじめ定められたプログラムの枠内で解消させられる。それは、実際には、なんらの解決をももたらさない。メディアのつくり出す緊張のおもなものは、商品にたいする欲望と現実におけるその商品の非所有との緊張、美貌への願望と現実の容貌との緊張などである。ほとんどあらゆるばあい、メディアは強烈な刺激と煽動をふりまき、緊張した気分をかき立てる。しかし、それは、向かうべき方向を示さないし、また、向かうべき方向をもたないのである。

ところで、現に組織され機能しているメディアは、たんに、アメリカを大衆社会に変化させた主要原因であるだけにとどまらない。それはまた、富と権力を握るエリートの手中にあるもっとも重要な権力手段の一つである。さらに、これらのメディアを動かす上層部の一部は、かれら自身、エリートの一員であり、あるいはその召使たちの中で非常に重要な地位を占めている。
エリートと並んで、あるいはそのすぐ下に、宣伝担当者、広報専門家、パブリック・リレーション担当者などが控えている。かれらは、権力の能率を上げ、威信を高め、富を安泰にするための計算の中で、世論という項目が安全項として書きこめるように、世論の形成をコントロールしているのである。過去二五年の間に、自分たちの任務にたいするこれらの世論操縦者たちの態度は、一種の弁証法的発展をたどってきた。

最初は、マス・メディアの能力にたいする絶大な信仰があった。言葉は、戦争の勝利をもたらし、石けんの販売を増大させる。それは、人々を動かし、あるいは抑制する。一九二〇年代のある宣伝マンはこう叫んだ。「費用さえ惜しまぬならば、いかなるトピックに関しても、いかなる方向にも世論を製造することができる」[(9)]。大衆説得者としてのマス・メディアに世論製造者たちが寄せた信頼は、ほとんど魔術にたいする信頼に等しかった。しかし、マス・コミュニケーションの全能にたいする信仰は、公衆にたいする信仰が存在する限りでしか、維持されるものではない。公衆にたいする信仰はぐらついた。マス・メディアは、競争で誇張された大量の内容を散布し、その内容を俗悪化し、互いに他の内容を打ち消しあった。戦時宣伝の虚偽と戦後の幻滅とにたいする反応として「宣伝恐怖症」が広がった。マス・メディアの魔術にたいするこの不信は、世論製造者たちの間で、一つのスローガンとなって広まった。すなわち、「大衆説得だけでは充分ではない」というスローガンである。

かれらは当惑し、考察をめぐらしているうちに、社会的状況という原則を受け入れるにいたった。意見と活動を変化させるには、操作の対象となる連中の全状況と全生活に注意を払わなければならぬ、とかれらは互いに言いあった。大衆説得(マス・パーシュエーション)と並んで、個人的(パーソナル・)影響力(インフルエンス)をなんとかして利用しなければならない。人々をその生活状況の中で、しかも、他の人々、かれらの日常の友人、かれらがもっとも信頼する人々を通じて、捉えなければならない。すなわち、なんらかの種類の「個人的」説得(パーソナル・パーシュエーション)によって、かれらに到達しなければならない。露骨な手を使ってはならない。たんに忠告や命令を下すよりも、操作(マニピュレート)の手段を使わなければならない、とかれらは考えた。

ところで、人々がその中で生活し、その人々に絶えざる期待を課するこの直接的社会環境とは、いうまでもなく、われわれが面接関係にもとづく公衆(プライマリー・パブリック)と呼んだところのものである。広告会社やPR活動事務所の内部をのぞいたことのある人はみな御存知のように、この面接関係にもとづく公衆は、世論製造者たちにとって、今なお未解決の大問題である。消極的側面では、個人のおかれた社会的状況が意見や公的行動に影響力を及ぼすという認識は、ものをいう公衆(アーティキュレイト・パブリック)が、マス・メディアのコミュニケーションに抵抗し、それを屈折させることを意味する。積極的側面では、この認識の意味するところは、公衆が孤立した個人から成り立っているのではなく、考慮に入れられるべき先行意見をもち、さらに、互いに、複雑かつ親密に、直接かつ継続的にたえず影響をあたえあっている個人から成り立っている、ということである。

世論製造者たちは、この自覚的公衆を中立化し、さらには自分の側に利用しようとして、この人々を、自分たちの見解を中継するネットワークに仕立てあげようと試みている。世論製造者たちが、この面接関係にもとづく公衆に直接かつ公然と働きかけうるほど強大な権力をもっているばあいには、かれらは権威主義的傾向を示す。しかし、かれらが、そのような権力をもたず、したがって、間接的かつ隠密に行動しなければならぬばあいには、かれらは、操作者(マニピュレーター)としての姿勢をとる。

権威(オーソリティ)とは、顕示的で、程度の差こそあれ「自発的に」服従される、権力(パワー)である。これにたいして、操作(マニピュレーション)とは、影響を受ける人々に知られない、「秘密」な、権力の行使である。古典的民主主義社会のモデルでは、操作などということは問題にならない。というのは、正式の権威は、公衆自体に、また、公衆によって任免される代表者たちにある。また、完全に権威主義的社会でも、操作などということは問題にならない。というのは、権威は、公然と、支配制度とその代行者たちと同一視され、かれらは、権威を裸のままで、堂々と行使する。極端なばあいには、かれらは、権力を獲得し維持するさいに、権力の存在を隠す必要などを感じないのである。

集中化され、しかも恣意的な権力をにぎっている人々が権威をもたぬばあい、あるいは、なにかの理由で、その権力を公然と使用したくないばあいに操作が問題となる。そのばあい、権力者は、その権力を示さずに支配を維持しようと試みる。かれらは、正統性の承認を広く獲得することなしに、いわば秘密裡に支配しようと欲する。操作が権力行使の主要様式となるのは、このような中間のばあい——現代アメリカにおける現実のように——においてである。一握りの人々が政策を決定しており、しかも、かれらは、その決定を、無関心ないし非協力的な人々にすくなくとも裏書きさせねばならない。かれらは、この人々にたいし、公然たる権威を行使していないのである。その一握りのグループは、人々を操作して、自分たちの下した決定を喜んで受け入れさせ、快活に支持させるように、あるいは、すくなくとも、反対意見を拒否させるように、仕向けようと試みている。

権威は、表向きは、「人民」にある。しかし、イニシアティヴをとる力は、じっさいには、一握りのグループに握られている。したがって、操作の標準的戦術は、「真に決定を下している」のは人民——あるいは、すくなくともその多数——である、と見せかけることにある。したがってまた、権威を利用できるばあいでさえ、操作という隠密な、より静かな方法が好まれる。

しかし、今日では、人々の教育程度が高くなっているではないか。マス・メディアの効果の増大よりも、教育の普及の方が重要ではないか。このような反問が出されるかもしれない。これにたいする答は、簡単にいうと、大衆教育(マス・エデュケーション)は、多くの点で、さらにもう一つのマス・メディアになっている、ということである。

わが国で広く一般に理解されるようになったことだが、元来、学校教育の主要任務は、政治的任務であった。すなわち、市民により多くの知識をさずけ、それによって、公的問題にたいする思考力と判断力を増進させることであった。時の経過とともに、教育の機能は、政治的機能から経済的機能に変化した。すなわち、人々を訓練してより給料の高い仕事につかせ、昇進させることに変わった。このことは、ことに高等学校拡張運動にあてはまる。この運動は、ホワイト・カラー的技能を公費で養成するという資本（ビジネス）の要求に合致するものであった。教育の大きな部分は、たんなる職業教育に変わってきた。政治的任務についていえば、多くの学校では、それは、たんに惰性的に繰り返される愛国心教育に縮小された。

　職業生活において多かれすくなかれ直接に役立つ技能の訓練は、たしかに、重要な課題である。だからといって、それと、高等普通教育（リベラル・エデュケーション）との区別を見失ってはならない。すなわち、仕事の上での昇進は、いかに高い地位のそれであっても、自己の発展（セルフ・ディヴェロップメント）とは違う。ところが、今日ではこの二つが系統的に混同されている。[10]「技能（スキル）」の中には、高等普通教育（リベラル・エデュケーション）――つまり、自己を発展させる教育（リベレーティング・エデュケーション）――の目的と、多かれすくなかれ関連をもつものもある。中立的な技能と思われるものをめざしている学界では、技能と価値とをわかつことが簡単だと考えられているが、じっさいにはそうではない。高等普通教育という問題を真剣に考えてみると、なおさらそうなのである。もちろん、一方の極に技能をおき、他方の極に価値をおいた教育の尺度を考えることはできる。しかし、古典的公衆にもっとも重要であるのは、この尺度の中間領域である。それは、感受性（センシビリティ）とでも名づけられよう。

ある人間に旋盤の運転法や読み書きを教えこむのは、たしかに技能教育である。ある人々に、かれら自身が真に欲しているところのものは何であるかを理解させ、あるいは、ストアの哲人、キリスト教徒、人文主義者などの生活信条について、かれらと討論することは、あきらかに価値の教育（エデュケーション・オブ・ヴァリュー）である。しかし、ある一群の人々を助けて、かれらを真に教養ある公衆の真の一員たらしめる文化的・政治的・技術的感受性を生みださせるのは、技能訓練であると同時に価値の教育である。かつては治療（セラピー）とは、自分の自我についての知識を明晰にすることを意味したが、このような教育は、その意味での治療を含んでいる。それは、自分自身と討論する技術——われわれはそれを思考という——のすべてを伝授することを含んでいる。感受性を養成するそのような高等普通教育の最終的目標は、自らを教育し、自らの教養を高めていく男女を生みだすことにおかれている。

　純粋型としての公衆の教養ある人士は、自己の個人的問題を社会問題に結びつけ、それが社会にたいしてもつ意義と社会がそれにたいしてもつ意義とを洞察することができる。かれは、自分が個人的悩みとして考え感じている事柄は、往々にして、他人もともに苦しんでいる問題であり、いかなる個人といえども一人では解決できず、自分が生活している集団の構造を、さらにときとしては全社会の構造を変革することによってのみ解決できる問題である、ということを理解しうるのである。

　大衆の中の人間は、個人的悩みにとりつかれたばあい、その真の意味と源泉とを意識していない。公衆の中の人間は、問題に直面し、その問題の性格を意識している。個人的悩みを公的問題にまで、また、公的問題をそれが個人にたいしてもつ人間的意味という点にまで、絶えず翻訳することこそ、高等普通教育機関の任務であり、その教育を受けた人々の任務である。突込んだ政治的討論が一般に行なわれていない今日では、おそらく成人学校が、まさにこのような討論を快く迎え入れる場であろう。公衆社会では、高等普通教育は、次のような任務をはたす。すなわち、公衆の独立性を保持し、不撓不屈の訓練された知識をもった精神の発展を援助し、大衆生活(マス・ライフ)の重圧にも屈しない勇敢で感受性に富む個人を育てることである。しかし、今日の教育は、知識を、現代の悩める人々の人間的要求や、市民の社会的行動と直接に結びつけていない。こうして、市民たちは、自己の偏見や欲求不満の根源を認識しえず、また、自分自身について、その他あらゆる事柄について、明晰な思考を進めることもできない。かれは、思想や知識のうえで挫折感を感じても、それを現在の社会組織と結びつけて考えることができない。かれは、現在、「知性ある市民」が直面している任務に耐えることができないのである。

教育制度はこれらの任務をはたしてこなかったし、現在でも、まれな例外を除いて、はたしていない。それは、たんなる職業的あるいは社会的昇進のエレベーターとなっており、どのレヴェルでも、政治的に臆病になっている。そのうえに「職業的教育家」の手によって、多くの学校は、「生活適応(ライフ・アジャストメント)」のイデオロギーにもとづいて運営されている。このイデオロギーは、個性と公衆としての独立性とを求めて闘争するよりは、大衆的生活様式を受け入れることを奨励している。*

＊Ａ・Ｅ・ベスターはこう書いた。「もしも学校がその任務をはたしているならば、国民の知的水準の向上にどれだけ有意義な、また疑いもなく明瞭な業績がなされたかを、教育者たちに指示してもらおうではないか。この知的水準は、国民一人当りの書籍や真面目な雑誌の発行部数、映画やラジオ番組における嗜好の進歩、高い水準の政治的討論、言論と思想の自由にたいする尊重の増大、大人が漫画本を読みふけっているというような精神的遅滞を示す証拠のいちじるしい減少、などで測れるだろう。[11]」

ほとんど疑いもなく、現代の退行的教育家たちの教育内容や教育実践にたいする考え方は、大衆という観念にあわせてつくられている。かれらは、文化的水準や知的厳格さなどの諸規範を真剣に広めてはいない。むしろ、かれらは、職業上の小手先の技術や「生活への適応」――それは、大衆の怠惰な生活を意味する――などという瑣末事に関わっている。「民主的学校」とは、知的凡庸と、職業訓練、国家主義的忠誠心の養成以外にはほとんどなにも意味しないばあいが多い。

六

現代社会の構造的諸傾向と、現代社会のコミュニケーション技術の操作的性格とは、大衆社会の中で合流する。大衆社会は、多くのばあい、大都市社会である。大都市の成長は、人々を狭小な慣行と環境の中に隔離し、公衆としての一体性についての確固たる感覚を喪失させる。小さい地域社会における公衆のメンバーたちは、互いに多かれすくなかれ全面的に知りあっている。というのは、かれらは、全生活のいくつかの点で顔をあわせているからである。大都市社会における大衆のメンバーたちは、分化した環境の中で部分的存在として互いに知りあっているにすぎない。すなわち、自動車を修理してくれる職工、食堂で給仕してくれる子、売子、自分の子供を教えてくれる教師、などとして互いに知りあっているにすぎない。人々がそのような接触の仕方をしているばあいには、先予判断（プリジャジメント）とステレオタイプが幅をきかし、他人がじっさいにどのような状態にあるかは、問題にされない。

すでに指摘したように、人々は、自分がすでにもっている信念を肯定するメディアを選択する傾向がある。それと平行して、大都市の隔離状態におかれた人々は、自分と似た意見をもつ人々と接近する傾向がある。それ以外の人々にたいしては、かれらは、真面目に相手になぞしない。大都市社会では、人々は、自らを大都市の刺激から守るために、無感動な礼儀作法をつくりだす。したがって、かれらは、真の見解の対立、真の争点（イッシュー）を経験しない。そのような対立に遭遇するばあいには、それを粗野にすぎないと考えやすい。

かれらは、日々繰り返される生活の中に埋没し、討論によって、ましてや行動によって、多かれすくなかれ狭小なその生活を踏み越えない。かれらは、自分たちの住む社会の構造と、その中における公衆としての自分たちの役割など認識しない。都市はそのような狭小な環境から構成されており、都市に住む人々は互いに隔離される傾向がある。都市の「刺激に富んだ多様性」も、「寝室地帯（ベッドルーム・ベルト）」、すなわち、ある一つの階級が集まり住んでいる郊外地帯に住む人々を刺激しない。この人々は、自分と同じ種類の人々しか知らずに生活しているのである。大都市に住む人々は、他の環境におかれた人々と接触するばあいにも、ステレオタイプと偏見に満ちたイメージを通じてしか接触しない。各人は、それぞれの狭いサークルにとらわれ、他のグループ――それがいかに容易に認めうるグループであっても――から隔離されている。そのように狭小な環境におかれた人々にたいし、マス・メディアは、かれらの外部にばかりでなくかれら内部についてさえ、擬似世界（シュード・ワールド）をつくり出すことができるのである。

公衆は、自分の住んでいる環境を超越する。個人的には、知的努力により、社会的には公的行動によって、それを超越する。思考と討論と組織的行動によって、公衆社会は、構造的関連を感じ、じっさいに構造的関連の諸点で働きかける。

しかし、大衆のメンバーたちは、思考においても活動においても、その環境を超越しえない。ただし、モーター・サイクルに乗った官僚のいわゆる「組織された自発性」の下にある極限状況においては、これを超えることもできよう。しかし、われわれはまだそのような極限状況にはたっしていない。しかし、アメリカの大都市の住民たちを観察すると、そのような極限状態への心理的準備が見られることはたしかである。

環境への局限ないしそれからの超越という問題は、次のように考えられる。すなわち、少数の人々が失業し、しかも職を求めていないばあいには、その原因は、かれらの直接的環境と性格とにある。しかし一二〇〇万人の人々が失業しているばあいには、かれらがみな突然「怠惰」になり、「無用者」になったとは信じられない。経済学者は、これを「構造的失業」と呼んでいる。その意味は、一つには、失業者たちは、雇用のチャンスを自らの力ではどうしようもないという意味である。構造的失業は、ある一つの工場や町から発生するものではなく、また、ある一つの工場や町ではどうすることもできぬ。さらに、ある工場や町にいる普通一般の人々は、それが自分の個人的環境を粉砕しても、それにたいしてどうすることもできない。

ところで、社会構造と個人的環境とのこの区別は、社会学的研究にとってもっとも重要であり、有用でもある。その区別は、現代アメリカにおける「公衆」の位置の理解を容易にする。あらゆる主要な生活領域において、構造感覚の喪失と、無力な環境への没入が、基本的事実となっている。それがもっともはっきり現われているのは、軍隊においてである。というのは、ここでは、人々は、厳密に限定された役割を演じており、全体の構造を認識しているのは頂点の司令部だけであって、しかも、この見解は、公式の秘密として厳重に隠されているから。経済における分業も同じ事情である。経済組織の内部で人々が遂行している職務も、程度の差こそあれ、狭小な環境であり、全体としての生産過程にたいする見透しをもちうる地位は、少数の者の手中に集中化されている。人々は、生産物や生産手段から疎外されているばかりでなく、生産構造ないし生産過程のいかなる理解からも疎外されている。政治秩序においては、底辺の諸組織は断片化し、中層水準の諸組織だけが増殖し人々の注意をそこに逸散させている。このような状態におかれた人々は、全体を把握することができず、頂点を見きわめることもできず、かれらがその中で生きている全体構造とその中におけるかれらの位置とを左右する争点を認識することができない。

共同社会の喪失が嘆かれているが、その基本的意味は、このような構造的見解ないし構造的地位の喪失にある。大都市では、環境の分化と生活慣行の隔離は、個人とその家族の次元にまで迫っている。都市は、重要な政策決定の単位ではないけれども、都市の市民たちの大部分は、その都市をすら、全体的構造として把握していないのである。

一方では、政策決定の構造の大規模化と集中化があり、他方では、狭小な環境への埋没の進行がある。どちらの側からも、コミュニケーションの制度的(フォーマル)メディア――教育のメディアをも含めて――への依存が増大している。大衆の中の人間は、その狭小な環境を超越する見解をこれらのメディアから得ていない。それどころではなく、これらのメディアによって、かれの経験はステレオタイプ化され、かれはステレオタイプ化した経験の中に埋没する。かれは、客観的立場から、自分の経験を眺めることができない。それを評価することもできない。ましてや、自分が経験しなかったことを客観的立場から認識し評価するなどということはとうていできない。かれの生活経験は、われわれが反省と叫ぶあの内面的討論の代わりに、一種の無意識的な、おうむ返しのひとりごとにつねにつきまとわれている。かれは、かれ自身の計画をもたない。すなわち、かれは、既存の慣行にしたがうだけである。かれは、自分の日常的環境を超越しえない。かれは、自分の日常経験とそれを実際に左右している基準とを、真に認識していない。すなわち、かれは押し流され、習慣にしたがっているだけであり、かれの行動は、混乱した規範と、他人から受け入れた無批判的な期待との無計画的な混合の結果にすぎない。しかも、この他人を、ほんとうには知りもしないし、信頼もしていないのである。

かれは、現存の事態を肯定し、それを最大限に利用する。また、二年か三年ぐらいの先を——子供や月賦の支払金の残りがあるばあいにはもう少し先を——見透そうとはする。しかし、自分が真に欲しているものはなにか、とか、それに到達するにはどうしたらよいか、などと真面目に問うことはない。漠然としたオプティミズムがかれを満足させ、支えている。ときどき、ちっぽけな悲惨や失望がそれを乱すけれども、すぐに葬られてしまう。大都市の狂乱の中——そこでは、各人の自我というものも、企業がせっせと外から作り出しているにすぎない——での大衆の生活のスタイルのどこかが間違っていると感ずる人の目から見ると、かれはきざに見える。しかし、かれは、自分自身や自分の努力を判断する基準をもたない。なにが本当に自分にとって重要なのか、自分にとっての模範となるべきものがどこにあるか判らないのである。

かれは、自分の独立性を失っている。もっと重要なことには、独立性を保とうという願望をも失っている。じっさい、自己の精神と自律的な生活様式とをもった独立の個人というようなイメージさえもっていない。かれが、このような生活を嫌っているというのではない。そのような問題を痛切に、身近に感じないのである。かれは、できるだけ苦痛なことは避け、快楽を求めながら、自分の回りの環境から分け前を得たいと望んでいるだけである。また、自分はそのようなものだとしか思っていない。

かれの生活の秩序と運動は、外部の慣行に同調したものである。この同調がなければ、かれの日常経験は漠とした混沌になってしまう。もっとも、往々にして、かれはそのことを意識しない。というのは、厳密にいえば、かれは、自分の経験というものをもたず、あるいは観察しないからである。かれは、自分の欲求を自ら定式化しない。かれの欲求は、外部から巧みに植えつけられたものである。そして、かれは、大衆の中におかれ、人間としての自信——もしそんなものがあるとしても——を失う。大衆社会における生活は、不安を植えつけ、無気力を促進する。それは人々を落着かなくし、漠然とした不安に陥れる。それは、個人を、強固な集団からきり離し、確固たる集団規範を破壊する。大衆の中の人間は、目標をもたずに行動し、無意味感に襲われる。

大衆社会という観念と、権力エリートという観念は、互いに結びつく。これと対照的に、公衆という観念は、いかなる権力エリートをももたぬ、あるいは、エリートが固定せずに交代する社会の自由な伝統を示唆している。というのは、もしも真の公衆が主権をにぎっているならば、いかなるものにせよ、その上に君臨する者は必要でない。しかし、大衆が完全に大衆となってしまえば、権力と威信を担ったエリートにたいする追従を表明する人民投票の瞬間においてのみ、かれらは主権者なのである。民主主義国家の政治構造は、公衆を前提としている。そして、民主主義的人間は、すくなくとも言葉のうえでは、この公衆こそが主権の担い手であると断言しなければならないのである。

しかし、政治秩序を拡大し集中化し、現代社会の政治の比重を減少させ行政の比重を増大させたこれらすべての諸力の存在、旧中間階級のもはや中間階級と呼ぶことさえむずかしいような存在への変化、真の意味ではコミュニケーションと呼びえないようなマス・コミュニケーションの発達、共同社会（コミュニティ）ではなくなった大都市生活の隔離性、一般の公衆を権力の中心と結合せしめる自発的結社の欠如——このような変化を前提して考えるならば、現在生じつつあるのは公衆の衰退である。公衆が主権者であるのは、たんに、もっとも形式的な意味においてであり、また言葉のあやのうえだけである。さらに、多くの諸国では、そのような公衆の残存部分は、圧迫され絶滅されつつある。公衆の残存者たちも、合理的に考量された決定や行動への意志を失いつつある。というのは、そのような決定や行動の手段をもたぬからだ。かれらは、政治的帰属感を失いつつある。帰属すべき自らの政治的組織をもたぬからである。かれらは政治的意志を失いつつある。というのは、それを実現する途がないからだ。

現代アメリカ社会の頂点はますます統一され、往々にして、意識的に相互調整されているように見える。すなわち、頂点には、権力エリートが出現している。その中間水準は、立ちすくみ状態に陥り均衡状態にある諸勢力の漂流である。すなわち、中間水準は、底辺と頂点とを媒介していない。この社会の底辺は、政治的に分断され、自ら好んでそうなったのではないにせよ、ますます無力となりつつある。すなわち、底辺では、大衆社会が出現しつつある。

第十四章　保守的ムード

現代アメリカが民主主義的社会であるべきだとするなら、知識人たちに、権力エリートとかれらが下す決定についての知識を期待しなければならない。というのは、民主主義とは、政策決定の影響をこうむる人々が充分な知識――権力といわないまでも――をもち、政策決定者に責任をとらせることを意味する。いかなる人間も、自分の経験だけでは、社会的環境の中で直接に自分に影響をあたえている小部分しか知りえないのであるから、他人から供給される知識に依存せざるをえない。われわれの経験の大部分は間接的であり、したがって、すでに指摘したように、非常に歪曲されやすい。あらゆる時代の意見製造者たちは、その時代の、その国におけるエリートについてのイメージを供給してきた。これらのイメージが代表しているはずの現実そのものと同様に、それらは変化する。じっさい、現在では、多くの旧いイメージが改訂され、新たなるイメージがつくられつつある。

近来では、このイメージをつくる作業は、現実を知ろうとする努力というよりは、イメージ製造者たちの間で支配的である奇妙に保守的なムードに奉仕しようとする努力となっている。イメージ製造者たちが現在提供しているイメージでは、空前の規模の権力と操作を無責任に駆使している権力エリートなどは登場せず、事件に圧倒されながら困難な状況の中で最善をつくしている理性的人間の散在という図が描かれている。このようなイメージを生み出している知識人たちの間でのムードは、エリートの真の権力を正当化したり、あるいはエリートの下す決定の知性を正当化したりするのに役立っているというよりは、エリートのスポークスマンを支える役割をはたしている。知識人の間でもっとも真剣に抱かれているイメージは、権力と権力エリートの事実をまったく見落としている。あるいは、そのイメージは、現代においてアメリカの権力エリートという明瞭にそびえ立つ頂点にたっした諸勢力の分布を示す図であるよりも、心地よい文筆業者——文筆業で収入を得ているものも、得ていないものも含めて——同志の小さいサークルに、心理的クッションとしての役割をする個人的な空想にすぎないばあいもある。

　そうはいいながら、学者たちは、意識的にせよ無意識的にせよ、このエリートについての適当な観念を探し求めてきた。かれらはそれに成功したとはいえない。かれらが見出したものは、現代の公的生活における精神と道徳性の欠如ということである。かれらが、その状態を捉えるためにつくり出した観念は、かれら自身の保守的ムードをたんに精緻化したものにすぎない。この保守的ムードは、物質的繁栄と、国家主義の称賛と、政治的真空との中に生きている人間にきわめて適合的なムードである。その核心には、一方では、自己の無力さを認める無感動な知識と、他方では、たんなるひとりよがりにもとづく似而非(シュード)・

権力(パワー)の所持感がある。このムードは、政治的意志を軟化させ、人々をして、なんらの個人的憤激なしに公的腐敗を受け入れさせ、西欧のヒューマニズムの中心的目標、すなわち、人間の運命を左右しているものは理性であるという前提を放棄させるにいたる。このヒューマニズムこそは、十九世紀のアメリカでは、人々によってあれほど強く感ぜられたものであったのだが。

一

知識人たちは、自分たちのもつ保守的ムードを表明するイデオロギーを探し求め、このムードを——さらにかれら自身をも——なんらかの確固たる伝統に結びつけようとする。かれらは、自由主義や、進歩主義、急進主義にだまされたと感じ、いささか愕然としている。かれらの多くが望んでいるものは、古典的保守主義の社会であるようにみえる。

古典的形態の保守主義とは、いうまでもなく、自覚的となり、精緻化され、理論づけられ、合理化された伝統主義である。(1) また、それは、なんらかの「自然的貴族主義(ナチユラル・アリストクラシー)」を含んでいる。人間の合理性にともなう緊張から逃避しようとする人は、必然的に、伝統的エリートの新バーク的な弁護論にたよらねばならない。というのは、純粋に保守的なイデオロギーの主要前提は、結局、そのようなエリートにある。

現代アメリカにおいて伝統的エリートを見出そう、あるいは発明しようとする、より露骨な、したがってまたより失敗しやすい試みがなされているが、それは、検討してみればたんなる希望的断言であり、政治行動をみちびきえないゆえに現代の現実とはほとんど関連をもたぬものにすぎない。ラッセル・カーク氏にしたがうと、保守主義者の信条は、次のごとくである。(1)「神の意図が社会を支配している」。というのは、人間は、社会を支配する偉大な力を、自分の理性によって把握することはできないから。したがって、変化は緩慢になされねばならない。「神の摂理こそが、変化をもたらす正しい道具である」。また、政治家のテストは、かれが「神の摂理にかなった社会的勢力の真の傾向を認識しているか否か」にある。(2)保守主義者は、「伝統的生活の多様性と神秘性」に愛着を感じている。その理由は、たいていのばあい、おそらくは、人間の生意気な意志と原始的衝動を抑制しうるものは、「伝統と健全な偏見」であるという信条にある。さらに、(3)「社会は指導を求めている」。また、保守主義者は、人々の間には「自然的優劣」があり、そこから、階級と権力の自然的秩序が形成される、と主張する。[2]

伝統は神聖である。伝統を通じて、神の摂理の真の社会的傾向が明示される。したがって、伝統こそ、われわれのみちびきたるべきである。あらゆる伝統は、数時代にわたる知恵の集積を代表するばかりでなく、それが存在するのは、「神の意図」によるのである。

ところで、われわれは、いかにして、どの伝統が、神の摂理の道具なのかを知ることができるのか。われわれの周囲で生じている事件や変化のどれが神の意志によるものなのか。いったい、いつから、建国の父祖（ファウンディング・ファーザース）たちの高度に意識的な策謀が、伝統となり、神聖なものとなるのか。また、アメリカ社会――ことにプログレッシィヴ・ムーヴメント（訳註24）以前の、また、ニュー・ディール改革以前の——は、古典的保守主義者のいう「自然的優劣」にもとづいた秩序ないし階級構造に近似したものを表わしているのだろうか。そうでないとすれば、古典的保守主義者がわれわれに承認させようとしているモデルは、いったい、いつの、どこの社会なのか。また、現在アメリカの政治的・経済的制度で地位を占めている人々が、この探し求められている神の摂理を代表しているかどうかを知るにはどうしたらよいのか。

保守主義者たちは、人間の理性の力にたいして、伝統の非合理性を弁護している。かれは、個人の力によって自己の運命を統御し、集団の力によって自分たちの世界を建設しようとする人間の努力の正統性を否認する。そうすると、かれは、どの伝統や人間が神の摂理にかなっているかを選択する手段として、また、どの変化が神の摂理にもとづき、どれが邪悪な力によるものであるかを決定する手段として、理性にたよるわけにいかない。どの指導者や改革者が神の摂理を体し、それを実現しているかを判断するいかなる合理的水準をも、われわれにあたえることができない。この見解では、この自然的優劣の序列を求めて相争う諸勢力の、どれが本物であるかをわれわれが決定するのを、助けてくれるみちびきの糸はなにもない。

それにもかかわらず、保守主義者たちの答はいつもきまっている。もっとも、いつも明快とはかぎらないが。われわれが、階級と権力の上下序列の自然的秩序を破壊しなければ、指示をあたえてくれる上位者と指導者をかならずうることができる。われわれがこのような自然的な優劣の序列を維持し、あるいはさらには旧い序列を復活させるならば、指導者が現われ、すべてを決定する、と保守主義者は答えるのである。結局、古典的保守主義は、一つの原則に帰する。すなわち、自分が神聖なるエリートであるとみなす一群の人々の指導を、感謝しながら受け入れるという原則である。そのような人々が存在し万人から承認されているばあいには、保守主義者の立場は、すくなくとも社会的には、非常にはっきりしてくる。そのばあいには、古典的伝統と保守的な上下序列にたいする渇望が、ともに満足されうる。というのは、古典的伝統と保守的上下序列は、貴族層（アリストクラシー）の権威の中に目にみえる形で結びつけられ、そしてこの貴族層は、私的行動と公的政策決定の模範として、具体的に感ぜられる存在となるからである。

まさにこの点で、アメリカの保守的ムードの宣伝係たちは、困惑し、混乱を示す。かれらの当惑の原因の一部は、一般に広く浸透している自由主義的言辞（リベラル・レトリック）にどう答えたらよいかという恐怖にある。しかし、そのおもな原因は、次のような、一般にアメリカの上流階級、その中でもことに権力者の上層サークルについての二つの単純な事実にある。すなわち、高い地位にある人々は、保守主義的卓越性の模範として適していない。また、かれら自身は、公的に用いるのに適したイデオロギーをまったくもっていないのである。

アメリカの大富豪は、文化的には、極貧者である。かれらが模範たりうる唯一の種類の経験は、金を儲けるという物質的経験だけである。物質的成功が、かれらの権威の唯一の基礎である。由緒ある家族やその家系にたいしていかにノスタルジーをもとうとも、そのようなイメージは、華麗な過去のものであって、厳粛な現在のものではなく、一般にたいした力をもたない。旧くからの金持と並び、それを補充しつつあるのは、全国的魅力（グラマー）を基礎として人工的に作り出された有名人たちである。かれらは、多くのばあい、文化的貧困と政治的無知のおかげで、有名人の地位をえているのである。この職業的有名人たちは、まさにその性質からいって、伝統の連続性を体現しているゆえに権威の威光をになっているのではなく、娯楽の大量手段に乗った、変転きわまりない存在である。また、新たに出現した富豪についていうと、テキサスの大金持たちはあまりにも無教養であり、会社富豪たちは、われわれのいう上層部の不道徳性（ハイヤー・イモラリティ）にはまりこみすぎている。というのは、会社の最高幹部たちにとっては、保守的なものにせよその他のものにせよ、イデオロギーなどというものは、あまりに空想的な存在なのである。しかも、かれらのお抱えの連中が、自由主義的言辞を弄したがっているのに、かれら自身がわざわざ好んで、保守主義の原則を取り上げる必要があろうか？　さらに、アメリカの政治経済で成功をおさめる条件の一つは、自由主義的言辞を用いること、しかもしばしば用いることにある。この自由主義的言辞は、スポークスマンとしてうまく振舞い、成功をおさめる公分母なのである(3)。

　したがって、保守的学者たちが、この人間こそは卓越性をもった模範であると称賛しうるような上流人物は存在しないのである。保守的学者たちが歎く自由主義的混乱と対照的な性格をもち、しかも、新たなる保守主義的教条を採用しようという熱意と能力をもつ上流人物は存在しない。また、たとえ甘い回想としてであっても、頼りにしうるような資本主義・自由主義以前のエリートも、アメリカには存在しない。アメリカの保守的学者たちは、ヨーロッパの学者たちのように、封建時代からの遺物を――もちろん、大いに粉飾してではあるが――、資本主義社会の成功者たちの俗悪さと対照させるわけにはゆかない。

その結果、アメリカの保守主義の代弁者たちの最大の問題は、保守的イデオロギーがその利害に奉仕し、その代わりにそのイデオロギーを受け入れる人々を探し出すことである。古典的保守主義は、貴族・農民・ギルドの遺制をともなった小ブルジョアなどの前産業社会の残存分子に、伝統という呪文をふりかけた。まさにこれらこそアメリカにはいまだかつて存在したことのないものなのである。アメリカでは、階級においても、社会的地位においても、権力においても、始めから、ブルジョアジーが圧倒的優位を占めていた。アメリカでは、古典的形態の保守的イデオロギーは存在しなかったし、また、存在しえなかったのである。

アメリカの上流分子や権力者たちは、いかなる保守的観念も信奉しないし、保守的言辞も崇拝しない。保守的スポークスマンの基本的衝動は何かという問題にたいする手掛りを探すと、それは、人間の意志の自律的領域としての政治を、企業と企業幹部たちの自由かつ恣意的な支配に委ね、犠牲にしてしまう試みであるといえよう。かれらは、現代の保守主義の思想的源泉とはなんの関係ももっていない。保守的知識人たちは、なんとかして、その間の関係をつけようと試みてはいるけれども。バークもロックも、アメリカのエリートが喜んで受け入れるイデオロギーの源泉ではない。かれらのイデオロギー的源泉は、ホレイシオ・アルジャー(訳註11)である。(4)労働―獲得、努力―成功という準則が、かれらの略奪のゲームの支えとなっている。かれらは、自らの権力意識を、いかなる意識的イデオロギーにも仕上げなかった。かれらは、パブリック・リレーション活動においては、自由主義的言辞を用いるのが普通である。しかも、この自由主義的言辞に鋭く対立する思想にもとづいたいかなる反対勢力にも直面しなかった。このように、未来への異なった展望と対立する意味での保守的現在というものが存在しないばあいには、「保守的」であることがもっとも容易なのである。富豪と権力者によって代表されるアメリカの保守主義はけっして無意識なものではないとしても、保守主義者は、往々にして、幸福な無意識を享受することができる。

したがって、一九三〇年代の急進的論客ほどではないにせよ、四〇年代、五〇年代の保守的論客たちは、指導者たちや政策作成者たちと密接な関係を保ち、かれらに影響を及ぼし、かれらを正当化しようとしているけれども、(5)中道思想や右翼思想においては、パブリック・リレーション機関が、いかなる「イデオロギー」にたいする必要にも応える。パブリック・リレーション機関を雇えばこと足りるのである。だから、現在のところ、富と権力のエリートは、いかなるイデオロギーをも必要としない。まして、古典的保守主義のイデオロギーなどを必要としない。

しかし、それにもかかわらず、ある人々は、アメリカのエリートや上流階級一般や、かれらの成功の場であるアメリカの社会体制を進んで弁護しようとする。だが、お雇いの宣伝係や業界の下働きたちを除けば、文筆業者たちの間ではあまり流行してはいない。もちろん、この連中は、どんな小さな傾向や機会をもとらえて、この弁護論をやりたがっているが。さらに、とくに企業界の幹部たちの間では、自分は能力にもとづいて地位を託されているのだという観念が、現在でもなお信奉されている。毎週、数字や図によって、アメリカの経済は世界最良の経済であると示す努力がなされている。この明白な弁護論は、古典的保守主義を渇望する人々の立場とはまったくちがう。このような弁護論の説得力は、エリートの活動性と、したがって伝統からの自由にもとづいている。それは、資本主義のエリートは、厳密に個人的な業績によって伝統を粉砕しながら昇進する、独立自倚の人々から構成されている、と考えるのである。

二

承認されたエリートに基礎をおく古典的保守主義は、今日のアメリカではまったく不可能であるとしても、そのことは、保守的渇望をもった学者たちが、自らを表わす道がほかにないということを意味しない。かれらは、一種の貴族制の必要を説いているが、往々にして、きわめて曖昧にこの言葉を使っている。かれらは、その概念を一般化して、社会的に確固として限定された存在ではなく、道徳的存在を指すものとして用いている。かれらは、「真正の民主主義」とか「自由保守主義（リベラル・コンサーヴァティズム）」の名のもとに、貴族制の意味を拡大する。こうして、「自然的貴族制（ナチュラル・アリストクラシー）」は、現存の社会秩序や、階級や、権力の上下序列とまったくかかわりをもたぬものになる。貴族層とは、社会的に認められた階級ではなく、道徳的にすぐれた人々の分散的存在となる。そのような概念が、現在ではきわめて広がっている。というのは、それは、具体的存在としての「貴族」に忠誠を表明することを要求せずに、保守的ムードを満足させるからである。オルテガ・イ・ガセットのばあいもそうだし、ピーター・ヴィーレックのばあいもそうである。たとえば、ヴィーレックは次のように書いている。すなわち、尊いのは、「貴族階級」ではなく「貴族精神」である。礼儀作法と高貴なる者の義務（ノブレッス・オブリージ）をともなったこの貴族精神は、「階級にかかわりなく、すべての者に開かれている」(6)。また、ある人々は、そのような見解を直接には述べず、エリートではなく「大衆」について語りながら、それを暗黙の前提として、ほとんど秘密裡にその見解に近づこうとしている。しかし、このような見解はかれらにとって有利ではない。というのは、それは、市民たちに絶えずおもねることを要求する自由主義的言辞に逆らっているからである。

しかし、このように、貴族的精神を一般化して、それから社会的内容を抜き去るならば、だれがエリートであり、だれがエリートでないかを判断する一般に広く受け入れられる基準を提供しえなくなる。その点で、このような見解は、満足すべきものたりえない。そのうえに、そのような一般論は、現実の権力状態との関連を失い、政治的意義を失う。

このような、現存秩序の有力者の露骨な弁護論も、想像の中でつくり上げられた貴族主義的精神の弁護論も、じっさい、伝統と上下序列の中に固定されたエリートを結論とするわけにはゆかない。拡大しつつある社会の中で、頂点をめぐってたえず闘争しているダイナミックな、たえず交替するエリートが現実であるから、これとうまく結びつかなければならない。アメリカには、社会的に、ましてや政治的に、承認された伝統的エリートは存在せず、また、そのようなエリートの回りに想像によって精緻に張りめぐらしうる伝統もない。そればかりでなく、他の特徴は問わないにしても、伝統とは、つくり出しえないものであり、人々は、それがすでに存在しているばあいに、それを維持しうるだけなのである。今や、現代社会が確固たる拠り所としうるような不滅の伝統などという呪文は通用しない。たんなる存続の長さや、耐久競争によって決定される価値などは、偉大さとはなんの関係もない。

三

しかし、自由主義的言辞（リベラル・レトリック）が広く浸透し、強力であるのとほとんど同じ位に、保守的ムードは強い。そして、この両者をともに満足させる方法がある。それは、現に存在する社会の頂点を認識し直面するのを拒否するとともに、それに代わる弁護しやすい頂点を空想で作り上げることも拒否する方法である。アメリカ的生活様式においてはいかなるエリートも、さらにはいかなる上流階級さえも存在しないと頭から否定し、あるいは、たとえ存在するとしても、問題にはならないと断言することである。これが現実であると確信することができる人は、保守的ムードにふけり、しかもそのムードを、エリートの存在や貴族層の空想に結びつけて考える必要がない。

破廉恥な自由主義と結びついた保守主義は、上流階級について書くときに、往々にして、希望的イメージと現実とを混同している。あるばあいには、かれらは、エリートを過去のものとして忘却のかなたに追いやり、また、あるばあいには、エリートの構成分子を現在のなかにばらばらに分解してしまう。十九世紀では、自由主義者(リベラルス)たちは、未来に期待をかけ、エリートを過去のものとして忘れ去ろうとした。二十世紀では、現在の圧力に対処しようと大童になり、エリートを、ばらばらに分解し無力なものとなっていると考えようとする。* 権力に関していうと、真に決定を下している者はだれもいない。代議制政府の公式的なイメージが今や真に妥当しているのであるから、それに立ちかえろうではないか、という次第である。富と収入に関していえば、そのようなものは、社会一般の調子(トーン)には影響を及ぼすかもしれぬが、結局は決定的影響力をもつものではない。そのうえ、今や、アメリカでは、あらゆる人間が金持なのである、と主張する。このような不真面目な自由主義が、現在の保守的ムードの中枢となっている。

* このロマンティックな多元論については、すでに述べ、分析した。第十一章「均衡理論」を参照。

アメリカの自由主義は、言辞(レトリック)としては勝利を収めているが、思想として、また、政治的勢力としては崩壊している。おそらく、このことは、保守的ムードにとって、その原因としても結果としても、もっとも重大な意義をもっている。いうまでもないことだが、一九三〇年代を風靡したような種類の「自由主義」は、第二次大戦後の時期には、政治的主導権を失ってしまった。戦後の経済的繁栄と軍事的恐怖の中で、権力の中間水準に巣食う一群の政治的野蛮人たちは、新たに発病したアメリカ人たちの神経症を巧みに利用し、国内政治から合理的内容を奪い去り、政治的感受性（パブリック・センシビリティ）の水準を低下させた。かれらは、ニュー・ディール、フェア・ディールの諸政策を攻撃し、これらの施策の歴史の書き直しを試み、それに参画した人々の経歴さえも非難の的としている。この非難攻撃のしかたをみていると、かれらは、新興成金たちの強烈な地位反感（ステイタス・レゼントメント）の共感を求めているのだということがはっきりわかる。この新興成金連は、第二次大戦中から戦後にかけて巨額の富を築きながら、自分に当然あたえられてしかるべきだと感じている権力や社会的威信を、あたえられていないのである。*

＊　第二章「地方社会」を見よ。

小右翼（プティ・ライト）たちの訴えかける対象は、経済的不満層ではなく、この社会的地位にたいする不満をもつ人々である。小右翼たちは、既存の社会的威信を担うシンボル・人物・制度を攻撃することにより、地位不満層をひきつけている。[7] 小右翼たちは、その攻撃のまず最初に、旧上流階級の拠点の一つ——国務省の国外勤務部——の破壊にほとんど成功した。そして、その攻撃が最高潮にたっした一時期においては、かれらの指導的メンバーは、ある陸軍将官を免職させ、チンピラのニヒリストたちが公然と陸軍長官——かれ自身もまた、由緒ある富裕な家族の出であった——を罵倒し、辱しめるのを全国の人々に目撃させたのである。かれらは、国家にたいする忠誠についての新たな考え方を提出し、広く一般の人々の注目をひいた。すなわち、かれらのいう忠誠とは、国家の既存の適法性のうえに自分たちをおき、また、国家の職員にたいして、同じようにすることを唆している個人の一味にたいする忠誠なのである。かれらは、政府機構の内部で秘密警察と秘密「調査」が中心的地位を占めるにいたったことを明瞭に示している。評論家たちは、かれらのことを、盗聴・監視・脅迫状などを含む新たな形態の権力にもとづいた陰の内閣と呼んでいるが、その表現はよく事態を表わしている。人々は、この一世代の間、娯楽と気晴しのマス・メディアのおそるべき矮小化の影響に、ますますさらされてきたが、かれらは、この人々の間における感受性の喪失を劇的な形で示した。かれらは、選ばれた上層・中層グループの人々の無定見さと不道徳性とを、公衆の面前に暴露したのである。また、かれらは、政治的煽動者たちの苛立った仮借なき攻撃の前に、腐敗し恐怖におののく自由主義が、いかに弱々しく自己を弁護するのに手一杯であるかを示した。

一九三〇年代の自由主義は、戦後には審問にかけられるようになり、自由主義者たちは、いかに自分たちが無気力な状態におかれつつあるかに、ときとして気づくのである。既存の上流社会の地位のシステムは攻撃にさらされた。しかし、アメリカでは、この地位のシステムの上に位してそれを防御してくれる伝統といったようなものはなく、また、かつては自由主義的姿勢を示しながら今やそれを放棄した人々は、それを下から支える未来の力など信じない。したがって、かれらは、この意地悪い攻撃にひどく脅え、かれらの政治生活は、もっぱら、不安にかられた防御の努力だけになってしまう。

戦後の自由主義は、その組織という点からみると、弱体化してしまっている。すなわち、戦前に自由主義が権力の座についた期間に、自由主義的な独立のグループはその生命力を失い、その底辺（グラス・ルーツ）は枯渇し、古いリーダーたちは連邦政府の機関に組みこまれ、しかも新しいリーダーの訓練が行なわれなかった。ニュー・ディールはいかなる自由主義的プログラムを遂行する組織をも残さなかった。ニュー・ディール担当者たちは、一つの新たな政党ではなく、古い政党の内部における緩い連合勢力であり、自由主義的な考え方という点では、たちまち分裂してしまったのである。さらに、ニュー・ディールは、自由主義的思想の遺産を利用し、それらを立法化することによって逆に俗悪なものにした。それは、自由主義を、闘いとるべきプログラムではなく、防御すべき行政的手続きにすぎなくした。(8)

戦後の自由主義者たちは、その道徳的戦いにおいて、いかなる右翼的立場も、また、いかなる戦闘的自由主義の立場も、とらなかった。すなわち、かれらの防御的姿勢は、なによりもまず、「市民的自由」の賛美、ソビエト・ロシアにおけるその欠如との比較にかれらを導いた。じっさい、多くの人々は、市民的自由の賛美に忙しく、それの防御はお留守になりがちである。さらに、より重要なことには、大部分の人々は、市民的自由の防御に忙しく、市民的自由を行使する暇も気持ももっていない。「昔は」とアーチボールド・マックレイシュは四〇年代の終りに書いている。自由とは「行使するものであった。……今では、銀行に預けた証文や証券と同じように、貯蔵するもの、他の所有物と同じようにと

ってくものになった。」(9)

市民的自由を擁護するよりも、それを賛美するほうがはるかに安全である。また、市民的自由を政治的に効果的な仕方で行使するよりも、それを形式的権利として擁護する方がはるかに安全である。これらの自由を破壊する人々でさえ、その名においてその行為をするのである。また、何年も前にこれらを行使した人々の権利を擁護するほうが、現在において自らその権利を主張する――しかも強く主張する――よりも、容易である。市民的自由の擁護――一〇年も前のその行使の擁護さえも――が、多くの自由主義的な、かつては左翼的であった学者たちの主要関心事になっている。このことは、じつは、知識人たちの努力を、政治的反省と要求の領域からそらせる安全な道なのである。

また、エリートのみならず一般の人々も、今日の世界におけるアメリカの地位にたいして非常な不安を感じているが、戦後の自由主義者もまた、その防御的姿勢のゆえに、このような不安の中枢神経となっている。この不安の根底にあるものは、たんに国際的緊張と、もう一つの世界大戦が不可避であるという多くの人々のおそるべき、絶望的な感情だけではない。このほかに、多くのアメリカ人が真剣に関心をよせている具体的な悩みがある。すなわち、アメリカは、他の諸国、ことにロシアと、文化的威信（カルチュラル・プレスティジ）をめぐって全面的競争関係に立っている。この競争では、アメリカの音楽・文学・美術、さらに、普通用いられているよりも、より高次の意味でのアメリカ的生活様式が問題になっている。たしかにアメリカの経済・軍事・政治的勢力は強大であるが、文化的威信はそれほどではない。アメリカが国外にもっているのは力である。アメリカが国内でも国外でももっていないものは文化的威信である。この事実は、多くの自由主義者たちをして、アメリカの賛美を改めて始めさせるにいたった(10)。自由主義者たちのこのような行動は、国家主義的言辞を用いることによって、小右翼にたいして自己防御する必要を感じていることにもとづき、また、国外におけるアメリカの文化的威信を高揚しようとする強烈な衝動につき動かされたものなのである。

しかし、アメリカの自由主義が、金持や権力者にたいして無害な存在となったのは、この防御的姿勢と組織の弱化だけのゆえではない。過去半世紀以上にわたって、自由主義は、その多くの部分が、道徳的にも思想的にも頽廃した。理想の宣言としては、古典的自由主義は、古典的社会主義と同じく、西欧社会の世俗的伝統の中では、依然として部分的な地位しか占めていない。しかし、言辞としては、自由主義の諸基本概念は、政治用語の公分母となっている。自由主義は、このように言辞上の勝利（レトリカル・ヴィクトリー）を収め、同一の自由主義的言葉で、まったくかけ離れた立場が宣言され、擁護されている。そのために、自由主義は、争点を規定し政策を述べる一つの意味を失っている。

アメリカの生活は、非常に広範であり、多様である。しかし、その政治思想は、まして、政治的対立は、広範でもなく多様でもない。あらゆる利害の代弁者たちの用いる言葉は、相違よりも共通性をより多くもっている。自由主義的言辞に心酔しているのは自由主義者だけだとしても、あらゆる立場の人々がそれを用いている。アメリカは本質的に進歩的な、あるいはさらには急進的な国でさえあるというステレオタイプが裏づけられるのは、技術的分野と、＊奇妙なことだが、その娯楽産業の流行においてだけである。娯楽産業における流行は、「ダイナミック」であり、「急進的」であって、アメリカ生活の特徴である強烈な刺激性を生み出している。これら二つの表層的生活領域が国内でも外国でも、往々にして誤って解釈され、アメリカはダイナミックで進歩的な国であるとされるのである。じっさいは、アメリカは、いかなる保守的イデオロギーをもたぬ保守的な国なのである。アメリカの政治生活は思想的に怠惰であり、自由主義的言辞でこと足りている。自由主義は、すべての政治的立場のマスクとなっている。しかしながら、社会理論としては、自由主義は妥当性を失っており、また、ムードとして働くとき、それは危険なものとなる。自由主義は、現代の社会変動のメカニックスをとらえようとする理論としては、いかに改訂を施してみたところで、それに刻印された十九世紀の商標を拭い去ることはできない。社会理論としての自由主義は、自動的均衡状態にある社会の概念を基礎としている。(11)

＊ といっても、技術的才能においてアメリカがリードしている、といっているのではない。じっさい、私は、一般的にいって、アメリカの生産品は、デザインや質の点では、ドイツやイギリスのそれと比較にならないと信じている。

今や、この偉大な均衡という観念——さまざまな形をとってはいるが——が、政治的事件にたいする支配的な常識的見解となっている。また、それは、大多数の社会科学者たちの抱いている権力理論になっている。また、それは、自由主義的知識人に支えられた保守的ムードの拠り所になっている。しかし、このムードは、古典的保守主義として明確に定式化されることはできない。というのは、前資本主義的な、ましてや、前産業社会的な基礎にもはや頼ることはできないからであり、また、社会的に承認された貴族層の存在しないアメリカでは、貴族層に担われた伝統主義によって権威が正統化されている社会などというイメージは、使えないからである。

保守的ムードは、知識人たちの手によって、このまったく非古典的時代たる二十世紀において、古典的自由主義の焼直しに仕上げられる。不思議な市場の自律的諸勢力によって導かれ、権威が最小限に止められている社会のイメージが描かれる。古典的保守主義の「神の摂理」は、市場における「見えざる手」を社会一般に適用しようとする自由主義によって置きかえられる。というのは、神の摂理が世俗的な形をとると、多くの意志がもたらす意図されざる結果が一つのパターンをつくり上げており、このパターン自身の成りゆきに委ねて干渉すべきではない、という信仰を意味する。したがって、エリートや支配階級の存在は否定され、擁護さるべきいかなる権力の中枢も存在しないと考えられるのである。エリートを好意的に描き出すことによって、エリートの権力を正統化する代わりに、いかなる人々、階級、組織も、なんらかの重要な結果をもたらしうる権力をにぎってはいないという主張がなされる。こうして、アメリカの自由主義は、保守的ムードを支持するにいたる。権力と富のエリートが、明確な保守的イデオロギーの必要を感じていないのは、まさにそのような自由主義的言辞と前提とが広く流布しているゆえである。

四

保守的渇望をもつ人々は、ロマンティックな多元論にたいして魅力を感じている。その*もっとも大きい魅力は、ロマンティックな多元論によれば、公的問題にたいしあきらかに責任を負っている人々を正面から正当化する必要はなくなるという点にある。というのは、すべてが均衡状態にあり、だれもかれもほんとうはまったく無力であるとするならば、いかなる上層サークルも、また、われわれの左右しうるいかなる制度的機構も、現代の諸事件や諸決定にたいして責任をもっていないことになる。したがって、すべての真剣な政治的努力はじつは幻想にすぎず、感受性に富む人間ならば、興味深くそれを観察することができても、それに従事することは道徳的に認められないことになる。

* 第十一章「均衡理論」を見よ。

これが、現代の保守的ムードの政治的意味である。結局、それは、生意気なひとりよがりの無責任な姿勢にすぎない。といっても、それは、ノスタルジーと結びついた紳士気どりではなく、反対に、最新の事態に一歩だけ先んじようとするものである。つまり、伝説にもとづいた紳士気どりではなく、流行にもとづいた紳士気どりなのである。(12)この連中は、国家のためを思っているのではなく、また、国家のことを考えているのでさえない。かれらは、自分のことを、自分のためを考えているにすぎない。かれらは、自ら選んだ内輪の仲間同士で、お互いにムードを肯定しあっている。こうして、このムードは、紳士気どりの閉鎖的な性格なものとなり、権力と政策決定の現実の主要潮流からまったく離れた存在となる。

このような具合で、保守的ムードは、物質的繁栄期に、少数のいい気な論者たちに弄ばれる愛すべき流行なのである。それは、われわれの生きている世界と、われわれが政治的人間――保守的にせよ、自由主義的、あるいは急進的にせよ――としてその世界にたいして提出する要求とを、一貫した見解に仕上げようとする真剣な努力ではないことはたしかである。知識人たちも、自由主義的人々も、現代の歴史を構成する問題や衝突、政策や政策決定を解明する手段を生みだしていない。この自由主義的言辞と保守的ムードとの結合は、根本的争点を混乱させ、歴史的発展にたいする思想の指導力を失わせるのである。このムードと言辞の蔓延は、広い意味での思想が現在の政治とほとんど無関係なものとなり、また、戦後のアメリカでは、精神が現実からきり離されてしまっていることを意味する。

いうまでもないことだが、行政機構に入りこんだ自由主義者たちがもはや政治的権力を維持していないのと同様に、小保守主義者（プチ・コンサーヴァティヴ）たちも、政治的権力を獲得していない。この二陣営は、権力の中間水準で、言葉のうえでの戦闘を交わしてはいるが、上層水準で政治的権力をにぎっているのは、それほど騒々しくない、しかしより狡猾な保守主義者たちである。したがって、自由主義的なかつては左翼であった人々は、この騒々しい右翼と紛争を展開しているが、それは、結果的には、これらの権力をにぎった保守主義者たちを擁護することになっている。もっとも、かつては左翼であった自由主義的な人々は、自分自身の左翼的過去を否定するのに忙しく、小右翼の狂暴な非難にたいする効果的防御点をまったく失っているのではあるが。また、他方では、この小右翼の道化は、企業・軍部・国家のエリートに、政治的・経済的・軍事的に利益をあたえている。かれらは、往々にして自らは意図せざる結果であるが、これらのエリートの政治的突撃隊になっている。

物質的繁栄と結びついたこのような状況――すなわち、(1)右翼の煽動政治家が一般の人々の感受性の調子（トーン）を決定しており、(2)より狡猾な保守主義が、多くのばあいなんらの討論を経ることなく、既存の権力を静かに行使しており、(3)一九三〇年代に公的な理想となった自由主義的理想は、現在では、三〇年にわたる言葉の上だけの勝利によって、たんなる言辞に適した存在に計画的に仕上げられ、他の陣営によって盗まれ、俗悪化されて使用されており、(4)急進主義は、三〇年にわたる敗北によって萎縮し、急進主義的理想は打ち殺されている。このような状況においては、保守的ムードは、学者たちの中にも食い入っているのである。かれらは、巨大な政策決定にたいして、なんらの要求も、異議も、反対もなしていない。この巨大な決定は、深く突込んだ討論も広範な人々による討論も経ることなく、じっさい、いかなる討論も経ることなく下されつつある。軍部や政府の最高政策はたんに既成事実として示される。この非民主主義的な無礼なやり方にたいしても、かれらはなんら反対していない。あらゆる形態の公的無知や、それに拍車をかけている勢力や人々にたいして、なんらの反対もなされていない。しかし、何よりも重要なことには、知識人の間で、知識と権力の分離、感受性と権力者の分離、精神と現実の分離にたいして、ほとんど、あるいはまったく、反対がないことである。[*]この結果、現代の権力者は、いかなるイデオロギーの粉飾をも施さずに、支配することができ、政治的討論や政治的理想の援助を借りることなく政治的決定が下され、また、アメリカの上層グループは、アメリカの組織された無責任のシステムの体現者となるにいたった。

＊　第十五章「上層部の不道徳性」を参照。

五

現在なお存在する少数の公衆が、あるいはさらにアメリカの大衆さえもが、知識人たちのこの保守的ムードをともに抱いているとは考えてはならない。しかし、同時にまた、これらの人々が、アメリカのエリートについて正しいイメージをはっきりともっているなどと考えてはならない。かれらのイメージは曖昧である。それは、権力という点からではなく、むしろ社会的地位と富という点からエリートを眺める。また、それは、まったく道徳的であって、政治的意義をほとんどもたない。

改めていうまでもないことだが、上層者や権力者にたいする不信が、旧くからのアメリカの慣習である。あるばあいには――たとえば一九三〇年代におけるように――、不信の対象は会社富豪であった。その当時、かれらは、経済的王党派（エコノミック・ロイヤリスト）と呼ばれた。あるばあいには――たとえば二つの大戦の間の時期のように、提督や将軍たちであった。また、あらゆる時期を通じて、すくなくともたいした程度ではないにせよ、政治家がその対象となった。とはいえ、選挙戦における弁舌でのもっともらしい情報や無責任な非難を、信頼してはならないことはもちろんである。しかし、会社や政府の「汚職」というような問題は、つねに注目の的であり、このことは、公的道徳と上層部の個人的誠実さにたいする関心が広く一般の人々の間にあることを表現し、また、逆に、アメリカ生活のほとんどあらゆる領域で、そのような腐敗が潜在的な悩みであることを象徴している。

ほとんどあらゆる領域といったが、このなかに、諸経済制度ばかりでなく、軍事・政治の諸制度も含まれている。これらの主要諸制度の幹部としてのエリートばかりでなく、私的個人の集合としてのエリートも含まれている。多くの小さな腐敗の暴露がなされ、そのような関心の能力をいまだに保持している人々の道徳的憂慮をかき立てているが、それらの暴露は、公的不道徳がいかに広範に広まっているかを示した。*

* 数年前に、ウェスト・ポイントの陸軍士官学校——アメリカにおける高級軍人生活の中心——で、慎重に選抜された青年の幾人かが、試験を通るためにカンニングをして、つかまった。また他の大学では、不正な賭けをした人々から買収されて、不正直なバスケットボール試合が行なわれた例がある。ニューヨーク市では、休暇をとって遊んでいたある会社幹部が、非常に富裕な家庭の少年から、その遊び友達である少女たち、しかもきわめて尊敬すべき家庭の少女たちを数百ドルで買い取り、売春の取引きをした例がある。ワシントンでは、他の大都市と同じように、高官たちは賄賂を受け取り、その代わりに便宜をあたえている。一九五四年九月までに、一九四〇年代後半の間に収奪された一四〇〇件の不当利潤

があきらかにされている。例をあげると、連邦住宅機関の賃貸住宅の建設を請負い、あるいはそれに投資した諸会社は、建設費よりも多額の抵当権を獲得し、数百万ドルに及ぶその差額を自分のポケットに入れた[13]。政府官吏と会社の契約担当係が連れだって会社の費用で魚釣遊びに行ったり、三人四〇〇ドルのパーティ・ガールをあてがったりすることは、必要な手続きの一部であった。いうまでもないが、第二次大戦中でも、気のきいた金の使い方とうまいコネクションをもつ人は、みな、闇市場の肉でもガソリンでも不自由しなかった。最近の大統領選挙では、公的不信が戦慄すべきシニカルな調子にまで高まり、候補者は、自分の個人的収入を公開する必要を感じたほどである。これは、いまだかつてなかったことである。

非合法産業では、迅速に途方もない利潤をもたらす少額の投資が非常に盛んである。朝鮮戦争以来の犯罪の急激な増加のなかで、数十の非合法産業が栄えている。世界の銀行業者たちは、公金使い込みの増加に対抗するための団体を創った。「いささか乱暴ないい方だが」と『ニューヨーク・タイムズ』は報じている、「ますます多くの人々が、ますます多くの金を銀行から盗み出しつつある[14]」。麻薬販売やそれらの禁制品の強奪、公金使い込みや貨幣偽造、税金のごまかしや万引など、すべてが儲かる仕事である。

端的にいえば、うまくビジネス・ライクな基礎の上に組織された犯罪は儲かる。アメリカのギャングたちは、今や、全国的規模の企業の専門家である。これらの企業は、相互の間に、また地方官憲との間に、シンジケート的な結びつきをもっている。しかし、非合法産業が現在ではよく組織された産業となっているという事実以上に重要な事実がある。それは、一九二〇年代の「与太者」たちが、四〇年代、五〇年代には、ホテルと醸造所、原料会社から販売会社まで持った実業家になっていることである。前科者が成功者たちの仲間に加わっていても、なんら驚くべきことではない[15]。

暗黒界における組織的犯罪は、略奪的成功の個人主義的哲学、公的機構にたいする無関心、利潤追求の動機と自由放任国家の崇拝などを極限にまでおし進めたものである。暗黒界は、アメリカ文化の不可欠の部分となっており、それは、「非合法であるとされているが、尊敬すべき人々から強い需要のある商品やサービスにたいする要求も満たす役割をはたしている。……暗黒界は、わが国の経済・政治・法律・社会組織の中に潜んでいる。……この意味で、かれらは、当然存在すべき犯罪人なのである。」[16]

ニュージャージーの銀行家、ハロルド・G・ホフマンにとって、犯罪は儲かるものであった。かれは、市長、下院議員、州知事を歴任した。ところが、一九五四年にかれが死んだ後になって始めて、かれが、一〇年以上にもわたって、三〇万ドルの州資金を持出し、その上に、信用厚い銀行、保険会社、高官たちを引きこんだ腐敗の網の目に、深くはまりこんでいたことが発見された。また、軍のPXは、一般の小売価格より安い価格で、「ミンクのコートや高価な宝石のような非軍事的品物」を売っている。慈善事業は、私的利潤のための商売であることが知られている。一九五四年二月には、一八人の人々と七つの会社が、余剰船舶の取引きで政府を詐取したかどで摘発された。それらの人々の中には、元ロンドン駐在アメリカ大使館付公使であり国務長官特別補佐官であったジュリウス・C・ホームズがいた。地方労働組合の暴君たちは、脅迫や和解、買収や組合厚生基金などによって、金持になっている。尊敬すべき私立病院の管理者は、九ドル八三セントで大量に仕入れたアスピリンを、六〇〇ドルで患者に売りつけている。一九五四年三月に、陸軍少将ロデリック・アレンは、一二〇〇ドルの軍の金を、自分のシベリア犬のための犬小屋に消費したため、起訴された。新聞だけでなく実業雑誌をも読んでいる人なら、一九五四年までに、約二一四名の税務職員とその四〇年代半ばの友人たちが起訴され、一〇〇名が有罪となったのを知っている。その中には、連邦政府の主席税務官がいる。[17] 全国どこに行っても、上層中産階級や上流階級の脱税者たちは、春の季節を、巧みな嘘と巧妙なごまかしのゲームへの招待と感じている。一九五四年の春に、上層部の内幕の暴露は最高潮にたっした。このとき、国防長官とその補佐官たちは、一上院議員とその助手たちと、取っ組みあいを展開した。すでに指摘したように、このマッカーシー・対・軍の公聴会は、政府高官と多数の上院議員から、あらゆる威厳と社会的地位とを奪いとってしまった。すべての公的仮面は剝ぎとられ、この二組の最上層グループは、数々の非道徳の主要な例であることが示された。どちらの側が提出した非難も、その実質においては、まったく真実であるようにみえる。

そのような不道徳に感染していない上層グループ——あるいはその候補——はあるのだろうか。おそらく、一般の注目をひいたこれらの例は、腐敗の周辺にすぎない。あるいは、いずれにせよとにかく探知されえた腐敗にすぎない。しかし、大きな腐敗になればなるほど、探知されがたいと感じられている。ちっぽけな例は、より大規模な腐敗を象徴しており、腐敗の根は深く、アメリカ的生活様式の上層・中層にしっかりと組みこまれている、と感じられている。しかし、この感情は、たちまち、大衆刺激の中にのみこまれ、無害のものになってしまう。というのは、アメリカ人の上層者・権力者にたいする不信は、原則(ドクトリン)をもたぬ、また政治的力をもたぬ不信である。それは、大衆が多かれすくなかれシニカルに期待している一連の暴露であり、そのかぎりで大衆が感じている不信である。種々の規模の腐敗と不道徳は、上層グループについての事実であり、往々にして、上層グループの多くの特徴となっている事実である。しかし、現代アメリカ社会の非道徳的基調は、これらの事実に直面したばあいの公的感受性の欠如をともなっている。人々は、現代の腐敗した公的生活にたいして、真の道徳的怒りを感じなくなっている。かつての旧中産階級の道徳性は、アメリカでは、今日の上層部の不道徳性によって置きかえられている。

一八九〇年代には、道徳的不信の対象は、飽くことなき金権政治家と腐敗した政党機構であった。一九二〇年代では、無教養な俗物や田舎者であり、さらに三〇年代では、経済的王党派（エコノミック・ロイヤリスト）とその一隊であった。これらはすべて、ネガティヴなイメージであった。第一のイメージは、怒りに燃えた農村的道徳の目からみた都会的貪欲のイメージであった。第二のイメージは、都市の住民から見た無知な低級実業家気質のイメージであった。大都市の生活様式が、かつての農村的道徳の原則にとって代わったのである。また、第三のイメージは、いささか不明瞭ではあるが、より組織的になり非人格的になったかつての金権政治家のイメージである。

しかし、四〇年代、五〇年代の会社富豪たちの経済的・政治的側面については、そのようなステレオタイプはまったく存在しない。大衆社会のメンバーたちは、いささかシニカルな態度ではあるが、かれらを承認し、さらには、こっそりと賛美さえしている。会社富豪とポリティカル・アウトサイダーたちにたいしては、いかなる否定的ステレオタイプも、広範にはつくり出されていない。たとえそのようなイメージがふと人々の心の中に生じても、それはただちに、「前進的」な、精力的で明敏なアメリカ人としての経営者というイメージによって、打ち消されてしまう。

大衆社会的状況から、これ以外の状態を期待することはできない。大衆社会を構成する人々の大部分は、社会的地位に目を奪われて権力を忘却し、さらにちっぽけな不道徳の暴露や、政治的反抗ではなくけちくさいマキャヴェリズム的かけ引きに目を奪われてしまっている。おそらく、知識人社会があれほどまでに保守的ムードに浸り、心地良い臆病さに眠り、その多くがあのように新たな紳士気どりに心を奪われていないならば、事態は変わるであろう。しかし、大衆社会と知識人社会のこのような諸条件を前提とすれば、われわれは、何故にアメリカの権力エリートがいかなるイデオロギーももたず、またそれを必要としないか、何故に、その支配が思想を欠いており、その操作が正当化の試みをもたないかを理解することができる。現代の上層部の不道徳性の根本は、まさに、このような権力者の無思想性（マインドレスネス）にある。というのは、今日、会社権力を中心とするアメリカの権力システムのもっとも重要な特徴となっている組織された無責任性が、この無思想性と結びついているからである。

第十五章　上層部の不道徳性（ハイヤー・イモラリティ）

上層部の不道徳性は、政治的領域だけのものではないし、また、根本的に健全な諸制度の中の腐敗した個人の問題でもない。政治的腐敗は、より一般的な不道徳性の一側面である。また、今日における道徳的感受性の水準の低下は、個人の腐敗の問題ではない[1]。上層部の不道徳性は、アメリカのエリートの構造的特徴である。また、上層部の不道徳性の蔓延は、大衆社会の本質的特徴の一つである。

もちろん、制度が健全であっても、個人の腐敗はありうる。しかし、制度が腐敗しつつあるばあいには、その中で生活し働いている人々の多くは、必然的に腐敗する。企業経済の時代には、経済関係は非人格的（インパーソナル）な性格を帯び、会社幹部は、個人的責任を感ずることが少なくなる。商売、戦争製造、政治的かけ引き、などの渦巻く会社世界（コーポレイト・ワールド）の中では、個人の良心は薄弱となり、上層部の不道徳性が制度化される。上層部の不道徳性は、たんに会社・軍隊・国家における管理様式の腐敗ではない。それは、資本家階層として、軍事国家の政治と深く絡まりあっている会社富豪の本質的特徴である。

この観点からみると、たとえば、野心的な青年政治家たちの選挙資金についてのもっとも重要な問題は、かれら個人がどの程度道徳的であるかなどという個人の次元の問題ではなく、アメリカの政治のなかでは、道徳的感受性を鈍磨せずに、若くして頭角を表わすことが可能かどうかという問題である。「ホワイト・カラーの犯罪」や官吏規律の頽廃、多額の公金使い込みや個人的誠実性の消滅などの問題の多くは、構造的非道徳性の問題である。すなわち、それらは、たんに弱い性格が悪い環境のなかでねじ曲げられたという問題ではない。多くの人々は、すくなくとも漠然とは、このことを知っている。上層部の不道徳性のニュースが伝えられると、かれらは往々にして「ああ、また捕った」と、いうのである。それは、暴露された事件は、たまにしか起らない珍しい事件ではなく、広範に広がった諸条件の徴候である、ということを意味している。これを立証する証拠は多数ある。しかし、これらのすべての例をその徴候としている潜在的諸条件はいかなるものであろうか。

一

現代の道徳的不安の原因は、従来の道徳的価値や基準が、もはや、この企業時代の男女をつかんでおらず、それればかりでなく、人々がしたがわざるをえない会社世界の諸慣行に道徳的意味をあたえ、制裁をあたえる新たな価値や基準が、旧いそれに代わって確立されるまでにいたっていない事実にある。大衆が従来の基準をはっきりと拒絶しているわけではない。むしろ、多くの人々にとって、これらの基準が意味を失っているのである。大衆は、いかなる道徳的基準も拒みはしない。しかし、いかなる道徳的基準も受け入れないのである、個人としてのかれらは、道徳的無防備状態にあり、集団としては、政治的無関心である。今日、「公衆」の道徳的混乱ということがいわれるが、その意味は、このなんらかの基準への一体化（コミットメント）の一般的欠如をさしている。

しかし、いうまでもなく、このように道徳的に混乱しているのは、「公衆」だけではない。「アメリカ政府の悲劇は」とジェームズ・レストンは批評している、「事あるごとに、旧い政治的慣習や旧態依然たる制度の遺物によって混乱させられることである。しかも、それは、かつてはその創設の基礎であった旧い信念を失っている。すなわち、それは、永久的なものは棄ててしまい、悪しき形骸だけにしがみついている。それは信念を表明するけれども、それを信じてなぞいない。それは、旧い歌詞は覚えているが、メロディーを忘れている。それは、イデオロギー戦を展開しているが、自分自身のイデオロギーを規定することができない。それは、敵の無神論的物質主義を攻撃するが、しかし、自分自身唯物論者であり、それを賛美している。[2]」

経済と政治の諸制度においては、今や、会社富豪が途方もなく大きい権力を揮っている。しかし、かれらは、かれらの権力の支配下にある人々の道徳的同意を獲得したことはない。会社、農業ブロック、労働組合、政府機関など多数の強大な勢力が過去六〇年の間に出現したが、これらのむき出しの、道徳的合意をもたぬ諸勢力は、いずれも、道徳的色彩をもったスローガンによって身を飾っている。あらゆることが、公衆の利益の名のもとになされてきた。スローガンが古臭くなると、新しいスローガンがせっせとつくられ、再び時とともに陳腐化してゆく。また始終、経済的・軍事的危機が叫ばれ、恐怖と躊躇と不安をまき散らし、道徳的正当化と鄭重な言いわけを懸命に探す必要が生じている。

「危機」という言葉は、破産した言葉である。というのは、この言葉は、上層部の人々によって、非常にしばしば、自己の異例の政策や行動を覆い隠すために用いられたためである。じっさい、上層部の腐敗の主要特徴の一つは、まさに、危機の欠如にある。なぜなら、真の危機とは、一般の人々にたいして真に対立した政策のどちらを選ぶかが要求される状況を含んでいる。そのさい、そのどちらの政策のもつ道徳的意味も、はっきりと公衆の討論にかけられる。現在の上層部の腐敗、旧い価値の一般的衰退、無責任の組織化は、いかなる公的危機も含んでいない。反対に、それらは、無関心の蔓延と、静かなる空洞化をともなった。

一般の人々の間で広く抱かれている上層グループのイメージは、エリートを有名人（セレブリティ）と考えるイメージである。さきに、職業的有名人（プロフェッショナル・セレブリティ）を論じたさいに私が指摘したように、制度によって支えられた権力エリートは、全国的規模の喝采の輝かしい焦点を独占してはいない。かれらは、それを、有名人の世界のばかばかしい、気狂いじみた人物たちと分ちあっている。この連中は、こうして、権力エリートの真の権力をくらます役割を演じている。というのは、これらの職業的有名人にたいしては宣伝と喝采が多量に絶えまなく注がれている。権力エリートにたいしてはそれほどではない。このような社会的地位の分散によって、エリートの社会的可視性(ソーシャル・ヴィジビリティ)は低下し、あるいは、エリートにたいする一般の人々の見方は、娯楽の――あるいは欺瞞の――有名人たちに媒介されて形成されるのである。大衆の中の人々は、確固とした道徳的信念をまったく欠いているため、有名人の世界の操作と注意力の攪乱にいよいよ脆いのである。かれらにたいして注がれたアピールや規範や価値の総和によって、かれらは、時の経過とともに、不信とシニシズムに、一種の矮小化されたマキャヴェリズムに陥る。こうして、かれらは、会社富豪たちの特権、有名人たちの夜行性道化、大富豪たちの悲哀幸福の混合した生活を、あたかも自分の生活のように、一体化して感ずるのである。

しかし、これらすべての事情にもかかわらず、一つの旧いアメリカの価値だけは、いちじるしい衰退を示さずに残存している。すなわち、金と金で買える物――インフレにさいしてもステンレス鋼のように確実で永久的な物――を高く評価する価値である。「私は貧乏の経験もあるし、金持の経験もある」とソフィー・タッカーはいった、「だから、私のいうことを信じなさい。金持がいちばんよいということを」(3)。多くの他の価値が衰退してくると、以前には「うまく金を使えば、金で買えないものがあろうか」という形の問いだったのが、今や、「金で買えないものの中で、金で買えるものよりも、価値があり、望まれているものはどのくらいあるのか」、という積極的な問いに変わった。金は、成功を測る唯一の明瞭な基準となり、金という点における成功は、現在なお、アメリカにおける最高の価値である。

金をもった生活という基準が支配的であるため、いかなる方法で手に入れたにせよ、金をもった人間が、結局は尊敬される。一〇〇万ドルの金は、どんな罪悪でも覆いかくす、などといわれる。たんに、人々が金を欲しがるというだけではなく、金銭的標準が、人々の標準となっている。金銭的成功者が最高の評価と名誉を享受している社会では、「実用的」という言葉は、個人的儲けに役立つという意味であり、「常識」とは、金銭的に成功するセンスを意味する。金のある生活の追求が支配的価値であり、その価値に比べて他の諸価値の影響力が衰退するにつれて、人々は、道徳など度外視して、容易に手に入る金と手っとり早い財産づくりとに熱中する。

アメリカの腐敗の全部とはいわないにせよ、その大部分は、金持になろうとする、また、よりいっそうの金持になろうとする、古くからの衝動の一部にすぎない。しかし、今日では、この古くからの衝動が働く状況が変わった。経済制度も政治制度も小規模で分散しているばあい――古典経済学やジャクソン的民主主義の単純なモデルにおけるように――には、大きな便宜をあたえたり受けたりする権力を、だれももっていなかった。しかし、政治制度と経済的チャンスが集中化し相互関連化してくると、公的地位を私的獲得のために用いることが可能になる。

上層部の腐敗は、なにも、企業より政府機関でいちじるしいというわけではない。政界人たちが金銭的便宜を計るのは、財界人たちがそれを欲し、受け取るからである。また逆に、財界人たちが政治的利権を求めるのは、政治機関がそのような利権を供与しうるからである。いうまでもなく、一般の注目は、政府の人間の取引きに、よりいっそう注がれる。それはもっともなことである。官吏にたいする期待が高いだけに、公衆の不満も大きい。実業家たちは自己の目的を追求するのが当然と考えられている。かれらが、非合法すれすれの線で成功するとき、アメリカ人は、うまくやったと喝采を送るのが普通である。しかし、アメリカのように、ビジネスが徹底的に浸透している文明では、ビジネスのルールは、政府の中にもちこまれる。とくに、非常に多数の会社幹部が政府の中に入りこんでいる今日ではそうである。このようなばあいに、すべての会社重役の契約条件と「社用勘定（エクスペンス・アカウント）」の厳重な計算と公開を要求する法律に、賛成する会社幹部がいるだろうか。高率の所得税は、これに対抗するための大企業と政府高官との間のなれ合いの網の目をもたらした。さきに見たように、税法の精神をあざむくために、多くの巧妙な方法がとられている。多くの高収入者の消費水準は、単純なサラリーよりも、むしろ複雑な社用勘定によって決定される部分が多い。禁酒法と同じく、所得税法と戦時統制は、確固とした企業界の習慣の支持を得ずに実施された。道徳的習慣の支持をもたぬ法律は、犯罪を誘発する。それればかりでなく、よりいっそう重要なことには、それは、便宜的な、無道徳的態度の成長を促進する。

その上層グループと中間層が抜け目のない法律くぐりの網の目をつくっていると一般に

信ぜられているような社会では、内的な道徳的感覚をもった人間がつくり出されるはずはない。すなわち、まったく便宜的な風潮に侵された社会は、良心をもった人間などつくりえない。金を絶対的な価値とし、金儲けだけを成功と考え、金銭的失敗をもっとも重要な悪徳と考える社会は、抜け目のない投機者といかがわしい取引きをつくり出す。シニカルな人々に幸いあれ、というわけだ。というのは、かれらだけが、成功するにはどんなことが必要かを知っているのである。

二

企業界においても、政治幹部たちの世界でも、また台頭しつつある軍部においても、次第に、巨大制度と権力機構の首領は、たんに成功者であるというだけではなく、成功という恩賞を分配する人間であるとみられるようになった。かれらは、個人にたいして、成功の基準を解釈し、適用する。かれらの直属の部下は、かれらの派閥の一員であり、顧客の一員であり、かれら自身と同じく健全な人間である。またこれらの諸ヒエラルヒーは、互いに入り組んでおり、あらゆる派閥の中には、他の派閥に忠誠を誓う人々が幾人かいる。公的な忠誠と並んで個人的忠誠があり、また、制度的な昇進の基準と並んで個人的な昇進の基準がある。種々の上層グループの個々のメンバーの経歴をたどってみると、それは同時に、その人間の忠誠心の変動の歴史である。というのは、上層グループの中で成功するにはなにが必要かという観点から見たばあい、第一の、もっとも顕著な事実は、上層グループは、そのメンバーを自ら選択する、ということである。これらの成功の諸ヒエラルヒーについての第二の事実は、それらが、一枚岩のように緊密に結合した構造を構成していないことである。それらは、種々な形で相互に関係し、往々にして敵対的関係に立つ諸派閥の複雑な組み合わせである。さらに、われわれが認識しなければならぬ第三の事実は、そのような世界で成功しようと思う青年たちは、かれらを成功者として選抜する基準をにぎっている人々に、結びつきをつくらねばならぬということである。

実生活における人々の願望を取り扱うアメリカの文献——それらは、成功の熱烈な崇拝をともなっている——では、「成功するにはどうしたらよいか」という忠告がしばしば提出されているが、その忠告は、このような状況と対応して、顕著な変化を示している。意志の力と正直、高潔さ、女とか煙草とか酒などの誘惑にたいするほとんど体質的な反発などからなる真面目な個人的徳性——この十九世紀後期のイメージは、「魅力によって注目をひき」「自信を発散する」「効果的なパーソナリティ」が「もっとも重要な要因」であるというイメージにとって代わられた。この「新たな生活様式」では、人々は、しばしばほほ笑み、よき聴き手となり、他人の興味をひきそうなことを話し、他人をおだてあげなければならない。しかも、これを真面目にやらなければならない。要するに、個人的関係が、「公的関係」の一部となり、企業界の生活様式の中で成功するという個人の唯一の目的のためには、パーソナリティ市場で自己を犠牲にすることが要求されるにいたった。[4] エリートへの途は、秀れた能力と勤勉な仕事ぶりを口実とはしているが、その真の基礎は、派閥への加入を許されることにある。その加入は、能力とか仕事とかの基準ではなく、まったく異なった基準によることが多い。エリートへの途をたどろうとする者は、他人や自己に、じっさいの自己とはまったく異なった存在であることを絶えず信じこませなければならないのである。

アメリカの上層グループは、そのメンバーがまったく独力で叩き上げた人間であることを誇らかに主張している。これは、かれらが自分にたいして抱いているイメージであると同時に、広く宣伝されている神話である。普通は、逸話によってこれの証明がなされている。学者たちは、統計的儀式によってこれを証明しようとしているようだ。すなわち、下層出身者が最上層で占める比率について、種々の数字が示されている。われわれは、ある特定のエリート・グループの中でこのような昇進者たちがどの程度の比率を占めているかをすでに示した。しかし、これらの上層グループの中で賃金労働者の息子たちの占めている比率などよりも重要であるのは、いかなる基準によって上層グループへの昇進が決定され、この基準を適用するのはだれかという問題である。下層から上層への移動が存在しているからといって、それが能力(メリット)にもとづいたものであると即断してはならない。かりに、現在一般的に主張されている推定比率が逆転し、エリートの九〇%が賃金労働者の子弟であるとしても、エリートによる選抜基準が現在のままであるとしたら、この移動率から、能力にもとづく選抜が行なわれていると推定することはできない。最上層の地位への選抜の基準が能力にもとづき、しかも、この基準が、純粋に企業家的様式で、厳格に貫かれたばあいにのみ、そのような移動率の統計――どのような統計でもかまわないが――から、能力を推論することができる。経歴が独立自倚であり、企業家として独立の地位を保っているばあいにのみ、独力で叩き上げた人間は良く、家族に依存して地位を保っている人間は悪い、という考えがなんらかの道徳的意味をもちうる。また、昇進が試験によって規制されている厳格な官僚制においてのみ、意味をもつのである。派閥への採用が会社幹部への途であるシステムでは、それはほとんど無意味である。

心理的な意味では、自ら叩き上げた人間（セルフ・メイド・マン）などというものはない。個人は自らを形成するのではない。アメリカのエリートのメンバーたちはことにそうである。企業のヒエラルヒーの世界では、そのヒエラルヒーの上位者によって、上位者が用いる任意の基準によって、選抜がなされる。われわれはすでに、アメリカの企業で現在広く用いられている基準を、指摘した。人々は、その基準に適合しようとして自らを形成する。こうして、個人は、その基準によって、支配的な社会的報酬（ソーシャル・プレミアム）によって、形成される。独力によって叩き上げた人間などなく、あるのは、自らをその基準に合わせた人間（セルフ・ユースト・マン）である。アメリカのエリートには、そういう人間ならばたくさんいる。

そのような成功の条件のもとでは、貧困の中から身を起し金持になったとしても、別にすぐれた道徳的徳性を保障するものではない。金持になる過程が、なんらかの道徳的徳性を獲得させるようなばあいにのみ、金持であることが道徳的徳性の所持を意味する。今日のごとき、上からの選抜のシステムにおいては、始めから金持であったか貧困の中から身を起したかは、その人の人物を示すものではなく、むしろ成功者を選抜する立場にある人々の選抜の基準を示すだけにすぎない。

上層グループの下にいる人々も、これらのことをかぎつけ、能力と昇進、徳性と成功の間には結びつきがないというシニカルな見解をもつにいたっている。それは、成功の不道徳性の感覚であり、「結局インチキさ」とか、「知識よりもコネがものをいう」などという見解の蔓延に表わされている。今や多くの人々が、成功の不道徳性を実態として受け入れている。

一部の論者たちは、この成功の不道徳性の感覚にもとづいて、産業における人間関係のイデオロギー——アカデミズムの社会科学はそれを欺瞞的な形で提出している——を受け入れるにいたっている[5]。また、他の論者たちは、諦めと心の平和を説く新たな文献によって提供される精神の鎮静剤にたよるにいたっている。それは、一部の温和になったグループでは、かつてのいかに成功すべきかという熱狂的な願望を吹きこむ書物にとって代わっている。しかし、個々の反応の様式は別にして、とにかく、成功の不道徳性の感覚は広範にひろがり、公的感受性の次元にまで蔓延し、ここでいう上層部の不道徳性（ハイヤー・イモラリティ）の感覚となっている。かつての独力で叩き上げた人間というイメージは銹びてしまい、しかも、それがかつては輝いていた場所を、これに代わって別の成功のイメージが占めているということもない。かつては優秀性を表わすモデルであった成功ということ自体が、衰退している。というのは、成功は、たんに、上層部の非道徳性の一つの特徴を表わすものにすぎなくなったからである。

三

アメリカのエリートにたいする道徳的不信は、上層部の不道徳性から生じているだけではなく、上層部の無知にたいする漠然とした感情にも根ざしている（エリートの組織された無責任性もまた、かれらの不道徳性と無知とにもとづいている）。かつてのアメリカでは、実務家（メン・オブ・アフェヤース）は同時に文化人（メン・オブ・センシィビリティ）であった。すなわち、相当な程度にまで、権力のエリートと文化のエリートとは合致していた。また、合致していないばあいでも、往々にして、グループとしては重複していた。公衆の側を見ても、知識と力は効果的に連絡していた。それればかりでなく、この知識をもち、力をもつ公衆が、政策決定の多くを下していた。

「一八三〇年代の議会で、トルコにたいするギリシアの独立戦争についてなされた討論と、一九四七年に下院で行なわれたギリシア・トルコ問題の討論とを読みくらべると、事態がじつによくわかる」とジェームズ・レストンは書いた。「前者は、堂々として雄弁であり、議論は原則から発し、説明を通って結論にいたっている。後者は、退屈で、論争点を歪曲し、無関係な問題と誤った事実とに満ちている[6]」。一七八三年のジョージ・ワシントンは、ヴォルテールの『書簡集』やロックの『人間悟性論』に興じた。それにたいし、アイゼンハワーは、カウ・ボーイ物語や探偵小説を読んでいる。(7) 今日の政治・経済・軍事の最高グループの典型的な人々は、シリアスな書物だけではなく新聞をも読まず、要約とメモで間にあわせているようである。成功に不道徳性がともなうことはさておこう。それはおそらくはやむを得ないことだろう。しかし、かれらが、自分たちの娯楽と精神的糧の非教養的スタイルを少しも恥じる色がなく、また、かれらに反発して、かれらを教育し、そのような恥かしさを感じさせうる位置に、自ら教養を身につけた公衆がいないということは、驚きである。

二十世紀中葉の今日のアメリカのエリートは、いかなる納得できる根拠にもとづいてでも、とにかく文化的エリートと考えうる人々ではまったくない。あるいは、感受性を備えた教養人でさえない。支配グループの内部では、知識と権力とはほんとうには結合されていない。また、知識人が権力者たちのグループと接触をもつにいたるばあいもあるが、そのさいにも、知識人は、対等の人間としてではなく、雇人としての立場に立っているのである。権力と富と名声のエリートは、文化・知識・感受性のエリートと、一時的な交際をももたない。かれらは、この文化エリートと接触していない。もちろん、この二つの世界の派手な周辺部分は、ときとして、有名人の世界の中で重複してはいるが。

一般的にいって、もっとも権力ある者、もっとも富める者は、もっとも知識をもち、いわゆる「もっとも賢い（スマート）」者である、と大多数の人々は考えやすい。そのような観念は、「自分ではできないのに人に教えている」とか、「そんなに賢いなら、なぜ金持にならないのか」という多くの小スローガンによって支持されている。[*]それらの警句の意味するところは、権力と富はすべての人間にとって、とくに「賢い」人間にとって、最高の価値であるとその警句を用いる人々が考えているということである。また、この連中の考えにしたがうと、知識はつねに儲かるものであるから、あるいはあるべきだから、知識が真正なものかどうかのテストは、そのような儲けにある。権力者と金持は、もっとも知識ある人間であるべきだ。そうでないなら、権力者や金持であるはずがない、ということになる。権力を手に入れるのに成功した人は、「賢い（スマート）」にちがいないということは、権力は知識であるということである。富を築くに成功した人は、「賢い」にちがいないということは、富は知識であるということである。

＊大統領顧問の一人、バーナード・バルクは、最近こういった。「一般に経済学者たちは、自分たちは多くの事を知っていると、きめてかかっているようだ。かれらがほんとうにそうなら、かれらはあらゆる富を手中におさめ、われわれは一文無しになるはずだ。」と。また、かれはこう推理する。すなわち、「これらの人々（経済学者たち）は、事実や数字を拾い、それをまとめ上げることができる。しかし、かれらの予測は、われわれの予測と比べて別段優れていない。もしもすぐれているなら、かれらは富を独占し、われわれはなにも手に入れられないはずだ。(8)」

そのような推論の優勢は、ある事実を示している。すなわち、一般の人々は、今日においてさえも、知識とか能力という点から権力と富を説明し、正当化する傾向をもっている。また、そのような推論は、知識というものにたいする経験の変化を示している。一般の人々は、知識を一種の理想とは感じていない。それは、一種の道具とみなされている。権力と富の社会では、知識は、権力と富の道具として評価され、また、いうまでもないが、会話における装飾としても評価される。

知識が個人になにをもたらすか（自分がなんであるかを明瞭にし、個人を自由にすること）は、知識の個人的理想である。知識が文明にたいしてなにをもたらすか（文明の人間的意味をあきらかにし、文明を自由にすること）は、知識の社会的理想である。しかし、今日では、知識の個人的理想ならびに社会的理想は、知識がすばしこい奴（スマート・ガイ）にたいしていかに役立つか——すなわち、頭角を表わすのに役立つ——、賢明な国家にとっていかに役立つか——すなわち、権力を威信でもって神聖化し、文化的威信をあたえる——という形で一致している。

知識自体が、知識の持主にたいして権力をあたえることはまれである。しかし、ある金儲けに熱中している人の手中ににぎられ、自由に駆使された知識は、防御力をもたぬ他の人々に影響を及ぼす。いうまでもなく、知識自体は善でも悪でもない。知識の使用も善でも悪でもない。「善人も悪人も知識を手に入れる速度には変わりない」とジョン・アダムズは書いた。「また、科学・芸術・趣味・感受性と文筆の才は、徳のためにも不正のためにも使用されうる[9]」と。アダムズがこういったのは一七九〇年のことであったが、今日われわれは、そのことを充分に知らされている。

知識と権力の問題は、知識人と権力者との関係の問題であるし、これまでもそうであった。

われわれが、今日のアメリカのあらゆる権力分野から一〇〇人の権力者を選び、それを並べたと仮定しよう。また、あらゆる社会的知識の領域から、一〇〇人の知識人を選び、それを並べたと仮定しよう。この二つの列の両方に並ぶ人物は何人いるか？　いうまでもなく、この選び方が問題であり、それは、権力と知識を——ことに知識をいかなる意味にとるかによる。しかし、知識をその言葉どおりにとるならば、この両方のグループに入る人は、今日のアメリカでは、たとえいるとしても、きわめて少数にすぎないことはたしかである。また、今日よりも、建国当時の方が、そのような人々は多いこともたしかである。というのは、十八世紀では、当時植民地の前哨地点にすぎなかったこの土地においてさえ、権力者は学問を追求し、学問ある人が多くのばあい権力の地位についていた。私の信ずるところでは、この点で、嘆かわしい衰退が生じているのである。(10)

同一人物において、知識と権力が結合している例はほとんどない。しかし、権力者たちは、なんらかの知識をもつ人々を、すくなくとも、抜けめのない取引きになんらかの経験をもつ人々を自分の回りに集めている。知識人は、哲人王（フィロソフィカル・キング）にはならなかった。かれは、多くのばあい、たんなる顧問であり、しかも、王者の風格もたず哲人でもない連中の顧問になった。あらためていうまでもなかろうが、著作家連盟の軽雑誌寄稿家（パルプ・ライター）部会の議長をしている男が、ある主導的上院議員にたいして、「一九五二年の上院議員選挙にさいしてかれが行なう演説を磨き上げる[11]」援助をあたえた事実がある。しかし、知識人が、その経歴において、権力者たちと協力するのは、別に知識人の本来的性格ではない。大学と政府の結びつきは弱く、その結びつきが見られるばあいでも、知識人は「専門家」として、つまり雇われた技術家として現われる。現代社会の大部分の人々と同じく、知識人自身、生きてゆくために仕事（ジョッブ）に依存している。今や、これが、思想統制を支える主要な制裁である。仕事のうえで昇進するには、自分よりも大きい権力を握る人々の好意的意見を必要とするから、これらの人々の判断が、最大の関心事になる。したがって、知識人たちが、仕事のヒエラルヒーの中で、権力に直接に奉仕しているとしても、かれらは多くのばあい、自ら進んでそうしているわけではない。

民主主義を信奉する人々は、公衆というものの存在を仮定し、言葉のうえでは、この公衆がまさに主権の所在地であると断言する。しかし民主主義には二つのものが必要である。すなわちものをいう、知識を持った公衆（アーティキュレイト・アンド・ノレジャブル・パブリック）と、自らは理性をそなえた人間（メン・オブ・リーズン）ではないにせよ、すくなくとも知識をもった公衆が存在するばあいにはそれに理性的に責任を負う（レスポンシブル）政治指導者の二つである。公衆と指導者が敏感に反応する（レスポンシィヴ）能力をもち、責任を負うばあいにのみ、人間関係（ヒューマン・アフェアーズ）は民主主義的秩序におかれるのであり、また、知識が公的な意義をもっているときにのみ、この秩序が可能となる。精神が、自律的基礎をもち、権力から独立し、しかも権力にたいして強力に働きかけうる関係に立つとき、初めて、精神は、人間関係の形成にその力を及ぼしうる。民主主義的な形でこれが可能となるのは、自由な知識ある公衆が存在し、知識人はその公衆に働きかけ、権力者はそれにたいして真に責任を負うばあいにおいてのみである。現在では、そのような公衆も、そのような権力者も知識人も、多数を制していない。したがって、今日のアメリカでは、知識は民主主義的意義をもっていないのである。

現代の上層グループのメンバーの特徴は、知的凡庸である。ときとしては、かれらは良心的ではあるが、それにしても凡庸には変わりない。かれの知性は、せいぜい、自分がときとして直面する決定に対処する力がないという自覚をときたま生みだすぐらいなものである。しかし、普通のばあいには、そのような感情を公けにせず、かれの公的発言は、敬虔でセンチメンタルであり、荒々しく勇敢であり、快活で普遍的・一般的であり、無内容である。かれが受け入れるのは、簡略化され、俗悪化され、あらかじめ要約され歪められた観念である。かれは、電話とメモと要約の時代の司令官である。

いうまでもないが、実務家たちが無知で凡庸であるからといって、かれらがときとしては知的人間であることを否定するものではない。ただし、いつでもそうであるというわけではないが。しかしながら、主な問題は、「知性（インテリジェンス）」の分布ではない。あたかも、知性が等質的なもので、多少を云々できるかのように、その分布を問題にすることはできない。そうではなくて、むしろ問題は、知性のタイプ、選抜され形成される精神の質である。問題は、実質的合理性（サブスタンシャル・ラショナリティ）が、その個人の生活と性格と行動の主要価値（チーフ・ヴァリュー）として評価されているかどうかである。アメリカの権力エリートに欠けているのは、このような評価である。

それに代わって、「他人から重要人物と認められること（ウエイト）」と「判断力（ジャジメント）」が場所を占めている。いかなる精神の微妙さや知性の力よりも、これらが、成功して名をあげるにはものをいうのである。この有力実務家の周囲とそのすぐ下には、知識とさらには弁舌の役割をあたえられた技術副官がいる。すなわち、広報宣伝係（パブリック・リレーションズ・マン）、影武者（ゴースト）、行政補佐官、秘書がいる。さらに、委員会を忘れてはならない。政策決定の手段が拡大されるにつれ、アメリカの政治幹部の間では、理解力の危機が生じている。そのために、往々にして、頂点における決定回避（インデシジョン）が生じている。

このようにエリートの間で経験としての知識が欠如していることは、専門家の不吉な台頭と結びつく。それはたんなる事実にとどまらず、事態を正統化する働きをする。例をあげれば、最近、国防長官は、国防政策にたいする野党の指導者の批判に答えて、こういっている。「諸君、かれはこの問題の専門家でしょうか?」記者たちの追及に会って、長官はこう断言した。「軍首脳がそうすることが健全であると考えている。私もそう思う」と。また後日、特定の問題について質問され、長官はつけ加えていった。「あるばあいには、諸君はただ神に祈る以外ない[12]」と。神と専門家に僭越にもそのように大きな役割をあたえてしまったら、政治的指導（ポリティカル・リーダーシップ）の必要はなくなるではないか。ましてや公開討論（パブリック・ディベイト）の必要などなくなる。軍事的問題は、結局、政治的・道徳的問題でもあるはずなのだが。こうして、すでにパール・ハーバー以前から、両党主義という安易なスローガンの下に、討論をやめ、野党は崩壊するという傾向が生まれてきたのである。
政治家たちとその顧問グループの知的教養の欠如に加えて、公共精神（パブリックリー・レレヴァント・マインド）の欠如がみられ、そのために、重大な決定や政策は、弁護や正当化と無縁な形で作成されている。すなわち、簡単にいうと、なんらかの知性的な討論なしに決定されている。そればかりでなく、それらの決定や政策を正当化しようとする試みさえなされないことが多い。パブリック・リレーションズが論理的議論に取って代わり、操作と、討論によらない力の決定が、民主主義的権威にとって代わった。十九世紀以来、行政が政治にとって代わる傾向がますます進み、重大な政策決定は、理性的討論という鎧で正当化されることさえなく、神の名によって、あるいは専門家の手によって、またウィルソン国防長官のような連中によって作成されている。

国家秘密の領域はますます拡大され、またそれと並んで、一般の人々に知らせてはならないことをもらすおそれのある人々にたいする聴問会が秘密にされることがますます多くなった。そのような聴問会の結果は、資格審査をパスした専門家にしか知らされないのである。原子兵器の生産と使用についての一連の決定のすべては、ほんとうに公開の討論をまったく経ずに決定されてきたし、その問題を知的に論ずるに必要な事実は、公然と隠蔽され、歪められ、さらには虚偽の事実が報道された。政策決定が、アメリカ人のみでなく文字どおり人類の運命を左右するほど重大なものになるにつれて、情報源は閉ざされ、政策決定に必要な関係諸事実は（さらには、すでになされた政策決定すらも）、政治的に便利な

「国家機密」として、一般向けの情報通路から引き上げられる。

その反面では、これらの情報通路で用いられる政治的言語は、ますます非教養的となり、感受性を欠いたものとなっているように思われる。大衆にたいする、あるいは大衆と思われるものにたいする、そのような愚昧なコミュニケーションの奥底にあるものは、おそらく、ちょうど歯みがきや煙草の商標について主張をくりかえせば事実と同じ重みをもってくるのと同じように、嫌疑や告発をくりかえすならば、有罪の証明と同じ重みをもってくるという煽動者流の前提である。アメリカがつきまとわれている最大の種類の宣伝は——すくなくとも量と騒々しさという点で最大の宣伝は、石けんや煙草や自動車の商業宣伝である。アメリカ社会がもっとも騒々しい賛美を送っている対象は、これらの品物、あるいはむしろそれらの名前である。これに関してもっとも重要な点は、この驚くべき量の商業宣伝は、暗示と省略・強調と時にはたんなる叙述と、さまざまなテクニックを用い、多くのばあい真実ではなく、人々を誤解に招き、また、頭脳や心情よりも食欲や性欲に呼びかけていることである。強力な決定を下している人々、すなわち、われわれの投票を集めてそのような政策決定地位についている人々からの公的コミュニケーションは、商業宣伝と広告に代表されているような愚昧な神話的性格をいよいよ帯びてきている。

現代のアメリカでは、実務家たちは、なんらかの教義に凝り固まっている（ドグマティック）というよりは、無思想（マインドレス）なのである。教義（ドグマ）とは、通常、観念や価値にたいするなんらかの程度に精緻に仕上げられた弁護を意味している。したがって、それは、精神や知性や理性のなんらかの特徴

（いかに硬直し偏狭であろうとも）をもっている。今日われわれが直面しているのは、まさに、なんらかの種類の公的な力としての精神の欠如である。われわれが直面しているのは、知識——それは人々を自由にするという公的意義をもつ——にたいする無関心と恐怖である。このことがもたらすものは、知性が対決し討論しうるような、なんらの合理的弁護論もなしに下される政策決定である。

アメリカにとって危険なものは、気むずかしい政治的原始人たちの野蛮な非合理性ではない。そうではなくむしろ、国務長官たちのお上品な判断であり、大統領の熱烈な平凡さであり、太陽の輝くキャリフォルニア出身の真面目な青年政治家の恐るべきひとりよがりである。これらの人々は、精神の代わりに凡庸さをもっており、また、かれらを正統づけている教義は広く一般に承認されているために、その教義に反対するいかなる思想も力を獲得できない。そのような連中は、気の狂った現実主義者である。現実主義の名において、かれらは、自分勝手に偏執狂的現実を描き出している。実際性の名において、かれらは、資本主義のユートピア的イメージを描き出している。かれらは、事件にたいして責任ある解釈を下す代わりに、パブリック・リレーションズの迷路によって事件を隠している。公衆による討論の代わりに、心理戦争という愚昧な概念を採用している。知的能力の代わりに、健全な、しかし凡庸な判断を下すぬけめのなさを身につけている。異なった政策をとりうる可能性を考慮し、それは精緻な考量にかけ、その結果を測定する代わりに、行政官的姿勢で事を処理している。

四

公的問題における精神の喪失、成功の不道徳性、そして組織された無責任性の蔓延にもかかわらず、あるいはおそらくはまさにそのゆえに、上層グループの人々は、かれらが支配する制度的領域のもつあらゆる権力を利用している。というのは、かれらは明白に政策決定者であり、これらの諸制度の権力——現実の権力も潜在的権力も——は、かれらに帰属している。かれらの地位と行動、さらにはかれら自身さえも、これらの制度的権力の帰属によって神聖化されている。すべての高い権力的地位の周囲には、威信（プレスティイジ）の半影がつきまとい、政治幹部、会社富豪、将軍たちがその半影に浴している。社会のエリートは、その個々のメンバーはいかにつつましい存在であろうとも、全体としては、その社会の権力にともなう威信を体現している。* それればかりでなく、人は、そのような権威をともなう地位を占めたばあい、自己についてのイメージを、自分の主宰する集合体といういわば反響板によって膨張させやすい。この誘惑に永く耐えうる人はきわめて少い。自分の国家、自分の会社、自分の軍隊の代表者として行動しているうちに、その人間は、その巨大組織と同一化し、自分自身を、また自分の言動や信念を、その組織のもつ歴史的に蓄積されてきた栄光を表現しているものと考えるにいたる。かれが、自分の国の名において、あるいはその大義名分の名において語るとき、かれの耳には、その過去の栄光がこだましているのである。

＊十八世紀の後半に、ジョン・アダムズは次のように書いた。「あなたが第一級の地位に昇進したと考えて、第一級の人間（ファースト・メン）とはいかなる人間かを考察してみなさい。貴族は、すくなくとも知られ尊敬されているだけでなく、つねに国民によって尊敬され、愛されている。王子や国王にたいしては、すべての人々の目が注がれ、かれらのあらゆる動作が注目されている。かれらの感情を傷つけるならば、恐ろしい結果が生ずる。というのは、それはその国全体の感情、往々にしてそれだけではなく他の多くの諸国の感情も同時に傷つけることだから。かれらの相互間の状況がわずかでも変えられ、下位に立っていた者が上位にのし上がるならば、戦争と虐殺と復讐がその結果としてともなうのが普通である。ただし、それが明確な法律によってなされ、その法律の明瞭なねらいと必要性とが、不名誉の感じを拭い去るばあいは別であるが。[13]……」

今日では、社会的地位のおもな基礎は地方社会にはない。それは全国的規模の巨大制度に付随している。また、社会的地位は、巨万の富（ビッグ・マネー）――たとえ悪徳の臭いがそれにともなっているものであれ――に付随している。さらに、社会的地位は、権力に――たとえ、それがなんらの社会的背景（バックグラウンド）をもたぬものであっても――付随している。社会の底辺の大衆社会では、社会的地位をへだてていた旧来の道徳的・伝統的な障壁が崩壊し、アメリカ人たちは、上位のグループの評価基準に目を向け、それによって自分たちのモデルをつくり、自分たちの自己評価を下している。しかし今日では、アメリカ人にとっては、そのようなモデルとしての人物を、現在に求めるよりも過去に求める方が容易であるようにみえる。このことが、現実の歴史的相違にもとづくのか、あるいはたんに政治的安易さと、あと知恵の便宜にもとづくのかは、どちらともいいがたい。＊いずれにせよ、政治家にたいする威信の賦与という点で、ワシントン、ジェファーソン、リンカーンなどについてはほとんど評価の相違がなく、現存の人物については非常な相違があることは事実である。その人間が死んでから後の方が、模範として承認しやすいようだ。現在の政治指導者たちはたんなる政治家にすぎず、大政治家か小政治家かの相違はあっても、偉大なる政治家とは見られていない。しかも、上層部の不道徳性（ハイヤー・イモラリティ）にたいする不信の目をもって見られるようにますますなってきている。

* 思想史の時期区分をしてみると、どの時期においても、ある一つの学問、ないしある思想の流派が、一種の公分母となっている。現代のアメリカの保守的ムードの公分母は、アメリカ史である。現代は、アメリカ史家の時代である。国家主義の賛美が、あらゆるばあいに歴史という点からなされるのは当然である。しかし、賛美者たちは、歴史を過去の事件として理解するだけにとどまろうとしない。かれらの目的は、現在の賛美である。(1)アメリカのイデオロギーがそのように歴史的指向を示す理由の一つは、学者仲間のうちで、そのような公的思想の前提（パブリック・アサンプション）を提出する気をもっとも持っているのは歴史学者であるゆえである。というのは、文筆活動をする学者のうちで、歴史学者は昔から文筆活動の伝統をもっている。他の「社会科学者」たちは、歴史家に比べて文章を書くのに不慣れで、その上に、一般の人々の関心を引く大きな問題について論じないのである。(2)「よき」歴史学者とは、高級ジャーナリストとしての公的役割を演じ、一般の人々の注目を集め日曜評論で名声を獲得する歴史家であり、もっとも素早く現在のムードと関連づけてアメリカの過去を再解釈し、また、過去の中から、オプティミズムと抒情詩的激情をもっともひきおこしやすい人物や事件を選び出すのにもっとも巧みである歴史家である。(3)郷愁を取り去り、事実としてみても、アメリカの過去は、アメリカの現在についての神話のすばらしい源

泉であることを認めねばならない。この過去は、ときとしては、じっさい、一つの生活様式を体現している。アメリカは、建国と発展の初期の時代においては、例外的に恵まれていた。現在はあまりに複雑であり、また訓練された歴史学者にとっては、まったく文書的資料が欠けている。このようなわけで、一般に流布しているアメリカ・イデオロギーは、歴史のイデオロギーであり、歴史家によってつくられる傾向をもっている(14)。

再びくり返すが、今日では、社会的地位は権力に付随し、旧いタイプの模範的人物は消え去って、それに代わって成功者の一団が現われた。すなわち、この成功者とは権力エリートとなった職業的経営者(プロフェッショナル・エクゼキュティヴ)であり、今やかれらが、公的な代表人物となっている。かれらが一般大衆(マス・パブリック)のイメージと願望においても代表人物となってゆくかどうか、また、かれが、一九三〇年代の自由主義者たちのように、たちまち忘れ去られる存在ではないかどうかは、今後の成行きを見なければならない。しかし、代表人物としてのかれら、というイメージは、対立意見(コントロヴァーシャル)にさらされたものであり、一般に成功の不道徳性(イモラリティ・オブ・アコムプリシュメンツ)と上層部(ハイヤー)の非道徳性(イモラリティ)の感情に強く浸透されている。しだいに、多少とも知識の高いアメリカ人たちは、かれらになにか不自然なものを感じ始めている。かれらが「大人物」になったスタイルと条件は、かれらになにかでっち上げの嫌疑をかけさせやすい。黒幕の作家と演出家の影があまりに大きくちらついている。このようなでっち上げのインチキ性は、あまりにもあきらかである。

いうまでもないことだが、上層グループの人々は、かならず自分自身を代表的人物として下積みの人々に押しつけるわけではない。そうするばあいもあるし、しないばあいもある。また、下積みの人々の公的に有意味の部分が、代表人物としての上層グループのイメージをかならず受け入れるわけでもない。われわれはこのことを心にとどめておかなければならない。エリートは、自分たちの主張を一般大衆に押しつけようと試みても、この大衆は、それを承認するとはかぎらない。反対に、無関心を示したり、さらには、かれらエリートの価値を暴露し、かれらのイメージを戯画化し、自らを代表的人物であるとするかれらの主張を嘲笑さえするばあいがある。

かつてウォルター・バジョットは、国民性のモデルの問題を論じたさい、そのような可能性については考えなかった(15)。しかし、現代人のばあいには、それを考慮に入れなければならないことはあきらかである。というのは、「パブリック・リレーションズ」として知られている往々にして狂気のような、そして常に高価な行為を誘発する原因は、まさにこのような反応にあるからである。権力と社会的地位との両方をもっている人々は、積極的に歓呼を獲得しようと求める必要はまったくない。真に誇りに満ちた由緒ある家族は、そんなものを求めはしない。これにたいして、職業的有名人（プロフェッショナル・セレブリティ）は、それを積極的に追求する専門家である。さきに見たように、政治・経済・軍事エリートは、次第に、有名人たちと競争し、かれらの社会的地位を借用しようとつとめている。空前の巨大な権力を獲得したけれども、社会的地位を発散させえないこれらの人々は、おそらく、名は売れているが権力をもたぬこれらの人々の間に、苦心しながらも、社会的地位を求めつづけるであろう。

一般の大衆は、有名人たちによって社会的地位についてのイメージを混乱させられ、戦争経済の繁栄によって経済から目をそらされている。自由主義的知識人は、政治的舞台を眺めるばあいに、地方社会の独立性（ソヴェリン・ローカリティ）と権力の中間水準に目を奪われている。この地方社会の独立性と権力の中間水準が、アメリカは今なお自己均衡社会であるという幻想を支えるものである。マス・メディアが職業的有名人に焦点を注いでいるとすれば、自由主義的知識人、とくにかれらのうちのアカデミズムの社会科学者たちは、この騒がしい中間水準に目を注いでいる。職業的有名人と中間水準の政治家は、アメリカ社会のシステムのもっとも目立つ存在である。じっさい、かれらは、大衆社会の成員たちが目で見ることのできるコミュニケーションにのせられた舞台、すなわち公的舞台を独占しやすく、こうして、権力エリートを曖昧にし、それから注意をそらせやすい。

今日のアメリカの上層諸グループは、一方では、職業的有名人の笑いさざめき、エロチックな、まばゆい魅力と、他方では、権力と権威と、力と富から発散する社会的威信とからなっている。これらの二つの極は、無関係ではない。しかし、権力エリートは有名人のように目立たないし、また、多くのばあい、目立つことを欲しない。また、職業的有名人たちのもつ「力」は、注意をそらせる力である。じっさい、アメリカ国民は、奇妙な一組の偶像にとりつかれている。職業的有名人たちは、概して、つやつやした可愛らしい動物か、不真面目な道化役者である。また、権力者たちは、概して、代表的人物としてモデルとなっているばあいはまれである。

アメリカのエリート自体の内部でも道徳的不安が見られるのはもっともである。ことに、海外で自分はアメリカを代表していると感じている人々の中で真面目な部類の人々は、あきらかにこのような道徳的不安を感じている。海外ではアメリカの有名人たちの二面的性格は、アメリカ人旅行者――遊ぶための旅行者にせよ、仕事のための旅行者にせよ――の諸タイプと、多くの知識あり認識力の鋭いヨーロッパ人が「アメリカ人」にたいしてもっているいろいろなイメージに写し出されている。アメリカにおける公的名誉は、今日では、一方では職業的有名人に担われている不真面目な名誉と、他方では、権力エリートに担われている陰惨な名誉とにわかれている。このくだらぬものと恐るべきものとが寄り集まって、緊密な社会的威信のシステムをつくり上げている。

今日のアメリカのエリートは、その行動と性格がモデルとされ、模倣と願望の対象とされるような代表的人物から構成されているのではない。一般大衆のメンバーたちが、正当にまた喜んで同一化しうるような対象たりうる人々は存在しない。この基本的意味において、アメリカはまさに指導者をもっていない。しかしながら、この一般大衆の道徳的にはシニカルで政治的には漠然とした不信は、真の政治的努力となって現われることなく容易に汲み出されてしまうような性質のものである。最近三〇年間に種々の事件が起り、種々の人物が現われたにもかかわらず、今日なおそうであるということは、今日のアメリカで、道徳的に正気の目標に向って、正気の政治的手段を発見し、使用することがいかに困難であるかを示すもう一つの証拠である。
いかなる保守主義的イデオロギーをもたぬ保守的な国家であるアメリカは、今や、むき出しの、恣意的な権力として、全世界の前に立ち現われている。その政策決定者たちは、現実主義の名において、世界の現実について気狂いじみた定義を下し、それを押しつけている。精神的能力においては第二級の人物が支配的地位を占め、凡庸なことを重々しくしゃべっている。そこでは自由主義的言辞と保守的ムードが蔓延し、前者では曖昧さが、後者では非合理性が原則となっている。現代アメリカの私企業経済、軍部の台頭、政治的真空という状況の中では、パブリック・リレーションズと国家機密、問題を瑣末化するキャンペーンと無器用に積み重ねられたおそるべき既成事実が、政治的理想の合理的討論にとって代わった。

　上層グループの人々は、代表的人物ではなく、かれらの高い地位は道徳的徳性の結果ではない。また、かれらの巨大な規模の成功は、賞賛に値する能力と確実に結びついてはいない。高い地位と巨大な権力の座を占めている人々は、その社会で支配的な権力手段、富の源泉、名声の機構によって選抜され、形成された人々である。かれらは、知識と感受性の世界と結合した純正の官吏制度によって選抜され、形成された人々ではない。かれらは、争点（イッシューズ）――それは今日のわが国では、まったく非知性的なやり方で処理されている――を堂々と明瞭に論じ全国民に責任を負う政党によって選抜され、形成された人々ではない。かれらは、討論する公衆と政策決定の頂点とを結びつける自発的結社の多元的存在によって抑制され、責任をとらされている人々ではない。かれらは、人類史上空前の巨大な権力の司令官であり、アメリカの組織された無責任のシステムの内部で成功を獲得した人々なのである。

原著者註

（原著者註は、総数五〇〇に達する膨大なものであり、紙面の都合もあり、また、その中には、われわれにとっては不必要ないし入手不可能な資料の指示の註があるために、原著者の了解を得て、適宜省略した。選択の基準は次の通りである。(1)引用文献は全部採録した。(2)参照文献のうち、翻訳のあるもの、ないし重要と思われるものは採録し、新聞・雑誌、利用不可能と思われる単行本は省略した。(3)具体的人物をあげて論じているもので、日本のわれわれにとってあまりに繁雑であると思われる註は省略した。——訳者）

第一章

（1） *Hans Gerth and C. W. Mills, Character and Social Structure*, 1953, pp. 457 ff. を参照。

（2） なんらかの価値を選び出し、それをもっとも多量に所有している人々をエリートと呼ぶごとき統計的観念の現代における始祖は、イタリアの経済学者パレートである。かれの議論の中心点は次のような形で提示されている。「ちょうど、学校の試験で種々の課目に点数をつけるように、人間活動の各分野で、各人にその能力を表わす記号となる点数をあたえてみると仮定しよう。たとえば、最高のタイプの弁護士には一〇点をあたえ、一人の顧客ももたぬ弁護士には一点、まったくの低能には零点をあたえるとしよう。また、巨万の富を築いた人には——それが正直な方法で得られたものであろうと不正直な方法で得られたものであろうと――、一〇点をあたえ、幾千金をかせいだ人には六点をあたえ、貧乏世帯をなんとかやりくりしている人には一点、やっと生きているだけの人には零点をあたえるとしよう。……このようにして、それぞれの活動分野で最高の点数を得ている人々をひとつの階級にまとめ、その階級をエリートと名づけよう。」Vilfredo Pareto, *Trattato di sociologia generale*, 1916.（英訳 *The Mind and Society*, 1935；邦訳、姫岡勤訳『一般社会学提要』、一九四一年、刀江書院、縮刷版の訳）二〇二七節および二〇三一節。このアプローチに従う人々は、一つのエリートを考えるのではなく、かれらの選択する多数の価値に対応する多数のエリートにたどりつくのである。どちらかといえば抽象的な多くの思考方法がそうであるように、このアプローチは、われわれに明晰な思考を要求するゆえに有益である。このアプローチを巧みに使用した例としては、ラスウェル（Harold D. Lasswell）の著作、ことに、*Politics: Who Gets What, When, How*, 1936. を参照。また、より体系的に用いた例としては、H. D. Lasswell and Abraham Kaplan, *Power and Society*, 1950. を参照。

(3) エリートを、最上位の社会階層のメンバーであると規定する考え方は、いうまでもないことだが、社会的成層構造（ソーシャル・ストラティフィケーション）に関して広く一般に抱かれている常識的見解に沿うものである。専門用語という点からいえば、この概念は、「階級（クラス）」よりも「階層（ステイタス・グループ）」に近い。また、それは、Joseph A. Schumpeter, "Social Classes in an Ethically Homogeneous Environment," *Imperialism and Social Classes*, 1951, pp. 133 ff., esp. 137-47.（都留重人監訳『帝国主義と社会階級』、一九五六年、岩波書店）において非常に巧みに述べられている。また、かれの *Capitalism, Socialism and Democracy*, 1942, Part II.（中山伊知郎・東畑精一訳『資本主義・社会主義・民主主義』、一九五一―二年、東洋経済新報社）を参照。階級と階層の差異については、Max Weber, *Wirtschaft und Gesellschaft*, 1922.（浜島朗訳『権力と支配』、一九五四年、みすず書房）を参照。パレートのエリート概念をマルクスの階級概念と比較し、また、フランスに関する資料にもとづいて分析したものとしては、Raymond Aron, "Social Structure and Ruling Class," *British Journal of Sociology*, Vol. I. nos. 1 and 2, 1950. を参照。

（4）エリートと大衆を、道徳的に評価された性格タイプとして定義した試みの中で、近年もっとも広く読まれている著作は、José Ortega y Gasset, *La rebelión de las masas*, 1929.（樺俊雄訳『大衆の蜂起』一九五三年、創元社）である。

（5）「アメリカのエリート」というものにたいして一般の人々がもっているイメージは、混乱しており、また、混乱に陥れるようなイメージである。それにもかかわらず、人々は、上流階級（アッパー・クラス）、大物（ビッグショット）、軍部・高官（トップ・ブラス）、百万長者（ミリオネア）クラブ、高位の権力者（ザ・ハイ・アンド・マイティ）などという表現を聞いたり用いたりするばあい、その意味が、わかっているような気持がし、多くのばあい、事実、わかってもいる。しかしながら、これらの画像の一つ一つを相互に関連させて考えることを忘れている。われわれは、エリート全体としてのまとまった画像をつくりあげようと努力しない。たまたま、このような努力をしたばあいでも、それは「ひとつのまとまった全体」ではないのだと信じるようになり、人々のそれについてのイメージが多種多様であるように、一つのエリートではなく、多くのエリートが存在し、実際、それら相互間に連結はないのだと信じてしまうのである。それをまとまった全体としてほんとうにみようと試みるようになるには、次のような認識が必要なのである。すなわちそれは、まとまった一つのものではないのだろうという印象は、じつは、分析的な厳格さと、社会学的想像力が、われわれに欠けている結果にすぎないのであるということを認識しなければならないのである。エリートについてのこれらの考え方は、四つに大別できよう。第一の考え方は、エリートを、制度的地位と、これらの制度が形成する社会構造との社会学の角度から、エリートを定義する。第二は、選択された価値の統計学の角度から定義する。第三は、人々の派閥的結びつきへの参加・不参加という点から、エリートを規定する。第四は、一定のパーソナリティ・タイプの道徳性如何という観点からエリートを定義する。くだいていってしまえば、いかなるものの首領であり、何をもち、何に属し、何者であるか（What they head up, what they have, what they belong to, who they really are）というわけである。

本書全体においてそうであるように、この章においても、私は、包括的定義としては、第一の考え方、すなわち、エリートを、制度上の地位という視角から定義する見方をとり、その中に他の観点をはめこんだ。エリートについてのこの端的な考え方は、一つの実際的な便宜、二つの理論的な有利さをもっている。実際的な便宜とは何かといえば、それが問題全体に「入りこむ」もっともたやすい、もっとも具体的な「入口」のように見えることである。これは、このようなグループや制度についての社会学的考察に必要な情報が、手っとり早く入手できるというせいかもしれない。

しかしながら、理論的な有利さが、はるかに重要である。制度的、または、構造的な定義は、何よりもまず、本来ならば調査のために当然残されておかなければならないものを、まえもって判断するようなことをわれわれに強制しないからである。たとえば、エリートを、ある種のパーソナリティを備えた人間とみる道徳的見方は、究極的定義ではない。というのは、なにが道徳的であるかを勝手に判断しているという点は別として、それは、何故に、これらの人々は、このようなパーソナリティをもっているのか、という質問をおこさせるからである。したがって、われわれは、あれこれの性格型をきめてそこから定義によって、特権層を選びだすよりも、むしろ、エリートのメンバーたちの性格型の問題は残しておいた方がよい。そのようなことは、そのうちにわかることであるから。同じように、たんなる定義だけによって、エリートが、ある社会階級の意識的なメンバーであるかないかを、あらかじめ判断してしまいたくない。エリートを、主要諸制度という視角から規定することの理論的有利さの第二は、それは、エリートについての他の三つの見解を、系統的に位置づけることも可能にする点である。このことを私は本書であきらかにしたいと思っている。すなわち、㈠一生を通じて、人々が占める制度上の地位が、選ばれた価値をその手に獲得し、また、これを維持することを決定する。㈡このようにして享受されるようになった価値と、かれらが果たす制度上の役割が、かれらの心理的存在の種類を決定する。㈢最後に、かれらが、選ばれた社会階級に所属すると感じるようになるかならないか、また、かれらがこの階級の利害(インタレスト)と考えられるものにしたがって行動するか否か、――これらのこともまた、おもにかれらの制度上の地位に――さらには、かれらが所有している選択された価値とかれらが身につけた性格によって決定されることなのである。

（6） Gaetano Mosca, *Elementi di scienza politica*, 1896.（英訳 *The Ruling Class*, 1939）がそのいちじるしい例である。モースカの鋭い分析としては、Fritz Morstein Marx, "The Bureaucratic State," *Review of Politics*, Vol. I, 1939, pp. 457 ff. を参照せよ。

（7） これらのうちのいくつかは、Gerth and Mills, *Character and Social Structure*, pp. 405 ff. よりの抜粋である。また、役割によって決定される人間(ロール・ディターミンド・マン)・対・役割を決定する人間(ロール・ディターミニング・マン)については、Sidney Hook, *The Hero in History*, 1943. をも見よ。

（8） 私は、このような定式化の仕方を、Joseph Wood Krutch が選択の道徳性を論じているところから思いついた。*The Measure of Man*, 1954, p. 52. を参照せよ。

第二章

（1） 本章の大部分は、アメリカ東北部、中西部ならびに南部における約一二の中都市において筆者自身が行なった観察と面接調査にもとづいている。この研究の結果の一部は、"Small Business and Civic Welfare, Report of the Smaller War Plants Corporation to the Special Committee to Study Problems of American Small Business," (with Melville J. Ulmer), *Senate Document* No. 135, 79th Cong., 2nd Session, Washington, 1946; "The Middle Classes in Middle-sized Cities," *American Sociological Review*, October 1946; and *White Collar: The American Middle Classes*, 1951.（杉政孝訳『ホワイト・カラー』、一九五七年、東京創元社）などに発表されている。この他、筆者は、一九四五年の夏に、イリノイ州の人口六万の一都市で実施した集約的研究で集めた現地ノートを参照した。とくに註を加えないかぎり、本章のすべての引用は、筆者の調査によるものである。

また、私は、とくに私のために Mr. J. W. Harless が、左記の諸著作中に出ている地方上流社会についてのすべての記述を組織化して、用意してくれたメモをも利用した。すなわち、Robert S. Lynd and Helen M. Lynd, *Middletown* 1929 and *Middletown in Transition*, 1937; Elin L. Anderson, *We Americans*, 1938; Hortense Powdermaker, *After Freedom*, 1939; John Dollard, *Caste and Class in a Southern Town*, 2nd ed., 1950; W. Lloyd Warner and Paul S. Lunt, *The Social Life of a Modern Community*, 1941, volume I of the Yankee City Series; Allison Davis and Burleigh B. Gardner and Mary R. Gardner, *Deep South*, 1941; Liston Pope, *Millhands and Preachers*, 1942; John Useem, Pierre Tangent, and Ruth Useem, "Stratification in a Prairie Town," *American Sociological Review*, July 1942; James West, *Plainville, U. S. A.*, 1950; Harold F. Kaufman, *Defining Prestige in a Rural Community*, 1946; Evon Z. Vogt, Jr., "Social Stratification in the Rural Midwest: A Structural Analysis," *Rural Sociology*, December 1947; August B. Hollingshead, *Elmtown's Youth*, 1949; W. Lloyd Warner, *et al.*, *Democracy in Jonesville*, 1949; M. C. Hill and Bevode C. McCall, "Social Stratification in 'Georgiatown,'" *American Sociological Review*, December 1950; and Alfred Winslow Jones, *Life, Liberty and Property*, 1941.

地方的地域社会（ローカル・コミュニティ）における社会的威信の研究は、しばしば社会学的研究の単位となっているが、それらの研究の大部分は、地方的意味をもつものにすぎない。地方的地域社会における社会的威信の研究は、種々の新しい調査方法の案内を可能にするけれども、それらもじつは、それが考案された目的、すなわち地方的地域社会のため以外には役に立たないゆえに、その範囲を超えると無意味なのである。

面白いことには、アメリカの小都市を研究するにあたって、それぞれ独自な立場からではあるが、小説家と社会学者の双方が、同じような細目に興味をもち、同じような結論にたっしている。両者は、ともに、権力よりもむしろ、社会的地位に関心をもっている。小説家は生活様式に興味をもち、小都会の生活が人間関係とパーソナリティにフラストレーションをもたらす影響に関心をもつ。社会学者は、権力構造としての小都市に充分な注意を払っていない。いわんや、全国的な権力システムの一単位としてなど、それを見ていないのである。社会学者と小説家の描写の類似性は、次のような事実にはっきりと表わされている。すなわち、社会学者たちが飽かずにはてしなく行なっている「地域社会研究」は、それが提出している実証的証拠という儀式にもかかわらず、まるで下手な小説のようであり、これにたいして、小説の方は、上手に書かれた社会学のように見える。

（2） Allison Davis, *et al*, *op. cit.*, p. 497. を参照。

（3） このセクションでは、私は、Floyd Hunter が自分で直接に実施した研究たる *Community Power Structure*, 1953. から種々の部分を借りた。

（4） *Ibid.*, pp. 172-174. を参照。

（5） Richard Hofstadter, *The Age of Reform*, 1955, pp. 46 ff. を参照。

（6） Hollingshead, *op. cit.*, p. 59. を参照。南部のあるカウンティにおける農場所有の実態としては、Allison Davis, *op. cit.*, p. 276. を参照。

（7） 中西部の一都市における都会人による農場所有の実態については、Evon Vogt, *op. cit.* を参照。

（8）小都市と全国的規模の大会社との関係については、Mills & Ulmer, "Small Business and Civic Welfare," *op. cit.* を比較せよ。

（9）ほとんど戯画といってもいいまでに、小都市と全国的規模とを混同した一例としては、W. Lloyd Warner, *American Life: Dream and Reality*, 1953. を見よ。

第三章

（1）Dixon Wecter, *The Saga of American Society*, 1937, pp. 199 ff. を参照せよ。この書物は、アメリカの「上流社会」の歴史に関するスタンダードな労作である。特定の大都市の「上流社会」を検討した研究のうちで、もっとも優れたものは、Cleveland Amory, *The Proper Bostonians*, 1947; Edward Digby Baltzell, Jr., *The Elite and the Upper Class in Metropolitan America: A Study of Stratification in Philadelphia*（Ph. D. thesis, Columbia University, 1953）である。私はこの両者をともに用いている。

（2）Mrs. John King Van Rensselaer, *The Social Ladder*, 1924, pp. 30–32.

（3）Dixon Wecter, *op. cit.*, pp. 294–295.

（4）Mrs. John King Van Rensselaer, *op. cit.*, pp. 53–54.

（5）W. J. Mills, "New York Society," *Delineator*, November 1904.

（6）Harvey O'Connor, *The Astors*, 1941, p. 197. を参照。

（7）Wecter, *op. cit.*, pp. 209–210.

（8）*Ibid.*, pp. 212, 214.

（9）*Ibid.*, p. 215. に引用されている。

（10）第五章「大富豪」とそこの註を見よ。

（11） Wecter, *op. cit.*, pp. 232–233.
（12） *Ibid.*, p. 234.
（13） *Ibid.*, pp. 234, 235.
（14） Thorstein Veblen, *The Theory of the Leisure Class*, 1899.（N. Y., New American Library, Mentor ed. 1953, p. 162）（陸井三郎訳『有閑階級論』、一九五六年、河出書房）また、ヴェブレンの理論にたいするより充分な批判としては、この Mentor ed. への私の序文を参照。
（15） *Time*, 26 October 1953.
（16） 'Boston,' *Fortune*, February 1933, p. 27.
（17） *Business Week*, 5 June 1954, pp. 92–93.
（18） "Miss Chapin's, Miss Walker's, Foxcroft, Farmington," *Fortune*, August 1931, p. 38.
（19） Schools for Boys, *op. cit.*, p. 165.
（20） Frank D. Ashburn, *Peabody of Groton*（New York: Coward McCann, 1944）, pp. 30, 67–78. を参照せよ。
（21） 'St. Paul's, St. Mark's, Groton, Andover, *et al*,' *Fortune*, September 1931, p. 76.

第四章

（1） "The Yankee Doodle Salon," *Fortune*, December 1937. を見よ。
（2） "The U.S. Debutante," *Fortune*, December 1938, pp. 48 ff; また、"The Yankee Doodle Salon," *Fortune*, December 1937, pp. 128–129.
（3） Jack Gould, "Television in Review," *The New York Times*, 6 April 1954. また、Jack Gould, "TV

Techniques on the Political Stage," *The New York Times Magazine*, 25 April 1954, pp. 12 ff. を参照。

（4）Igor Cassini, "The New 400," *Esquire*, June 1953. を参照せよ。

（5）カッシーニの名簿は、徹底的な分析を加えるに値しないように思う。ざっと見たところではあるが、かれが名簿に記した三九九の名前のうち、私が分類できたのは三四二であった。そのうち、一〇二名は職業的有名人であり、四一名は大都市上流社会に属する人々であり、一九九名が制度のリーダー（九三名が政府、七九名がビジネスにおける）である。

（6）Dixon Wecter, *The Saga of American Society*, 1937, pp. 226, 227, 228.

（7）"The U. S. Debutante," *op. cit.*, pp. 48, 52.

（8）Elsa Maxwell, "Society-What's Left of It," *Collier's*, March 1939, p. 101.

（9）"Yankee Doodle Salon," p. 126.

（10）*Business Week*, 3 October 1953, p. 184.

（11）Maude Parker, "The New Four Hundred of New York," *The Saturday Evening Post*, 2 April 1927, p. 214.

（12）Mona Gardner, "Social Register Blues," *Collier's*, 14 December 1946, p. 97.

（13）John Galbraith, *American Capitalism*, 1952. を参照せよ。

（14）Ida M. Tarbell, *Owen D. Young*, 1932, pp. 211-212.

（15）*Fortune*, March 1931, pp. 92, 94. に引用されている。

（16）*The Secret Diary of Harold L. Ickes, Vol. II: The Inside Struggle, 1936-1939*, 1954, p. 644.

（17）Gustave Le Bon, Psychologie des foules, 1896.（桜井成夫訳『群衆心理』、一九五六年、角川文庫）（英訳 The Crowd, 1952, pp. 129, 130, 131）。

（18）この節は、Harold Nicolson の The Meaning of Prestige, 1937. に負うところが大きい。

（19）Gustave Le Bon, *op. cit.*, 英訳本 p. 140.

（20）Thorstein Veblen, *The Theory of Leisure Class*, 1899.（陸井三郎訳『有閑階級論』、一九五六年、河出書房）を参照。

（21）John Adams, *Discourses on Davila*, 1805, とくに、pp. 26-27, 30-34, 48-49. を参照。次の引用は、pp. 40, 28-29, 18. より。

（22）Winthrop Rockefeller のこと。*The New York Times*, 27 December 1953. および、*New York Post*, 16 October 1953. を参照。

（23）Haroldson L. Hunt のこと。*The New York Times Magazine*, 8 March 1953. を参照。

（24）Barbara Sears Rockefeller のこと。*Time*, 28 June 1954. および、*The New York Times*, 4 August 1954. を参照。

（25）Dorothy Taylor di Frasso のこと。*The New York Herald Tribune*, 5 January 1954, p. 9. および、*Time*, 18 January 1954, p. 88. を参照。

第五章

（1）Joseph A. Schumpeter, *Capitalism, Socialism and Democracy*, 1942, 3rd *ed.* 1950, pp. 81 ff.（中山伊知郎・東畑精一訳『資本主義・社会主義・民主主義』、一九五一―二年、東洋経済新報社）を参照。

（2）Frederick Lewis Allen, *The Lords of Creation*, 1935, pp. 9-10.

（3）*Ibid.*, p. 12.

（4）ランドバーグ（Ferdinand Lundberg）がかつていったように、「一般の関心をひく事柄についてはどんなつまらぬものであっても統計があり、文字通り統計の混沌が横行している。」わが国でも、巨大財産については正確な数字がない。三つの世代のもっとも富める人々の名簿をつくるために、私は現在利用しうる非組織的な資料でもってなしうる最善をつくした。いうまでもないことだが、私は、アメリカにおける巨大財産の歴史とそれを所有する人々の伝記のすべてを利用した。二十世紀になって二回ほど――一九二四年と一九三八年に――、巨大収入あるいは巨大財産について、組織的といえるような情報を含んだ書物が刊行された（左記を見よ）。また、新聞や雑誌では、金持たちの遺言や税金のスキャンダル、逸話などについての情報や神話が時々紙面を賑わしている。

私はまず、左に記した書物の中で言及されている人物の中から、一七九九年以後の生まれで、三〇〇〇万ドル以上の財産を持ったことがあるといわれているあらゆる人々の名簿をつくり、それを出発点とした。多くのばあい、財産の規模の評価は一つの資料だけによらずに、使用しうるあらゆる資料によった。三〇〇〇万ドルという一般的基準を設けたのは、おもに便宜上の理由である。そのような基準をとると、三七一名が得られる。各人の財産と経歴について詳細な情報を集める必要があるので、資料の関係からいって、これ以上多数の人々を対象とすることができないのである。資料として、次のものを用いた。すなわち、

（Ⅰ）Gustavus Myers, *History of the Great American Fortunes*, 1907. (revised Modern Library edition, 1936).（Ⅱ）Gustavus Myers, *The Ending of Hereditary Fortunes*, 1939.（Ⅲ）Matthew Josephson, *The Robber Barons*, 1934.（Ⅳ）Frederick Lewis Allen, *The Lords of Creation*, 1935.（Ⅴ）Ferdinand Lundberg, *America's 60 Families*, 1937. (New York: The Citadel Press, 1946) 次の（Ⅺ）で論じているように、われわれはこの書物を慎重に取扱っている。（Ⅵ）Dixon Wecter, *The Saga of American Society*, 1937.（Ⅶ）"Richest U.S. Women," *Fortune*, November 1936.（Ⅷ）Stewart H. Holbrook, *The Age of the Moguls*,

1953. この書物は、マイヤースの著作やその他の歴史家の著作にもとづいており、その大部分は、これまでの著作を通俗化したものである。(IX) Noted Americans of the Past: American Industrial Leaders, Financiers and Merchants, *World Almanac*, 1952, p. 381, and 1953, p. 783. ただし、その財産額の推定は用いなかった。(X) Cleveland Amory, *The Last Resorts*, 1952. 当然のことながら、これらの資料の中で言及されている人物には多くの重複がある。しかし、いずれも、他では言及されていない情報を提供してくれた。

このほか、次の三つは、とくにより詳しく論ずる必要のある資料である。

(XI) 一九二四年と一九二五年に、ある暫定的法律が施行され、一九二三年と二四年の収入にたいする所得税納付の規模についての情報の公表が許された。ジャーナリストたちは、Bureau of Internal Revenue の各種の部局に出入し、そこで、各人の納税額と名前とを写しとることを許された。行政官庁はこの資料の解禁をきわめて散漫に行なったので、ある新聞によってとり上げられている人物が、他の新聞ではまったく無視されたり、誤った数字が印刷されたり、さらにはあるばあいには、多額納税者として知られている人々の名前を、あらゆるジャーナリストがそろって落している、というようなことがある(もちろん、その全収入が免税されている富裕な人々も何人かいる)。われわれは、一九二四年の所得税リストを研究の対象とし、『ニューヨーク・タイムス』あるいは『ニューヨーク・ヘラルド・トリビューン』一九二五年九月二—一五日号の一方または双方に記載されている所得税額二〇万ドル以上のあらゆる人物を取り上げた。

この時期における、この収入水準の平均税率は、だいたい全収入の四〇%にたっしている。したがって、二〇万ドルの所得税は、一九二四年一年間に、約五〇万ドルの収入があったことを表わしている。そのような高収入の大部分は投資から得られたものであるから、平均五%の利回りを考えると、この人々のもっている元金は約一〇〇〇万ドルとなる。また、当時、課税の対象となっていたのは、全財産のわずか三分の一ほどであったと推定されているから、全財産は課税対象となっていた一〇〇〇万ドルの約三倍であると思われる（ランドバーグは、上掲書の中で、一九二四年の配当金についてこのような計算をしている。かれは次のような註釈をつけている。すなわち、「個々のばあいには、税金の対象となった財産を三倍して考えると、事実と違うばあいがあるだろう。しかし、全般的概算をするには、こうするのが唯一の方法である。この方法は概して正確な結果をあたえ、全体の像はけっして過大ではない。むしろ、それはきわめて控え目である」上掲書二五頁、私もそう思う）。このような計算によると、二〇万ドルの税金は、五〇万ドルの収入、一〇〇〇万ドルの課税対象資産と、総額三〇〇〇万ドルの財産を表わしている。

一九二四年の直後に遺言検認された財産からえられる証拠を検討してみると、大ていのばあい、これらの計算が納得でき、正確であることがわかる。たとえば、このような計算では、リチャード・テラー・クレーン二世の四三万四千ドルの税金支払は、総額六四八〇万ドルの財産を示している。かれが一九三一年に死んだとき、五〇〇〇万ドルの遺産を残した。O・ミルズの三七万二千ドルの所得税納付は、一九二四年現在で五五五〇万ドルの財産所有を示す。じっさい、かれが一九二九年に死んだとき、遺産は四一〇〇万ドルであった。もちろん、遺産が、この計算による推定よりもはるかに少ないばあいもある。しかし、このような人々は、財産を失ったことが知られているか（たとえば穀類投機業者アーサー・W・カトレン、かれは、一九二九年の大暴落によって全財産を失った）、死に先立って財産を贈与したか、のいずれかである。私は、かつていつのときか三〇〇〇万ドル以上の財産をもっていたかぎり、そのような人々を名簿の中に加えた。

私の知っているかぎりでは、このような名簿を組織的に研究した試みを知らない。ランドバーグは、一九三七年に、「六十家族」の名簿をつくった（ただしそれは、じつは、あらゆる富豪家族を網羅してはいないし、数も、「家族」としては、六〇ではなく約七四である）。しかし、かれは、それを組織的には分析していない。ここでいう「組織的」という意味は、名簿に採録されたあらゆる人について同じような情報を集積し、そこから一般的傾向を引き出すことをいう。

ランドバーグは、(1)血縁関係——しかも往々にして従兄弟関係だけを取り上げている——を一般化して、権力をめぐる派閥や金融上の派閥までもそこから説明しようとしている。われわれは、この二つを混同したくないと思う。さらに、(2)かれが『ニューヨーク・タイムス』から抜き出して作成した名簿にたいして、われわれは満足できない。その名簿は、家族、あるいは個人、あるいは会社など、明確な単位から整然と構成されているのではなく、いろいろなもののゴタまぜである。

いわゆる六〇家族の中で、三七「家族」は、二人以上の納税者によって代表されている。モルガン家の中に、それとなんら血縁関係のない人間が八人も含まれており、かれのあげた三八番目の「家族」（これは「スタンダード・オイル・グループ」である）には、七つの家族が含まれている。この家族の名簿は、一九二四年における所得税額一八万八六〇六ドルから七九万一八五一ドルにいたる二二人の個人を含んでいる。こういうわけで、もしも「家族」が血縁的なまとまりを意味するとするなら、かれの名簿には、六〇よりはるかに多い家族が含まれている。しかし、この名簿は、これらの家族員全部を数えあげたものでもない。というのは、その家族員のうちで税金を払っている人々だけが名簿に含まれている。その上に、ランドバーグが名簿に採録している多くの人々よりもはるかに高い税金を払いながら、かれの「六十家族」の名簿に含まれていない多数の人々がある（たとえば、J・H・ブリューアーとかL・L・クークなど）。これらの人々の全部ではないにせよその一部は、『ニューヨーク・タイムス』には名前が現われないが、『ニューヨーク・ヘラルド・トリビューン』には名前が記載されている。

ランドバーグは、『ニューヨーク・ヘラルド・トリビューン』をまったく無視したようだ。

最富裕の人の名簿を作成するさいに、より重要なことは、ランドバーグのトップ六〇家族の中のいくつかは、個人という点から見ると、最富裕の人々のうちに入らないということである。たとえばディーリング家のばあいがそうである。すなわちランドバーグは、三人のディーリングの所得税を合算している。この総額は、三一万五七〇一ドルにたっしている。しかし、われわれの「大富豪」の名簿には、これらのディーリング氏は入っていない。というのは、ジェームス・ディーリングはわずか一七万九八九六ドルの所得税を、チャールズはわずか一三万九三四一ドルの所得税を、第三番目のディーリングは約七〇〇〇ドルの所得税を払っているにすぎない。ランドバーグの名簿の、タフト、レーマン、デ・フォレスト家についても同様である。疑いもなく、かれらはみな金持である。しかし、われわれが対象としている人々ほどに金持ではない。

(XII) 個人財産の規模に関する情報を組織的に提供する、より最近の資料としては、Temporary National Economic Committee's Monograph No. 29: "The Distribution of Ownership in the 200 Largest Non-Financial Corporations" (Washington, U.S. Government Printing Office, 1940) がある。このモノグラフは、一九三七年度あるいは一九三八年度における、上位二〇〇の大製造会社の重役や役員の株式所有と、これらの会社の上位二〇人の大株主をあきらかにしている。その名簿は、製造会社所有に基礎をおく有名な富豪をほとんど網羅してはいるが、完全ではない。すなわち、政府公債、地方自治体公債、不動産、あるいは銀行所有の形で所有されている財産はそれに含まれていない。さらに、製造会社の所有のばあいも、種々の投資会社に株の登記をさせる慣行があり、この投資会社はその所有者の名を明かさない。このために、産業会社の所有状態すらも隠蔽されているばあいが多い。それにもかかわらず、このTNECの名簿は、先の諸文献が扱っている時期以後の時期についての最良の名簿である。十九世紀の状態を研究するには個々バラバラな事例研究を利用しうるにすぎないのにたいし、このモノグラフは、それに比して確実な一組の富豪をあきらかにしている。

私はこの資料から、一九三七年あるいは一九三八年に、あらゆる会社にもつ株式の総額が一〇〇〇万ドルまたはそれ以上にたっする人々を選び出した。この数字を三倍すれば（というのは、課税対象となっている財産は総財産の三分の一であると仮定して）、われわれの選び出したのは、三〇年代の後半に三〇〇〇万ドルあるいはそれ以上の財産を所有していた人々である、ということになる。

(XIII) 右に掲げたこれらの資料はいずれも、大富豪について最新の情報を提供するものではない。もちろん、これらの種々の書物で言及され、また、一九二四年と一九三八年の名簿に記載されている人々の多くは、現在でも生存しているし、今では死亡している人々のばあいでも、その相続人を見つけ出した。死亡記事によって、われわれは、選び出したあらゆる人々の財産を追いかけ、三〇〇〇万ドル以上の財産を相続した相続人たちを大富豪の名簿に加えた。

(XIV) 現に生存している人々についての情報を得るために、次の諸機関や諸官庁にあたってみた。そのいずれもができるかぎりの情報を提供してくれたが、しかし、それらの情報は「公式」なものではなく、また、われわれにあまり役立たなかった。それらの機関は、Federal Reserve Board of New York; Securities and Exchanges Commission; U.S. Department of Commerce, Bureau of Domestic Commerce; Bureau of Internal Revenue's Statistical Division and Information Divison である。また、次の諸民間団体にいる人々にも当ってみた。すなわち、Dun & Bradstreet; The National Industrial Conference Board's Division of Business Economics; *The Wall Street Journal*; *Barron's*; *Fortune*; The Russell Sage Foundation; *U.S. News and Warld Report*; Brookings Institution; Bureau of National Affairs, Federal Savings and Loan. それと二つの民間投資会社である。ところが、われわれが会ったこれらの

団体の人々は、われわれがすでに知っている資料に言及するだけであった。ある人々はこの問題について考えたこともなく、また他の人々は、最富裕の人々についてなにごとかを「発見」しようという考え自体にいささか驚きを示し、またある人々は、その考えに賛成して夢中になったけれども、その資料についてはお手上げであった。われわれにこれらの人々と会う便宜を図ってくれ、この全問題に有益な論評を加えてくださったF・ブルム教授に謝意を表したい。

(XV) 第二次大戦後の期間については、私は、他の大富豪に少しでも言及している新聞や雑誌記事を注意して集めた。『ビジネス・ウィーク』、『ルック』、『ライフ』、『タイム』などの雑誌や、『ニューヨーク・タイムス』から、いくつかの名前を拾い、追加した。その大部分は、テキサス人から成る新種の富豪たちである。この名前を追加する作業では、この問題に関心をもつ約一ダースの研究者や友人から便宜を受けた。

われわれが集めた名前は、どうしても雑多な性格をもっているから、われわれの名簿が、過去一〇〇年以上の期間におけるアメリカの大富豪のすべてを含んでいるとは確信できないし、そうも主張しない。また、われわれの名簿に加えたあらゆる人々が、実際に三〇〇〇万ドル以上の財産をもったことがあると確実に証明されうるなどとは主張しない。

しかしながら、次の二つのことだけは、かなり確実であると考える。すなわち、(1)三〇〇〇万ドルという数字の正確さについては、かなりたしかな証拠がある。すでに死亡した人々のばあいには、私は遺言検認で遺産額を確認した。その結果、これらの確定がきわめて正確であることがわかった。(2)この名簿が富豪を網羅しているとは——つまり、規定額を所有したことのあるあらゆる個々の人間を含んでいるとは——証明できないにせよ、この名簿に記載された人々はすべて、いかなる妥当な定義によっても、アメリカの最富裕の人々に入っていることは疑いない。たしかに、名簿を作成するさいに、当然それに入れるべき人々を落してしまったり、落すべき人々を入れてしまったりしている。しかしわれわれの名簿は、印刷物によって情報を入手しうるかぎりあらゆる人々を載せている。われわれの意見では、そのような誤りは実質的に見取図を狂わせるものではない。要するに、厳密で証明つきの名簿は不可能であると思う。われわれの作成した名簿は、過去一〇〇年間にわたる期間に、アメリカでもっとも著名な大富豪たちをかなりよく表わしていると思う。

われわれは、以上述べたような名簿作成手続きと、選抜された名前の予備的名簿と、それより一段低いレヴェルの金持の副名簿とを合わせて、次の人々に送り、示唆と批判とを仰いだ。すなわち、Bureau of Industrial Economics, Federal Trade Commission の Dr. John M. Blair, ペンシルヴァニア大学の Professor Thomas Cochran; コロンビア大学の Professor Shepard Clough; ハーヴァード大学の Research Center of Entrepreneurial History の Professor Arthar Cole, Leland H. Jenks, Sigmund O. Diamond; コロンビア大学の Professor Joseph Dorfman, Robert S. Lynd; スタンフォード大学の Professor Frank Freidel;『ビジネス・ウィーク』誌の Frank Fogatry;『ニューヨーク・ポスト』誌とブランダイス大学の Max Lerner である。私は、これらの人々が、この問題について時間をさき、考慮と援助をあたえてくれたことに感謝の意を表したい。もちろん、かれらは、本書が含んでいる事実ないし判断の誤りにたいしてはまったく責任はない。

われわれが選び出した三七一名の富豪のうち、六九名の生涯については伝記的資料や上掲の書物、新聞の綴じこみなどをみても、まったく情報を得られなかった。この六九名の大半は、一九二四年の税金名簿から得られたものである。その名簿では、姓と、ファースト・ネームの頭文字しかわからない。一九二〇年代の巨大収入は、投機的性格のものが多いから、これらのよくわからない高収入は、永続的大財産を表わすものでない可能性が大きい。また、われわれは、アメリカにおける「もっとも著名な」大富豪を対象としているのだから、これらの六九名を大富豪から除外してもいいのではないかと考えられる。いずれにしても、除外せざるをえない。

ここで対象としている諸時期の間に、ドルの価値が変動しているが、その変動をなんらかの方法で修正しようと思って、私は、この三世代の各々のメンバーについて、推定財産額による順位をつけてみた。私が相談した経済史専門家たちは、「永い期間にわたって、一定の金額を購買力に引き直して比較するなんらかの満足すべき方法を知らない」(一九五四年三月三〇日付、Sigmund O. Diamond と Leland H. Jenks からの筆者宛書簡)といっている。いうまでもないが、およそ百万長者の部類に入るような人々のばあいには、生計費——通常、相対的購買力を算定するのは生計費の算定のためなのであるが——などは問題にならない。

各世代について、私は、九〇のもっとも富裕な人々を選び出した。こうして、私は、三つの歴史上の時期の各々について、約九〇のもっとも著名な、もっとも富裕な人々を対象として扱っているのである。このようにして、総計二七五の事例を集中的に分析した。この二七五の事例は、私が知っているあらゆる資料で言及されている三七一の事例の上層七四%である。

九〇の事例は、グループIとして一括した。かれらの平均出生年は一八四一年であり、没年は一九一二年である。したがって、かれらが平均六〇歳にたっしたのは一九〇一年である。このようなところから、グループIを一九〇〇年の世代とみなした。

グループIIは九五の事例から成る。平均出生年は一八六七年であり、没年は一九三六年である。したがって、平均年齢六〇歳の年は、一九二七年である。こうして、グループIIは、一九二五年の世代から成り立っている。

グループⅢの九〇の事例のばあいには、平均出生年は一八八七年であり、かれらの大部分は一九五四年現在なお生存している。かれらが平均六〇歳にたっしたのは一九四七年である。こうして、グループⅢは、一九五〇年の世代である。

(5) 一九〇〇年におけるアメリカの成年男子人口にたいして外国生れの人々が占めていた比率は、U.S. Department of Commerce, *Historical Statistics of the U.S.*, 1789-1945, p. 32. より算出。一九五〇年における外国生れの白人人口については、*The World Almanac*, 1954, p. 266. を参照。

(6) *Historical Statistics of the U.S.*, 1789-1945, p. 29. を見よ。

(7) 大富豪の多くについてかれらがいかなる宗教的信仰をもっていたか不明であるために、宗教に関して一般的数字をこれ以上正確に示すことは不可能である。同じように、アメリカ史上の大半の時期について、国勢調査の宗教会派別数字は不正確である。こういう次第で、全人口における比率との比較も不可能である。

(8) *The New York Times*, 6 February 1951, p. 27.

(9) 貧困と、成功の断念との悪循環については、Mills, *White Collar*, 1951, pp. 259 ff.（杉政孝訳『ホワイト・カラー』、一九五七年、東京創元社）を見よ。

(10) Meyers, *History of the Great American Fortunes*, pp. 634 ff; Lewis Corey, *The House of Morgan*, 1930; John K. Winkler, *Morgan the Magnificent*, 1930. を見よ。

(11) *Time*, 1 June 1953, p. 38. に引用されている。

(12) Frederick Lewis Allen, *op. cit.*, p. 85. を参照。

第六章

（1） Mills, *White Collar; The American Middle Classes*, 1951, chapters 2 and 3.（杉政孝訳『ホワイト・カラー』一九五七年、東京創元社）を見よ。

（2） Bureau of the Census, 1951, *Annual Survey of Manufacturers* and "The Fortune Directory of the 500 Largest U. S. Industrial Corporations," *Fortune*, July 1955, supplement and p. 96. から算出。

（3） John Kenneth Galbraith, *American Capitalism: The Concept of Countervailing Power*, 1952, p. 58. および pp. 115 ff., 171 ff.

（4） Ferdinand Lundberg, *America's 60 Families*, 1937, appendix E. を参照。

（5） 一九五二年における株式所有者の数、種々の職業集団や収入水準の内部におけるその比率は、Lewis H. Kimmel, *Share Ownership in the U. S.*, 1952. から引用。また、"1955 Survey of Consumer Finances," *Federal Reserve Bulletin*, June, 1955. を見よ。それによると、一万ドル以上の株を所有している「消費単位」は、わずか二%にすぎない。一九五〇年の成年人口については、*The World Almanac*, 1954, p. 259. を見よ。

（6） 株所有者のこれらの両極の諸グループの中間に、農民がいる。農民の七%は、いくらかの株を所有している。Kimmel, *op. cit.* を見よ。

（7） 一九三六年にさかのぼると、年間一万ドル以上の配当を受け取っていた人々は、約五万五千——全株所有者の一%以下——にすぎなかった。"The 30,000 Managers," *Fortune*, February 1940, p. 108. を参照。一九三七年には、全株所有者の一%以下にすぎない二万ドル以上の所得——資本増価や、資本損失を除いてである——をもつ人々が、全企業配当の四〇%から五〇%を得ていた。Temporary National Emergency Committee, "Final Report to the Executive Secretary," p. 167. を見よ。

(8) さらに、一九四九年に受け取られた企業配当の一三%は、課税収入をまったくもたないか、あるいは年間五〇〇〇ドル以下の収入しかもたぬ人々に帰属している。U.S. Treasury Department, Bureau of Internal Revenue, "Statistics of Income for 1949, part I," pp. 16, 17. より算出。

(9) Floyd Hunter, *Community Power Structure*, 1953. および Robert A. Brady, *Business as a System of Power*, 1943. を参照。

(10) Mills, *The New Men of Power*, 1948, pp. 23-27. を参照。

(11) 一九三八年における兼任重役の細かい事実については、TNEC Monograph No. 29: "The Distribution of Ownership in the 200 Largest Non-financial Corporations," pp. 59, 533 ff; また、TNEC Monograph No. 30: "Survey of Shareholdings in 1710 Corporations with Securities Listed on a National Securities Exchange." 一九四七年においても、事態は一九三八年と同様である。すなわち、一六〇〇の指導的大会社の重役職を占める一万人の人々のうち、約一五〇〇名の人々は、二つ以上の会社の重役を兼職している。一九一四年以来、一人の人間が、競争関係に立っている二つ以上の会社の重役を兼任することは、法律によって禁止されている。一九五一年に、Federal Trade Commission は、会社が競争関係にあるか否かを問わず、一定の規模の二つ以上の会社の兼職を禁ずるように法律を拡大することを望んでいると論じた。「現行の法律は、……重役の兼任によって妨害される可能性のある競争にたいする考え方が、不当に狭い。この法律は、重役の兼任によって結びついた諸会社が現実に、競争関係に立っているばあいにのみ適用される。これらの会社が競争関係にいつでも立ちうる状態にあるとき、または重役の兼任の影響がなかったならば競争者になるであろうようなばあいに適用されない。……〔この法律は〕、競争会社間の直接の兼任にだけしか適用されない。しかし、間接的兼任は、競争を減退させる潜在的力をもっているのである。」*Report of The Federal Trade Commission on Interlocking Directorates*, 1951, esp. pp. 14-15. を見よ。

一九五〇年において、アメリカの二五の最大企業には、五五六の重役の地位があった。今イギリス駐在大使となっているある男（Winthrop W. Aldrich）は、これらのうちの四つの重役の地位（Chase National Bank, American Telephone and Telegraph Company, New York Central Railroad, Metropolitan Life Insurance Company）を占めていた。また、これらの会社の三つで重役を兼職しているものは七名、二つを兼ねているものは四〇名いる。四五一名は、一つの会社で重役の地位を占めているだけである。こうして、これら二五の会社の五五六の重役の地位のうち、一〇五は、四八名の人間によって占められている。Legislative Reference Service of the Library of Congress が Chairman of the House Committee on the Judiciary の Emanuel Celler 議員のために準備した表（*Hearings Before the Subcommittee on the Study of Monopoly Power of the Committee on the Judiciary*, House of Representatives, Eighty-second Congress, First Session, Serial No. 1, part 2（U. S. Government Printing Office, 1951, p. 77, Exhibit A）を見よ。

企業勢力の集中と実業界のインフォーマルな調整（兼任重役を通じてのばあいもあるし、そうでないばあいもある）が非常に進行しているので、労働省の推定によると、雇主のうち、自分のところの労働組合との団体交渉によって賃金条件をきめているのは、約一四七にすぎない。これらの団体交渉は、賃金契約のパターンをきめている。しかし、大多数の他の雇主たちは、団体交渉の動きはするが、実際には、少数の巨大企業対巨大組合の交渉によってきめられたパターンに見倣うだけであるばあいが多い。*Business Week*, 18 October 1952, p. 148; Frederick H. Harbison and Robert Dubin, *Patterns of Union-Management Relations*, 1947; Mills, *The New Men of Power*, pp. 233 ff; Frederick H. Harbison and John

R. Coleman, *Goals and Strategy in Collective Bargaining*, 1951, pp. 125 ff.

（12）"Special Report to Executives on Tomorrow's Management," *Business Week*, 15 August 1953, p. 161.

（13）John M. Blair, "Technology and Size," *American Economic Review*, Vol. XXXVIII, May 1948, Number 2, pp. 150-151. ブレアの論ずるところによると、現代の技術は、十九世紀および二十世紀初頭のそれとは異なり、集中化よりも分散化に向かって導く力である。というのは、新しい技術――たとえば電力による蒸気の追放、鉄と鋼鉄にとって代わって軽金属、合金、プラスチック、合板などの使用――は、もっとも効率のいい操業規模を縮小させる。これらの新しい技術の発展を前提とすると、工場の最大収益性は、以前よりもはるかに小さい規模で成立する。「要するに、……これらの新たな資材がとって代わるようになると、製品一単位当りに要する資本額が減少し、こうして、新しい、より規模の小さい、しかしより能率的な工場の設立を結果するようになる。」（*Ibid*., p. 124）

（14）Galbraith, *op. cit.* またこの書にたいする批判としては、*American Economic Review*, Vol. XLIV, May 1954. を見よ。

（15）A. A. Berle Jr., *The 20th Century Capitalist Revolution*, 1954.（桜井信行訳『二十世紀資本主義革命』、一九五六年、東洋経済新報社）を参照。

（16）先鞭をつけたのは、タウシッグ（F. W. Taussig）とジョスリン（C. S. Joslyn）である。かれらは、Poor's 1928 Register of Directors に記載された約七〇〇〇の実業家についての情報を集めた。*American Business Leaders: A Study in Social Origins and Social Stratification*, 1932.
ミルズ（C. W. Mills）は、*The Dictionary of American Biography* に伝記が記載されている一五七〇年から一八七九年生まれの一四六四名の「アメリカの大実業家」を分析した。"The American Busi-

ness Elite: A Collective Portrait," *The Tasks of Economic History*, supplement V to *The Journal of Economic History*, December 1945.

ミラー（William Miller）は、実業界の指導者たちの伝記を集めた代表的な、もっともすぐれた研究をなしている。かれは、これらの資料を自ら分析し、その結果を四つの論文にまとめて発表している。"American Historians and the Business Elite," *Journal of Economic History*, Vol. IX, No. 2, November 1949. これは、一九〇三年の一九〇名の実業界指導者と、一八八名の政界指導者とを比較している。"The Recruitment of the Business Elite," *Quarterly Journal of Economics*, Vol. LXIV, No. 2, May 1950. これは、一九〇三年の実業界指導者の社会的出身を、全人口のそれと比較している。"American Lawyers in Business and Politics," *Yale Law Journal*, Vol. LX, No. 1, January 1951. これは、一九〇三年の実業界指導者に見出される弁護士と、政治家となっている弁護士とを比較している。"The Business Bureaucracies: Careers of Top Executives in the Early Twentieth Century," *Men in Business: Essays in the History of Entrepreneurship* (edited by William Miller), 1952. これは、一九〇三年の実業家の実業経歴を論じている。また、ミラー氏は、一九五〇年の四一二名の実業界指導者について伝記的資料を集めた。

ミラーの指導の下に、Research Center for Entrepreneurial History at Harvard University では、一八七〇―七九年の産業界指導者についての同様な研究が企てられた。Frances W. Gregory and Irene D. Neu, "The American Industrial Elite in the 1870's: Their Social Origins," *Men in Business*.

ケラー（Suzanne I. Keller）はこれら三世代全部にわたる分析を試みた。"Social Origins and Career-Lines of Three Generations of American Business Leaders," Columbia University Ph. D. thesis, 1954. また、『フォーチュン』誌は、ミラーのそれと似た方法を用いて、一九五二年の九〇〇名の会社最高幹

部を分析した。九〇〇名は、トップ二五〇の大産業会社、トップ二五の大鉄道会社、トップ二〇の大公益会社から、それぞれ三名の最高幹部を取り出して得られたものである。"The Nine Hundred," *Fortune*, November 1952, pp. 132 ff. この分析は、今日可能である範囲ではもっとも大きいサンプルを用い、充分に分析されてはいないがすぐれた資料を含んでいる。また、Mabel Newcomer, "The Chief Executives of Large Business Corporations," *Explorations in Entrepreneurial History*, Vol. V (Cambridge: Research Center for Entrepreneurial History at Harvard University, 1952-53), pp. 1-34. を参照。この研究は、一八九九年、一九二三年、一九四八年における会社最高幹部を扱っている。

以上挙げたような経歴研究は、本書で用いた他の研究と同じく、すべて、解釈にさいして多くの技術的困難に遭遇しやすく、われわれが、必要な情報をそこから得ようとしても得難いばあいが多く、また、誤った結論に導かれやすい。例をあげると、父の職業という点から、ニュージャージー州選出のクリフォード・ケース上院議員の表面的な「社会的出身」を捉えてみると、「中流ではあるが富裕ではない」階層の出身ということになる。すなわち、かれは、プロテスタントの一牧師の子供であり、父とは一六歳のとき死別している。ところが、かれの伯父は、州選出の上院議員であり、二三年間にわたって州の最高裁判所の判事であった。そのような経歴の統計的研究を用いて社会現象の進行方向を予測することにつきまとう危険については、Richard H. S. Crossman, "Explainnig the Revolution of Our Time: Can Social Science Predict Its Course?" *Commentary*, July 1952, pp. 77 ff. を見よ。

この第六章の第二節、第三節で使用されている数字は、とくに註記されていないかぎり、ミラーの資料にたいするケラーの分析から引用したものである。ミラーの資料は、他のそれと関連する諸研究と合致しないかぎり、いきなり用いることはしなかった。こうして、本書で提示した数字は、すべての関連する研究が一致している数字であるといいうるであろう。(訳者註――これらのF. W. Taussig & Joslyn, M. Newcomer, S. Keller, C. W. Mills などのビジネス・エリート研究を比較論評したものとしては、Reinhard Bendix and Frank W. Howton, "Social Mobility and the American Business Elite," *British Journal of Sociology,* 1957, Vol. VIII No. 4, 1958, Vol. IX. No. 2. がある。）

(17) "The Nine Hundred," *op. cit.*, p. 235.

(18) サンプルを拡大してより多数の会社幹部について見ても、大学卒の比率はだいたい同じである（一九五二年のトップ九〇〇名の会社幹部中、大学卒は約六五%）。しかし、大学院履修者はこれらの人々の約三分の一にすぎない。現代の会社幹部のもっとも若いグループ――五〇歳以下の人々――のばあいには、その八四%が大学卒である。"The Nine Hundred," *op. cit.*, p. 135. を見よ。

(19) *Ibid.*, p. 133. を見よ。

(20) *Business Week,* 31 May 1952, pp. 112 ff. に報告されている主要五七会社の一二七名の会社幹部の研究を見よ。それによると、一二七名の会社幹部のうち七二名までが、サラリーの他にこれらの手当をもらっている。

(21) *The New York Times,* 10 April 1955, p. 74.

(22) "Why Don't Businessmen Read Books?" *Fortune, May* 1954. を見よ。

(23) William Miller, "American Lawyers in Business and Politics," *op. cit.*, p. 66.

(24) これらの会社幹部たちがその会社に入社したのは平均二九歳のときであり、それからほぼ同じ期間――二九年間――その会社におり、現在の職には六年間とどまっているのだから、幹部の地位につくためには、平均二三年かかっている、ということになる。この数字ならびに、本文の二つのパラグラフにある数字は、"The Nine Hundred," *op. cit.* から採録、あるいは再編されたものである。

(25) Robert A. Gordon, *Business Leadership in the Large Corporation,* 1945, p. 71.

(26) John L. McCaffrey が、一九五三年六月一〇日にシカゴ大学の Two-year Executive Program の卒業直前のクラスでなした演説より。"What Corporation Presidents Think About at Night," *Fortune*, September 1953, pp. 128 ff. に再録されている。

(27) Gordon *op. cit.*, p. 91: and Peter F. Drucker, *The Practice of Management*, 1954.（現代経営研究会訳『現代の経営』、一九五六年、自由国民社）を見よ。

(28) Lammot du Pont と Alfred Sloan の手紙は、二つとも、*The New York Times*, 7 January 1953, pp. 33, 35. に再録されている。

(29) ロバート・ヤングの New York Central を手中におさめようとする闘いに関する事実ならびに引用文は、John Brooks, "The Great Proxy Fight," *The New Yorker*, 3 July 1954, pp. 28 ff より。

(30) Robert Coughlin, "Top Managers in Business Cabinet," *Life*, 19 January 1953, pp. 111, 105. を見よ。

(31) 引用文は、*Business Week*, 17 April 1954, p. 76. より。

(32) Keller, *op. cit.*, pp. 108–111. を見よ。

(33) "The 30,000 Managers," *op. cit.*; Robert W. Wald, "The Top Executive—a First Hand Profile," *Harvard Business Review*, August 1954.

(34) Booz, Allen, Hamilton らによる最近の一研究が示すところでは、五〇主要会社の半数は、会社幹部の能力を認定するさいにたった一人の人間の意見できめている。三〇%が「数人の意見」を用い、より科学的方法を試みているのは、わずか二〇%にすぎない。*Business Week*, 2 April 1955, p. 88.

(35) *Business Week*, 3 November 1951, p. 86. また、Mills, *White Collar*, pp. 106 ff.; William H. Whyte, Jr., and the editors of Fortune, *Is Anybody Listening?* 1952. を見よ。

(36) "The Crown Princes of Business," *Fortune*, October 1953, p. 152.

（37） "The Nine Hundred," *op. cit.*, p. 135.

（38） この二つのパラグラフの引用文と事実とは、"The Crown Princes of Business," *op. cit.*, pp. 152-153. より採録。

（39） 『フォーチュン』誌よりのこの引用文は、*ibid.*, p. 266. より。また、ある経営者の言は、そこに載せられている「某著名会社の社長」の言を採録。

（40） *Ibid.*, p. 264.

（41） Ida M. Tarbell, *Owen D. Young*, 1932, pp. 232, 113, 229-230, 121, and 95-96.

第七章

（1） 「経営者革命」については、James Burnham, *The Managerial Revolution: What is Happening in the World*, 1941.（長崎惣之助訳『経営者革命』、一九五一年、東洋経済新報社）。バーナムの見解にたいする詳細な註釈としては、H. H. Gerth and C. W. Mills, "A Marx For the Managers," *Ethics*, Vol. LII, No. 2, January 1942. 指導的家族の理論としては、Ferdinand Lundberg, *America's 60 Families*, 1937.

（2） 一九二九年と比較した一九五一年の所得分布については、*Business Week*, 20 December 1952, pp. 122-123. を見よ。一九五一年のドルの価値での一九二九年と一九五一年の所得の比較としては、*Business Week*, 18 October 1952, pp. 28-29. を見よ。

（3） 所得分布の背後にある一般的経済状況を論じたものとしては、Frederick Lewis Allen, *The Big Change*, 1952.（佐藤亮一・平松幹夫訳『現代アメリカ社会史』、一九五七年、角川文庫）。また、*Business Week*, 25 October 1952, p. 192. を参照。

（4） U.S. Department of Commerce, Bureau of the Census, "Current Population Reports: Consumer

"Income," Series P–60, No. 12, June 1953, p. 4.

（5）一九四九年の所得の申告額とその所得源についての数字は、U.S. Treasury Department, Bureau of Internal Revenue, "Statistics of Income for 1949, Part I, Preliminary Report of Individual Income Tax Returns and Taxable Fiduciary Income Tax Returns filed in 1950"（Washington, D.C., U.S. Government Printing Office, 1952, pp. 16–19）から計算。

（6）一〇〇万ドルから一九〇万ドルの収入を得ている八一名の人々のばあいには、配当がもっとも大きな部分を占めている（四二％から四五％）。二〇〇万から二九〇万ドルの収入グループでは、不動産と信託財産が最大の収入源（四八％）である。三〇〇万ドル以上の収入を得ている人々のばあいは、資本増価（capital gain）が収入の四九％を占めている。これにたいして、あとの二つの高収入グループにおいては、配当は第二次的な収入源にすぎない（それぞれ三九％、四三％）。*ibid.*, pp. 16–19. を見よ。

（7）*Ibid.*, pp. 45–47.

（8）一九一七年から一九三六年までの巨大収入についての歴史的数字は、Joint Committee on Internal Revenue Taxation of the Congress of the United States によって集められてある。"Million-dollar Incomes"（Washington, D.C., U.S. Government Printing Office, 1938）。一九四四年以前には、個人の収入は、不動産あるいは信託財産からの収入と分離されていなかった。これらの収入を一九四九年の収入に含め、一九二九年のそれと比較できるようにすると、一九二九年の五一三人にたいし、一九四九年には一四五人の百万長者がいることになる。

（9）"Preliminary Findings of the 1955 Survey of Consumer Finances," *Federal Reserve Bulletin*, March 1955, page 3 of reprint.

（10）税金額から得られる資料にかけては専門家であるサイモン・クズネッツの発見によると、全人口中の最富裕の一％の人々（それには、たんに一万五千ドルの収入を得ている人まで含まれてしまうが）の手取り収入が全人口の収入総額にたいする比率は、一九二八年の一九・一％から、一九四五年の七・四％まで下っているという。しかし、かれは注意深く次のように付け加えている。「高い信頼度の推定を下したり、いくつかの仮説を検証するために資料を見出すことは、非常に困難なことである。」と。しかし、それにもかかわらず、かれのあげた数字は、かの「水準向上」説や「富豪衰退説」が唱えられるばあい、広くその根拠とされている。これらの数字は、大いに論ずる余地のある「推定」や「歪曲」をかなりたくさん含んでいる。もっとも重要な問題は、その「推定」の基礎となっている資料である。重い税金を課せられている人々の合法的・非合法的な種々のやり方についてわれわれの知っているところから見て——われわれの知っているのはその一部にすぎないのだが——、この一九・一％から七・四％への減少は、なんらかの「収入革命（インカム・レボルーション）」であるというよりは、会社富豪たちが自分の収入を政府にたいして隠す方法に習熟したことを表わしているのではないかと思う。しかしながら、真相を知っている者はだれもいない。というのは、そのために必要な公的調査の実施は、政治的に不可能なのである。

Simon Kuznets, "Shares of Upper Income Groups in Income and Savings," *National Bureau of Economic Research, Inc., Occasional Paper*, No. 35, pp. 67 and 59; また、Simon Kuznets, assisted by Elizabeth Jenks, *Shares of Upper Income Groups in Income and Savings* (New York: National Bureau of Economic Research, Inc., 1953). クズネツによって用いられた方法を、税金資料にたいするちがった解釈によって批判したものとしては、J. Keith Butters, Lawrence E. Thompson and Lyn L. Bollinger, *Effects of Taxation: Investment by Individuals*, 1953, especially p. 104. を見よ。

（11） *Business Week*, 7 March 1953, p. 143.

（12） *Loc. Cit.*

（13） 財団に関するこれらの諸事実と引用文は、*Business Week*, 19 June 1954, pp. 167–169, 173. より。

（14） *Business Week*, 17 May 1952. 一九五二年の約一六四の代表的会社にたいする一調査があきらかにしているところでは、会社幹部にサラリーだけを払っているのは、それらの会社のわずか八%にすぎない。Richard A. Girard, "They Escape Income Taxes—But You Can't!" *American Magazine*, December 1952, p. 16.

（15） Girard, *op. cit.*, p. 89.

（16） 現在では、そのような株式選択権は、その会社の株の一〇%以下を所有している会社幹部にたいしてのみ許されている。しかし、新株が発行されたとき所有経営者が自分の会社の株にたいするコントロールを保持しうるように、選択権を大所有者にも与えよう——ただし、市場価格よりもやや高い価格で——という話もある。*Business Week*, 4 April 1953, pp. 85–88; and 17 July 1954, pp. 52, 54.

（17） *Business Week*, 25 December 1954.

（18） *Ibid.*, 19 July 1952.

（19） *The New York Times*, 17 October 1954, p. 3.

（20） William H. Whyte, Jr., "The Cadillac Phenomenon," *Fortune*, February 1955, p. 178.

（21） Ernest Haveman, "The Expense Account Aristocracy," *Life*, 9 March 1953. 最近、研究の対象とされた一群の会社の約七三%は、その会社幹部のクラブの費用の全部、あるいは一部を支払っている。Girard, *op. cit.*, p. 88. を見よ。

（22） *Business Week*, 11 June 1955, p. 168 and 9 July 1955, pp. 40 ff.

（23） *The New York Times*, 22 February 1953, News of the Week Section, "Journey's End."

（24） *Business Week*, 15 May 1954.

(25) *Business Week*, 16 October 1954.
(26) *Business Week*, 9 January 1954.
(27) Girard, *op. cit.*, p. 89.
(28) Marya Mannes, "Broadway Speculators," *The Reporter*, 7 April 1955, p. 39.
(29) Ernest Haveman, *op. cit.*
(30) *Look*, 9 February 1954. に引用されているところによる。
(31) *The New York Times*, 11 October 1953, p. 65.
(32) Harry Carman and Harold C. Syrett, *A History of the American People*, 1952, Vol. II, p. 451.
(33) Jonathan Stout, "Capital Comment," *The New Leader*, 5 December 1942.
(34) *The Reporter*, 25 October 1954, p. 2. に引用されているところによる。
(35) John Knox Jessup, "A Political Role for the Corporation," *Fortune*, August 1952.

第八章

(1) Gaetano Mosca, *Elementi di scienza politica*, 1896.（英訳 *The Ruling Class*, 1939）を参照。とくに、英訳本 pp. 226 ff. ならびに、Livingston の序文 pp. xxii ff. を参照。
(2) John Adams, *Discourses on Davila*, 1805, pp. 36-37. を参照。
(3) Ray Jackson, "Aspects of American Militarism," *Contemporary Issues*, Summer 1948, pp. 19 ff. を参照。
(4) "Why An Army?" *Fortune*, September 1935, p. 48. を参照。
(5) Stanislaw Andrzejewski, *Military Organization and Society*（London: Routledge & Kegan Paul,

1954), pp. 68 ff. を見よ。西欧の「軍国主義」についての最良の書物は、いうまでもないが、Alfred Vagts, *A History of Militarism*, 1937. である。

(6) われわれは、陸・海・空軍の公式人名録から、上から階級の順にしたがって、将軍や提督たちを選び出し、詳細な研究の対象とした。ここで一九〇〇年の将軍として扱っているのは、一八九五年から一九〇五年にいたるまでの人名録に記載されている将軍であり、一五名の少将を含んでいる。

一八九五年から一九〇五年にいたるまでの人名録に記載されている約六四名の海軍少将のうち、少くとも三回名簿に記載されているものだけを研究の対象にした。そうすると、一八名の提督が得られた。この数は、どの年度における名簿をとってみても、そこに載せられている提督の数に等しい。

(7) Gordon Carpenter O'Gara, *Theodore Roosevelt and the Rise of the Modern Navy*, 1943, p. 102.

(8) Lieutenant Colonel Melvin B. Voorhees, *Korean Tales*, 1952. *Time*, 3 August 1953, p. 9. に引用され、註釈されているところによる。

(9) 国防省（ペンタゴン）についての以下の情報は、*Time*, 2 July 1951, pp. 16 ff. のレポートによる。

(10) Harold D. Lasswell, *National Security and Individual Freedom*, 1950, p. 23. に引用されているところによる。

(11) Hanson W. Baldwin, "The Men Who Run the Pentagon," *The New York Times Magazine*, 14 February 1954, pp. 10 ff. を見よ。

(12) "The New Brass," *Time*, 25 May 1953, p. 21; "New Pentagon Team," *The New York Times Magazine*, 26 July 1953, pp. 6, 7; Elie Abel, "The Joint Chiefs," *The New York Times Magazine*, 6 February 1955, pp. 10 ff.

(13) Hanson W. Baldwin, "4 Army 'Groupings' Noted," *The New York Times*, 9 May 1951.

(14) Hanson W. Baldwin, "Skill in the Services," *The New York Times*, 14 July 1954, p. 10 C.

(15) "New Joint Chiefs," *Business Week*, 16 May 1953, pp. 28–29. を見よ。

(16) "Insuring Military Officiers," *Business Week*, 15 August 1953, p. 70.

(17) S. L. A. Marshall, *Men Against Fire*, 1947, pp. 50 ff.

(18) 前掲註(6)を見よ。一九四二年から五三年にいたる陸軍人名録から、三三名を研究の対象に取り上げた。かれらはいずれも、大将あるいは元帥である。すなわち、ジョージ・C・マーシャル、ダグラス・マッカーサー、マーリン・クレイグ、ドワイト・D・アイゼンハワー、ヘンリー・H・アーノルド、ジョーゼフ・W・スチルウェル、ウォルター・W・クリューガー、ブレホン・B・ソマーヴェル、ジェイコブ・L・デヴァース、マーク・W・クラーク、オマー・N・ブラッドレー、トーマス・T・ハンディ、コートニイ・H・ホッジス、ジョナサン・M・ウェンライト、ルシアス・D・クレイ、ジョーゼフ・L・コリンズ、ウエイド・H・ヘイスリップ、マシュー・B・リッジウェイ、ウォルター・B・スミス、ジョン・E・ハル、ジェームズ・A・ヴァンフリート、アルフレッド・M・グルンザー、ジョン・R・ホッジ、カール・シュパーツ、ホイト・S・ヴァンデンバーグ、ミュアー・S・フェアチャイルド、ジョーゼフ・T・マクナーニイ、ジョージ・C・ケニイ、ローリス・ノースタッド、ベンジャミン・チャイルドロー、カーチス・E・ルメイ、ジョン・K・キャノン、オットー・P・ウェイランド、である。

一九五〇年の典型的将軍は、平均一八九三年の生れで、アメリカ人を両親にもち、イギリス系の祖先をもつ。かれが士官学校に入学してから、あるいは兵役に入ってから、最高司令官の地位ないし将官の地位に平均五二歳で達するまで、三五年かかっている。かれの父は、専門的職業従事者であり、上層中産階級の出であり、さらに、おそらくは、政界に友人や結びつきをもっている。ウエスト・ポイント士官学校卒業が典型的なばあいであるが、その他に、陸軍の四つの学校の出身者もいる。宗派からいうと、プロテスタントが多く、またその中でも、監督教会派が多い。結婚の相手は、上層中産階級の娘であり、いわば族内結婚であり、娘の父は、将軍や専門的職業従事者、あるいは実業家である。かれは、たとえば、アーミィ＝ネーヴィ、アーミィ＝ネーヴィ＝カントリー、メーソンスなどの三つぐらいのクラブに属している。かれは、約二冊ぐらいの本を書き、だれかがどこかでかれのことに言及している書物があるのが普通である。かれはまた、二つぐらいの名誉学位も授与されており、おそらくはもっと多くの学位を授与されるだろうと期待されている。

一九五〇年の提督としては、二五名が研究の対象に選ばれた。

一九五〇年の提督は、平均一八八七年の生まれであり、アメリカ人の両親をもち、イギリス系の祖先をもっている。兵学校入学から最高司令官の地位につくまで四〇年かかっており、その地位についたときには五八歳であった。かれは、アメリカ合衆国の東中部、北中部のどこかで生まれ、大西洋岸の中部で育った。かれは、都会生まれであり、かれの父は、かれが一七歳に達するころまで軍籍にあった。その当時のかれの父の階級水準は、上流中産階級であり、その家族はなんらかの政界の中枢との結びつきをもっていた。かれは海軍兵学校卒業者であり、また、そのまえに、いくつかの大学に在籍していた者もある。軍籍にある間に、かれらは、海軍大学校（Naval War College）のような専門学校を卒業している。かれの宗教は、監督教会派であり、また、かれの妻の父は、上層中産階級に属し、専門的職業従事者ないし実業家である。かれは、一冊ぐらいの本をすでに書いているか、あるいは書いているところである。かれはまた、名誉学位の一つぐらいをもっているか、あるいはもうすぐ授与されるだろう。

(19) "Who's in the Army Now?," *Fortune*, September 1935, p. 39.

(20) Katherine Tupper Marshall, *Together*, 1946, pp. 8, 17, 22.

(21) Helen Montgomery, *The Colonel's Lady*, 1943, pp. 207, 151, 195.

(22) *Time*, 2 June 1952, pp. 21–22.

(23) *Business Week*, 15 August 1954.

(24) "You'll Never Get Rich," *Fortune*, March 1938, p. 66.

(25) Thorstein Veblen, *The Theory of the Leisure Class*, 1898, pp. 247–249.（陸井三郎訳『有閑階級論』、一九五六年、河出書房）

(26) 一八九八年から一九四〇年にいたる期間に正規軍の将官の地位についた四六五名のうち、六八％はウエスト・ポイント卒業者であった。残りの三二％の大部分は、二〇世紀初頭において軍に勤務した人々である。この四六五名のうち、労働階級出身者は二％であり、二七％は専門的職業従事者の家庭の出身、二一％は実業家、二三％が農民、一四％が役人、同じく一四％が軍人の家庭の出身であった。また、その六三％が、監督教会派あるいは長老教会派であり、二八％は他のタイプのプロテスタントであった。また、カソリックは九％である。R. C. Brown, "Social Attitudes of American Generals, 1898-1940," *University of Wisconsin Ph. D. Thesis*, 1951. を見よ。

(27) H. Irving Hancock, *Life at West Point*, 1903, pp. 222–223, 228.

(28) 職業軍人の思想訓練を見事に描いたものとしては、Sanford M. Dornbusch, "The Military Academy as an Assimilating Institution," *Social Forces*, May 1955; および、ブリュースター・スミス（M. Brewster Smith）による、第二次大戦における幹部候補生学校（Officer Candidate School）の描写を見よ。スミスの言を借りると、幹部候補生学校は、「候補生のパーソナリティにたいする一種の攻撃」と、「積極的な士官のパーソナリティの形成」とに終始していた。S. A. Stouffer, *et al.*, *The American Soldier*, 1949, Vol. I, pp. 389–390.

(29)「第一次大戦開戦当時、ウエスト・ポイント卒業者は、陸軍正規軍将校の四三％を構成していた。終戦時には、かれらは、主要な責任ある諸地位を占めていた。……軍司令官のすべてと、三八の師団ないし軍団長のうち三四名までが、士官学校卒業者であった。第二次大戦にさいしては、ウエスト・ポイント卒業者は全将校団の約一％にすぎなかったにもかかわらず、終戦時には、師団長ないし上級指揮官の五七％を占めていた。」General Maxwell D. Taylor, *West Point: Its Objectives and Methods*, 1947, pp. 16-17.

(30) Ralph Earle, *Life at the U. S. Naval Academy*, 1917, p. 167. に引用されているところによる。

(31) Earle, *op. cit.*, pp. 79, 162-163, 165.

(32) John P. Marquand, "Inquiry Into the Military Mind," *The New York Times Magazine*, 30 March 1952, pp. 9 ff. を参照。

(33) C. S. Forester, *The General*, 1953, p. 168. を参照。

第九章

(1) たとえば、ジョン・K・ガルブレイスは、John W. Wheeler Bennett, *The Nemesis of Power; The German Army in Politics*. にたいする書評でこのような見解を述べている。*The Reporter*, 27 April 1954, pp. 54 ff.

(2) "The U. S. Military Mind," *Fortune*, February 1952, p. 91.

(3) *Time*, 18 August 1952, p. 14. を見よ。

(4) Hanson W. Baldwin, *The New York Times*, 21 February 1954, p. 2. また、ジェームズ・レストンによる記事を参照せよ。James Reston, *ibid.*, p. 1.

(5) *Time*, 7 July 1954, p. 22.

(6) Hanson W. Baldwin, "Army Men in High Posts," *The New York Times*, 12 January 1947.

(7) *The New York Times*, 15 November 1954 and 9 November 1954.

(8) *The New Leader*, 11 March 1944, p. 1. の論説 "The Army in Politics" を見よ。

(9) Hanson W. Baldwin, *The New York Times*, 2 April 1952.

(10) *The New York Times*, 15 November 1954. を参照。

(11) マッカーサー元帥の一九五三年三月ニューヨークにおける演説と、一九五一年にボストンにおいて行なった演説。*The Reporter*, 16 December 1954, p. 3. に引用されているところによる。

(12) Mark Skinner Watson, *The War Department; Vol. I: Chief of Staff, Pre-War Plans and Preparations* (Washington: Historical Division of the Department of the Army, 1950); Maurice Matloff and Edwin M. Snell, *The War Department, Vol. II: Strategic Planning for Coalition Warfare, 1941-1942* (Washington: Office of the Chief of Military History, Dept. of the Army, 1953); R. S. Cline, *The War Department, Vol. III: Washington Command Post: The Operations Division* (Washington: Office of the Chief of Military History, Dept. of the Army, 1954). この三巻の書物は、第二次大戦直前から大戦中にかけての、政治的領域における軍の台頭について詳しい事実を提供する最良の資料である。

(13) Edward L. Katzenbach, Jr., "Information as a Limitation on Military Legislation: A Problem in National Security," *Journal of International Affairs*, Vol. III, No. 2, 1954, pp. 196 ff.

(14) Robert Bendiner, *The Riddle of the State Department*, 1942, p. 135. 外交官一般については、外交部のスタッフによって作成された論文 "Miscellaneous Staff Studies Pertaining to the Foreign Service," *Foreign Affairs Task Forces*, Appendix VIIA, 1 September 1948. や、J. L. McCamy, *The Administra-*

tion of American Foreign Affairs, 1950; *The Diplomats: 1919–1939* (Edited by Gordon A. Craig and Felix Gilbert), 1953; C. L. Sulzberger, *The New York Times*, 8 November 1954. における論説、また、Henry M. Wriston, "Young Men and the Foreign Service," *Foreign Affairs*, October 1954, pp. 28–42. などをも参照。

(15) イギリスのばあいには、一八九三年から一九三〇年にいたるまでの五三名の大使のうち、七三%ははえ抜きの外交官であった。D. A. Hartman, "British and American Ambassadors: 1893–1930," *Economica*, Vol. XI, August 1931, pp. 328 ff., especially p. 340. を参照せよ。

(16) 一八九九年に一万ドル以上の俸給を得ていたトップ二〇名の大使の経歴についての一研究による。

(17) 一九四三年春、メリーランド大学での「職業社会学」の講義のさいに、シルヴィア・フェルドマン、ハロルド・シェパード両君が、U. S. State Department, Foreign Service List. から集めてくれた資料による。

(18) *The New York Times*, 7 February 1954, p. 27.

(19) Walter H. Waggoner, *The New York Times*, 3 December 1952, p. 12.

(20) われわれは、世界の強国、あるいはその位置や天然資源のゆえに関心の中心に置かれていると判断される二五カ国に派遣されている大使を研究の対象とした。選び出されたのは、ギリシア、ユーゴスラヴィア、エジプト、インドネシア、ポルトガル、スペイン、イギリス、メキシコ、ソ連、インド、カナダ、フランス、チェコスロヴァキア、南アフリカ連邦、イタリー、朝鮮、台湾、イラン、イスラエル、日本、オーストリア、ポーランド、オーストラリア、ヴェトナム、トルコである。

駐英大使は、現在でももっとも望まれているポストであるが、そこには、ウィンスロープ・W・アルドリッチがいる。かれは、巨万の富をもつ銀行家であり、ジョン・D・ロックフェラー二世の義兄弟である。フランス大使、C・ダグラス・ディロンは、グロートンの卒業生であり、また、アルドリッチと同じく、ハーヴァードの卒業生であり、ディロン＝リード銀行の創立者の息子である。中西部の銀行や実業界の勢力は、カナダ大使R・ダグラス・スチュアートに代表されている。オーストリア大使アモス・J・ピースリーは、国際法の専門家で、著名な共和党員であり、また、銀行家の息子で、植民地時代からの旧家の子孫でもある。ポルトガル駐在大使ロバート・M・グッゲンハイムは、富豪グッゲンハイム家の創設者の一人の息子である。また、イタリー駐在大使は、クレアー・ブース・ルース夫人である。

はえ抜きの外交官が駐在大使に任命されている諸国は、日本、朝鮮、イスラエル、ポーランド、南アフリカ連邦、ヴェトナム、インド、ギリシア、エジプト、トルコ、台湾、チェコスロヴァキア、メキシコ、インドネシア、イラン、ユーゴスラヴィア、スペイン、オーストリアである。はえ抜きの外交官が駐在大使に任命されている唯一の重要国はロシアである。そこには、チャールス・E・ボーレンがいる。かれの大使任命は、つい最近まで、上院によって承認されなかったのである。大部分のはえ抜きの外交官たちと同じく、ボーレンは上流階級の家庭出身である。かれの父は「有名なスポーツマン」であった。ボーレンはセント・ポール予備校で教育され、ハーヴァードではポーセリアン・クラブのメンバーであった。*The New York Post*, 8 March 1953. を見よ。

(21) C. L. Sulzberger, "Foreign Affairs," *The New York Times*, 8 November 1954. に引用されているところによる。

(22) Charlotte Knight, "What Price Security," *Collier's*, 9 July 1954, p. 65.

(23) Theodore H. White, *Fire in the Ashes*, 1953, p. 375.

(24) *The New York Times*, 7 November 1954, p. 31. また、13 and 14 December 1954; *The Manchester*

Guardian, 11 November 1954, p. 2. を見よ。

（25）『ニューヨーク・タイムズ』紙の編集者宛のルイス・J・ハール（Louis J. Halle）の書簡。*The New York Times*, 14 November 1954, p. 8E.

（26）*The New York Post*, 16 March 1954. に引用されているジョージ・F・ケナンの言葉。

（27）大使館付武官に関する本文ならびに脚註における情報と引用は、Hanson W. Baldwin, "Army Intelligence—I", *The New York Times*, 13 April 1952, p. 12. より。

（28）Burton M. Sapin and Richard C. Snyder, "The Role of the Military in American Foreign Policy," 1954, pp. 33-34. を見よ。

（29）*The Economist*, 22 November 1952.

（30）Edger Kemler, "No. 1 Strong Man," *The Nation*, 17 July 1954, pp. 45 ff. を見よ。

（31）*Time*, 23 August 1954, p. 9. を見よ。

（32）Thomas J. Hamilton, *The New York Times*, 15 August 1954, p. E 3. を見よ。

（33）Arthur Maass, *Muddy Waters: The Army Engineers and the Nation's Rivers*, 1951, p. 6. また、かれがロバート・ド・ルース（Robert de Roos）と共同執筆した "The Lobby That Can't Be Licked," *Harpers*, August 1949. を参照。

（34）*The Reporter*, 10 February 1955. におけるエリック・シヴァレイド（Eric Sevareid）の特約寄稿記事。また *The New York Times*, 14 February 1954. を参照。一九五四年には、戦略空軍司令部だけで、「八〇億五千万ドルの直接的固定資産を所有するにいたった。これはおもに、その航空機と基地の価格である。資産の点でアメリカ最大の産業会社は、ニュージャージーのスタンダード・オイル会社であり、その資産は約五〇億四千万ドルである。また、戦略空軍の一七万五千の『従業員』は、従業員数と資産の比率から見ると、ニュージャージーのスタンダードの一一万九千とそんなに違わない。石油会社の従業員と同じように、戦略空軍従業員は、多数の高価な施設を運営している（極端なケースでは、B47の三人の搭乗員は、二〇〇万ドル以上の資産を託されている）。しかし、このような資産比較を振り回しすぎてはならない。というのは、八〇億五千万ドルという数字は、戦略空軍のほんとうの価格の一部にすぎない。それを完全に計算しようとするなら、戦略空軍の作戦に貢献しうる他の司令部（ヨーロッパ駐留アメリカ空軍、軍航空輸送部、空軍資材部、研究開発部など）の装備と資材を貢献に応じて比例配分したものを追加しなければならない。こうして、ほんとうの数字は、優に一〇〇億ドルを超えるだろう。」John McDonald, "General LeMay's Management Problem," *Fortune*, May 1954, p. 102.

（35） C. E. and R. E. Merriam, *The American Government*, 1954, pp. 774, 775.

（36） Levin H. Campbell, *The Industry-Ordnance Team*, 1946, pp. 3-4.

（37） "The S. O. S.," *Fortune*, September 1942, p. 67.

（38） Major General Lucius D. Clay, General Staff Corps, Assistant Chief of Staff for Material, "The Army Supply Program," *Fortune*, February 1943, p. 96.

（39） "The U. S. Military Mind," *Fortune*, February 1952, p. 91.

（40） 軍需産業の再転換についての軍部と経済界の見解の一致に関しては、詳しくは、Bruce Catton, *The Warlords of Washington*, 1948, esp. pp. 245-288. を見よ。

（41） "Generals—Then and Now," *The New York Times Magazine*, 7 March 1954, pp. 78-79; U. S. Atomic Energy Commission, *In the Matter of J. Robert Oppenheimer: Transcript of Hearing Before Personnel Security Board*, 12 April 1954 through 6 May 1954 (U. S. Government Printing Office, 1954), pp. 163 and 176; *The New York Times*, 20 August 1954 and 15 February 1955; *Business Week*, 19 December 1953, 9 October 1954, 27 June 1955; 多くの他の名前や地位については、"The Military Businessmen," *Fortune*, September 1952, p. 128 f. を見よ。

(42) 同箇所および *Business Week*, 9 August 1952. を見よ。

(43) "The U. S. Military Mind," *op. cit.*

(44) Arthur Krock, *The New York Times*, 5 April 1953, News of the Week Section.

(45) John Blair, *et al., Economic Concentration and World War II* (Washington: U. S. Government Printing Office, 1946), pp. 51 ff. また、"Special Report to Executives: Science Dons a Uniform," *Business Week*, 14 September 1946, pp. 19 ff; "The New World of Research," *Business Week*, 28 May 1954, pp. 105 ff.

(46) *The New York Times*, 5 October 1954.

(47) "Government and Science," *The New York Times*, 18 October 1954, p. 24. を見よ。

(48) *The New York Times*, 19 October 1954, p. 12. に引用されているところによる。

(49) 『レポーター』誌編集者宛ｌ書簡。 *The Reporter*, 18 November 1954, p. 8.

(50) Theodore H. White, "U. S. Science: The Troubled Quest—II," *The Reporter*, 23 September 1954, pp. 26 ff. ロシアにおける科学者の数との比較としては、*The New York Times*, 8 November 1954. を見よ。

(51) Theodore H. White, "U. S. Science: The Troubled Quest—II," *op. cit.*, pp. 27 ff; and Philip Rieff, "The Case of Dr. Oppenheimer," *The Twentieth Century*, August and September 1954. を見よ。

(52) Benjamin Fine, "Education in Review," *The New York Times*, 8 March 1953, News of the Week Section.

(53) John M. Swomley, Jr., "Militarism in Education" (Washington, D. C.: National Council Against Conscription, February 1950), pp. 65–67. を見よ。

(54) *The New York Times*, 22 August 1953, p. 7. を見よ。

(55) John M. Swomley, Jr., "Press Agents of the Pentagon" (Washington, D. C.: National Council Against Conscription, July 1953), pp. 16–18.

(56) *Ibid.*, pp. 13 and 9.

(57) *Time*, 29 June 1953. に引用されているところによる。

(58) 軍部の宣伝・広報係の成功を促進している諸条件については、Swomley, Jr., "Press Agents of the Pentagon," *op. cit.*, pp. 53–54. を見よ。

(59) Alfred Vagts, *The History of Militarism*, 1937.

(60) Samuel E. Morison and Henry S. Commager, *Growth of the American Republic*, 4th ed. 1951, Vol. 2, p. 468.

(61) William. O. Douglas and Omar N. Bradley, "Should We Fear the Military?," *Look*, II March 1952.

第十章

(1) この章の書き出しの部分は、Robert Bendiner, "Portrait of the Perfect Candidate," *The New York Times Magazine*, 18 May 1952, pp. 9 ff. から採った。

(2) 政治家の主要な動機としての権力については、Harold D. Lasswell, *Power and Personality*, 1948, p. 20.（永井陽之助訳『権力と人間』、一九五四年、東京創元社）を見よ。

(3) とくに註記していないかぎり、この章の第一節で提示されている統計的資料は、一七八九年から一九五三年六月の間に左記の諸官職の占有者たちの出身と経歴を著者自ら研究した結果による。著者は、この研究から得られた資料を以前に一度発表したことがある。ただし、それには、アイゼンハワー政権は含まれていない。C. Wright and Ruth Mills, "What Helps Most in Politics," *Pageant*, November 1952. を見よ。また、H. Dewey Anderson, "The Educational and Occupational Attainments of our National Rulers," *Scientific Monthly*, vol. XXXX, pp. 511 ff; Richard B. Fisher, *The American Executive* (Hoover Institute and Library on War, Revolution and Peace; Stanford University Press) を参照。

上層政治家を理解しようとするなら、一人や二人の政治家ではなく、さらに五〇人やそこらでもなく、最高の政治的地位を占めてきた——ここでは、それだけの単純な意味で、かれらを政治エリートと呼ぶ——数百人の政治家についての情報を集めなければならない。この註で提示されている数字は、一七八九年から一九五三年六月にいたる間に、大統領、副大統領、下院議長、閣僚、最高裁判所判事の諸官職を占めた五一三人の人々に関する統計である。どのようにして選んでも、選び出された人々を「政治家」とか「政治エリート」とか呼ぶと、選び方について異議が出よう。このセクションで、私が選び出そうとしたものは、アメリカ政府の最頂点の地位を占める人々であるにすぎない。したがって、そこから脱落している人々の中で主要なものは、議員である。なぜここで議員を取り上げなかったかというと、上下両院の委員長だけでも、そのような永い期間にわたって調べあげようとしても、調査不可能だからである。しかも、そのような人々こそ「政治家」の原型なのである。しかしながら、このセクションでは、私の関心は、アメリカの政治家一般におかれているのではなく、政府の制度的頂点にあった人々におかれている。私がたしかめたく思っている問題の一つは、かれらが政党政治家であるか否かということである。たしかに、時としては、上院の指導的議員や、さらには重要州の知事たちが、ここで研究の対象とされているような政府の諸最高地位をまったく占めたことがないにもかかわらず、全国的規模の政治的勢力を行使した。しかし、多くの上院議員や知事は、私が投げた網の範囲内に入っている。すなわち、この五一三名のうち、九四名は知事だったことがあり、一四三名は上院議員だったことがある。いうまでもなく、これらの地位を占め、後に、私がそこから五一三名の政治家を選び出した諸地位の一つを占めた人々こそが、もっとも有力で重要な上院議員・知事であるなどと主張しているのではない。「政党政治家」それ自身については、第十一章「均衡理論」で論ぜられている。

アメリカ史上で政府高官の地位を占めるにいたったこの五〇〇余名の人々のばあい、一〇人のうち七人までは、きわめて富裕な家庭環境の出身である。かれらの父は、地方社会の上流であるのが普通であり、多くのばあいには、地方社会の大財産家であり、恵まれた少年時代を送った。かれらの家族は、アメリカ人口の五％ないし六％を占めるにすぎない上流階級に属し、かれらが自分の進む道を選択し追求するにあたって、非常な有利な条件をかれらに与える力を充分にもっていた。すなわち、二八％は、全国的に有名な大地主、大商人、産業家、金融業者、あるいは大財産と全国的名声をもつ専門的職業従事者の出身である。三〇％は、全国的人物ではないが、その各々の地方社会では大きな成功をおさめた名士である実業家、農民、専門的職業従事者などの富める上流中産階級の出身である。

一〇人のうち二人ないし三人（二四％）は、富裕でも貧乏でもない中産階級の出身である。かれらの父親はだいたいにおいて、尊敬された実業家あるいは農民である。あるいは、弁護士とか医師などの専門的職業従事者である。さらに、父親がこの未来の政治家が、学校を卒業するころ死亡し、そのため、父親が生きてさえいれば富裕であったろう家族が、以前よりやや落ちめになり、といっても暮しに困るという境遇ではない程度に下ったというばあいもある。

一〇人のうち残りの二人（一八％）は下層階級の家庭の出身である。一三％は、それほどよい暮しではないが、極貧層ではない小実業家や小農民の家庭の出身である。また、五％は、賃金労働者、あるいは貧困な小実業家や農民の階級の出身である。

父親の職業という点から見ると、どの年代においても、実業家ないし専門的職業従事者の家庭出身の政治家の比率は、全人口中においてそのような家庭の占める比率よりもはるかに大きい。有職人口にたいする専門的職業従事者の比率は、七％を超えたことは一度もなく、この期間を平均すると、約二％である。ところが、この政治エリートの四四％は、そのような父親をもつ家庭の出身である。全アメリカの労働人口にたいして、実業家はその一〇％を超えたことは一度もない。しかし、政治エリートの二五％は実業家の息子である。農民は、全労働人口の一八％以下に落ちたことはまだかつてなく、平均すればその五〇％以上を占めている。しかし、農民出身の政治エリートは二七％にすぎない。さらに、その息子が政治エリートに入りこんだ「農民」は、多くのばあい、富裕な農民である。

政界に入ろうと思う人間にとって、州知事あるいは上院議員を父親にもっているということは、たいていのばあい有利なことである。そのような地位にある伯父や義父をもっていることさえ、きわめて有利でありうる。これらの上層政治家のすくなくとも二五％は、かれらが学校を卒業したとき、なんらかの政治的官職を占めていた父親をもっていた。親戚全部の政界とのつながりを考慮に入れると、政治家のすくなくとも三〇％は、かれらが世間に出た当時にすでにそのような政界とのつながりをもっていたことが知られている。この点ではある程度低下の傾向がみられる。すなわち、南北戦争終了以前では、一〇人のうち約四人が、南北戦争後では、一〇人のうち約三人が、親戚中になんらかの政界とのつながりをもった人間を有していた。

アメリカの政治には、政治的王朝ともいうべき系譜があることはいうまでもない。しかし、アメリカ史の全期間を通じて、上層政治家の半数以上は、以前には政界と関わりをもっていなかった家庭の出身であるといっても間違いないだろう。かれらは、多くのばあい、大きな政治的影響力をもった家庭というよりは、社会的・経済的地位の高い家庭の出身である。

上層政治家のこれほど多くの者が、非常に恵まれた家庭の出身であるから、かれらの六七％以上が大学卒であることは別に意外ではない。アメリカにおける教育の歴史的ピークである今日でさえ、大学卒業年齢以上の全成人のうち、大学卒の学歴をもつものは六％ないし七％にすぎない。しかし、大学卒業者がきわめて少数であった十九世紀の初頭の二五年間においてさえ、高い政治的地位を占めていた人々のうち、五四％が大学卒であった。また、一般的に上層政治家のうちで大学卒業者の占める比率は、年代をおって上昇しており、より高いレヴェルにおいてであるが、アメリカ人一般の教育史の過程と並行している。

さらに、かれらの中におけるアイヴィ・リーグの諸大学卒業者の比率は一般の大学卒業者にたいするアイヴィ・リーグの諸大学卒業者の比率よりも多い。ハーヴァードとイェールはそれぞれ、上層政治家の約八％を卒業生にもち、第一位を占めている。イェールの卒業生は、その六％を占めて第三位である。四分の一を少し超える人々がアイヴィ・リーグの諸大学の卒業者であり、大学卒の学歴をもつ人々の三分の一を優に超える人々が、アイヴィ・リーグの諸大学の卒業者である。ダートマスとかアムハーストのような有名大学をも含めると、全上層政治家の三分の一、かつて大学に在籍したことのある人々の四四％が、これらの東部の一流大学の出身である。

これらの人々の半数以上は、大西洋岸で育ち、東部で教育を受けた人々である。西部の膨張にもかかわらずこの比率がかくも大きいのは、おもに、大西洋岸中部の人口稠密な諸州――ニューヨーク、ペンシルヴァニア、ニュージャージーなどが最上層の政治家の出身にたいして占めている比重の反映である。また、一八二〇年から一九五三年の間に、四〇〇〇万の外国生まれの人々が移民したにもかかわらず、アメリカの政治家のわずか四％が外国生まれの人々であるにすぎない。さらに、そのわずか二％がアメリカの外で育った人々であるにすぎず、しかもこの少数の人々の大部分は、建国の父祖たちの世代の人々である。

アメリカの上層政治家は、たんに政治家であるだけではない。じっさい、これらの五一三名のうち、その最上層の地位に就任するまで政界以外に足を踏み入れた経歴をもたぬ者は、わずか五名にすぎない。アメリカの全歴史を通じて、かれらの四分の三は弁護士であり、約四分の一は実業家であり、他の経歴をたどった者はその他のごく少数――約四%――であった。南北戦争の直前と直後を比較すると、実業家の比率は三倍以上に増加している。これは、アメリカ経済の産業化の直接の反映である。南北戦争直後以来、実業家の比率は、多少の変動はあるが、ほぼ一定している。第一次大戦以来の上層政治家のばあいには、約三分の一が実業家であった。ごく最近の例――アイゼンハワー政権のばあい――をとると、四〇%以上が実業家であった経歴をもっている。

(4) (ミルズは、一九五三年五月一日現在の「政府の決定を左右している」五三名の人名と職名をここで列挙しているが、あまり繁雑となるのでここでは省略した。人名と職名の細目に興味を持たれる方は、原書四〇二～四〇三頁を見られたい。なお、五三名の資料の出所は、おもに、一九五三年初頭の数カ月間の *Current Biography* の各号に掲載されていたこれら五三名についての人物スケッチによると記されている。)

(5) Fletcher Knebel "Ike's Cronies," *Look*, 1 June 1954, p. 61.

(6) "What goes on at Ike's Dinners," *U. S. News and World Report*, 4 February 1955.

(7) セオドア・ローズヴェルトの言は、Matthew Josephson, *The President-Makers*, 1940, p. 142. に引用されているところによる。また、Merriman Smith, *Meet Mister Eisenhower*, 1955. にたいするローレンス (William H. Lawrence) の書評を見よ。*The New York Times Book Review*, 10 April 1955, p. 3.

(8) Herman Finer, "Civil Service," *Encyclopedia of the Social Sciences*, Vol. III, p. 522.

(9) 現行の公務員規則が適用される官庁もあるし適用されない官庁もある。林野局(Forest Service)、連邦検察局(Federal Bureau of Investigation)、基準局(Bureau of Standards)、州際通商委員会(Interstate Commerce Commission)などの諸機関は、高度に専門化している。「一般的にいって、専門化した官庁ほど、そこで働く人々は、仕事に餓えた政治家の圧力に抗して、その地位を安全に保ちうる。」James MacGregor Burns, "Policy and Politics of Patronage," *The New York Times Magazine*, 5 July 1953, p. 24. を見よ。ただし、いうまでもないが、国務省はこの一般法則の例外である。さらに、公務員制度の下では、昇進は、勤務評定報告によって測られる成績にもとづいて行なわれると考えられている。「しかしながら、このシステムは、上級者が評定者であるかぎり、個人的ひいきを排除するのに成功しない。」H. Finer, *op. cit.*, p. 521.

(10) *Encyclopedia Britannica*, 11th ed. Vol. 6, p. 414.

(11) 全政府職員の約八八%は公務員法の適用下の官職についている。残りのうちの約七%は、一九四七年の行政命令によって保護されている。この命令は、公務員法の適用下にある官職についていた人が、その適用外の官職についたばあい、免職からの保護を引続いて与えられることを規定している。その他の人々は、新たに樹立された官庁に適用される官職条件に応じて任用された人々である。*Time*, 20 July 1953, p. 14. また Burns, *op. cit.*, p. 8; "On U.S. Jobholders," *The New York Times*, 28 June 1953. を参照。

(12) 一九五三年現在、アメリカ国内には二一〇万の常勤公務員があり、その他に、アメリカ本土の外で、約二〇万の人々が政府に雇用されている。これらの文官公務員の約一二〇万は、国防省で働いており、約五〇万は、郵政省で働いている。これにつづいて大きなグループとしては、在郷軍人局(一七万八四〇二）、財務省（八万五四九〇）、農務省（七万八〇九七）という順になる。*The World Almanac*, 1954, p. 64. を参照。

(13) 政府の一五〇〇の「重要官吏」については、ロソフ（Jerome M. Rosow）による研究を見よ。J. M. Rosow, *American Men in Government*, 1949. これらの一五〇〇人に関する資料は、この研究による。

(14) *Time*, 12 January 1953, p. 18. を見よ。

(15) *Business Week*, 27 September 1952, p. 84.

(16) "The Little Oscars and Civil Service" と題する *Fortune*, January 1953, pp. 77 ff. の非常に率直な記事を見よ。

(17) *Time*, 20 July 1953, p. 14. を見よ。公務員制度を通じて昇進し、公務員制度適用外の職についた専門公務員たちが、地位の保障を失ったばかりではない。沿岸警備隊のランプ手やヒンズー語通訳など雑多な政府職員が、「通常の公務員のメリット・システムに適していない」として、地位の保障を奪われた。

(18) Burns, *op. cit.*, p. 8.

(19) *Business Week*, 23 October 1954, p. 162.

第十一章

(1) John Adams, *Discourses on Davila*, 1805, pp. 92–93.

(2) David Riesman, in collaboration with Reuel Denney and Nathan Glazer, *The Lonely Crowd*, 1950, pp. 234–239, 260, 281, 250, 254–255.（佐々木・谷田部・鈴木訳『孤独なる群衆』、一九五五年、みすず書房）。

（3）George Graham, *Morals in American Politics*, 1952, p. 4.

（4）Irving Howe, "Critics of American Socialism," *New International*, May-June 1952, p. 146. を参照。

（5）そのようなアプローチの一例としては、Gerth and Mills, *Character and Social Structure*, 1953. を参照。

（6）Murray Edelman "Government's Balance of Power in Labor-Management Relations," *Labor Law Journal*, January 1951, p. 31.

（7）E. H. Carr, *The Twenty Year's Crisis*, 1949, pp. 82-83.（井上茂訳『危機の二十年』、一九五二年、岩波現代叢書）を見よ。

（8）Edelman, *op. cit.*, p. 32.

（9）David B. Truman, *The Governmental Process*, 1951, pp. 506 ff. を参照。

（10）E. H. Carr, *op. cit.*, p. 80.

（11）第八三議会（一九五四年）の構成員については、Cabell Phillips, "A Profile of Congress," *The New York Times Magazine*, 10 January 1954, pp. 16 ff. を見よ。一九四九―五一年の議員については、Donald R. Matthews, *The Social Background of Political Decision-Makers*, 1954, p. 29. を見よ。また、Madge M. McKinney, "The Personnel of the Seventy-seventh Congress," *The American Political Science Review*, vol. XXXVI (1942), pp. 67 ff. を見よ。

（12）Matthews, *op. cit.*, pp. 30 and 23. また、Mills, *White Collar*, 1951, pp. 127-128.（杉政孝訳『ホワイト・カラー』、一九五七年、東京創元社）を見よ。

（13）Matthews, *op. cit.*

（14）*Ibid.*, pp. 24 and 26-27. 第八三議会の上院におけるカソリック教徒は、わずか九％にすぎなかった。

(15) Robert Bendiner, "Spotlight on a Giant Hoax," *The Progressive*, June 1955, p. 5.

(16) 本文中の引用句は、Cabell Phillips, "The High Cost of our Low-Paid Congress," *The New York Times Magazine*, 24 February 1952, pp. 42, 44. より。

一九五二年の議員たちの平均総収入については、Phillips, *op. cit.* また、一九五五年における議員の歳費引上げについては、"Congress Take-Home," *The New York Times*, 6 March 1955, p. 2 E. を見よ。

(17) たとえば、テキサス選出の陣笠議員 Martin Dies の "The Truth About Congressmen," *Saturday Evening Post*, 30 October, 1954, pp. 31 ff. を見よ。

(18) Martin Dies, *op. cit.*, p. 138. を見よ。ジョン・F・ケネディについては、*The New York Times*, 1 December 1952, p. 16. を見よ。

一九五二年の選挙戦で、ミシガン州選出の前上院議員「ブレアー・ムーディとかれを後援する委員会は、九万八九四〇ドルの献金を集めた。ムーディ上院議員の個人報告書は、三万七二二四ドルの支出を記録している。これにたいし、ムーディ後援のウェイン郡委員会は、三万六二二四ドルの金を遣っている」。ニューヨーク州の共和党は、一九五二年の選挙戦において、バッテン＝バートン＝ダースティン・アンド・オズボーン広告会社に二二万七二九〇ドルの金を支払い、さらに、他の諸広告会社に、二万八四四四ドルを費やしたと報告している（前掲書）。

(19) 職業政治家の地方根性について一般的に論じたものとしては、バーンズによる優れた書物を見よ。James MacGregor Burns, *Congress on Trial: The Legislative Process and the Administrative State*, 1949, pp. 8, 14, 59, 142, 143.

(20) Stanley High の言葉は、Stephen K. Bailey and Howard D. Samuel, *Congress at Work*, 1952, p. 8. に引用されているところによる。

(21) 有権者の六〇%は、一九五四年の選挙戦についてまったくなにも考えていなかったといわれている。*Business Week*, 30 October 1954, p. 29. に報告されている。一九五四年一〇月四日のギャラップの調査による。

(22) Burns, *op. cit.*, pp. 198 および 36. を見よ。

(23) *Ibid.*, p. 181. また、pp. 123, 124, 182. を参照。

(24) *Ibid.*, pp. 18, 19, 24. を参照。

(25) David G. Phillips, *The Treason of the Senate*, 1906; 1953. を参照。

(26) John D. Morris, "The Ways and Means of Dan Reed," *The New York Times Magazine*, 5 July 1953, p. 29. を見よ。

(27) 某議員の言葉。Dies, *op. cit.*, p. 141. からの引用。

(28) Murray Edelman, "Government's Balance of Power in Labor-Management Relations," *op. cit.*, p. 35. および "Governmental Organization and Policy," *Public Administration Review*, vol. XII, No. 4, Autumn 1952, pp. 276 ff. を見よ。

(29) Edelman, "Governmental Organization and Public Policy," *op. cit.*, pp. 276-283. を見よ。

(30) John K. Galbraith, *The Great Crash*, 1955, p. 171.

(31) 主導権をめぐる大統領と議会の関係についての記述としては、たとえば、Burns, *op. cit.*, pp. 166 ff. を見よ。

(32) Otto Kirchheimer, "Changes in the Structure of Political Compromise," *Studies in Philosophy and Social Science*, 1941, pp. 264 ff. を参照。

(33) それゆえ、現在の権力体系を、均衡社会として理解しようとする人々は、(1)昔の、地方分権的社会のイメージをこっそりもちこむか、あるいは、(2)新しい社会の上層部で新しい均衡が生じていると主張するか、この二つのいずれかを採らなければならない。(2)についての註釈としては、第六章「会社最高幹部」および第十二章「権力エリート」を見よ。

(34) Mills, *White Collar*, 1951, pp. 54 ff.（杉政孝訳『ホワイト・カラー』、一九五七年、東京創元社）を参照。

(35) Kenneth S. Lynn, *The Dream of Success*, 1955, pp. 148 ff. を参照。

(36) Mills, *op. cit.*, p. 65. および Chapters, 13, 14, 15. を参照。

(37) Mills, "The Labor Leaders and the Power Elite," *Industrial Conflict* (ed. by Arthur Kornhauser *et al.*), 1954, pp. 144 ff. および Mills, *The New Men of Power: America's Labor Leaders*, 1948. を参照。また、Saul D. Alinsky, *Reveille for Radicals*, 1946. をも見よ。

第十二章

(1) Elmer Davis, *But We Were Born Free*, 1953, p. 187. を参照。

(2) この第一および第二の時期の特徴づけは、Robert Lamb, "Political Elites and the Process of Economic Development," *The Progress of Underdeveloped Areas* (ed. by Bert Hoselitz), 1952. によった。

(3) Henry Cabot Lodge, *Early Memories*; Dixon Wecter, *The Saga of American Society*, 1937, p. 201. に引用されているところによる。

(4) Lord James Bryce, *The American Commonwealth*, 1918, Vol. I, pp. 84-85.

(5) たとえば、David Riesman, in collaboration with Reuel Denney and Nathan Glazer, *The Lonely Crowd*, 1950.（佐々木・谷田部・鈴木訳『孤独なる群衆』、一九五五年、みすず書房）参照。

（6） Richard Hofstadter, *The Age of Reform*, 1955, p. 230. および、Louis D. Brandeis, *Other People's Money*, 1932, pp. 22–23. に引用されているプージョ委員会（Pujo Committee 下院金融トラスト調査委員会）における諸証言を見よ。

（7） Richard Hofstadter, *op. cit.*, p. 305.

（8） Whittaker Chambers, *Whitness*, 1952, p. 550.

（9） 企業の利害の国際的連帯を研究するうえでのすぐれた入門書としては、James Stewart Martin, *All Honorable Men*, 1950. を見よ。

（10） Gerald W. Johnson, "The Superficial Aspect," *New Republic*, 25 October 1954, p. 7.

（11） Hearings before the Subcommittee on Study of Monopoly Power of the Committee of the Judiciary, House of Representatives, Eighty-first Congress, First Session, Serial No. 14, Part 2–A（Washington, D. C.: U. S. Government Printing Office, 1950）, p. 468.

（12） Floyd Hunter, "Pilot Study of National Power and Policy Structures," Institute for Research in Social Science, University of North Carolina, Research Previews, Vol. 2, No. 2, March 1954（mimeo）, p. 8.

（13） *Ibid.*, p. 9.

（14） Richard Hofstadter, *op. cit.*, pp. 71–72.

（15） Gerth and Mills, *Character and Social Structure*, 1953. を参照。

（16） Mills, "The Conscription of America," *Common Sense*, April 1945, pp. 15 ff. を参照。

（17） "Twelve of the Best American Schools," *Fortune*, January 1936, p. 48. を参照。

（18） コロンビア大学におけるモントゴメリー元帥の演説。*The New York Times*, 24 November 1954, p. 25. に報ぜられているところによる。

第十三章

（1）E. H. Carr, *The New Society*, 1951, pp. 63-66.（清水幾太郎訳『新しい社会』、一九五三年、岩波新書）を見よ。このパラグラフならびに次の数パラグラフは、この書に負うところが多い。

（2）近代の形式民主主義における選挙について、E・H・カーは次のように結論を下している。「数十年、いや、数世紀にわたってわれわれが知り、また、有してきたものを擁護するような形で、今日、民主主義の防衛を云々するのは、自己欺瞞であり、インチキである。大衆民主主義は新しい現象であり、過去半世紀の間に生まれてきたものである。それをロックの哲学や十九世紀の自由主義的民主主義の流儀で考えるのは不適当であり、誤解を生む。したがって、民主主義を防衛する必要ではなく、民主主義を創造する必要を説いた方が、目標へ進めることにもなるし、はるかに説得力のあるスローガンにもなるだろう。」（*ibid.*, pp. 75-76.）

（3）Hans Speier, *Social Order and The Risks of War*, 1952, pp. 323-339. を参照。

（4）Gustave Le Bon, *Psychologie des foules*, 1895.（英訳 The Crowd, 1952, p. 207.）（桜井成夫訳『群衆心理』、一九五六年、角川文庫）

（5）Sergei Chakhotin, *The Rape of the Masses*, 1940, pp. 289-291.

（6）Charles Horton Cooley, *Social Organization*, 1909, p. 93. また、同書、第九章を参照。

（7）Walter Lippmann, *Public Opinion*, 1922. この書は、現在でもなお、メディアのこのような側面について論じたものの中で、最良の書物である。

（8）Gerth and Mills, *Character and Social Structure*, 1953, pp. 84 ff. を参照。

（9）J. Truslow Adams, *The Epic of America*, 1931, p. 360.

(10) Mills, "Work Milieu and Social Structure," a speech to "The Asilomar Conference," of the Mental Health Society of Northern California, March 1954. これは、同協会の印刷物 *People At Work: A Symposium*, pp. 20 ff. に再録されている。

(11) A. E. Bestor, *Educational Wastelands*, 1953, p. 7. また、p. 80. を参照。

第十四章

(1) Karl Mannheim, "Das konservative Denken", *Archiv für Sozialwissenschaft und Sozialpolitik*, LVII, 1927.（英訳 "Conservative Thought," in *Essays on Sociology and Social Psychology*, 1953. 森博訳『保守主義』、一九五八年、誠信書房）を参照。

(2) Russell Kirk, *The Conservative Mind*, 1953, especially Chapter One を見よ。カーク氏についてより詳しく論じたものとしては、Mills, "The Conservative Mood," *Dissent*, Winter 1954. アメリカにおける保守主義をそれに同情的立場から扱った入門書としては、Clinton Rossiter, *Conservative in America*, 1955. を見よ。

(3) Mills, *The New Men of Power: America's Labor Leaders*, 1948, Chapter Six: "The Liberal Rhetoric," pp. 111 ff. を参照。

(4) Kenneth S. Lynn, *The Dream of Success*, 1955, p. 216. を参照。

(5) 生前、タフト上院議員は、ラッセル・カークの書物を読んだことがあるかと問われたとき、かれは、あまり書物など読まないと答えた。"Robert Taft's Congress" および "Who Dares to Be a Conservative?" *Fortune*, August 1953, pp. 95, 136. を見よ。

(6) Peter Viereck, *Conservatism Revisited*, 1950. ならびに、José Ortega y Gasset, *La rebellión de las*

masas, 1929.（樺俊雄訳『大衆の蜂起』、一九五三年、東京創元社）を見よ。

（7）「マッカーシーイズム」の基盤は社会的地位にたいする欲求不満（フラストレーション）にあるという解釈は、今では一般に説かれているところであるが、その解釈を最初に提出したポール・スウィージーとレオ・ヒューバーマンの論文は、今なお、マッカーシーイズムをもっとも正面から分析した論文としての価値を保っている。Paul Sweezy and Leo Huberman, "The Roots and Prospects of McCarthyism," *Monthly Review*, January 1954. また、ピーター・ヴィーレックの諸論文、たとえば、"Old Slums plus New Rich: The Alliance Against the Elite" および "The Impieties of Progress," *The New Leader*, 24 January and 31 January 1955. をも見よ。より手のこんだ説明としては、Richard Hofstadter, "The Pseudo-Conservative Revolt," *The American Scholar*, Winter 1954-1955. を見よ〔この論文は、のちに、The New American Right, ed. by Daniel Bell, 1955.（斎藤真・泉昌一訳『保守と反動』、一九五八年、みすず書房）に収録されている〕。中間階級の社会的地位について一般的に論じたものとしては、Mills, *White Collar*, 1951.（杉政孝訳『ホワイト・カラー』、一九五七年、東京創元社）の第一一章「地位恐慌（ステイタスパニック）」を見よ。

（8）ロバート・ベンダイナーの優れた論文を見よ。Robert Bendiner, "The Liberals' Political Road Back," *Commentary*, May 1953, pp. 431 ff.

（9）Archibald MacLeish, "Conquest of America," *The Atlantic Monthly*, August 1949.

（10）アメリカの讃歌（セレブレーション）の例は、選び出すのに困るほど多数ある。しかし、残念なことだが、そのどれも、詳細に検討するだけの価値をもたない。私がここでどんな種類のそれを対象として心に思い浮かべているかは、とくに、Jacques Barzun, *God's Country and Mine*, 1954. などを見ればはっきりするだろう。それほど華麗でない讃歌の例としては、Daniel J. Boorstin, *The Genius of American Politics*, 1953.

を見よ。讃美者の広範な存在については、*America and The Intellectuals* (New York: Partisan Review Series, Number Four, 1953.) を見よ。

(11) Mills, "Liberal Values in the Modern World," *Anvil and Student Partisan*, Winter 1952. を参照。

(12) エリザベス・ハードウィックがデイヴィド・リースマンとその著作にたいして加えた決定的検討を見よ。Elizabeth Hardwick, "Riesman Considered," *Partisan Review*, September–October, 1954, pp. 548 ff.

(13) *Business Week*, 18 September 1954, p. 32. および、*Time*, 12 July 1954, pp. 80–81. を見よ。

(14) *The New York Times*, 7 December 1952, p. 3 F.

(15) トップ・クラスの諸非合法産業については、一九五〇年にキーフォーヴァー委員会の席上においてなされた諸証言の報告書を見よ。とくに、*Third Interim Report of the Special Committee to Investigate Organized Crime in Interstate Commerce*, 82nd Congress, 1st Session, Report 307.

(16) Alfred R. Lindesmith, "Organized Crime," *Annals of the American Academy of Political and Social Science*, September 1941. (Leonard Broom and Philip Selznick, *Sociology: A Text with Adapted Readings*, 1955, p. 631. に採録されている要約による。)

(17) これらの諸点については、*Time*, 28 June 1954, pp. 21–22, *The New York Times*, 19 September 1954, pp. 1, 8; *ibid.*, 20 February 1954, pp. 1, 15; *ibid.*, 24 February 1954, pp. 1, 15; and *Time*, 3 March 1952; *Look*, 9 March 1954, pp. 38 ff; *The New York Times*, 12 February 1954, pp. 1, 17; *ibid.*, 16 March 1954; *Time*, 12 July 1954, p. 24 and *The New York Times*, 26 June 1954, p. 1 and 30 June 1954, pp. 1, 28. などを見よ。

第十五章

（1） Mills, "A Diagnosis of Our Moral Uneasiness," *The New York Times Magazine*, 23 November 1952. を参照。

（2） James Reston, *The New York Times*, 10 April 1955, p. 10 E.

（3） *Time*, 16 November 1953. に引用されている Sophie Tucker の言葉。

（4） Mills, *White Collar*, 1951, pp. 259 ff.（杉政孝訳『ホワイト・カラー』、一九五七年、東京創元社）

（5） "Mills, The Contribution of Sociology to Industrial Relations," *Proceedings of the First Annual Conference of the Industrial Relations Research Association*, December 1948. を参照。

（6） James Reston, *The New York Times*, 31 January 1954, section 4, p. 8.

（7） *The New York Times Book Review*, 23 August 1953. しかし、*Time*, 28 February 1955, pp. 12 ff. をも見よ。

（8） *Hearings Before the Committee on Banking and Currency*, United States Senate, Eighty-Fourth Congress, First Session（U. S. Government Printing Office, Washington, 1955）, p. 1001.

（9） John Adams, *Discourses on Davila*, 1805.

（10） リオネル・トリリング氏（Lionel Trilling）は、*Perspectives U. S. A.* 誌 No. 3. の中で、「新知識階級」について楽観的な見解を述べている。また、新たな文化階層の実態を、才能にあふれた自覚的認識をもって内部から、詳細に記述したものとしては、Louis Kronenberger, *Company Manners*, 1954. を見よ。

（11） Leo Egan, "Political 'Ghosts' Playing Usual Queit Role as Experts," *The New York Times*, 14. October 1954, p. 20.

（12） *The New York Times*, 10 March 1954, p. 1. に引用されている Charles E. Wilson の言葉。

（13） John Adams, *op. cit.*, pp. 57–58.

（14） William Harlan Hale, "The Boom in American History," *The Reporter*, 24 February 1955, pp. 42 ff. を参照。

（15） Walter Bagehot, *Physics and Politics*, 1872; 1912 ed.（New York: D. Appleton）, pp. 36, 146–147, 205–206.（大道安次郎訳『自然科学と政治学』、一九四八年、岩崎書店）

訳者註

（訳註1）**エリート**　「選良」などと訳される。ミルズが何故に、「支配階級」の概念を避け、「権力エリート」の概念を用いるかは、本書中で論ぜられているが、ことに第十二章を参照されたい。エリート概念の意義と問題点については、永井陽之助「選良」、福武・日高・高橋編『社会学辞典』一九五八年、有斐閣、五五六〜五五七頁を参照。

（訳註2）**『アメリカの六十家族』**　Ferdinand Lundberg, *America's 60 Families*, 1937. をさす。この書にたいするミルズの評判は、第五章原著者註（4）を見よ。

（訳註3）**『経営者革命』**　James Burnham, *The Managerial Revolution; What is Happening in the World*, 1941. ならびにその書に代表されるような見解をさす。第七章原著者註（1）を参照。

（訳註4）**プログレッシィヴの時代**　progressive movement の時代、大体、二十世紀初頭の二〇年間をさす。ポピュリスト運動の流れを引き、主として西部諸州で、ウィスコンシンのラ・フォレット（R. M. La Follette）、ネブラスカのノリス（G. Norris）などによって指導された運動。その主張は、行政部の強化、民衆による政治の監視、社会立法の推進にあり、自由放任主義の修正と金権政治にたいする反発であった。一九一二年に、共和党のセオドア・ローズヴェルトは、この運動を背景に共和党を割って進歩党（Progressive Party）を結成し、この共和党の分裂は民主党を利して、ウッドロー・ウィルソンの大統領当選となった。ウィルソンの「新しき自由」（New Freedom）の主張は、この潮流に合致したものであった。

（訳註5） ステーション＝ワゴン　後部に荷物置場に兼用できる座席のついた乗用車。家族づれのピクニックや買物などに用いられる。ステーション＝ワゴン組とは、余暇用のセカンド・カーをもつ程度の経済的余裕のある中産階級を象徴していると思われる。

（訳註6） アイヴィ・リーグ　建物に蔦（ツタ）の生えるほど永い歴史をもつ、という意味から、東部の由緒ある大学、ハーヴァード、イェール、プリンストン、ブラウン、ダートマス、ペンシルヴァニアの六大学をさす。

（訳註7） 組合国家　労働にたいする資本の支配を確保するためイタリア・ファシズムが創出した国家形態。その特徴は、労資双方を官製組合に組織し、この組合に団体協約を締結させる。ただし、国家が要求する所定の条項（生産の利益の優先）をその協約中に必ず挿入しなければならない。これは、実質的には、国家と私企業の融合であり、国家権力による労資関係の統制である。本書でミルズはこの語を比喩的に用いている。

（訳註8） ニューポート　ロード・アイランド州南東部にある港市、避暑地。

（訳註9） グリーニッチ・ヴィレジ　ニューヨーク市マンハッタン区の南西部の一地区。芸術家や作家などが多く住んでいる。

（訳註10） 一ドル役人　dollar-a-year man 戦時などに、民間企業の椅子を棄て、民間企業で受けていた俸給に比してわずかな名目的報酬で、政府に勤務する人々をいう。

（訳註11） ホレイシオ・アルジャー　Horatio Alger（1832-99）はアメリカの通俗作家。かれの書物には、貧しい正直な少年が、勤勉と誠実によって成功する話がくり返し登場し、非常な人気を集めた。転じて、このような幻想的な成功のヒーローの像をホレイシオ・アルジャーという。

（訳註12） ギュスタヴス・マイヤースの書物　Gustavus Meyers, *History of the Great American For-*

tunes, 1907. (revised Modern Library edition, 1936) をさす。マシュー・ジョーゼフソンとフェルディナンド・ランドバーグ Mathew Josephson, *The Robber Barons*, 1934; Ferdinand Lundberg, *America's 60 Families*, 1937.

(訳註13) **憲法修正第十四条**　一九六八年に確定。その第一項の後半は次のように規定している。「いかなる州も正当な法の手続きによらずしてなにびとからも生命、自由または財産を奪ってはならない。またその管轄内にあるなにびとにたいしても法律の均等な保護を拒んではならない。」

(訳註14) **ディクソン・イェーツ提案**　一九五四年の政治的争点となった公企業・対・私企業問題の一つ。TVAが、新設の原子力工場にたいして電力供給を行なうために一億ドルの政府資金支出を要請したのにたいし、他方では、企業家E. H. DixonとE. A. Yatesが一億ドルの資本で私企業形態の電力会社設立のプランを提出した。この二つの案をめぐって、民主党と共和党が対立し、AEC(電子力委員会)はディクソン＝イェーツの提案を否決したが、両院合同委員会はこれを可決し、アイゼンハワー大統領は、AECにたいしてディクソン＝イェーツ・グループとの長期契約を命じた。

(訳註15) **暴露時代**（マックレイカース・エージ）　Muckrakerという言葉は汚物を掻き回すものを意味する。二十世紀初頭、実業界、政界の腐敗を追及し、暴露したジャーナリストたちをさす。

(訳註16) **シェイズの反乱**　退役大尉シェイズ(Daniel Shays)を指導者として、一七八六年から八七年にかけて、マサチューセッツ州で発生した小農民の反乱。独立戦争後の戦債償却のための重税、紙幣の減価などは、人々の間に窮乏と不満をひきおこしていたが、ことにマサチューセッツ州では、一七八〇年に制定された州憲法が、所有階級の保護に偏しているとして同州西部の小農民の間に不評であった。一時は反徒一一〇〇名にたっしたが、スプリングフィールド兵器庫の奪取に失敗して、解体した。

(訳註17) **ロビー　ロビイスト**　ロビー(lobby)という言葉は、議員が院外者との会見に用いる控室を

意味する。ここを舞台にして、さまざまの圧力団体の利益を代表して、議会での立法の促進ないし阻止を目的として、議員にたいする働きかけがなされる。このような院外運動をロビイング（lobbying）という。アメリカの議会でことに盛んであり、アメリカでは、専門の院外運動員としてのロビイスト（lobbyist）が職業として成立し、ワシントンや各州の首都に事務所をもち、圧力団体から高給を得ており、議員以上に議事手続きや院内規則に精通しているといわれる。

（訳註18）**公務員制度　パトロネージ　猟官制**　アメリカの政治機構では、その始めから政党が強力であり、そのため、選挙において勝利を占めた政党が官吏の任免を左右する慣習が存在した。これは、またデモクラシーのイデオロギーによって正当化されていた。すなわち、勝利した政党を支持した民衆の意志に忠実な行政を行なうためには、行政官吏を全面的に更迭し、その政党に忠実な者によって公職を充当するのが適当であるとされた。しかし、このような政党による公職支配は、公職が勝利者の獲物（spoils）とみなされ、政党員の間での取引きの道具とされるにいたり、さらに、政党の任命する素人行政官が、行政の複雑化と専門化に適応しえなくなるにいたったとき、その弊害があきらかになった。かかる政党による公職支配を「猟官制」（spoils system）という。「パトロネージ」とは、猟官制のもとで、政党員を公職に任ずる推薦権・叙任権をいう。

公務員制度（civil service）は、行政の複雑化専門化に対応し、猟官制にともなう弊害を除くために、導入された。猟官制の下においては選挙のさいの功績が官吏任用の基準であったのにたいして、その公職の適切な遂行に必要な能力と知識を基準とする実績制（merit system）が、公務員制度の基本である。アメリカにおける公務員制度は、一八八三年の通称ペンドルトン法といわれる「連邦公務員法」（Civil Service Act）から始まる。

（訳註19）**古参制**（seniority system）アメリカ議会では、委員会の委員長は、その委員会の委員をもっ

とも永い期間勤めている多数党議員が選任されるのが慣例である。アメリカ議会では委員会委員長の権限が大きいため、この慣例は、長老議員からなる保守的勢力を支える役割をはたす。

(訳註20) **一九二四年のラ・フォレットの運動** 進歩党(Progressive Party)の結成を指す。ラ・フォレット(R. M. La Follette)は、進歩党の大統領候補として、おもに中西部農民を基盤にして、ビッグ・ビジネスを攻撃し、共和・民主両党に戦いを挑んだが、敗北した。しかし、その得票は約五〇〇万票にたっし、アメリカの第三党運動としては最大の得票数である。翌年かれの急死とともに、進歩党も解体した。

(訳註21) **民主共和党** (Democratic Republican) 現在の民主党の一八〇〇年代始めごろの呼称。

(訳註22) **ヒス** アルジャー・ヒス(Alger Hiss)を指す。国務省官吏で、四三歳のとき、「カーネーギー国際平和財団」の理事長になったくらいに、信頼され、前途有望な人物であった。その意味で、ミルズはここで、ヒスの例を、エリート層に属する人々の一例として用いている。

ヒスは、一九三〇年代に当時共産党機関紙『デイリー・ワーカー』の編集者であったウイテーカー・チェンバースに国家機密を渡したというチェンバース自身の証言を、上院非米活動委員会の席上で否定したため、偽証罪に問われ、一九五〇年一一月に五年の禁固と一万ドルの罰金を宣告された。

(訳註23) **『重役室』** "Executive Suite" MGM映画、一九五四年製作。**『ケイン号の叛乱』** "The Caine Mutiny" コロンビア映画一九五四年製作。

(訳註24) **プログレッシィヴ・ムーヴメント** (progressive movement) 訳註(4)を見よ。

訳者解説

一

この『パワー・エリート』が刊行されるや、社会学・政治学の専門雑誌のみならず、『ニューヨーク・タイムズ』や『タイム』『ニューズ・ウィーク』『アメリカ』『レポーター』など一般の商業新聞・雑誌、さらには、『ネーション』のごときリベラルな立場の雑誌、『マンスリー・レヴュー』『メインストリーム』や『ポリティカル・アフェアーズ』などの左翼雑誌にいたるまで、多数の書評や批評論文が掲載された。これは、この書の刊行がアメリカでひき起した反響の広範さを物語るものである。

まず第一に、これらの書評や批評論文は、批評者の立場の相違によって、ミルズのこの書にたいする評価を非常に異にしていることは当然であるが、社会学・政治学関係の雑誌および左翼雑誌におけるあらゆる批評者が一致して認めていることは、ミルズのこの書物の意義が、アメリカの権力構造の頂点の分析を正面から試みた著作で、アカデミズムの内部から（つまりコロンビア大学教授という地位を占めているミルズによって）なされたということにある。この点は、アメリカにおける社会科学（ことに社会学）の性格と、アメリカのアカデミズムやジャーナリズムにおける左翼の位置から理解されねばならない。「現代のアカデミズムの社会科学には、自ら好んで一種の貧血症に陥る傾向（a sort of contrived bloodlessness）がある。」とP・M・スウィージーは指摘する〔10〕。貧血症とは、「瑣末な事実と調査実習に埋没」（『アメリカン・ソシオロジカル・レヴュー』誌上でのL・ライスマンの言〔7〕）して、巨視的問題を無視する矮小化された実証主義であり、「自ら好んで陥る」とは、「現代の社会学者の職業病ともいいうる怯懦」（『ポリティカル・サイエンス・クォータリー』誌上でのR・ビーアステッドの言〔3〕）から、全国的規模の権力構造のごとき重要な、しかしコントラヴァーシャルな問題を意識的に回避する傾向である。社会学・政治学関係の雑誌に載せられた書評では、ミルズの著作は、このような傾向にたいする「解毒剤」としての意義（あるいはそういう意義しか）を与えられているばあいが多い。もちろん、アメリカの左翼は、この『パワー・エリート』で対象とされているごとき権力構造の問題を、たえず取り上げている（『マンスリー・レヴュー』や『サイエンス・アンド・ソサイエティ』を見よ）。しかし、アメリカの左翼陣営は、アカデミズムから閉め出され、ジャーナリズムのうえでもきわめて劣勢な存在にすぎない。したがって、左翼の立場に立つ人々は「地下の左翼陣営」（ラディカル・アンダーワールド）からではなく、アカデミズムの内部から、そのタブーを破って『パワー・エリート』のごとき書物が刊行され、広く読まれることに意義を見出し、この書を高く評価するのである。いうまでもないが、この点では、アメリカと日本では事情を異にしており、したがってこの書物の意義も異なるだろう。

第二に、アメリカの権力構造の頂点に関するこの『パワー・エリート』の事実認識と分析用具・理論にたいしては、多くの批判と異論が提出されている。それらは、マルクス主義理論に立脚した批判と、アカデミズム内部の社会学者からの批判に大別されよう。われわれは、前者の代表としてスウィージー、後者の代表としてタルコット・パーソンズの批判論文を中心にして、次節以下で論ずることにする。

第三に、ミルズの『パワー・エリート』にたいしては、それが、パワー・エリートにたいするあまりにも強い道徳的告発のトーンに貫かれ、しかも、アメリカの民主主義の現在ならびに将来にたいするペシミズムを底に包含していると批判されている。社会学者たちは、おもにミルズの道徳的告発のトーンを問題にし、warlords（三〇五頁を見よ）、command post（一九頁を見よ）、higher immorality（第十五章）などの用語がいちじるしく客観的中立性を欠き、感情を付加された言葉であるとして反発する。訳者もこの意見には一応同感であるが、しかしこの点は、本書の読む側の受取り方の問題であり、読者は、ミルズの告発的言語にたんに反発するのではなく、それらを濾過し、それが表現している現実という内容を摂取する権利があり、また、義務がある。

ミルズのこの書が、アメリカの権力構造をあまりにも暗く描き出し、権力エリートをチェックしうる勢力の存在を無視しているという点については、一般の商業雑誌の書評も、社会学者の側からも、マルクス主義者の側からの批判も一致している。ミルズは、これらの批判にたいして、「個人的にいえば、私はきわめて快活な人間である。」「しかし、私がここで対象とした世界は、どう見ても、政治的・道徳的に快適な世界ではない。」と反駁し、現実そのものが陰惨であり、その現実を理解することがこの書での課題であるのにもかかわらず、楽天的な「抒情詩的激情」や性急な実践的プログラムの提示を求めるごとき批判は、現実との直面を恐れ、また、直面する能力をもたぬことを表わす徴候であると反論する〔12〕。

しかし、この問題は、学者の態度や姿勢の問題として取り上げても意味がない。この点でミルズの反論もほとんど説得力をもっていない。問題は、現実のどこに、いかなる形で、いかなる程度に、権力エリートに対抗しうる勢力が存在するかという現状の認識に関わっている。この点については、のちに、マルクス主義者からの批判の箇所でふれたいと思う。

二

マルクス主義の立場からの書評ないし批判論文で、私が参照しえたのは四つであるが〔2・4・5・10〕それらの論評に共通して、この『パワー・エリート』におけるミルズと理論的に対立する点は、「階級」概念・対・「エリート」概念、さらには、「階級アプローチ」・対・「エリート・アプローチ」の問題である。（リンドをマルクス主義者に数えるのは異論があるかもしれないが、とにかくかれの批判〔5〕は、明瞭にマルクス主義の立場に立っている。）

「「階級（クラス）」とは経済的意味を持った言葉であり、「支配（ルール）」とは政治的意味を持った言葉である。したがって、「支配階級(ルーリング・クラス)」という言葉は、経済的階級が政治的に支配する、という理論を含んでいる。……具体的にいうと、「支配階級」という言葉は、通常それに含まれている政治的意味では、政治秩序(ポリティカル・オーダー)とその諸機関に充分な自律性をあたえていない。また、それは軍部それ自体については、何も語らないのである。……われわれが、権力という観点から見たばあい、上層諸グループを特徴づける言葉として、「支配階級」よりも「権力エリート」を選ぶおもな理由はここにある。」(四七八—四七九頁)とミルズはいう。マルクス主義の立場からすると、ミルズのこのような主張は、マルクス主義の『階級』概念にたいする誤解を含んでいる。マルクス主義の階級理論、したがって支配階級という概念は、単純な経済決定論ではなく、政治的領域の相対的自律性を否定するものでもなくして、現代社会の権力構造の全体をとらえようとし、またとらえうるものである、という反論が提出されるのは当然である。用語の問題としてだけならば、「支配階級」「権力エリート」のいずれを用いても、個人の好みの問題に帰してしまう。真の対立点は、「支配階級」・対・「権力エリート」という用語ないし概念上の相違の背後にあるアプローチの相違にある。「階級アプローチ」(approach via class)を主張するマルクス主義の論者たちが、ミルズの「エリート(主義)」アプローチにたいして向けている批判は、次の二つの点に集約できるだろう。

(1) 経済・政治・軍事という三つの制度的秩序なるものを想定する理論的枠組の有効性の問題。(a)まず、ミルズは、経済・政治・軍事の一応自律的な三つの制度的秩序を想定し、さらに現代における動向として、政治的秩序と経済的秩序の頂点における融合の進展と経済エリートの優位（職業政治家の没落とポリティカル・アウトサイダーの進出）、軍事的秩序の比重の増大をあげている。これにたいしては、マルクス主義の側に立つ人々は、これらの「制度的領域」の中で、どれが基本的統合の中心であり、どれがそれに付随するものであるかを、理論上の枠組としても明確にすべきであると批判する。ことに、軍事的秩序が相対的に独立性をもった「領域」として考えるのは問題であり、ことにミルズのように、軍部の台頭、軍事的形而上学の支配を、ソビエト・ロシアという強大な軍事的隣国の出現に帰するのではなく、基本的には経済的領域の構造、すなわち、アメリカの独占資本主義の構造から理解しなければならない。また、「政治」と「経済」の融合、経済エリートの優位をミルズ自身指摘しているが、それならば何故に、政治と経済を、それぞれある程度の自律性をもった「領域」として並列させる必要があるのか、とマルクス主義者は批判する。これら経済・政治・軍事の三領域の相互間の比重の問題は、一つには事実（ファクト）の問題であり、われわれは、あとでふれる社会学者たちの研究や、また、ミルズのこの書で批判の対象とされている諸研究、さらに、マルクス主義の立場からの研究（たとえば、スウィージーやヴィクター・パーロなどによる研究）などを総合的に検討してみなければ、アメリカ社会の事実については発言しえない。しかし、それは同時に、社会の理論に関わる問題でもある。すなわち、(b)「政治」「経済」「軍事」（そのほかさらに、「宗教」「教育」等）などという諸「領域」に社会を分つ思考方法は、ミルズだけでなく、アメリカの社会学者にかなり広くみられる（たとえば〔15〕〔21〕、なおミルズの「領域」理論について詳しくは、〔16〕を見よ）。この「領域」発想の特徴は、その領域（ミルズ流にいえば「制度的秩序（インスティチューショナル・オーダー）」、のちにふれるパーソンズの用語でいえば社会の「下位体系（サブ・システム）」）が、社会にたいして果す機能を基準としており、その意味で本来並列的・水平的な発想である（パーソンズのばあいには、さらに一歩すすんで、純然たる機能上の分析的単位として、領域〔「経済体系」「政治体系」など〕が考えられている）。したがって、これらの諸領域の構造的統合にたいする関心は薄い。ここでは、post factum に、また、ad hoc に、諸領域の相互関連が説明される。これにたいし、周知のごとく、マルクス主義では、「体制」「社会構造」のごとき歴史的全体が問題にされ、また、「上部構造」「下部構造」の概念に示されるように、「領域」は、全体の部分として、構造的・重層的に位置づけられる。したがって、経済エリート、政治エリート、軍事エリートなどというような各「領域」のエリートをまず考え、それらの複合として、「権力エリート」を考えるミルズ的思考ではなく、全体にたいする「支配階級」というものが最初に措定され、その「中核」と「周辺部分」という形で諸構成分子が位置づけられる（スウィージー〔20〕を見よ）。さらに、この社会学の「制度」「領域」理論・対・マルクス主義の「体制」「社会構造」理論の対立は、「個々の因子の組合せについての経験的一般法則」・対・「社会全体の歴史的法則」の対立を含んでいる。「エリート主義」というレッテルはあまり明確な内容を持っていないが、その一つの特徴としてあげられるものは、それが社会構造全体の歴史的法則を無視し、エリート＝マスの経験的一般法則にのみ注目しているということのようである。

(2) 権力構造の頂点・中間水準・底辺の関連の問題（ことに底辺の能動性をめぐる問題）。ミルズは、かれのアプローチがエリート・アプローチであるという批判にたいして、自分がここで問題にしているのはアメリカの権力構造の頂点の分析であり、したがって、そこではエリートにもっぱら関心が注がれ、「エリート」の対極である「大衆」の分析が不充分であるのは当然であると反駁している〔12〕（全一五章のうち「大衆社会」一章がそれに当てられているにすぎない）。この反論はもっともであるが、しかし、問題は、権力構造の頂点の分析が、底辺の分析ときり離して論じうるか否かにある。それは、一方では、概念・理論の上での問題であり、他方では、事実に関する問題である。すなわち、第一に、「エリート」概念では、エリートに対置される権力構造の対極は、ノン・エリート、あるいは「マス」である。エリート＝全能、マス＝未定形で無力、という内容はエリート＝マス概念に必然的に伴うものではないにせよ、エリート＝マス概念だけでは、権力構造の底辺が、マスとして一括され、マスのどの部分がエリートに対抗しエリートを抑制する能力をもつかという主体性の分布が無視され、マスの側の主体性を充分にとらええない危険はある。その意味で、政治権力関係の機能的概念としてのエリート＝マス概念と、構造的概念としての階級概念との併用が必用ではないだろうか。たとえ、権力構造の頂点の分析であっても、この書の第十三章でなされたごとく底辺をマスとして一括し、「底辺では大衆社会が出現しつつある」（五五三頁）という以上の記述が必要であろう。もっとも、それは、この一つの書物にたいして望みうることではなく、読者の側で、アメリカの権力構造の頂点を理解しようとするならば、その中間水準や底辺に焦点をおいた他の諸研究を参照せねばならぬ、ということであろう。第二に、アメリカの権力構造の中間水準ないし底辺に関するこの書における記述が事実として正しいか否かが問題である。ミルズがとくに第十三章で記述しているように、権力構造の底辺の大衆は、孤立化し、無力化した存在であるのか。アプシーカーは、二つの具体的事例をあげてミルズに反駁している（〔2〕一一～一四頁）。一九五四年、ディエン・ビエン・フーをめぐる危機の際（三六八頁参照）、原爆を使用して介入を主張するアメリカ軍部を抑制したものは、大衆の世論ではなかったか。すなわち、四月一六日、ニクソン副大統領が武力介入をほのめかした談話を新聞編集者大会の席上で発表するや、それに反対する手紙の洪水がニクソンのもとに殺到した。アメリカ国内のこの世論と、英仏の外交行動に表明された世界の世論が、アメリカの権力エリートを有効に抑制したのであると。また、ミルズは一九五四年の議会選挙を例にとって、大衆の無力を説明している（四三八頁）。これにたいして、アプシーカーはいう。たしかに、選挙戦における多くの候補者の低級さはこのとおりであり、また、棄権率が高いことも事実である。しかし、「選挙民は、選挙戦の争点がなんであるかまったくわからなかった。この点で、自分では気がつかなかったが、かれらもまた選挙戦に敗北したのであった。」（四三八頁）とはいえない。この選挙で、アイゼンハワー大統領の強力なアピールにもかかわらず、共和党は一八議席を失って議会における多数を失い、とくに、ミシガン州のクラーディとファーガソン、ウィスコンシンのカーステン、ペンシルヴァニアのグラーム、イリノイのヴェイルとバスベイ、ニュージャージーのシェパードなどの極右のマッカーシー派候補者たちは多数落選した。この事実は、多数の有権者たちが、選挙の争点を認識し、共和党の政策とくにマッカーシーイズムにたいする反対の意志を表明した証拠ではないか、と。このような事実判断の問題については、専門のアメリカ研究者でない私には発言の資格はないが、しかし、このアプシーカーが反論としてあげている事実は、大衆（ことにその中核としての労働者階級）の主体性の強さを表わすとは簡単にはいえず、むしろ「ミドル・クラス」心理の一形態を表現するもののように思える。* しかし、いずれにしろ、権力構造の底辺の分析については、ミルズのこの書の記述だけでは不充分であり、また「大衆社会」の章での記述は、わが国でいわゆる「大衆社会理論」として紙面を賑わしたもののほとんどがそうであったように、現代（アメリカ）社会の底辺の現実の記述というよりは、その病理的極限状態の提示、あるいは現実の中に潜在する一つの危険の記述として理解さるべきであろう（五一七頁を参照）。

＊ 田口富久治氏は、その書評で次のように述べている。「かれら（ニュー・ディールと戦後の軍需生産によって心理的にも物質的にも体制の受益者化された新旧ミドル・クラス）は、深く体制の偏見にむしばまれ、一般的には政治的に無関心である。しかし少くともかれらの職能的特殊的インタレストに関する限り、極めて政治的に敏感であり、その〝Status quo〟を維持するという観点から、かれらの側からする政党の操作（たとえば、五二年大統領選挙にはアイクに投票し、次の五四年中間選挙には、アイク施

政の「行過ぎ」を防止するという意味で民主党を支持する）すら試みているのである。したがって、もし「パワー・エリート」の決定作成にたいする大衆の側からのなんらかのチェックが存在するとすれば、それは、右に述べたような消極的意味においてであり、エリートの権力に積極的に対抗する組織的権力という意味においてではない。」〔11〕二六九頁。

三

ミルズのこの書物は、W・L・ウォーナーの威信階級（プレステイジ・クラス）理論（第二・三・四章を見よ）や、デイヴィッド・リースマンの「ロマンチック」な権力均衡論（第十一章を見よ）にたいする正面攻撃*を含んでおり、社会学者にとって深い関連があるはずにもかかわらず、短い書評は多数あるが（〔1・3・7・8・9など〕）、正面からこの『パワー・エリート』を扱った批評論文は、タルコット・パーソンズのもの〔6〕を除いては私は知らない。（なお、第四章「有名人（セレブリティス）」は、ウォーナーのように威信階級（プレステイジ・クラス）を扱うさいにおいても、現代では、もはや一地域社会に局限された研究では無意味であることを論証し、ウォーナーを批判している点に積極的意味をもつ。この意味を除くと、この章は、権力構造の頂点の解明という本書のテーマとの関連が薄い。）

＊ リースマンの権力均衡論は、ミルズの批判を俟つまでもなく、アメリカのマルクス主義者によって徹底的に批判されている〔13〕。しかし、リースマンにたいするミルズの批判も、このアプシーカーの批判も、リースマンのアプローチの意義を全面的に否定するものではない。というのは、リースマンの著

書『孤独な群衆』はアメリカの権力構造論としてはミルズやアプシーカーの批判の通りおそらく誤っているだろうが、アメリカの、ひいては現代大衆社会の社会心理の分析としては、きわめて示唆的であり、有効であろう。

ミルズの『パワー・エリート』にたいするパーソンズの批判は、アメリカ社会の構造についての経験的一般化の次元と、社会現象(とくに政治現象)をとらえる理論的枠組の次元とに分って提出されている。

経験的一般化の次元でのパーソンズとミルズの対立点は次の二点である。

(1) 経済組織内部におけるエリートの問題。パーソンズによれば、産業社会の発展にともなって必然的に機能は専門的分化をとげてゆき、したがって、企業の巨大化と企業内部における専門執行機能の重要性の増大は当然の帰結である(この点について詳しくは〔17〕第三章「経済の制度的構造」を見よ)。こうして、現代アメリカの経済組織の内部では、所有と経営の分離と、専門的経営者の優位が見られ、ミルズが本書の第五・六・七章で描いているごとき大企業の頂点の地位を占め、富と権力と威信を一身に集めている「会社富豪」の姿は、正確ではない、と批判する。さらに、パーソンズは、ビジネス・エリートへの上昇のチャンスはむしろ増大しており、またエリートへの昇進の基準も、能力を基準にして行なわれているばあいが多く、この点で、ビジネス・エリートと一般の人々との社会的・心理的隔絶(「利点蓄積作用」「大跳躍(ビッグ・ジャンプ)」、エリートへの昇進基準の恣意性など)を強調するミルズの説は事実に合致していない、という。

このパーソンズの反論は、内容的に別に目新しいものではない。「経営」と「所有」の分離は、バーリ＝ミーンズ以来くり返されてきた説であり、これにたいしてマルクス主義的立場に立つ人々は所有と経営の分離を否定しており、けっして確定した事実ではない（なお、ミルズが、現代アメリカでは富と権力と威信が会社組織と結合し、「会社富豪」こそが経済領域の支配層であるとしながら、その前で、富（第五章）と会社組織上の支配地位（第六章）を別々に論じていることにたいし、スウィージー〔10〕らは方法論上の混乱として批判している。これは、パーソンズとちょうど逆の批判である。ミルズの第五・六・七章の記述が重複が多いのは、これらの章の構成が折衷的であるためだろう）。また、ビジネス・エリートの出身構成と補充過程については統計的研究が社会学で二、三試みられている（〔23〕〔24〕また、第六章の原著者註（16）に付記した論文）。たしかに、この〔24〕では、ビジネス・エリートへの上昇のチャンスがむしろ増大していることが立証されている。しかし、この問題も、使用した資料の性格と資料操作の方法に依存する部分が多く、簡単には判断できない。さらに、ビジネス・エリートへの昇進の基準についていえば、たとえば最近話題を呼んだW・H・ホワイトの『組織人』〔22〕でも、昇進の基準が、パーソナリティとか「円満な人間（ウエル・ラウンディッド・マン）」などという漠然とした恣意的基準であることが多いと論じられている。

(2) 全体社会における権力構造とエリートの問題。パーソンズは、まず、「経済」「政治」「軍事」の三大領域相互間の関係については、次のようにいう。経済と政治の機能の相互浸透の進行、政治機能と行政組織の拡大はたしかに事実であるが、ミルズはビジネス・エリートと軍の比重を過大視しており、ミルズの指摘するようなビジネスと軍の連合支配は、一時的にはそのような現象が見られるかもしれないが、長期的発展動向ではない、と反論する。このパーソンズの反論は、さきにもふれたように、ミルズの「政治」「経済」「軍事」などの機能的に分たれた「領域」の設定、各領域における「エリート」の措定には反対ではなく、同一の立場に立ち、機能的立場をさらに徹底させたものである（「経済」と「政治」の機能浸透の進行というごときとらえ方を見よ）。さらに、パーソンズによれば、アメリカ社会では、歴史的に、政治エリートは統一された集団として発達したことがなく、それは、現在でも、ビジネスの指導者や軍部高官ばかりでなく、職業政治家、専門的職業人（ことに弁護士、大学教授、ジャーナリストなど）からなる雑多な集団である。したがって、パーソンズは、これらのエリート・グループの均衡を中心として政治過程を考えているようだ。この点についてのパーソンズの批判は、まさにミルズのいう「均衡理論」をめぐる問題であり、この問題、ことに議会の地位については、多くの書評者たちがミルズに異論を唱えている。たしかに、ミルズは、権力の中間水準の手づまり状態を強調しすぎており、権力の中間水準が権力の頂点にたいして及ぼしうる影響力を過小評価しているといえよう。しかし、「均衡理論」をめぐる問題は、現代大衆社会で均衡能力がまったく喪失しているか否かにはなく、現代においてどのような新たな動向が出現しつつあるかにある。その点でパーソンズその他の反論も、ミルズにたいする決定的反論ではないと思う。最後に、パーソンズは、ミルズの「大衆社会」論にたいしては、血縁・友人関係などの対人関係の絆と教会・クラブなど多様な自発的な集団活動が、今日のアメリカにおいてもなお広範に、積極的な形態で存在していると指摘し、「現代アメリカ社会の底辺では大衆社会が出現しつつある。」というミルズの結論に反対している。さきに私は、ミルズのいう「大衆社会」は現実の記述というよりは、極限型ないし現実の中に潜在する一つの傾向として理解すべきであろうと述べた。それとともに、ミルズの「大衆社会」の概念は、おもに、権力エリートとの対比で、権力関係を中心とした政治過程の問題としてとらえられているのにたいし、パーソンズの概念は、社会関係一般、とくにパーソナルな関係の有無・程度を中心としたものであることを指摘しておこう。日本の大衆社会概念の多くがミルズ流の系譜(それはマンハイムの概念に連なってゆく)に立っているのにたいし、アメリカの社会学ではパーソンズ流の理解が混入しているばあいが多い(たとえば、ダニエル・ベル〔14〕が典型的である)。

社会現象ごとに政治現象をとらえる理論的枠組の次元におけるパーソンズのミルズ批判は、パーソンズ独特の理論にもとづいている。したがって、この点では、パーソンズの批判は、アメリカの社会学者を代表するものではけっしてない。また、周知のように、パーソンズは、行為という観点から社会現象を「パーソナリティ体系」「社会体系」「文化体系」の相互連関としてとらえる「行為の一般理論」を構想し、社会学の担当分野として「社会体系」の理論の構築を試み、最近では、さらに、「社会体系の一つの下位体系としての「経済体系」の理論を提案している〔17〕。パーソンズによれば、経済体系と並んで政治体系もまた、社会体系の機能的下位体系の一つであるとされるが、まだ政治体系の理論は、断片的にしか提示されていない（〔17〕第二章、〔18〕・〔19〕など）。したがって、パーソンズの理論的枠組におけるミルズ批判も、積極的なものではない。パーソンズによれば、ミルズの権力概念は、ゼロ＝サム（zero-sum）概念であるという。権力のゼロ＝サム概念とは、権力を、他者の抵抗を排除して自己の目的を達成する能力であると規定する概念である。この概念では、AがBにたいして権力をもてば、BはAにたいして権力をもたない。つまり、A＝サム（総量）、B＝ゼロである。それにたいして、パーソンズの権力概念は、「ある社会体系が共通の目標を達成する一般的能力」と定義される。すなわち、パーソンズのいう「権力」とは、ある社会体系、ないしその下位体系としての政治体系の生産物（プロダクト）である。この概念にしたがうと、いかなる具体的集団が他の集団にたいして権力をもっているか、などという設問は関心の焦点にはこない。

このパーソンズの権力概念は、まったくかれ独特の概念であり、ミルズの権力概念（ゼロ＝サム概念）の方がM・ウェーバー、ラスウェルなどの系譜に立つ正統的概念である。パーソンズ的思考の特徴は、具体的集団（かれはこれを"collectivity"と呼ぶ）を分析の対象とする、いわば実体的思考のレヴェルに満足せず、具体的集団の一定の側面を抽象することによって得られた諸因子の相互依存関係としてのシステム（たとえば、諸々の社会集団から、政治的機能をはたしている側面を抽象し、整序することによって「政治体系」が得られる）を分析の対象としようとする点にある。そこから、このような権力概念が出てくる。したがって、パーソンズのばあいには、「政治」と「経済」の関連とは、「政府」と「企業」のような具体的集団の構造的関連ではなく、「政治体系」と「経済体系」の機能的関連であり、「権力」（政治体系のプロダクト）、「富」（経済体系のプロダクト）の相互交換過程を意味するのである（〔17〕第二章）。

パーソンズのこのような理論的枠組が現実を分析するさいにどの程度有効であるかは、今後充分に検討すべき問題であるが、ここではこれ以上立ち入らない。

四

以上の解説は、一九五八年一一月に書かれ、邦訳初版に付されたものである。その後十年を経過し、その間、原著者のミルズ自身はいくつかの著作を発表した後（冒頭の「訳者はしがき」を参照せよ）一九六二年に没した。この『パワー・エリート』を含めて、ミルズの諸著作は、依然として今日広く読まれ、現代アメリカ社会学、ひろくは現代アメリカ社会科学にたいする、問題意識と方法論における異端（あるいは反主流）の書として注目され、若い社会学者（ことに大学院学生）によって愛好されている。事実、ミルズの死後、アービング・ホロビッツが編集した『新しい社会学――C・ライト・ミルズ追悼社会科学・社会理論論集』〔25〕は、「アメリカの社会科学系大学院学生たち」に献げられている。ただし、この場合に、問題意識と方法論については、『パワー・エリート』よりも、『社会学的想像力』〔26〕に詳しく述べられている。さらに、現代をアメリカの世紀と規定することを拒絶し、ラテン・アメリカ、アジア、アフリカなどの第三世界に目を向け、それを分析する方法論や理論としては、既存の主流派アメリカ社会学とも、正統派マルクス主義ともことなったものを求めるミルズの努力は、『キューバの声』〔27〕、『マルクス主義者たち』〔28〕にわずかにうかがうことができるにとどまった。晩年、かれは、「現代社会構造の全世界的規模での研究」を構想し、六巻ないし九巻からなる『比較社会学』を執筆する計画を持っていたという。

『パワー・エリート』のみについて、この十年間での論説を見ると、この書物は、地域権力構造についてのアメリカ社会学・政治学界での論争との関連で、しばしば言及されている。ロバート・A・ダールのミルズの「パワー・エリート」モデル批判の論文〔29〕、ダール自身が自らの権力概念と方法論にもとづいて行なったニュー・ヘブン調査の著作〔30〕がその代表的なものとしてあげられよう。また、リースマンとミルズの権力モデルを対比させて論じたウィリアム・コーンハウザーの論文〔31〕、スウィージー、ダール、ミルズなの著作に触発されて現代アメリカの権力構造を分析したものとしては、ウィリアム・ドムホフの著作〔32〕、三で紹介したパーソンズの権力論がさらに展開された論文〔33〕などが注目されよう。

一九六九年三月

綿貫譲治

訳者解説註

I 『パワー・エリート』にたいする書評あるいは批判論文（解説—三まで—の中で言及または引用したもの）。

〔1〕 Agger, Robert E., "Book Review," *Social Forces*, vol. 35, 1956-7, pp. 287-289.

〔2〕 Aptheker, Herbert, "Power in America," *Mainstream*, Sept. 1956, pp. 1-16.

〔3〕 Bierstedt, Robert, "Book Review," *Political Science Quarterly*, vol. 71, 1956, pp. 606-607.

〔4〕 Fleischer, Louis, "Who Rules America?," *Political Affairs*, July 1956.

〔5〕 Lynd, Robert S., "Power in the United States," *Nation*, May 12, 1956, pp. 408-411.

〔6〕 Parsons, Talcott, "The Distribution of Power in American Society," *World Politics*, Oct. 1957.（「アメリカ社会における権力の分布」、邦訳『アメリカーナ』一九五八年八月号）

〔7〕 Reissman, Leonard, "Book Review," *American Sociological Review*, vol. 21, 1956, pp. 513-514.

〔8〕 Rogow, Arnold A., "Book Review," *Public Opinion Quarterly*, vol. 20, 1956, pp. 613-615.

〔9〕 Rossi, Peter H., "Book Review," *American Journal of Sociology*, vol. 62, 1956-7, p. 232.

〔10〕 Sweezy, Paul M., "Power Elite or Ruling Class?" *Monthly Review*, Sept. 1956, pp. 138-150.

〔11〕 田口富久治「パワー・エリート」（『思想』一九五七年十一月号）

II 「パワー・エリート」にたいする批判にミルズ自身が反駁を試みた論文

〔12〕 Mills, C. W., "'Power Elite': Comment on Criticism," *Dissent*, Winter 1957, pp. 22-34.

Ⅲ　解説中（三まで）で言及した文献

〔13〕Aptheker, Herbert, "The Cadillac Credo of David Riesman," *History and Reality*, 1955, pp. 73-88.

〔14〕Bell, Daniel, "The Theory of Mass Society," *Commentary*, July 1956.（「大衆社会の理論」、邦訳『アメリカーナ』一九五六年一二月号）

〔15〕Green, Arnold W., *Sociology: An Analysis of Life in Modern Society*, 1952, 2nd ed. 1956.

〔16〕Mills, C. W. & Gerth, H. H., *Character and Social Structure*, 1953.

〔17〕Parsons, Talcott & Smelser, N. J., *Economy and Society*, 1956.（富永健一訳『経済と社会』上下、一九五八～五九年、岩波書店）

〔18〕Parsons, Talcott, "Authority, Legitimation and Political Action," *Authority* (ed. by Carl J. Friedrich), 1958.

〔19〕Parsons, Talcott, "Some Highlights of the General Theory of Action," *Approaches to The Study of Politics* (ed. by Ronald Young), 1958.

〔20〕Sweezy, Paul, The Present as History, 1953.（都留重人監訳『歴史としての現代』第三部第九章「アメリカの支配階級」、一九五四年、岩波書店）

〔21〕Williams, Robin M. Jr., *American Society: A Sociological Interpretation*, 1951.

〔22〕Whyte, William H., *The Organization Man*, 1957.（岡部・佐田・辻村・藤永訳『組織のなかの人間』上・下、一九五九年、東京創元社）

〔23〕Warner, W. Lloyd; & Abegglen, James C., *Occupational Mobility in American Business and*

Industry, 1928–1952, 1955.

〔24〕 Ditto, *Big Business Leaders in America*, 1955.（早瀬利雄訳『大企業の指導者たち』一九五八年、ダイヤモンド社）

Ⅳ 解説追加（四）で言及した諸文献

〔25〕 Horowitz, Irving Louis,（ed.）, *The New Sociology——Essays in Social Sciences and Social Theory in Honor of C. Wright Mills*, 1964.

〔26〕 Mills, C. Wright, *The Sociological Imagination*, 1959.（鈴木広訳『社会学的想像力』一九六五年、紀伊國屋書店）

〔27〕 Mills, C. Wright, *Listen Yankee: The Revolution in Cuba*, 1960.（鶴見俊輔訳『キューバの声』一九六一年、みすず書房）

〔28〕 Mills, C. Wright, *The Marxists*, 1962.（陸井三郎訳『マルクス主義者たち』上下、一九六四年、青木書店）

〔29〕 Dahl, Robert A., “A Critique of the Ruling Elite Model,” *American Political Science Review*, LII, 1958, pp. 468 ff.（鈴木広訳「支配選良モデル批判」、鈴木幸寿訳編『政治権力』一九六二年、誠信書房所収）

〔30〕 Dahl, Robert A., *Who Governs?* 1961.

〔31〕 Kornhauser, William, “Power Elite or Veto Groups?” in S. M. Lipset and Leo Lowenthal（ed.）, *Culture and Social Character*, 1961.*

〔32〕 Domhoff, G. William, *Who Rules America?* 1967.

〔33〕 Parsons, Talcott, "On the Concept of Political Power," *Proceedings of the American Philosophical Society*, vol. 107, No. 3, June, 1963.*

＊ いずれも、R. Bendix and S. M. Lipset, *Class, Status, and Power*, 2nd ed. 1966. に再録されている。

文庫版解説　C・ライト・ミルズと格差社会

伊奈正人

一

本書の著者C・ライト・ミルズ（一九一六～一九六二）は、テキサス生まれの米国の社会学者である。祖父はカウボーイ、父はホワイトカラー（保険の外交員）、イングリッシュ－アイリッシュのカトリック教徒だったが、生涯で四回結婚（最初の妻とは二回）している。工業高校からテキサス大学に進学、さらにウィスコンシン大学の大学院を修了し、コロンビア大学に職を得た。ニューヨークでは、知識人としての言論活動も始めた。荒馬ならぬ大型バイクを乗り回すなど、都会のカウボーイを自認し、ニューヨーク知識人のなかで異色のパフォーマーであった。地方コミュニティで実感したことをベースに、民主主義・産業主義・戦争問題を根底から問い直す社会科学に学び、問題作を次々に出版した。『パワー・エリート』は、オックスフォード出版局より一九五六年に出版された。そして、社会学書としては異例のベストセラーになった。

本書には何が書かれているのか。

タイトルに惹かれて、本書を手に取った米国人も少なくなかっただろう。期待に違わず、前半（一章〜十章）には、下世話なトピック——たとえばポストや利害の配分、人脈や談合など——も交えて、あまり知られていなかったパワー・エリートの世界が描かれている。まず、地方社会と大都市上流社会を考察した章のあとに、政治、経済、軍事という「ビッグスリー」について、二〇世紀初頭の米国史と照らしあわせて検討する章がならんでいる。インタビュー調査、統計や文書資料、社会科学の理論を重ねあわせて、諸制度の内情が描かれている。自由と平等、ゆたかさと安心とは正反対の、得体の知れない巨大機構のイメージが、米国人の生活実感にストンと落ちるよう、計算された記述がなされている。

本書の後半（十一章〜十五章）では、多元的な政治経済という神話を支える放任主義的な均衡理論を批判し、「底辺では、大衆社会が成立しつつある」（五五三頁）という有名な判断を示している。自律性のシェルターとなる中間集団（家族、地域など）が呑み込まれ、巨大権力機構が一元化されることで、かえって制御が不安定になっているというイメージは、ファシズムのリアルと意思決定のインモラルを浮かび上がらせる。すさまじい米国批判である。しかし、すさまじく米国的だとも言われた。率直に疑問をぶつけて討論しようとする姿は、米国の市民的理想だったからである。だからこそ、本書は、立場を問わず読まれたのであろう。

人種・エスニシティ論やジェンダー論で限界があったとも言われているが、開発と繁栄が切り捨てた世界中の「忘れられた者」たちの省察を、終生ミルズは続けた。『パワー・エリート』を出したあとは、ハンガリー動乱後の東欧や革命後のキューバなどを旅して、

「向こう岸」の人びとと交流し、『第三次世界大戦の諸原因』、『キューバの声』などを出版した。

晩年には、人種差別反対の座り込み運動やケネディの政策にも関心を示した。そうした成果を、『文化装置』という著作にまとめる予定だった。しかし、持病の心臓病で急逝し、プロジェクトは未完で終わった。死後、その思想は、若者たちに影響を与え、公民権運動、反戦運動が展開されることになった。

本書は各国語に翻訳され、いくつかは、今も版を重ねている。そして、研究書や研究論文が、今なお発表され続けている。これは二〇〇五年に米国の社会学者M・ブラヴォイが、「人びとに届く」社会学としての公共社会学を提起し、論争が展開されたこととも関わるだろう。開発途上国の問題、貧困の問題、ジェンダーの問題、マイノリティの問題、サブカルチャーの問題などとの関わりで、ミルズ研究がはじまっている[三]。

二

今／ここで『パワー・エリート』のもつ意味は何なのか。

日本で、バブルがはじけたあとの一〇年間は、空白の一〇年などとも呼ばれた。世紀が変わっても空白の時代は続き、すでに三〇年あまりのときが流れている。こんにち、貧しさが実感される事件やデータが、日々メディアをにぎわせており、「格差社会」はますますリアルなものになっている。しかし、貧困に苦しむ人びとが組織化され、有効な運動や政策に結実しているとは言えない。

米国では、トランプ大統領が誕生した。SNSを使いこなすビジネスマンで、プロレスのリングでも活躍したパフォーマーである。貧しい人びとの喪失感は、誇りの復活、アメリカ・ファーストという声に変換された。アル・ゴアやバラク・オバマらが訴えた環境、平和、人権をめぐる「知性的」な言説は蹴散らされてしまった。日本でも同じようなことを目にすることはしばしばある。

思い出すのは、ピース・ボートの運営とも関わった社会学者新雅史(あらたまさふみ)さんからうかがったお話である。冬の寒い日、貧しい人びととの立場に立つ政党の選挙演説に出かけると、こざっぱりしたファッションで、むずかしいことばを用いて政治を語る聴衆が目についたという。他方、政権与党の選挙演説に出かけると、ネットをみて、やってきたのだろうか、安心を語り、国家の誇りをわかりやすいことばで語りかける政治家の話を、ボサボサの髪型よれよれの服装で、ぶつぶつとつぶやき、震えながら聞いている若者たちの姿が目についた、というのである。

これが若者の一面であることは否定できないだろう。彼らは、SNSや動画サイトを通して情報を得て、自分たちの声を発信する。メディア映えをめざしたやりとりは、いわゆる炎上を生み出したりもする。かつてのマスメディアのような一方向的な情報の流れではない。しかし、ネットを通して一人一人にピッタリくる情報がわり出され、狙いすましたように届けられる。

では、操っているのは誰なのか。強大な政治権力なのか。巨大な経済資本なのか。権力者の実体は見えない。政治家も、官僚も、財界人も、加速度がついて止まらなくなったような状況を制御（under control）できているようには見えない。強大なパワーゲームが、ときに冗談のような稚拙なことばや理屈やパフォーマンスで語られる。しばしばそれは堂々とまかり通り、政権政党は選挙で勝利し続ける。与党も野党も、あら探しに奔走し、貧相な政治、沈滞した経済は続く。

公衆に向かって語り続けたミルズのパフォーマンスは、こうした状況下で、以前にも増して重要であると思う。『パワー・エリート』が書かれた時代の政治経済状況、国際状況は、今とはまったく異なる。しかし、制御という観点から見ると、問題状況は変わらない。当時は社会主義と資本主義の対立があり、核開発競争が行われ、核戦争の危機もあった。『パワー・エリート』はなにより、集中した権力の制御不能を直視することを、公衆に訴えた書物である。

三

ミルズは終生あらゆる党派に属することがなかった。そのため、ペシミスティックな「よりどころのない立場」だと批判された。はたしてほんとうにそうなのだろうか。

本書の冒頭で、家族、学校、教会を核とした米国のコミュニティについて論じられていることに、なにより注目したい。ミルズは、地域コミュニティの変貌を目の当たりにして成長した。祖父と父、カウボーイのテキサスと産業主義のテキサス、小さな田舎町と巨大化する産業都市を照らしあわせた。さらにそれらに、ファシズムがコミュニティの核となる中間集団を破壊したこと（Gleichschaltung＝平らにならす強制的な均質化）を重ねた。米国の民主主義神話を逆なでする批判は、「ぶっ壊し」とも呼ばれた。しかし、書かれていることは、米国のごくふつうのまちのごくふつうの公衆ならば、うすうす実感してきたことである。そこに訴えることを狙い、応分の工夫をほどこして本書は書かれている。

そうした公衆社会学の工夫の一方で、社会科学の古典的な問題が反芻され、民主主義、産業主義へのラディカルな洞察が示されていることにも注意したい。それは、米国の社会科学の自負に、真っ向から挑戦するものであった。

自負とは、近代産業主義の発展に見合った社会の改造案を提示できないまま、ファシズムや社会主義と向かいあったヨーロッパの社会科学とは異なり、米国の社会科学は知の改造によって、多元的な民主主義に基づいた新しい産業国家を建設しうる、という自負である。たしかに、米国の秩序がゆるぎないことは、ヨーロッパの社会科学者からも注目されていた。M・ウェーバーをはじめヨーロッパの社会科学者が米国を訪れ、宗教を核にした堅固なコミュニティのうえに、産業化が進んでいることに注目した。[三]

一方、米国の社会科学者のなかには、民主主義、産業主義を支えたコミュニティが変貌しはじめたことを直視していた者たちがいる。たとえば、リンド夫妻は「ミドルタウン（中西部のごくふつうのまち）」の変貌を描き出した。T・ヴェブレンは、産業の自律性が、欲望の暴走によって制御不能になっていることを批判し、恐慌や世界戦争を預言した。ミルズは、学生時代より、ヴェブレンの洞察を、好んでウェーバーの社会学的分析に重ねたという。ウェーバーの場合は、ヨーロッパの大衆社会化を予感し、徹底した合理化＝権力統制で暴走に対処しようとした。しかし、ウェーバーは米国の秩序をヨーロッパと異なるものとして評価した。米国の金ぴか時代を批判したヴェブレンも米国社会の大衆化までは論じていない。ウェーバーもヴェブレンもとらえることができないまったく新しい冷厳な権力機構の危うさをとらえるため、パワー・エリート概念が導入されることになった（一二二―一二三頁）。米国社会を、ファシズム体制と比較し、権力集中、大衆社会というモデルでとらえようとする『パワー・エリート』は、大論争を巻き起こした。

『パワー・エリート』を批判した社会科学は、通常四つに整理される。

第一は、リベラルな社会科学である。ヨーロッパの古典を踏まえ、社会設計、社会計測のツールを生み出した。工学的な発想に立って、大きな政府・消費経済という需要サイドの経済思想を補塡することで、権力集中、欲望の暴走を制御し、コミュニティを核とした多元的民主主義を改造し、制御することが可能であると判断した。

第二は、ラディカルな社会科学である。マルクス主義の考え方に立ち、政治、経済、軍事の支配階級が一元化し、独占状態にあることを批判する。社会主義に向かう運動をラディカルに組織化することで、制御された計画社会を実現できると判断していた。

第三の批判は、保守的な社会科学である。それは、リベラルなものにせよ、ラディカルなものにせよ、人為的な制御をめざす社会科学、そのイデオロギーに疑義を提出する。そして、時代をくぐり抜けてきたコミュニティの伝統、道徳の原理的保守だけが、社会秩序の根拠たり得ると判断した。

第四はハイブラウな社会科学で、人々の実感に訴えるミルズのスタイルの対極にあり、洗練されたことばの精神性が新しい秩序規範の根拠たり得る、と判断した。

四つはそれぞれのやり方で、権力、欲望、軍事の暴走を制御する根拠を示している。しかし、こうした「よりどころ」を提示し、アンダー・コントロールを宣言することよりも、暴走のリスクとメカニズムを考察することが大事なのではないか。ミルズは、近代民主主義が切り捨ててきたもの、ふたをしてきたものを、注意深く見つめた。少数者の支配もその一つである。迷うことなくエリート概念が採用され、集中する権力の制御不能が描き出される。パワー・エリートは[四]旧来の人格的な存在ではなく、それを呑み込むクールで放縦な巨大機構の機能的部分である。

四

『パワー・エリート』の翻訳は、原著出版の二年後の一九五八年である。版元は学術出版をもっぱら手がける東京大学出版会、訳者は公法学の重鎮と国際派として知られた気鋭の政治社会学者である。本書がどれほどの期待を集めていたかがよくわかる。版を重ねたあと、一九六九年には同社のUP選書に収められ、さらに版を重ねた。

初訳出版は、六〇年安保／高度成長の前夜である。選書版は、七〇年安保／ドル・ショック前夜である。戦後社会の重要な曲がり角に、本書は出版されたことになる。保守と革新という政治の基本構図は、後に「五五年体制」ともよばれた。めざましい経済復興もあり、翌年の『経済白書』に書かれた「もはや戦後ではない」というフレーズが話題となった。社会学は、新しい家族、仕事、地域のフレームづくりという課題を担う。戦後改革を踏まえて、戦前の軍国主義への回帰をチェックしながら、伝来の家郷、縁と向かいあい、合理的な社会を再組織化すること、＝新しい家族像、地域像、仕事像などを提起することが、社会学に求められていた。大衆社会論は、社会運動を通じてそれを遂行する際に、群衆行動のリスクをチェックする羅針盤として輸入・紹介された。

一九六〇年、安保闘争が激化し、多くの労働者や学生が国会を取り囲んだ。そして、「大衆社会論のうれしい破産」（清水幾太郎）が宣言された。他方で、高度成長がはじまる。当時の岸信介首相は、何万ものデモ隊が国会に集まっていることに対して、「後楽園球場には長嶋茂雄を見に何万もの人びとが集まっている」と反論した。やがて、「中流社会」が組織化され、復興と戦争という問題も、そして大衆社会論も忘却されてゆく[五]。

こんにち、グローバル化や高度情報化という変動のなかで、ふたたび家族、地域、仕事、学校など生の枠組みの問題、人間の安全と自由の問題、日本社会の再組織化の問題が、クローズアップされている。核家族は融解しはじめ、未婚、非婚、少子化が問題化される。あちこちの地域が、臨界状態に直面している。雇用も変わる。日本的安心の象徴であった終身雇用について、日本的経営の象徴であったトヨタが、このままではもたない、という見通しを発表した。社会のほころびが随所で顕在化している。アンダー・コントロールの決め手として持ち出されるのは、安心などのスローガンであったり、旧来の道徳であったり、ナショナリズムであったり、強い指導力であったり、あるいは金融政策であったり、リストラであったりと、対症的なものばかりが目につく。「格差社会」とは、誰も彼もが「ワンチャン逆転」の特効薬を熱望する社会なのかもしれない。

「担い手のない時代」に、「格差社会」の問題をラディカルに問い直すことが現代社会の課題だとすれば、一時の繁栄をバックとしてさまざまな「よりどころ」がそれなりに説得力を持った時代に、安直な「よりどころのファシズム」を懐疑した『パワー・エリート』は、今なお示唆に富んだものであると思う。

本書のタイトルにもなった権力エリートは、政治学や社会学の基本用語であり、公務員試験などの必須用語にもなっている。しかし、選書版も品切れ状態だった。重要な古典が今回復刊されたことで、新しい現代社会論が展開されることも期待される。

末筆ながら、文庫化に尽力された方々に心より敬意を表したい。

註

(一) こうした方法論については、伊奈正人・中村好孝『社会学的想像力のために』(世界思想社、二〇〇七）を参照。

（二）ミルズの伝記や後述の権力論争については、伊奈正人『ミルズ大衆論の方法とスタイル』（勁草書房、一九九一）、伊奈正人『C・W・ミルズとアメリカ公共社会』（彩流社、二〇一三）を参照。

（三）ヨーロッパの社会科学とアメリカの社会科学の対比については、伊奈正人「ミルズ」松野弘監修、仲川秀樹編著『社会学史入門――黎明期から現代的展開まで』（ミネルヴァ書房、二〇二〇年四月刊行予定）を参照。

（四）エリート概念の採用については、伊奈正人「エリート論／エリート支配」日本社会学会 理論応用事典刊行委員会編『社会学理論応用事典』（丸善、二〇一七）を参照。

（五）日本における大衆社会論については、伊奈一九九一を参照。

本書は東京大学出版会ＵＰ選書から刊行された『パワー・エリート（上）』（一九六九年三月一五日）および『パワー・エリート（下）』（一九六九年四月二五日）を合冊したものである。

解釈としての社会批判
マイケル・ウォルツァー
大川正彦／川本隆史訳
社会の不正を糾すのに、普遍的な道徳を振りかざすだけでは有効でない。暮らしに根ざしながら同時にラディカルな批判が必要だ。その可能性を探究する。

ポパーとウィトゲンシュタインとのあいだで交わされた世上名高い10分間の大激論の謎
デヴィッド・エドモンズ／ジョン・エーディナウ
二木麻里訳
このすれ違いは避けられない運命だった？　二人の思想の歩み、そして大激論の真相に、ウィーン学団の人間模様やヨーロッパの歴史的背景から迫る。

大衆の反逆
オルテガ・イ・ガセット
神吉敬三訳
二〇世紀の初頭、《大衆》という現象の出現とその功罪を論じながら、自ら進んで困難に立ち向かう《真の貴族》という概念を対置した警世の書。

死にいたる病
S・キルケゴール
桝田啓三郎訳
死にいたる病とは絶望であり、絶望を深く自覚し神の前に自己をすてる。実存的な思索の深まりをデンマーク語原著から訳出し、詳細な注を付す。

ニーチェと悪循環
ピエール・クロソウスキー
兼子正勝訳
永劫回帰の啓示がニーチェに与えたものは、同一性の下に潜在する無数の強度の解放である。二十一世紀にあざやかに蘇る、逸脱のニーチェ論。

世界制作の方法
ネルソン・グッドマン
菅野盾樹訳
世界は「ある」のではなく、「制作」されるのだ。芸術・科学・日常経験・知覚など、幅広い分野で徹底した思索を行ったアメリカ現代哲学の重要著作。

新編 現代の君主
アントニオ・グラムシ
上村忠男編訳
労働運動を組織しイタリア共産党を指導したグラムシ。獄中で綴られたそのテキストから、いま読み直されるべき重要な29篇を選りすぐり注解する。

孤島
ジャン・グルニエ
井上究一郎訳
「島」とは孤独な人間の謂。透徹した精神のもと、話者の綴る思念と経験が啓示を放つ。カミュが本書との出会いを回想した序文を付す。　（松浦寿輝）

ハイデッガー『存在と時間』註解
マイケル・ゲルヴェン
長谷川西涯訳
難解をもって知られる『存在と時間』全八三節の思考を、初学者にも一歩一歩追体験させ、高度な内容を読者に確信させ納得させる唯一の註解書。

たのしい日本語学入門　中村明

日本語を見れば日本人がわかる。世界的に見ても特殊なこのことばの特性を音声・文字・語彙・文法から敬語や表現までわかりやすく解き明かす。

英文対訳 **日本国憲法**

英語といっしょに読めばよくわかる！「日本国憲法」のほか、「大日本帝国憲法」「教育基本法」全文を対訳形式で収録。自分で理解するための一冊。

知的トレーニングの技術〔完全独習版〕　花村太郎

お仕着せの方法論をマネするだけでは、真の知的創造にはつながらない。偉大な先達が実践した手法から実用的な表現術まで盛り込んだ伝説のテキスト。

思考のための文章読本　花村太郎

本物の思考法は偉大なる先哲に学べ！先人たちの思考を10の形態に分類し、それらが生成・展開していく過程を鮮やかに切り出す、画期的な試み。

「不思議の国のアリス」を英語で読む　別宮貞徳

このけたはずれにおもしろい、奇抜な名作を、いっしょに英語で読んでみませんか――『アリス』の世界を原文で味わうための、またとない道案内。

さらば学校英語 **実践翻訳の技術**　別宮貞徳

英文の意味を的確に理解し、センスのいい日本語に翻訳するコツは？日本人が陥る誤訳の罠は？達人ベック先生が技の真髄を伝授する実践講座。

裏返し文章講座　別宮貞徳

翻訳批評で名高いベック氏ならではの文章読本。翻訳文を素材に、ヘンな文章、意味不明の言い回しを一刀両断、明晰な文章を書くコツを伝授する。

ステップアップ翻訳講座　別宮貞徳

欠陥翻訳撲滅の闘士・ベック先生が、意味不明の訳を斬る！なぜダメなのか懇切に説明、初級から上級まで、課題文を通してポイントをレクチャーする。

漢文入門　前野直彬

漢文読解のポイントは「訓読」にあり！その方法はいかにして確立されたか、歴史も踏まえつつ漢文を読むための基礎知識を伝授。（齋藤希史）

世界史のなかの戦国日本　村井章介

世界史の文脈の中で日本列島を眺めてみるとそこには意外な発見が！　戦国時代の日本はそうとうにグローバルだった！　（橋本雄）

増補 中世日本の内と外　村井章介

国家間の争いなんておかまいなし。中世の東アジア人は海を自由に行き交い生計を立てていた。私たちの「内と外」の認識を歴史からたどる。（榎本渉）

古代史おさらい帖　森浩一

考古学・古代史の重鎮が、「土地」「年代」「人」の基本概念を徹底的に再検証。「古代史」をめぐる諸問題の見取り図がわかる名著。

江戸の坂　東京の坂（全）　横関英一

東京の坂道とその名前からは、江戸の暮らしや庶民の心が透かし見える。東京中の坂を渉猟し、元祖「坂道」本と謳われた幻の名著。（鈴木博之）

明治富豪史　横山源之助

維新そっちのけで海外投資に励み、贋札を発行してまで資本の蓄積に邁進する新興企業家・財閥創業者たちの姿を明らかにした明治裏面史。（色川大吉）

つくられた卑弥呼　義江明子

邪馬台国の卑弥呼は「神秘的な巫女」だった？　明治以降に創られたイメージを覆し、古代の女性支配者たちを政治的実権を持つ王として位置づけなおす。

北一輝　渡辺京二

明治天皇制国家を批判し、のち二・二六事件に連座して刑死した日本最大の政治思想家北一輝の生涯。第33回毎日出版文化賞受賞の名著。（臼井隆一郎）

中世を旅する人びと　阿部謹也

西洋中世の庶民の社会史。旅籠が客に課す厳格なルールや、遍歴職人必須の身分証明のための暗号など、興味深い史実を紹介。（平野啓一郎）

中世の星の下で　阿部謹也

中世ヨーロッパの庶民の暮らしを具体的、克明に描き、その歓びと涙、人と人との絆、深層意識を解き明かした中世史研究の傑作。（網野善彦）

橋爪大三郎の政治・経済学講義　橋爪大三郎

政治は、経済は、どう動くのか。この時代を生きるために、日本と世界の現実を見定める目を養い、考える材料を蓄え、構想する力を培う基礎講座！

フラジャイル　松岡正剛

なぜ、弱さは強さよりも深いのか？　薄弱・断片・あやうさ・境界・異端……といった感覚に光をあて、「弱さ」のもつ新しい意味を探る。（高橋睦郎）

言葉とは何か　丸山圭三郎

言語学・記号学についての優れた入門書。ソシュール研究の泰斗が、平易な語り口で言葉の謎に迫る。術語・人物解説、図書案内付き。（中尾浩）

〈ひと〉の現象学　鷲田清一

知覚、理性、道徳等。ひとをめぐる出来事は、哲学の主題と常に伴走する。ヘーゲル的綜合を目指すのでなく、問いに向きあいゆるやかにトレースする。

空間の詩学　ガストン・バシュラール　岩村行雄訳

家、宇宙、貝殻など、さまざまな空間が喚起する詩的イメージ。新たなる想像力の現象学を提唱し、人間の夢想に迫るバシュラール詩学の頂点。

リキッド・モダニティを読みとく　ジグムント・バウマン　酒井邦秀訳

変わらぬ確かなものなどもはや何一つない現代世界。社会学の泰斗が身近な出来事や世相から〈液状化〉の具体相に迫る真摯で痛切な論考。文庫オリジナル。

社会学の考え方〔第2版〕　ジグムント・バウマン／ティム・メイ　奥井智之訳

日常世界はどのように構成されているのか。日々変化する現代社会をどう読み解くべきか。読者を〈社会学的思考〉の実践へと導く最高の入門書。新訳。

コミュニティ　ジグムント・バウマン　奥井智之訳

グローバル化し個別化する世界のなかで、コミュニティはいかなる様相を呈しているか。安全をとるか、自由をとるか。代表的社会学者が根源から問う。

ウンコな議論　ハリー・G・フランクファート　山形浩生訳／解説

ごまかし、でまかせ、いいのがれ。なぜ世の中、こんなものがみちるのか。道徳哲学の泰斗がその正体とカラクリを解く。爆笑必至の訳者解説を付す。

世界リスク社会論　ウルリッヒ・ベック　島村賢一訳

迫りくるリスクは我々から何を奪い、何をもたらすのか。『危険社会』の著者が、近代社会の根本原理をくつがえすリスクの本質と可能性に迫る。

民主主義の革命　エルネスト・ラクラウ／シャンタル・ムフ　西永亮／千葉眞訳

グラムシ、デリダらの思想を摂取し、根源的で複数的なデモクラシーへ向けて、新たなヘゲモニー概念を提示した、ポスト・マルクス主義の代表作。

鏡の背面　コンラート・ローレンツ　谷口茂訳

人間の認識システムはどのように進化してきたのか、そしてその特徴とは。ノーベル賞受賞の動物行動学者が試みた抱括的知識による壮大な総合人間哲学。

人間の条件　ハンナ・アレント　志水速雄訳

人間の活動的生活を《労働》《仕事》《活動》の三側面から考察し、《労働》優位の近代世界を思想史的に批判したアレントの主著。（阿部齊）

革命について　ハンナ・アレント　志水速雄訳

《自由の創設》をキイ概念としてアメリカとヨーロッパの二つの革命を比較・考察し、その最良の精神を二〇世紀の惨状から救い出す。（川崎修）

暗い時代の人々　ハンナ・アレント　阿部齊訳

自由が著しく損なわれた時代を自らの意思に従い行動し、生きた人々。政治・芸術・哲学への鋭い示唆を含み描かれる普遍的人間論。（村井洋）

責任と判断　ハンナ・アレント　ジェローム・コーン編　中山元訳

思想家ハンナ・アレント後期の未刊行論文集。人間の責任の意味と判断の能力を考察し、考える能力の喪失により生まれる〈凡庸な悪〉を明らかにする。

政治の約束　ハンナ・アレント　ジェローム・コーン編　高橋勇夫訳

われわれにとって「自由」とは何であるのか――。政治思想の起源から到達点までを描き、政治的経験の意味に根底から迫った、アレント思想の精髄。

プリズメン　Th・W・アドルノ　渡辺祐邦／三原弟平訳

「アウシュヴィッツ以後、詩を書くことは野蛮である」。果てしなく進行する大衆の従順化と、絶対的物象化の時代における文化批判のあり方を問う。

くじけそうな時の臨床哲学クリニック　鷲田清一

やりたい仕事がみつからない、頑張っても報われない、味方がいない……。そんなあなたに寄り添いながら、一緒に考えてくれる哲学読み物。（小沼純一）

「聴く」ことの力　鷲田清一

「聴く」という受け身のいとなみを通して広がる哲学の可能性を問い直し、ホモ・パティエンスとしての人間を丹念に考察する代表作。（高橋源一郎）

初版 古寺巡礼　和辻哲郎

不朽の名著には知られざる初版があった！　若き日の熱い情熱、みずみずしい感動は、本書のイメージを一新する発見に満ちている。（衣笠正晃）

初稿 倫理学　和辻哲郎　苅部直編

個の内面ではなく、人と人との「間柄」に倫理の本質を求めた和辻の人間学。主著へと至るその思考の軌跡を活き活きと明かす幻の名論考、復活。

反オブジェクト　隈研吾

自己中心的で威圧的な建築を批判したかった——思想史的な検討を通し、新たな可能性を探る。いま最も世界の注目を集める建築家の思考と実践！

錯乱のニューヨーク　レム・コールハース　鈴木圭介訳

過剰な建築的欲望が作り出したニューヨーク／マンハッタンを総合的・批判的にとらえる伝説の名著。本書を読まずして建築を語るなかれ！（磯崎新）

S, M, L, XL+　レム・コールハース　太田佳代子／渡辺佐智江訳

世界的建築家の代表作がついに！　伝説の書のコア・エッセイにその後の主要作を加えた日本版オリジナル編集。彼の思索のエッセンスが詰まった一冊。

東京都市計画物語　越澤明

関東大震災の復興事業から東京オリンピックに向けての都市改造まで、四〇年にわたる都市計画の展開と挫折をたどりつつ新たな問題を提起する。

新版大東京案内（上）　今和次郎編纂

昭和初年の東京の姿を、都市フィールドワークの先駆者が活写した名著。上巻には交通機関や官庁、デパート、盛り場、遊興、味覚などを収録。

グローバル・シティ
サスキア・サッセン
伊豫谷登士翁監訳
大井由紀／髙橋華生子訳
世界の経済活動は分散したのではない、特権的な大都市に集中したのだ。国民国家の枠組みを超えて発生する世界の新秩序と格差拡大を暴く衝撃の必読書。

東京の空間人類学
陣内秀信
東京、このふしぎな都市空間を深層から探り、明快に解読した定番本。基層の地形、江戸の記憶、近代の都市造形が、ここに甦る。図版多数。（川本三郎）

東京の地霊（ゲニウス・ロキ）
鈴木博之
日本橋室町、紀尾井町、上野の森……。その土地に堆積した数奇な歴史・固有の記憶を軸に、都内13カ所の土地を考察する「東京物語」。（藤森照信／石山修武）

空間の経験
イーフー・トゥアン
山本浩訳
人間にとって空間と場所とは何か？　それはどんな経験なのか？　基本的なモチーフを提示する空間論の必読図書。（A・ベルク／小松和彦）

個人空間の誕生
イーフー・トゥアン
阿部一訳
広間での雑居から個室住まいへ。回し食いから個々人用食器の成立へ。多様なかたちで起こった「空間の分節化」を通覧し、近代人の意識の発生をみる。

自然の家
フランク・ロイド・ライト
富岡義人訳
いかにして人間の住まいと自然は調和をとりうるか。建築家F・L・ライトの思想と美学が凝縮された名著を新訳。最新知見をもりこんだ解説付。

マルセイユのユニテ・ダビタシオン
ル・コルビュジエ
山名善之／戸田穣訳
近代建築の巨匠による集合住宅ユニテ・ダビタシオン。そこには住宅から都市まで、ル・コルビュジエの思想が集約されていた。充実の解説付。

都市への権利
アンリ・ルフェーヴル
森本和夫訳
都市現実は我々利用者のためにある！——産業化社会に抗するシチュアシオニスム運動の中、人間の主体性に基づく都市を提唱する。（南後由和）

場所の現象学
エドワード・レルフ
高野岳彦／阿部隆／石山美也子訳
〈没場所性〉が支配する現代において〈場所のセンス再生の可能性〉はあるのか。空間創出行為を実践的に理解しようとする社会的場所論の決定版。

南方熊楠随筆集　益田勝実編

博覧強記にして奔放不羈、稀代の天才にして孤高の自由人・南方熊楠。この猥雑なまでに豊饒な不世出の頭脳のエッセンス。（益田勝実）

奇談雑史　宮負定雄　佐藤正英／武田由紀子校訂・注

霊異、怨霊、幽明界など、さまざまな奇異な話の集大成。柳田国男は、本書より名論文「山の神とヲコゼ」を生み出す。日本民俗学、説話文学の幻の名著。

贈与論　マルセル・モース　吉田禎吾／江川純一訳

「贈与と交換こそが根源的人類社会を創出した」。人類学、宗教学、経済学ほか諸学に多大の影響を与えた不朽の名著、待望の新訳決定版。

山口昌男コレクション　山口昌男　今福龍太編

20世紀後半の思想界を疾走した著者の代表的論考をほぼ刊行編年順に収録。この独創的な人類学者＝思想家の知の世界を一冊で総覧する。（今福龍太）

身ぶりと言葉　アンドレ・ルロワ＝グーラン　荒木亨訳

先史学・社会文化人類学の泰斗の代表作。人の生物学的進化、人類学的発展、大脳の発達、言語の文化的機能を壮大なスケールで描いた大著。（松岡正剛）

世界の根源　アンドレ・ルロワ＝グーラン　蔵持不三也訳

人間の進化に迫った人類学者ルロワ＝グーラン。半生を回顧しつつ、人類学・歴史学・博物館の方向性、言語・記号論・身体技法等を縦横無尽に論じる。

日本の歴史をよみなおす（全）　網野善彦

中世日本に新しい光をあて、その真実と多彩な横顔を平明に語り、日本社会のイメージを根本から問い直す。超ロングセラーを続編と併せ文庫化。

米・百姓・天皇　網野善彦　石井進

日本とはどんな国なのか、なぜ米が日本史を解く鍵なのか、通史を書く意味は何なのか。これまでの日本史理解に根本的転回を迫る衝撃の書。（伊藤正敏）

列島の歴史を語る　網野善彦　藤沢・網野さんを囲む会編

日本は決して「一つ」ではなかった！　中世史に新次元を開いた著者が、日本の地理的・歴史的な多様性と豊かさを平明に語った講演録。（五味文彦）

列島文化再考　網野善彦／塚本学／坪井洋文／宮田登

近代国家の枠組みに縛られた歴史観をくつがえし、列島に生きた人々の真の姿を描き出す、歴史学・民俗学の幸福なコラボレーション。（新谷尚紀）

日本社会再考　網野善彦

歴史の虚像の数々を根底から覆してきた網野史学。漁業から交易まで多彩な活躍を繰り広げた海民に光をあて、知られざる日本像を鮮烈に甦らせた名著。

図説 和菓子の歴史　青木直己

饅頭、羊羹、金平糖にカステラ、その時々の外国文化の影響を受けながら多種多様に発展した和菓子。その歴史を多数の図版とともに平易に解説。

今昔東海道独案内 東篇　今井金吾

いにしえから庶民が辿ってきた幹線道路・東海道。日本人の歴史を、著者が自分の足で辿りなおした名著。東篇は日本橋より浜松まで。（今尾恵介）

物語による日本の歴史　石母田正／武者小路穣

古事記から平家物語まで代表的古典文学を通して、国生みからはじまる日本の歴史を子ども向けにやさしく語り直す。網野善彦編集の名著。（中沢新一）

増補 学校と工場　猪木武徳

経済発展に必要とされる知識と技能は、どこで、どのように修得されたのか。学校、会社、軍隊など、人的資源の形成と配分のシステムを探る日本近代史。

居酒屋の誕生　飯野亮一

寛延年間の江戸に誕生しすぐに大発展を遂げた居酒屋。しかしなぜ他の都市ではなく江戸だったのか。一次資料を丹念にひもとき、その誕生の謎にせまる。

すし 天ぷら 蕎麦 うなぎ　飯野亮一

二八蕎麦の二八とは？　握りずしの元祖は？　なぜうなぎに山椒？　膨大な一次史料を渉猟しそんな疑問を徹底解明。これを読まずに食文化は語れない！

天丼 かつ丼 牛丼 うな丼 親子丼　飯野亮一

身分制の廃止で作ることが可能になった親子丼、関東大震災が広めた牛丼等々、どんぶり物二百年の歴史をさかのぼり、驚きの誕生ドラマをひもとく！

自我論集
ジークムント・フロイト
竹田青嗣編
中山元訳
フロイト心理学の中心、「自我」理論の展開をたどる新編・新訳のアンソロジー。「快感原則の彼岸」「自我とエス」など八本の主要論文を収録。

明かしえぬ共同体
M・ブランショ
西谷修訳
G・バタイユが孤独な内的体験のうちに失うという形で見出した〈共同体〉。そして、M・デュラスが描いた奇妙な男女の不可能な愛の〈共同体〉。

フーコー・コレクション（全6巻＋ガイドブック）
ミシェル・フーコー
小林康夫／石田英敬／松浦寿輝編
20世紀最大の思想家フーコーの活動を網羅した『ミシェル・フーコー思考集成』。その多岐にわたる思考のエッセンスをテーマ別に集約する。

フーコー・コレクション1 狂気・理性
ミシェル・フーコー
小林康夫／石田英敬／松浦寿輝編
第1巻は、西欧の理性がいかに狂気を切りわけてきたかという最初期の問題系をテーマとする諸論考。〝心理学者〟としての顔に迫る。（小林康夫）

フーコー・コレクション2 文学・侵犯
ミシェル・フーコー
小林康夫／石田英敬／松浦寿輝編
狂気と表裏をなす「不在」の経験として、文学がフーコーによって読み解かれる。人間の境界＝極限を、その言語活動に探る文学論。（小林康夫）

フーコー・コレクション3 言説・表象
ミシェル・フーコー
小林康夫／石田英敬／松浦寿輝編
ディスクール分析を通しフーコー思想の重要概念も精緻化されていく。『言葉と物』から『知の考古学』へ研ぎ澄まされる方法論。（松浦寿輝）

フーコー・コレクション4 権力・監禁
ミシェル・フーコー
小林康夫／石田英敬／松浦寿輝編
政治への参加とともに、フーコーの主題として「権力」の問題が急浮上する。規律社会に張り巡らされた巧妙なるメカニズムを解明する。（松浦寿輝）

フーコー・コレクション5 性・真理
ミシェル・フーコー
小林康夫／石田英敬／松浦寿輝編
どのようにして、人間の真理が〈性〉にあるとされてきたのか。欲望的主体の系譜を遡り、「自己の技法」の主題へと繋がる論考群。（石田英敬）

フーコー・コレクション6 生政治・統治
ミシェル・フーコー
小林康夫／石田英敬／松浦寿輝編
西洋近代の政治機構を、領土・人口・治安など、権力論から再定義する。近年明らかにされてきたフーコー最晩年の問題群を読む。（石田英敬）

フーコー・コレクション フーコー・ガイドブック
ミシェル・フーコー 小林康夫／石田英敬／松浦寿輝編
20世紀の知の巨人フーコーは何を考えたのか。主要著作の内容紹介・本人による講義要旨・詳細な年譜で、その思考の全貌を一冊に完全集約！

マネの絵画
ミシェル・フーコー 阿部崇訳
19世紀美術史にマネがもたらした絵画表象のテクニックとモードの変革を、13枚の絵で読解。フーコーの伝説的講演録に没後のシンポジウムを併録。

間主観性の現象学 その方法
エトムント・フッサール 浜渦辰二／山口一郎監訳
主観や客観、観念論や唯物論を超えて「現象」そのものを解明したフッサール現象学の中心課題。現代哲学の大きな潮流「他者」論の成立を促す。本邦初訳。

間主観性の現象学II その展開
エトムント・フッサール 浜渦辰二／山口一郎監訳
フッサール現象学のメインテーマ第II巻。自他の身体の構成から人格的生の精神共同体までを分析し、真の関係性を喪失した孤立する実存の限界を克服。

間主観性の現象学III その行方
エトムント・フッサール 浜渦辰二／山口一郎監訳
間主観性をめぐる方法、展開をへて、その究極の目的（行方）が、真の人間性の実現に向けた普遍的目的論として呈示される。壮大な構想の完結篇。

内的時間意識の現象学
エトムント・フッサール 谷徹訳
時間は意識のなかでどのように構成されるのか。哲学・思想・科学に大きな影響を及ぼしている名著の新訳。詳密な訳注を付し、初学者の理解を助ける。

風土の日本
オギュスタン・ベルク 篠田勝英訳
自然を神の高みに置く一方、無謀な自然破壊をする日本人の風土とは何か？ フランス日本学の第一人者による画期的な文化・自然論。（坂部恵）

ベンヤミン・コレクション1
ヴァルター・ベンヤミン 浅井健二郎編訳 久保哲司訳
ゲーテ『親和力』論、アレゴリー論からボードレール論を経て複製芸術論まで、ベンヤミンにおける近代の意味を問い直す、新訳のアンソロジー。

ベンヤミン・コレクション2
ヴァルター・ベンヤミン 浅井健二郎編訳 三宅晶子ほか訳
中断と飛躍を恐れぬ思考のリズム、巧みに布置された理念やイメージ。手仕事的細部に感応するエッセイの思想の新編・新訳アンソロジー、第二集。

ベンヤミン・コレクション3

ヴァルター・ベンヤミン
浅井健二郎編訳
久保哲司訳

過去／現在を思いだすこと──独自の歴史意識に貫かれた《想起》実践の各篇「一方通行路」「ドイツの人びと」「ベルリンの幼年時代」などを収録。

ベンヤミン・コレクション4

ヴァルター・ベンヤミン
浅井健二郎編訳
土合文夫ほか訳

〈批評の瞬間〉における直観の内容をきわめて構成的に叙述したベンヤミンの諸論考──初期の哲学的思索から同時代批評まで──を新訳で集成。

ベンヤミン・コレクション5

ヴァルター・ベンヤミン
浅井健二郎編訳
土合文夫ほか訳

文学、絵画、宗教、映画──主著と響き合い、新たな光を投げかけるベンヤミン〈思考〉の断片を立体的に集成。新編・新訳アンソロジー、待望の第五弾。

ベンヤミン・コレクション6

ヴァルター・ベンヤミン
浅井健二郎編訳
久保哲司ほか訳

ソネット、未完の幻想小説風短編など、ベンヤミンの知られざる創作世界を収録。『パサージュ論』成立の背後を明かすメモ群が注目の待望の第六弾。

ベンヤミン・コレクション7

ヴァルター・ベンヤミン
浅井健二郎編訳

文人たちとの対話を記録した日記、若き日の履歴書、死を覚悟して友人たちに送った手紙──20世紀を代表する評論家の個人史から激動の時代精神を読む。

ドイツ悲劇の根源（上）

ヴァルター・ベンヤミン
浅井健二郎訳

〈根源〉へのまなざしが、〈ドイツ・バロック悲劇〉という天窓を通して見る、存在と歴史の〈星座〉〈状況布置〉。ベンヤミンの主著の新訳決定版。

ドイツ悲劇の根源（下）

ヴァルター・ベンヤミン
浅井健二郎訳

上巻「認識批判的序章」「バロック悲劇とギリシア悲劇」に続けて、下巻は「アレゴリーとバロック悲劇」に、関連の参考論文を付して、新編でおくる。

パリ論／ボードレール論集成

ヴァルター・ベンヤミン
浅井健二郎編訳
久保哲司／土合文夫訳

『パサージュ論』を構想する中で書きとめられた膨大な覚書を中心に、パリをめぐる考察を一冊に凝縮。ベンヤミンの思考の核を明かす貴重な論考集。

意識に直接与えられたものについての試論

アンリ・ベルクソン
合田正人／平井靖史訳

強度が孕む〈質的差異〉、自我の内なる〈多様性〉からこそ、自由な行為は発露する。後に『時間と自由』の名で知られるベルクソンの第一主著。新訳。

ちくま学芸文庫

パワー・エリート

二〇二〇年二月十日　第一刷発行

著者　C・ライト・ミルズ

訳者　鵜飼信成（うかい・のぶしげ）
綿貫譲治（わたぬき・じょうじ）

発行者　喜入冬子

発行所　株式会社　筑摩書房
東京都台東区蔵前二―五―三　〒一一一―八七五五
電話番号　〇三―五六八七―二六〇一（代表）

装幀者　安野光雅

印刷所　株式会社精興社

製本所　加藤製本株式会社

ISBN978-4-480-09967-9 C0136